U0120699

诚与真

陶渊明考论

刘奕——著

图书在版编目(CIP)数据

诚与真:陶渊明考论 / 刘奕著. —上海:上海古籍出版社,2023.2(2023.12重印)
ISBN 978-7-5732-0512-4

Ⅰ.①诚… Ⅱ.①刘… Ⅲ.①陶渊明(365-427)—人物研究②陶渊明(365-427)—古典文学研究 Ⅳ.①K825.6②I206.2

中国版本图书馆 CIP 数据核字(2022)第 209328 号

诚与真
——陶渊明考论

刘 奕 著

上海古籍出版社出版发行

(上海市闵行区号景路 159 弄 1-5 号 A 座 5F 邮政编码 201101)

(1) 网址:www.guji.com.cn
(2) E-mail:guji1@guji.com.cn
(3) 易文网网址:www.ewen.co

常熟市人民印刷有限公司印刷

开本 890×1240 1/32 印张 17.625 插页 5 字数 456,000
2023 年 2 月第 1 版 2023 年 12 月第 3 次印刷
ISBN 978-7-5732-0512-4

K·3292 定价:108.00 元

如有质量问题,请与承印公司联系

2023 版自序

陶渊明对今人意义何在？这并非一个不言自明的问题。

在早期岁月中，陶渊明被视为一个高尚的隐士。人们总是在谈到隐逸这一特定话题时想到他。

稍后，他被承认为一个游离于主流美学趣味之外的、有独特风格的诗人。

直到宋代，随着新儒学兴起，新的儒家士大夫登上历史舞台，他们开始把陶渊明推崇为人品、文品合一的典范，认为他作品中表现了高远的志趣、高贵的品行，以及在遭遇困顿时依然旷达超迈的人生态度。与此同时，审美风尚悄然改变，淡逸、自然成为更高的美学品格。体现这种风格的陶渊明不再只是风格独特的诗人，而是诗人中的诗人。

但是，到了当代，陶渊明和他受到的推崇遭遇了多重质疑。有考证其生平，而质疑其政治品格和农耕态度的；有变换价值标准，认为陶渊明人品堪忧的；有试图透过陶渊明作品文本的"缝罅"，窥破其伪饰和自我建构的；还有通过文本流动性的考察，认为他的形象更多出于后人建构的。这些反思大都为研究视角的拓展和方法的更新做出了贡献。没有反思和质疑，就没有学术的进步。当陶渊明作为研究对象时，他必须接受研究者全方位的审视，这是学术研究题中应有之义。而且，考虑到异文化的他者之眼，以及我们自己文化传统的断裂，旧有的价值标准和审美趣味失效,那么陶渊明受到质疑,似乎又是不可避免的现象。只是单就研究者具体的考证和论证而言,我觉得已有的质疑并不具备足够的说服力,他们对陶渊明的许多评价也有失公允。

比如要考察陶渊明作品中的自述是否真实和真诚,找寻并透视其文本中的裂缝与龃龉就是一种基本而有效的方法。如果陶渊明有意利用文学创作来塑造一个希望展示给世人的理想形象,即他写作的主要目的是涂饰自我、虚构自我而非呈现一个相对真实的自我,那这种涂饰和虚构一定是随环境和情境变化而变化的,一定会出现前后不一致的情况;同时,伪饰终究有露出马脚的时候,即便通天神狐,也会醉后露尾,没有人能一贯伪饰而永远不被识破。因此,这种文学的内部会充满矛盾和裂痕,它无法构成一个具有内在一致性的圆融整体。有时作者并非有意作伪,他只是一贯地讨好他人,习惯性涂抹自己,但其深层意图依然是迎合外在环境,是按照外在标准改造自己。也就是说,当作者的深层意图与表层意图矛盾时,一定会在文本中留下痕迹。基于文学理论和文学史常识,我们知道多数作家的作品中多多少少都存在这样的裂痕和龃龉,那么是不是所有作家作品都会如此,是否陶渊明的作品也必然如此呢? 如果先有了这样的预设,然后采用某种既定的方法套路,对文本作一些想象性解读,是不难印证预设的。只是这时我们是在"发明",而非真正"发现"裂痕和龃龉。

有名的文学家都是文字高手,他们作品中的裂痕常常并不那么显眼,并非一望可见,加上古典文本还有语言和历史的阻碍,发现深藏其中的缝罅并非易事,那如何才能真正所有发现? 我觉得应遵循培植学力和文本优先两项基本原则。朱子主张以"虚心"的态度加上"精熟"的方法,去自然发现疑问处。他说:"某向时与朋友说读书,也教他去思索,求所疑。近方见得,读书只是且恁地虚心就上面熟读,久之自有所得,亦自有疑处。盖熟读后,自有窒碍,不通处是自然有疑,方好较量。今若先去寻个疑,便不得。"(《朱子语类》卷十一)这是文本优先原则。而培植学力，至少需要通训诂，识文例，并深入了解古人的语境，否则以今度古、以己度人，发现的往往不是文本的缝罅，而是自己的龃龉。

当我遵循以上原则重审陶渊明的作品时，并没有看到研究者看到的裂痕和龃龉。相反，我觉得其作品体现了高度的内在一致性，而且这种文本提供的内在一致性与经过考证的陶渊明的生平之间，同样保持了极大的吻合度。所谓的矛盾只是今人因不了解历史语境，或者误读文本而臆造的，是可以得到合理解释的。如前所述，这种内在外在一致性说明了作者是在用一种真诚的态度展示自我，而非涂饰自我。当然，真诚并不等于绝对真实。世界上并不存在绝对真实的文本，无论是善意恶意的谎言，有心无心的记忆错置，还是因见闻不周造成的记录失实，以及文本流传过程中的讹变，有无数的可能造成文本的失真，这同样早已是今人的常识。偶然的失真如果是客观原因造成的，那并不能成为否定主观真诚的理由。因此，发现文本失真之处，并一一分析其原因，是研究的基础工作。若稍有所得，就急着质疑真诚，恐怕就有先入为主而过于"猴急"之嫌了。但无论如何，所有的质疑提醒我们重新检讨的必要性，也为我们提供了新的思路。我的陶渊明研究首先基于理解陶渊明并探寻其意义的目的，同时也是为了对学界讨论做出回应。

理解陶渊明——且不论这理解的深度和准确性——并不等于回答了陶渊明在今天的意义这一问题。二者的区分，就像文学批评家赫施（Hirsch, E. D. Jr.）对文本意思和意义的区分一样，理解陶渊明是在解读其文本的意思，而追问他的时代意义则是在探询其文本意义。所谓意思，即文本所说的内容，也包括作者的原初意图，是文本在接受过程中相对稳定的东西；而意义，则是文本的价值，是随接受语境变化而变化的，因此开放而多元。对意义的探寻，必然要从当身的时代出发，从切身感到的爱与痛、苦闷和渴望出发，才有可能提出真切的问题。人会永恒地感到爱与痛、苦闷和渴望，但不同的时代，给我们的爱与痛、苦闷和渴望又是不同的，这时切身感便至关重要。所谓意义，全要从这真切的感知出发,才不会悬空无着。这种真切性不等于研究时的借古讽今、古为今用,而是说我们的发问和思考,我们的视角和取径,应该源自我们,独属于我们。这时我们会发现,古典心性能否移植到现代世界中,实在大成问题。

如果采用伽达默尔阐释学的眼光看,作者有作者的语境,后代阐释者也有自己的视域,阐释者与文本的遭逢,是古今之间、作者与阐释者之间的"视域融合"。这时,理解陶渊明和追问其意义,就都处在同一个融合的过程中。而融合不等于重合,我们总是带着自己的感知与问题去碰撞与融合的。逻辑上理解先于追问,事实上却是追问—理解—追问的阐释循环。那么,我为什么认知到并强调陶渊明的诚与真呢?是否因为我感受到弥天漫地的虚无气息,是否因为我的心灵被禁锢,所以强烈渴望真实、真诚和心灵自由?

再次回到前面的问题,古典世界的真实、真诚和心灵自由在今天如何可能?这个问题一直困扰着我。我对陶渊明生平细作考证,深层目的还是想知道陶渊明与周遭的环境究竟发生了什么样的冲突,他又是如何应对的。在前者基础上,我逐渐意识到陶渊明的应对既有根本之道,也有权宜之方。所谓权宜之方,是他自放于边缘,同时与污浊人世和冷寂山林保持着距离,只想在两造之间构建一片独属于自己的小天地。我用"边境意识"来概括这种应对心态,并由此审视陶渊明独特的隐逸生涯和隐逸文学。相关研究放在了下编文学研究的第一节。而所谓根本之道,则是我总结的"诚之以求真"的思想结构和人生实践。陶渊明的人生和作品,道家影响和儒家影响都显而易见,他思想的底色究竟是儒家还是道家,便众说纷纭,迄无定论。我认为定性于一家,或者简单视之为儒道调和都未真正把握陶渊明的思想结构。陶渊明当然不是什么思想家,但他并非没有思想的兴趣,从他的作品看,他念兹在兹的是此生如何度过,人生如何才有意义。最后陶渊明用其一生成就了一种人生模式,而这种人生模式也可以视为一种思想的结构,即用儒者内省不息敦行实践的工夫来追求庄子所描述的"真"的、自然的境界，或者说是凭借道德意志以希企心灵的自由。陶渊明未必有系统的思想，但却有自觉的心性追求和实践。正是后者，使得千百年后的宋人对他心有戚戚，与他遥相应和。也可以说，在心性追求上，在诚之以求真的思想结构上，陶渊明遥启了宋人。

但是他还能遥启我们吗？虽然通过研究，现在的我大概能理解陶渊明是如何解决他的人生问题的，但我依旧充满困惑。陶渊明的清明、笃实、自在是基于古典伦理价值观获得的，这种人物的存在反过来证明古典价值观可以支撑一个清明、笃实、自在的人生，这是我通过研究想证明的问题。然而那个古典的世界早已崩塌，曾经坚固的信念与道德的大厦早已化作烟云，旋即消散，彷徨在荒原、废墟之上的我们将何依何据？失魂落魄、无所适从的我们又如何能有陶渊明的笃定呢？显然，我们无法通过简单仿效陶渊明而获得同样的人生。事实上，任何想通过简单模仿古人来解决我们自身问题的做法，都是一种思想上的偷懒和行动上的逃避。古人不接受我们推诿的问题，也不为逃避者提供庇护的阴影。命运不允许逃避，不论命运中的人是否有勇气直面。

同信念与道德大厦一起消失的，还有那个古典诗意的田园，还有人与自然的关系。陶渊明有一片田园供他归去来，龟缩在水泥盒子里的现代人却该归向何处？何况田园的诗意面纱早在五四作家的笔下就已经被彻底剥去。桃花源的纯善世界，从来都只存在于幻想之中。真实的农村是未经反思的淳朴与习焉不察的邪恶并存的"无知之谷"。同时，人与自然的关系已然彻底改变，并不是说到山水田园中住上一阵子就叫回归自然。现代人之为"现代"，异化是不可逃避的命运。我们的生存方式早已反自然，如欲返自然，首先意味着要反异化，这是陶渊明很少需要面对的问题。顺着这个问题，我们更容易走向存在主义。

思想世界不同，生活世界不同，作为贵族士大夫的陶渊明的身份也迥异于我们，那么我们的审美又如何能与陶渊明以及后世士大夫相通呢？平淡自然、舍迹求象、独取韵味的审美，其现代知音又究竟有多少？

当然，我们不能光看到现代与古代的断裂，也应该想到人性的恒常不变。正是后者，让人类之为人类，让人类的历史产生绵延感和重复感。这时，陶渊明的意义无疑能超越古今。比如他的清明与旷达，他对自我的执着探寻，他于无路的人间走出一条独属于自己的精神之路，他自放于天地之外而执着于人生之中的生命形态，这些精神特质和生活形态同样也是今天的我们所渴望之物。虽然在今天这样一个迥异的系统中实现它们显然是个巨大的挑战，但陶渊明的存在至少昭示了实现的可能性，至于如何实现，那就是局中人自己的事了。所以，这本小书是我探究陶渊明如何成就自我之书，也是我的困惑之书。毕竟，理解古人走过的路比探寻自己将走的路容易多了。

还想对本书的研究取径赘述几句。对我而言，能够理解陶渊明，是因为人性恒长如一，而理解人，保持头脑的清明与思路的开阔显然比套用某种前沿理论实在、有效得多。在我看来，不假思索地套用某种文学理论与不假思索地接受文学常识，在放弃思考这一点上，并无本质不同。理论的作用在于挑战常识、戳破习以为常的各种幻象，使文学研究不断发展、变化。但稍微翻看中外各种文学理论史都会知道，今日的常识何尝不是曾经新鲜的、甚至激进的理论，所以幻象之于理论也无异于幻象之于常识。无论古老常识还是前沿理论，都在揭示了部分真理的同时充满更多谬误。真理的背面即谬误，真实恒与虚幻相随，这是人文世界的法则。我们当借助理论破除无明，复又时时回到文学以审视理论本身所蕴含的无明。也许苏格拉底式的追问与思考，是最好的保持清明与开阔的方法。所以我既挑战了太多的常识，也挑战了很多理论；既汲取了理论刺破常识的力量，又继承了常识与理论中我以为真实的那些部分。其目的，便是尽可能追求清明与开阔。当然，无明并不会因此与我告别，对此我无可奈何，只能徒然与之抗争。

相对而言，借助理论较易，回到文学较难。掌握了各种文本分析工具,不等于能真正欣赏文学,也不等于能懂得文本字后与字外的意蕴。文学的世界,就像我们的宇宙,可见的物质之外,更充满不可见的暗物质。二十世纪的文学理论,尤其强调"意图谬误"的新批评派以及宣称"作者死了"的罗兰·巴特们,他们的眼光更多落在可见的物质——文字上,哪怕他们强调文字的隐喻性,却都忽略了不可见的暗物质。就像暗物质的粒子大概率不属于物质的粒子一样,文字之外的意蕴也绝非仅仅是文字的隐喻,它包括了许多未曾言说,但与已言说者相互作用的意思。借用冰山比喻来看,水面下的冰山是文字的隐喻义,那承载冰山的海水,则是作者的生活世界、思想世界、情感世界和审美世界,同时也是读者的生活世界、思想世界、情感世界和审美世界。无法直接观测不等于暗物质不存在,简单说"意图谬误""作者死了",并不能抹杀这些历史世界和精神世界的存在。回到文学,既意味着看到冰山的全貌,也意味着看到冰山是如何漂浮在大海之上,如何与所在的海域相互作用的。我在本书中对陶渊明作品的解读,便是同时在这两方面用力。比如我试图通过分析陶诗的节奏变化等修辞手段的运用来探究他的情感与精神状态,就是分析冰山与海洋互动关系的尝试。

当然,以上皆是我理想的研究状态,实际研究时,问题和遗憾仍有不少。我乐观地希望,所有的不足能成为鞭策我前进的动力。

最后说一下这个修订本的缘起。小书第一版印行五个月后,编辑桑玲告诉我,出版社的库存已经出货完毕,她正在申请再版,并让我尽快准备修订稿。五个月的时间,而且其中整整两个月,上海都处于全城"静默"状态,能有这样的成绩,我当然高兴。旋即想,主要还是沾了研究对象陶渊明的光。这本小书除了反射的光芒外,有自己的光彩吗?如果能像萤火虫一样,纵然微微星火,却能孤光自照,那才是真正值得高兴的。

感谢南京大学杨曦先生、郑州大学贺伟先生、浙江大学余一泓先生和上海古籍书店李晔先生,他们及时为我纠谬订讹,帮我订正了初版的不少疏误。除了吸取大家的意见订正错误之外,我还调整了部分文字的论证。另外,在全书之后增加了一个附录《先生不知何许人》。考虑到本书并没有专门论述陶渊明家世出生的文字,于是我从课堂讲义中摘出一讲作为附录,也许能有助于读者对陶渊明的理解。

在研究过程中,我常常充满今是而昨非之感。目前的修订,只是些小缝补,也许未来回顾,会对此书大摇其头,那其实是值得期待的事。

刘　奕

2022 年 8 月于乐山

前　言

陶渊明的一生，无俗心而有真气。他踏实，如香象渡河；超然，如羚羊挂角。所以沉着痛快、超妙博大。马一浮先生尝云：

> 庾子山诗云："索索无真气，昏昏有俗心。"今人通病大抵不出此二语。人谓钟太傅书沉着痛快，今始深觉其言有味。不唯作书要沉着痛快，作诗亦要沉着痛快，说话做事亦要沉着痛快。须知非"忠信笃敬"，不能有沉着痛快气象。寻常只作率直会，太浅了。（中略）尝谓严沧浪以"香象渡河""羚羊挂角"二语说诗，深得唐人三昧。"香象渡河"，步步踏实，所谓"彻法源底"也；"羚羊挂角"，无迹可寻，所谓"于法自在"也。作诗到此境界，方是到家。故以"香象渡河"喻其实，谓其言之有物也；又以"羚羊挂角"喻其虚，谓其活泼无碍也。（《尔雅台答问续编》卷一）

这段话无意中已道出陶公精神。

比如写世事自有生灭，当以达观付之这层意思，陈简斋云："微波喜摇人，小立待其定。"（《夏日集葆真池上，以绿阴生昼静赋诗，得静字》）落笔在微波易定，写其变灭，思深骨劲，自是宋人之笔。老杜《天河》则借物作比兴："纵被微云掩，终能永夜清。"状天河之明之常，而自见胸次阔远。谢客也说："溟涨无端倪,虚舟有超越。"(《游赤石进帆海》)言下有无穷意味。而陶公则云:"居常待其尽,曲肱岂伤冲。"(《五月旦作和戴主簿》)不假比兴,朴素大方而潇洒自在,转觉胸中无一点尘滓。

陶公如象入水,常人只是浮水而过,如何理解这种彻底之实? 他如羊在树,地上痕迹扫地都尽,研究者又当如何追寻踪迹? 更难的是,将这至实至虚的二者结合在一人身上,理解之,描述之,剖析之,岂不大难! 这本小书借用了美国学者莱昂内尔·特里林"诚与真"的书名,算是此刻我的回答吧。只是陶诗难读。做村塾师的评点易,有透彻之悟、会心之解难;写学术八股文易,翻旧案立新说易,实事求是,探本溯源难。"诚与真"的品目能得陶公首肯吗? 不敢确信。

这本小书与其说是我的陶渊明研究,毋宁视为个人对陶渊明的理解。在学术起步的阶段,我也曾希望自己能厕身学术的潮流之中,对学术前沿非常关注。同时,我服膺孔子"温故而知新"的教诲与钱大昕"实事求是,护惜古人"的治学旨趣。于是渐渐地,我意识到,预流固然好,但人各有所能有所不能,更重要的是找到最适合自己的研究方法,而不是去迎合潮流。如果读不懂作品,不理解研究对象和他的时代,标新而不出于温故,实非我这种愚笨之人所宜。鸟行空,鱼游水,愚人只合走长路。研究古人,先得读懂古人,温故而知新。这就是我对自己的要求。

读懂,又谈何容易。从一字之校勘、一词之训诂、一句之解释,到名物制度、史实事迹之考察,到一诗之字表与字里,到诗人生活的历史时空、构建的文学天地,再到思想、实践与精神境界,越是伟大的作者,对读者的挑战就越大。小的诗人,如果能成为文学史上一段路、一块路标,那就是他最大的意义。这时我们只需把这个诗人放入文学史中了解即可。伟大的诗人却不如是,他的存在本身就是他的意义。他的伟大,在文学之中,更在文学之外,因为与伟大的思想人物、政治人物、艺术人物一样,他就是人类,就是人类的意义。即便回到文学之中,小的诗人风格稳定而有限,他们的艺术与精神世界的深度与广度并不远离人群,所以显得可亲可爱;而大的诗人,风格多样,艺术与精神复杂而难以理解(哪怕白话如陶渊明),便往往逃不了平面化、标签化的命运,甚至会被阳为推奉,阴实蔑弃(如王士禛对杜甫)。读懂大诗人,谈何容易。何况古今断裂已久,于今为甚。这些年我读书为学的一大目标就是入门,入古典诗文之门。入此门中,纵有堂上堂下之别,所言尚不至于大相径庭。所谓"入乎其中,出乎其外",对我而言,不能先入古典之门,何敢腆颜言出,更不敢奢谈古今中西之际。

一个人物一旦进入文学史容易平面化,因为文学只是一个面向。人是立体的,伟大的人物尤其复杂。《国语·郑语》有云:"声一无听,物一无文,味一无果,物一不讲。"单纯的人物固然可爱,复杂的人物才会生出无穷意味,而使人着迷。所以研究者都知道,对文学史上的伟大者,要同时了解他生活其中的历史世界,探究他作为鲜活个体的精神世界,会心于他作品所呈现的文学世界,这样才能相对真切地理解他。东坡读书,有"八面受敌"之法,理解人物,也当用此法。只是知易行难,考史、辨思、析文三端,深入任何一端都不容易,何况三者同时用力。但我自问为学的目的,是找到捷径,以缩地之功达到所谓目标呢,还是探索尽可能多的道路,漫游尽可能多的区域,发现那些隐秘的所在,时时停驻欣赏风景呢? 自然是后者。因此"八面受敌"对我而言,享受多于磨难。当然,人的才能学力不同,赋性所限,我虽然力争上游,但遗憾仍多,这是没有办法的。

本书分作"历史世界""精神天地"和"文学风貌"三编,每编两章,章内节数则不定,选择讨论的问题大抵是个人认为重要,而又文献足征者。有些问题前贤争论不决,希望能有所推进,尽可能得其实;有些问题极重要,前人或未注意,或者未曾系统论述,则专门讨论势不能免。故所论虽不能应有尽有,但也不敢取巧,基本的、重要的问题大都在考论之列。

"陶渊明的历史世界"一编,于生平与作品各做了六个考证。考证的目的,是厘清陶渊明生平与作品中一些基本或重要的问题,同时也揭示陶渊明生活的历史语境。考证中古时期的问题最让人着迷,盖史料不多也不太少,最考验研究者勾连材料与推理分析的能力。在重检史料,复核前贤的有关考证时,我发现一个常见的难点是史料之间勾连度不够,导致很多常见而可用的史料被弃之未用,这种情况下,许多推论基于情理或想象而非基于证据,可信度便颇成问题。因此即便是一些反复被讨论的基本问题,特别是生平事迹,仍不能盲从轻信,而应该更广泛收集史料,更灵活勾连材料,同时变换切入的视角,重加检讨。这样得出的结论,无论是赞同还是反对前人之说,或者一切破除,另立新说,都有一个相对更坚实的基础。当然,直接证据阙如的情况下,考证只是考其可能性,我希望的只是提供一种更大的可能性。

我在阅读前人的考证时还注意到,清代学者,尤其是钱大昕这样杰出者,常常从职官、地理这些相对更切实的问题入手,所得出的结论便比较可靠,至少会少犯错。对此,钱大昕是有相当自觉的方法论意识的。《潜研堂文集》卷二四《二十四史同姓名录序》云:"予好读乙部书,涉猎卌年,窃谓史家所当讨论者有三端:曰舆地,曰官制,曰氏族。"又《廿二史考异》卷四十有云:"予尝论史家先通官制,次精舆地,次辨氏族,否则涉笔便误。"后来邓广铭先生讲历史研究的四把钥匙,即职官制度、历史地理、年代学和目录学,基本依据正是钱竹汀。受此启发,我在考证时也常从职官、地理等角度切入,自然也扩大了史料的使用范围,于是常常得出一些"新鲜"的看法。我的结论当然不敢说是定论,但应该能引起更多讨论吧。

第一章生平六考,考证的都是文献足征者,像生卒年这个最基本也是争议最多的问题，我感觉目前仍无法在材料和方法上超越前人，就只好暂付阙如。相对来说，除了陶渊明的名字以外，他生平中仕宦经历的部分材料最丰富，所以我基本用力就在这些问题上。名字考一节，我用新材料和新视角证明了宋人吴仁杰的旧说。门第考一节，从史源和职官两个角度证明清人和今人的一些异议新说的不成立，陶渊明家族在地方上算是高门应无问题，他是那种可以要富贵而不要的人物，所以为高。初仕考与辞官考两节，则是结合职官制度，尽量还原了陶渊明起家做州祭酒和最后从彭泽令上辞官的历史语境，澄清了前人的一些误解。要说新发现，那就是我发现陶渊明挂冠归田是需要放弃所有田禄的，最后辞官的坚决与其人的斩绝也可由此而知。以上四节，从结论上说，算持其旧。镇军参军与晚年征辟两节，考证的结果大概可谓出其新了。尤其镇军参军一节，我考证的结果是陶渊明未曾做过刘裕的参军，这个镇军将军是史书无传的会稽内史谢輶，这样前人一直纠结的陶、刘关系竟似乎是个伪问题，这一点让我很觉兴奋。

　　第二章考证的是我在阅读陶渊明集时碰到的六个问题。《"见南山"与"望南山"考论》是六篇中最早完成的，也是我认为最重要的。针对有学者提出"见"字是被宋人"筛选""制造"出来的新说，我重检了有关史料，发现这一新说在考证上得不到支持，"见"与"望"字应该就是早期并存的异文。然后我梳理了这两个字消长的过程，认为"见"字最后的胜出，是多种因素的合力所致，非一时一人的主观意识形态选择制造的结果。研究古代的文本，当然要留心编辑者的主观认识所造成的改变，但正如荣格所指出，人们的意识既有属于个体的主观意识，也有集体无意识，后者很难简单以主观来界定。何况还有那么多客观的物质、社会因素会造成文本变异。研究文本变化，态度更谨慎些，考虑更周全些为好，过于强调其中一端而不及其余，往往过犹不及。学术研究，当采铜于山、萃盐于海，而非做幻人之术。其余五节，涉及作品编年、本事、地理、人物等问题，考证的方法与第一章相同。其结论似无关宏旨，但对我本人而言，一是享受了考据的快感，二则加深了对陶渊明的理解，所得便不算小。陶集中类似文字校勘、作品编年注释的问题还有不少，留待今后继续处理吧。

中编"陶渊明的精神天地"，讨论的是陶渊明的思想与品行。陈师道《后山诗话》："渊明不为诗，写其胸中之妙耳。"杨时《龟山先生语录》卷一："陶渊明诗所不可及者，冲澹深粹，出于自然。若曾用力学，然后知渊明诗非着力所能成。"后山、龟山二先生所言，非一家之见，实古今一种通识，大概陶渊明高出众人，正在于此。这一判断隐含着两个前提：第一，陶渊明必有一套独属自己的人生哲学，他胸中必有一番众人所不及的妙处，使得他的人生达到某种高明的境界；第二，陶渊明真诚，品行高洁，是人文合一的典范作家。实际上古人对陶渊明的推崇，正以这两个判断为基石，因此其思想境界问题，其品行与人文合一问题，是极重要的问题。但这两个问题并非不证自明的，质疑的声音，古代就有，今天更多，需要我们采用现代学术的眼光与方法重加检讨。因此，我在第三章中重新分析了陶渊明的思想，尝试发掘他独特的人生哲学，并作出阐发。这一章在计划中本来只是一节的内容，可是提纲列好之后，发现要梳理的问题不少，一节难以容纳，最后不得不分作三节。形式上是三节，从逻辑上看，仍是连贯而下的一篇。而第四章，则主要讨论陶渊明是否真诚，是否人文合一的问题。

前辈时贤讨论陶渊明思想的文字不少，论其思想归属，大致有道家、儒家、释氏，以及调和儒道（释）这几种意见，尤以调和说最为普遍。在我看来，调和说固然更有道理，但已有的论述却仍未准确揭示陶渊明思想的真际。因为各家思想的调和，一直是中国思想史上引人注目的现象。有汉人以儒摄道的调和，有魏晋玄学以道摄儒的调和，有禅宗吸收道、儒的调和，有宋明理学明斥佛老而阴袭其思想模式、思维结构的调和，也有明清常见的儒释道三家"硬调和"……陶渊明是哪一种？还是自成一家面目？已有的研究似尚未在这一问题上做出有效回答。而我希望的是跳出儒道（释）调和这类模糊的表述，更准确地揭示陶渊明的思想结构。

断断续续思考几年之后，我的认识渐渐清晰起来。"诚之以求真"，正是目前我对陶渊明人生哲学及其实践的概括。真者，是陶渊明追求的人生境界，对这一境界的构想，大概他较多受到玄学的启发。因此第一节先讨论魏晋玄学具体如何影响陶渊明的思想。这一问题，学界的研究是在不断推进的，从笼统地说玄学影响到逐渐注意到玄学内部各家各派不同的主张，从早期学者以为嵇康、阮籍的思想影响最大，到近些年越来越多学者注意到郭象的思想影响最大。在此基础上，当考虑郭象的影响究竟如何展开，陶渊明又何所扬弃，似可更充分参考思想史、哲学史学者的研究成果，并结合陶渊明诗文的解读，以更细致的方式呈现。这就是第一节所做的工作。当然，陶渊明思想不可能完全为郭象所笼罩，他所追求之真与郭象及其他玄学思想家都不同，第二节即归纳陶渊明意中"真"的概念，进而分析陶渊明人生与文学所达致的真之境的面貌。陶渊明的真是什么，这个问题得到剖析之后，需要进一步思考，他是通过什么独特的方式达致真之境的。我认为陶渊明人生行思的历史意义在于，他不会斤斤于孰为道、孰为儒，反而开创了一种几乎全新的人生之道：以儒者诚之的态度与实践追求庄子所描述的真的境界，或者说是以贯彻道德意志，并敦行实践的方式，最后达致自然真诚的人生境界与自由的心灵境界。我把这种人生之道概括为"诚之以求真"。这种人生行思的精神，其实是暗契孔子而遥启宋人的，陶渊明特别受到宋人的欣赏与推崇，这大概是最重要的原因。几次拟议，我最后将全书之名定为《诚与真》，正是基于"诚之以求真"的人生之道在我看来全部地贯彻在了陶渊明的人生与文学之中，而亟待表彰。

马一浮先生《旷怡亭口占》诗有名句云："已识乾坤大，犹怜草木青。"我以为这二句可极好地形容陶渊明的人生之道。识乾坤之大，这便是真实不虚之境。怜草木之青青,便是诚之的工夫。这个"犹"字最好,说明未识乾坤大之前,要做怜草木的工夫,已识之后,仍要做此工夫。所以真者固然是诚之所致,而达致真境之后,仍要诚之不已,方能不退不堕。比如《饮酒》其五是真之境,而其十六"竟抱固穷节,饥寒饱所更",其十七"任道或能通",仍是诚之的事业。所以诚与真,在陶渊明那里,是交织贯彻、持之终身的,并非一前一后、一消一涨的关系。旷怡亭在我家乡乌尤山上,下临大江,遥对峨眉。抗战时,马一浮先生迁流到此,创办复性书院,平时讲学之所正在此亭中。每次回家,我都会在风景澄澈的日子里,登临斯亭。源源岷江,自北而来,青衣、大渡二水,则在西边不远处先自汇流,浑浑灏灏,直奔山前,入大江而南去。目力逆水而西,峨眉山、绥山,若浮在江上,在天际一字排开。我曾作过一首《望峨眉歌》,开头云:"秋云万里都净尽,峨眉翠从天外来。青崖紫壁光变灭,巨壑深岩虎啸哀。龙吟沧江出地底,天边草木如浮埃。我来登高临宇宙,峥嵘襟怀为之开。"当襟怀大开的时候,我常常会想起马一浮先生的诗,也会想起陶渊明。他登临庐山,遥望大江,天地之阔大与人生之真诚,必定同流共化,无内无外,思之令人神往。共感于江山也好,反复琢磨其诗文也好,我找不到陶渊明不真诚的证据。

所以小书的第四章要剖判的就是陶渊明是否真诚,是否文如其人这个问题。研究陶渊明的思想和人格时,我常常想起毛姆的一段名言:"制造神话是人类的天性。对那些出类拔萃的人物,如果他们生活中有什么令人感到诧异或者迷惑不解的事件,人们就会如饥似渴地抓住不放,编造出种种神话,而且深信不疑,近乎狂热。这可以说是浪漫主义对平凡暗淡的生活的一种抗议。传奇中的一些小故事成为英雄通向不朽境界的最可靠的护照。"(傅惟慈译《月亮与六便士》)我深以为然。陶渊明传记中不少逸事,就是这类神话吧。但传记中有无神话与其人是否真诚,毕竟是两个问题,它们不能彼此证真,也不能互相证伪,个人神话的作用,在我看来更多是放大人物的某种特质,也放大后人的想象,使之在历史的记忆中不朽。就像宋人马永卿在《嬾真子录》里分析的那样，陶渊明担任彭泽令在农历八月到十一月，那不是播种稻谷的时节，所以"使二顷五十亩种秫，五十亩种粳"的传说，多半靠不住。这就是神话。但这个神话否定不了陶渊明嗜酒的事实，毕竟还有大量陶氏诗文和其他传记资料为证。学者研究，当分辨传记故事何者为神话，何者为事实，也当分辨文学自述何者出于真诚，何者出于伪饰。人是最复杂的，真人或不免善意的谎言，伪人亦偶有实话，岂能因善意谎言的存在而证其伪，又岂能以一二实话而许其真？

关于陶渊明及其创作，当代有种很有影响力的新说，认为陶渊明的诗歌是自传诗，同时也正如一般自传一样，有太多伪饰，他只是在利用诗歌，塑造一些自己希望传达的自我形象。这显然是针对传统的陶渊明人文合一的观点而发的。其实顾炎武在《日知录》卷十九《文辞欺人》条中早已说："末世人情弥巧，文而不惭，固有朝赋《采薇》之篇，而夕赴伪廷之举者。苟以其言取之，则车载鲁连、斗量王蠋矣。（中略）《黍离》之大夫，（中略）真也。栗里之征士，（中略）真也。其汲汲于自表暴而为言者，伪也。"他当然知道文辞作伪者极多，但陶渊明不在此列。可惜顾炎武的意见完全被他们忽视了，陶渊明经过简单分析就被归入作伪者之列。我认为顾炎武属于精通传统文史与文章的一流士大夫，他的判断不宜不加检讨就置入冷宫。所以我写了一篇反驳的论文，主要是将新说背后隐藏的理论依据挖掘出来，一一加以梳理，并分析这些理论的适用度问题，同时也回到文学史与陶诗中具体分析，最后证明新说不能成立。这就是本章第二节。论文写好之后，我觉得光是反驳也不行，那陶渊明作品中"自我"究竟真实与否，其作品呈现的究竟是什么样的自我，这个问题还是需要从正面加以说明，所以再写了第一节的内容。就我个人的研究旨趣讲，我不大赞同套用、袭用某种西方理论直接分析中国的文学，但是分析陶渊明的自我的时候，我觉得古今中外所有的人都面临自我认识、自我发展与自我展示的问题，这既是每个人的基本问题,也是心理学要处理的基本问题。所以我就小心地参考了心理学对这三个问题的一些研究成果,一边分析陶诗,一边比较心理学的一些基本结论和具体研究,看看是否有相符合的可能性。结论是陶渊明诗歌中的自我描述,既在基本问题上与心理学对个体自我的描述相合,在一些细节上也可以互相做验证。这样,不但可以将陶渊明的"自我"的方方面面看得更清楚,也可以比较确信地说,古人认为陶渊明人文合一、诗如其人,这一看法并没有什么问题。第三节,从分析嵇康与柳树的关系,孙绰、张湛与松树的关系入手,讨论他们对陶渊明的精神与风度产生的不同影响。似乎陶渊明早年爱柳与嵇康有关,晚年好松,多多少少受了孙、张任诞风度的影响。这一节可以视为上一章前两节的补充,但不能打断逻辑插入其后,干脆移置于中编之末。

下编讨论陶渊明的文学风貌,这一编各章节的写作原则是详人所略,尽量写出自己这些年读诗的体悟。文学史的研究当以文学研究为归宿。学者巨细无遗地指认并勾勒出文学史上的每一条线索,发现并填补文学史的每一个空白,固佳,只是这样做的目的是理解文学、研究文学,而非遗忘文学。经典作家作品的影响绝不仅仅局限在文学上,他们早已全面浸润在本民族文化,甚至一些异民族文化的肌理经脉之中。从语言、审美到人生态度、言行方式,甚至草木之欣赏,饮食之烹撰,无不回荡着经典的声音。对伟大的作家和作品如果不能深切地理解,那也谈不上传统的继承,更加谈不上发展出新。程千帆先生曾强调文学作品的核心地位说:"文艺学与文献学两者有个结合点,那就是作品,首先要把作品弄得很清楚。"(徐有富《程千帆先生谈治学》)"方法本身不是目的,目的是要使作者的心灵和它所依托的时代浮现出来。就是要认识作品真正的美。(中略)我们无论用哪种方法从事研究,都必须归结到理解作品这一点上。"(《程千帆沈祖棻学记》)张伯伟先生由此总结并引申说:"所谓文学研究的方法,其区别于哲学或史学研究方法的关键,就在于其研究对象离不开文学作品本身。没有作品,就没有文学的历史和理论;不深入理解作品,文学的历史和理论就只能是表层现象的描绘或似是而非的议论。"(《"有所法而后能,有所变而后大"——程千帆先生诗学研究的学术史意义》)或以为古代文学的"文学研究"即文学鉴赏,又进而鄙薄鉴赏不足为,转而用力于文学之外,这都是门外之谈。文学自成天地,千里莼羹、秋风鲈脍,其滋味非阴山外食酪者所能想象。理解文学和心灵,是我对自己的要求,下编即致力在此。

翻看我十多年前为"陶渊明研究"这门课所写的讲义,关于田园诗,我的基本判断是:"帮助陶渊明忘掉烦忧的田园生活也凸显出自己的位置,即出世而不离世,它既在人间,又远离人间,诗人与尘世的距离不远不近,与世人的情感不深不浅,都刚刚好。这不正是中道而行,不正是孔子最推崇的中庸吗?因为中庸,诗人虽然与纷扰的尘世尽量保持距离,却也不会隐居山林、离群索居,他需要恬淡的亲情、友情,他自己的感情也深厚、平和、恬淡,让人心醉。""田园是不同于官场、山林以及神仙世界的第四种存在,也可以说它不偏不倚,处于繁华与冷寂这两端的中点。这是陶渊明对中国文学,对中国文人的生活世界、思想世界、心灵天地最大的贡献。"不仅田园诗如此,实际陶渊明全部作品都可以如是解读,这是我十几年来一贯的认识,只是该用怎样的一个概念来概括这一想法呢?某个失眠读书的晚上,"边境"这个词突然从我的脑海中一跃而出。记起来本科时在吉登斯《民族-国家与暴力》中看到,传统国家之间往往没有明确的疆界,起区隔作用的一般是山川、草原、沙漠等自然地带,所以边境是国与国之间一片归属相对模糊的区域。非常兴奋,这正是我需要的概念。之后我重新梳理了中国历史中隐逸的类型,确认陶渊明的隐逸方式属于其中较独特的一类,他的心理需要促成了他的这种隐逸选择,而这种生存状态又造就了他独特的"边境"意识。由此,其文学的基本主题即对这一"边境"生存的书写。这就是"边境"一节的缘起。

《陶诗的力量》一节,我也很下了一番力气。郑骞先生曾在《辛稼轩与陶渊明》一文中说:"陶渊明归田以后的心情,始终是这样冲突矛盾,但他能把这个冲突矛盾排遣融化,使之归于悠闲冲淡。这种锻炼修养,需要很强的意志,很强的生命力,所谓坚苦卓绝是也。正如同七色板,若非用大力加速旋转,不会合为白色。所谓白色也者,不就是淡泊宁静的象征么?惟其陶渊明有这样坚卓强固的意志与生命力,他才能在饥寒与寂寞,物质与精神两重压迫下,悠然地活下去,饮酒赋诗,以此终老;而不曾中途变卦,再去折腰五斗,奔走风尘。人生反正只有三条路,向前、退后与站住了不动,都需要很大的力量。若陶渊明者,一卧柴桑,万年难起,这是辛稼轩之所以称之为'到如今凛然生气'。"这个七色合为白色的比喻给我很深的印象。郑先生以宁静淡泊为有力量,这让我思考,如何从艺术的角度,对陶诗中蕴藏和表现的力量感做一全面和深入地分析。在我看来,这一问题实际是理解陶渊明其人其诗的关键问题,古今学者不是注意未及,但系统阐述却尚阙如,所以我以此为题完成第二节。

第三节我讨论了陶诗田园书写的特色。有一种神游天外的文学,自以蹈虚为能事;另一种脚踏实地的诗歌,就不能不先以征实为手段。陶渊明在诗歌中,描述自己是躬耕的诗人,劳作是生活的一部分,那么分析他的田园诗,就应该结合具体的农业生产和日常生活的知识,才能对这种自述的真实性做出判断,然后与文学分析相结合,才能更全面准确把握其田园书写的特色。遗憾的是,古今学者文士,于此深知者未有详言,言者或未必深知,分析解读时不免掺入许多想象之辞。比如大家喜欢以"种豆南山下,草盛豆苗稀"为例,说明陶渊明勤苦躬耕是虚,疏懒自得乃实,却不知这就产生了一个180度的误会。其实这两句诗反映出的正是陶渊明深谙耕种之法,且勤力自任的事实。基于此,我以《归园田居》前三首为例,分析了陶诗田园书写真切与深广的特色。

以上是第五章的内容,大致涉及主题分析和风格讨论。最后一章则专论陶诗的修辞。可能与一般认知不同,我认为陶渊明是修辞大师。实际上所有杰出的作家在修辞上一定都有大过人之处,有独得之秘。当然,我所谓的修辞是在修辞的本义上而言的,也是依据二十世纪修辞学对修辞的主流认识而言的。而我们一般所讲的修辞格,只是修辞手段集合的一个子集合,远不足以代表整个的修辞。陶诗修辞的整体特色,从修辞格的角度讲呈现的是弱修辞的特征,从更广泛的修辞手段角度看,却具有高度鲜明的个性特征。我尝试着从形容的尺度、节奏和风格修辞三方面,将陶诗的修辞特性部分呈现出来。

　　总体而言,下编的写作,是对我入古典文学之门目标的检验。入得门中,持论不失其故,温故而稍得其新,这是我的理想。当然,陶诗是"质而实绮,癯而实腴"的,而理想与现实的关系却常常是绮而实质,腴而实癯的,苦笑苦笑。

　　最后想简单说明一下我的研究态度。研究者应平视研究对象,我赞同。现代学术训练就是不断打破从前的迷思,教我们重审材料,重审研究对象的过程。所谓平视,便是先(尽可能)将成见抛开,重新审视的眼光。但有些人物,重审之后我们自然会仰视,有些人则会被我们俯临,还有更多人会让我们迷惑,这是判断的重建。在当代研究中,我们一直可以听到一种质疑,或者说希望解构、重构陶渊明的声音。这种声音重建的陶渊明,是被平视,甚至俯视的。我也重建了我的判断,其结果却是强化了我对陶渊明的仰望。此刻的我认为,陶诗如寥廓太空。仰观的人,是一无所睹,或是看到其中有飞鸟、有浮云,还是看其吞吐日月、包孕星汉,这是对观者的挑战。而太空只是太空。

　　对陶渊明我仰视之,但在研究时我尽量遵循学术规范,保持一种相对客观的态度,也力求能有出新。能出新只是因为现代学术日积月累,做新的考证,采用新的眼光和方法,得出一些新的结论,都是理所当然的事。这些新解新论,其意义不在新,也不在胜过谁,它们只是笔者所做的研究工作的一个呈现,至于优劣得失,当交给学界以及所有读者来评判。这是公心而言。

从开始研究陶渊明到成书,忽忽已得一纪。不敢说十年辛苦,但成书诚为不易。书中自有一种风流格调,吾自爱之。"吾侪心事,古今长在,高山流水。"这就只是私意了。

目　录

2023 版自序 ……………………………………………………… 1
前言 ……………………………………………………………… 1

上编　陶渊明的历史世界

第一章　生平六考 ………………………………………………… 3
　第一节　名字考 ………………………………………………… 3
　第二节　门第考 ………………………………………………… 10
　第三节　初仕考 ………………………………………………… 30
　第四节　镇军参军考 …………………………………………… 36
　第五节　辞官考 ………………………………………………… 55
　第六节　晚年征辟考 …………………………………………… 62

第二章　作品六考 ………………………………………………… 75
　第一节　"见南山"与"望南山"考论 ………………………… 75
　第二节　"三湘"考 …………………………………………… 101
　第三节　关于《赠羊长史》的两个问题 ……………………… 116
　第四节　《答庞参军》二首系年 ……………………………… 125

第五节 友人"殷晋安"考 ⋯⋯⋯⋯⋯⋯⋯⋯⋯⋯⋯⋯⋯ 139

第六节 《五柳先生传》写作时间辨 ⋯⋯⋯⋯⋯⋯⋯ 156

中编 陶渊明的精神天地

第三章 诚之以求真：陶渊明的人生行思 ⋯⋯⋯⋯⋯⋯ 163

第一节 自然与名教：陶渊明的玄学之思 ⋯⋯⋯⋯⋯⋯ 165

第二节 真之境：陶渊明的人生境界 ⋯⋯⋯⋯⋯⋯⋯⋯ 189

第三节 诚之以求真：陶渊明的人生哲学与实践 ⋯⋯⋯ 209

附录 玄学对陶渊明政治思想的影响 ⋯⋯⋯⋯⋯⋯⋯⋯ 237

第四章 笃意真古：自我与风度 ⋯⋯⋯⋯⋯⋯⋯⋯⋯⋯ 247

第一节 陶渊明的"自我" ⋯⋯⋯⋯⋯⋯⋯⋯⋯⋯⋯⋯ 247

第二节 陶渊明的真与伪——兼论理论运用的适度性问题 ⋯ 272

第三节 五柳与孤松——关于嵇康、孙绰、张湛对陶渊明的

影响 ⋯⋯⋯⋯⋯⋯⋯⋯⋯⋯⋯⋯⋯⋯⋯⋯⋯⋯ 298

下编 陶渊明的文学风貌

第五章 弦上之音：主题与风格 ⋯⋯⋯⋯⋯⋯⋯⋯⋯⋯ 321

第一节 疏世之隐与"边境"文学 ⋯⋯⋯⋯⋯⋯⋯⋯⋯ 321

第二节 陶诗的力量 ⋯⋯⋯⋯⋯⋯⋯⋯⋯⋯⋯⋯⋯⋯ 347

第三节 真切与深广：陶诗田园书写的特色 ⋯⋯⋯⋯⋯ 383

第六章 希声：陶诗的"修辞" ⋯⋯⋯⋯⋯⋯⋯⋯⋯⋯ 403

第一节 何谓陶诗的"修辞" ⋯⋯⋯⋯⋯⋯⋯⋯⋯⋯⋯ 403

第二节 形容的尺度 ⋯⋯⋯⋯⋯⋯⋯⋯⋯⋯⋯⋯⋯⋯ 410

第三节　句篇节奏 ……………………………………… 417

第四节　风格修辞 ……………………………………… 435

陶诗与《论语》（代结语） ……………………………… 461

附录　先生不知何许人 …………………………………… 489

　父系 …………………………………………………… 490

　母系 …………………………………………………… 495

征引文献 …………………………………………………… 503

后记 ………………………………………………………… 536

上编

陶渊明的历史世界

第一章　生平六考

第一节　名字考

陶渊明的名和字,是一个从古争论至今的问题。朱自清在《陶渊明年谱中之问题》一文中,曾总结古今十个说法,并各予评述[1]。龚斌新近在《陶渊明年谱考辨》中总结了古今人十四种说法[2]。这些不同的说法,其源头有二:一个是《宋书·隐逸传》本传中"陶潜字渊明,或云渊明字元亮"的记载[3];一个是萧统《陶渊明传》中的"陶渊明字元亮,或云潜字渊明"[4]。后来唐人所编《晋书》中,调和出一个"陶潜字元亮"的说法[5]。宋代及其后学者提出新说,基本都依据以上二源头三说加以变通发展。宋人新说之新,在于他们将史料中通过"或云"呈现的并列关系的二名二字理解为时间上的前后相继的关系,即陶渊明是因

---

[1] 《朱自清全集》第八卷,南京:江苏教育出版社,1998年,第162—164页。
[2] 龚斌《陶渊明年谱考辨》,南昌:江西人民出版社,2018年,第1—5页。按:龚书未注意到范志新先生在《陶渊明名字考辨》一文中的新说,若算上范说,则为十五种。
[3] 沈约《宋书》卷九三,北京:中华书局,1974年,第八册,第2286页。
[4] 萧统《陶渊明传》,袁行霈《陶渊明集笺注》附录,北京:中华书局,2003年,第611页。
[5] 房玄龄《晋书》卷六四,北京:中华书局,1974年,第八册,第2460页。

为晚年改名，造成了名字两说的出现。这种理解在文献中可以找到依据，且颇有解释的力量，所以信者多而疑者少。目前的文献中可见到最早提出这种说法的是黄庭坚，其《宿旧彭泽怀陶令》诗云："司马寒如灰，礼乐卯金刀。岁晚以字行，更始号元亮。"①看来山谷老人认为陶潜字渊明是本来名字，渊明字元亮是晋宋易代之际所改。后来叶梦得也持此说②。吴仁杰认可晚岁更名的看法，而持相反的结论，即渊明是本名，潜是晚年所改。他认为："按先生之名渊明，见于集中者三；其名潜，见于本传者一。集载《孟府君传》及《祭程氏妹文》，皆自名渊明。又按萧统所作传及《晋书》《南史》载先生对道济之言，则自称曰潜。《孟传》不著岁月，《祭文》晋义熙三年所作，据此即先生在晋名渊明可见也。此年对道济，实宋元嘉，则先生至是盖更名潜矣。"③吴说颇有道理，后来学者采信者多。但朱自清质疑，认为沈约编撰《宋书》时距陶渊明之卒才六十年，就有或说，可见其事当时即为疑案；同时他认为，清人钱大昕提出的朝廷收集百氏族谱，沈约修史必见之的看法，恐怕也不可靠④。范志新则在《陶渊明名字考辨》一文中从名、字关系的角度出发，考察潜与渊明的出典与意义关系，辅证以陶氏家族命名的风气习惯，认为潜字渊明才是本来名字。针对吴仁杰所举文集中自称"渊明"的证据，范先生进而认为陶渊明是较早厌倦官场生活，因自责、自愧、自嘲的心理而改名，改名的时间早在晋安帝隆安五年左右⑤。那何以陶渊明在改名二十多年后的晚年要对人自称"潜"呢？这个问题范文避而不答。另外，中年改名这一说法大概源自邓安生。邓先生主张本名

---

① 黄庭坚著，任渊等注，黄宝华点校《山谷诗集注》，上海：上海古籍出版社，2003年，第15页。
② 叶说见吴仁杰《陶靖节先生年谱》所引。吴仁杰《陶靖节先生年谱》，许逸民校辑《陶渊明年谱》，北京：中华书局，1986年，第24页。
③ 吴仁杰《陶靖节先生年谱》，第24页。
④ 朱自清《陶渊明年谱中之问题》，《朱自清全集》第八卷，第163页。
⑤ 范志新《陶渊明名字考辨》，《文学遗产》，2009年第1期，第121—124页。

渊明、改名为潜之说，但认为改名时间在中年辞官后。在《重订陶渊明年谱》中，他说："渊明以'道不偶物'，于义熙元年自解彭泽令，则其更名，宜当与刘遗民更名同意，其更名曰'潜'，正见逃禄归耕、隐居避世之志。然则渊明更名曰'潜'，或当在义熙归田之后。必谓入宋更名，则其据未坚，且有'耻事二姓'之嫌。"①但中年改名说基本出于情理推测，并无证据。实际朱自清的疑问同样基于情理。而范志新的论证忘记了渊明与元亮从名字关系角度上并无龃龉，其有效性与潜字渊明一组名字等同，仅仅从名、字关系考虑，是不能解决先后问题的。如果局限在上文所述的材料和证据中，恐怕对这一问题的讨论未必能有效推进。因此这里希望提供一些新的材料，同时稍微转换视角，对此问题再做审视。

可以帮助我们推测陶渊明名字的早期记载并非只有几部正史和萧统一传，《高僧传》中即三次提及。其一为卷十《晋上虞龙山史宗传》："陶渊明记白土埭遇三异法师，此其一也。"②其二为卷十四序所云："宋临川康王义庆《宣验记》及《幽明录》、太原王琰《冥祥记》、彭城刘俊《益部寺记》、沙门昙宗《京师寺记》、太原王延秀《感应传》、朱君台《征应传》、陶渊明《搜神录》，并傍出诸僧，叙其风素，而皆是附见，呕多疏阙。"又同卷卷末附王曼颖书："兼且搀出君台之记，糅在元亮之说。"③三处都涉及陶渊明撰《搜神后记》之事，其书真伪这里不做讨论，只看它们对陶渊明姓名的两种记录。慧皎所撰的传和序中都称陶渊明，尤其序中陶渊明是与刘义庆、王琰、刘俊、王延秀、朱君台等并称，其余诸人都是直呼其名，看来渊明也应该是名而非字。《高僧传》最末载僧果附记，有"（慧皎法师）梁末承圣二年太岁癸酉避侯景难，来至溢

① 邓安生《陶渊明新探》，台北：文津出版社，1995年，第183—184页。
② 释慧皎撰，汤用彤校注《高僧传》，北京：中华书局，1992年，第378页。
③ 《高僧传》，第523—524、552页。

城,少时讲说。甲戌年二月舍化"云云①,可知慧皎晚年留居江州,陶渊明姓字必闻之当地故老,如所闻为陶潜字渊明,自当修正前序之文才是,从慧皎的记载看,似可认为江州人皆以渊明为其名,或者说陶渊明是地方人士最习知之名。而王曼颖所谓"元亮之说",此处所称是名还是字,颇难判定。唐初道宣所撰《集神州三宝感通录》卷下《神僧通感录》中载《搜神录》一书,名下注云"陶元亮",而其前《宣验记》《幽明录》《冥祥传》《僧史》《三宝记》《高僧传》诸书下所注撰者为刘度、宋临川、王琰、王巾、萧子良、裴子野,准此例,道宣似以元亮为其名②。又同时法琳《破邪论》卷下所载相同③。似乎僧团系统中相传有一种以陶元亮为本名的说法,此说与慧皎记载相悖,也与沈约、萧统的记载相悖,恐不足取。

　　而陶潜之名,在南朝隋唐史料中,除《南史》《晋书》以外,钟嵘《诗品》卷中称"宋征士陶潜"。《太平广记》卷四四三《畜兽》十鹿类《车甲》篇,出隋萧吉《五行记》,有"陶潜《搜神记》曰"云云④。《隋书》卷三三《经籍志》史部杂传类著录"《搜神后记》十卷",注"陶潜撰"⑤。《日本国见在书目录》记载同⑥。又《隋书》卷三五《经籍志》集部著录"宋征士《陶潜集》九卷"⑦。又唐许嵩《建康实录》卷十二记载说:"(元嘉四年)十一月辛未,甘露降初宁陵。散骑常侍陆子真荐豫章雷次宗、寻阳陶潜、南郡刘凝之,并隐者也。"⑧《建康实录》的史料来源一般都

---

①　《高僧传》,第 554 页。

②　释道宣《集神州三宝感通录》,《大正新修大藏经》第五十二卷,东京:大正新修大藏经刊行会,1982 年,第 431 页。

③　释法琳《破邪论》,《大正新修大藏经》第五十二卷,东京:大正新修大藏经刊行会,1982 年,第 485 页。

④　李昉等编《太平广记》,北京:中华书局,1961 年,第九册,第 3625 页。

⑤　魏徵《隋书》,北京:中华书局,1973 年,第四册,第 980 页。

⑥　孙猛《日本国见在书目录详考》,上海:上海古籍出版社,2015 年,第 805 页。

⑦　《隋书》,第四册,第 1072 页。

⑧　许嵩撰,张忱石点校《建康实录》卷十二,北京:中华书局,1986 年,下册,第 417 页。

是正史,唯独刘宋部分依据的是齐梁时裴子野《宋略》,因此这段记载就有重要而独特的价值。

　　分析以上材料,似可以得出以下结论。(1)宋元嘉四年朝廷征辟陶渊明的时候,他的名是潜,陆子真的荐表和朝廷的正式记录上应该如此,所以《宋略》和《建康实录》如此记载。《诗品》"宋征士陶潜"和《隋书·经籍志》所载"宋征士《陶潜集》",无论是"宋征士"的称呼,还是"陶潜"之名,与这一记载相吻合,看来都来自刘宋王朝的正式记录。《搜神后记》作者的著录,应遵循同一原则而来。(2)好友颜延之当然应该知道元嘉四年这次征召,但他在《陶征士诔》中称"有晋征士寻阳陶渊明"①,这显然是尊重逝者本心,同时也说明晋安帝义熙中征召陶渊明时其名正是渊明。邓、范二先生所持义熙初改名之说与此记载实相矛盾。(3)综合以上分析看,陶渊明在晋时名渊明,入宋后名潜的可能性最大,也就是吴仁杰的分析最为可信。那么陶渊明一生中除永初元年(420)至元嘉四年(427)这七八年以外,大半生都名渊明,江州人士习知其名为渊明,慧皎在江州所听闻的应该也是此名,这样与《高僧传》的记载也相吻合。以上三点,就是我们扩充史料之后,分析所得之结论。

　　下面不妨再换一个视角,对此问题再加思考。陶渊明有《癸卯岁十二月中作与从弟敬远》诗,又有《祭从弟敬远文》,文中自述与敬远关系是"父则同生,母则从母"②,即彼此父亲是亲兄弟,彼此母亲也是亲姐妹,所以渊明与敬远是亲上加亲的堂兄弟。从名字对应关系看,如果弟弟是双名的敬远,那哥哥也只能是双名的渊明,而不会是单名的潜。陶渊明另有一首《悲从弟仲德》诗,此诗题目宋刻诸本皆如此,唯有汲古阁影苏体字本题作"悲从弟敬德",但是苏写本卷首目录仍作"悲从

---

①　颜延之《靖节征士诔》,萧统编,李善注《文选》卷五七,北京:中华书局,1977年,第791页。

②　袁行霈《陶渊明集笺注》,北京:中华书局,2003年,第547页。

弟仲德",与他本无异,则正文诗题中之"敬"字当是讹字。这个"仲"字在魏晋时常用在字中表示排行第二,如王粲字仲宣、司马懿字仲达、孙权字仲谋皆是,假如仲德是字,那与之相对应的字正是元亮。"元"在彼时常用在字中表示排行居长,如刘宋王叡,字元德,次弟王懿,字仲德。渊明-敬远、元亮-仲德,分别对应,明与亮为同义词,敬与德亦相承相关,让人觉得仲德就是敬远之字。《悲从弟仲德》诗云"礼服名群从,恩爱若同生"①,与祭文描述二人情爱深浓的文字吻合;诗中云仲德有寡母在,与祭文中称敬远父早亡吻合;唯祭文作于敬远旋殁之后,故其妻尚在,其子"未能正言",而诗云"衔哀过旧宅",似作于数年之后,故其妻已逝,其子已"数龄"。诗与祭文颇能吻合,似可证明敬远即仲德,一名一字而已。

至于何以前面称名,后面称字,似乎起陶公于地下问之才行。这里强代作者解释的话,也许可以理解为,二人友爱胜于同生,陶渊明又年长十六七岁,为人又通脱潇洒,称弟以名,正示人以彼此亲密无间,关系非同一般,而逝者过世数年后,则称字以示敬,前后并不矛盾。不妨以一绝相似的关系作类比,即谢灵运与谢惠连。今存谢灵运诗,有《酬从弟惠连诗》五首、《登临海峤初发疆中作与从弟惠连可见羊何共和之诗》四首以及《答谢惠连诗》,均在诗题中直呼"从弟惠连",与陶诗的"从弟敬远"无异,可知对亲密的堂弟直呼其名在当时并不为怪。当然,"惠连"是名还是字,是否谢惠连以字行,容或有疑。但翻检后来诗题,王褒有《和从弟佑山家诗二首》,卢纶有《喜从弟激初至》《与从弟瑾同下第后出关言别》,王维有《赠从弟司库员外绿》《送从弟蕃游淮南》,这些被提到的从弟都是单名,自然是名非字。可知这种在诗题中于亲密的从弟直呼其名之例并不少见。柳士镇曾经总结《世说新语》中人物称呼的一些新现象,其中一类是"称呼侪辈之名",即于

---

① 《陶渊明集笺注》,第175页。

同辈直呼其名①。柳先生认为这是魏晋通脱放诞风气所致②。既然对同辈可以直呼其名，那对关系亲密的从弟直呼其名，也就不奇怪了。但过世数年之后，再直呼其名显然不妥，称字才是应该的。如果上面推论能成立的话，根据敬远字仲德之例推之，也许会得出渊明字元亮是本来名字的结论。而从这一角度得出的结论，又正与前面分析史料所得结论相合，似乎当可接受。

以上从史料分析和渊明、敬远兄弟名字对应关系两方面做了探讨，其结论倾向于赞同吴仁杰的观点。可以说，陶渊明、陶潜都是诗人之名，不过前者是前面大半生之名，是作为晋人的陶渊明的名字；后者是人生最后七年多时间里用的名字，是作为宋人的陶潜的名字。这样应该可以回答朱自清的质疑，沈约记载的"陶潜字渊明"，根据的是宋王朝的官方记录，所谓"或云渊明字元亮"，这是保留的本来名字，非沈约疑惑不能决也③。钱大昕提出的朝廷中有百氏族谱之说甚有道理，不宜轻易否定。这一问题，下一节中会有详细分析。

为什么要改名？准确原因我们已经无法得知。单从名字本身看，"潜"是希望自己潜藏起来吧。《诗经·小雅·鹤鸣》："鱼潜在渊，或在于渚。"郑玄笺释云："此言鱼之性，寒则逃于渊，温则见于渚。喻贤者世乱则隐，治平则出，在时君也。"如果确实改名"潜"，换以"渊明"为字的话，那么显然就是用《诗经》之文和郑玄的笺意。从中可以看出，陶渊明对新王朝是不认可的，他希望潜到很深的水底去，离这个世界越远越好。有意思的是，以"渊明"作字，其中又含着浓浓的无奈与自嘲。想逃到深水里，可是水那么透亮，再深又能如何？皇权与王法，如天网

---

① 柳士镇《〈世说新语〉人物言谈中称名与称字的考察》，《中华文史论丛》第五十辑，1992年，第255页。

② 同上注，第257—258页。

③ 龚斌先生也认为："沈约先叙先生入宋后名字，萧统先叙先生在晋时名字，二者皆得事实之真。"龚斌《陶渊明年谱考辨》，第5页。

之恢恢,真个是疏而不漏,让人无所逃于天地之间。后来黄庭坚注意到了陶渊明的这层黑色幽默,在《宿旧彭泽怀陶令》诗中,他说:"潜鱼愿深渺,渊明无由逃。彭泽当此时,沉冥一世豪。"陶渊明的精神气质,与宋人最相契合,所以对他透彻理解,非等到宋代不可。

第二节 门 第 考

一 引论

陶渊明的门第高贵还是卑贱,他出身高门还是寒门,在六朝贵族的时代,这不是小问题。如果像今天学者普遍以为的那样,他出身寒门,那功名富贵对他大概率是可望不可即的,归身田园,则不过是找不到出路的穷士不得不然之举。反之,如果能证明陶渊明门第不弱,托身官场,完全可以像很多贵族名士那样平流稳进,虽然因侨人歧视,未必能做到三公九卿的高官①,但像很多南土士人一样,在一个不算低的清闲官位上养闲就禄自无问题,那他弃官位如敝履,决然归去来,便显示了一种更高贵的精神。正是在这个问题上,前人有争论,不算彻底被解决,今人有些影响之谈,也需要稍加辨析。

有种误会,以为陶渊明家族本是寒门,陶渊明家更是家族中的破落户,他自幼家贫,出身寒微,所以门第卑贱,注定被士族所鄙视②。或者如有的学者认为的那样,陶渊明虽然对提升陶氏家族的文化地位起了

---

① 周一良《南朝境内之各种人及政府对待之政策》中指出,南人而能在政治上贵盛者,大多出身扬、南徐二州,他州土著则较少。周一良《魏晋南北朝史论集》,北京:北京大学出版社,1997 年,第 68 页。

② 可参见曹道衡《关于陶渊明思想的几个问题》,曹道衡《中古文学史论文集》,北京:中华书局,2002 年新 1 版,第 172—193 页。

作用,但"陶氏家族在当时,正处于由庶人身份、官僚身份、军功豪族向士大夫家族转变的过程中,处于士庶之间的地位"①。这里面存在着一些对当时贵族社会的误解。

首先要厘清寒素、素族、寒士、寒人、庶人这些概念。其实唐长孺对这一问题已经有较清楚的说明,他指出:"两晋南北朝间凡称'素'者都没有贬低的意思,有时与宗室或公侯贵显相对而言,有时就是士族的异称。"②又:"东晋南朝自称或被称为'寒士'的,有的是自谦,有的是有意贬低,而大都是先代官位不显的士人,或者士族中的衰微房分。最基本的一点,他们仍是士人,不是寒人,这一点却往往易被忽视。"③所以在当时的用法中,素族、寒士所指仍是士族,寒门、寒人、庶人才是非士族的卑贱者。非但"素族"如此,甚至琅琊王氏出身,且权高位重的王弘,也曾在上书中自称"庶族庸陋浮华之臣"④。可见在相对皇族时,王谢诸人也可谦称"庶族"。根据唐先生的总结可以知道,所谓寒与素,可以用作士庶区别之称,也可用于士族内部区别尊卑时的谦称或蔑称。

而在当时,士庶之间区别的严格程度要远高于士族内部的尊卑之别。《宋书·王弘传》载,王弘入朝执政以后,曾经与各部尚书丞郎有过一次讨论,士人与庶人犯法,应该适用同一刑律,还是保持旧的士、庶分律,诸人详细讨论当如何体现士庶的差别,但又保持法律的威严。其中左丞江奥提出:"士庶之际,实自天隔。"吏部郎何尚之亦云:"士庶缅隔。"⑤可见,士人与庶人的差别是有法律条文加以保证的。也可由此推论,士人与庶人在户籍一定有清楚的区分,否则刑律就成了一纸空文,无法执行。因此士就是士,庶就是庶,绝无含混的士庶之间的可能。

① 钱志熙《陶渊明经纬》,北京:北京大学出版社,2019年,第44页。
② 唐长孺《读史释词·素族》,唐长孺《魏晋南北朝史论拾遗》,北京:中华书局,2011年,第251页。
③ 唐长孺《读史释词·寒士》,《魏晋南北朝史论拾遗》,第255页。
④ 沈约《宋书》卷四二《王弘传》,北京:中华书局,1974年,第四册,第1316页。
⑤ 同上注,第1318、1319页。

对门第和品级起决定性作用的是姓氏与父祖官位,而不是贫富。那时户籍管理,有高门、次门、役门、军户等区别。高门是高级士族,次门是低级士族,而所谓寒人则是役门、军户这样要承担徭役、兵役的普通人家。陶渊明祖父是郡守,父亲是县令,怎么可能是寒门呢? 要说叔祖陶范曾被王胡之歧视①,可王谢诸人还歧视桓温,称之为"老兵",难道天下自王谢以下都只能算寒门? 可知此理不通。除了北来的一等、次等世家大族外,每个州郡,都有自己的高门、次门,这是要在户籍上予以明确著录的。《宋书·宗越传》载:"宗越,南阳叶人也。本河南人,晋乱,徙南阳宛县,又土断属叶。本为南阳次门,安北将军赵伦之镇襄阳,襄阳多杂姓,伦之使长史范覬之条次氏族,辨其高卑,覬之点越为役门。(中略)世祖镇襄阳,以为扬武将军,领台队。元嘉二十四年,启太祖求复次门,移户属冠军县,许之。"②这是雍州南阳郡的一个典型例证。宗越家本来属于次门,在户籍管理时被改为役门,堕入寒素。宗越参加军队,屡立战功,已经在时任雍州刺史的刘骏手下升任将军之后,才奏报宋文帝恢复为次门身份。

其实唐长孺早有考证,他指出,南朝时"是否士族决定于起家官,而以户籍记注为凭"③。即是否属于士族,有两个基本标准,一个是前面谈到的户籍著录,二是初仕的起家官。唐先生考察了刘宋至陈的情况,认为那个时代起家为诸州从事诸官,即为取得士族身份的标志④。那东晋的情况是否如此? 结合后面的考证,可以相信大致亦是如此,而

---

① 除了陶侃早年被人呼为"小人""溪狗"外,研究者常以侃子范为例证明陶氏家族为受歧视之寒素。事见《世说新语·方正》:"王修龄尝在东山,甚贫乏。陶胡奴为乌程令,送一船米遗之,却不肯取。直答语:'王修龄若饥,自当就谢仁祖索食,不须陶胡奴米。'"刘义庆撰,刘孝标注,余嘉锡笺疏,周祖谟、余淑宜、周士琦整理《世说新语笺疏》,上海:上海古籍出版社,1993年,第327页。

② 《宋书》卷八三《宗越传》,第七册,第2109页。

③ 唐长孺《士人荫族特权和士族队伍的扩大》,唐长孺《魏晋南北朝史论拾遗》,北京:中华书局,2011年,第70页。

④ 同上注,第67—73页。

陶渊明的家族身份一定是士族,在江州当地亦属高门。

　　当然,在士族内部有尊卑之别,有北人对南人的歧视,这是史学家早已详细讨论过的问题。不过这种差别与歧视也不能一概而论。周一良曾指出,南方士族的社会文化地位较北人为低,总是受到歧视,但是不妨碍南人也可以取得极高的政治地位①。因此,社会与文化地位为一事,政治地位为另一事。陶家在文化上被歧视,不等于陶家的政治地位低,这是我们研究时需要了解的。

　　南朝士族永远处于彼此歧视以自高的链条中,因此有人歧视陶渊明不足怪。从陶渊明的诗文看,他应该也没有感受到什么特别过分的歧视,他所不满的,是人间的贪婪、奔竞与残酷,至于门第之高下、一己之得失,他看得比较淡。

二　前人对陶渊明家世的争论

　　自《宋书·陶潜传》载渊明曾祖父是陶侃(259—334)以后,萧统《陶渊明传》及《晋书》《南史》陶传无不如是记载,向无异辞。到了清代,却有很多学者质疑,又有不少学者回应,坚持旧说。朱自清在《陶渊明年谱中之问题》一文第六节中对这场争论有详述②。这里先简述双方论点如下。

　　陶渊明有《赠长沙公族祖》一诗,清代全祖望认为陶渊明称陶侃五世孙陶延寿为族祖,所以他应该是陶侃七世孙。王昶从之。后姚莹又以诗中"长沙公"为陶绰之,而以为陶渊明是陶侃六世孙。全、姚二人只是质疑世系,阎若璩之子阎咏则更出新说,他因为诗中有"昭穆既远,已为路人"之语,认为陶渊明与陶延寿毫无亲属关系。他把诗序"长沙公于余为族祖同出大司马"一句读为"长沙公于余为族,祖同出

---

①　周一良《南朝境内之各种人及政府对待之政策》,《魏晋南北朝史论集》,第83页。
②　朱自清《陶渊明年谱中之问题》,《朱自清全集》第八卷,南京:江苏教育出版社,1998年,第184—189页。

大司马",认为大司马指西汉的右司马陶舍,"大"为"右"之讹,然后提出陶渊明根本就不是陶侃的后人。孙志祖、洪亮吉、方东树等都接受这一看法①。朱自清在论文中引用了洪亮吉《更生斋文甲集》三《后萧陶氏重修族谱序》,但忽略了洪氏在《晓读书斋杂录》中补充了更多证据。《杂录》初录卷上,洪亮吉提出《宋书·隐逸传》称陶淡是"太尉侃孙",而记录陶渊明是"大司马侃曾孙",他认为"义例不画一如此"。又其书四录卷上,洪氏又说颜延之是陶渊明至交好友,但颜氏的《陶征士诔》"叙渊明家世,只云'南岳之幽居者也',又云'物尚孤生',绝不及其先世。而三传皆云系出于侃。与其信异代之史臣,不若信生平之知己"②。

　　而清代学者卢文弨、钱大昕、陶澍,近人曾运乾,以及多数当代学者则主张旧说为可信。最有代表性的是钱大昕。《潜研堂文集》卷三一《跋陶渊明诗集》批评阎咏云:"靖节为陶桓公曾孙,载于《晋》《宋》二书及《南史》,千有余年,从无异议。近世山阳阎咏,乃据《赠长沙公诗序》'昭穆既远,已为路人'二语,辨其非侃后,且谓渊明自有祖,何必藉侃而重。"之后,钱竹汀对阎咏之说做了详细地反驳。认为《命子》诗中陶渊明自述谱系非常清楚,陶侃、祖父、父亲,依次而下。如果陶渊明与陶侃无亲缘关系,"则《命子》篇中何用述其勋德? 攀援贵族,乡党自好者不为,靖节千秋高士,岂宜有此"。又认为陶氏家族向有萧墙之乱,才导致"昭穆既远,已为路人"的情况。针对阎咏"侃庐江郡寻阳人,渊明寻阳郡柴桑人,其址贯不同"的疑问,钱大昕解释说:"考寻阳郡即庐江所分,南渡后移于江南。士行生于郡未分之前,渊明生于侨立郡之后,史各据实书之,似异而仍同也。"此外,钱大昕提出了两个有力的证据,其一是从史料来源看,"六朝最重门第,百家之谱,皆上于吏部。沈

---

① 朱自清《陶渊明年谱中之问题》,第184—187页。

② 洪亮吉《晓读书斋杂录》,《续修四库全书》第1155册据中国科学院图书馆藏清道光二十二年(1842)刻本影印,上海:上海古籍出版社,1995年,第586、638页。

休文撰《宋史》,在齐武帝之世,亲见谱牒,故于本传书之。梁昭明太子作《靖节传》,不过承《宋书》旧文,而阎乃云始于昭明误读《命子》诗,则是《宋书》亦未寓目"。其二,阎咏认为"大司马"应是陶舍的"右司马"之误,而钱大昕从职官制度角度辩称:"汉初军营有左右司马,品秩最卑,不过中涓、舍人之比。舍既位为列侯,不称侯而称右司马,在稍通官制者且知其不可,岂可以诬靖节乎?"文章的最后,潜研老人还说道:"颜延之作《靖节诔》,虽不叙先世,而其辞云'韬此洪族,蔑彼名级'。藉非宰辅之胄,焉得'洪族'之称?此亦一证。"①已经预先反驳了洪亮吉的说法。洪稚存向以博雅称,居然对钱氏此文视而不见,颇令人费解。

朱自清在归纳正反双方意见后,表示更赞同信古一方,但持论谨慎,故结语云:"大抵此事只可存疑矣。"②为什么"只可存疑"?看来钱大昕并未能彻底释疑解惑。吴士鉴作《晋书斠注》,在陶渊明本传下引述阎咏、卢文弨、洪亮吉诸论,说:"洪氏亦以为潜非侃之后人,与卢氏异。今并存之,以备考证。"③也未有定论。之所以不能定论,恐怕与论辩双方同样依据陶渊明诗文,只是解读有异有关。陶集流传至今已近一千六百年,其中必有错讹而难以辨明。根据不能无疑的文本互相论难,要说服对方诚为不易。钱大昕虽然博辩,但也较多发挥陶诗陶文,从情理上立论。不过钱氏作为清代最杰出的考据学家,绝非浪得虚名,他从史料来源和职官制度两个角度加以论证,就跳出了陶渊明诗文的文本局限,大大加强了自己的说服力。这是因为一人之史传、单篇之诗文,容或有误,而考察史料的渊源,考证制度的样态和运作方式,则较易确实。今存最早的陶渊明传记是《宋书·隐逸传》中的《陶潜传》,如果沈约撰《宋书》,羌无故实,反而多秽笔诬辞,那他的记载的可信度就

① 钱大昕《潜研堂文集》卷三一《跋陶渊明诗集》,陈文和主编《嘉定钱大昕全集(增订本)》第9册,南京:凤凰出版社,2016年,第496—497页。
② 朱自清《陶渊明年谱中之问题》,第189页。
③ 吴士鉴《晋书斠注》卷九四,北京:中华书局,2008年,第1557页。

低;反之,如果其史料有可靠可信的来源,那在证据不足时,宜采用信从的态度。从职官制度角度考虑,陶渊明在九品中正制中的品第,他的出仕和迁转,如无特别的理由成为特例,应符合他的家族地位,并与当时职官制度的运作相一致。因此从职官角度考察,其结论也相对确定。

正是受到钱大昕的启发,以下将从这两个方面,更详细地讨论陶渊明的家世和品第问题。

三　《宋书》的史源考察

总体而言,陶渊明的早期传记有比较可靠的来源,如无强有力的证据,就否定这些早期记载,在文献上是不太有说服力的。

中古作为门阀士族的时代,有一个对应的史学特色,是谱牒之学兴盛。唐代柳芳说:

> 魏氏立九品,置中正,尊世胄,卑寒士,权归右姓已。其州大中正、主簿,郡中正、功曹,皆取著姓士族为之,以定门胄,品藻人物。晋、宋因之,始尚姓已。然其别贵贱,分士庶,不可易也。于时有司选举,必稽谱籍,而考其真伪。故官有世胄,谱有世官,贾氏、王氏谱学出焉。由是有谱局,令史职皆具①。

周一良总结说:"魏晋南北朝时期史学与以前以后都不相同的有一个特点,是出现一个分支——谱牒之学。这几百年中,家谱、族谱大为兴盛,数目骤增,种类繁多,谱学成为世代相传的专门之学。"②除了谱牒,家传、家状等同样兴盛。郭锋甚至把家传、家谱、家状视为中古私家谱

---

① 宋祁、欧阳修等《新唐书》卷一九九《儒学·柳冲传》,北京:中华书局,1975 年,第5677 页。

② 周一良《魏晋南北朝史学发展的特点》,周一良《魏晋南北朝史论集》,北京:北京大学出版社,1997 年,第 395 页。原刊《中国文化与中国哲学》第 2 辑,1987 年。

牒的三种不同形态①。同时,私家谱牒常常包含详细的人物履历、生平记载,家谱与家传并没有严格的区分。陈爽认为:"魏晋南北朝时期,家谱与家传的形式和功能上尚无后世那样严格的界定,家牒或谱传往往身兼家谱与家传两种功能,体例不纯,谱传不分,可能是汉魏六朝私谱的普遍特征。"②

谱牒的用途,柳芳提到了两点,一是"别贵贱,分士庶",二是"有司选举"。周一良同样强调这两个作用,即"作为任官参考或依据","用以辨别士庶,使应当服役的庶族不能冒充士族,逃避差役"③。郑樵《通志·氏族略》则说:"自隋、唐而上,官有簿状,家有谱系,官之选举必由于簿状,家之婚姻必由于谱系。"④又加上了通婚姻这一条。总的来说,"现实政治赋予谱学的一个基本功能就是辨别士庶,区分门第高下,这也是这一时期谱学的基本属性"⑤。

谱学发达是基于现实政治功能的,因此魏晋以下政府也制定了相对应的制度,就是柳芳说的"谱有世官","有谱局,令史职皆具"。郑樵有更详细的说明:

> 历代并有图谱局,置郎、令史以掌之,仍用博古通今之儒知撰谱事。凡百官族姓之有家状者则上之,官为考定详实,藏之秘阁,副在左户。若私书有滥,则纠之以官籍;官籍不及,则稽之以私书⑥。

---

① 郭锋《晋唐时期的谱牒修撰》,《中国社会经济史研究》,1995 年第 1 期,第 25—39 页。
② 陈爽《出土墓志所见中古谱牒研究》,上海:学林出版社,2015 年,第 30 页。
③ 周一良《魏晋南北朝史学发展的特点》,第 399 页。
④ 郑樵撰,王树民点校《通志二十略》,北京:中华书局,1995 年,第 1 页。
⑤ 陈爽《出土墓志所见中古谱牒研究》,第 3 页。
⑥ 郑樵《通志二十略》,第 1 页。

郑氏这话并非出于臆测,而是实有根据。《南齐书》卷五二《文学·贾渊传》载:

> 先是谱学未有名家,渊祖弼之广集百氏谱记,专心治业。晋太元中,朝廷给弼之令史书吏,撰定缮写,藏秘阁及左民曹。渊父及渊三世传学,凡十八州士族谱,合百帙七百余卷,该究精悉,当世莫比①。

又《南史》卷五九《王僧孺传》:

> 始晋太元中,员外散骑侍郎平阳贾弼笃好簿状,乃广集众家,大搜群族,所撰十八州一百一十六郡,合七百一十二卷。凡诸大品,略无遗阙,藏在秘阁,副在左户②。

可知东晋太元中,朝廷已经编成天下士族谱,正本收藏在秘书监的秘阁,副本藏在尚书省左户曹。这部总谱,是贾弼"广集众家,大搜群族",即在已有的官谱和收集的私谱的基础上完成的。据《贾渊传》,可知贾弼之的子辈、孙辈一直在补充完善该谱。

同时,朝廷也一直在征集私家家谱,于公可以补充完善谱牒,于私则私家谱牒可由此获得官方认可而取得权威性,显然双方都乐为之。陈爽发现了两个例证,一是元代汪松寿《汪氏渊源录》所保存的《旧谱晋汪旭上谱表》,作于晋成帝咸康二年(336),一是民国版《龙游县志》卷三三《文征》所载《灵山徐氏谱》保存的刘宋徐琪《应诏上谱状表》③。依据实例,陈先生总结六朝时私家谱牒呈报与审核的具体过程:"1. 由

---

①　萧子显《南齐书(修订本)》,北京:中华书局,2017年,第三册,第999页。
②　李延寿《南史》,北京:中华书局,1975年,第五册,第1459页。
③　陈爽《出土墓志所见中古谱牒研究》,第37—40页。

政府颁布诏令,征集诸家谱牒,其征集的范围主要是在朝为官的官宦世家。2. 各家族对各自保存的旧谱进行整理,按照一定的格式和要求申报,除叙述姓族由来之外,主要申报'婚宦职状',即是家族成员的官爵和婚姻状况,这种按照统一格式书写的谱牒被称为'谱状',呈报给'知谱事'的主管官吏,多为尚书省的郎官。3. '知谱事'的主管官吏对谱状的内容进行审核,核实无误后,写出判语,呈报皇帝批准,而后存档备案。"①这应该是南朝一般官宦家族都会做的事情。

各类公私谱籍,一直保存在朝廷中。《通典》卷三《食货三》保存有梁武帝时沈约所上请校勘谱籍的奏表,中云:

> 晋咸和初,苏峻作乱,版籍焚烧。此后起咸和三年,以至乎宋,并皆详实,朱笔隐注,纸连悉缝。而尚书上省库籍,唯有宋元嘉中以来,以为宜检之日,即事所须故也。晋代旧籍,并在下省左人曹,谓之晋籍,有东西二库。既不系寻检,主者不复经怀,狗牵鼠啮,雨湿沾烂,解散于地,又无扃縢。此籍精详,实宜保惜,位高官卑,皆可依按。宋元嘉二十七年,始以七条征发②。

这段话中保存信息甚多。其一,东晋以来的官方户籍一直保存着,梁武帝时代依然如此。其二,官方户籍的记载非常详实,并非简略敷衍。东晋为南方土著居民建立了"黄籍",黄籍上要详细登记户内成员姓名、家庭地位、年龄、死、病、逃亡、在役、远祖自本身的官职、通婚情况、门第等级、荫户等信息③。其三,晋代户籍虽然在宋初被冷落了一段时间,

---

① 陈爽《出土墓志所见中古谱牒研究》,第40页。
② 杜佑撰,王文锦、王永兴等点校《通典》,北京:中华书局,1988年,第59页。按:陈爽指出,《南史》卷五九《王僧孺传》也引用了沈约此文,但系节引,删削三分之二的文字,所以引用《通典》较宜。
③ 郑欣《魏晋南北朝时期的人口和户籍制度》,郑欣《魏晋南北朝史探索》,济南:山东大学出版社,1997年第2版,第213—216页。

但到了文帝元嘉二十七年，为了征发寒门庶族的子弟从军，要严核士、庶之别，又重新整理"晋籍"①。

这些谱牒和"晋籍"中，自然有陶氏的谱籍。《世说新语》刘孝标注中，引用《陶侃别传》两次②，引用《陶氏叙》一次③。可知梁代刘孝标所亲见的至少有家传类的《陶侃别传》和族谱类的《陶氏谱》④。朝廷中当有更多刘氏所未见的陶氏谱牒。当时谱牒的格式，世系一般追溯到曾祖，少数追溯显赫的远祖，会详细记录家族成员的官爵，母系外家的郡望和母亲父祖的职官也会详细记录，婚姻关系也会详录⑤。陶氏家谱、族谱自然不会例外。如果这类谱牒是《宋书》的史源，说陶侃是陶渊明曾祖父的依据就源自《陶氏谱》这类谱牒，那我们对陶渊明的族属就不该轻疑⑥。

贾弼的《十八州士族谱》和朝廷所藏的公私谱牒当然是《宋书》编撰所依据的基本史料。而且《宋书》的编纂，并非成于沈约一人之手，而是早在宋文帝时就已开始。《宋书·徐爰传》载：

先是元嘉中，使著作郎何承天草创国史，世祖初，又使奉朝请

① 唐长孺《南朝寒人的兴起》，唐长孺《魏晋南北朝史论丛续编》，北京：中华书局，2011 年，第 127 页。
② 刘义庆撰，刘孝标注，余嘉锡笺疏周祖谟、余淑宜、周士琦整理《世说新语笺疏》中卷上《方正》、下卷上《贤媛》，上海：上海古籍出版社，1993 年，第 327、691 页。
③ 《世说新语笺疏》上卷上《言语》，第 107 页。
④ 一般谱牒都有序，见陈爽《出土墓志所见中古谱牒研究》，第 111 页。
⑤ 陈爽《出土墓志所见中古谱牒研究》，第 110—114 页。
⑥ 龚斌应该上承钱大昕的意见，他也认为："沈约于齐永明年间奉命撰《宋书》，距渊明之卒仅六十年，他记渊明'曾祖侃，晋大司马'，依据必是当时所见晋代的谱牒。按氏族之书，由来远矣。两晋之世，谱牒兴盛，成为专门之学。（中略）陶氏是江州望族，王俭、贾执、王僧孺诸人为著名学者和谱学专家，不可能不谙陶氏族谱。（中略）如果《江州诸姓谱》没有陶氏族谱，那是不可思议的。沈约是当时著名学者，非常重视谱牒（中略）故《宋书》记陶潜寻阳柴桑人，曾祖陶侃，必有所据，怀疑大可不必。"龚斌《再论陶渊明〈赠长沙公〉诗》，李宁宁、吴国富主编《浔阳论陶：2014 年陶渊明与生态文明国际学术研讨会论文集》，南昌：江西人民出版社，2015 年，第 114 页。

山谦之、南台御史苏宝生踵成之。六年，又以爱领著作郎，使终其业。爱虽因前作，而专为一家之书①。

可知宋孝武帝大明六年（462），徐爱受命在之前何承天、山谦之、苏宝生的基础上，完成一部国史。沈约只用了区区一年的时间撰成一百卷的《宋书》，正是得力于徐爱所撰国史。沈约在《宋书·自序》中对此有详述：

> （永明）五年春，又被敕撰《宋书》。六年二月毕功，表上之②。

又说：

> 宋故著作郎何承天始撰《宋书》，草立纪传，止于武帝功臣，篇牍未广。其所撰志，唯《天文》《律历》，自此外，悉委奉朝请山谦之。谦之孝建初又被诏撰述，寻值病亡，仍使南台侍御史苏宝生续造诸传，元嘉名臣，皆其所撰。宝生被诛，大明中，又命著作郎徐爱踵成前作。爱因何、苏所述，勒为一史，起自义熙之初，讫于大明之末。至于臧质、鲁爽、王僧达诸传，又皆孝武所造。自永光以来，至于禅让，十余年内，阙而不续，一代典文，始末未举。（中略）臣今谨更创立，制成新史，始自义熙肇号，终于升明三年③。

考《宋书·何承天传》，承天于元嘉"十六年，除著作佐郎，撰国史"④，这是《宋书》编撰的起点。徐爱撰作，时间下限到大明末。沈约的工作

---

①　沈约《宋书》卷九四《恩倖传》，北京：中华书局，1974 年，第八册，第 2308 页。
②　《宋书》卷一百，第八册，第 2466 页。
③　同上注，第 2467 页。
④　《宋书》卷六四，第六册，第 1704 页。

应该就是修订前面的部分,补写后面的部分。前引钱大昕所说的"沈休文撰《宋史》,在齐武帝之世,亲见谱牒,故于本传书之",看来还不够准确,当修正。

推测起来,《宋书·隐逸传》中的《陶潜传》正是出自何、徐诸人之手,而非沈约所撰。《隐逸传》正传部分共十七人:最后一个关康之卒于顺帝升明元年(477),其传应出于沈约之手;倒数第二人王素卒于孝武帝大明七年(463),撰人在徐爰、沈约两可之间;其余十五人,卒年都在元嘉和孝武帝初的孝建年间,自当出自何、山、苏、徐诸人之手。

既然朝廷中藏有公私谱籍,那么诸人撰著国史,自然要加以利用,至少族属问题在当时属于头等大事,不容出错。而且沈约后来修订补撰之时,这些谱籍依旧好好保存在政府中,他如有疑问,也会调阅参考。《梁书·沈约传》载沈约所著不但有《宋书》,还有"《晋书》百一十卷"[1],那他正该利用过这批"晋籍"。如今天学者的研究,这些谱籍记录的信息相当详细,族属一般不会有问题。现在《宋书·陶潜传》对陶渊明的族属的记载,自然是被沈约认可的,正不可轻疑。后来萧统写《陶渊明传》时,侯景之乱还未发生,朝廷保存的谱籍好好地存放在秘书监和尚书省中,他也是可以看到的。根据史源看,其实不但族属问题较为可信,就是寿数问题,也以信从《宋书》为宜。作为辅证,我们看丁福林《宋书校议》,其中指出《宋书》记载某人族属有误的情形一例也无;卒年有疑的不超过十例,也大多是二与三、三与四(三)之类形近之讹。前贤所提出的陶渊明五十二岁、五十六岁、五十九岁、七十六岁诸说,在字形上与"六十三"无一相似,这样的错误是很奇怪的。

四 职官制度的考察

陶渊明是否为陶侃后人? 在其时的九品中正制下,他的品第如何?

---

[1] 姚思廉《梁书》卷十三《沈约传》,北京:中华书局,1973 年,第一册,第243 页。

这是两个有关联的问题。陶侃虽然是南人,又是武将,因而见轻于北来士族,但他年轻时即获上品,后来更贵为长沙郡公,其后人在九品中正制中当获得一相当的品第。反之,设若陶渊明不是陶侃后人,只是普通的南方次门子弟,那么他的品第必然很低,衡诸当时官制,这样的次门子弟一般只能由郡县里小官起家,而不可能得到较高品级的起家官。

比如"七第顽冗,六品下才"的陈敏,在西晋末大乱时曾显赫一时,他是史家讨论九品中正制时都会被举为例证的寒素代表,他"少有干能,以郡廉吏补尚书仓部令史"①,正是先作郡吏。陶侃同样"早孤贫,为县吏"②。东晋、刘宋时真正的南方土著寒素子弟都是如此,初任职是不大可能担任州之高级僚佐的。比如长沙浏阳人易雄,"少为县吏,自念卑贱,无由自达,乃脱帻挂县门而去。因习律令及施行故事,交结豪右,州里稍称之。仕郡,为主簿"③。又如吴兴乌程人吴逵,"太守王韶之擢补功曹史,逵以门寒,固辞不就"④。连郡功曹史都不敢担任,这才是真正的寒门子弟。

陶渊明的起家官是江州祭酒从事史——不是江州别驾祭酒,这个问题会在下一节详细讨论——这一事实是进一步讨论的基础和关键。州祭酒从事史品级是高还是低呢? 对于真正的高门世族来说,当然算低的,但次门、寒门子弟起家就出任这样一个官职,直与神话无异。这个不高不低的职位,正适合像陶渊明这样的地方高门子弟。

这里需要讨论一下江州祭酒从事史的职位问题。后汉、蜀汉州僚属有从事祭酒,位在治中之下,议曹之上,"所以尊显物望,并不职事"⑤。

① 房玄龄《晋书》卷一百《陈敏传》,北京:中华书局,1974年,第八册,第2614页。
② 《晋书》卷六六《陶侃传》,第六册,第1768页。
③ 《晋书》卷八九《忠义传》,第八册,第2314页。
④ 《宋书》卷九一《孝义传》,第八册,第2248页。
⑤ 严耕望《中国地方行政制度史甲部——秦汉地方行政制度》,上海:上海古籍出版社,2007年,第312页。严耕望《中国地方行政制度史乙部——魏晋南北朝地方行政制度》,上海:上海古籍出版社,2007年,第144页。引文见于后者。

《晋书·职官志》未载此职，然东晋州僚佐有祭酒从事史，如《梁书·羊侃传》谓其祖规在晋末刘裕任徐州刺史时，获"辟祭酒从事史、大中正"①，是其明证。《宋书·百官志》载，各州有祭酒从事史，次序在别驾从事史、治中从事史、主簿、西曹书佐之下，而在议曹从事史之上②。这一职位，梁、陈承袭之。在《晋书》《宋书》和《通典·晋宋官品表》中，没有州祭酒从事史的品级记载，似乎此时州僚佐相对不受中央重视。严耕望据《隋书·百官志》和《通典》卷三七《梁官品表》考证，江州祭酒从事史的官品在梁代属于流内十八班的第一班③。据宫崎市定研究，梁代更定官品，将宋代六品以上官细分为十八级，是为流内十八班。另有流外七班，则是原来七品以下官④。祭酒从事史在梁代刚刚好属于流内官的末尾，当然这是梁代更定官品的结果。州僚佐的地位，两晋以来一直有一个上升的趋势，尤其刘宋以后大州刺史多由诸王担任，其僚佐地位自然随之提高。江州祭酒从事史在梁代变为流内官，未必说明他在晋宋之际对应六品官，但是他原先已较为重要，在州僚佐中属于品望较尊的上纲之列，则当可信。

一个人做官，如无犯错贬谪，理应遵循从低到高的常例。陶渊明起家官是祭酒从事史，再征主簿不就，中间经过镇军参军、建威参军，辞官时是彭泽令，晚年朝廷征召他以佐著作郎。这些职位的品级应该同于或高于州祭酒。主簿位次在州祭酒之前，梁代位在二班，东晋则可能品级与祭酒一样。晋、宋时代，大县之令是六品官，中小县之令第七品。著作之官，品级与县令同，但属于朝廷中的清要之官，最为世族子弟青睐，相比县令，自然要高贵许多。至于参军，宫崎市定指出，"东晋以

---

① 《梁书》卷三九，第二册，第 557 页。

② 《宋书》卷四十，第四册，第 1257 页。

③ 严耕望《中国地方行政制度史乙部——魏晋南北朝地方行政制度》，第 408 页。

④ 〔日〕宫崎市定著，韩昇、刘建英译《九品官人法研究——科举前史》，北京：中华书局，2008 年，第 190—194 页。

后,政治上的显著特点,是地方军府的发达"①,军府中僚属的地位也相应提高不少。《宋书·百官志》中记载了东晋末有五种参军:正参军、板正参军、行参军、板行参军和长兼行参军。名称中的"板"是"府板"的简称,即由开府的大员、将军自己征召的意思。除了府板,还有一类参军是"除拜"的,即由中央政府任命②。从来源看,早期参军都由朝廷任命,正如西晋孙楚对石苞所言:"天子命我参卿军事。"③其地位本自不低,至东晋,则当更高。宫崎市定说:"这些参军的地位如何,难以一概而论,但它决不像《通典·魏晋官品表》所示限于七品、八品的框架之内。参军的职务,恰似中央的尚书郎,故其地位大概准此。"④尚书郎是六品官,参军之高者大概也是六品,低者七品、八品,这是由其府主的地位决定的。如东晋初孙盛,"起家佐著作郎,以家贫亲老,求为小邑,出补浏阳令。太守陶侃请为参军。庾亮代侃,引为征西主簿,转参军"⑤。浏阳属于长沙郡,陶侃并未做过长沙太守,或者是其龙骧将军、武昌太守时事,又或者是宁远将军、荆州刺史时事,总之原文必有误。晋代官员在同品但重要性不同的官位上数度平转是常见现象⑥,浏阳令是七品,那么陶侃的参军应该也是七品。再迁征西将军庾亮的主簿,再转参军,已是两次升迁,那么第二次的征西将军参军恐怕相当于六品,即便仍是七品,其实职地位一定更高,但是详情已不得而知。陶渊明与之相似,循州祭酒—主簿—参军—县令的迁转之途。这样看来,江州祭酒从事史不是一个低级的职位。

下面再取较典型的数人做一比较,帮助佐证前面的推测。首先是

①　〔日〕宫崎市定《九品官人法研究——科举前史》,第132页。
②　《宋书》卷三九《百官志上》,第四册,第1224页。
③　《晋书》卷五六《孙楚传》,北京:中华书局,1974年,第五册,第1542页。
④　〔日〕宫崎市定《九品官人法研究——科举前史》,第139页。
⑤　《晋书》卷八二《孙盛传》,第七册,第2147—2148页。
⑥　〔日〕宫崎市定《九品官人法研究——科举前史》,第125页。

周虓,他的家世与仕宦经历与陶渊明最为类似。周虓是周访五世孙。周访是陶侃乡亲,同为寻阳人;其家世相仿,同为东吴将军之子,入晋后堕入寒族;出身相似,陶为督邮,周为县功曹;二人交好,"相与结友,以女妻侃子瞻"①;战功相埒,访官至安南将军、持节、督梁州诸军、梁州刺史②。《晋书》周氏本传云:"初,访少时遇善相者庐江陈训,谓访与陶侃曰:'二君皆位至方岳,功名略同,但陶得上寿,周当下寿,优劣更由年耳。'"③陶渊明诗《与诸人共游周家墓柏下》,应即周访家族墓地。访长子抚,镇西将军、督梁州之汉中巴西梓潼阴平四郡军事、益州刺史、假节;抚子楚,监梁益二州、假节,袭爵建城公;楚子琼,梁州刺史、建武将军,领西戎校尉;虓即琼子,其家世镇梁、益,为东晋上游屏藩。虓本传云:"少有节操,州召为祭酒。"④足见州祭酒可以作为地方高门的起家官。反之也证明陶渊明当有与周虓相似的家世。

在《宋书》《南齐书》中能找到另外两个刘宋时期的起为州祭酒的例子。一个是文帝元嘉十二年(435),临川王、荆州刺史刘义庆上表称:"处士南郡师觉,才学明敏,操介清修,业均井渫,志固冰霜。臣往年辟为州祭酒,未污其虑。"⑤师觉跟陶渊明一样,是隐逸之士,也是本地著姓,同样被以州祭酒征辟。再一个是琅琊王氏的王智深:"宋建平王景素为南徐州,作《观法篇》,智深和之,见赏,辟为西曹书佐。贫无衣,未到职而景素败。后解褐为州祭酒。"⑥王智深虽然贫困,但毕竟是琅琊王氏,初辟也不过是州西曹书佐,最后起家也是州祭酒。刘宋的州

---

① 《晋书》卷五八《周访传》,第五册,第1579页。
② 同上注,第1581页。
③ 同上注,第1582页。
④ 《晋书》卷五八《周抚传》,第五册,第1582—1583页。《周楚传》,第1583页。《周琼传》,第1584页。《周虓传》,第1584页。
⑤ 《宋书》卷五一《长沙烈武王道规传附义庆传》,第五册,第1477页。
⑥ 萧子显《南齐书(修订本)》卷五二《文学传》,北京:中华书局,2017年,第三册,第988页。

佐地位固高于东晋，但准此可知东晋时州祭酒亦自重要。

再看东晋时其他世族子弟起家州之僚佐官的例子。如谯国桓彝，"早获盛名"，"起家州主簿"；会稽虞潭，"州辟从事、主簿"；王献之，"起家州主簿"；再如王导之孙王珉、吴郡顾众，初亦不过辟州主簿，二人虽不行，同可证州僚佐非不可施之高门子弟①。

初仕官位的高低与九品中正制下所获的乡品有关。宫崎市定认为，乡品与起家官之间会相差四品，如中正乡品二品，则起家官六品，当然他也指出有相差五品的情况②。胡宝国和阎步克则考察了更多史实，随后否认存在这种对应关系③。胡宝国认为"就个人的乡品与任官而言，乡品决定的只是他可以担任的具体官职。当时人从不提乡品与官品的等次有何联系"④。阎步克进一步论证了胡氏的看法，但他也承认："中正品较高则起家官品也较高一些，对此'趋势'我们并无异辞。"⑤

其实中正乡品和起家官品的呼应关系，恐怕在西晋相对紧密些，到了东晋，乡品已经相当形式化而"通货膨胀"得厉害。沈约《宋书·恩倖传序》云：

> 州都郡正，以才品人，而举世人才，升降盖寡。徒以冯藉世资，用相陵驾，都正俗士，斟酌时宜，品目少多，随事俯仰，刘毅所云"下品无高门，上品无贱族"者也。岁月迁讹，斯风渐笃，凡厥衣

① 《晋书》卷七四《桓彝传》，第六册，第 1939 页。卷七六《虞潭传》，第七册，第 2013 页。卷八十《王献之传》，第七册，第 2105 页。卷六五《王珉传》，第六册，第 1758 页。卷七六《顾众传》，第七册，第 2015 页。

② 〔日〕宫崎市定《九品官人法研究——科举前史》，第 66—72 页。

③ 参见胡宝国《九品中正制杂考》，《文史》第 36 辑，北京：中华书局，1992 年。阎步克《品位与职位——秦汉魏晋南北朝官阶制度研究》，北京：中华书局，2009 年，第 351—365 页。

④ 胡宝国《九品中正制杂考》，第 291 页。

⑤ 阎步克《品位与职位——秦汉魏晋南北朝官阶制度研究》，第 359 页。

冠,莫非二品,自此以还,遂成卑庶①。

只要不是中正品二品,就是次门、寒庶,反之高门子弟,率皆二品。因此宫崎市定认为"来自北方的流寓贵族和土著贵族的子弟,似乎一概授予乡品二品"②。唐长孺详细考察了这一现象的源流,他发现,西晋初期起,三品就渐不为人看重,只有二品才算上品,不过西晋还有寒门士人获得二品的例子,大概之后就完全由家世决定了③。唐先生进一步分析说:"此时九品升降的重要性倒显得减少了。因为士族进身已不必关心中正给他的品第,问题只在于自己的血统,防止士庶混淆最好的办法乃是辨别姓族,企图享受特权也只有假造谱牒,中正品第只是例行公事,无足重轻。甚至父祖官爵高低都不再计较,而所重视者乃是魏晋间祖先名位。"④陶侃出身寒微,但他早年即获上品⑤,后来军功显赫,"拔萃陬落之间,比肩髦俊之列,超居外相,宏总上流"⑥,位列三公,受爵郡公。观《晋书》卷六六中《陶侃传》附诸子孙的官爵禄位,可知陶氏家族在东晋的户籍上只能是高门,其子弟必然都是上品授官的。如果陶渊明是寒门庶族,他自然得不到上品。下品之人能起家州祭酒吗?恐怕不能。

《晋书·刘弘传》中有一反证:

> 南郡廉吏仇勃,母老疾困,贼至守卫不移,以致拷掠,几至陨

---

① 《宋书》卷九四,第八册,第2301—2302页。
② 〔日〕宫崎市定《九品官人法研究——科举前史》,第143页。
③ 唐长孺《九品中正制度试释》,《魏晋南北朝史论丛》,北京:中华书局,2011年,第104—110页。
④ 同上注,第118页。
⑤ 《世说新语·贤媛》刘孝标注引王隐《晋书》曰:"侃母既截发供客,闻者叹曰:'非此母不生此子。'乃进之于张夔。羊晫亦简之。后晫为十郡中正,举侃为鄱阳小中正,始得上品也。"《世说新语笺疏》下卷上《贤媛》,第689—690页。
⑥ 《晋书》卷六六《陶侃传赞》,第六册,第1782页。

命。(中略)勃孝笃著于临危,(中略)虽各四品,皆可以训奖臣子,
长益风教。臣辄以勃为归乡令,(中略)功行相参,循名校实①。

　　仇勃中正乡品是四品,他在地方只能作郡中之吏,而当不了州中上佐,
被推荐为县令,算是特别的奖赏。那起为州祭酒的人乡品一定要高于
四品,至低也是三品,当然二品的可能性更大。

　　分析至此,恐怕已经很难否认陶渊明出生高门,他是不是陶侃后
人,答案不言自明。李详曾批评后人说陶"刻意求胜","序昭穆,则又
言非侃后。聚讼纷纭,皆以意造"②。看来的确如此。又今人对陶渊明
家世最常见的考语就是他出生于没落贵族,已经衰落到底层云云,甚至
干脆说他出身寒素,恐怕都未必妥当。穷归穷,但陶家在江州的高门地
位仍旧保持着。

　　陶渊明的品第也许跟他的从祖陶范也有关系。据吴廷燮《东晋方
镇年表》,陶范于晋孝武帝太元四年(379)至太元六年(381)任江州刺
史③。陶侃诸子中,"范最知名"④,所以《世说新语》里也颇有他的逸
事。他到任刺史时,陶渊明十五至十七岁,大概正是州中正给予乡品的
年龄,因为很多贵族子弟十八九岁就出仕为官了。如果陶渊明正好在
这时得到二品的品第,那是一点不奇怪的。

　　当然,学者都知道,陶渊明所具备的只是广义的户籍上的士族身
份,他的家族绝不属于狭义的门阀士族(这种门阀士族都是早期南渡,
且在朝廷之上占据高位的家族),何况他又是家族的疏支。所以陶渊
明在当时的政治与文化的品级上,大概位于广义士族的末流,认为他有

---

① 《晋书》卷六六《刘弘传》,第六册,第1765页。
② 李详《陶集说略序》,《李审言文集》,南京:江苏古籍出版社,1989年,第312页。
③ 吴廷燮《东晋方镇年表》,《二十五史补编》第三册,北京:中华书局,1955年,第
　3486页。
④ 《晋书》卷六六,第六册,第1781页。

多高贵的身份当然不切实情,但因此把他视为寒门子弟恐怕也是违背历史事实的。

这样我们再来审读颜延之《陶征士诔》"韬此洪族,蔑彼名级"和《五柳先生传》中"不慕荣利"之语,以及二十九岁才出仕的行为,可以知道陶渊明是真的不在乎,真的不想要。以其家族的地位和自身的乡品,他要做官,一早就可以。那种因为"没落"了做不到官,说几句狐狸遥望葡萄的酸话的行为,绝非五柳先生所为①。

第三节　初　仕　考

太元十八年(393),二十九岁的陶渊明因为"亲老家贫"起为州祭酒。其时一般世族子弟不到二十岁就出来做官了,比较起来,陶渊明真的很淡然。可是再淡然,自己和家人总要活下去。太元十年(385)出任江州刺史的桓伊②,到任后上疏云"江州虚耗,加连岁不登,今余户有五万六千"③,这是陶渊明二十一岁左右的境况。又据《晋书·五行志》记载,孝武帝太元十年七月,"旱,饥","十三年六月,旱","十五年七月,旱。十七年,秋旱至冬"④,这是之后数年中的境况。天时不正,连年收成不佳,可能已经到了困窘狼狈的地步,所以"畴昔苦长饥,投耒去学仕"(《饮酒》其十九)。因为曾经在《五柳先生传》中自赞"箪瓢屡空,晏如也",现在出仕,自然心下羞愧。越是这样,越会敏感,自尊心也越强,这是不难想象的。史书说他"不堪吏职,少日,自解归。州召

①　逯钦立先生虽然误以为陶渊明初仕做的是别驾祭酒,但他指出"那种认为陶渊明想往上爬而爬不上去因而被迫隐居的看法,显然并不符合事实",这是对的。逯钦立《读陶管见》,《逯钦立文存》,北京:中华书局,2010年,第295页。

②　吴廷燮《东晋方镇年表》,第3486页。

③　《晋书》卷八一《桓伊传》,第七册,第2119页。

④　《晋书》卷二八,第三册,第841页。

主簿，不就"①。简简单单的记载，细究起来却意味深长。有三个问题
值得考察：其一是征召他的州刺史是什么样的人物；其二是州祭酒的
职责是什么，是否为陶渊明所乐意；其三，何以不就主簿之召。

太元十六年（391）至二十年（395）之间的江州刺史是王凝之②。
凝之是王羲之最不成器的儿子，"王氏世事五斗米道，凝之弥笃"③，其
妻谢道韫至云："不意天壤之中，乃有王郎！"④其人物可知。这位王郎
不但人材不堪，其品格也大成问题。先是孝武帝任其弟会稽王司马道
子为相，以伸张皇权。但不久主相之间即各植党人，相持相争⑤。此
时，孝武帝所重用的大儒范宁，遭到司马道子一党的攻击，"乃相驱扇，
因被疏隔"，出为江州治下的豫章太守⑥。范氏在郡，"大设庠序"，"远
近至者千余人，资给众费，一出私禄。并取郡四姓子弟，皆充学生，课读
《五经》。又起学台，功用弥广"。刺史王凝之竟上疏弹劾范宁"肆其奢
浊，所为狼籍"云云，宁"以此抵罪"⑦。田余庆指出，王凝之"显系为司
马道子效力"⑧，其人的政治品格看来也很卑劣。被迫出仕而生性敏感
的陶渊明能忍受这位"草包"顶头上司多久？大是问题。

不过，《宋书》里明确提及，陶渊明第一次辞官的原因是"不堪吏
职"，这也许只是当时辞官的借口，但借口总要有切实的依据，这一点
更值得我们讨论。我们当首先辨明州祭酒为何种官，再审查其职责。
前一个问题，学者或者未曾留心而语焉不详，或者有所误会。如逯钦立
以为这个祭酒是别驾祭酒，且是王羲之父子准拟天师道之祭酒所特设，

① 《晋书》卷二八，第三册，第 841 页。
② 吴廷燮《东晋方镇年表》，第 3486—3487 页。
③ 《晋书》卷八十《王羲之传》附王凝之传，第七册，第 2103 页。
④ 《世说新语笺疏》下卷上《贤媛》篇，第 696 页。
⑤ 田余庆《东晋门阀政治》，北京：北京大学出版社，1996 年第 3 版，第 265—291 页。
⑥ 《晋书》卷七五《范宁传》，第 1985 页。
⑦ 同上注，第 1988 页。
⑧ 田余庆《东晋门阀政治》，第 280 页。

"显系假传统官职之名而取道教祭酒为治之实"①。逯先生时代道教史研究仍属草创阶段,他的立论依据与观点在今天看来,就不大能成立了。首先,祭酒在汉末张陵、张衡、张鲁祖孙的时代,的确是五斗米教治民的教职,但正如后来的道教史学者研究指出,魏晋以来,特别是东晋,严密的教团组织早已瓦解,对天师道,王氏父子只是家族相承的信仰,他们并没有任何加入教团的经历,也就不大可能依照教团的组织"取道教祭酒为治之实"②。其次,刘屹则考证指出,"'祭酒'之号,本是很多传统宗教信仰团体都有的主事祭祀和传教的'师者'之意,而非仅仅是五斗米道和天师道的教团组织职衔"③。而小林正美则指出东晋的祭酒堕落腐败者很多④。可见东晋时道教的祭酒并非多么尊荣的职位,假如准照天师道特设这样一个职务作为全州百僚之首席,未免太过儿戏,王羲之既不可能如此行事,朝廷与下属也不会答应。只有敖雪岗依据《宋书·百官志》,并比较了陶渊明与孟嘉的仕途经历,正确指出陶渊明担任的是祭酒从事史,而不是别驾祭酒⑤。我们可以考察职官制度,更充分证明别驾祭酒品位很高,绝不会是一般人的起家官,祭酒从事史才是符合地方高门子弟起家的官职。

《宋书·百官志》记述晋宋之际的州僚佐制度云:"今有别驾从事史、治中从事史、主簿、西曹书佐、祭酒从事史、议曹从事史、部郡从事

---

① 逯钦立《读陶管见·江州祭酒问题》,《逯钦立文存》,北京:中华书局,2010 年,第294—308 页。

② 参见[日]小林正美著,李庆译《六朝道教史研究》,成都:四川人民出版社,2001年,第 181—182 页。丁强《早期道教教职的研究》,四川大学博士论文,2006 年,第91—100 页。

③ 刘屹《神格与地域:汉唐间道教信仰世界研究》,上海:上海人民出版社,2011 年,第180—182 页。

④ [日]小林正美著,王皓月译《中国的道教》,济南:齐鲁书社,2010 年,第 81 页。

⑤ 敖雪岗《陶渊明"江州祭酒"辨》,《古典文学知识》,2003 年第 4 期,第 96—98 页。

史,自主簿以下,置人多少,各随州,旧无定制也。晋成帝咸康中,江州又有别驾祭酒,居僚职之上,而别驾从事史如故,今则无也。"①除了江州增设的别驾祭酒居僚属之首以外,一般情况下,各州以别驾居首,治中次之,汉代以来,相沿如是②。随着州权扩大,刺史、州牧实权化,州从事的地位也随之提高。《三国志·蜀书·彭羕传》载彭羕是益州治中从事,"意以稍疏,左迁羕为江阳太守"③。杨鸿年因此认为:"以治中从事为江阳太守而曰'左迁',是州从事地位不仅驾乎县令长之上,且胜过于郡太守了。"④当然应该区别大郡、小郡,但是治中地位之高已可见。那在治中之上的别驾更无论矣。

严耕望曾举证四个例子,说明东晋扬州的别驾,"常用五六品者为之"⑤。扬州是东晋的京畿之地,其官员或重于他州,江州别驾的地位又如何呢?陶渊明同时之罗企生,江州豫章人,"初拜佐著作郎,以家贫亲老,求补临汝令,刺史王凝之请为别驾"⑥。佐著作郎是世族子弟趋之若鹜的清官,地位上高于同品的地方官,临汝令是临川郡的首县,以这样的身份出任江州别驾,别驾的身份地位可想而知。《宋书》已明言,江州所特设的别驾祭酒,地位更在别驾之上,其品望就很清楚了。而陶渊明起家就是州祭酒,然后州征以主簿,不应,中间三任军府参佐,最后彭泽令。征召有物望的人物,只会用越来越重要的官职,正常转官,或同品平转,或升转,陶渊明起家官只能是比主簿、参军、彭泽令地位都低的官位,那当然不可能是祭酒别驾,而只能是位次在主簿之下的

①　《宋书》卷四十,第 1257 页。
②　杨鸿年《汉魏制度丛考》,武汉:武汉大学出版社,2005 年,第 313—314 页。严耕望《中国地方行政制度史甲部——秦汉地方行政制度》,第 308—310 页。《中国地方行政制度史乙部——魏晋南北朝地方行政制度》,第 139—140、156—163 页。
③　陈寿撰,裴松之注《三国志》卷四十,北京:中华书局,1964 年,第四册,第 995 页。
④　杨鸿年《汉魏制度丛考》,第 317 页。
⑤　严耕望《中国地方行政制度史乙部——魏晋南北朝地方行政制度》,第 161 页。
⑥　《晋书》卷八九《罗企生传》,第八册,第 2322 页。

祭酒从事史。

前文提过荆州刺史刘义庆征身份类似于陶渊明的师觉为州祭酒，荆州只有祭酒从事史，没有别驾祭酒，正可以说明陶公担任的也是祭酒从事史。再举一个可资比较的例证。东晋中期的江灌，陈留人，属于南渡的世族子弟，他的早期仕宦经历是"州辟主簿，举秀才，为治中，转别驾"①，按部就班的升迁之路非常清楚。且治中、别驾之前，举了秀才，秀才"晋江左扬州岁举二人，诸州举一人，或三岁一人"②，至为难得，可证治中、别驾位望之重，非可轻易企及。同样，陶渊明为外祖父孟嘉所作的《晋故征西大将军长史孟府君传》中详细记载了孟嘉早年的仕宦经历，他先是任江州部庐陵从事，后转劝学从事，之后"举秀才，又为安西将军庾翼府功曹，再为江州别驾、巴丘令、征西大将军谯国桓温参军"③。孟嘉初仕担任的是位次在后的部郡从事史，经过迁转，又察举为秀才，再转任安西将军功曹这一高级职位之后，才出任江州别驾的。别驾的地位再清楚不过。如果陶渊明先做别驾祭酒，再征主簿，那就是与当时职官制度完全违背的咄咄怪事了。

明确陶渊明的起家官是祭酒从事史以后，就可以解释《宋书·陶潜传》中"不堪吏职，少日，自解归。州召主簿，不就"这一段记载了④。《饮酒》其十九"畴昔苦长饥，投耒去学仕。(中略)是时向立年，志意多所耻"数句⑤，说的应该就是此事。"向立年"之语所指的时间，学者一般认为在晋孝武帝太元十八年(393)。其时一般世族子弟不到二十岁就出来做官，比较起来，年近而立才出仕的陶渊明真的很淡然。《五柳先生传》中自赞"箪瓢屡空，晏如也"，自非虚辞。可惜陶家贫穷，加上

---

① 《晋书》卷八三《江灌传》，第七册，第 2176 页。
② 《宋书》卷三十《百官志下》，第四册，第 1257 页。
③ 袁行霈《陶渊明集笺注》，第 490—491 页。
④ 《宋书》卷九三《隐逸传·陶潜传》，第八册，第 2287 页。
⑤ 袁行霈《陶渊明集笺注》，第 278 页。

那时天时不正①，要养活一家人，唯有出仕一途。越是曾经不屑为官，出仕以后越会敏感，自尊心也越强，这是不难想象的。他说自己"性刚才拙"（《与子俨等疏》），刚与拙大概都是他迅速辞官的原因。

王凝之人物已如前所述，想来陶渊明是很难忍受这样的上司的，这是性刚。至于史书所云"不堪吏职"，那就是"才拙"了。"不堪吏职"，这也许只是当时辞官的借口，但借口总要有切实的依据，这就与祭酒从事史的职守有关。《宋书·百官志》："祭酒（从事史）分掌诸曹兵、贼、仓、户、水、铠之属。"②即要在兵事、警务、仓库、户籍钱粮、水利、铠甲制造等具体工作分任一种或数种。总之，这是具体负责庶务的、累人的活。试想，一个从没有任何实际工作经验、行政经验的人，能愉快胜任这样的工作吗？何况魏晋风气，总以位尊事闲的"清官"为高，具体做事的"浊官"是被瞧不起的。陶渊明虽然被迫当了州祭酒，其傲气却并不会有所折损，其事既烦，想象中还少不了很多人的白眼，所谓"不堪吏职"，看来也是有一定事实依据的。所以明明很穷，还是很快辞官。假如陶渊明做的真的是地位崇高，还没有任何具体职掌的别驾祭酒，那他何至于"少日自解归"呢？

辞官之举似乎增加了陶渊明的名气，所以州里再次征召他，这次的官职是主簿。严耕望研究总结州主簿的职掌，"掌刺史之节杖文书，传令检校，为其喉舌耳目。故职殊亲近，为心腹之寄。盖有类于近代秘书之职。""主簿既有此特殊地位，故刺史尊显隐士，亦多以主簿辟。此第观《宋书·隐逸传》，已可概见。如陶潜、翟德赐、宗炳、宗彧之、郭希林等，或至数辟，并不就，是其例。然此种以处豪姓与隐逸者流，则不为长

---

① 太元十年(385)出任江州刺史的桓伊到任后上疏云："江州虚耗，加连岁不登，今余户有五万六千。"房玄龄《晋书》卷八一《桓伊传》，第七册，第2119页。又据《晋书·五行志》记载，孝武帝太元十年七月，"旱，饥"，"十三年六月，旱"，"十五年七月，旱。十七年，秋旱至冬"。《晋书》卷二八，第三册，第841页。

② 《宋书》卷四十，第四册，第1257页。

官所亲任必矣。"①以上概述已颇详尽,可帮助我们理解不就主簿的背景。王凝之任江州刺史直到太元二十年,那么征召陶渊明作主簿的应该还是他。不管试图以亲信相拉拢也好,还是以隐逸相推尊也好,对王凝之显然示好之意,陶渊明夷然不为所动。虽然很穷,但同流合污非其所愿,这是他的政治操守。

第四节 镇军参军考

一 引论

陶渊明《始作镇军参军经曲阿》诗云:

> 弱龄寄事外,委怀在琴书。被褐欣自得,屡空常晏如。时来苟冥会,宛辔憩通衢。投策命晨装,暂与园田疏。眇眇孤舟逝,绵绵归思纡。我行岂不遥,登降千里余。目倦川涂异,心念山泽居。望云惭高鸟,临水愧游鱼。真想初在襟,谁谓形迹拘?聊且凭化迁,终返班生庐。

《宋书》本传记载说陶公曾经做过镇军参军,这首诗就是明证。只是这里的镇军将军是谁,诗作于何时,古今学人颇有异说。李善注《文选》以刘裕当之,则时在晋安帝元兴三年甲辰(404),宋叶梦得、马端临等然之。也是从宋代开始,有人质疑,王质、吴仁杰都认为这首诗的写作时间在安帝隆安四年(400),却没有提出镇军将军是谁。清人陶澍《陶靖节年谱考异》以为镇军是前将军刘牢之,"以前将军正镇卫军,即省

---

① 严耕望《中国地方行政制度史乙部——魏晋南北朝地方行政制度》,第 165、167 页。

文曰'镇军'",即这里的镇军不是官名,而是军种,是负责首都、宫廷安全的镇卫军,前将军正是镇卫军的将军号之一,陶澍认为这里的镇军是镇卫军的省称,以代称前将军,而时间则在隆安三年①。后来古直先生采用此说。梁启超则以为隆安二年参刘牢之军事,镇军或是刘牢之镇北将军之讹②。对刘牢之说,朱自清在《陶渊明年谱中之问题》一文中已详驳之,指出陶澍等皆扭曲史料以成己说,不足信③。逯钦立、邓安生、龚斌、袁行霈等学者皆从朱说,且进一步详细钩稽史料,以证明刘牢之说之不成立,由此反证刘裕说之可信。其驳陶、梁等说颇有力,是以今日学界,刘裕说占主导地位,几成定论。另有今人段熙仲,以为镇军将军为会稽内史王蕴,然邓安生、龚斌也已对此做了较有力之反驳,大意为王蕴作会稽内史时间过早,陶渊明尚在少年,不合其自云年近三十始仕之语④。这样,后人新说都不对,似乎唯有刘裕旧说为可信。

陶渊明曾否出仕刘裕,为其生平大事,历来受到学者关注。目前刘裕说虽然是学界的主流意见,但证以渊明诗文,并参核史籍,稽诸情理,疑点其实很不少,恐怕也难称定论。我认为这里的镇军将军不是刘裕,而是之前曾任会稽内史的谢輶。

二 "刘裕说"辨

下面,将把疑问一一展开,以证明陶渊明当无可能出仕刘裕。

其一,审视《始作镇军参军经曲阿》本身,立刻让人起了怀疑。诗歌虽然表达了归隐之意,但是语义安闲,特别是其中还有"时来苟冥

① 陶澍《陶靖节年谱考异》,许逸民校辑《陶渊明年谱》,北京:中华书局,1986 年,第78 页。
② 梁启超《陶渊明年谱》,许逸民校辑《陶渊明年谱》,第148—149 页。
③ 朱自清《陶渊明年谱中之问题》第五节,载《朱自清全集》第八卷,南京:江苏教育出版社,1998 年,第176—179 页。
④ 邓安生《陶渊明年谱》,天津:天津古籍出版社,1991 年,第104—106 页。龚斌《陶渊明传论》,上海:华东师范大学出版社,2001 年,第30—32 页。

会,宛辔憩通衢"这样的诗句,应该是写于相对安定的平世,而绝非乱离人的诗作。刘裕当上镇军将军的元兴三年时局如何呢?此时最为动荡。元兴元年,荆州、江州刺史桓玄造反,打进了都城建康。二年(403)冬,桓玄篡位,自己做了皇帝,并把晋安帝迁到寻阳(今九江)。到了元兴三年二月,刘裕和他的北府军同伴起兵反抗桓玄。之后双方战伐不息,直到安帝义熙元年(405),刘裕的军队才总算把桓玄的余部彻底消灭。那么,陶渊明是以朝廷倾覆为"时来"呢?还是以兵戈满地为"时来"呢?是以世乱多阻为"通衢"呢?还是投身军阀为"通衢"?真要这样,陶渊明岂不成了一个热衷投机、乱世取富贵的小人了么?可见刘裕之说,经不起诗作本身的检验。

　　其二,比勘陶渊明其他的诗文,也有不少龃龉不安的地方。《癸卯岁十二月中作与从弟敬远》云:"寝迹衡门下,邈与世相绝。(中略)历览千载书,时时见遗烈。高操非所攀,深得固穷节。平津苟不由,栖迟讵为拙?"癸卯即元兴二年(403),陶渊明三十九岁。十二月中陶渊明还杜门在家,信誓旦旦"深得固穷节",转年就高唱"时来苟冥会,宛辔憩通衢",在战乱中出仕了,誓言直如儿戏,试问,这是陶渊明吗?

　　到了安帝义熙元年乙巳(405),陶渊明出任江州刺史建威将军刘敬宣的参军,奉命使京,途中有诗《乙巳岁三月为建威参军使都经钱溪》云"我不践斯境,岁月好已积"。《宋书》卷五十《张兴世传》云:"上流唯有钱溪可据,地既险要,江又甚狭,(中略)江有洄洑,船下必来泊。"可知钱溪不但是往来经过之地,且因为水流的原因,顺江东下时必须泊船此处。如果陶渊明在去年东下任刘裕参军,那么自当经停钱溪,所谓"岁月好已积",岂非空话①?

　　这年八月,陶渊明改官彭泽令,十一月辞官归田,之后写下了千古

---

① 按:李长之亦以"岁月好已积"为质疑刘裕说的主要理由,参见李长之(署名张芝)《陶渊明传论》,上海:棠棣出版社,1953年,第36页。

名篇《归去来兮辞》。《辞序》里说自己愿意做彭泽令的原因是"于时风波未静,心惮远役",这是不能忽略的。所谓风波未静,当然指刘裕与桓玄军队之间持续的战斗。元兴三年二月,刘裕、刘毅等起兵于京口;三月,攻克建康,桓玄西奔;四月,刘、桓两军在陶渊明家乡寻阳附近激战,桓军败北;五月,桓玄将刘统、冯稚等重又攻陷寻阳城,旋为刘毅等歼灭;九月、十月间,复有桓玄余党作乱,为江州刺史刘敬宣所平定。至此之后,双方战斗主要发生在寻阳以西、以南,至义熙元年,桓玄余党才被基本肃清。渊明受聘为驻节寻阳的江州刺史刘敬宣的参军,不离寻阳,正合其"心惮远役"之说,想来奉使京师,实属无奈。那么前一年,即元兴三年,战事犹酣之际,渊明何以即不惮风波与远役,匆匆东应刘裕之征? 这不是与《辞序》自相矛盾么?

有学者认为陶渊明迫于刘裕之严命出仕,这不大可能。刘裕初兴义军,即大赦天下,颇任用桓玄党人,汲汲以收拾人心为务,似无有强人入仕之理①。陶渊明也不是软弱的人,不会被迫出仕,看他不应州府征辟,不应朝廷著作郎之命,晚更拒不受刺史檀道济之馈,自知。又有人认为渊明激于大义,仇桓而亲刘,所以应征。可《序》里不提,已然奇怪;就算他真的为了报国而从军,那战事犹酣之际,又回家转任刘敬宣建威参军,不是更奇怪吗? 因为发现刘裕打算篡晋? 初起义兵的刘裕并没有恶德,朱自清曾说,这时距刘裕篡晋还有16年之久,陶渊明不大可能一见刘氏便悬知未来的篡逆而辞职。总而言之,这是很难解释的。

再有,陶渊明隐居之后,曾在《饮酒》其十中回忆自己早年的一次远宦经历:"在昔曾远游,直至东海隅。道路迥且长,风波阻中途。此行谁使然,似为饥所驱。倾身营一饱,少许便有余。恐此非名计,息驾归闲居。"陶渊明一生行迹可查的,离家东仕仅作镇军参军这一次。所

---

① 《东晋安帝平桓玄改元大赦诏》:"谋反大逆手杀人以下及长徒,皆赦除之。"按:其时朝政已入刘裕之手,安帝又是弱智之人,此诏当是出于刘裕授意无疑。见许敬宗编、罗国威整理《日藏弘仁本文馆词林校证》,北京:中华书局,2001年,第353页。

以主张刘裕说的学者们，毫无例外都认为这次东游就是到刘裕的幕府去，诗中的"东海隅"指幕府所在的京口（今镇江）。可是其中的龃龉处，大家就不免轻轻放过了。其一，"海隅"即海角，可引申指荒远四方之地。假如陶渊明去的是当时长江入海口的京口，固然可以称"海隅"，但是考史籍记载刘裕行踪，可知那时的刘裕人在建康，不在京口，陶渊明就不可能去京口，只能去建康（后面有详述），而建康是绝不可能被称为"海隅"的。第二，诗云"倾身营一饱，少许便有余。恐此非名计，息驾归闲居"，意思是说这次做官是为了赚点养家费，钱差不多就回家"闲居"了。可是"刘裕说"的学者们没法否认，从刘裕处辞归后，陶渊明又做了建威参军、彭泽令，如此再三为冯妇，不等于诗人在公然撒谎吗？

除非我们认定前面所举的诗文都在撒谎，否则出仕刘裕的说法很难成立。下面，再考察史籍，推以情理，提出疑问。

其三，陶澍《陶靖节年谱考异》有云："（刘）裕甲辰行镇军时镇石头，至乙巳十月始旋镇丹徒，先生正在彭泽赋《归去来》矣，何得有参裕军事也。"[①]质疑有力，但时间上稍有不确。考《宋书·武帝本纪》，刘裕于义熙元年乙巳三月即旋镇丹徒（丹徒郡治即京口），乙巳三月，渊明已为建威参军矣，所以不影响陶澍的质疑。既然之前在建康石头城，陶渊明赴幕，不会至京口，又怎么会经过曲阿？朱自清力主刘裕之说，因为之解云："寻《宋书·武帝纪》元兴三年（西四〇四）裕镇石头城，义熙元年（西四〇五），屡请归藩，三月，旋镇丹徒。渊明始作参军而经曲阿，当是赴丹徒；味'归藩'之语，裕在丹徒殆亦设军府也。"[②]此说颇难取信，因州府与军府本为二事。刘裕时为镇军将军、徐州刺史，将军之幕府为军府，刺史之幕府为州府。京口为徐州刺史镇所，归藩即回归藩

① 《陶渊明年谱·陶靖节年谱考异》，第78页。
② 《陶渊明年谱中之问题》，《朱自清全集》第八卷，第178页。

镇,乃就徐州刺史而言,如果京口有一空巢幕府,当是刺史之州府,而绝非朱氏所云之"军府"。且元兴三年,刘裕克建康,初领镇军将军,至明年四月返京口,一年之间其人一直在建康。这一年战事频仍,刘裕的将军幕府从建立之日起,就必当随从将军本人,安得将军身在石头,其幕府却悬置于京口,古今中外,有是理乎?看下文所列举的诸位镇军长史、参军,基本都是在建康征召,或者参与起义随至建康的,便知这个军府必在建康,不在他处。至义熙元年四月,刘裕旋镇京口,其镇军将军幕府随迁至京口,方为合理。然李善、朱自清、逯钦立、邓安生、龚斌、袁行霈诸家,都将陶渊明赴任镇军参军的时间定在元兴三年,斯时刘裕身在石头城,渊明若为刘裕镇军参军,必赴建康石头城从裕。曲阿在建康之东南,是太湖流域运河的枢纽,从寻阳到建康沿长江而下,是不会经过此地的。假设先到建康,再赴京口,为避开这一段长江江面可怕的风涛(当时入海口在京口,故风涛殊甚),改走内陆运河,才会经过曲阿。如果陶渊明真的是就任刘裕的镇军参军,那么建康就是旅途的终点,是无须至京口的,行经曲阿岂非天方夜谭?

其四,就陶渊明与王弘的关系考之。据《宋书·王弘传》,桓玄篡位时,王弘居丧在京师,刘裕为镇军将军后,即召补为咨议参军。假如陶渊明于此时赴任镇军参军,则王、陶二人正是同僚,必相结识。王弘后任江州刺史,便是故人莅州。然《宋书·陶潜传》称"江州刺史王弘欲识之,不能致也"[1],这就奇怪了。是《宋书》夸大其辞,还是陶渊明与王弘没做过同僚,二人并非旧交?曹道衡、沈玉成合撰之《中古文学史料丛考》中《陶渊明尝为刘裕参军旁证》一条已注意到这一问题,他们根据《晋书》传仅载"刺史王弘以元熙中临州,甚钦迟之,后自造焉",无二人不相识之语,而以宋传为非,以晋传为是[2]。其实晋传虽然没有

① 《宋书》卷九十三《隐逸传·陶潜传》,第2288页。
② 曹道衡、沈玉成《中古文学史料丛考》,北京:中华书局,2003年,第235页。

王、陶不相识的话,但所载行事与宋传相同,都说王弘先遣陶渊明"故人庞通之"于半道候之,待渊明酒酣,弘始出与相见。陶渊明笃厚人情,如殷晋安将赴任刘裕太尉参军,从此政治异趋,陶渊明尚且说"脱有经过便,念来存故人";如果王弘真为故人,焉得为渊明所拒,必大费周章而始见之?陶渊明相对故人之情态,并不如此。

曹、沈二先生又云:"弘以甲族冠冕,开国佐命,而殷勤于'溪狗'后人,若非同僚共事,甚难解释。"①当时有些高门子弟,谁都看不起,同僚与否,并无关系。如西晋时孙铄,少为县吏,"太守吴奋转以为主簿。铄自微贱登纲纪,时僚大姓犹不与铄同坐"②。西晋是门第刚成立不久的时代,风气已经如此。若王弘以门第傲人,对陶渊明稍稍假以颜色就不错了,根本不可能殷勤待之。其实王弘礼遇陶渊明,与是否同僚无关,而与王弘本人的行事风格以及当时风气密切相关。与那些庸惯无能、尸位素餐的士族子弟不同,王弘虽然是琅琊王氏,但他老于世情,练达政治,不以刘裕寒素而轻之,反而受其驱遣,成为刘宋佐命功臣。这类人物利用自己的门第,却不会轻易卖弄门第,更不会随便流露对人的轻视。同时,汉以来推崇肥遁,东晋尤盛,无论渡江世族或南土豪姓,族中多有隐逸者,名流也鼓励这种风气。《世说新语·栖逸》篇载:"郗超每闻欲高尚隐退者,辄为办百万资,并为造立居宇。"③隐者有高名,历来为各级官员所礼重。仅以《晋书·隐逸传》考之,王导礼于郭文,桓温躬造孟陋、瞿硎先生,庾翼躬造郭翻,桓冲造访刘驎之,王弘之于渊明,与诸人同,可见是风习如此。由此推论王、陶二人此前为同僚旧识,并无任何依据。

其五,考察刘裕任用镇军参佐的情形,会发现他征辟陶渊明的可能性极小。刘裕所用的镇军参佐有哪些人当然无法尽知,不过从史籍有

---

① 曹道衡、沈玉成《中古文学史料丛考》,北京:中华书局,2003 年,第 235 页。
② 《晋书·石苞附孙铄传》,第 1009 页。
③ 《世说新语笺疏·栖逸》,第 660 页。

记载的人物看,会发现刘裕用人行政皆重实效,似乎没有尸位素餐者混
迹幕府。这些参佐,或者是刘裕的同乡、同里,或者是刘裕在桓修抚军
将军府时的同僚相知者,这类人物大致属于北府军系统;另一类人物则
是刘裕需要拉拢、培植的高门士族俊彦子弟。同乡、同里如:

> 刘穆之(中略)世居京口。(中略)从平京邑,(中略)迁尚书
> 祠部郎,复为府主簿,记室录事参军,领堂邑太守①。
>
> 向靖字奉仁(中略)世居京口,与高祖少旧。从平京城,参建
> 武军事。进平京邑,板参镇军军事,加宁远将军②。
>
> 刘怀慎,彭城人,左将军怀肃弟也。(中略)始参高祖镇军将
> 军事,振威将军、彭城内史③。
>
> 刘粹字道冲(中略)家在京口。(中略)从平京邑,转参镇军
> 事,寻加建武将军、沛郡太守④。
>
> 孟怀玉(中略)世居京口。高祖东伐孙恩,以怀玉为建武司
> 马。豫义旗,从平京城,进定京邑高祖镇京口,以怀玉为镇军参军、
> 下邳太守。
>
> (孟)龙符,怀玉弟也。骁果有胆气,干力绝人。(中略)早为
> 高祖所知。(中略)江乘、罗落、覆舟三战,并有功。参镇军军事,
> 封平昌县五等子,加宁远将军、淮陵太守⑤。
>
> 檀韶(中略)世居京口。(中略)都邑既平,为镇军参军,加宁
> 远将军、东海太守⑥。
>
> 檀祗(中略)左将军韶第二弟也。(中略)京邑既平,参镇军

① 《宋书·刘穆之传》,第1303页。
② 《宋书·向靖传》,第1373页。
③ 《宋书·刘怀慎传》,第1375页。
④ 《宋书·刘粹传》,第1379页。
⑤ 《宋书·孟怀玉、从弟龙符传》,第1407、1408页。
⑥ 《宋书·檀韶传》,第1373页。

事,加振武将军①。

　　刘钟字世之,彭城彭城人也。(中略)为刘牢之镇北参军督护。高祖每有戎事,钟不辞艰剧,专心尽力,甚见爱信。义旗将建,高祖版钟为郡主簿。明日,从入京城。将向京邑,高祖命曰:"预是彭沛乡人赴义者,并可依刘主簿。"(中略)转镇军参军督护②。

　　臧焘字德仁,东莞莒人,武敬皇后兄也。(中略)高祖镇军、车骑、中军、太尉咨议参军③。

据《宋书·檀韶传》,金乡檀氏南渡以后亦世居京口,故檀祗得为刘裕信用。以上诸人都是乡里旧识,从刘裕举义京口,多有战功,入幕参佐军事,是刘裕的亲信将领。诚如田余庆《北府兵始末》文中所云:"刘裕义熙之政,实际上是军中之政,也可以说是北府之政。他深知自己成功与否,完全系于北府兵。"④而臧焘以学问著称,但他身份特别,是刘裕的妻兄,故亦为其信用。

　　抚军同僚则如徐羡之、朱龄石:

　　徐羡之字宗文,东海郯人也。(中略)少为王雅太子少傅主簿,刘牢之镇北功曹,(中略)桓修抚军中兵曹参军。与高祖同府,深相亲结。义旗建,高祖版为镇军参军,尚书库部郎,领军司马⑤。

　　朱龄石字伯儿,沛郡沛人也。家世将帅,(中略)常追随桓修兄弟,为修抚军参军。在京口,高祖克京城,以为建武参军。(中

①　《宋书·檀祗传》,第 1416 页。
②　《宋书·刘钟传》,第 1438 页。
③　《宋书·臧焘传》,第 1543、1546 页。
④　田余庆《秦汉魏晋史探微(重订本)》,北京:中华书局,2004 年,第 373 页。
⑤　《宋书·徐羡之传》,第 1329 页。

略)事定,以为镇军参军,迁武康令,加宁远将军①。

徐羡之曾经是刘牢之镇北功曹,斯时刘裕是镇北参军,后来二人又同参桓修幕府,相知自非一般。羡之有才干,故刘裕颇相重用,临殁更相顾命。朱龄石所云"世受桓氏厚恩",乃指桓玄叔父桓冲而言,冲忠心晋室,龄石于篡位之桓玄并无恩义,故刘裕能信而用之。

高门为刘裕所任用之人则有殷仲文、王弘、谢绚、谢景仁、谢瞻、庾悦、庾登之、羊玄保等人:

> 殷仲文,南蛮校尉觊之弟也。(中略)玄为刘裕所败,随玄西走。(中略)因奉二后投义军,而为镇军长史,转尚书②。
>
> 王弘字休元,琅邪临沂人也。曾祖导,晋丞相。祖洽,中领军。父珣,司徒。(中略)高祖为镇军,召补咨议参军③。
>
> (谢晦)兄绚,高祖镇军长史④。
>
> 谢景仁,陈郡阳夏人。(中略)及平京邑,入镇石头,景仁与百僚同见高祖,高祖目之曰:"此名公孙也。"(中略)出为高祖镇军司马,领晋陵太守⑤。
>
> 谢瞻字宣远,一名檐字通远,陈郡阳夏人。(中略)寻为高祖镇军、琅邪王大司马参军⑥。
>
> 庾悦字仲豫,颍川鄢陵人也。曾祖亮,晋太尉。(中略)高祖定京邑,武陵王遵承制,以悦为宁远将军、安远护军、武陵内史。以

① 《宋书·朱龄石传》,第1421—1422页。
② 《晋书·殷仲文传》,第2604页。
③ 《宋书·王弘传》,第1311—1312页。
④ 《宋书·谢晦传》,第1347页。
⑤ 《宋书·谢景仁传》,第1493—1494页。
⑥ 《宋书·谢瞻传》,第1557页。

病去职。镇军府版咨议参军,转车骑从事中郎①。

庾登之字符龙,颍川鄢陵人也。曾祖冰,晋司空。(中略)义旗初,又为高祖镇军参军②。

袁湛字士深,陈郡阳夏人也。(中略)出补桓修抚军长史。义旗建,高祖以为镇军咨义参军③。

江夷,字茂远,济阳考城人也。祖彬,晋护军将军。父敳,骠骑咨议参军。夷少自藻厉,为后进之美。州辟主簿,不就。桓玄篡位,以为豫章王文学。义旗建,高祖板为镇军行参军④。

羊玄保,太山南城人也。(中略)右将军何无忌、前将军诸葛长民俱板为参军,并不就。除临安令。刘穆之举为高祖镇军参军,库部郎,永世令。复为高祖太尉参军,转主簿,丹阳丞⑤。

其时一等高门为琅琊王氏、太原王氏与陈郡谢氏,然南渡太原王氏之有力者(王国宝、王恭两支)已于桓玄篡位前覆灭殆尽,所余王愉(国宝兄)、王绥父子又因刘裕布衣时对之"甚相凌忽",而为其诛夷⑥,故刘裕不得任用太原王氏子弟。庾亮、庾冰、庾翼兄弟在东晋中叶,曾相继主内外之政,一时地位可与前后之王、谢比肩,庾氏亦藉此巍然高贵。陈郡殷氏既为旧族,族中殷浩、殷仲堪等于东晋政局皆曾有相当影响,其为高门无疑。殷仲文则"素有名望,自谓必当朝政",虽为桓玄佐命重臣,然以还二后之功为镇军长史,可知刘裕仍需借重其威望,以既往不咎之貌示诸士族中人。陈郡袁氏与太山羊氏、济阳江氏在东晋无政

①《宋书·庾悦传》,第 1489 页。

②《宋书·庾登之传》,第 1515 页。

③《宋书·袁湛传》,第 1497 页。

④《宋书·江夷传》,第 1525 页。

⑤《宋书·羊玄保传》,第 1534—1535 页。

⑥《宋书·武帝本纪上》,第 10 页。

治影响,然皆为后汉以来相沿之旧族,姓氏自高,非王、谢新贵可比。袁湛又为刘裕同僚故旧,谢玄女婿,自然易获刘裕瞩目。

刘裕任用高门著姓,首要目的自是取得士族在政治上的支持。晋末士族虽已不再军权在握、抗衡皇权,然门阀世袭,政治上犹有实力,刘裕虽能依靠北府力量控制军队,然行政方面仍不得不依靠士族大姓。故初入京,"司徒王谧与众议推高祖领扬州,固辞。乃以谧为录尚书事,领扬州刺史"①。又御史中丞王祯之纠核卞承之、褚粲、司马秀等人,刘裕即讽承制大将军司马遵免诸人之官②。王谧其人甚不堪,桓玄篡位,"谧手解安帝玺绶,为玄佐命功臣"。《宋书》唯云"高祖名微位薄,盛流皆不与相知,唯谧交焉"③,刘裕虽可因此保全王谧,然何须必以王谧为录尚书事、领扬州刺史,总领朝政? 可知《宋书》所言仅得事表,究其实,王谧为斯时琅琊王氏之代表人物,不得不依仗之故。王祯之亦琅琊王氏,亦为刘裕偏袒。而太原王氏早自覆败,故刘裕乃诛杀王愉、王绥父子以立威。初克京师之一扬一抑,手段老辣,最见刘裕政治上之老谋深算,无愧枭雄。刘裕汲汲任用高门子弟参佐军幕,自是希望培植士族中之亲附力量,并从中拔选人才,以不断巩固政治地位、扩充政治力量。王弘即其中才能特出者,深为刘裕信用,日后乃成为刘宋肱股重臣。又如谢绚之弟谢晦,"初为孟昶建威府中兵参军。昶死,高祖问刘穆之:'孟昶参佐,谁堪入我府?' 穆之举晦,即命为太尉参军"④,谢晦后亦为刘裕临终顾命大臣,非尸位素餐者可比。既取其门第,复重其人才,刘裕用人之方,于此显然可知。

建立新朝自需争取政治支持,然刘裕当时首要目标更在铲除北府旧同僚中可与并驾齐驱之竞争对手刘毅、诸葛长民等人。尤其是刘毅,

---

① 《宋书·武帝本纪上》,第9页。
② 同上注,第10页。
③ 同上注。
④ 《宋书·谢晦传》,第1347页。

"既有雄才大志,厚自矜许,朝士素望者多归之。与尚书仆射谢混、丹阳尹郗僧施并深相结。及西镇江陵,豫州旧府,多割以自随,请僧施为南蛮校尉。既知毅不能居下,终为异端,密图之"①。二刘皆争取士族支持,似刘裕所重在琅琊王氏,而刘毅则为陈郡谢氏青睐,终以刘裕诛杀刘毅、谢混等获胜告终。殷仲文初为刘裕长史,终不为刘裕所用,而与刘毅交接更密,是不免被诛。

实际政治支持之外,门阀士族政治相沿已久,风流美誉,皆出其中。以高门子弟点缀镇军幕府之中,自是美谈,刘裕又何能免俗。《晋书》载:"及宋受禅,谢晦谓刘裕曰:'陛下应天受命,登坛日恨不得谢益寿奉玺绂。'裕亦叹曰:'吾甚恨之,使后生不得见其风流!'益寿,混小字也。"②刘裕后悔杀了支持刘毅的谢混,而不能使其在受禅大典上奉玺绂。仰慕士族风流,是刘裕以降南朝帝王共同的心态。

镇军参佐可考而门第稍弱者,有徐广。徐广为东莞姑幕人,"家世好学,至广尤精",孝武帝因其博学,除为秘书郎,校书秘阁,朝廷礼仪常赖其议定,"义熙初,高祖使撰《车服仪注》,乃除镇军咨议参军,领记室"③。可见刘裕任用徐广,乃特取其才学而酬其修礼仪之功。

又有毛修之。毛氏世有大将,与东晋相始终。武人世家,地位低高门士族一等,然修之祖父、伯父皆益州刺史,父为梁、秦二州刺史,久镇西陲。桓玄兵败,修之诱令入蜀而斩之。是以至京师后"高祖以为镇军咨议参军,加宁朔将军。旬月,迁右卫将军。既有斩玄之谋,又伯、父并在蜀土,高祖欲引为外助,故频加荣爵"④。是一为酬功,二为安定西蜀。

刘裕任用之镇军参佐,可考者大致如此。或同乡亲信,或同僚故

①　《宋书·武帝本纪中》,第28页。
②　《晋书·谢安附琰子混传》,第2079页。
③　《宋书·徐广传》,第1547—1548页。
④　《宋书·毛修之传》,第1427页。

旧,或高门子弟,或博学高才,凡所任用,皆有明确实际之政治目的,非仅为博高名清誉而已。即高门士族,其人亦大都才干优长,非虚名清谈之辈。若其时仅有高名者,处以朝廷清官而已,不以参军府、掌机要也。尚有一点需注意,殷仲文、毛修之而外,镇军参佐基本为居家、为官在京口、建康两地之人,看不到专门从他州征辟而来的人。

然则刘裕何以初定建康,便星夜征召陶渊明? 以门第论,陶侃本为土著,又是将家,已为南渡士族所鄙。何况陶族中无后起之秀,侃殁后陶氏全无预于东晋政局,无现实权势之荣,冢中枯骨亦难为。而渊明又是疏支,门第至多在徐广、毛修之间而已,更难以门第傲人。若以才干论,渊明初为州祭酒,因不堪吏职,旋辞归。复征为主簿,不就,自无缘有才干之名。在桓玄幕中虽时日稍长,然其间告假在家竟有年余时间。若渊明以长才高誉为桓玄器重,一年之假必不能准。以渊明疏散任真、恪守道德之性格,其无行政才干为必然之事。渊明自述"性刚才拙,与物多忤"(《与子俨等疏》),正非自谦之语。那刘裕从何处听闻陶渊明之大名,必欲即刻致之幕府而后已? 这显然不符刘裕用人之方。

假如说史书所记都是特出人物,安知无清闲参军如渊明者居于幕府? 这当然可能,只是特征外州郡一二清誉人物点缀幕府,应该在战事初定、大局稍安以后,徐广为镇军咨议参军,也在军事稍定之义熙初。何以初下寻阳,荆州战事仍棘之际,即匆匆征召声名、才干皆无可述之陶渊明? 陶渊明究竟有什么特质让刘裕如此器重? 实在想象不出。

综合以上疑问,陶渊明出仕刘裕的可能性微乎其微。

三 对镇军将军其人的推测

镇军将军,如果前人认为的刘裕、刘牢之、王蕴这些人选都不对,那么可能的人物究竟是谁? 笔者大胆提出一个新的可能性:谢輶。

《始作镇军参军经曲阿》,这一题目透露了明确的地点信息:曲阿。曲阿即今镇江丹阳,是江南运河水系的枢纽之地。三吴运河至曲阿分途,既可西向建康,也可北至京口;反之,无论由建康或京口乘舟至吴郡、会稽,都必经曲阿。据《三国志·吴志》所载,孙权赤乌八年,"遣校尉陈勋将屯田及作士三万人凿句容中道,自小其至云阳西城,通会市,作邸阁"①。云阳即曲阿。当时开凿人工运河破岗渎,以通三吴水系与秦淮水,其目的是沟通吴会与建康之间的漕运。此后,即可由建康乘船直达曲阿,然后南下吴郡、会稽,或者北上京口,以避开建康至京口长江江面惊风骇浪之险。现在陶诗明确提到赴任途中经过曲阿,他从寻阳柴桑出发,当然只能是先到建康,然后到曲阿,下一步就应该去京口或者吴会。镇京口的镇军将军只有刘裕一人,上一节已经论证了刘裕的不可能性,那正常的思路就是把目光投向吴会才对。《世说新语·排调》篇载"王光禄作会稽,谢车骑出曲阿祖之"②,即谢玄到曲阿去饯别赴任会稽内史的王蕴,正可为去会稽必经曲阿的明证。

除了地点因素,还需要考虑时间因素。不妨排比一下陶渊明的仕宦经历,看看究竟哪个时间段最有可能。依照学界的主流意见,我们整理出下表:

时　　　间	事　件	备　　　注
太元十八年(393),二十九岁	州祭酒	少日即解职
隆安四年(400),三十六岁	入桓玄幕	《庚子岁五月中从都还阻风于规林》及《辛丑岁七月赴假还江陵夜行涂中》诗为证
隆安五年(401)冬,三十七岁	母亲去世,服丧	当时士大夫一般守丧二十七月,故至少到元兴三年(404)三月之前都在丧期

① 《三国志·吴志二·孙权传》,北京:中华书局,1959年,第1146页。
② 《世说新语笺疏》,第512页。

续　表

时　　间	事　件	备　　注
元兴三年（404），四十岁	建威参军	次年春解职
义熙元年（405）八月到十一月，四十一岁	彭泽令	

前面已经说明,陶渊明于元兴三年赴任镇军参军的可能性极低,那陶渊明还有哪段时间可能出来做这个官呢? 根据上表,一目了然,隆安四年之后再无可能,而太元十九年至隆安三年之间却有六年空白期,自然只能在这期间。《宋书》本传明明说陶渊明因为"亲老家贫"才"起为州祭酒"的,他很快辞官之后,"亲老家贫"的窘况并没有缓解,怎么能够再次闲居六年的时间呢? 这不合情理。《饮酒》其十说自己"在昔曾远游,直至东海隅",原因是"此行谁使然,似为饥所驱",目的是"倾身营一饱,少许便有余"。这次海隅之行放在辞官州祭酒之后最为合情合理。

把时间、地点两个要素合一,那个真正的镇军将军就从历史的海床上渐渐浮出水面来。这个人就是在太元十九年（394）至隆安元年（397）任镇军将军、会稽内史的谢輶①。

谢輶是个史书无传的人物,他的情况需要我们稍作考证。谢輶曾任会稽内史,史有明文②。但他在会稽内史任上为镇军将军,则一直不为陶渊明研究者所知。很多学者以为东晋时期的镇军将军很罕见,如宋云彬仅仅找到了郗愔、王蕴、王荟和刘裕四人,他的看法一直影响着后来学者③。其实东晋的镇军将军并不那么罕见,除了刘裕外,其他人

① 谢輶任会稽内史的时间见吴廷燮《东晋方镇年表》,《二十五史补编》本,第3512页。
② 见《晋书》卷一百《孙恩传》,《宋书》卷六四《裴松之传》、卷九二《王镇之传》。
③ 宋云彬《陶渊明年谱中的几个问题》,《新中华》第6卷第3期,1948年,第35页。

都是会稽内史,这是一个有意思的现象。今据《晋书》和吴廷燮《东晋方镇年表》可知,第一个以镇军将军衔出任会稽内史的是孔愉,"出为镇军将军、会稽内史,加散骑常侍"①,时为咸康五年(339)至八年(342)。第二个是升平二年(358)至兴宁三年(365)的王彪之,"为镇军将军、会稽内史,加散骑常侍"②。王的继任者是太和元年(366)至太元四年(379)的郗愔③,"转冠军将军、会稽内史。及帝践阼,就加镇军、都督浙江东五郡军事"④。郗愔之后太元五年(380)至九年(384)是王蕴,"为都督浙江东五郡、镇军将军、会稽内史,常侍如故"⑤。紧接着是十年(385)至十一年(386)的王荟,"转督浙江东五郡、左将军、会稽内史,进号镇军将军"⑥。王彪之、郗愔、王蕴、王荟四人不但前后相继,而且郗愔和王荟都是在内史任上升为镇军将军,说明这一时期会稽内史加镇军将军号几成惯例。另外,后来司马休之似乎也曾在会稽内史上被授予镇军将军号。《晋书·司马休之传》仅云休之"拜后将军、会稽内史"⑦。并没有出任镇军将军的记载。但是考《宋书·武帝本纪》,前云"免会稽内史司马休之",后即云"以前镇军将军司马休之为平西将军、荆州刺史"⑧。据此,司马休之应当在会稽内史任上由后将军升为镇军将军。

谢辀之前,有五任会稽内史在任内被封为镇军将军,之后又有司马休之。可见东晋中期有此惯例。尤其值得注意的是,前面五任会稽内史有三人都是在太元中被授予镇军将军号的,其中郗愔本来是冠军将

---

① 《晋书》卷四八《孔愉传》,第 2053 页。

② 《晋书》卷七六《王彪之传》,第 2010 页。

③ 其中太和二年冬至太和三年,会稽内史曾由庾羲担任,见吴廷燮《东晋方镇年表》,第 3511 页。

④ 《晋书》卷六七《郗愔传》,第 1802 页。

⑤ 《晋书》卷九三《王蕴传》,第 2421 页。

⑥ 《晋书》卷六五《王荟传》,第 1760 页。

⑦ 《晋书》卷三七《司马休之传》,第 1110 页。

⑧ 《宋书》卷二《武帝本纪中》,第 27、28 页。

军,"及帝践阼,就加镇军、都督浙江东五郡军事",可见是宁康元年升转为镇军将军,并都督浙东五郡事。后面王蕴、王荟皆循此例。也就是说,晋孝武帝特别看重会稽内史一职,不但予以很重的军号,且命以都督浙东五郡军事。谢輶出任会稽内史也是在太元中,他是否也循例授予镇军将军号呢?搜寻史料,可以找到直接证据和间接证据各一条。

《法苑珠林》卷十八《敬法篇·感应缘》载谢敷事迹云:"晋谢敷,字庆绪,会稽山阴人也。镇军将军輶之兄子也。"①这是目前找到的明确记载谢輶曾任镇军将军的唯一史料,原书小字注云出齐梁时人王琰《冥祥记》,虽然是孤证,却是时代相接近的史料,坚实有力,弥足珍贵。且依照前面总结的成例,谢輶的镇军将军号当是出任会稽内史时所加。

还有一条间接辅证。《宋书·孔季恭传》载季恭早期仕历:"始察郡孝廉,功曹史,著作佐郎,太子舍人,镇军司马,司徒左西掾。未拜,遭母忧。隆安五年,于丧中被起建威将军、山阴令,不就。"②隆安五年(401)在丧中,那么遭母忧当在隆安三年至四年间。既然司徒左西掾未拜,那么他此时正是镇军司马。《宋书·百官志》载:"镇军将军,一人。"③又据《东晋方镇年表》,隆安二年继任会稽内史的是领军将军孔安国,隆安三年又由左将军王凝之、卫将军谢琰继任,那么可以推知,此时的镇军将军仍是谢輶。孔季恭是会稽人,会稽孔氏与谢氏同为本地世族,无论世谊还是乡谊,他此前被会稽内史、镇军将军谢輶征为司马,都是最合理的解释。

这样,太元十九年至隆安三年这段时间,曲阿这一地点,镇军将军这个人物,三者终于可以相吻合了。谢輶为什么会从遥远的江州征召陶渊明呢,恰好也可以得到合理解释。谢輶不是陈郡谢氏,而是土著会

---

①　释道世撰,周叔迦、苏晋仁校注《法苑珠林校注》,北京:中华书局,2003年,第592页。

②　《宋书》卷五四《孔季恭传》,第1531页。

③　《宋书》卷三九《百官志上》,第1225页。

稽谢氏的代表人物，"琅邪王茂之、会稽谢辅，皆南北之望"①，看来是当时南士之杰出者。而陶渊明与会稽谢氏是有渊源的。他为外祖父孟嘉作的传记中，记载孟嘉"尝为刺史谢永别驾，永，会稽人"，后赴会稽送谢永之葬②。谢永当是谢辅的父祖辈人物，他担任江州刺史在永和元年（345）至永和三年（347）之间③。近四十年后，太元八年（383），谢安与桓冲争夺江州控制权，尝欲以中领军谢辅为江州刺史，遭桓冲反对作罢④。谢安看重谢辅，原因之一当是谢永在此州有故吏及其家族，显然江州别驾孟嘉正是其中极重要的人物。外祖父高义如此，惠及外孙，不正是人世常情么？

　　前面提到郗愔和王荟都是先就任会稽内史，到官后再分别由冠军将军、左将军改任镇军将军的。如果考察其他会稽内史的将军衔，会发现这种到任内史后改衔的情况很常见，谢辅在太元十九年到任会稽内史，次年升为镇军将军的可能性也极大。那么，由此推测，陶渊明作《始作镇军参军经曲阿》诗的时间，最可能就是在太元二十年（395）。且一般认为陶渊明在去年丧妻⑤，至此丧服已除，时间上也刚好。

　　经过一番考证，于陶渊明的生平事迹当可稍作更定。所谓元兴三年作刘裕参军的生平系年显然不能成立，出任镇军参军当是太元十九年至隆安元年间之事，最大可能性是太元二十年。而前人所纠结的陶渊明与刘裕的关系问题，他如何出仕刘裕又离开刘裕、反对刘裕等种种问题，便顿时变得子虚乌有了。反之，陶渊明对刘裕观感不佳，晚年始终拒绝与之合作，这是确知无疑的。既然陶渊明并非谁的官都做，那么他对晋宋易代究竟是什么态度，是梁启超认为的不在乎，还是陈寅恪坚

①　《宋书》卷六四《裴松之传》，第 1698 页。
②　袁行霈笺注《陶渊明集笺注》，北京：中华书局，2003 年，第 491 页。
③　吴廷燮《东晋方镇年表》，第 3485 页。
④　《晋书》卷七四《桓冲传》，第 1951 页。
⑤　陶渊明《怨诗楚调示庞主簿邓治中》："弱冠逢世阻，始室丧其偏。"始室为三十岁之代称。

持的忠晋旧说,应该可以再讨论。

第五节 辞 官 考

陶渊明最后的辞官,借助职官制度的考察,同样能得到更确切的理解。在彭泽令任上,他本来"犹望一稔"(《归去来兮辞序》),打算拿到一年的俸禄,作为退隐之资,才过了八十天,便辞职了事。

这次辞官的表面理由,是嫁在武昌的妹妹死了,他"情在骏奔"。这当然只是托辞。妹妹已经嫁人,何劳哥哥为了奔丧而辞官呢?所以洪迈在《容斋五笔》卷一中说:"词中正喜还家之乐,略不及武昌,自可见也。"①《宋书·隐逸传》的记载则是:"郡遣督邮至,县吏白应束带见之,潜叹曰:'我不能为五斗米折腰向乡里小人。'即日解印绶去职。"②倒颇透露了一些有意思的信息。

对这段话,学者解读有两个侧重点。早期学者会重点讨论"五斗米"的意义。缪钺经过推算,认为"五斗米"与陶渊明俸禄无关,而是代表一个士大夫一月的食量,表示"我不能为求一饱之故折腰向乡里小人"③。张志明提出史料,认为五斗之米,不够一月食用,他以为该词源于五斗米教五斗入教的传统,陶渊明时代指很少一点钱米,"犹现在说'为两个钱'"。缪钺作答,稍修正前说,以为一般士大夫食量为每月六七斗,五斗是形容其少的约数④。逯钦立则转据《晋书·陶潜传》"吾不能为五斗米折腰,拳拳事乡里小人邪"表达上的差异,认为"不能为

---

① 洪迈著《容斋随笔》,上海:上海古籍出版社,1996年,第819页。
② 《宋书》卷九三,第2286页。
③ 缪钺《陶潜不为五斗米折腰新释》,《历史研究》,1957年第1期,第79—85页。
④ 张志明、缪钺《对于"陶潜不为五斗米折腰新释"的商榷》,《历史研究》,1957年第10期,第87—93页。

五斗米折腰"是指从前在江州不能屈身事道教徒的王凝之,后半句才是指不能趋奉督邮①。同时在美国的杨联陞也撰文质疑缪钺之说,认为五斗米正是代表俸禄。他说:"魏晋南朝,大体沿用汉制,县令年俸千石至六百石(石即斛),是法定标准,证据如下。六百石指的是粟(未舂),依照汉简及《九章算术》粟五斗三比率,折成米(已舂)三百六十斛。若依汉代半钱半谷,每月米十五斛,正好每日五斗。所以五斗米应是汉以来低级县令的日俸(严格说是半俸)标准。"②诸先生中逯说好奇太过,可不论,其余三说,杨氏之说最为合理,当可据信。那是不是意味着,三月为令的陶渊明,是带着他四十五斛的俸禄回家的呢? 不是。

　　实际这次辞官,大概能拿到的俸禄极少,需要付出的代价很大。《宋书》卷九二《良吏传·阮长之传》云:

　　　　时郡县田禄,芒种为断,此前去官者,则一年秩禄皆入后人;此后去官者,则一年秩禄皆入前人。始以元嘉末改此科,计月分禄③。

这则材料极为重要,说明在宋文帝末年之前,郡县官员田禄(即折成谷物的那一半俸禄)乃一年一发,其发放的时间定在每年芒种。看来《辞序》中所谓"犹望一稔,当敛裳宵逝",倒未必是真的要做满一年官,只要坚持到次年芒种,一年足俸便可到手。现在十一月辞官,意味着将一粒米也得不到,最多领三个月的俸钱。本来是因为家贫才被迫求官的,现在还得回去与穷神为伍,陶渊明辞官时的决绝,他性格的峻烈,非如

----

① 逯钦立《读陶管见》,《逯钦立文存》,北京:中华书局,2010 年,第 298—300 页。原刊于《吉林师大学报》1964 年第 1 期。

② 杨联陞《论东晋南朝县令俸禄的标准——陶潜不为五斗米折腰新释质疑》,杨联陞《中国语文札记》,北京:中国人民大学出版社,2006 年,第 10—16 页。引文见第 11—12 页。原刊《东洋史研究》第 21 卷第 2 号,1962 年 9 月,第 98—102 页。

③ 《宋书》卷九二《良吏传》,第八册,第 2269 页。

是不能显现。

所以弄清"五斗米"的含义是一方面,更重要的还是要解释陶渊明辞官的直接原因,是什么理由导致他三个月即辞官。缪钺说:"陶潜弃官而去,绝不是很简单的只为了不愿束带见督邮,主要原因还是因为他不满意东晋末年的官场与政治。他本已怀有弃官之意,不过因不愿束带见督邮一事触发而实现就是了。"①此说得之,但还不能解释导火索事件本身。何以不愿意见督邮,难道仅仅不想束带吗?从前作州祭酒、各参军不也要束带吗?这样看来,督邮的问题也需加以讨论。

严耕望分别出版于 1961 年的《中国地方行政制度史甲部(秦汉)》和 1979 年的《中国地方行政制度史乙部(魏晋南北朝)》中,对督邮的设置、沿革、职掌等问题已有详考,参考严著,陶渊明不肯拜见督邮的原因不难推知。督邮之官始见于西汉中叶,是郡守、国相、内史派遣巡察属县的官吏。其职责有三大类:其一,"督察","其督察对象,上及王侯亲贵,下至豪民,漫无限制,而究以属县长吏为主,刺其善恶称职与否,一切白府,用便惩劝,时且受命驱逐或收捕之,至于令长治理县廷之事,亦有横加干涉者";其二,"督送邮书、奉宣教令";其三,"因督察属县附带引申之诸职,若奉诏捕系、追案盗贼、录送囚徒、催租点兵、询核情实之类"②。魏晋上承汉制,延续了督邮察县的制度,其职守基本未变③。高荣补充指出,督邮秩次卑下,但权力很大,被称为"郡之极位",故各县长吏多讨好逢迎之。其次,豪势之家的子弟自有更好的官位,是不屑出任督邮的,故此职大多由地方上的寒素之士担任④。这两点至晋代依然如此,陶渊明的曾祖父陶侃出身卑微,做的第一个官就是本贯

① 缪钺《陶潜不为五斗米折腰新释》,第 80 页。
② 严耕望《中国地方行政制度史甲部——秦汉地方行政制度》,第 138—142 页。
③ 严耕望《中国地方行政制度史乙部——魏晋南北朝地方行政制度》,第 285—288 页。
④ 高荣《论汉代的督邮》,《中山大学学报(社会科学版)》,1999 年第 3 期,第 99 页。

庐江郡的督邮。出身微寒,地位卑下,自然被地位尊崇的县令所蔑视,但督邮又手握重权,倚势凌人、苛酷烦碎以弄权自喜,自也常见。于是督邮与县令的关系,自汉以来,就极为紧张。严耕望在举了数个例子之后总结说:"此辈位轻权重,不免检校苛烦,故县长吏常不能容,贤恬者,或解绶去职,激愤者,或鞭之且或杀之者。"[1]相反,汉石刻中著名的《西狭颂》歌颂武都太守李翕,即以"督邮部职,不出府门"为一大功德,可见督邮往往与地方存在激烈矛盾,所以才以督邮不出府门为辞,以强调政令清和。

　　由此可知,陶渊明心贱督邮,所以称之为"乡里小人"。愤激之际,他隐藏心底的家族身份意识还是控制不住。只是前人因为督邮辞官或抗命,总是在忍受一番折磨之后才发作起来,这是人情常态。而陶渊明的那位督邮明明刚莅临彭泽,面都没见,清浊贤愚,苛酷宽和,一切未知,陶县令怎么就借口辞官了呢?仅仅是因为不愿意束带拜见地位低于自己的人吗?可是督邮察县是几百年延续不替的制度,县令必须与之相周旋,这是人人皆知的事,陶渊明不可能突然惊觉,愤而辞官,背后定然别有文章。这文章还得结合陶渊明的时代和督邮的职掌来参究。

　　陶渊明做的可不是什么太平县令。前一年,晋安帝元兴二年(403)末,桓玄篡位称帝。三年二月,刘裕等北府军将领起义兵,开始讨伐桓玄的战争。到义熙元年(405)三月,桓玄军队主力基本被消灭,但到五月时,江州依然受到桓氏余党的袭击。到陶渊明出任彭泽令的八月至十一月,江州还算平静,但是此时巴蜀为谯纵叛军占据,新的征战在筹备之中,而外州零星的战斗也时有发生[2]。此时的彭泽县虽然暂时解除了战斗的警报,却仍需为战争提供兵丁夫役和后勤物资,这不问可知。义熙五年(409),刘毅任江州都督,上表说:"自顷戎车屡骇,

---

①　严耕望《中国地方行政制度史乙部——魏晋南北朝地方行政制度》,第288页。
②　以上根据司马光编著,胡三省音注《资治通鉴》卷一一三、一一四,北京:中华书局,1956年,第3548—3610页。

干戈溢境,所统江州,以一隅之地当逆顺之冲,自桓玄以来,驱蹙残败,至乃男不被养,女无匹对,逃亡去就,不避幽深,自非财殚力竭,无以至此。(中略)属县凋散,示有所存,而役调送迎不得止息。"①"役调送迎",那就是拉丁、出役、征税、供应军队后勤了。这就是陶渊明其时每天要处理,一定让他焦头烂额的事情。

前面已经说明,督邮有一项职责是催租点兵,高荣举了孔融为北海相时因租赋不到而一日杀五部督邮之事和汉简中督邮"督赋"的一例,可为明证②。到了晋代,会因军政事由临时加设督邮,等于紧急督办的性质。东晋中期,虞预做会稽主簿时上记太守云:"今统务多端,动加重制,每有特急,辄立督邮。计今直兼三十余人,人船吏侍皆当出官,益不堪命,宜复减损,严为之防。"③正式和临时的督邮居然有三十来人,可见其时滥用督邮到了何等地步。国内相对平静的时候都是如此,那陶渊明所处的战乱之际又当如何?想来陶渊明这位督邮十之八九也是临时派来催督"役调送迎"的。行政经验很不丰富的陶渊明在平世都未必能胜任县令的诸多杂务,又如何在兵荒马乱、人口锐减的时候完成这些紧急任务?他又能无视良心、硬起心肠去做吗?为之则酷虐于民,不为必自取其辱。与其拜见督邮,领受些不三不四的教命与呵责,何如避而不见,果断解印绶呢?

考证史事,参稽职官制度,我们相信,陶渊明曾经天真地以为战事已经结束,可以安稳当一年县令,积蓄一些归隐买山之钱,到任后才发现如行荆棘中,转侧皆难措手足。正好上面督察催缴钱粮夫役的督邮来了,乡里小人,从来锱铢必较,兴事媚上,民生疾苦何尝在其心头眼中,"吾岂为了区区俸禄忍受鸡虫宵小的磨劫",归去来兮,正当其时。

---

① 《晋书》卷八十五《刘毅传》,第 2208—2209 页。
② 高荣《论汉代的督邮》,第 98 页。
③ 《晋书》卷八二《虞预传》,第 2144 页。

久久压抑心下的对人世官场的深深厌恶，这次终于爆发了①。

关于陶渊明不愿见督邮，还可以借助现代社会心理学、政治学、历史学的研究来帮助理解。无论是津巴多的斯坦福监狱试验还是米尔格伦的电击试验，更不要提更多学者对历史上各类大屠杀的研究，太多研究可以帮助我们理解一个具有道德感的普通人是如何可能快速成为邪恶行动的积极参与者。普通人往往会高估自己的道德自觉和独立性，都相信自己不会参与作恶。可是当面对权威的压力时，当成为作恶体系的一员，只负责某一或某些具体事务，可以"均分"作恶的责任时，当在系统中扮演有意义的角色时，当行为与道德准则冲突，但出现高大上的意识形态或正当性理由来赋予这些行为合理性时，有道德感的人的恶魔化是非常迅速的。再来看督邮到来这件事，就会有更多理解。首先，督邮之为督邮，他是受郡守的指派来巡视督查地方的，这时他是郡守权力的具体化，也代表了高阶权威。见督邮实际等于要面对这个权威。第二，督邮不来时，县令是一县之尊，可以相对依照自己的意志来做事，他的官员职责和个人道德可以并存。可是督邮的到来，便意味着这个官僚体系在运作，它在提醒陶渊明，他是整个官僚体系的一分子，他的首要身份是官员，就必须服从整个官僚系统的运作逻辑。第三，督邮来宣布国家的、郡守的命令，这时陶渊明的责任转轻，他只是在执行命令，郡守、督邮、整个官僚体系都在为他分担责任，他就可以心安理得

---

① 或谓督邮考察地方官贤良善恶，陶渊明必是畏惧贪腐事发而逃。为官三月之贪能至弃官潜逃乎？如果陶真的贪污，自然也懂得行贿，又何惧督察？否则，天下没有不逃的官了。又或谓陶渊明辞官归隐的原因是做过桓玄的属官，怕遭到政治清算，所以才逃回乡下躲了起来。如果害怕清算，何以还要做建威参军和彭泽令？而且《晋书·安帝纪》载义熙元年正月改元大赦诏书曰："其大赦，改元，唯玄振一祖及同党不在原例。"今存《文馆词林》中，有更完整的《大赦诏》，里面说："谋反大逆手杀人以下及长徒，皆赦除之。桓玄、桓振，一祖之后，有拥兵拒逆者，冯该、卞范之父子，何澹之、温楷不在原例。"明确规定了不予赦免的对象范围，显然与陶渊明无关。二说好奇太过，厚诬古人，不足法，不足驳，所以只在注脚中附带一提。

地虐待百姓了。第四，有理由相信，伴随督邮而来的，还有一套国家危难、多事之秋、舍小家保大家的说辞，当陶渊明陷入认知—行为失调的焦虑中时，他自然会迅速拥抱这套说辞。

以上四点，就是一个县令见了督邮以后最可能发生的事。我们看史学家们对晚清、民国的县太爷们的研究，可以反复印证这一猜测。当然，陶渊明未必会屈从，只是一旦直面督邮后再要拒绝，要承受的压力显然会异常巨大。所谓不谏的已往和昨非，想来就包括官场生涯中曾经迫于压力多少做过的违心之事。所以就算没有学术研究式的清晰认知，已有的官场经验还是会提醒他，见督邮会产生什么样可怕的后果。"君子见几而作，不俟终日。"不见督邮，意味着自由意志的存在；见督邮，则意味着官场逻辑取代自由意志，这大概就是陶渊明内心里隐约意识到的"几"。宋人刘宰（1167—1240）《枕上四首呈丁景舒》诗其一云："督邮行县岂徒哉，指点虚无作祸媒。料得渊明知此意，悬抛印绶赋归来。"①可见古人对此也早有认知。

由本文的考察与结论，可以引申思考一些问题。陶渊明在《与子俨等疏》中自述"性刚才拙"，核以仕宦经历，可见是极准确的自考之语。不迎合王凝之，不就主簿，不拜督邮，自是性刚。性刚即有傲骨，即不能平，这是陶渊明个性中极重要的一点，在那些看似平淡的作品中，这种气性也无处不在，并不需要专门到"荆轲""精卫"那里去找寻。而不耐烦州祭酒的实务，应付不来战争期间的"役调送迎"，显然是才拙。他是既不屑那些官场的规则和事务，实际也做不来的。黄庭坚在《宿旧彭泽怀陶令》中比陶渊明于诸葛亮："凄其望诸葛，骯脏犹汉相。时无益州牧，指挥用诸将。平生本朝心，岁月阅江浪。"此说大为后人激赏，持之者不少。如果论"猛志逸四海，骞翮思远翥"的少年大志，陶与

---

① 刘宰《漫塘刘先生文前集》卷一，舒大刚主编《宋集珍本丛刊》第 71 册据明正德十六年刻、嘉靖八年续刻本影印，北京：线装书局，2004 年，第 435 页。

诸葛同;读书,一个"务观大略",一个"不求甚解",陶与诸葛同;有隐者的气性傲骨,仍是二人相同。但论周旋事务、施政用兵的才能,二人就完全没有相提并论的可能性了。但二人同为读书人之杰出者则无疑。诸葛武侯雄才大略,鞠躬尽瘁;陶彭泽丰肌峻骨,察微知著。前者抱怀高远,趁时而兴;后者精微洁净,守己不渝。有时焉,有命焉,这是莫可奈何之事,但于莫可奈何之中成就自己,又是二公相同之处。

第六节 晚年征辟考

一 第一次征辟:著作郎还是佐著作郎

陶公晚年,在晋末、宋初,曾各遭逢一次征辟。细检史料,前贤论中未尽之意,当可稍加补罅。

《宋书·隐逸传·陶潜传》云:

> 义熙末,征著作佐郎,不就①。

《南史·隐逸传》的记载与此相同。颜延之《陶征士诔》云:

> 有诏征著作郎,称疾不赴②。

萧统《陶渊明传》和《晋书·隐逸传·陶潜传》也说"征著作郎"。

"著作郎"与"著作佐郎"一字之差,孰为正确,前人并未仔细讨论。

---

① 《宋书》卷九三,第八册,第2288页。
② 《日本足利学校藏宋刊明州本六臣注文选》卷五七,北京:人民文学出版社,2008年,第868页。按:《文选》诸版本皆作"著作郎"。

邓安生《陶渊明年谱》和袁行霈《陶渊明年谱汇考》都认为颜延之是陶公友人，故其言可信①。未经验证的陈述，就算记载为本人之言也未必可信，何况友人。再有，颜延之是否准确知晓，其时表达习惯如何，传世文献的文字有无讹脱，三者并不是一回事，任何一个角度都有致误的可能。

从校勘常理上讲，"著作佐郎"（按：本为"佐著作郎"，刘宋改名为"著作佐郎"。）容易脱漏成"著作郎"，反过来在上下文都没有"佐"字的情况下，"著作郎"衍成"著作佐郎/佐著作郎"的可能性则较小。这类现象，在史籍中不乏例证。如王勇曾发现，《宋书·百官志》中"著作佐郎始到职，必撰名臣传一人"的记载，到了《晋书·百官志》中讹作"著作郎"云云②。再比如《晋书》卷八二《王隐传》载："太兴初，典章稍备，乃召隐及郭璞俱为著作郎，令撰晋史。"③这里显然应是"佐著作郎"，而非"著作郎"。《宋书》卷四十《百官志下》载："惠帝复置著作郎一人，佐郎八人，掌国史。"④著作郎是部门长官，当然只能一人，怎么可能王隐、郭璞"俱为著作郎"？而且《王隐传》紧接着说："时著作郎虞预私撰《晋书》"云云，又冒出一个"著作郎"，这是要"一桃杀三士"么？同书同卷《虞预传》云："迁秘书丞、著作郎。"⑤看来虞预的著作郎是真非假。又同书卷七二《郭璞传》称璞"后复作《南郊赋》，帝见而嘉之，以为著作佐郎"⑥。同样可以证明王隐、郭璞"俱为"的只能是"佐著作郎"。这是史书脱漏的一例。再如《晋书》卷九三《王濛传附王修传》称

---

① 邓安生《陶渊明年谱》，天津：天津古籍出版社，1991年，第165页。袁行霈《陶渊明研究（修订本）》，北京：北京大学出版社，2009年，第324页。
② 王勇《〈晋书〉〈宋书〉"著作郎"条辨析》，《古典文献研究》第二十辑上卷，2017年，第233—236页。
③ 《晋书》卷八二，第七册，第2143页。
④ 《宋书》卷四十，第四册，第1246页。
⑤ 《晋书》卷八二，第七册，第2146页。
⑥ 《晋书》卷七二，第六册，第1901页。

修"起家著作郎"①,应该也脱漏了"佐"字。遍翻《晋书》,纵然王谢子弟,也没有起家"著作郎"的。反之,"佐著作郎"倒是经常作为一等高门子弟的起家官。同卷《王蕴传》即载称,王修之弟蕴,"起家佐著作郎"②。太原王氏的亲兄弟都由"佐著作郎"起家,后来同族中更有名的王恭也以此官起家,符合当时常态。再如《宋书》卷九三《隐逸传》王弘之传中称:"从兄敬弘为吏部尚书,奏曰:'(中略)臣愚谓弘之可太子庶子,希林可著作郎。'"郭希林传中则称:"元嘉初,吏部尚书王敬弘举王弘之为太子庶子,希林为著作佐郎。"③前后对照,可知前文王敬弘的奏疏所说应是"著作佐郎",究竟是传写讹脱还是当时例可省文,已难确定。

　　当然,校勘之理的说明终究是间接推测,要证明《宋书》记载的正确,还需要更有力一些的证据。这个证据徐广正好可以提供。广字野民,东莞姑幕人,是晋末著名学者。《宋书》本传称其"家世好学,至广尤精,百家数术,无不研览"④。徐广因为长于礼制,晋末宋初朝廷大事的礼仪制度常常由他议定。刘裕克复建康以后,也让他负责为自己制定《车服仪注》。徐氏本传称:"义熙初,高祖使撰《车服仪注》,乃除镇军咨议参军,领记室。封乐成县五等侯。转员外散骑常侍,领著作郎。二年,尚书奏曰:'(中略)宜敕著作郎徐广撰成国史。'"可知徐广在义熙元年即"领著作郎"了。所谓"领",是兼任之意。徐广实际担任的是著作郎,但因为给了一个地位更高的员外散骑常侍的加官,所以称"领著作郎"。正是在徐广领著作郎的同时,陶渊明从彭泽令上辞官归田。之后徐广官职不断升迁:"六年,迁散骑常侍,又领徐州大中正,转正员常侍。(中略)又转大司农,领著作郎皆如故。十二年,《晋纪》成,凡四

① 《晋书》卷九三,第八册,第2419页。
② 同上注,第2420页。
③ 《宋书》卷九三,第八册,第2282、2292页。
④ 《宋书》卷五五,第五册,第1547页。

十六卷,表上之。迁秘书监。"①《徐广传》清楚地显示,从义熙元年(405)到义熙十二年(416)间,著作郎一直是由徐广来担任的。而且徐广并非尸位素餐,他一直领著作郎是因为朝廷让他承担修国史的任务,只要《晋纪》未成,著作郎就不会换人。所以直到义熙十二年书成奏上,徐广才由著作郎迁为秘书监。征辟陶渊明只要在这十二年间,那就只能是佐著作郎,而不可能是著作郎。那么陶渊明是什么时候被征召的?

《宋书·隐逸传》中周续之传有云:

> 既而闲居读《老》《易》,入庐山事沙门释慧远。时彭城刘遗民遁迹庐山,陶渊明亦不应征命,谓之寻阳三隐②。

这段记载包含了两条值得关注的信息:其一,陶渊明"不应征命"在前,列名"寻阳三隐"在后;其二,"三隐"之称,是赞誉生者,不是追封死者,所以得名之日,陶、刘、周三人都还活着。

这条材料也出现在萧统《陶渊明传》中,为邓安生所注意。邓氏在《陶渊明年谱》中说,"据释元康《肇论疏》,刘遗民于元兴中入庐山,义熙十一年卒",所以陶渊明不应征辟的下限当然是义熙十一年③。至于上限,邓先生根据《宋书·周续之传》中"刘毅镇姑孰,命为抚军参军,征太学博士,并不就"的记载,提出"渊明征著作郎必在义熙九年刘毅镇姑孰以后"④。袁行霈反驳说,"据《资治通鉴》,刘毅于义熙五年正月为卫将军;义熙六年四月帅舟师发姑孰,时正以豫州刺史镇姑孰。义熙八年刘裕发兵征讨刘毅,刘毅兵败被杀。刘毅征周续之为抚军参军

---

①　《宋书》卷五五,第五册,第1548—1549页。
②　《宋书》卷九三,第八册,第2288页。
③　邓安生《陶渊明年谱》,第165页。
④　同上注。

必在义熙五、六年间"①。邓先生提出的义熙九年当然错了,因为此时刘毅已死。

可惜袁先生的义熙五、六年说也不正确。袁氏所引用的材料中,明白说明,义熙五年正月,刘毅已经升为卫将军,又怎么征周续之为"抚军参军"呢?据《晋书》卷八五《刘毅传》,刘毅是在克定桓玄大本营荆州之后任抚军将军、都督豫州扬州之淮南历阳庐江安丰堂邑五郡诸军事、豫州刺史,驻姑孰②。查同书卷十《安帝纪》,知在义熙元年③。而他镇姑孰的时间,《宋书》卷三六《州郡志二》有明确记载:"安帝义熙二年,刺史刘毅戍姑孰。"④这一时间倒是与《晋书·陶渊明传》的记载相符合。《晋书》陶传在引录《归去来兮辞》之后紧接着说:"顷之,征著作郎,不就。"⑤似乎是说这次征辟与陶公辞官彭泽令相隔并不太久。可知,《宋书》记载的"义熙末"未必就对。

周续之是在什么时候上庐山依止慧远的呢?《高僧传》卷六《慧远传》和《出三藏记集》卷十五《慧远法师传》都记载说:"彭城刘遗民、豫章雷次宗、雁门周续之、新蔡毕颖之、南阳宗炳、张莱民、张季硕等,并弃世遗荣,依远游止。"慧远与众人"建斋立誓,共期西方。乃令刘遗民著其文",刘文首著年月,"惟岁在摄提格,秋七月戊辰朔,二十八日乙未"⑥。"岁在摄提格",是晋安帝元兴元年壬寅(402)。可知周、刘二人到庐山已在此前。那么数年后到义熙初年,与陶渊明并称"寻阳三隐"已顺理成章。

其实周续之传记中看不出来他列名"寻阳三隐"一定与不应刘毅

① 袁行霈《陶渊明年谱汇考》,《陶渊明研究(修订本)》,第 324 页。
② 《晋书》卷八五,第七册,第 2206—2207 页。
③ 《晋书》卷十,第一册,第 258 页。
④ 《宋书》卷三六,第四册,第 1071 页。
⑤ 《晋书》卷九四,第八册,第 2462 页。
⑥ 释慧皎撰,汤用彤校注,汤一玄整理《高僧传》,北京:中华书局,1992 年,第 214 页。
　释僧祐撰,苏晋仁、萧炼子点校《出三藏记集》,北京:中华书局,1995 年,第 567 页。

征辟有关,邓氏、袁氏之说都是推测,何况时间还算错了。好在义熙十一年这个下限是稳当的,如前面所说,彼时著作郎自有徐广在,只好委屈一下陶公做个佐著作郎了。不过,委屈不委屈,陶公都不干。

晋代的佐著作郎,是为三种人准备的。第一种是高门子弟。《晋书》卷四八《阎缵传》载:

> 国子祭酒邹湛以缵才堪佐著作,荐于秘书监华峤。峤曰:"此职闲廪重,贵势多争之,不暇求其才。"遂不能用①。

贵势子弟争以此职起家,真正的才士反而不得其位。但国史总要有人修,所以佐著作郎中也不乏第二类人,即有真才实学之辈,如张华、傅玄、束皙、郭璞、孙楚、孙绰等。第三类人物就是隐逸之士,征召以佐著作郎,以示推重,如上文已提及之郭希林,又如韩康伯,"举秀才,征佐著作郎,并不就"②。再如《晋书·隐逸传》中的郭琦:

> 郭琦,字公伟,太原晋阳人也。少方直,有雅量,博学,善五行,作《天文志》《五行传》,注《谷梁》《京氏易》百卷。乡人王游等皆就琦学。武帝欲以琦为佐著作郎,问琦族人尚书郭彰。彰素疾琦,答云:"不识。"帝曰:"若如卿言,乌丸家儿能事卿,即堪为郎矣。"遂决意用之③。

陶公显然不愿接受这种示好。如果征辟是在义熙末,刘裕篡夺的形势已经非常明朗,我们可以说陶公的拒绝包含着对刘寄奴的不屑;如果是在义熙初,恐怕更多还是对整个官场、对浊世的拒绝。

---

① 《晋书》卷四八,第五册,第 1350 页。
② 《晋书》卷七五,第七册,第 1993 页。
③ 《晋书》卷九四,第八册,第 2436 页。

二 被忽略的第二次征辟

以上是第一次征辟,学者关注尚多。还有第二次,正好陶公去世,学者便多不措意①。其实《宋书·隐逸传》中何以有陶潜一传,又六朝隋唐文献中何以常见"宋征士陶潜"这一记载,其中关窍都需明了这后一次征辟才能解开。且第一节考陶渊明名与字的问题也利用了这个"宋征士陶潜"的文字记载,可见宋初征辟关系非细,实不容忽视。

嘉尚肥遁是高门世族风习,这已是今之常谈。如王伊同在《五朝门第》中说:"自林下诸贤,祖述《老》《庄》,寄情物外,于是豪俊之士,无不捉麈高谈,遗忽军国。(中略)一代乐好山林者,或咏怀丘泉,或养志岩穴,大抵食君之禄,逐吾所好,托云朝隐,抑遁辞焉耳。"②玄风助长了士大夫对隐逸的欣赏,且风气越演越烈③。如果细读《宋书·隐逸传》,会发现它与《后汉书·逸民传》《晋书·隐逸传》有个大不相同之处,即后二书中很多隐士只是单纯避世,并不存在朝廷征辟不应的经历,而前书所有人物都有被朝廷征召的经历。这显然说明由东汉到刘宋,士大夫的社会舆论越来越推重隐逸的行为,影响到当政者和帝王,他们都希望通过征辟隐者来传达一种礼贤下士的意图,获得增荣添彩

① 范子烨《别样的叙写:〈建康实录〉陶渊明史迹考辨》对这次征辟有所讨论,他已经注意到这次征辟的事实,并说明了陆子真的家世。但他将《建康实录》中"甘露降初宁陵。散骑常侍陆子真"云云一句误标点为"甘露降。初,宁陵散骑常侍陆子真",对文义产生了很大误解,围绕"初"字大做文章,谓征辟在元嘉三年,不能不说是非常遗憾的。按:初宁陵是宋武帝刘裕的陵墓。范文见《中国典籍与文化》2012 年第 3 期。

② 王伊同《五朝门第》,北京:中华书局,2006 年,第 262 页。

③ 如私家著述中专门的隐者传记出现了,《隋书·经籍志·史部·杂传类》著录魏至东晋的著作有嵇康撰,周续之注《圣贤高士传赞》三卷,皇甫谧撰《高士传》六卷、《逸士传》一卷,张显撰《逸民传》七卷,虞槃佐撰《高士传》二卷,孙绰撰《至人高士传赞》二卷。

的效果①。《晋书》卷九九《桓玄传》载桓玄攻占建康后：

> 玄以历代咸有肥遁之士，而己世独无，乃征皇甫谧六世孙希之
> 为著作，并给其资用，皆令让而不受，号曰高士，时人名为"充
> 隐"②。

这件事固然可笑，但也说明崇隐之风在晋末已臻极盛，以至于需要"制
造"隐士。同样可以作为证据的是《宋书》卷二二《乐志四》所载何承天
在晋安帝义熙中私造《鼓吹铙歌十五篇》，其中有专门赞颂隐士的《雉
子游原泽篇》：

> 雉子游原泽，幼怀耿介心。饮啄虽勤苦，不愿栖园林。古有避
> 世士，抗志清霄岑。浩然寄卜肆，挥棹通川阴。消摇风尘外，散发
> 抚鸣琴。卿相非所眄，何况于千金。功名岂不美，宠辱亦相寻。冰
> 炭结六府，忧虞缠胸襟。当世须大度，量己不克任。三复泉流诚，
> 自惊良已深③。

同卷所载吴韦昭所造《吴鼓吹曲十二篇》和西晋傅玄所作《晋鼓吹歌曲
二十二篇》，都没有任何涉及隐逸之士的文字。可见东晋对隐士的推
崇，已上升到（准）政府意识形态的层面。这种风气延至刘宋，并未有

---

① 徐冲通过研究皇帝权力与隐逸的关系发现，政府以高规格礼遇"栖遁之士"成为普
　遍行为始于东汉，但此时朝廷对隐逸之士抱持实用主义倾向，希望能征辟之后，为我
　大用。至魏晋南北朝，隐逸逐渐地、真正地内化到皇帝权力结构之中。从曹魏建国
　开始，都采用征聘隐士的方式"来宣示新王权的正当性所在以凝系人心"。见徐冲
　《中古时代的历史书写与皇帝权力起源》，上海：上海古籍出版社，2012年，第178—
　182页、第211—255页，引文在第250页。
② 《晋书》卷九九，第八册，第2593—2594页。
③ 《宋书》卷二二，第二册，第665页。

衰减。刘宋人范晔撰著《后汉书》,特辟《逸民传》,并非他独具只眼,不过是身在风气之中自然而然的行为①。同样,《宋书·隐逸传》中几乎每个人都被征辟过,证明帝王也接受和利用了崇隐的观念,大力彰表隐士,以赢得士族阶层的认可与支持,以强化自己的文化资本。此外,似乎还可以做更进一步的推论,即刘宋的隐士,要经过刘宋朝廷的征辟这一程序,其隐士的资格才会得到"认证",这是否也是皇权加强的标志?如果此言有一定道理,那《隐逸传》中《陶潜传》就有点"奇怪",因为唯独《陶潜传》中没有被刘宋朝廷征辟的记载。

　　陶渊明当然不会成为《宋书·隐逸传》的例外。萧统《陶渊明传》称:

　　　　元嘉四年,将复征命,会卒②。

可见陶公也是被宋文帝征辟过的,不过不巧他去世了,没能完成整套"程序"中最后被征者不应征辟的"环节"而已。萧统所记是可靠的。唐代许嵩《建康实录》卷十二记载说:

　　　　(元嘉四年)十一月辛未,甘露降初宁陵。散骑常侍陆子真荐
　　豫章雷次宗、寻阳陶潜、南郡刘凝之,并隐者也③。

《建康实录》宋史部分的来源是裴子野的《宋略》,这段史料正可证明萧《传》的真实性。

---

① 据徐冲研究,隐逸专传开始在史书中出现,似始于鱼豢《魏略·知足传》,之后王隐《晋书》有《处士传》,再就是范晔的《后汉书》有《逸民传》。《中古时代的历史书写与皇帝权力起源》,第240—246页。
② 袁行霈《陶渊明集笺注》附录一,北京:中华书局,2003年,第612页。
③ 许嵩撰,张忱石点校《建康实录》卷十二,北京:中华书局,1986年,下册,第417页。

下面再依据《宋书》,稍稍复原这次征辟的始末。《宋书》卷五《文帝纪》载元嘉三年(426)五月乙巳诏中云:

> 今氛祲祛荡,宇内宁晏,旌贤弘化,于是乎始。可遣大使巡行四方。其宰守称职之良,闾荜一介之善,详悉列奏,勿或有遗。若刑狱不恤,政治乖谬,伤民害教者,具以事闻。其高年、鳏寡、幼孤、六疾不能自存者,可与郡县优量赈给。博采舆诵,广纳嘉谋,务尽衔命之旨,俾若朕亲览焉①。

颁诏不久,文帝就派遣使者巡行四方。《宋书》卷六四《裴松之传》详细记载了这次巡行的人员情况及巡行任务:

> 太祖元嘉三年,诛司徒徐羡之等,分遣大使,巡行天下。(中略)尚书三公郎陆子真、起部甄法崇使荆州。(中略)班宣诏书曰:"(中略)今使兼散骑常侍渝等申令四方,周行郡邑,亲见刺史二千石官长,申述至诚,广询治要,观察吏政,访求民隐,旌举操行,存问所疾。礼俗得失,一依周典,每各为书,还具条奏,俾朕昭然,若亲览焉。(后略)"②

这段文字对陆子真巡行范围的记载当有疏漏。孙彪《宋书考论》云:"所使诸州无江州、南徐州,盖陆子真使江州,范雍使南徐州,而史文脱去。《建康实录》,元嘉四年,散骑常侍陆子真荐豫章雷次宗、寻阳陶潜。二郡并江州属,可证也。"③漏掉的恰好是陶公所在的江州,幸好还有他书史料可以补正。

① 《宋书》卷五《文帝纪》,第一册,第75页。
② 《宋书》卷六四,第六册,第1699—1700页。
③ 《宋书》卷六四校勘记引,第六册,第1713页。

这次巡行有特殊的政治背景,即引文中所云"诛司徒徐羡之等"。宋武帝刘裕临崩托孤了几位顾命大臣,以徐羡之、傅亮、谢晦为首。三人旋即发动政变,诛杀少帝义符、其弟庐陵王义真,而拥立刘裕第三子,在荆州的宜都王义隆,这就是宋文帝。文帝登基后,经过一年多的人事布局,在元嘉三年正月突下杀手,一举诛灭徐、傅、谢诸人,这才开始亲政。亲政之始,自然要安抚人心,并向天下宣示皇权,才有了这次巡行。

巡行使臣的一个重要任务是"旌举操行",即举荐隐逸之士。巡行荆州、江州的陆子真看来颇为尽责。前引《建康实录》的材料记载陆子真荐举了江州的陶潜、雷次宗,荆州的刘凝之。考《宋书·隐逸传》,陆子真举荐的人至少还有宗彧之、关康之:

> 元嘉初,大使陆子真观采风俗,三诣彧之,每辞疾不见也。告人曰:"我布衣草莱之人,少长垄亩,何枉轩冕之客。"子真还,表荐之,征员外散骑侍郎,又不就①。
>
> 世祖即位,遣大使陆子真巡行天下,使反,荐康之"业履恒贞,操勖清固,行信闾党,誉延邦邑,栖志希古,操不可渝,宜加征聘,以洁风轨"。不见省②。

陆子真举荐陶公以后,朝廷"将复征命,会卒",这次究竟是下了征命的诏令还是仅仅美饰之辞呢?恐怕是下了诏令的。敦煌文献中有两种类书残卷正好保存了相关材料。S.2072 一卷,日本学者西野贞治和川口久雄将之与日本真福寺藏《珂玉集》卷十二、十四两卷比较之后,认为此本也是《珂玉集》的残本。台湾王三庆教授基本同意这一判断,并判断其成书在唐高宗调露元年(679)至玄宗天宝六年(747)之间③。

---

① 《宋书》卷九三,第八册,第 2291 页。
② 同上注,第 2297 页。
③ 王三庆《敦煌类书》,高雄:丽文文化事业股份有限公司,1993 年,第 73—75 页。

此卷《高士类》载"陶潜"一条，云"出王智深《宋书》"。按：《南齐书》
和《南史》之《王智深传》都载王氏撰《宋纪》三十卷，《旧唐书·经籍
志》史部编年类载相同。传世各种类书摘引，俱作《宋纪》。敦煌抄本
作"宋书"，自是有讹。今据王三庆录文摘引相关文字于下：

> 陶潜，字渊明，宋时寻阳人也。少慕山林，志行高洁。宋文帝
> 征潜，用为散骑常侍。潜遂辞退，居于山林①。

另一种是保存了多种抄本的唐李若立所撰《籯金》，其《隐士篇》"五柳
先生"条也有"宋文帝征潜为散骑常侍，潜终辞不就，静退还家"的文
字②，与《珬玉集》类似，应该同出一源。王智深南齐时人，所记陶渊明
事迹多有舛讹，自是依据传闻，未加考订。但宋文帝诏令保存朝廷，则
不容杜撰，似可信从。那么最后这次征命，其官职当是散骑常侍。当
然，这个散骑常侍很可能是通直散骑常侍或者员外散骑常侍。《通典》
卷二十一《职官三》云："散骑常侍、通直散骑常侍、员外散骑常侍旧为
显职，与侍中通官。其通员外，用衰老人士，故其官渐替。宋大明中，
虽革选比侍中，而人情久习，终不见重，寻复如初。"③可见宋初通直和
员外散骑常侍是专门安置闲散老者的荣誉性散官，用来征辟隐者最合
适不过。

陆子真传记，今见于《南史》卷四八《陆慧晓传》中：

> 陆慧晓字叔明，吴郡吴人，晋太尉玩之玄孙也。自玩至慧晓祖

---

① 王三庆《敦煌类书》，第256页。笔者按：国际敦煌项目（idp）存有该件之高清图片，经
核对，该引文中"宋时寻阳人也"为"宋时丹阳人也"，"居于山林"作"居于山野"。
http://idp.bl.uk/database/oo_scroll_h.a4d?uid=169235000319;recnum=2071;index=3
② 同上注，第425页。
③ 杜佑撰，王文锦、王永兴等点校《通典》，北京：中华书局，1988年，第552页。

万载,世为侍中,皆有名行。慧晓伯父仲元,又为侍中,时人方之金、张二族。父子真,仕宋为海陵太守。时中书舍人秋当见幸,家在海陵,假还葬父,子真不与相闻。当请发人修桥,又以妨农不许。彭城王义康闻而赏之。王僧达贵公子孙,以才傲物,为吴郡太守,入昌门曰:"彼有人焉。顾琛一公两掾,英英门户;陆子真五世内侍,我之流亚。"子真自临海太守眼疾归,为中散大夫,卒①。

可知陆子真出身吴郡四姓顾陆朱张之陆氏,为陆玩之孙、陆万载之子。其人方正有行,能三诣宗彧之,又可见其谦下之怀。可惜他与陶公是否有交往,二人是否相得,史无明文,只能付之悬想。总之,也许正是有陆子真的这次举荐,《宋书·隐逸传》才将陶渊明作为本朝的隐士为之立传,那么陆氏之功大矣。

又按,陶渊明既然在元嘉四年曾被征召而得以立传《宋书》,且《诗品》《隋书·经籍志》都以"宋征士"称之,则颜延之作诔,首云"有晋征士",就不能等闲视之,如此措辞,当是体察陶公本心而有意为之。那《宋书》本传中所谓"自以曾祖晋世宰辅,耻复屈身后代,自高祖王业渐隆,不复肯仕"的记载,不得谓凿空之论。后人辩论纷纷,都是在忽略了宋初这次征召的情况展开的,恐怕并不可靠。

---

① 李延寿《南史》卷四八,北京:中华书局,1975 年,第四册,第 1190 页。

第二章　作 品 六 考

第一节　"见南山"与"望南山"考论

一　旧争论与新学说

《饮酒》其五是陶集第一名篇，"采菊东篱下，悠然见南山"则是陶诗第一名句，而围绕"采菊"句的争论也绵亘古今。传世的陶渊明诸集，正文皆作"悠然见南山"，但今存两种最古的宋本，即汲古阁藏南宋初递修本（即曾纮跋本）和稍后的曾集本，都在此句之下录有异文云："一作望。"同时，《文选》选录此诗，题作《杂诗》，传世各本，似无例外，正文皆作"悠然望南山"。另外《艺文类聚》中引用也做"望"。"见南山"与"望南山"，孰是孰非，孰高孰下，正是争论的焦点。

也许注意到两个字差别大有意味的人早有其人，但最早明确把这种意见表达出来的人是苏轼。《东坡先生志林》卷五"书诸集改字"条云：

> 自予少时，见前辈皆不敢轻改书，故蜀本大字书皆善本。（中略）陶潜诗："采菊东篱下，悠然见南山。"采菊之次，偶然见山。初

不用意，而境与意会，故可喜也。今皆作"望南山"。杜子美云："白鸥没浩荡，万里谁能驯。"盖灭没于烟波间耳。而宋敏求谓余云鸥不解"没"，改作"波"字。二诗改此两字，便觉一篇神气索然也①。

东坡认为质性自然的陶渊明不会刻意去寻望南山，只有"见"字才是真正体现诗人风神气质的本字，而"望"不过是俗本俗字而已。这堪称诗人与诗人心灵对话的典范，是近千年以来中国美学风神与人生理想的典范。这一诗学见解经苏轼多次笔之口之，旋为宋人广泛称引而深入人心②。直到王国维《人间词话》据此生出"有我之境"与"无我之境"之说，更是为近代以来论文者所艳称。当然也有不以此说为然者，如清初名学者何焯说："就一句而言，'望'字诚不若'见'字为近自然。然山气飞鸟皆望中所有，非复偶然见此也。'悠然'二字，从上心远来。东坡之论，不必附会。"③

现代学者，也分立于"见"与"望"之两造，各有论说。主"见"者多从艺术效果上考量，如程千帆曾在《陶诗"结庐在人境"篇异文释》一文中分析说："试就作者当时之情景推求之：其初来东篱，本为采菊；采菊之次，偶然见山。是采菊原在意中，看山则在意外。……本事采菊，山色忽呈。采菊之心情遂移为看山之心情。继复由欣赏山气之佳，而及于飞鸟之还。此时或已忘其初乃为采菊而来篱下矣。斯缘胸次冲夷，

---

① 曾枣庄、舒大刚主编《三苏全书》第五册《东坡志林》，北京：语文出版社，2001 年，第 220 页。

② 宋人称引苏轼这一意见的，可见晁补之《鸡肋集》、蔡正孙《诗林广记》、惠洪《冷斋夜话》、蔡居厚《蔡宽夫诗话》、阮阅《诗话总龟》、彭乘《墨客挥犀》、胡仔《苕溪渔隐丛话》、陆游《老学庵笔记》、张镃《仕学规范》、何汶《竹庄诗话》、吴曾《能改斋漫录》、魏庆之《诗人玉屑》等，详见范子烨《悠然望南山》，北京：东方出版社，2010 年，第 307—310 页。

③ 何焯著，崔高维点校《义门读书记》卷四七，北京：中华书局，1987 年，下册，第 932 页。

原无意必,故得随其所寓,而含一片化机之妙。殆观赏既久,始觉其境之胜,其意之真,而有欲辩忘言之叹。察其所由,则又原于心远地偏。故'结庐在人境'四句,虽在一篇之首,而实为至物我两忘之境界以后,所获得之观照与解释。此心灵之发展,固有异于文章之组织者也。"①这其实就是"见南山"而作的分析,若就"望南山"而言,也可以说诗人本来就存有采菊且看山之意,也无不可,所以未必能服何焯之心。

主张"望"的学者则多由考据入手。沈从文曾在《"商山四皓"和"悠然见南山"》一文中指出,朝鲜(乐浪郡)东汉墓中出土过一件竹笥漆画,以及河南邓县发现的南朝墓画像砖上题记都作"南山四皓",沈先生因此推论说"原来史传上的'商山四皓',汉代和六朝人通常说是'南山四皓'",那么"采菊"两句诗,"原来渊明所说'南山',是想起隐居南山那四位辅政老人,并没有真见什么南山!"②徐复则认为:"《晋书·隐逸传》:'翟汤,字道深,寻阳人,不屑世事,耕而后食。司徒王导辟,不就,隐于县界南山。'渊明为翟汤同乡后辈,志行相似。故诗中'南山',实借指翟汤言,非属虚构。又萧统《文选》选陶诗,作'悠然望南山',望谓注仰,有向往意。陶诗原文当如此。"③

沈、徐二说证据各异,结论则同中有异。同者,"望"字是原文,陶渊明所望者,是想往高贤。异者,一望四皓,一望翟汤。无论所望者谁,这个"望"都是向往、遥想的意思。只是这样的说法虽然新奇,却有大言欺人的嫌疑。其一,原本"见/望"南山,与后文的"山气""飞鸟"一气相承,非常自然。如果解作向往古之高贤,再转到写山景,未免缭绕刻意,自然诗风就没有了。其二,按这一思路推衍,陶诗中所有地名、景

①　程千帆《陶诗"结庐在人境"篇异文释》,见程千帆、沈祖棻《古典诗歌论丛》,上海:上海文艺联合出版社,1954年,第153页。
②　沈从文《花花朵朵坛坛罐罐——沈从文谈艺术与文物》,南京:江苏美术出版社,2002年,第80页。
③　徐复《陶诗"望南山"正诂》,《徐复语言文字学晚稿》,南京:江苏教育出版社,2007年,第400页。

物是否都需要指实为某人、某事？陶诗是哑谜诗？这成了用西昆体的读法来读陶诗了。总之，沈、徐二先生的讲法有悖诗法，他们为"望"字的辩护难说有力。

可以说，自苏轼提出以来，"见南山"的文本深入人心，为大多数人接受。但"望"字稳稳地存在于《文选》系统的文本中，故一直有学者对"见"字不以为然。而这种争论，所争不仅是文字的优劣高下的问题，其实更涉及另一个更基本的判断：哪一个才是出于作者手订的正确文本？或者说，前人认为，二字竞争，是正确与错误的竞争。在此处，具有更高审美价值的那个字，被认为是正确的。直到有学者开始质疑这种认知，跳出这种传统认知。

质疑者，是宇文所安和田晓菲。宇文所安并没有直接介入二字的争论，但他提供了基本思路。2006 年，哈佛大学亚洲中心出版了他的著作 *The Making of Early Chinese Poetry*（中译本《中国早期古典诗歌的生成》，北京：三联书店，2012 年）。书中，宇文所安强调了钞本时代文本的不稳定性，不但抄写的过程中会出现各类无心的异文和变体，而且"选集和手写文本的制作是一个充满能动性的过程，而不仅仅是被动地抄录手头现有的写本"，抄写者会根据自己的品味和标准对文本进行"订正"①。在这样的思考中，作者的原文也许是很难确言的，而传抄的过程，以及抄写过程中对文本的选择和改动，这样的问题更值得研究者关注。

应该是受到这一思考的影响，田晓菲在《尘几录——陶渊明与手抄本文化研究》一书中强调了钞本的变动性："每一部手抄本都具有独特性，而且，抄写一部书也总是在一个特殊场合之下发生的。""当我们不再拥有作者原本的时候，留给我们的只是无数抄本，和一个不复存在

---

① 宇文所安著，胡秋蕾、王宇根、田晓菲译《中国早期古典诗歌的生成》，北京：三联书店，2012 年，第 7 页。

的、虚幻的原本。"①田教授相信"作者亲自校订的原本已不可复得"，
后世的抄写者、编辑者、读者都参与文本的"生成"，因此，她把关注的
目光落到了"手抄本文化的世界"，这是一个"在文本平滑稳定的表面
之下，律动着一个混乱的、变动不居的世界"②。在此基础上，田晓菲形
成了自己的基本判断，她认为宋人对陶渊明在中国文化史、文学史上地
位的确立有决定性作用，这种作用不是过去学者认为的宋人真正理解
了陶渊明，而是宋人"发明"了陶渊明。她说："阳休之曾说，陶集中'往
往有奇绝异语'；但是，这些'奇绝异语'，经过无数代辗转抄写，再经过
宋代编者的删削去取，已经差不多消失殆尽了。……宋人从自己的审
美眼光出发，极口称陶渊明'平淡'，而陶渊明的诗文风格也似乎确实
符合宋人所谓的'平淡'；但是在很大程度上，这份'平淡'正是宋人自
己通过控制陶集文本异文而创造出来的。"③

　　这一判断非常"震撼"人，所以需要深入而全面的论证。对田教授
而言，她最重要的证据就是"见南山"与"望南山"的问题。她认为
"见"的异文是被苏轼"自己发明"的，之后与"望"字对照，强调二者的
差异，由此创造了一个"意不在诗"的诗人。她说："望、见之别完全是
从意识形态的角度来考虑的。……我们看到的，是一个所谓'意不在
诗'的诗人；而如果一个诗人'意不在诗'，那么，其诗作的魅力，也就不
在于诗作本身，而在于这个诗人所达到的思想境；换句话说，在于一
个被宋人，特别是被苏轼及其文学集团成员所凭空创造出来的理想化
人格。"进而言之，陶渊明自然高远的人格也是"被宋人，特别是被苏轼
及其文学集团成员所凭空创造出来的理想化人格"④。在《剑桥中国文
学史》中，由田晓菲执笔的陶渊明部分，谈到宋人对陶的发明时，她只

---

① 　田晓菲《尘几录——陶渊明与手抄本文化研究》，北京：中华书局，2007 年，第 2 页。
② 　同上注，第 5 页。
③ 　同上注，第 12 页。
④ 　同上注，第 33—34 页。

举了一个证据,正是"见"与"望"的问题,这证明了这个问题是最为田教授看重,被视为最重要、最基础的证据。

因为认为"见"字是苏轼创造出来的,田晓菲虽然也强调钞本的不稳定性,但自然表现出了对"望"字的偏爱。稍后范子烨则从文献的角度给予了更详细的论证,他总结说:"东坡之作如是说,并无直接的版本依据,所以,他阐述'望'字应当作'见'字的理由,近似于校勘学所谓理校之法。""一言以蔽之,《饮酒》其五'悠然望南山'是原汁原味的陶诗文本。"①实际范先生的看法从钞本不稳定性又退回到了作者唯一原文的旧观点上来,虽然他的论证是接续田教授提出的问题而来。这其实提示我们,田晓菲的研究仍然导向一个结论:通过还原文本变动的过程,我们能探知更早的、更可能是作者原文的文本。这似乎与田教授反复强调的作者原文不可得的观点又矛盾了。

那么"见"字是否被"发明"的呢?"望"字又是不是唯一古老的文本呢?如果我们复核田、范二位提供的证据,并重加考证,会发现上述结论恐怕是建立在不够周详、不够缜密的考证基础上的,或者说考证并不支持上述结论。被考证支持的结论反而是"见"与"望"同样古老,这样我们又回到作者原文不可知这一判断上来。然后我们再来看看"见"与"望"的竞赛,为什么"望"字由早期占上风到最后落败,会发现这是好多历史因素综合作用的结果,是由多种力量的合力所造成。宋人,尤其是苏轼的审美偏好当然是这些力量中的一种,但绝不是唯一的一种,也不是起主导作用的那种。

其实不论钞本时代还是刻本时代,文本的稳定性都是相对的,文本的变动永远存在。造成变动的既有主观的原因,也有很多客观原因,更多时候是主客观交织造成的。王汎森在《权力的毛细管作用》一文中,为我们详细剖析了刻本时代文本变动的一些典型案例与背后的"权

---

①　范子烨《悠然望南山》,第 308、321 页。

力"原因,这就是很好的例证。当然,权力也只是文本变动的因素之一。其他诸如审美、经济、宗教、人事等等因素,都有可能造成文本的变动。所以文本的不稳定性并不是钞本时代的特征,而是文本超越时代的基本特征。田晓菲由文本变动这一预设出发,却最后导向了单纯强调某个人、某个集团主观意图这一端,这不能不说是有些遗憾的。

本节的工作,就是希望在前人研究的基础上,尤其是在田晓菲提供的新鲜视角的基础上,重做考证,然后分析"见"与"望"的竞争过程,以尽量呈现文本历史复杂的面目。至于"见"与"望"的优劣,我还是更倾向于苏轼的判断。当然,优劣是一个主观的审美问题,与本节的考证并不构成互相支持或排斥的关系。

二 文本考证

(一)陶渊明集的版本问题

传世的完整的宋元本陶集包括汲古阁藏本(曾纮跋本)、曾集本、汤汉注本和入元的李公焕笺注本,另外清人翻刻的苏写本一般也被视为非常接近于其宋代底本的一种。诸本的底本似乎同出一源①。这些版本无一例外都作"见南山",其中仅汲古阁藏本和曾集本录有异文云"一作望"。这似乎说明"见"不是苏轼的向壁虚造。

但是田晓菲采用了一种非常巧妙的论证方式瓦解了这些宋元版本的证据价值。她先说:"在卷帙浩繁的宋诗话、笔记中,对同一观点无休无止的重复形成了一股强大而顽固的文化力量。就连政见未必和苏轼一致的沈括,在'望/见'问题上也完全同意苏轼。"接着又说:"种种

---

① 关于传世宋元本的具体情况,可参见郭绍虞《陶集考辨》、袁行霈《宋元以来陶集校注之考察》、邓小军《陶集宋本源流》。郭绍虞《照隅室古典文学论集》,上海:上海古籍出版社,2009 年第 2 版,第 258—326 页。袁行霈《陶渊明研究(增订本)》,北京:北京大学出版社,2009 年第 2 版,第 195—204 页。邓小军《诗史释证》,北京:中华书局,2004 年,第 74—116 页。

迹象表明,在苏轼提出'望'乃原文之前(笔者按: 望当作见字,或是手民之误),没有哪一种陶集版本是作'见南山'的。"①这就暗示读者,苏轼之前的陶渊明集都作"望南山",而所有在苏轼身后刊刻的陶集,都可能是受到苏轼等人影响而改"望"作"见"的,因而不足据信。恰好,传世的宋本陶集都是刊刻于苏轼身后的,自然它们的版本依据都被排除在了证据链之外。范子烨也采用了这一思路,将传世版本排除在了证据链之外。

　　只是这样的论证巧则巧矣,却不够严密,且有违文献事实。第一,今传宋代以来《文选》刻本共有李善注、五臣注、六家注、六臣注四个版本系统②,虽然祖本各异,原刻、翻刻时间有早晚之别,但无一例外,都作"望南山"。如果后世的陶集刊刻者会因为苏轼的意见而刊改原文,那为什么后世的《文选》刊行者仍守旧作"望南山",而不改为"见南山"呢? 苏轼文学集团的影响力为什么只能泽被陶集而不及《文选》?这说明,所谓"苏轼文人集团"的文化影响力可能是被过分夸大了。

　　第二,再来看宋元本陶集的情况,恐怕要承认它们的"见南山"自有渊源,是在苏轼之前就已然存在的。今存宋元陶集同出一源,是前人公论,经过比勘,这一结论不难得出。至于所祖之本,郭绍虞认为是北宋的思悦本;而邓小军则通过细致的梳理比对,认为祖本当是北宋宋庠刊本才对。邓氏总结说:"苏写本、曾纮本、曾集本、汤汉注本,篇目、篇第基本相同,校语内容大体相同。由此可知,此诸本系出自同一底本。苏写本、曾纮本、曾集本校语书'宋本作某'者,皆仅有数处,书'一本作某'者,则皆有数百处。汤汉注本校语书'宋本作某'仅有 2 处,书'一本作某'则有百余处。其校语书'宋本作某',表示此处异文是从他本,不从宋庠本;反之,书'一本作某'及'又作某',则表示此处异文是从宋

----

① 　田晓菲《尘几录》,第 32 页。
② 　《文选》刻本的版本情况,可参见傅刚《文选版本研究》,北京: 北京大学出版社,2000 年,第 142—184 页。乔秀岩、宋红《关于〈文选〉的注释、版刻与流传》,《东南大学学报(哲学社会科学版)》,2009 年第 2 期,等 73—76 页。

庠本。苏写本、曾纮本、曾集本、汤汉注本绝大多数异文是从宋庠本,不从他本;仅有极少数异文是从他本,不从宋庠本。由此可知,此诸本系出自宋庠本,是以宋庠本为底本,而以他本为参校本。"①邓小军的结论当可从信。

可见,诸本相同的"见南山"是渊源自宋庠刊本陶渊明集的。据思悦《书靖节先生集后》所云"近永嘉周仲章太守枉驾东岭,示以本朝宋丞相刊定之本。(中略)时皇宋治平三年五月望日,思悦书",可以推知,宋庠本的刊刻时间不会晚于治平三年(1066)②。宋庠自称"前后所得本,仅数十家,卒不知何者为是。晚获此本,云出于江左旧书,其次第最若伦贯"③。他大概是以"江左旧书"为底本,然后参校所收数十家陶集而成书的。"见南山"应该就是"江左旧书"的原文,或者是多数本子的文字,而"一作望"的异文当来自别本。

有没有可能,"见南山"是宋庠根据苏轼的意见更定的呢?可能性极小。考苏轼生平,他于仁宗嘉祐二年(1057)进士及第,旋即丁母忧回蜀。至嘉祐五年(1060)回朝,授河南府福昌县主簿。次年除凤翔府签判,直到英宗治平二年(1065)才回朝。而宋庠则于嘉祐五年罢相,出判郑州,于治平元年改判亳州,后即致仕。陶渊明集大概就是罢相离京之后所编定刊行的。显然这段时间里宋、苏二人有交集的可行性不大。而苏轼彼时不过是三十不到、文学上初露头角的年轻人,很难想象宋庠校刊陶集时会为了一两个字专门咨询远在千里之外的苏轼,并根据他的意见改动旧本。

综上可以确信,现存陶集刻本中的"见南山"渊源于较早的宋庠刻

---

① 邓小军《陶集宋本源流》,《诗史释证》,第114—115页。
② 思悦文见元刊李公焕《笺注陶渊明集》卷十所附,叶十九A、B。又,邓小军也说:"治平三年(1066)五月以前,宋庠十卷本已经校定刊行。由焦本小字校注'宋本一作'可知,思悦《书后》所说'本朝宋丞相刊定之本',是指宋庠对陶集的校勘编定,和刊印成书而言。"《诗史释证》,第79页。
③ 李公焕《笺注陶渊明集》卷十所附《本朝宋丞相私记》,叶十八A。

本和更早之前的抄本,并不需要等到苏轼来"发明"它。

(二)诗歌中的例证

作为辅证,我们还可以看看苏轼之前的唐宋诗歌中是否有诗人模仿、化用"悠然见/望南山"的例证。

较早注意到这个问题的是宋人吴曾,《能改斋漫录》卷三有云:"东坡以渊明'采菊东篱下,悠然见南山',无识者以见为望,不啻碔砆之与美玉。然余观乐天《效渊明诗》有云:'时倾一尊酒,坐望东南山。'然则流俗之失久矣。惟韦苏州《答长安丞裴说》诗有云:'采菊露未晞,举头见秋山。'乃知真得渊明诗意,而东坡之说为可信。"①吴曾认为白居易的"坐望东南山"证明俗本作"望"字久矣,而韦应物的"举头见秋山"证明"见"字的高妙,早为韦应物所会心。田晓菲反驳说,韦应物其实对"见"和"望"根本没有什么专门区别的意识,因为他在《同韩郎中闲庭望秋景》一诗中,既写到"罢秩见秋山",又写到"西望一开颜"②。但是这一反驳有意无意忽略了诗歌题目是"望秋景",所以结尾的"西望"是呼应诗题的必然写法,这时诗中的"见秋山"反而显得别有意味。至少吴曾的意见并没有被驳倒。

范子烨则试图举证更多前人模拟"望南山"的文本来证明"望"才是本文。他列举了谢朓、李白、韦应物、白居易不少描写"望山"的诗句,认为是模拟《饮酒》其五的结果,以此证明"望南山"才是唐代陶集通行的文本③。如果仔细审读,其中有个别例证大概可以视为对"望南山"的模拟、化用,如韦应物"聊舒远世踪,坐望还山云"(《与友生野饮效陶体》),就比田晓菲教授的例子更有力;但绝大多数例证,恐怕需要采取更审慎的态度。例如田、范二位都用白居易"时倾一樽酒,坐望东南山"之例作为"望"的证据,但清人吴菘早已指出:"渊明采菊之次,原无

---

① 吴曾《能改斋漫录》,北京:中华书局,1960 年,第 57 页。
② 田晓菲《尘几录》,第 35—36 页。
③ 范子烨《悠然望南山》,第 314—321 页。

意于山,乃忽见山,所以为妙。若(白居易)对山饮酒,何不可云望山而必云见耶?且如若言,剿说雷同,有何妙处?"①陶渊明的原句中,用"见"与用"望"在意思上是两通的,所以才会产生异文,吴菘的分析则提醒我们,后世很多类似的诗歌中,都有自己的语境,有时是只能或者只适合用"望"字的,白诗就是如此,这样的诗句其实不适合用作例证。何况还要考虑模拟时有意变易避复的情况。总之,后世人用典或拟作的例证,都需经过具体分析才可使用。未经分析的例证,其有效性往往成问题。

再以范先生所举的两个例子为证。韦应物诗"清川下逦迤,茅栋上岹峣。玩月爱佳夕,望山属清朗"(《沣上西斋寄诸友》),这是古诗中典型的俯仰流目的写作模式,前三句都是有心寻望,第四句只能用"望"字,因此无法证明这是学陶的。再如白居易《晚望》:"江城高角动,沙洲夕鸟还。独坐高亭上,西南望远山。"这首诗的题目已经标明了"晚望",所以末句当然是"望远山",也看不出与陶诗的关系。

可见,搜寻"望南山"在唐宋诗中的踪迹固然可取,却需要谨慎从事。同时,也提醒我们,不应该轻率放弃对"见南山"踪迹的搜寻工作。赵元任、王力常说"言有易,言无难",没有经过全面排查,怎么能断言苏轼之前的诗人没有模仿"见南山"作诗的呢?

如果直接以"见南山"为关键词,检索《全唐诗》,我们至少可以得到如下结果:

李白《望终南山寄紫阁隐者》:"出门见南山,引领意无限。秀色难为名,苍翠日在眼。"(卷一七二)

李嘉佑《题裴十六少卿东亭》:"平津旧东阁,深巷见南山。"(卷二〇六)

---

① 吴菘《论陶》,清康熙四十四年(1705)刊吴瞻泰《陶渊明诗话》本附,叶五 A—B。

钱起《晚过横灞寄张蓝田》:"乱水东流落照时,黄花满径客行迟。林端忽见南山色,马上还吟陶令诗。"(卷二三九)

元结《登白云亭》:"出门见南山,喜逐松径行。"(卷二四一)

张籍《过贾岛野居》:"青门坊外住,行坐见南山。此地去人远,知君终日闲。"(卷三八四)

白居易《伤宅》:"高堂虚且迥,坐卧见南山。"(卷四二五)

姚合《过友人山庄》:"举头忽见南山雪,便说休官相近居。"(卷五〇一)

李商隐《和友人戏赠》:"迢递青门有几关,柳梢楼角见南山。"(卷五四〇)

温庭筠《题薛昌之所居》:"翠微应有雪,窗外见南山。"(卷五八二)

刘驾《豪家》:"高楼登夜半,已见南山多。"(卷五八五)

罗邺《题终南山僧堂》:"九衢终日见南山,名利何人肯掩关。唯有吾师达真理,坐看霜树老云间。"(卷六五四)

黄滔《辇下寓题》:"对酒何曾醉,寻僧未觉闲。无人不惆怅,终日见南山。"(卷七〇六)

以上诸诗句,单是数量,已颇可观。长安城中可望见终南山①,这是唐诗多"见南山"的原因,因此我们不能一概断言是效陶的结果,但是钱起与张籍的两首值得特别关注。张籍诗的三四两句当是隐括《饮酒》其五首四句而来,所以"行坐见南山"便不宜等闲视之,而可视为来自陶诗。钱起的例子则更为有力。钱诗"忽见"二字,正足以说明钱起诵读的文本是"见南山"。盖诗人黄昏独行,黄花满路,无意望山,忽然

---

① 按:不能以今日污染严重见不到终南山的西安天空来质疑唐人不可胜数的见山诗,这样的"眼见为实"就闹笑话了。

于林端见之,斯情斯景,正与陶渊明《饮酒》其五相合,不觉于马上吟咏之。钱起之诗,几乎可以作为我们断言唐代"见南山"存在的铁证。钱起另有《罢章陵令山居过中峰道者二首之一》"宁辞园令秩,不改渊明调。解印无与言,见山始一笑"(卷二三六),可相参证。

"见南山"之外,刘长卿《九日岳阳待黄遂张涣》"遥见郭外山,苍然雨中夕"(《全唐诗》卷一四九),李端《送卫雄下第归同州》"羡汝归茅屋,书窗见远山"(卷二八五),权德舆《湖上晚眺呈惠上人》"湖上烟景好,鸟飞云自还。幸因居止近,日觉性情闲。独酌乍临水,清机常见山。此时何所忆,净侣话玄关"(卷三二二),徐铉《晚归》"水静闻归橹,霞明见远山"(卷七五二),郑遨《山居三首》之二"冥心栖太室,散发浸流泉。采柏时逢麝,看云忽见山"(卷八五五)等,也是"见山"的用例,虽然这些诗句未必是效陶的,但至少可以说明"见山"并不是那么稀见的。尤其是权德舆、郑遨二诗,郑诗表现的是悠然闲静的心态下,看云而忽然见山,与陶渊明情境颇相类,权诗则因与僧人往还而充满禅意,"常见山",而非"常望山",正足以表现无所用心的"机清",似乎不能不认为是受到"悠然见南山"的影响。

综合以上例证,认为唐代存在"见南山"的文本,并影响到唐人的诗歌创作,应该是可以成立的。

(三)《文选》的有关问题

"见南山"的文本渊源有自,似乎不用怀疑。但是"见南山"与"望南山"的分量孰轻孰重,或者说"望南山"是否可能更接近陶渊明原文,仍值得再探讨。之所以有此疑问,是因为"现存最早的《文选》抄本和初唐类书《艺文类聚》皆作'望',不作'见'"①。尤其是《文选》,从今存唐写本到后世刊本一律作"望南山",而萧统恰好也是陶渊明的崇拜者和八卷本陶集的编定者。因此田、范二位都以此以为主要证据,判定

---

① 田晓菲《尘几录》,第32页。

"望"字才是原文。问题是,我们并不能确定《文选》的编定与《陶渊明集》的编定孰为先后,也不能确定二书的关系,不加检讨就认定《文选》中的陶渊明作品一定源自萧统编选的陶集,《文选》的异文就是萧统陶集的异文,这是不合适的。

《文选》的编撰,有刘孝绰等东宫学士的参与,是今天学者们的共识。至于编撰的主导者,是传统认为的萧统,还是清水凯夫、冈村繁等认为的刘孝绰,这里可以存而不论①,毕竟萧统的文学思想应是主导性的,同时萧统与刘孝绰二人的文学观也是大体一致的②。更重要的问题在于,《文选》之前,已经出现了多种文学总集,在《隋书·经籍志》中著录的《文选》之前的总集共有十二种,兴膳宏说:"如《隋志》注所示,在梁代书目阮孝绪的《七录》里,还有丘迟的《集钞》和撰者未详的《零集》等更多选集,而《隋志》著录的书籍卷数,有些在梁代也更多,由此可见,以昭明太子为核心的《文选》编者依据的资料范围,比唐初编修《隋志》时恐怕要宽很多。"③此外,在《文选》之前,萧统还和刘孝绰等人编过文选《正序》,诗选《文章英华》和《古今诗苑英华》。这些无疑都是《文选》编选时的资料来源④。

---

①　双方的争论与评判,可参见傅刚《昭明文选研究》下编第一章第一节,北京:中国社会科学出版社,2000年,第153—163页。曹道衡《兰陵萧氏与南朝文学》下编第五章第一节,北京:中华书局,2004年,第150—158页。

②　萧、刘二人文学观的一致,可参见兴膳宏《文选的成书与流传》的有关内容和曹道衡、傅刚《萧统评传》第八章第三节有关内容。〔日〕兴膳宏著,戴燕选译《异域之眼》,上海:复旦大学出版社,2006年,第111—112页。曹道衡、傅刚《萧统评传》,南京:南京大学出版社,2001年,第147—148页。

③　兴膳宏《文选的成书与流传》,《异域之眼》,第103页。

④　冈村繁认为:"《文选》大部分是从沈约的《集钞》十卷、丘迟的《集钞》四十卷,以及昭明太子与刘孝绰自编的《诗苑英华》二十卷等先行选集中第二次采编而成的选集。"〔日〕冈村繁著,陆晓光译《文选之研究》,上海:上海古籍出版社,2002年,第88页。而傅刚与兴膳宏都认为《文选》当然会受到此前总集的重大影响,但是文献不足时,不能完全言之过实。见《昭明文选研究》,第168—170页;《异域之眼》,第105—106页。

因此，《文选》中陶渊明作品的来源可能有三：一是前述总集；一是萧统之前流传的六卷本、八卷本等俗本①；一是萧统的定本。大概前两种情形的可能性更大。

萧统定本的陶集是后世陶集的祖本，北齐阳休之在所编定的陶渊明集的《序录》中说，萧统之前的两种传本"编比颠乱，兼复阙少。萧统所撰八卷，合序目传诔，而少《五孝传》及《四八目》，然编录有体，次第可寻。余颇赏潜文，以为三本不同，恐终致忘失。今录统所阙，并序目等，合为一帙十卷"②。可见，阳休之的底本就是萧统本，除了增补《五孝传》《四八目》以外，其诗文顺序、题名等，应该基本与萧统一致。《陶渊明集》是魏晋南北朝文集中唯一一种渊源有自、流传有序的集子，今存文集的大体面貌应该与萧统、阳休之编定时的面貌基本一致，这是学界的共识。以这一认识为前提，我们试着比较《文选》所存陶渊明的 9 篇作品与文集本作品，就可以看出，二者应该有不同的来源。

因为文集本身也存在异文，我们就比较各版本文集相同而与《文选》有异的地方。文集《始作镇军参军经曲阿》，《文选》为《始作镇军参军经曲阿作》；诗句"眇眇孤舟逝"，《文选》"逝"作"游"。文集《辛丑岁七月赴假还江陵夜行涂中》，《文选》"涂中"作"涂口"；诗"遥遥赴南荆"，《文选》为"赴西荆"。《饮酒》二十首，《文选》选二首，题作《杂诗》。文集《拟挽歌辞》三首，《文选》录其三，题曰《挽歌》。《读山海经》其一，文集"时还读我书"，《文选》作"且还读我书"。《归去来兮辞》，《文选》题作《归去来》。

所选作品的题目，《文选》与文集几乎都不一样，尤其《饮酒》被题作《杂诗》，差别显然。似乎表明，《文选》的陶渊明作品与文集本源自两个不同的系统。

---

① 阳休之所作陶集《序录》云："（萧统）其先有两本行于世，一本八卷无序，一本六卷并序目，编比颠乱，兼复阙少。"李公焕《笺注陶渊明集》卷十所附，叶十七 A。

② 李公焕《笺注陶渊明集》卷十所附，叶十七 A。

　　除了作品的比较以外，还有一点值得特别注意，即作者称名的问题。按照《文选》的体例，入选作者基本是称其字的，如班孟坚、张平子、左太冲、扬子云、嵇叔夜、阮嗣宗、陆士衡、江文通等等，是其例也。统观全书，除了个别情况，如宋玉这样无字的以外，一般都是称字。而《文选》中，陶渊明的称呼就是陶渊明，这就意味着编著者在编选时采用的是《宋书》"陶潜字渊明，或云渊明字元亮"的说法，以为"潜"是名，"渊明"是字。可是萧统所作的《陶渊明传》中却说："陶渊明字元亮，或云潜字渊明。"按萧统《陶渊明文集序》称自己编定文集后"并粗点定其传，编之于录"①，可知传与文集是同时产生的。如果《文选》编定在后，并从萧统本文集中选取陶渊明作品，那按其体例，该署名为"陶元亮"才对。如果萧统事先编好《陶渊明文集》，定其名为"渊明"，字为"元亮"，然后再编好《文选》，却依照"陶潜字渊明"的旧说称名，那便是非常不合理的了。

　　因此，我们有理由相信，《文选》中陶渊明作品的来源应该不是经过仔细校订的萧统本陶集，而是之前流传的俗本或者以俗本为依据的总集。

　　那么，基本可以认为，《文选》的编成要早于《陶渊明文集》的编定。如果考察萧统的生平，对这一推测可以找到一个较为合理的解释。一般认为，《文选》初步编成的时间在中大通元年（529），或此前②；同时，在普通八年（527）或者中大通元年，发生了影响萧统末年生活甚大的

①　袁行霈《陶渊明集笺注》附录，北京：中华书局，2003 年，第 614 页。
②　俞绍初《文选成书过程拟测》认为不晚于大通三年（529），中国文选学研究会编《文选学新论》，郑州：中州古籍出版社，1997 年，第 61—77 页。傅刚认为初步编成于普通六年（525），中间停顿，至大通元年（527）末之后，由刘孝绰仓促定稿，见《昭明文选研究》，第 164 页。穆克宏《萧统研究三题》认为编成于普通七年（526）之前，见穆克宏《六朝文学论集》，北京：中华书局，2010 年，第 1—6 页。曹道衡则认为，中大通元年（529 年十月起）之后，萧统仍有可能由王筠等协助编完《文选》。但他也不能否认，《文选》的主体应是萧统和刘孝绰完成的，那么主体的完成，当不迟该年春刘孝绰丁忧之前。见《兰陵萧氏与南朝文学》，第 158 页。

"蜡鹅"事件。《南史·梁武帝诸子传》记载,有道士称萧统母亲墓地"'不利长子,若厌伏或可申延',(统)乃为蜡鹅及诸物埋墓侧长子位",后来事为梁武帝所知,"大惊,将穷其事。徐勉固谏得止,于是唯诛道士,由是太子迄终以此惭慨,故其嗣不立"[①]。兄弟叔侄环伺觊觎,太子常不安其位,本是历史的常态,萧统也常怀疑虑之心[②];而这件事更是在萧衍、萧统父子之间制造了较大的猜疑与隔阂,造成萧统既惭且愤,并最终在中大通三年(531)含恨以殁。

有学者认为"蜡鹅"事件的影响不应看得过重,这是以仁人之心论事。同样是年迈猜疑的皇帝,汉武帝曾因莫须有的巫蛊之事而追杀太子,前后牵连四十万人,其事斑斑在史。萧统突然发现自己面临类似的境遇,其心境究竟如何,是不难想知的。

以此为背景,再来审读萧统的《陶渊明文集序》,读者会有更深一层的理解:

> 玉之在山,以见珍而招破;兰之生谷,虽无人而犹芳。(中略)唐尧四海之主,而有汾阳之心;子晋天下之储,而有洛滨之志。轻之若脱屣,视之若鸿毛,而况于他人乎!(中略)尝谓有能读渊明之文者,驰竞之情遣,鄙吝之意祛,贪夫可以廉,懦夫可以立,岂止仁义可蹈,亦乃爵禄可辞! 不劳复傍游太华,远求柱史,此亦有助于讽教尔[③]。

按,此前曹植因深受曹丕、曹叡父子猜忌,而倡言游仙,借以避祸,这是

---

① 《南史》,北京:中华书局,1975 年,第 1312—1313 页。按:此事《南史》与《资治通鉴》载之,而《梁书》《魏书》未载,明代张溥因疑其伪,曹道衡、傅刚、穆克宏等已辨其事可信。参见《萧统评传》第五章第三节,第 82—86 页;《六朝文学论集·萧统研究三题》,第 6—10 页。

② 参见曹道衡《兰陵萧氏与南朝文学》有关内容,第 132—136 页。

③ 袁行霈《陶渊明集笺注》附录,第 613—614 页。

容易理解的。而萧统固然一向有山水之好,嘉尚肥遁之士,但以太子之尊,特别称扬唐尧"汾阳之心"、王子晋"洛滨之志",推崇陶渊明之文有使人"爵禄可辞"的作用,似乎稍觉其言之过甚了。但如果放到"蜡鹅"事件的语境中,则一切疑惑可迎刃而解。这不过是萧统借机向萧衍剖白"心迹",表明自己并不贪恋权位,更无早承帝位的野心,希望以此消除梁武帝的猜嫌。

总之,陶渊明集与《文选》的种种不同,是因为其编定时间后于《文选》,这样的推测大概可以成立了。因此,《文选》本的"望南山"与陶渊明集的"见南山"各有渊源,前者显然不是否定后者的理由。

三　"望"与"见"的竞争

在唐代,"望南山"相对于"见南山",一定更被士人所熟知,因为前者存身于《文选》中,后者只存在于部分陶渊明集中。唐代进士科与北宋前期科举考试,《文选》最被看重,是一般士人必须成诵的范本,这一科举背景所造成的影响,无论如何强调都不为过——杜甫对其子谆谆告诫的正是"熟精《文选》理"(《宗武生日》)。由此可以推知,熟精《文选》的士人,脱口而出的定然是"望南山"之句。

不过从前引唐人"见山"的诗句也可以看出,作"见南山"的陶渊明集,也被一些士人读到并接受。只是这时有人明确意识到这组近义词异文在文字背后的意义差别了吗? 也许有,但似乎未见有人如后来苏轼那样倡言之,再加上《文选》先入为主的影响极大,所以我们看唐代诗人抒写类似"悠然见南山"的情境的时候,用"望"的颇不少。

比如储光羲《游茅山》五首之四"落日登高屿,悠然望远山"(《全唐诗》卷一三六),韦应物《与友生野饮效陶体》"聊舒远世踪,坐望还山云"(卷一八六)、《酬令狐司录善福精舍见赠》"野寺望山雪,空斋对竹林"(卷一九〇),姚合《闲居遣怀》十首之一"身外无徭役,开门百事闲。倚松听喚鹤,策杖望秋山"(卷四九八),等等。所举诗人中,储、韦都是山水田园诗派的代表人物,尤其韦应物,向来是以能神似陶渊明著称的,但都没有用"见"来表现那种闲远无心情态,足见诗歌的精微处,会心实难。

只是"见"字并非总是处于下风,喜欢它的人也不少。前举钱起的诗即一例。再有前举权德舆《湖上晚眺呈惠上人》"独酌乍临水,清机常见山",已经含着"见山"能表现"清机"的意思①。这是可以肯定的诗人用"见"表现无心的较早的用例。钱、权二人,钱起的例证分量又更重些。因为权德舆非进士出身,而钱起出身进士,他对《文选》当然是滚瓜烂熟的。在这种情况下,钱起仍然倾心于文集本的"见南山",就不能不认为他已经有了较明确的分辨意识。

到了宋代,梅尧臣也是对"见"字深有会心的诗人。他的《依韵和达观禅师还山后见寄》"云归在高岭,人见是无心"②,即已明确揭出"见"字所蕴含的无心之意。此外,他还有《依韵和唐彦猷华亭十咏·华亭谷》:"断岸三百里,萦带松江流。深非桃花源,自有渔者舟。闲意见水鸟,日共泛鹢筹。何当骑鲸鱼,一去几千秋。"③不作"闲意看水鸟""闲意目水鸟""闲意望水鸟""闲意戏水鸟",而选用"见"字,也可以说明梅尧臣能深得陶渊明的用心。

梅尧臣的会心源自他对陶渊明诗的嗜好。李剑锋认为,梅尧臣是第一个大力学陶,并标举陶诗"平淡"之美的宋代诗人④。其实推崇陶诗,似乎在当时已风气渐成。宋中道是宋绶季子、宋敏求之弟,与梅氏为好友。梅尧臣《答中道小疾见寄》诗云其"方闻理平淡,昏晓在渊明。

---

① 按:"清机",明华氏铜活字本《权德舆集》作"清奇",不合于对仗。除此以外各本,包括国图所藏宋蜀刻《权载之文集》俱作"清机"。"清机"即清静之心机,如葛洪《抱朴子·行品》:"飞清机之英丽,言约畅而判滞者,辩人也。"

② 《全宋诗》卷二五〇(第五册),北京:北京大学出版社,1998年,第2991页。

③ 《全宋诗》卷二六一(第五册),第3138页。

④ 参见李剑锋《元前陶渊明接受史》,济南:齐鲁书社,2002年,第247—258页。

寝欲来于梦，食欲来于羹"，又《寄宋次道中道》称"中作渊明诗，平淡可拟伦"①。可知宋中道不但酷好陶诗，而且同样以平淡为高格。友朋唱和、共举平淡，梅尧臣能得"见"字之妙，当非偶然。梅尧臣是苏轼举进士时的阅卷官，苏轼著名的《刑赏忠厚之至论》正是由梅尧臣首先发现并推荐给欧阳修的，此事为学者周知。而苏轼在文学上与欧阳修、梅尧臣的关系也不待赘言。那么梅尧臣与苏轼二人是否讨论过陶诗的问题呢？

　　梅尧臣之后，沈括是与苏轼同时而对这一问题有明确意识的人。田晓菲曾提及沈括《梦溪续笔谈》中的一段话："陶渊明杂诗'采菊东篱下，悠然见南山'，往时校定《文选》改作'悠然望南山'，似未允当。若作'望南山'，则上下句意全不相属，遂非佳作。"②这段文字的重要性怎么看都不为过，它至少提供了两条重要信息。第一，沈括提到的诗题是《杂诗》，说明他讨论的文本是《文选》，而非陶渊明集。他校定《文选》时居然看到过"见南山"的版本，而我们知道《文选》的传世版本，无论唐钞、宋刻，都作"望南山"，那"见南山"的《文选》当是属于少数派的、"有误"的版本。可是这个"有误"的版本恰好从反面证明作"见南山"的陶渊明集大概是很流行的，这才使得传抄或者刊刻《文选》的人会不经意间弄"错"。这再次证明"见"的存在与流行。第二，沈括认为"望南山"不如"见南山"，因为前者使"上下句意全不相属，遂非佳作"，这和苏轼的意见惊人一致，似乎宋人到了这个时候都不约而同地看出"见"字的好来了。

　　不过田晓菲提到沈括这段文字，认为这是沈括受到了苏轼影响的结果，以此证明苏轼的影响力③。可惜此说并没有经过考据论证，直接

① 《全宋诗》卷二六一（第五册），第 2861、2868 页。
② 沈括撰，金良年点校《梦溪笔谈》，上海：上海书店出版社，2003 年，第 286 页。
③ 田晓菲《尘几录》，第 32 页。

得出这样的论断,恐怕稍失轻率。如果结合历史稍作分析,其实应该承认,苏、沈不谋而合的可能性更大。

沈括是嘉祐八年(1063)进士及第,他与苏轼在治平三年(1066)有过短暂的共事崇文院的经历(苏轼上一年入史馆,本年四月丁父忧,沈括则本年入昭文馆)。校书是昭文馆的本职工作,《续笔谈》中所谓"往时校定《文选》"的事,应该就在那时。苏轼那时应该还没有发现、传布自己关于"见"与"望"异文的看法,所以沈括并未多想就将"见南山"改为"望南山",到晚年才悔悟。之后,二人仕途各异,到乌台诗案时,沈括参与构陷苏轼,两人便再不可能有任何交谊。沈括于元祐三年(1088)八月致仕退居京口梦溪,此后开始《梦溪笔谈》的写作。到元祐六年(1091)生病,七年而"益羸,滨槁木矣",绍圣二年(1095)去世①。《续笔谈》提到的明确时间最晚是元祐六年,因此大概《笔谈》大致完成于元祐六七年间。之后他缠绵病榻,写作的精力恐怕就不够了。

那苏轼大概是什么时候提出"见/望"问题的? 最早的记载见于晁补之《鸡肋集》卷三十三《题陶渊明诗后》,其中有"在广陵日,见东坡云陶渊明意不在诗,诗以寄其意耳"云云。考二人行迹,元祐元年(1086)至四年(1089),晁补之与苏轼同在京师,但并没有听到苏轼的有关言论。晁补之元祐五年(1090)十二月通判扬州,元祐八年(1093)回京师,而苏轼则在元祐七年(1092)三月知扬州,可知直到元祐七年,苏轼才对晁补之谈及自己的"新得",那他想到这一问题只能在元祐五年到七年之间。而这正是沈括完成《梦溪笔谈》的那段时间。连苏门四学士之一的晁补之都要到元祐七年才听到苏轼的意见,那之前早已与苏轼断交的沈括又是从何处听到苏轼的意见而受其影响的呢?

看来,"见/望"问题形诸文字的"发明权",苏轼要与沈括分享。两位政敌居然差不多同时发现了"见南山"与"望南山"在文学意味上的

---

① 参见胡道静《沈括事略》,金良年点校《梦溪笔谈》附录,第304—305页。

差异,不能不让人感到惊奇。不过,惊奇应该不是巧合的结果,从钱起到梅尧臣,很多诗人都已经肯定了"见"字,而宋人校书细致,又喜好讨论诗歌炼字之法,那么公开讨论"见/望"优劣只是早晚的问题而已。不过沈、苏二人,尤其是苏轼的贡献,不只是继承前人之说而已,而是首次对"见/望"差异所蕴含的美学意味予以了明确的说明。再加上苏轼的文坛影响,使得这说法不断被人传布,最后深入人心。人们由此普遍地注意到"见南山"所蕴含的更超远的美学境界。

当然,这种"见"与"望"的高下之别能广泛被人接受,除了苏轼的巨大影响力以外,更深层的原因当是宋人审美风尚的变化,平淡自然成为他们普遍推崇的、视为高格的审美品格。周裕锴对此有过详细讨论,他认为这种审美新风尚的产生,首先是"宋代儒家思想归复、强化并影响诗坛的产物",其次是"儒、释、道生命哲学与宋诗人心灵契合的产物",再次是"宋人对诗歌艺术规律深刻认识的结果"①。需要说明的是,尚淡的儒家审美其实是经过佛教,尤其禅宗,和道家思想洗礼之后的儒家审美,因此宋儒审美与汉儒迥异。黄季刚评点《文选》时其实已经注意到这一点,他就认为"望"才是本字,而"见"字是宋人"引陶入禅"的结果。曹虹发挥此说,认为"若作'悠然见南山',其无意望山,偶尔触目的情态,颇易与禅家那种以无念为宗的意味相投合",而"望"字更切合"诗人抱朴含真的一份执着的心意"②。其实如果跳出孰为本字的争论,只思考为什么宋人偏爱"见"字,黄季刚是可以视为田晓菲的先声的。可惜黄先生依旧探寻本字,田教授转而强调"见"字是苏轼依据此一意识形态"发明"出来,就不免偏颇了。宋人有偏好,不等于宋人师心自用,大胆发明陶渊明。

在早期,一个人喜欢哪种审美品格,喜欢哪个字,这是比较主观的,

①　周裕锴《宋代诗学通论》,上海:上海古籍出版社,2019年,第294、295、296页。
②　曹虹《读〈文选平点〉》,《南京大学学报(哲社版)》,1989年第4期,第130页。

但一旦弥漫成时代风气,就转变成一种客观现象了。而一般人普遍接受"见南山",恐怕还有另一层更客观的历史缘由。陆游《老学庵笔记》卷八云:"国初尚《文选》,当时文人,专意此书。故草必称'王孙',梅必称'驿使',月必称'望舒',山水必称'清晖'。至庆历后,恶其陈腐,诸作者始一洗之。"①可知仁宗朝时,《文选》即已不甚流行。到了王安石及后来的新党执政,科举屡次废除诗赋,势必进一步加剧《文选》影响力的衰减。科举是最容易造成普遍影响的,《文选》因科举而兴,又因科举而衰,这种情况下,陶渊明文集的影响力更容易胜过《文选》,从而使得一般人更容易接受苏轼等人的看法。

可以说"见南山"的胜出是多种力量合力的结果。一是从钱起到沈括、苏轼,不断有一些较敏感的诗人意识到了"见"字可能更有表现力;一是科举造成的《文选》的兴衰;一是宋人审美风尚的变化,平淡之风受到推崇;再就是宋人强调炼字之法,更看重一字之高下;当然,苏轼的作用是诸多因素中重要且引人瞩目的一种,这一点是不会有人否认的。

田晓菲认为:"宋人从自己的审美眼光出发,极口称陶渊明'平淡',(中略)但是在很大程度上,这份'平淡'正是宋人自己通过控制陶集文本异文而创造出来的。"②"见/望南山"的问题正是田教授用以支持其结论的最重要的一个论据。田教授说:"望、见之别完全是从意识形态的角度来考虑的。(中略)我们看到的,是一个所谓'意不在诗'的诗人;而如果一个诗人'意不在诗',那么,其诗作的魅力,也就不在于诗作本身,而在于这个诗人所达到的思想境界;换句话说,在于一个被宋人,特别是被苏轼及其文学集团成员所凭空创造出来的理想化人格。"③于是,一字之别,却关系到陶渊明"本来面目",关系到宋人是否

① 钱锡生、薛玉坤校注《老学庵笔记》,钱仲联、马亚中主编《陆游全集校注》第 11 册,杭州:浙江教育出版社,2011 年,第 427 页。
② 田晓菲《尘几录》,第 12 页。
③ 同上注,第 33—34 页。

有心"发明"陶诗的风格的问题，兹事体大，则不能不慎重对待。

　　总的来说，田教授夸大了宋人的主观意识与主观作用。其一，从钱起到苏轼，接受是逐渐的，而非断裂式的、爆炸式的，而且沈括与苏轼的不约而同尤其重要，它证明这种接受不是某个人的主观意愿与主观创造，而是水到渠成的结果。其二，"见"字既非苏轼凭空创造出来的，也谈不上控制异文来创造平淡，因为宋代陶渊明集明明白白保留了"一作望"的异文，并不存在故意删除的现象，同时《文选》系统的"望南山"也从未被宋人改动。可见宋人的主观行为被夸大了。实际上宋人校勘前代文集的态度大体上是严谨的。陈尚君校订唐诗，也得出同样结论："尽管宋人确有主观改诗的个案，但无论李、杜、韩、柳诸集，还是《文苑英华》《乐府诗集》等总集，宋人校记的分寸把握是很严格的，很少如明人那样为射利而随意改变窜乱。"①其三，我们不能忘记，对陶渊明人格的推崇与"塑造"（如果可以用"塑造"这个词的话），是从陶渊明一过世就开始的。颜延之的《靖节征士诔》、萧统的传与文集序，以及各个正史《隐逸传》中的陶渊明传，所有文献都是对陶渊明的人格与境界推崇备至，又何待宋人才来"凭空创造"呢？这里是需要还宋人，还坡老一个公道的②。

---

①　陈尚君《近期三种杜诗全注本的评价》，陈尚君《唐诗求是》，上海：上海古籍出版社，2018年，第485页。

②　按：虞万里先生《上博馆藏楚竹书〈缁衣〉综合研究序》云："在梳理、判别简本与传本种种异同之际，笔者绝不用'古人造伪''汉人窜改''经师窜入'之类词语。纵观历史，无可否认，古人在特定历史特定环境特定人际特定心理下可能造伪欺世骗人，但恐怕更多的是在无缘无故无知无觉前提下，以为无碍无妨甚至无可奈何之心境下所铸成的种种变异与错误。是古人品行不端篡改成性作伪成癖？还是事理人情太复杂纷繁雾阁云深？是因历史浓缩致使证据失落乃至荡然？抑或我们智商太低知域有限读书不多思虑欠周？这是每个研究者无法回避的问题。如果一味简单、武断地将数千年后无法理解、诠释的种种异同多归之为古人有意作伪和窜改，不仅厚诬古人，欺骗世人，贻笑后人，而且还将'研究'这复杂多变神秘莫测充满魅力且使人饶有深趣的工作变得简单苍白乏味无趣。"我觉得可供参考。

四　结语

总结前文,我们可以得出以下结论:

第一,"望南山"与"见南山"都是早期流传下来的文本,"见"字并不是苏轼的"发明",而是古已有之。不同的是,"望"主要存在于《文选》系统中,其文本来源很可能是由之前流传的俗本或者以俗本为依据的总集。"见"字则主要存在于陶渊明集的系统中,而且很可能自萧统编定的陶渊明集以来就如此。

第二,"望"与"见"既同时流传,又存在着竞争关系。"望"字依托于《文选》,在早期明显占上风,到了宋代,势易位移,"见"字逐渐胜出,并在此后的岁月中稳居北辰。"见"的最后获胜,是在漫长岁月中,多种力量的合力所致。苏轼吸收了所有这些力量,他的作用便是举起合力的扩音器,高声告诉世人:"见南山"的时代来临了;或者说,宋代审美文化的时代来临了,一个真正"理解"陶渊明、欣赏陶渊明的时代来临了。"见"由边缘走向主流的过程,就是一种传统凝结的过程;"见"的胜出,标志着一种新的审美传统的确立。

最后,对"见"与"望"的高下,以及哪个字更可能是作者的原文,我还想赘上几句主观的话。陶渊明是有炼字的意识与实践的,所以我倾向于认为"见"字是他精心的选择。宋儒杨时言:"陶渊明诗所不可及者,冲澹深粹出于自然。若曾用力学,然后知渊明诗非着力之所能成。"[1]这是不炼字的看法。不过,惠洪《冷斋夜话》记载东坡评陶诗之语说:"大率才高意远,则所寓得其妙,造语精到之至,遂能如此。似大匠运斤,不见斧凿之痕。"[2]明代王世贞也说:"渊明托旨冲澹,其造语有

---

① 杨时《龟山先生语录》卷一,杨时撰,林海权校理《杨时集》卷十,北京:中华书局,2018年,第232页。
② 惠洪等撰,陈新点校《冷斋夜话·风月堂诗话·环溪诗话》,北京:中华书局,1988年,第13页。

极工者,乃大入思来,琢之使无痕迹耳。"①如此说,则陶渊明仍是炼字的,不过性本自然高远,能用字入化,使人不觉而已。陶渊明对魏晋以来炼字琢句之法是学习过的。他早年所写的行役诗中,炼字的痕迹就比较清晰。如"山川一何旷,巽坎难与期。崩浪聒天响,长风无息时"(《庚子岁五月中从都还阻风于规林》二首其二),"巽坎"代"风水",这是魏晋人好用的代字法,而"崩"字、"聒"字,都很用力。又如"微雨洗高林,清飙矫云翮"(《乙巳岁三月为建军参军使都经钱溪》),第二句的锤炼之工,较为明显。再有,他诗如《时运》"有风自南,翼彼新苗"之"翼",《和郭主簿》其一"中夏贮清阴"之"贮",《癸卯岁始春怀古田舍》"良苗亦怀新"之"怀",也都是炼字的。正是这种地方,让我们可以一窥陶渊明锤炼的手段。

那么可以说,陶渊明对于炼字,是有很清楚的意识的。正是基于这一认识,笔者认为,《饮酒》其五所表达的感受,是陶渊明真实感受到的刹那永恒,但诗歌的写作,无论布置谋篇,还是选词造句,都是非常经心的。而陶渊明也应该有足够的艺术敏感力,在见、望、目、看、瞻、视诸字中选出"见"字。王叔岷先生曾说:"窃疑陶公此诗,初作'望南山',因望字执着,与上下句意相隔,乃改为见。故传本有作望、作见之别。"②虽然纯然是推测之辞,却不是没有道理的。不妨回忆一下《饮酒》的序文:"余闲居寡欢,兼比夜已长,偶有名酒,无夕不饮。顾影独尽,忽焉复醉。"这是一个正在品尝痛苦的诗人。但是陶渊明的伟大,正在于他的生命体悟时时会出现超越痛苦、达于澄明的瞬间。《饮酒》其五所描写的那个"忘言"的黄昏,显然是这样一个澄明的黄昏。而沈括和苏轼同样在经历了宦海浮沉之后,差不多同时领悟到了陶渊明超越痛苦的澄明,进而发现、描述了"见"与"望"所显现的美学、哲学的差别。这种

---

① 王世贞著,罗仲鼎校注《艺苑卮言校注》卷三,济南:齐鲁书社,1992年,第130页。
② 王叔岷《陶渊明诗笺证稿》,北京:中华书局,2007年,第292页。

上下千百载的心灵感应,是人类精神史上常见的现象。如果没有充分理由驳倒苏、沈等人,我们更愿意接受他们的判断。

第二节 "三湘"考

陶渊明《赠长沙公》诗:"遥遥三湘,滔滔九江。"①这里的"三湘"自然指代长沙公所住的长沙,但如果加以注释,则"湘"何以"三",得名之由,自当注出。正是在这一问题上,前人各有所据,众说纷纭,而莫衷一是。

探究古籍中地名的命名之缘,特别是早期地名,是一件较为繁难的工作。比如唐宋史籍、志书所记载的,往往是自己时代的情况,未必符合唐以前地理、地名的实际。宋以后人,很容易采信唐宋人,甚至自己同代人的说法,有些并不可靠的说法因此传承不绝,很容易让读者习焉不察。前人对"三湘"的考释,正是如此。

关于"三湘"得名的缘由,古人众说纷纭,今人则多依违于诸说之间。较严肃的讨论,有刘继元发表于《中国历史地理论丛》第31卷第1辑上的《"三湘"释义及范围的历史演变》一文。该文认为词源无从考证,因此把主要目标定为梳理历代"三湘"概念的演变,以此见出人们政区认知的变化②。古今人诸说,固然各有其"据",而其理解又渊源于一时风气,但如果作更细致的考证,会发现诸说或者以当时的地理实际比附其名,或者悬想拟测,都与历史事实龃龉不合。这些错误的推测未必是主观上有意要做出新的解释,往往只是犯了以今例古的错误,需要

① 按:苏写本、李公焕本作"遥遥三湘",汲古阁藏南宋初递修本、曾集本、汤汉本作"遥想湘渚",而小字校云:"一作遥遥三湘。"

② 刘继元《"三湘"释义及范围的历史演变》,《中国历史地理论丛》2016年第1辑,第134—140页。

我们加以揭示。而"三湘"命名的缘由,如果在历史语境中做一番探究,并辅以合理的推测,是不难得出一个比较合理的解释的。

一　旧说辨

"三湘"一词首次出现,即陶诗。然后有颜延之《始安郡还都与张湘州登巴陵城楼作》:"三湘沦洞庭。"后来人们使用就多了。今存最早的注释见于颜诗的《文选》李善注,注中解释"三湘"句,引盛弘之《荆州记》曰:"湘水北流二千里,入于洞庭。"后面又特别注释"洞庭",引郭璞《山海经》注云:"巴陵县有洞庭陂,江、湘、沅水皆共会巴陵,故号三江口也。"①李善的意思,"三湘"是湘水的代称,衡诸颜诗,似无问题。可为什么湘水称"三湘",李善并没有解释。张铣注云:"江、湘、沅水皆会巴陵,至洞庭陂,号为三江。三湘盖谓三江也。"②这个注释就误读了李注,把"三湘"与"洞庭"各自的注混而为一了。分明是沅水、湘水分别注入洞庭,再汇入长江,不可能长江"沦洞庭"。湘水是长江支流,所以可称湘江,却没有把长江包括进去称"三湘"的道理。大概念可以统摄小概念,反之则不可。就像苏州人可以称为江苏人,却不能反过来称江苏人为苏州人。李吉甫《元和郡县志》卷二十七即明言:"巴陵城,对三江口,岷江为西江,澧江为中江,湘江为南江。"③可知张说之谬。"三湘"非"三江",那诸贤诗文中的"三湘"是什么意思,何以命名湘水为"三湘",后来学者、注家众说纷纭,细按起来,似乎都有问题。

溯源"三湘"得名之由的时候,前人的解释存在两种基本看法:一种认为源于地名,一种认为源于水名。水名说影响最大,信从者最多,

---

① 萧统编,李善注《文选》卷二十七,影印胡克家本,北京:中华书局,1977 年,第383 页。

② 日本足利学校藏《宋刊明州本六臣注文选》,北京:人民文学出版社,2008 年,第414 页。

③ 李吉甫撰,贺次君注解《元和郡县图志》,北京:中华书局,1983 年,第657 页。

当先观之。水名说以潇湘、蒸湘、沅湘和潇湘、资湘、沅湘影响为大。

第一种说法见于南宋祝穆《方舆胜览》卷二十三"湘漓"条："湖岭之间,湘水贯之,无出湘之右者。凡水皆会焉,但以潇水合则曰潇湘,以蒸水合则曰蒸湘,以沅水合则曰沅湘耳。"[1]此说颇为后人信从。清人王琦在注释李白《悲清秋赋》"登九疑兮望清川,见三湘之潺湲"时已提出疑问："湘水源出广西桂林府,东北流至湖广永州府城西,潇水自南来会焉,至衡州府城东,蒸水自西南来会焉,又北流环长沙府城,东北至湘阴县,达青草湖而入于洞庭,凡行二千五百余里,大小诸水会入者颇众。若沅水,则不与湘会,而自入于洞庭。虽'沅湘'之称起自屈平,但双举二水,并未言其会同相合也。三湘之名恐未必由此。"[2]这个质疑颇有力量。沅江并非湘江支流,而是单独汇入洞庭湖的另一条河,性质与作为湘江支流的潇水、蒸水不同。《离骚》中屡言的"沅湘",如《九歌·湘君》的"令沅湘兮无波",应该都如王琦所理解的那样是并称,而与"潇湘""蒸湘"之称不同。东汉王逸《九歌章句》即云："昔楚国南郢之邑,沅、湘之间,其俗信鬼而好祠。"[3]《淮南子·兵略训》中有"南卷沅湘,北绕颍泗,西包巴蜀,东裹郯淮"之语[4],四句对文,后三句中"颍泗""巴蜀""郯淮"都是并称的二水名、二地名,那"沅湘"当然也是如此。高诱注也说："沅、湘,二水名。"[5]这些都足以证明《楚辞》中的"沅湘"只是沅水和湘水的并称,而非以"沅"作定语。邹逸麟、张修桂主编的《中国历史自然地理》一书也指出,东汉三国时代,湘、沅、资、澧"洞

① 祝穆撰,祝洙增订,施和金点校《方舆胜览》,北京:中华书局,2003年,第413页。按:清人冯浩《樊南文集详注》卷六《祭吕商州文》注引此句,误系为东晋罗含《湘中记》语,无据。

② 李白著,王琦辑注《李太白全集》,北京:中华书局,1957年,第75页。

③ 洪兴祖撰,白化文等点校《楚辞补注》,北京:中华书局,1983年,第55页。

④ 张双棣《淮南子校释》,北京:北京大学出版社,2013年第2版,第1598页。

⑤ 《淮南子校释》,第1599页。

庭四水基本上还是在洞庭平原上直接流注长江,平原景观未变"①。并且到东晋郭璞注《山海经》时,"不但明确指出湘、沅、澧流经洞庭平原后直接与长江相会,而且干脆称《山海经》的这个'洞庭'为洞庭陂,而不称它为洞庭湖"②。《中国历史自然地理》的结论是,先秦汉晋时期,今天的洞庭湖区泽陂纵横,但一直没有汇通成一个大湖,沅水与湘水是各自流经洞庭平原分别注入长江的,当然不存在二水汇合于洞庭湖的情况。那陶渊明、颜延之时代存在以"沅湘"命名的"三湘"吗?可能性微乎其微。就算到了东晋末,湖区稍微扩大,如王琦所质疑的,沅水与湘水在相隔很远的地方各自入湖,沅、湘仍然是全然独立的两条水系的情况没有任何改变,"三湘"怎么能包括"沅湘"呢?

其实,《方舆胜览》的说法并不只有"沅湘"有问题,"潇湘"之说也有问题。张伟然《中古文学的地理意象》书中考证说,潇水在陶渊明时代被认为是湘水的正源,而非支流,所以并无潇水之名,也无潇湘之说③。就像岷江在古代被视为江水正源,所以只名为江。文献上可以找到支持张氏说的进一步佐证。《后汉书·郡国志》"零陵郡"刘昭注引罗含《湘中记》云:"有营水,有洮水,有灌水,有祁水,有宜水,有(春)〔舂〕水,有烝水,有耒水,有米水,有渌水,有连水,有(倒)〔浏〕水,有(伪)〔沩〕水,有(伯)〔汨〕水,有资水,皆注湘。"④其中记录的湘江支流,并没有潇水。罗含是东晋人,可见陶渊明当时,"潇湘"并非专名。《水经注·湘水》有云:"(二妃)神游洞庭之渊,出入潇湘之浦。潇者,水清深也。"⑤可为明证。清澈的湘江水,这就是中古文献中"潇湘"的

① 邹逸麟、张修桂主编《中国历史自然地理》,北京:科学出版社,2013年,第344页。
② 《中国历史自然地理》,第345页。
③ 张伟然《中古文学的地理意象》,北京:中华书局,2014年,第209—225页。
④ 《后汉书》,北京:中华书局,1964年,第3483页。
⑤ 郦道元注,杨守敬、熊会贞疏,段熙仲点校,陈桥驿复校《水经注疏》卷三十八,南京:江苏古籍出版社,1989年,第3152页。

基本含义。而"潇"作为水名,较早用例如柳宗元《愚溪诗序》"东流入于潇水",已是中唐,再以"潇湘"指称汇合潇水的湘水,应该更在此后。嘉庆《大清一统志》卷三七〇永州府山川"潇水"条下有云:"按潇湘自古并称,然《汉志》《水经》俱无潇水之名,唐柳宗元《愚溪诗序》始称'谪潇水上',然不详其源流。宋祝穆始称'潇水出九疑山'。今细考之,唯道州北出潇山者为潇水,其下流皆营水故道也。至祝穆所谓出九疑山者,乃《水经注》之泠水北合都溪以入营者也。(中略)盖后人以营水所经统谓之潇水,而遂不知有营水矣。"①清人已经充分注意到这一问题,并考证以为潇水之名始见于柳宗元,而后代之潇水即古之营水。综上考证,大概可以认为,《方舆胜览》所云"三湘"说的出现需要两个条件:其一是潇水之名成立,且被视为湘江支流;其二是洞庭湖变成大湖,沅、湘二水汇合于洞庭湖。两个条件同时成立,则至早在唐代中后期,下限在《方舆览胜》写作之前。不但陶渊明不可能知道,李白大概也不知道。

以潇湘、资湘、沅湘为三湘,是清代陶澍的看法。他认为:"湘水发源,会潇水谓之潇湘,及至洞庭陵子口会濒江,谓之濒湘,又北与沅水会于湖中,谓之沅湘。三湘之目当以此。"②王叔岷《陶渊明诗笺证稿》、杨勇《陶渊明集校笺》采用此说。陶澍显然认为三湘得名的根源是三条江,于是根据清代湖南的水系情况加以推测,提出了一个新的"三湘"说。但前面已经说明陶渊明时代"潇湘"和"沅湘"的含义,显然没有并称的可能。至于"濒湘",即"资湘",历史地理的研究已经表明,资水与湘水本来是分开注入长江的,大概到了东晋,资水才分出一支与湘水汇合注入洞庭湖。所以前引罗含《湘中记》才说"有资水,皆注湘",看来这时是有人把资水看作湘水支流的。但"资湘"的叫法,却找不到

---

① 穆彰阿《(嘉庆)大清一统志》卷三七〇,四部丛刊续编景旧抄本,叶二十。

② 陶澍集注《靖节先生集》卷一《赠长沙公》注,上海图书馆藏清道光二十年周诒朴刻本,叶六A。

别的文献证据,恐怕出于陶澍杜撰。总之,陶氏的"三湘"新说,很难成立。

此外,《辞海》以及复旦大学历史地理研究所编《中国历史地名辞典》等工具书还举出漓湘、潇湘、蒸湘称三湘的说法,也偶见学者称引。《水经注》云:"湘、漓同源,分为二水,南为漓水,北则湘川。"[①]既然明确说了是"二水",且南北异趋,那"漓湘"如何能命名"三湘"? 此说可谓大谬。

以支流命名"三湘"的思路恐怕是歧路。常有人望文生义,以为"四川"的命名源于四条江,不知四川在唐代因剑南西川、剑南东川和山南西道的区划而被合称为"三川",至宋代因有益州路、梓州路、利州路、夔州路"川峡四路",简称"四川"。其实四川有大小河流上千条,怎么可能独举其四呢? 同样,湘水支流大小十数条,为什么仅仅举其三而为"三湘"? 不可以四湘、五湘、十湘吗? 所以清人孙良贵放弃支流的思路,转而在《考定三湘说》中提出:"愚意以潧、沅二水,源流皆二千里,外与湘相埒,并湘为三湘。虽各入湖湑,行百余里,而后沅引渐、辰二江自湖心之黄钴潭合潧以趋于湖腹,又行二百里许,由小布袋口入湘,若朝宗然。"[②]孙氏之说新颖,但仍然经不起推敲。其一,资、沅、湘既然是并流的三水,如何以湘概二水而称"三湘"? 其二,《水经注》明言,湘、沅、资、澧,"凡此四水,同注洞庭,北会大江"[③]。如孙说,那当称"四湘",而非"三湘"。其三,孙氏所依据的依然是清代的水利实况,而对前述汉魏晋的情形懵然无知,故难以取资。

水名诸说如上,又别有地名二说,即三湘浦和湘潭、湘乡、湘源。王琦注李白的"见三湘之潺湲"云:"《隋书·五行志》:'巴陵南有地名三湘。'《太平寰宇记》:'湘潭、湘乡、湘源,是为三湘。'《岳州府志》:'三

---

① 《水经注疏》卷三十八,第3121页。
② 罗汝怀编纂《湖南文征》卷十九,长沙:岳麓书社,2008年,第1570页。
③ 《水经注疏》卷三十八,第3158页。

湘浦在临湘县南四十五里。'"①王琦注太白诗,是被杭世骏赞为"字字还其根据而佐证乃确"的②,但这里却注得既不准确又有点乱。王氏将地名说的两种说法都罗列出来了,却全无裁断,且自相矛盾。

　　王琦引用的《隋书·五行志》的记载本身是有问题的,其原文云:"巴陵南有地名三湘,即景奔败之所。"③但是《元和郡县图志》卷二十七"巴陵县"中云:"侯景浦,在(巴陵)县东北十二里,本名三湘浦。(中略)侯景东起于悬瓠汝水之南,而败于巴陵三湘之浦也。"④按巴陵县治历代并未有过迁徙,《隋书》记载与《图志》相左,必有一误。考《南史》卷八十《侯景传》有云:"天监中,沙门释宝志曰:'掘尾狗子自发狂,当死未死啮人伤。须臾之间自灭亡,起自汝阴死三湘。'(中略)起自悬瓠,即昔之汝南。巴陵有地名三湘,景奔败处。其言皆验。"⑤所记与《图志》合,知《隋书》"巴陵南"当是误乙原文上之"汝南"之"南"于下也。又王琦注所引《岳州府志》也说"三湘浦在临湘县南四十五里",考明隆庆《岳州府志》卷七"职方考"云:"临湘在郡东北九十五里。"⑥这个临湘是明代岳州之属县,即今岳阳市所辖之临湘市,而非汉代所设,县治在今长沙的临湘县。《府志》同卷又称"三湘浦"在巴陵"县境北"⑦,可知三湘浦在东北的临湘县和西南作为府治的巴陵县之间,这与《元和郡县图志》的记载相吻合。显然《隋书》记载有误,王注误引。根据《元和郡县图志》,这个三湘浦在巴陵县东北方,巴陵县本身位于湖湘注水汇入长江的"三江口"处,其东北的三湘浦显然是长江边的一

①　《李太白全集》,第74—75页。
②　《李太白全集》卷首杭世骏序,第1页。
③　《隋书》卷二十二,北京:中华书局,1973年,第637页。
④　《元和郡县图志》,第657页。
⑤　李延寿《南史》,北京:中华书局,1975年,第6册,第2016页。
⑥　钟崇文撰(隆庆)《岳州府志》卷七,据天一阁藏本影印,上海:上海古籍出版社,1963年,第三十四A页。(按:其书第六、第七两卷页码合编。)
⑦　《岳州府志》卷七,叶四十三B。

个地名。那这个地名跟陶诗、颜诗、李文中"三湘"有什么关系呢？当然是没有关系的。

再看王注提到的第二个解释，《太平寰宇记》卷——六全州清湘县下载："三湘，湘源、湘潭、湘乡，是谓三湘。"①《寰宇记》记清湘县的沿革说："本汉洮阳县，（中略）晋武帝太康末于此立湘源县，以湘水源为名。（中略）后唐时，节度使马殷改为清湘县。"②清湘县就是"三湘"中的湘源，所以在此处顺道解释"三湘"。以湘江流域三个带"湘"字的地名来概称全流域，此说似较合理。后李公焕《笺注陶渊明集》采用了《寰宇记》此说。李注陶集在后世影响极大，这个"三湘"说因此在陶诗注释中颇为流行，今人仍时见采用。但是清代陶澍已反驳道："湘潭、湘乡、湘源皆县名，非水也，且建制在后，古无此称。尚有湘阴、临湘，亦不止三也。"③前面已经看到，陶澍是主张"三湘"源于水名的，其说前已驳之，但他提出的"建制在后，古无此称"和"有湘阴、临湘，亦不止三也"这两个质疑，却是相当有力的。这里分别考查湘源、湘潭、湘乡、湘阴和临湘五处的建制沿革，看看有无命名"三湘"的可能。

湘源之名，前引《太平寰宇记》谓始于西晋武帝时。然《隋书·地理志下》谓此县是隋"平陈，废洮阳、灌阳、零陵三县置"④。又《元和郡县图志》卷二十九永州湘源县亦谓："本汉洮阳县地，至隋改置湘源县。"⑤《太平寰宇记》点校者亦校云："《舆地纪胜》卷六〇全州清湘县：'象之谨按：《皇朝郡县志》谓隋平陈，废洮阳、灌阳、零陵三县，置湘源县，此《隋志》之文也，而《晋志》零陵县下为县十一，无所谓湘源县，而《齐志》于零陵郡下凡领县六，第有洮阳、灌阳、零陵三县，而无湘源县

①　乐史撰，王文楚等点校《太平寰宇记》，北京：中华书局，2007 年，第 2353 页。
②　同上注。
③　陶澍集注《靖节先生集》卷一，叶六 A。
④　《隋书》卷三十一，北京：中华书局，1973 年，第三册，第 896 页。
⑤　《元和郡县图志》，第 710 页。

之文,至隋平陈,始废洮阳、灌阳、零陵三县合为湘源,则湘源非置于晋也,当依《隋志》及《元和志》书曰隋立湘源县。'按:《舆地广记》卷二六全州亦云隋置湘源县,王象之说是也。"①这样,可以基本确知《寰宇记》所说有误,湘源之名,始于隋代。

湘潭,本指湘水及其支流潭水,用作县名,始于唐代。《元和郡县图志》卷二十九潭州湘潭县云:"本汉湘南县地,吴分立衡阳县,晋惠帝更名衡山,历代并属衡阳郡,隋改属潭州,天宝八年改名湘潭。"②《太平寰宇记》卷一一四又有"萧齐省入湘潭县"之文③,应是误记。

湘乡之为县名,《汉书·地理志》无之,《后汉书·郡国志》载于零陵郡下,其县之立,似当在东汉。《宋书·州郡志三》湘州衡阳内史下有"湘乡男相",谓"前汉无,后汉属零陵"④。同样可证。

湘阴,《宋书·州郡志三》湘州湘东太守下领县有:"湘阴男相,后废帝元徽二年,分益阳、罗、湘西及巴、硖流民立。"⑤《元和郡县图志》卷二十七岳州湘阴县同此说⑥。又《南齐书·州郡志下》湘州长沙郡下有湘阴县⑦。可以确知《宋书》无误。

临湘,《汉书·地理志下》记载为长沙国之首县,县治即今长沙市。其为县名当不晚于景帝二年封刘发为长沙王之际⑧。

综上,显然可知,在陶渊明、颜延之生活的时代之前,以"湘"名县的地方最多只有前汉的临湘和后汉的湘乡两个,无论如何凑不出一个"三湘"。而且"临湘"还从来不在人们命名"三湘"的考察范围内。所

---

①　《太平寰宇记》,第2357—2358页。

②　《元和郡县图志》,第704页。

③　《太平寰宇记》,第2322页。

④　《宋书》卷三十七,北京:中华书局,1974年,第四册,第1130页。

⑤　同上注,第1132页。

⑥　《元和郡县图志》,第658页。

⑦　《南齐书(修订本)》卷十五,北京:中华书局,2017年,第一册,第321页。

⑧　参见周振鹤《汉书地理志汇释》,合肥:安徽教育出版社,2006年,第484—485页。

以《太平寰宇记》的"三湘"说应该出于附会,反映的大概是唐宋之际人们的看法,并不可能是"三湘"真正得名的原因。

以上辨析"三湘"的水名与县名诸说,无有例外,都是宋以后人以今度古而致误。那么,"三湘"得名之源究竟何在?

二 "三湘"新解

探究"三湘"的命名,要回答的问题有三:何以"三",何以"湘",何以"三"与"湘"结合而为"三湘"。三晋、三秦,古已有之,"三"的来历当兼有命名的历史文化习惯和现实的政区划分的原因。而"湘"之名既是水名,又是州名。当某个时期,同时兼容了以上要素,那么"三湘"的出现就顺理成章了。考史可知,这个时期就是晋怀帝设立湘州之后。

秦汉以来,多用"三×"的命名方式来指称某一较大地理单位。这一地理单位或者山川相缪,在自然地理上自成一体,而在行政区划上则都有特别的渊源,具有地理、政区、经济、文化的共通性。先是因赵、魏、韩三家分晋,所以号称"三晋"。三晋同出一源,其地连,其政通,文化也相似,《韩非子》《墨子》《吕氏春秋》《史记》《战国策》等战国后期及秦汉文献中已多次出现这一专名,可见其得名当在战国时。又有三楚,即以淮北沛、陈、汝南、南郡为西楚,以彭城以东之东海、吴、广陵为东楚,以衡山、九江、江南、豫章、长沙为南楚,这是战国时楚国内部存在的三大文化、风俗区域,见《史记·货殖列传》①。又三蜀,西汉于蜀地设蜀郡、广汉、犍为三郡,故名②。三巴,刘璋于巴郡中分出巴东、巴西而成③。此外还有三秦、三齐、三吴,朝鲜半岛亦有三韩,等等。南北东西,瀛海内外,都有以"三×"命名的区域,固然其命名皆是因政区而来,

---

① 《史记(修订本)》卷一二九,北京:中华书局,2013 年,第十册,第3936—3938 页。
② 常璩著,任乃强校注《华阳国志校补图注》卷三《蜀志》,上海:上海古籍出版社,1987 年,第 163 页。
③ 《华阳国志校补图注》卷一《巴志》,第 26 页。

但久之也会影响人们的文化认知,而对后来的命名方式产生影响。

巧合的是,湘江流域,在很长的历史时期内,正好也分属长沙、桂阳、零陵三郡。三郡在秦本来同属一郡,该郡之名是苍梧还是长沙,尚有争论①,但如《太平御览》引甄烈《湘州记》所云,其郡之设,“以统湘川”②,即整个湘水流域,则无任何疑问。汉初,高祖先在该地区设长沙国,又从其中分出桂阳郡,是一分为二③。至汉武帝元鼎六年,又从桂阳郡中分置零陵郡④。至此,湘江流域一分为三。三郡中,湘江直接经过的是零陵和长沙二郡⑤,桂阳郡则有湘江最大的支流耒水⑥。后汉除长沙国改为长沙郡外,三郡格局未变,皆属荆州⑦。前后汉相沿四百年,湘江流域分属三郡之事实,固已深入人心。这是“三”的文化背景与区划来历。下面再分析“湘”的问题。

在古人的诗文中,“三湘”作为一个专有名词,既可以指称包含大小支流的湘江,也可以指称湘江流域这一地域,甚至可以特指长沙地区⑧。作为水的代称,颜延之诗和李白赋就是例证。再如刘长卿《送李侍御贬郴州》:“几路三湘水,全家万里人。”⑨柳宗元《奉和杨尚书郴州追和故李中书夏日登北楼》:“风起三湘浪,云生万里阴。”⑩杜牧《别

---

① 古今学者的相关争论,可参见段伟《清儒地理考据研究·秦汉卷》中的概述,济南:齐鲁书社,2015 年,第 60—62 页。

② 李昉等《太平御览》卷一七一“潭州”下,北京:中华书局,1960 年,第 834 页。

③ 《汉书地理志汇释》“桂阳郡”和“长沙国”部分,第 283、484 页。

④ 《汉书地理志汇释》“零陵郡”部分,第 292 页。

⑤ 《汉书·地理志》“零陵郡”下云:“阳海山,湘水所出,北至酃入江。过郡二,行二千五百三十里。”王先谦补注曰:“过零陵、长沙。”《汉书地理志汇释》,第 292 页。

⑥ 《汉书地理志汇释》,第 283 页。

⑦ 见《后汉书·郡国志四》,第 3482、3483、3485 页。

⑧ 按:刘继元《“三湘”释义及范围的历史演变》一文已注意到这一现象,唯其解说辨析稍缭绕未清,故此处仍略作分析。

⑨ 储仲君笺注《刘长卿诗编年笺注》,北京:中华书局,1996 年,第 349 页。

⑩ 柳宗元《柳宗元集》,北京:中华书局,1979 年,第 1143 页。

怀》："去路三湘浪,归程一片风。"①杜荀鹤《湘江秋夕》："三湘月色三湘水,浸骨寒光似炼铺。"②代称地域的,陶渊明诗即最早例证。其诗赠长沙公陶延寿,"遥遥三湘"即指其封地而言。再如《庄子·外物》篇,成玄英有疏云:"海神肉多,分为脯腊,自五岭已北,三湘已东,皆厌。"③又张谓《长沙土风碑铭序》:"至汉道凌迟,董卓狼顾,文台以三湘之众,绩著勤王;梁朝覆没,侯景虎视,僧辩以一州之人,勋成定国。"其铭则曰:"五岭南指,三湘北流。"④张谓此文很有代表性,其序里的"三湘之众"是说长沙太守孙坚发兵勤王,当然指地域,且如陶诗一样特指长沙,铭里的"三湘北流"则又指水,一文而兼备了两种用例。同样李白诗《江夏使君叔席上赠史郎中》云:"昔放三湘去,今还万死余。"⑤这是指称地域,与《悲清秋赋》中指水不同,是一人而兼有两种用例。既然"三湘"兼能指代湘江与湘江流域,那么其命名的缘由恐怕当综合考虑自然地理与政区地理的因素。能兼有这两个因素,即政区上合汉三郡为一,而地域上正好包括整个湘江流域的,就是西晋所设的湘州。

湘水三郡,向属荆州,到西晋怀帝永嘉元年(307),乃从荆、江二州中分八郡而创立湘州。杨志强《湘州考》一文,对湘州的创建有详细的考证⑥。据杨文,湘州所辖八郡,为荆州之长沙、衡阳、湘东、邵陵、零陵、营阳、建昌,以及江州之桂阳。其中,衡阳和湘东是三国吴太平二年分长沙郡地所设;邵陵是吴宝鼎元年分零陵郡地所设;营阳是吴甘露元年分零陵郡地所设;建昌郡是晋惠帝时分长沙郡地所

---

① 杜牧《樊川别集》,《樊川诗集注》,上海:上海古籍出版社,1978年,第334页。
② 杜荀鹤《杜荀鹤文集》卷二,影印宋蜀刻本,上海:上海古籍出版社,2013年,第54页。
③ 郭庆藩撰,王孝鱼点校《庄子集释》,北京:中华书局,1961年,第926页。
④ 姚铉编《唐文粹》卷五十四,长春:吉林人民出版社,1998年,第584、585页。
⑤ 《李太白全集》,第617页。
⑥ 杨志强《湘州考》,《湘潭大学学报》,1996年第5期,第34—36页。

设;桂阳是晋惠帝时划给新设立的江州的,这时归属湘州①。可以
确知的是,湘州所辖虽有八郡,其实来源只是原汉三郡,新增五郡
皆从旧三郡中析出。且新增五郡创设未久,其深入人心程度自难
与汉三郡相提并论。

汉三郡一水相通,在地理上自成一体,在政区上因保持了很长时间
的稳定而亦有自成一体之势。汉末三国时,在诸方之间,三郡一向是被
视为一个整体加以争夺的。如曹操下荆州后,即派零陵人刘巴说降三
郡②。何以派零陵人往说长沙、桂阳,可见三郡之人当存在一整体认
同。而建安二十年,吴蜀早期争斗中,孙权也曾派吕蒙夺取三郡。后吴
蜀讲和,即以长沙、桂阳属吴,零陵属蜀③。零陵位居湘水上游,蜀保留
此地,即有与吴相持衡、相威慑之意,盖一旦两国交恶,蜀军可以高屋建
瓴,顺流直下。对三郡有意分割,以保持均势,反过来也证明三郡本属
一体之性质。此外,宋阮阅《诗话总龟》有一则有趣的记载,谓零陵人
刘巴葬于岳阳,故其地乃名为巴陵,"时人语曰:'生居三湘头,死葬三
湘尾'"④,即以零陵为三湘头,长沙郡的岳阳为三湘尾。刘巴后依附刘
备为蜀臣,故杜文澜质疑:"按章武二年,荆州属吴,刘巴无出镇荆州之
事,安得葬于巴陵? 此条出自附会。"⑤按:刘巴是死后迁葬还是后人
附会,难以确知,但民谣所透露的当地人的"三湘"认同,与《三国志》记

---

① 杨志强《湘州考》,第 35 页。按:营阳郡据《晋书·穆帝纪》谓设于穆帝时,是程刚
认为营阳是东晋义熙八年复置时属湘州,并非初设湘州时的辖郡,初设当只有七郡。
而陈健梅则据王象之《舆地纪胜》之说,认为营阳在怀帝时已有,后废,穆帝是复设。
分别见程刚《东晋南朝荆州政治地理研究》,南京大学博士论文,2014 年,第 12 页。
陈健梅《晋怀帝湘州统郡考》,《中国史研究》,2008 年第 2 期,第 36 页。

② 陈寿撰,裴松之注,陈乃乾校点《三国志》卷三十九《蜀书·刘巴传》,北京:中华书
局,1964 年,第四册,第 980 页。

③ 《三国志》卷三十二《蜀书·先主传》,第四册,第 883 页。

④ 阮阅编,周本淳校点《诗话总龟》前集卷十九,北京:人民文学出版社,1987 年,第
216 页。按:王象之《舆地纪胜》卷六十九有相同记载。

⑤ 杜文澜辑,周绍良校点《古谣谚》卷九十一,北京:中华书局,1958 年,第 974 页。

载是相吻合的。

还有另一个观察角度可以证实这种"三郡"认同的文化心理。在《隋书·经籍志》史部杂传类中，依次著录不著撰人《零陵先贤传》一卷、晋临川王郎中刘彧撰《长沙耆旧传赞》三卷、吴左中郎张胜撰《桂阳先贤画赞》一卷①。三种先贤传的存在，正是三郡认同的体现。《零陵先贤传》，据章宗源考证，所记人物为后汉三国时人，则其书之撰，当在其时或稍后②，正与张胜时代相近。撰《长沙耆旧传赞》的刘彧，据姚振宗的考证，则是东晋人③。如前所述，吴至东晋，湘水流域远不止三郡，但时人所撰先贤传只以旧三郡为名，可见这种三郡认同是相当稳固的，在东晋也依然如此。

长沙、桂阳、零陵三郡山川相缪，政区稳定，是"三湘"得名之实。应该在两汉时代，人们已经有了三郡一体的认同。而湘州设立，原来分立的汉三郡正式在行政区划上合为一体，且有了"湘"之共名。这样，水系之湘与政区之湘正式重合，则"三湘"之名，可谓名正言顺矣。后人不察，妄造说解，于是理丝益棼，徒增困扰而已。

至于"三湘"在后代能代称湖南全省，大概原因有二。第一，长沙是秦、汉帝国在该地区最早所设的郡，这一名称后代相沿，既是汉三郡的中心，是三湘地区的中心，又是湖南全省的中心。长沙能代表湖南，三湘即能代称一省。第二，湘水流域无论从地域面积还是经济、行政重要性而言，在湖南全省都占有绝对优势，三湘代称全省，也无可厚非。因此，"三湘"代表湖南是必然的。有代称在先，然后才会有清人孙良贵的湘、沅、资并称"三湘"的说法，即要坐实"三湘"对全省的代称，这

---

① 《隋书》卷三二《经籍志二》，第 975 页。

② 章宗源《隋书经籍志考证》卷十三，《二十五史补编》第四册，北京：中华书局，1955年，第 5025 页。

③ 姚振宗《隋书经籍志考证》卷二十，《二十五史补编》第四册，北京：中华书局，1955年，第 5347 页。

种思路未免固如高叟。

三 结语

前人注释陶渊明、颜延之、李白等作品中"三湘"一词时,龃龉矛盾,难得一是。检核历代总志、方志及各类地名辞典,依然不得其解。这里不得不搜集史料与历来之解说,做一通盘考察。考察的结论是前人的解释似乎都有问题。以为"三湘"之名来源于诸水的学者,或取湘水支流之说,或取湘、沅、资三水并流之说,无论何种说法,都不了解湖南地区古今水道与湖泊的发展变化的实际情形,而仅仅依据自身所处时代的水道情况加以推测,不免以今度古,射不中的。古人恒连言"山川",其实在千年、万年的时间维度上看,山脉几乎没有变化,而川流则往往发生剧烈的变动,再加上古今地名的变迁,研究水道,必须慎之又慎,显然仅仅依据目验是不够的。另一些学者以为"三湘"之得名源自政区之名,却又疏于考史,不知早期并不存在三个带"湘"的政区名。既然前人的解释都有问题,本文尝试着从湘江流域的政区变动的实际情形出发,并结合当时人的历史文化心理,作出新的解释。以"三×"的命名方式来指称某一较大地理单位,是战国以来比较普遍的一种历史文化现象,而湘水流域在两汉时期正好一直分属三个郡(国),长期以来自成一体,这里的人们有很强的一体认同感。因此,本文推测,当西晋怀帝永嘉元年在此地正式设立湘州以后,"三湘"之名便顺理成章地产生了。

谭其骧曾告诫学者,在研究古代地理时,"不要轻信前人对古代文献资料所作的解释",他说:"我们处理这些文献资料,就该把古书原文和后人注释分别对待,不能混为一谈;不应该盲从过去那些注疏家和研究者的解释,应该凭借我们自己所掌握的历史知识和地理知识,运用科学方法去正确理解判断这些资料所反映的古代地理情况。这样做才能不受前人束缚,解决前人所不能解决的问题,做出超越前人的研究成果。"①本文对"三湘"之名的考证,大概可以为谭先生之说提供一个小小的注脚。古籍中踵袭前人、积非成是的现象颇为不少,这是我们今天研究和整理古籍时必须随时小心的一个问题。

第三节　关于《赠羊长史》的两个问题

赠 羊 长 史

左军羊长史衔使秦川,作此与之。羊名松龄。

愚生三季后,慨然念黄虞。得知千载外,政赖古人书。贤圣留余迹,事事在中都。岂忘游心目,关河不可逾。九域甫已一,逝将理舟舆。闻君当先迈,负疴不获俱。路若经商山,为我少踌躇。多谢绮与甪,精爽今何如?紫芝谁复采,深谷久应芜。驷马无贳患,贫贱有交娱。清谣结心曲,人乖运见疏。拥怀累代下,言尽意不舒。

这首诗涉及的一个问题,尚有争论:小序中的这位"左军"是谁?为多数学者接受的传统观点认为是朱龄石(379—418),逯钦立提出新说,以为是檀韶(366—421)。邓安生撰《陶渊明年谱》,龚斌、袁行霈二位分别笺注《陶渊明集》,都同意逯氏之说。旧说经不起考核,新说大致不错,但前贤的考证尚不完善。这里参稽前人考证,对这一问题加以分疏条理,辨其得失,并对其中未尽之义略作补充。

这首诗,宋代吴仁杰《陶靖节先生年谱》系于晋安帝义熙十三年(417):"长史名松龄,《晋史》本传谓与先生周旋者。是岁刘裕平关中,

---

① 谭其骧《在历史地理研究中如何正确对待历史文献资料》,《长水集续编》,北京:人民出版社,2009年,第255页。

松龄以左军长史,衔使秦川。"①这没有问题。《宋书·武帝本纪》载,义熙十二年,刘裕出兵北伐,十三年八月,王镇恶攻克长安,九月,刘裕至长安,十二月,离开长安②。那么羊长史赴长安,当在此年秋冬之际。这里的"左军"是谁呢?

李公焕《笺注陶渊明集》卷二《赠羊长史》诗注谓是朱龄石:

> 时松龄衔左将军朱龄石之命,诣裕行府,贺平关洛③。

元代刘履在其《选诗补注》中同样说是朱龄石:

> 义熙十三年,太尉刘裕伐秦,破长安,送秦主姚泓诣建康受诛。时左将军朱龄石遣长史羊松龄往关中称贺,而靖节作此诗赠之④。

李、刘之说非无依据,《宋书·朱龄石传》载:"十一年,征为太尉咨议参军,加冠军将军。十二年北伐,迁左将军,本号如故,配以兵力,守卫殿省,刘穆之甚加信仗,内外诸事,皆与谋焉。"⑤这段文字存在讹误,我们后面再说。如果单看这段记载,李公焕、刘履的判断似乎没有什么疑问。钱大昕据此认为:"羊为左军长史,必朱龄石之长史矣。史称龄石以右将军领雍州刺史,而此云左军,小异。考《宋书·龄石传》,义熙十二年已迁左将军矣。左右将军品秩虽同,而左常居右上,龄石之镇雍

① 吴仁杰《陶靖节先生年谱》,许逸民校辑《陶渊明年谱》,北京:中华书局,1986年,第19页。
② 沈约《宋书》卷二《武帝本纪》中,北京:中华书局,1974年,第一册,第36、42、44页。
③ 李公焕《笺注陶渊明集》卷二,《续修四库全书》第1304册据浙江图书馆藏元刻本影印,上海:上海古籍出版社,2002年,第165页。
④ 刘履《风雅翼》卷五《选诗补注》五,景印文渊阁四库全书第1370册,台北:商务印书馆,1986年,第99页。
⑤ 《宋书》卷四八《朱龄石传》,第五册,第1424页。

州,必仍本号,不应转改为右,则此云左军者为可信。"①他转而认为《宋书》中朱龄石后来转任"右将军、雍州刺史"中的"右将军"是"左将军"之讹。

但是再考史书,会发现义熙十三年还有另一位"左将军"。《宋书·檀韶传》载檀韶仕历云:

> 寻进号左将军,领本州大中正。十二年,迁督江州豫州之西阳新蔡二郡诸军事、江州刺史,将军如故。有罪,免官②。

檀韶免官在什么时候呢?《宋书·王弘传》谓弘:"十四年,迁监江州豫州之西阳新蔡二郡诸军事、抚军将军、江州刺史。"③王弘继任江州刺史是在义熙十四年,那么檀韶的免官应该也在这个时候。可知在义熙十三年时,同时有朱龄石和檀韶两个左将军④。

所以逯钦立在《陶渊明事迹诗文系年》中认为根据朱龄石之传,称"朱为左将军乃在建康守卫殿省,如遣使往关中称贺,必不发自寻阳,陶无由赠之以诗"⑤。即朱龄石任官建康,他的使者亦应从建康出发,不应该出现在陶渊明的家乡寻阳。逯先生提出的理由是站不住的,这一点我们后面再辨析,但他从错误的观点出发,却导向了正确的结论。对这一观点予以详细论证的学者是邓安生,他在《陶渊明年谱》中说:

---

① 钱大昕《十驾斋养新录》卷十六《陶靖节诗》,陈文和主编《嘉定钱大昕全集》第七册,南京:江苏古籍出版社,1997年,第433页。
② 《宋书》卷四五《檀韶传》,第五册,第1373页。
③ 《宋书》卷四二《王弘传》,第五册,第1313页。
④ 按:左将军无员额限制,《宋书·百官志上》云:"自左右前后将军以下至此四十号,唯四中郎将各一人,余皆无定员。"二人并为左将军是可以的。但朱龄石其实并不是左将军,说见后。
⑤ 逯钦立校注《陶渊明集》附录,北京:中华书局,1979年,第225页。

　　义熙九年以后,龄石颇受刘裕重用,步步高升,未尝有左迁之事。考《宋书·百官志》《晋书·职官志》,左、右将军虽同属三品,而左将军位在右将军之上。据本传所载,龄石十二年已为左将军,十四年为右将军,则是左迁也,甚与刘裕重用之意相乖。又按汉代以来官制,左、右、前、后将军皆外藩将军称号,龄石既"守卫殿省",则是内镇,自不当以左将军之号称之。又考《宋书·百官志》,有左卫军、右卫军,"二卫军掌宿卫营兵";又有左军将军、右军将军、前军将军、后军将军,皆镇卫军。左卫、左军等皆属四品,秩在左将军之下。龄石在义熙十二年刘裕北伐时既"守卫殿省",可知当是左军将军耳。本传所载"左将军"必为"左军将军"之讹。然则陶诗《赠羊长史》序所谓左军,非龄石明矣。按《宋书·檀韶传》,韶于义熙十二年以左将军"迁督江州、豫州之西阳新蔡二郡诸军事、江州刺史",则此诗序之左军,亦即左将军、江州刺史檀韶,逯《谱》为得其实①。

邓安生对朱龄石"左将军"的官号提出了质疑。他有两条理由:其一,根据钱大昕的提示,左将军位次高于右将军,作为刘裕亲信,一路升迁的朱龄石,不应该先左后右;其二,左将军不是禁卫军的将军号,不承担"守卫殿省"的职责。从职官制度出发提出的这两条理由都相当坚强有力,让人信服。邓氏认为《宋书·朱龄石传》有误,"左将军"应该是"左军将军"之误。邓先生的论证已经直入环中,却在最后临门一脚的时候失误了。试问,"左军将军"为什么不能简称"左军",为什么羊松龄就一定是檀韶的左将军长史,而不能是朱龄石的左军将军长史呢?《宋书》的记载的确有误,但朱龄石担任的应该不是左军将军,而是左卫将军。

---

①　邓安生《陶渊明年谱》,天津:天津古籍出版社,1991年,第175—176页。

《宋书·百官志》有明文：

> 左卫将军，一人。右卫将军，一人。二卫将军掌宿卫营兵①。

宿卫是专指宫禁的警卫，这是大家都知道的。"守卫殿省"正是左卫将军的职责。关于朱龄石的问题，对南北朝禁卫军制度有精深研究的学者张金龙已经注意到了，在《治乱兴亡——军权与南朝政权演进》一书第一章《刘宋初年政局与禁卫军权》中，他提到：

> 按朱龄石在迁左将军时"本号如故"，其本号为冠军将军，则本传所记"左将军"必误，从其"守卫殿省"的职责可以断定，无疑为左卫将军之误。（中略）三人皆为刘裕亲信和心腹，其职务安排是刘裕北伐前采取的稳定朝政的最重要的措施：刘穆之为刘裕首席心腹幕僚，负责朝廷军政事务的掌控和处理；亲信朱龄石以左卫将军"守卫殿省"，实即领兵控制晋安帝；亲信谢景仁为右卫将军并兼任大司马左司马，领兵以控制能力较强的皇弟琅琊王德文。这样，即可确保其率军北伐时建康朝廷的军政大权完全掌控在手中②。

张金龙实际提出了朱龄石不可能是"左将军"的第三条理由，也是最直接的理由。即前面所引朱氏本传中称朱先是"冠军将军"，然后"迁左将军，本号如故"，冠军将军作为相对低阶的将军号，与相对高阶的左将军冲突，一人不可能同时有高低二将军号。但领禁卫军的左卫将军属于武职，与将军号不冲突，所以能由太尉咨议参军迁左卫将军，同时保留冠军将军的"本号"。张金龙也提到，刘裕为了控制大司马、琅琊

---

① 《宋书》卷四十《百官志下》，第四册，第1248页。
② 张金龙《治乱兴亡——军权与南朝政权演进》，北京：商务印书馆，2016年，第35页。

王司马德文,让另一个心腹谢景仁担任右卫将军、大司马左司马,那么负责直接控制晋安帝的朱龄石当然也应该是左卫将军,而不是左军将军。

既然朱龄石是左卫将军,羊松龄就不可能是他的长史。为什么?因为左卫将军当简称"左卫",而非"左军"。更重要的是,左卫将军无长史。《宋书·百官志》:

> 二卫江右有长史、司马、功曹、主簿,江左无长史①。

原来二卫将军到东晋以后就没有长史了。这样,羊松龄只能是左将军、江州刺史檀韶的长史。

最后,想补充说明一个问题,即羊松龄的行程路线。李华在《陶渊明新论》一书中是坚持朱龄石旧说的,他的论证不能成立,但是他反驳逯钦立的一段话却很有道理:

> 羊松龄奉朝命往关中祝贺,必然经过寻阳,渊明赠之以诗,也是情理中事。逯先生说:"朱为左将军乃在建康守卫殿省,如遣使往关中称贺,必不发自寻阳。"这话很是。但"不发自寻阳",并不等于不经过寻阳,而且我推断,他是一定要经过寻阳的。固然,刘裕北伐后秦是从建康出发,沿着淮、泗趋向许、洛,走的是这样一条进军路线。他是水陆并进,而且把大军驻守在彭城,这也是刘裕的根据地。但羊长史从建康出发,他往关中必然是溯江而上,经过寻阳,然后沿汉水北上,经商山而抵长安。这条路线很便利,而且时间上也很宽裕,可顺便省亲会友。他没必要再走刘裕进军的路线,何

---

① 《宋书》卷四十《百官志下》,第四册,第1248页。

况那条路也未必安全①。

按照李华的说法,逯钦立质疑的理由是不能成立的。龚斌在《陶渊明集校笺》中维护逯氏,反驳李华,他认为:"刘裕北伐,取徐州、洛阳,至长安。从建康遣使关中,走这条陆路最便捷。要是溯江而上经寻阳,再经汉水北上,受风水影响,旷时费日。"②龚先生之说大概也代表了逯先生的想法,他们不太了解古人的交通路线,所以产生了一些误会。

古代从东方进入关中有两条路。从洛阳到长安的是官道大路,一定要经过潼关。刘裕北伐,前锋王镇恶就是被堵在潼关之下不得过,后冒险走水路溯黄河而入渭水,才攻克长安的③。另一条通往东南,沟通陕西与荆楚、江南的道路则是武关道,这条路在唐代被称为商州路。其路线大致是今天西安—灞桥—蓝田—峣关—商县—武关—内乡—南阳—邓县—襄阳。严耕望先生《唐代蓝田武关道驿程考》④、王文楚《唐代长安至襄州荆州驿路考》⑤,二文均对商州路路线有详考,读者可以参看。唐代长安与长江流域的交通,非常倚重商州路,唐诗中歌咏商州路者不计其数。东南士子进京考功名多取此路,王贞白《商山诗》有云"商山名利路,夜亦有人行",可以想见路上的景象。而温庭筠著名的《商山早行》"鸡声茅店月,人迹板桥霜",也是作于这条路上,他是反其道而行,在长安科举不中,往荆襄而去,才倍感落寞凄清。当然,商山路的热闹并不是唐代才有的,这条道路大概周初就已开辟,春秋、战国时,尤为晋楚、秦楚间交通、征战的重要通道。秦始皇统一天下,造驰道

---

① 李华《陶渊明新论》,北京:北京师范学院出版社,1992 年,第 77 页。
② 龚斌校笺《陶渊明集校笺(修订本)》,上海:上海古籍出版社,2011 年,第 152 页。
③ 《宋书》卷四五《王镇恶传》,第五册,第 1369 页。
④ 严耕望《唐蓝田武关道驿程考》,《"中研院"历史语言研究所集刊》第 39 本下,1969 年,第 1—26 页。
⑤ 王文楚《唐代长安至襄州荆州驿路考》,王文楚《古代交通地理丛考》,北京:中华书局,1996 年,第 134—164 页。

通往四方,其中有南阳南郡道,到了汉代,被称为武关道①。这就是唐代的商山路。

陶渊明诗中说得明明白白:"路若经商山,为我少踌躇。多谢绮与角,精爽今何如?"羊长史正是要由武关道进入关中。他的路线只能是溯江而上,转入汉水到襄阳,然后再踏上武关道的征程。古代道路不像今天平顺,崎岖失修的路段更少不了,骑马舒服不了,坐车的话,木车轮又没有橡胶包裹,路上的颠簸难受可想而知。所以古人出行,一般都是尽量走水路,少走陆路。羊长史是奉命出使,又不是行军打仗,为什么放着直捷舒适的路不走,要走又迂远又难受的路呢?何况要是沿着今天京沪铁路转陇海铁路的路线走,就只能由潼关入关,跟商山四皓的英灵可就挨不着边了②。

四皓英灵何在? 王文楚有过详细考证说:

> 商洛县四皓驿。(中略)即今丹凤县西商镇。(中略)按《水经·丹水注》云:楚水"源出上洛县西南楚山,昔四皓隐于楚山,即此山也。其水两源,合舍于四皓庙东,又东径高车岭东,翼带众流,北转入丹水,岭上有四皓庙"。据《嘉庆重修一统志·商州·山川》记载,楚山即今商县西南秦王山,即商山;楚水,即出于秦王山之乳水;膏车山在商县西南五里、乳水北岸。又《通典》卷一七五商州上洛县:"商山,亦名地肺山,亦名楚山,四皓所隐。"《太平寰宇记》卷一四一商州上洛县:"四皓墓在上洛县西南四里庙后。"《太平御览》卷四三高车山:"《高士传》曰,高车山上有四皓碑及祠,皆汉惠帝所立也。汉高后使张良诣南山迎四皓之处,因名高车

---

① 王子今《秦汉交通史稿》,北京:中共中央党校出版社,1994 年,第 28 页。
② 严耕望指出,洛阳至长安之间的驿程,古今无大变化,潘岳《西征赋》所述与唐人路线,与今天陇海线,皆无大差别。不经过商山是毫无疑问的。见严耕望《唐代长安洛阳道驿程考》,《中国文化研究所学报》第 3 卷第 1 期,1970 年 9 月。

山。"则四皓所隐及四皓庙墓并在商州上洛县。又《太平寰宇记》商州商洛县:"商洛山在县南一里,一名楚山,即四皓所隐之处。"遂使四皓隐处有二地,一在上洛,另一在商洛。乾隆《直隶商州志》卷四及一四载:四皓庙一在州西五里,一在州东商洛镇(即唐商洛县),《嘉庆重修一统志·商州·祠庙》记载相同。按《全唐诗》卷四三三白居易《仙娥峰下作》:"商山无数峰,最爱仙娥好,参差树若插,匼匝云如抱;渴望寒玉泉,香闻紫芝草;青崖屏削碧,白石床铺缟;向无如此物,安足留四皓。"前已述仙娥峰在商州西十五里,据白居易诗,唐代四皓确在商州仙娥峰附近,但诗文并不说是四皓驿,又上所考,商州设商於驿,西十五里设仙娥驿,其地不可能再设一驿,故四皓驿可能是商洛县的驿名。自此向东,离开丹江谷道,进入武关路①。

四皓隐居之地,古人有商洛、上洛二说。上洛一直是商州首县,商洛是商州属县,在上洛东边。二县都在武关道上,不管四皓隐居哪座山头,羊长史总是会经过其下。齐益寿先生曾分析《赠羊长史》诗,说诗歌"最后更以秦统一天下之后,而有商山四皓隐居不出,以喻今日刘裕混一南北,在陶渊明看来,亦不过如同秦之一统天下,苍生之苦难,方兴未艾,哪里值得庆幸!陶渊明以如此直抒本怀的笔法,主动向前往关中贺捷的羊长史赠诗送别,为的是对他有所晓谕,这是不言而喻的。朋友之间,交浅者不宜言深。陶渊明在诗中不避言深,可见二人交情非浅"②。既然羊是陶的深交之友,他应该会不负故人所托,向四皓遥致敬意了吧。

---

① 王文楚《唐代长安至襄州荆州驿路考》,王文楚《古代交通地理丛考》,第148—149页。
② 齐益寿《黄菊东篱耀古今:陶渊明其人其诗散论》,台北:台湾大学出版中心,2016年,第175页。

第四节　《答庞参军》二首系年①

陶渊明《答庞参军》有四言、五言各一首,先引录于下:

答庞参军一首并序

庞为卫军参军,从江陵使上都,过(浔)〔寻〕阳见赠。

衡门之下,有琴有书。载弹载咏,爰得我娱。岂无他好?乐是幽居。朝为灌园,夕偃蓬庐。

人之所宝,尚或未珍。不有同爱,云胡以亲?我求良友,实觏怀人。欢心孔洽,栋宇惟邻。

伊余怀人,欣德孜孜。我有旨酒,与汝乐之。乃陈好言,乃著新诗。一日不见,如何不思!

嘉游未歇,誓将离分。送尔于路,衔觞无欣。依依旧楚,邈邈西云。之子之远,良话曷闻?

昔我云别,仓庚载鸣。今也遇之,霰雪飘零。大藩有命,作使上京。岂忘宴安,王事靡宁。

惨惨寒日,肃肃其风。翩彼方舟,容与江中。勖哉征人,在始思终。敬兹良辰,以保尔躬。

---

① 按:本节文字有关内容曾先后在《上海书评》和《苏州教育学院学报》发表。此后,笔者才读到台湾学者齐益寿先生的《黄菊东篱耀古今:陶渊明其人其诗散论》(台北:台湾大学出版中心,2016年)一书,发现齐先生已在第七章《从析疑赋诗到语默殊势——试论陶渊明移居南村后的交游及交游诗》中重新检讨过二诗的写作时间,并得出应在元嘉二年的结论。其论证思路与笔者相近而结论一致,"闭门造车,出门合辙",令我半是惭愧,半是感慰。齐文固然珠玉在前,不过小文论证较详,尽可能充分地利用了史料,以探究当时情境,读者无论赞同还是反对,都可取资其中,也许还不失补益之功,因此觍颜收录书中,还祈读者鉴之。

答庞参军一首并序

三复来贶,欲罢不能。自尔邻曲,冬春再交,欵然良对,忽成旧游。俗谚云:"数面成亲旧。"况情过此者乎?人事好乖,便当语离。杨公所叹,岂惟常悲。吾抱疾多年,不复为文。本既不丰,复老病继之。辄依周礼往复之义,且为别后相思之资。

相知何必旧,倾盖定前言。有客赏我趣,每每顾林园。谈谐无俗调,所说圣人篇。或有数斗酒,闲饮自欢然。我实幽居士,无复东西缘。物新人唯旧,弱毫(夕)〔多〕所宣。情通万里外,形迹滞江山。君其爱体素,来会在何年。

两首诗合起来看,五言一首在前,写于某个春天。据四言诗序"庞为卫军参军,从江陵使上都"以及诗中"依依旧楚,邈邈西云。之子之远,良话曷闻"之句,庞是卫将军的参军,春天分别是因为他要去荆州的治所江陵。再据"昔我云别,仓庚载鸣。今也遇之,霰雪飘零"四句,可知大概当年冬天,庞参军奉使去京城,经过寻阳,陶公乃写了四言一首。

二诗是陶公晚年之作,五言诗序云:"抱疾多年,不复为文。本既不丰,复老病继之。"已说得很明白。那具体作于哪年,旧有二说:清代陶澍认为是宋少帝景平元年(423);逯钦立则主张作于宋文帝元嘉元年(424)。后人笺注陶诗,其所从者,非陶即逯。今按:二说皆非。细核历史记载,这两首诗应写于元嘉二年(425)。

我们先引用陶、逯二氏之说,再一一辨正。陶说见其《陶靖节年谱考异》:

时卫军将军王弘镇浔阳,宋文帝方为宜都王,以荆州刺史镇江陵,参军奉弘命使江陵,又奉宜都之命使都,故曰"大藩有命,作使上京",非宜都不得称大藩也。四言、五言,疑皆营阳王景平元年所作。五言是参军奉使之时,先赋诗为别,先生作此以答。四言则参军自江陵回

使建康,先生又作诗以赠也。盖王弘兄弟王昙首、王华皆为宜都参佐,
后皆以定策功贵显。营阳之废,王弘亦至建康与谋。时众欲立豫州,
而徐羡之以宜都有符瑞,宜承大统。此必王弘兄弟先使参军往来京
都,与徐、傅等深布诚款,故江陵符瑞得闻于中朝。特其事秘,外人莫
知,故史不载耳。其后文帝诛徐、傅、谢三人之罪,而弘独蒙显宠,良有
故矣。观四言末章云:"勖哉征人,在始思终。敬兹良辰,以保尔躬。"
此必先生阴察参军使都,当有异图,故以慎终保躬勖之。且序称庞为
卫军参军,从江陵使上都,诗言"大藩有命,作使上京",其私交之迹、诇
国之情具见,盖诗而史矣。此诗当作于营阳王景平元年[1]。

再看逯说:

诗云:大藩有命,作使上京,岂忘宴安,王事靡宁云云,知庞为
卫军,乃事荆州刺史。案宋初以卫军为荆州者,仅谢晦一人,又
《宋书·文帝纪》云:元嘉元年八月癸卯,抚军将军荆州刺史谢晦,
进号卫将军,知庞氏此春乃以抚军参军,赴江陵之任,渊明以五言
诗送别。至冬则以卫军参军,衔命使都,渊明又有四言之赠遗也。
(中略)陶《考》谓二诗作于景平元年,时卫军将军王弘镇寻阳,宋
文帝方为宜都王,以荆州刺史镇江陵。参军奉弘命使江陵,又奉宜
都王之命使都,故曰:大藩有命,作使上京。非宜都不得称大藩
也。又谓:乃王弘兄弟与徐傅等密谋废立之事,故使参军往来京
都。钦立案:此说牵强,不足据。四言诗序,明言从江陵使上都,
过浔阳云云,不得曲为之说。且谢晦镇江陵,已进封建平郡公,与
大藩云者亦无不合[2]。

①　陶澍《陶靖节年谱考异》卷下,王质等撰,许逸民校辑《陶渊明年谱》,北京:中华书
　　局,1986年,第102页。
②　逯钦立《陶渊明年谱稿》,《历史语言研究所集刊》第二十本,1948年,第245页。

合陶诗与陶、逯二氏之说,可知诗歌中的庞参军这个小人物,却牵涉到了政局的剧变之中。诗句看似平静,其实是时代风暴中暂时的安宁。让我们根据史书的记载,复原历史的场景,诗歌的写作时间自然就清楚了。

先选取一个时间节点:宋少帝景平二年(424)。该年八月文帝登基,改元元嘉,所以下半年的年号是元嘉元年。这一年中发生的大事是辅政大臣傅亮、徐羡之、谢晦,联络江州刺史王弘、南兖州刺史檀道济,发动政变,废弒少帝刘义符及其二弟庐陵王刘义真,迎立刘裕三子荆州刺史宜都王刘义隆,是为文帝。

回溯到永初三年(422)五月,武帝刘裕病笃,召太子义符而告诫说:"檀道济虽有干略,而无远志,非如兄韶有难御之气也。徐羡之、傅亮当无异图。谢晦数从征伐,颇识机变,若有同异,必此人也。小却,可以会稽、江州处之。"①檀道济是此时朝中第一名将,本来是负责建康城戍卫的护军将军,刘裕大概还是担心十七岁的太子驾驭不了他,也不妨有拱卫京师和牵制中枢的考虑,在病危时命其"出监南徐兖之江北淮南诸军事、镇北将军、南兖州刺史",去了广陵②。而在本年正月癸丑,刘裕已做了更重要的人事安排:"以尚书令、扬州刺史徐羡之为司空、录尚书事,刺史如故。抚军将军、江州刺史王弘进号卫将军、开府仪同三司,太子詹事傅亮为尚书仆射,中领军谢晦为领军将军。"③少帝即位后,六月壬申,又任命傅亮为中书监。这时朝廷的格局如下:徐羡之负责尚书省、京畿扬州,等于宰相;傅亮负责中书省,等于副相;谢晦为领军将军,掌管禁卫军,宫廷护卫即由其负责。三人为辅政大臣④。刘裕认为徐、傅二人出身低微,应该不会有异志,而谢晦数从征伐,长于谋略

① 《宋书》卷三《武帝本纪下》,第一册,第 59 页。
② 《宋书》卷四三《檀道济传》,第五册,第 1342 页。
③ 《宋书》卷三《武帝本纪下》,第一册,第 58 页。
④ 《宋书》卷四《少帝本纪》,第一册,第 63 页。

机变,而且是创建北府军的陈郡谢氏家族的代表人物,未必可靠,所以建议少帝加以防范,让其离开中央。十七岁的少年天子此时并未亲政,对此显然无能为力。

在地方上,有三个军镇长官特别重要,两个是政变的直接参与者,一个是未来的新帝。南兖州的檀道济在广陵。在寻阳的是王弘,他是王导曾孙,司徒王珣之子,刘裕举兵讨伐桓玄以来,一直倍受亲信。自晋安帝义熙十四年(418)起,王弘"迁监江州豫州之西阳新蔡二郡诸军事、抚军将军、江州刺史",此后到元嘉三年(426)征召入京任职为止,一直在江州刺史任上。这期间,宋武帝永初三年(422),王弘进号卫将军。元嘉元年(424),又进号车骑大将军①。因此,赴任江陵之前的庞参军,在寻阳时担任的是王弘的僚属。而更重要的荆州刺史,是少帝的三弟刘义隆。他在晋宋之际被任命为荆州刺史,并在永初元年(420)受封宜都王,进号镇西将军,时年十四岁②。这就是少帝被弑前的内外格局。

完整的事件存在两个阶段,一是景平二年直接的废立之事,二是事变各方的角力与最后摊牌,以元嘉三年宋文帝诛杀顾命三大臣告终。第一阶段的经过大致如下:二年春二月癸巳(初一),"废南豫州刺史庐陵王义真为庶人,徙新安郡"③。刘义真"聪明爱文义,而轻动无德业",素与谢晦等人不睦。徐羡之他们考虑到废立之后,义真为刘裕次子,法统上是新帝的最佳人选,"因其与少帝不协,乃奏废之"④。说明最晚到该年正月,三大臣已经下定废立的决心,并有了行动计划。到了五月,徐、傅"讽王弘、檀道济求赴国讣。弘等来朝",乙酉(廿五日)这天,一边假皇太后之令下了废帝为营阳王的诏书,另一边,事先安排好

---

① 《宋书》卷四二《王弘传》,第五册,第 1313—1314 页。
② 《宋书》卷五《文帝本纪》,第一册,第 71 页。
③ 《宋书》卷四《少帝本纪》,第一册,第 63 页。
④ 《宋书》卷六一《庐陵王义真传》,第六册,第 1635—1636 页。

内应后，"道济、谢晦领兵居前，羡之等随后"，直入内廷，收玺绶，将少帝义符送回东宫，再迁去吴郡①。到了六月癸丑（廿四日），诸大臣再分别派人杀害了义符、义真兄弟俩②。七月，傅亮迎义隆于江陵，"甲戌（十五日），发江陵。八月丙申（初八日），车驾至京城。丁酉（初九日），谒初宁陵，还于中堂即皇帝位"，"大赦天下，改景平二年为元嘉元年"③。这是第一阶段。

不妨补充说明一下废帝的原因。从废帝的诏书看，少帝的罪过是骄奢淫逸，嬉游无度。裴子野在《宋略》中说，这是"高祖宠树"，缺少教育，"恣其嗜欲，群小竞进"，"居中则任仆妾，处外则近趋走"造成的④。一个从小缺少管教的人，进入青春期，还一下子当了皇帝，其狂恣可想而知。但历代帝王，骄奢淫逸，嬉游无度不正是常态吗？其时权力基本在顾命三大臣手中，少帝除了玩乐，并没有更大的恶行，而且刘裕遗命徐、傅、谢辅政，正是要他们制约、引导少帝，怎么老师没当几天就换学生呢？所以王夫之对三人深致讥讽：

> 营阳王狎群小而耽嬉游，诚不可以君天下，然其立逾年耳，淫昵之党未固，狂荡之恶未宣，武帝托大臣以辅弼之任，夫岂不望其捡柙而规正之？乃范泰谏而羡之、亮、晦寂无一言。王诚终不可诲矣，顾命大臣苟尽忠夹辅以不底于大恶，亦未遽有必亡之势也。恶有甫受遗诏以辅之，旋相与密谋而遽欲弑之，抑取无过之庐陵而先凌蔑之。至于弑逆已成，乃左顾右眄，迎立宜都。处心如此，诚不

---

① 《宋书》卷四《少帝本纪》，第一册，第65—66页。卷四三《徐羡之传》，第1331—1332页。
② 《宋书》卷四《少帝本纪》，第一册，第66页。卷六一《庐陵王义真传》，第六册，第1638页。按：《义真传》所记被杀之日为六月癸未，校勘记引《通鉴考异》指出，该年六月无癸未，应是癸丑之讹。其说是也。
③ 《宋书》卷五《文帝本纪》，第一册，第72—73页。
④ 许嵩撰，张忱石点校《建康实录》卷十一，北京：中华书局，1986年，第395—396页。

可以人理测者。视枭獍之行如儿戏,视先君之子如孤豚,呜呼! 至
此极矣①。

王夫之的切责极有道理,三大臣何至失心病狂至此。想来史书所载只
是废立的托辞,实际恐怕是少帝成人在即、亲政有日,三臣贪恋权位,担
心目前的权力格局发生不利于己的大变动,才妄行废立。魏晋以来,权
臣欺负孤儿寡母已成惯例,刘裕自己又何尝不如是,政治生态败坏已
久,才培养出徐、傅、谢一辈庸妄之徒。船山又云江东士人习于"党同
幸免,廉耻臲,志趋下,国之无人久矣。非天地之不生才也,风俗之陵夷
坏之也"②,论政治人才与政治生态的关系,以片言而得其要。

　　文帝即位后,其阵营就开始了与前顾命大臣的权力斗争。张金龙
指出:"宋文帝及其亲信很可能一开始就产生了除掉徐羡之等权臣的
念头。惟其如此,宋文帝才能独掌大权,不再重蹈其兄被废杀的覆辙。
也只有这样,宋文帝亲信琅琊王氏成员的政治利益才能得到最大限度
的保障。"此外,"消灭前顾命宰辅以彰显宋文帝对其行废弑之举的严
惩,而他本人则可以免除承担篡夺皇位的责任"③。双方进退拉锯的详
情,张氏书中有详细考述,可参看,此处只记叙其关节之处,而不一一缕
述④。文帝即位之初,三大臣一方的人事布局是诸人皆进位、进号,徐
羡之、傅亮继续中枢秉政,谢晦则出任荆州刺史,进号卫将军⑤,且"京
师精甲,多割赐之"⑥。荆州位居上游,是南朝除京畿扬州之外的第一
雄镇,谢晦带着京师禁卫军的精锐出镇荆州,其意自然是要与中央的

①　王夫之著,舒士彦点校《读通鉴论》卷十五,北京:中华书局,1975 年,第 415 页。
②　王夫之《读通鉴论》卷十五,第 417 页。
③　张金龙《治乱兴亡——军权与南朝政权演进》,北京:商务印书馆,2016 年,第 57、
　　60 页。
④　同上注,第 43—68 页。
⑤　《宋书》卷五《文帝本纪》,第一册,第 73 页。
⑥　许嵩《建康实录》卷十二,第 408 页。

徐、傅呼应,继续维持内外军政大权①。宋文帝与心腹王华、王昙首、到彦之等人谋划,逐渐掌握朝中军政之权,又分化拉拢了檀道济和王弘诸人。经过一年多紧密的准备,就向对方摊牌了。裴子野《宋略》记载:"(元嘉)三年春正月丙寅(十六日),诏罪徐羡之、傅亮、谢晦等三人,以废立杀戮事。"②徐、傅在京,束手就擒。对谢晦,则"遣中领军到彦之、征北将军檀道济讨荆州刺史谢晦,上亲率六师西征",至二月己卯(三十日),即擒获谢晦③。至此,文帝基本完成了对政局的掌控。

梳理了事件的全过程之后再分别审查陶澍和逯钦立二说的得失。陶澍之说核心要点有二:王弘、刘义隆及其亲信在一开始就积极参与了政变;而庞参军正是作为使者在寻阳、江陵、建康之间往来奔走。首先,这个使者说是很令人质疑的。陶渊明五言诗序说:"欵然良对,忽成旧游。俗谚云:'数面成亲旧。'况情过此者乎? 人事好乖,便当语离。(中略)且为别后相思之资。"诗则云:"情通万里外,形迹滞江山。君其爱体素,来会在何年。"这分明是庞参军转官他处,两人即将长相别离的口吻,所以陶公才说,您多珍重,不知道下次相逢是何年月了。如果庞仅仅是奉使从寻阳到江陵,两地相隔不远,使毕即返,陶诗这样珍重惜别,未免过分小题大做,太不合乎诗中情境。

根据《宋书·百官志》,"卫将军,一人"④,景平元年的卫将军是王弘,那庞氏这个卫军参军就只能参王弘的军。假设陶澍之说成立,那身为王弘的使者,庞参军在春天通使江陵之后,他不回寻阳,将义隆的态度与答复回报主上,而选择一直在荆州待到冬天,再作为义隆的使者去

---

① 如《宋书》卷六六《何尚之传》末史臣云:"江左以来,树根本于扬越,任推毂于荆楚。扬土自庐、蠡以北,临海而极大江;荆部则包括湘、沅,跨巫山而掩邓塞。民户境域,过半于天下。晋世幼主在位,政归辅臣,荆、扬司牧,事兼二陕。"第六册,第1739页。
② 许嵩《建康实录》卷十二,第411页。据《点校说明》,本书记宋事的部分全据《宋略》为蓝本。
③ 《宋书》卷五《文帝本纪》,第一册,第74页。
④ 《宋书》卷三九《百官志上》,第四册,第1224页。

京城,这岂不奇哉怪也? 再者,废立帝王是天字一号的大事,必须慎之又慎。那作为使者的庞参军一定要是王弘的心腹亲信。但他并不是刘义隆的部下,怎么可能又受义隆之命出使建康? 如果说庞迅速取得义隆的信任,马上又变成其亲信,此人可谓人杰。王弘元嘉三年即被征召赴京为宰辅,那这位庞参军同时身为宋文帝和王弘的腹心,参与了篡位密谋,功勋卓著,何以反而声光黯淡,功名不显? 这些都是很难解释的。

更重要的是,王弘与刘义隆方面,是否为政变的主谋,这在史书中找不到一点根据,相反的记载倒有很多。先看王弘与政变的关系。《宋书·王弘传》明确记载说:“徐羡之等以废弑之罪将见诛,弘既非首谋,弟昙首又为上所亲委,事将发,密使报弘。”[1]这里的“非首谋”是史家为尊者讳的曲笔还是如实记载? 答案也很明确。前已述及,政变的准备工作早在景平二年二月就开始了,《王弘传》载,五月,“徐羡之等谋废立,召弘入朝”,政变紧接着就发生了[2]。《宋书·少帝本纪》以及《建康实录》的记载与此相同,都是徐羡之等召王弘、檀道济入朝的,而非后两人主动请求入朝的,显然三大臣才是事件的策划者。《檀道济传》的记载更加清楚:

> 徐羡之将废庐陵王义真,以告道济,道济意不同,屡陈不可,不见纳。羡之等谋欲废立,讽道济入朝,既至,以谋告之[3]。

檀道济既不同意早先废庐陵王之举,政变的事,也是五月入朝之后才知道的。政变中,檀道济的重要性要高于王弘。不但因为檀是猛将,更因为他和兄长檀韶此前一直是领军将军、中领军、护军将军,也就是禁卫军首领,在禁卫军中威望自然非常高。所以政变那天,檀道济、谢晦领

---

① 《宋书》卷四二《王弘传》,第五册,第1314页。
② 同上注。
③ 《宋书》卷四三《檀道济传》,第五册,第1343页。

兵在前,乃二人分别是禁卫军的前首领和现首领之故。檀道济尚且入朝才与闻政变的消息,王弘又怎能预先知晓呢?

刘义隆方面又是否预知废立之事? 应是不知情。《宋书·王华传》载:

> 太祖入奉大统,以少帝见害,疑不敢下。华建议曰:"羡之等受寄崇重,未容便敢背德,废主若存,虑其将来受祸,致此杀害。盖由每生情多,宁敢一朝顿怀逆志。且三人势均,莫相推伏,不过欲握权自固,以少主仰待耳。今日就征,万无所虑。"太祖从之,留华总后任①。

《南史·到彦之传》云:

> 及文帝入奉大统,以徐羡之等新有篡虐,惧,欲使彦之领兵前驱②。

又《宋书·王昙首传》也记载说:

> 太祖入奉大统,上及议者皆疑不敢下,昙首与到彦之、从兄华固劝,上犹未许。昙首又固陈,并言天人符应,上乃下。率府州文武严兵自卫,台所遣百官众力,不得近部伍,中兵参军朱容子抱刀在平乘户外,不解带者数旬③。

---

① 《宋书》卷六三《王华传》,第六册,第 1676 页。
② 李延寿《南史》卷二五《到彦之传》,北京:中华书局,1975 年,第三册,第 674—675 页。
③ 《宋书》卷六三《王昙首传》,第六册,第 1679 页。

综合以上各处记载，刘义隆因为听说少帝及其仲兄义真被杀，非常忧虑害怕，不敢东下即位，王华、王昙首、到彦之固劝之后，才勉强答应，且一开始还打算派到彦之领兵前驱，以防偷袭，东下路上又由自己部下的文武官员严密护卫，不允许京城派来的人员接近半步。义隆对三大臣的情形既不知悉，又疑虑害怕若此，这当然不是事先参与阴谋，准备篡兄自代的行事做法。

再有一点，从政变发展进程上，看不出荆州方面参与废立的可能性。前已述及，废少帝在五月二十五日，杀他和义真是在六月二十四日，迎立义隆则在七月十五日。从废帝到迎立，中间有四十多天的空白期。张金龙敏锐地注意到这一点，提出："表明刘宋朝廷决策集团并不是在宋少帝被废后立即做出了迎立刘义隆继任的决定，而是为此进行了长达一个月时间的商议，虽然现存文献并无蛛丝马迹可寻，但当时必定发生过激烈的争论。可以确定，决策者在作出了迎立刘义隆的决定后，便将被黜为营阳王的少帝刘义符杀害。"①张说极是。如果双方早就合谋了，何须拖延这么久，马上迎立宋文帝才对。

至于陶澍所推测的"时众欲立豫州，而徐羡之以宜都有符瑞，宜承大统。此必王弘兄弟先使参军往来京都，与徐、傅等深布诚款，故江陵符瑞得闻于中朝"，也与史实相悖。《宋书·王昙首传》的记载是："景平中，有龙见西方，半天腾上，荫五彩云，京都远近聚观，太史奏曰：'西方有天子气。'"②祥瑞之兆明明白白见于京都，哪里来的"江陵符瑞得闻于中朝"一说？

总而言之，陶澍完全基于大胆想象，加上不小心的论证，给出了一个离奇的解释。他说："特其事秘，外人莫知，故史不载耳。"如果这也可以为学者接受的话，那以后碰到任何疑难问题，我们都可以自由想

---

① 张金龙《治乱兴亡——军权与南朝政权演进》，第47页。
② 《宋书》卷六三《王昙首传》，第六册，第1679页。

象,任意解释,之后补上一句"特其事秘,外人莫知,故史不载耳"。此法可用于写历史小说,但不能用于考史。

下面再来看看逯钦立之说。他认为"元嘉元年八月癸卯,抚军将军荆州刺史谢晦,进号卫将军,知庞氏此春乃以抚军参军,赴江陵之任,渊明以五言诗送别。至冬则以卫军参军,衔命使都,渊明又有四言之赠遗也",这个时间线明显也有问题。《宋书·谢晦传》云:

> 寻转领军将军。(中略)少帝既废,司空徐羡之录诏命,以晦行都督荆湘雍益宁南北秦七州诸军事、抚军将军、领护南蛮校尉、荆州刺史,欲令居外为援,虑太祖至或别用人,故遽有此授。精兵旧将,悉以配之,器仗军资甚盛。太祖即位,加使持节,依本位除授。晦虑不得去,甚忧惶,及发新亭,顾望石头城,喜曰:"今得脱矣。"寻进号卫将军,加散骑常侍,进封建平郡公,食邑四千户,固让进封。又给鼓吹一部①。

谢晦本来是领军将军,废少帝之后,徐羡之任命他为行抚军将军、荆州刺史,时在夏五月。到了文帝登基,才正式被授予抚军将军、荆州刺史之职号,很快又进为卫将军,时在秋八月。那春天的时候,庞参军怎么可能就要去荆州作谢晦的抚军参军? 元嘉元年即景平二年,这一年春的荆州刺史还是刘义隆。如果庞参军这时去江陵任职,那就是成了义隆的僚属。到了七月,就该在"府州文武严兵自卫"的行列中,随义隆东下。怎么会放弃从龙的大好机会,又转投谢晦,返回荆州呢?

如果采用逯之说,那么这位庞参军景平元年冬还是王弘的参军,次年春成了刘义隆的参军,到了该年冬又成了谢晦的参军——这并不切实际。

---

① 《宋书》卷四四《谢晦传》,第五册,第1348页。

正确的系年,应当时间、地点、职官、人物各个要素完全吻合。根据陶诗,可以确定的要素是地点在江陵,职官是卫将军,符合者自然是谢晦。而时间呢?从元嘉元年八月赴任到元嘉三年正月被文帝讨伐,这期间的谢晦是卫将军、荆州刺史。其间有两个冬天,一个是元嘉元年冬,一个是元嘉二年冬。前面已经指出元年冬之悖谬处,那么合理的、毫无龃龉的系年只能是元嘉二年冬。也就是二年春,庞参军转任谢晦的卫军参军,当年冬,受命使都。这才是陶渊明两首《答庞参军》诗的写作时间。谢晦在元嘉三年被朝廷讨伐之际,曾前后两次上表自辩,第一表中说:"臣忝居藩任,乃诚匪懈,为政大小,必先启闻。"第二表说:"到任以来,首尾三载,虽形在远外,心系本朝,事无大小,动皆咨启,八州之政,罔一专辄,尊上之心,足贯幽显。"①不管是为了刺探朝廷消息也好,为了表忠输诚以求自保也好,总之谢晦当时遣使京师是非常频繁的。庞参军不过是众多使臣中的一员,哪来什么惊天密谋需要他肩负?读史未终卷,而妄发惊人高论,陶澍大贤,犹且未免,足为后来者之戒。

另外四言诗"大藩有命"中"大藩"一词也需要稍加说明。"藩"的本义是篱笆、屏障、护卫,后来有一项常用义是封藩建国和藩属的封国、属国。因此陶澍特别强调了一句:"非宜都不得称大藩也。"逯钦立从而辩称说:"谢晦镇江陵,已进封建平郡公,与大藩者亦无不合。"二位都是着眼于刘义隆、谢晦的王侯身份加以申说,其实不必。魏晋以来,因为刺史所辖域广兵多,又往往久任其地,有一定自主性,也常被以"藩"相称。如《三国志·蜀书·许靖传》有云:"张子云昔在京师,志匡王室,今虽临荒域,不得参与本朝,亦国家之藩镇,足下之外援也。"裴松之注说:"子云名津,南阳人,为交州刺史,见《吴志》。"②这是称交州刺史为藩。又《梁书》卷二十七《明山宾传》,称山宾曾"出为持节、督缘

---

①　《宋书》卷四四《谢晦传》,第五册,第 1351、1356 页。

②　陈寿撰,裴松之注,陈乃乾校点《三国志》卷三十八《蜀书·许靖传》,北京:中华书局,1964 年,第四册,第 965、966 页。

淮诸军事、征远将军、北兖州刺史",后来昭明太子称"明祭酒虽出抚大
藩,拥旄推毂,珥金拖紫,而恒事屡空"云云①。这个"大藩"用例再明
显不过,是对刺史的尊称。陶诗中的"大藩"也就是对荆州刺史的尊
称。荆州刺史在当时权势之重,仅次于扬州刺史,在诸刺史之上,称大
藩再合适不过,不必如陶、逯二位那样节外生枝。

系年之后,再来返观陶诗。陶澍说:"观四言末章云:'勖哉征人,
在始思终。敬兹良辰,以保尔躬。'此必先生阴察参军使都,当有异图,
故以慎终保躬勖之。"要说连史书都不曾记载的阴谋被陶渊明觉察到
了,那显然不可能。但是陶澍的意见却提醒我们,陶渊明诗句中可能的
确有深意。谢晦的命运堪忧,眼明者自知。《宋书·蔡廓传》载蔡廓对
傅亮说:"营阳在吴,宜厚加供奉。营阳不幸,卿诸人有弑主之名,欲立
于世,将可得邪。"又对谢晦说:"卿受先帝顾命,任以社稷,废昏立明,
义无不可。但杀人二昆,而以北面,挟震主之威,据上流之重,以古推
今,自免为难也。"②蔡廓已经看出三大臣将难以幸免。作为旁观者的
陶渊明呢?元嘉二年,文帝"声言北伐,又言拜京陵,治装舟舰。傅亮
与晦书曰:'薄伐河朔,事犹未已,朝野之虑,忧惧者多。'(中略)时朝廷
处分异常,其谋颇泄③。不知道陶公是否也听到什么风声了。他告诫
庞参军要"在始思终",其典出《诗经·大雅·荡》:"靡不有初,鲜克有
终。"有意思的是,《宋书·傅亮传》载:"初,亮见世路屯险,著论名曰
《演慎》。"这篇《演慎论》一开头就说:

> 大道有言,慎终如始,则无败事矣。《易》曰:"括囊无咎。"慎
> 不害也。又曰:"藉之用茅,何咎之有。"慎之至也。文王小心,《大
> 雅》咏其多福;仲由好勇,冯河贻其苦箴。《虞书》著慎身之誉,周

---

① 姚思廉《梁书》卷二七《明山宾传》,北京:中华书局,1973 年,第二册,第 406 页。
② 《宋书》卷五七《蔡廓传》,第五册,第 1572—1573 页。
③ 《宋书》卷四四《谢晦传》,第五册,第 1349 页。

庙铭陛坐之侧。因斯以谈,所以保身全德,其莫尚于慎乎! 夫四道好谦,三材忌满,祥萃虚室,鬼瞰高屋,丰屋有蔀家之灾,鼎食无百年之贵。然而徇欲厚生者,忽而不戒;知进忘退者,曾莫之惩。前车已摧,后銮不息,乘危以庶安,行险而徼幸,于是有颠坠覆亡之祸,残生夭命之衅。其故何哉? 流溺忘反,而以身轻于物也①。

陶公作诗的时候,有没有想到傅亮年轻时所说的"慎终如始,则无败事矣"呢? 看来,"在始思终"要算是相当严厉的警戒了。

傅亮与谢晦等人,聪明有余,器识不足,必然自速其死。庞参军君本佳人,与我诗酒相呼,促席道故,娓娓平生,而今要热衷政治,就该逆料政治的风险。今日意气洋洋,明日不免失志惶惶,何如我"静寄东轩,春醪独抚"呢?

庞参军究竟下落如何? 《宋书·谢晦传》中记载的被诛戮的谢氏心腹同党有"孔延秀、周超、贺愔、窦应期、蒋虔、严千斯等"②,人数并不多,看来荆州多数僚属是得到赦免的,庞参军亦当在被赦之列。本书第一章第六节曾引到宋文帝元嘉三年,"分遣大使,巡行天下"的使臣名单,其中就有"司徒主簿庞遵使南兖州"。彼时司徒正是王弘,庞参军曾经是王弘参军,会不会再转归旧主? 又王弘在江州时,为了结识陶公,"渊明尝往庐山,弘命渊明故人庞通之赍酒具,于半道粟里邀之"。这个庞通之是否就是庞遵,是否就是庞参军? 可能性是很大的。

第五节　友人"殷晋安"考

陶公有《与殷晋安别》一诗,其序云:"殷先作晋安南府长史掾,因

---

① 《宋书》卷四三《傅亮传》,第五册,第1338页。
② 《宋书·谢晦传》,第1361页。

居寻阳。后为太尉参军,移家东下,作此以赠。"①小序颇费解,让殷晋安其人平添了一份神秘。

一 南府是南中郎府

最早南宋吴仁杰在其《陶靖节先生年谱》中将此诗系于晋安帝义熙七年(411)下,并说:"按《宋武帝纪》,此年改授太尉。又按《殷景仁传》,为宋武帝太尉行参军。则所谓殷晋安,即景仁也。"②吴氏推测殷晋安是宋初名臣,宋文帝的亲信殷景仁,但并没有解释小序的意思。这是第一说。

邓安生在《陶渊明年谱》中否定了殷景仁之说,认为应是殷隐,诗序中的"殷先作晋安南府长史掾"是指殷隐"作孟怀玉南中郎将府的长史领晋安郡守,兼军府曹掾"③。诗歌的写作时间则在义熙十二年春。这是第二说。

祝总斌似未见邓书,他认可殷景仁之说,但别有一番说道。首先他提出三个问题。第一,何以殷晋安官于晋安而家于千里外的寻阳? 第二,太守官五品,太尉参军七品,明明是贬谪,何以序中、诗中都无反映? 第三,长史掾是军府小官,何以郡太守要来军府兼之? 由此,祝先生认为晋指晋朝,是入宋后诗人追写的,"安南府"当连读,指安南将军府,但是何无忌时为镇南将军,所以他怀疑诗题与诗序文字有误④。

最后是袁行霈在《陶渊明年谱汇考》中的说法。袁氏同意邓安生对殷景仁旧说的否定,但又认为殷隐之说证据不充分,又以为祝总斌的

---

① 袁行霈《陶渊明集笺注》,北京:中华书局,2003 年,第 155 页。

② 吴仁杰《陶靖节先生年谱》,许逸民校辑《陶渊明年谱》,北京:中华书局,1986 年,第 18 页。

③ 邓安生《陶渊明年谱》,天津:天津古籍出版社,1991 年,第 150 页。

④ 祝总斌《陶渊明田园诗产生的历史、文化背景》,原刊《北大史学》第一期,1993 年。据袁行霈《陶渊明年谱汇考》转引,袁行霈《陶渊明研究》,北京:北京大学出版社,2009 年第 2 版,第 314 页。

三个疑问非常有力，何无忌之说也无问题，因此如果把"晋安"当作人名而非官名，把序文颠倒为"殷晋安先作南府长史掾"则最为圆通可解，至于其人，则取存疑的态度①。

今按：以上四家，相较而言，实以邓氏之论最为明通，不过偶有解说不周详的地方，未能完全解读者之疑。此外殷晋安是否就是殷隐，袁先生认为证据薄弱，主张存疑为好。下面就依据邓安生的考述，更作补充，试着把这个问题予以较清楚地说明。这个问题实际涉及两个小问题：第一，这个南府是何无忌的镇南将军府还是孟怀玉的南中郎府；第二，殷晋安是殷景仁还是另有其人。

关于第一个问题，邓安生认为不是何无忌，但缺少直接的、清晰的证明。而吴、祝、袁三氏都认为是何，显然错了，他们都没有注意到，其实《宋书·张茂度传》是有明确记载的：

> （茂度）为何无忌镇南参军。顷之，出补晋安太守。卢循为寇，覆没江州，茂度及建安太守孙蚪之并受其符书，供其调役。循走，俱坐免官②。

义熙六年，卢循趁刘裕北伐之际从广州起兵反，镇南将军、江州刺史何无忌战殁于豫章③。此时的晋安太守是张茂度，所以不可能同时有一个镇南殷长史再兼任晋安太守。有没有可能这个殷晋安是"张晋安"之讹呢？应该不会。因为殷是长史，张是参军，差别显然。何无忌之后的江州刺史是建威将军庾悦，无称南府的可能④。义熙八年至十一年

---

① 袁行霈《陶渊明研究》，第316—319页。
② 沈约《宋书》卷五三《张茂度传》，北京：中华书局，1974年，第五册，第1509页。
③ 《宋书》卷一《武帝本纪上》，第一册，第17—18页。
④ 同上注，第21页。又同书卷五二《庾悦传》，第五册，第1489页。

的刺史才是南中郎将孟怀玉①。所以，可以确定这位殷晋安只能是孟怀玉的长史。

二　殷晋安非殷景仁

第二个问题，殷晋安是否可能是殷景仁。邓安生提出四条理由以说明其不可能，今概述如下。其一，按当时称呼惯例，殷晋安是晋安太守的官称。而现存史料中考不到任何殷景仁做过晋安太守的记载。其二，《宋书·殷景仁传》记景仁"初为刘毅后军参军，高祖太尉行参军"，没有任长史的记载。而刘毅任后将军在义熙六年三月至七年三月间，这期间他一直在建康。刘裕则在七年三月受封太尉。殷景仁既然在建康作后军参军，是没有可能住到寻阳去的。而晋安为郡，郡无长史，也不分南府、北府。其三，职官上，"参军"和"行参军"是不同的，名称不容混同。陶诗的殷晋安是"太尉参军"，殷景仁是"太尉行参军"，二者不同，故非同一人。其四，李公焕本在本诗题目下有小注"景仁名铁"，这一小注在今存宋本中都不存在，应是李本据吴仁杰《年谱》所加②。

这四条理由除了其四以外，前三条的论证都还不够周详，易启人疑窦。先看其三。《宋书·百官志》云："除拜则为参军事，府板则为行参军。晋末以来，参军事、行参军又各有除板。"③意思是说由朝廷任命（除拜）的为参军事，不由朝廷任命而是府主自己征辟的（府板）为行参军。自然是参军事贵于行参军。但是晋末以后，参军和行参军各自都有了除拜和府板的情形。参军地位高于行参军的传统固然不会改变，但除拜的行参军地位提高，府板的参军地位降低，参军与行参军差别减小应该也是事实。更何况陶渊明文士作诗，他只是采用一些惯常的简

---

① 《宋书》卷四七《孟怀玉传》，第五册，第 1407 页。
② 邓安生《陶渊明年谱》，第 142—144 页。
③ 《宋书》卷三九《百官志上》，第四册，第 1224 页。

称,所以会有"晋安南府长史掾"这样奇怪的名衔,至于他会不会出于常人恭维的习惯,将"太尉行参军"简称为"太尉参军",就更不好说了。至少《宋书·隐逸传》中记戴颙之事,有"高祖命为太尉行参军,琅邪王司马属,并不就。宋国初建,令曰:前太尉参军戴颙"云云,朝廷公文中就是行参军和参军混用的①。可见这一条理由做不得准,当剔除。

至于邓氏的前两条的论证,也稍有不周全处。刘裕在义熙七年三月受封为太尉,至义熙十二年十月受封为相国,那么殷景仁有没有可能义熙六年先出任后军参军,次年转赴江州任官,最后在义熙十二年之前转为太尉行参军呢?史书于传主履历有缺漏是常见之事,有没有可能这段履历正好被《宋书》遗漏了呢?仅据邓安生先生的考证,还不能排除这种可能性。

此处质疑邓氏,并非否定其说,而是说明要解决这个问题,需另辟蹊径,再做考证。幸好,现存史料完全可以证成邓氏的推测。先看殷景仁本传:

> 初为刘毅后军参军,高祖太尉行参军。建议宜令百官举才,以所荐能否为黜陟②。

这个"太尉行参军"的时间,《资治通鉴》定在义熙七年三月,即刘裕受封太尉同月③。这一记载,在现存早期的史料中再无踪迹,应该出于司马光的判断。这个判断大致是可接受的。何以见得?殷氏本传记载他任太尉行参军后,"建议宜令百官举才,以所荐能否为黜陟",这一事件的时间是有迹可考的。《宋书·武帝本纪》载义熙七年刘裕受封太尉后做的事:

---

① 《宋书》卷九三《隐逸传》,第八册,第2277页。
② 《宋书》卷六三《殷景仁传》,第六册,第1681页。
③ 司马光《资治通鉴》卷一一六《晋纪》三八,北京:中华书局,1956年,第四册,第3644页。

> 先是诸州郡所遣秀才、孝廉,多非其人,公表天子,申明旧制,
> 依旧策试①。

这件事之后,记载的是义熙八年四月以刘毅代刘道规为荆州刺史,说明刘裕上表最晚在此之前。殷景仁的建议是要考察百官举荐人才的"能否",足见很多被荐人才只是滥竽充数②。而刘裕上表的内容,正是要考察各刺史、太守举荐的秀才、孝廉是否合格,二事显然一事。因此可以相信,这道上表正是出于殷景仁的建议。那么,殷受任太尉行参军虽不必一定在三月,也应相去不远。陶渊明诗中说,他跟殷晋安"游好非少长,一遇尽殷勤。信宿酬清话,益复知为亲。去岁家南里,薄作少时邻",这是说认识殷比较早,二人成邻居在去年,分别则在今年。我们若假定殷景仁是义熙八年春天离开江州投奔刘裕的,那义熙七年他就在江州任南府长史,然而义熙七年的刺史还是建威将军庾悦,而非孟怀玉,假定自然也就不能成立了。

三 殷晋安当是殷隐

已经证明殷晋安非殷景仁,那他是不是邓安生所提出的殷隐?邓氏的依据是《莲社高贤传·慧远传》,其中提到参与莲社、制铭刻石的人物中有"江州太守孟怀玉"和"晋安太守殷隐",以此认为殷晋安即殷隐③。袁行霈则据汤用彤及方立天的考证,认为《十八高贤传》难称信

---

① 《宋书》卷二《武帝本纪中》,第一册,第 28 页。
② 魏晋以来,因为九品中正制的施行,汉代的孝秀制度衰颓已极,宫崎市定有考述,见〔日〕宫崎市定著,韩昇、刘建英译《九品官人法研究——科举前史》,北京:中华书局,2008 年,第 86—89 页。
③ 邓安生《陶渊明年谱》,第 147 页。按:邓氏引用文献未提供出处,经比对原文,知其所引为宋代释志磐《佛祖统纪》卷二六慧远传中如下段落:"复制五铭,刻于石。江州太守孟怀玉、别驾王乔之、常侍张野、晋安太守殷隐、黄门毛修之、主簿殷蔚、参军王穆夜、孝廉范悦之、隐士宗炳等咸赋铭赞。"

史,莲社及十八高贤之说出现在中唐以后,那么《高贤传》中出现的晋安太守殷隐来源既不可靠,又是孤证,且不能解答祝总斌的疑问,所以主张不予采信①。孰是孰非?邓先生发现重要史料,虽然论证未周,却已有拔柞械、兑行道之功。下面试就其中涉及问题一一梳理。

梁释慧皎(497—554)《高僧传》卷六《慧远传》云:

> 彭城刘遗民、豫章雷次宗、雁门周续之、新蔡毕颖之、南阳宗炳、张莱民、张季硕等,并弃世遗荣,依远游止。远乃于精舍无量寿像前,建斋立誓,共期西方。乃令刘遗民著其文曰:"惟岁在摄提格,秋七月戊辰朔,二十八日乙未。法师释慧远,贞感幽奥,宿怀特发。乃延命同志息心贞信之士,百有二十三人,集于庐山之阴,般若台精舍阿弥陀像前,率以香华敬廌而誓焉。(后略)"②

这段文字明确记载了慧远法师所组织的一次大规模的净土信仰的佛事活动。时间是晋安帝元兴元年(402)七月二十八日(本年七月朔为戊辰,若12年后的义熙十年七月朔则为戊午)。参与者共僧俗一百二十三人,其中见诸记载的名士有刘遗民、雷次宗、周续之、毕颖之、宗炳、张莱民、张季硕,未提及殷隐其人。

明确记载殷隐为莲社人物的史料是南宋后期释志磐的《佛祖统纪》,其书卷二十六曾两次出现殷隐其人,其一见于慧远传中:

> 师闻天竺佛影,是佛昔化毒龙瑞迹,欣感于怀。后因耶舍律士,叙述光相,乃背山临流,营筑龛室,淡彩图写,望如烟雾,复制五

---

① 袁行霈《陶渊明年谱汇考》,《陶渊明研究》,第317—318页。
② 释慧皎撰,汤用彤校注,汤一玄整理《高僧传》,北京:中华书局,1992年,第214页。按:释僧祐《出三藏记集》卷十五《慧远法师传》有相同文字记载。见释僧祐撰,苏晋仁、萧炼子点校《出三藏记集》,北京:中华书局,1995年,第567页。

铭,刻于石。江州太守孟怀玉、别驾王乔之、常侍张野、晋安太守殷
隐、黄门毛修之、主簿殷蔚、参军王穆夜、孝廉范悦之、隐士宗炳等,
咸赋铭赞①。

这段文字后有小字注云:"见《庐山集》。"其次,传后"莲社百二十三
人"中录"可见者三十七人",其中有江州刺史孟怀玉、晋安太守殷隐,
自注云据《庐山集》录入②。

　　志磐大概是根据第一段文字判断殷隐在莲社一百二十三人之列,显
然疏于考史而误。前引《高僧传》记载已经很清楚了,那次百人大会是在
元兴元年,彼时的江州还在桓玄家族的控制中。孟怀玉来刺江州远在十
年之后,那他的南府长史、晋安太守殷隐自然也不在这百廿三人之中。
志磐的这一错误,汤用彤早已发现,他说:"《统记》于莲社百二十三人集
录其可见者三十七人。撤拾《高僧传》《庐山集》及他书凑合而成。此中
仅毕颖之、王乔之二人系在众中,释僧济得睹无量寿佛(《高僧传》),或曾
与会,余人则殊少依据。(中略)孟怀玉于义熙八年刺江州,远公立誓
在其前十一年。按《统记》载入怀玉、修之,乃因其名见于《庐山集》。
集中远公诗文载二人之名,志磐因强为撮合,而毫不悉其事实也。"③

　　殷隐是否参与元兴之会,这是一事,此事经证明为子虚乌有。但殷
隐其人是否存在,晋安太守的身份是否真实是另一事,逻辑上前事之真
假与后事之有无并无关系。汤用彤的考证也仅仅是要证明"莲社"及
"莲社十八贤"诸名目出于后人附会、杜撰,这并不意味《十八高贤传》
中出现的人物就不存在,即后世拼合而成的"伪书"中自不妨保存真材

①　释志磐《佛祖统纪》卷二十六,《大正新修大藏经》第四十九册史传部一,台北:新文
　　丰出版公司,1983年,第261页。
②　释志磐《佛祖统纪》卷二十六,第265页。
③　汤用彤《汉魏两晋南北朝佛教史》,《汤用彤全集》卷一,石家庄:河北人民出版社,
　　2000年,第278页。

料,所以汤氏《佛教史》中仍然时时引用《高贤传》。这样,我们不能因为殷隐之名见于《高贤传》就怀疑其人出于杜撰,关键还是要考核材料本身的真伪。

早于志磐,北宋陈舜俞(1026—1076)所编撰的《庐山记》中也出现了殷隐相关的史料,其书卷一《叙北山篇》中,记北山之胜迹有佛影台,并云:

> 有佛影台。远公《匡山集》云:"佛影在西方那伽阿罗国南古仙人石室中。以晋义熙十八年,岁在壬子,五月一日,因罽宾禅师、南国律学道士共立此台,拟像本山,因迹以寄诚。虽成由人匠,而功无所加。至于岁在星纪赤奋若,贞于太阴之墟九月三日,乃详验别记,铭之于石。"孟江州怀玉、王别驾乔之、张常侍野、殷晋安隐、毛黄门修之、宗隐士炳、孟散骑、孟司马(二人名阙)、殷主簿蔚、范孝廉悦之、王参军穆夜等,咸赋铭赞。远公《佛影铭》五百,载《高僧传》①。

唐释道宣(596—667)《广弘明集》载慧远《佛影铭》,铭末慧远自跋云:

> 晋义熙八年,岁在壬子,五月一日,共立此台,拟像本山,因即以寄诚。虽成由人匠,而功无所加。至于岁次星纪赤奋若,贞于太阴之墟九月三日,乃详检别记,铭之于石。爰自经始,人百其诚。道俗欣之,感遗迹以悦心。于是情以本应,事忘其劳。于时挥翰之宾,金焉同咏,咸思存远猷,托相异闻,庶来贤之重轨,故备时人于影集。大通之会,诚非理所期。至于仁襟遐慨,固已超夫神境矣②。

---

① 陈舜俞《庐山记》卷一,日本内阁文库藏宋绍兴刻本,叶二十三 A—B。
② 释道宣《广弘明集》,《(大正新修)大藏经》第五十二册史传部四,台北:新文丰出版公司,1983 年,第 198 页。

比勘两段文字,知《庐山记》中"晋义熙十八年"之"十"字为衍文,义熙无十八年,而壬子岁正是义熙八年。又文末"远公《佛影铭》五百"之"百"当为"首"之讹。据二文可知,元兴大会十年之后,慧远在义熙八年造成佛影台,并在次年九月三日,将自己及诸宾客所做铭、赞刻石立碑。《广弘明集》所载跋尾更完整,由其中"于时挥翰之宾,金焉同咏,咸思存远猷,托相异闻,庶来贤之重轨,故备时人于影集"数语,可知当时必详录诸人名氏职衔于后,并存于慧远《庐山集》(即陈氏文中之《匡山集》)中。这时正是孟怀玉任江州刺史之时,《庐山记》中所载孟氏名姓职衔都确切无误,可推知这份名单渊源有自,非向壁虚造者所能为。殷隐参与的正是这第二次的佛影台之会,志磐误合两次聚会为一,是导致后人疑惑的原因,但因此否定殷隐其人的存在,则过于武断。

再有一个问题可补充说明一下,是关于慧远文集的流传情况。《高僧传》《出三藏记集》二书《慧远传》都说远"所著论序铭赞诗书集为十卷,五十余篇,见重于世"[1]。《隋书·经籍志》集部别集类有《晋沙门释惠远集》十二卷,《旧唐书·经籍志》集部别集类有《沙门惠远集》十五卷,《新唐书·艺文志》与《旧唐书》同[2]。多出的卷数可能是后人析出卷目,并有附益,也可能是重新分卷的结果,已不可知。《崇文总目》子部释书类下有释惠远撰《庐山集》十卷[3],此本卷数复与《慧远传》所述相合。《通志·艺文略》诸子类释家也作惠远《庐山集》十卷[4]。陈舜俞《庐山记》卷一亦记载:"《匡山集》亦二十卷,景福二年尝重写。明道中为部使者刑部许甲所借。今本十卷,寺僧抄补,用以讹舛。"[5]而《佛祖统纪》卷二六《慧远传》云远有集"十卷,号《庐山集》",

---

① 《高僧传》,第 222 页。《出三藏记集》,第 570 页。
② 〔日〕兴膳宏、川合康三《隋书经籍志详考》,东京:汲古书院,1995 年,第 824 页。
③ 王钦若编《崇文总目》卷四,粤雅堂丛书本,叶八十六 A。
④ 郑樵撰,王树民点校《通志二十略》,北京:中华书局,1995 年,下册,第 1648 页。
⑤ 陈舜俞《庐山集》卷一,叶二十一 A—B。

志磐自注："刻梓在越府。"①这是说宋代在绍兴刊刻过《庐山集》,这个本子志磐当见过。日本学者牧田谛亮《关于慧远著作的流传》一文,引南宋僧人四明宗晓(1151—1214)的《乐邦文类》卷三所收《莲社祖师慧远法师传》云："师有杂文二十卷,号《庐山集》。灵芝元照律师(1048—1116)作序。板刊绍兴府库,识者敬之。"据此按云："知北宋末年重新刊行慧远文集。"②志磐所见,应正是此本,只是《佛祖统纪》所著录的"十卷"应是因袭《高僧传》等早期文献而来,并非真实记载的绍兴刻本的卷数。这样,陈舜俞见过一个东林寺僧抄写的十卷本文集,而志磐应见过二十卷的刻本。那么《庐山记》《佛祖统纪》中所载殷隐其人的真实性就更加可信了。

既然殷隐的确是孟怀玉刺江州时的晋安太守,那他应该就是陶诗中的"殷晋安",邓安生的推论可以接受。邓氏将殷赴任太尉参军的时间定在孟怀玉去世后第二年,即义熙十二年(416),似无大问题。

又按:如以上考证可接受,那么根据诗中"去年家南里,薄作少时邻"之语可知,陶渊明移居南村,当在义熙十一年(415)③。《移居》二首当作于此年。孟怀玉殁后,后将军刘柳继任江州刺史,后军功曹颜延之随幕主迁居寻阳,得以结识陶渊明,成为知交。过去有学者以为《移居》诗中"素心人"包括颜延之,就失于考证了。

四 诗序释读

最后,当解释一下诗序中"晋安南府长史掾"的意思。邓先生的理解是:"(殷)一身而三任,即以南中郎将府的长史领晋安太守兼曹掾。

---

① 释志磐《佛祖统纪》卷二十六,第263页。
② 〔日〕牧田谛亮著,曹虹译《关于慧远著作的流传》,《古典文献研究》第五辑,2002年,第171页。
③ 按:殷氏东下赴任的时间,本书初版错写作义熙十一年,因此,陶渊明移居的时间也误作义熙十年;经贺伟先生为我指谬,得以修正,特此致谢。

正因为他领职晋安太守，所以称之为殷晋安；正因为他是南中郎将府的
长史兼曹掾，所以能居浔阳。"①

《宋书·百官志》载：

> 长史、从事中郎主吏。（中略）参军、掾、属、令史主诸曹事②。

长史是一府之长，管理府中官吏，其性质譬如政府总理、公司总经理。
而掾和参军则是部门（曹）的首长。邓安生先生读为"长史、掾"是正确
的。他举了三个例子：《晋书·刘钟传》载钟"转车骑长史，兼行参
军"；《宋书·沈攸之传》载"父叔仁，为衡阳王义季征西长史，兼行参
军，领队"；《宋书·垣护之传》载护之在晋末曾"为世子中军府长史、兼
行参军"③。邓氏失之眉睫的是沈攸之本人也曾在元嘉时任"南中郎府
板长史、兼行参军"④。所以我疑心这里的掾是泛称而非实指，指代参
军、掾、属、令史等主曹之官，也许殷隐的情形正类似于刘、沈、垣等人，
是以长史兼行参军。

真正令人生疑的还是晋安太守的问题，前面祝总斌的疑问颇有代
表性。祝氏的问题其实涉及两方面：其一，官品较低的长史能否兼任
官品较高的太守；其二，任官寻阳的人如何兼了千里外的太守？邓先生
举了晋、宋间三个例子来说明军府、公府长史可以领郡守，第二问题则
是他考虑未及的。其实府之上佐领郡的问题较为复杂，非区区两三个

---

① 邓安生《陶渊明年谱》，第 147 页。
② 《宋书》卷三九《百官志上》，第四册，第 1223 页。按：《宋书》诸志，据沈约自述，承
袭的是宋文帝元嘉中何承天受命纂《宋书》时所编纂的十五篇志，而何志则上继司
马彪《后汉志》，历叙汉魏晋以来制度迁流。这是《宋书》诸志的特色。就官制论，汉
魏晋历代制度相沿，承袭中又有变化，东晋因南渡立国，其变化较大。刘宋官制则
上承晋末。因此《宋书·百官志》所记载的宋代制度反映的正是晋末以来的状态。这
是治史者都知道的。
③ 邓安生《陶渊明年谱》，第 146 页。按："垣护之"，邓《谱》误作"坦护之"。
④ 《宋书》卷七四《沈攸之传》，第七册，第 1927 页。

例证所能解决,需要稍做展开,才能祛疑解惑。

钱大昕已经注意到:

> 六朝时,府僚多领郡县职,(王)泰在南徐为幕僚之长,故领南兰陵太守,南兰陵本隶南徐州也。凡诸王冲幼出镇开府,多以长史行州府事,或府主以事它出,亦以府僚行事①。

刘宋以后,多命年幼诸王出镇大州,而由诸王长史行府州事,严耕望先生经过考察,指出南朝时"此项方式已制度化"②。试探寻其源头,应该始于东晋。我们看刘裕第三子宋文帝刘义隆的履历就能豁然于此:

> 卢循之难,上年四岁,高祖使咨议参军刘粹辅上镇京城。十一年,封彭城县公。高祖伐羌至彭城,将进路,板上行冠军将军留守。晋朝加授使持节、监徐兖青冀四州诸军事、徐州刺史,将军如故。关中平定,高祖还彭城,又授监司州豫州之淮西兖州之陈留诸军事、前将军、司州刺史,持节如故,将镇洛阳。仍改授都督荆益宁雍梁秦六州豫州之河南广平扬州之义成松滋四郡诸军事、西中郎将、荆州刺史,持节如故。永初元年,封宜都王,食邑三千户。进督北秦,并前七州。进号镇西将军,给鼓吹一部。又进督湘州。是岁入朝,时年十四③。

"京城"在南朝指京口。刘义隆从四岁开始,到十四岁东晋灭亡、刘宋

---

① 钱大昕著,方诗铭、周殿杰校点《廿二史考异》卷二六《梁书·王泰传》,上海:上海古籍出版社,2004 年,上册,第 443 页。
② 严耕望《中国地方行政制度史乙部——魏晋南北朝地方行政制度》,上海:上海古籍出版社,2007 年,第 184—189 页。引文在第 189 页。
③ 《宋书》卷五《文帝本纪》,第一册,第 71 页。

建立,中间镇京口,刺徐州、司州、荆州,除了明确提到的刘粹外,当然也都是由军府上佐实际负责州事。比如在荆州时,"政事悉委司马张邵",后来王华"代为司马、南郡太守,行府州事"①。

如果更作思考,代行府州事的情况在早期恐怕主要还不是因为刺史年幼,而是如钱大昕提示的"或府主以事它出,亦以府僚行事"。以东晋后期战乱的频繁程度看,刺史领兵在外是常态,想来州府事便不得不较频繁地委托给长史这类上佐官吏。长史掌州府,其地位自然非常重要。

除了代行州府事以外,宫崎市定也提出另一个重要的观察点,即东晋以来,因为战争的需要,州刺史的军府、州府变得非常庞大,那么作为庞大政府机构的主要负责人,长史、司马、参军等的地位必然要随之提高②。刘宋建立的第二年,永初二年,"三月乙丑,初限荆州府置将不得过二千人,吏不得过一万人;州置将不得过五百人,吏不得过五千人。兵士不在此限"③。这是担心上游荆州的力量过于强大,威胁到下游的中央朝廷,于是规定荆州刺史的军府将吏上限是一万二千人,州府将吏上限五千五百人,合计一万七千五百。说明之前荆州的将吏人数要超过此数,恐怕在两万人左右,而这仅仅是军将官吏的人数。扬州是京畿之州,无此限制,想来人数更多。次于扬、荆二州的其他大州,如江州、徐州、兖州、豫州等等,想来其将、吏人数最少也有数千人。如义熙六年,庾悦"督江州豫州之西阳新蔡汝南颍川司州之恒农扬州之松滋六郡诸军事、建威将军、江州刺史",因与刘毅有隙,为毅所谮,"于是解悦都督、将军官,以刺史移镇豫章。毅以亲将赵恢领千兵守寻阳,建威府文武三千悉入毅府"④。彼时刚经卢循之乱,江州首当战役之冲,残败之余,其军府仍有三千人的规模,而州府估计也有上千人,合计四千

---

① 《宋书》卷六三《王华传》,第六册,第 1676 页。
② 〔日〕宫崎市定《九品官人法研究——科举前史》,第 132—137 页。
③ 《宋书》卷三《武帝本纪下》,第一册,第 57 页。
④ 《宋书》卷五二《庾悦传》,第 1489—1490 页。

人以上。

魏、晋制定九品官品的时候,长史的地位远没有后来重要,所以一、二品公和将军的长史、司马不过六品。三、四品将军、校尉的长史、司马为七品。五品将军的长史、司马则只有区区八品①。东晋之后长史、司马等既要管理数千上万人的政府机构,又要在需要时代行府州事,其权位之重,大大超出当初的设计,势必要以变通之法使他们的官品与实际权位相符合才行,于是有了长史领五品郡守的情况。东晋时较早的例子如太元初,冠军将军、徐州刺史谢玄以殷仲堪为长史,领晋陵太守②。刘宋以后,遂演为制度。

严耕望曾举了宋、齐、梁州将军府长史领郡的例证51例,可知其普遍程度③。不过严氏指出,宋齐以下,长史所领一般是州之首郡。以上51例中,可以确定为首郡的即有48例。这很好理解,刘宋普及这一制度的原因是刘裕开始,历代帝王都是让年幼的诸王出镇诸州,他们的长史需要在州执政,同时首郡是最大的郡,其太守位望居一州之首,这样才能符合长史的身份地位。

但制度从来不是一成不变的,有成例,就一定有特例、变例,盖人事多变,不可一概而论。如宋文帝元嘉元年,"以第四子义康为冠军将军、豫州刺史,留镇寿阳。以(刘)湛为长史、梁郡太守。义康弱年未亲政,府州军事悉委湛"④。梁郡非豫州首郡。周一良则注意到更早的一个例证:

> (《宋书》)卷四二刘穆之传,"复为(刘裕)府主簿记室录事参军,领堂邑太守"。案:军府僚佐所领郡,大都为刺史所治之地或

---

① 杜佑撰,王文锦等点校《通典》卷三六《魏官品》,第一册,第992—994页。卷三七《晋官品》,第一册,第1004—1006页。

② 《晋书》卷八四《殷仲堪传》,北京:中华书局,1974年,第七册,第2193—2194页。

③ 严耕望《中国地方行政制度史乙部——魏晋南北朝地方行政制度》,第184—188页。

④ 《宋书》卷六九《刘湛传》,第六册,第1815页。

其附近,始便于统治。东晋堂邑属豫州,刘裕时任徐州刺史,非其所属。然裕所督八州军事中,有豫州,盖因此而穆之得以军府主簿领豫州属郡①。

以上两个例证中,刘湛事在宋初,他要负责府州军事,自然不能亲身到郡,只能是遥领,而非实领。刘穆之则事在晋末,他是刘裕腹心,军府主簿,更不可能远至堂邑治事,自然也是遥领。

我还发现了东晋末更早的一例。《世说新语·言语》篇:

> 谢景重女适王孝伯儿,二门公甚相爱美。谢为太傅长史,被弹;王即取作长史,带晋陵郡。太傅已构嫌孝伯,不欲使其得谢,还取作咨议②。

据《晋书·王恭传》,恭时为前将军、青兖二州刺史,他让亲家公谢重来任自己的长史,为了重其任,还让他兼了晋陵郡太守。虽然其事不果行,但这样的人事安排却有幸被记载了下来。有意思的是,晋陵郡属扬州,这个"带晋陵郡"居然还是跨州兼职,当然是不用赴任,遥领即可。可知在制度尚未普及的早期,原有较多特例。即便后来有成例了,制度化了,特例也仍然难免。

回到殷隐这里,他任晋安太守的时间正在刘穆之、刘湛之间,从陶渊明的诗序看来,殷隐同样属于遥领,而非实领的情形。这样,是否可以解答研究者的质疑呢?

至于为什么殷隐要领晋安太守,而非领江州首郡的寻阳太守,这里也可以试着作一解答。长史的身份高低与其府主的身份成正比,大概

---

① 周一良《魏晋南北朝札记》,北京:中华书局,2007 年第 2 版,第 153 页。

② 刘义庆撰,刘孝标注,余嘉锡笺疏,周祖谟、余淑宜、周士琦整理《世说新语笺疏》,上海:上海古籍出版社,1993 年,第 151 页。

正是因为孟怀玉当时位望尚轻,所以他的长史还不够资格实领首郡寻阳的太守并实际治理,而只是遥领晋安太史,以示尊崇而已。孟怀玉义熙十一年去世的时候三十一岁,那么义熙八年他出任江州刺史时才二十八岁。他二十岁时参与了刘裕讨伐桓玄的起义,后来与卢循作战有大功,所以才这么年轻出任方镇。但毕竟资格和军功有限,他到江州时的职衔是单单的"江州刺史",稍后略有增益,"寻督江州豫州之西阳新蔡汝南颍川司州之恒农扬州之松滋六郡诸军事、南中郎将,刺史如故",到他去世之前,才又"加持节"①。东晋很罕见没有将军号的"单车刺史",孟怀玉一开始就是单车刺史,然后按惯例授予了一个将军号——南中郎将。晋代的另一个成例,是将军刺史还要加都督和持节的官职,不过这两个官稍微复杂,《宋书·百官志》记载如下:

> 晋世则都督诸军为上,监诸军次之,督诸军为下。使持节为上,持节次之,假节为下②。

也就是说都督分三等:都督诸军、监诸军、督诸军。持节也是三等:使持节、持节、假节。返观孟怀玉,义熙八年,他只是最末一等的"督诸军事",连假节都还不是。那他的长史不能领首郡太守也是可以理解的了。

考论至此,相信"殷先为晋安南府长史掾"这句话可以通畅理解了。其断句应为"殷先为晋安、南府长史、掾",意即殷先前担任的是晋安太守、南中郎将府长史,兼府掾。义熙十一年,孟怀玉去世,十二年十月,刘裕由太尉"进位相国,总百揆,扬州牧,封十郡为宋公"③。邓安生先生因此推断,殷晋安是在十二年春天东下出任太尉参军的④。这一

---

① 《宋书》卷四七《孟怀玉传》,第五册,第1407页。
② 《宋书》卷三九《百官志上》,第四册,第1225页。
③ 《宋书》卷二《武帝本纪中》,第一册,第38页。
④ 邓安生《陶渊明年谱》,第148页。

推论当可接受。邓氏年谱出,信者、疑者,各有所论,现在更广为考核,详为论证,相信可以有一较明确的结论了。邓氏发明之功,诚为不磨。

又,殷晋安其人不可考,《广弘明集》卷十五载殷晋安《文殊像赞》一篇,该篇之后是无署名的《文殊师利赞并序》①。该卷在殷文之前是支遁、慧远二人作品。支遁赞文十三篇,仅在首篇《释迦文佛像赞》下书支遁之名。又慧远《佛影铭》和《晋襄阳丈六金像赞序》,也仅在前一文下书慧远之名。据此体例,可知《文殊师利赞并序》当也出于殷晋安的手笔。二文相信即是殷隐存世的作品。严可均在《全宋文》卷二九中将两赞误收入殷景仁名下,据其所撰小传可知,严氏是采用吴仁杰之说,以殷晋安为殷景仁,当更正②。序文较长,今依次引录二赞于下,可见陶公所亲之友,确有不凡:

> 文殊渊睿,式昭厥声。探玄发晖,登道怀英。琅琅三达,如日之明。亹亹神通,在变伊形。将廓恒沙,陶铸群生。真风幽暧,千祀弥灵。思媚哲宗,寤言祇诚。绝尘孤栖,祝想太冥。

> 眇眇童真,弱龄启蒙。含英吐秀,登玄履峰。神以道王,体以冲通。浪化游方,乃轨高踪。流光遗映,爰暨兹隆。思对渊匠,靖一惟恭。虚襟绝代,庶落尘封。

第六节 《五柳先生传》写作时间辨

《五柳先生传》的写作时间,历来是有争议的,这里希望从新的视角再审视一下这个问题。

---

① 《广弘明集》,《大正新修大藏经》第五十二册,第198—199页。
② 严可均《全宋文》卷二九,严可均《全上古三代秦汉三国六朝文》,北京:中华书局,1958年,第三册,第2595—2596页。

今存陶渊明传记,最早的是《宋书·隐逸传》中本传和萧统《陶渊明传》。二传都认为《五柳先生传》是陶渊明出仕前的作品,但今天有些先生认为应作于晚年①。无论是少作说还是晚作说,因为没有确证,都只能推测。目前论证晚作说最详尽的是魏耕原。魏先生提出的理由包括文字纯熟、语气似晚年、老人好回顾人生等,并认为陶渊明作传的缘由是要拒绝檀道济的逼仕,而宋代史臣为陶渊明作传时对这种不合作的态度"深为之讳",所以故意把《五柳先生传》归于少作②。

赵翼指出,《宋书》是沈约根据徐爰的旧史加工编撰的,为宋讳是自然之事③。但是,需要隐讳的都是篡夺杀戮的丑事,刘裕君臣对陶渊明既然以礼相待,陶仍拒不出仕,对双方来说都是美谈,当大书特书才对,何须隐讳?对于古人的记载,如果没有有力的证据,无法轻易否定。大概陶渊明的传记就是徐爰所作,再由沈约采入《宋书》。徐爰,刘宋史官,能看到朝廷档案,《宋书》陶传称《五柳先生传》"其自序如此,时人谓之实录",应该是有根据的。此外,魏先生等的理由都是主观感受,笔者的主观感受就不同于晚年说的诸先生。其实《五柳先生传》全文风调洒脱恬淡,与陶诗"少无适俗韵,性本爱丘山""弱龄寄事外,委怀在琴书。被褐欣自得,屡空常晏如"的记述相一致,而晚年自述则往往有悲苦无奈之音。而这篇自传潇洒自在、放达任真,很像是还未经历人生的苦难的青年人的自我期许。至于老人好回忆,固然,但少年人写自述文的从来都不在少数。比如屈原《橘颂》,学者一般认为写于青年时期,这就是一篇典型的托物言志,自抒怀抱之作。再如张华写《鹪鹩赋》,其性质与《橘颂》同,也是青年时所作。而《五柳先生传》与前人的

---

① 如逯钦立《陶渊明集》、邓安生《陶渊明年谱》、袁行霈《陶渊明集笺注》、魏耕原《陶渊明论》等,都作晚年说。

② 魏耕原《陶渊明论》第十五章,北京:北京大学出版社,2011年,第243—254页。

③ 赵翼著,王树民校证《廿二史札记校证(订补本)》卷九"宋书多徐爰旧本""宋书书晋宋鼎革之际"条,北京:中华书局,1984年,第179—181页。

自序、自传不同,乃托名五柳先生以自抒怀抱,是否可视为《橘颂》《鵩鹩赋》这类作品的变体?川合康三曾敏锐指出,《五柳先生传》"略去事实,表现理想","不写'曾经那样',却写'希望那样'"[①],川合的目的是指出《五柳先生传》的非自传性质,却可以由此提示我们,希望自己怎么样,显然更像是少年口吻,而不是行将就木的老年口吻。

此外,不妨再从乡品和出仕的角度来想想,陶渊明为什么要写这样一篇作品以自抒怀抱。正如钱锺书所说:"'不'之言,若无得而称,而其意,则有为而发;老子所谓'当其无,有有之用',王夫之所谓'言"无"者,激于言"有"者而破除之也'(《船山遗书》第六三册《思问录》内篇)。如'不知何许人,亦不详其姓氏',岂作自传而并不晓己之姓名籍贯哉?正激于世之卖声名、夸门地者而破除之尔。"[②]一海知义同样指出,"先生不知何许人也"这样的开头,来自《列仙传》《高士传》这类神仙、隐士的传记传统,反映的陶渊明的心理是"什么家世、出身,狗屁不值"[③]。如果是晚年所作,隐居既久,为什么还要纠缠在家世问题上呢?也许理解为在获得州中正的乡品之后,陶渊明作此文示人以不仕之意,更为合情合理。所以《宋书》本传说:"其自序如此,时人谓之实录。"[④]即时人对他不出仕的行为表示认可。

如果再结合陶渊明与柳与松的关系来看,恐怕还是少作说更近实。本书第四章第三节会有详细考述,说明陶渊明随着阅历的增加、人生体悟的深切,晚年越来越将情怀寄托在孤松之上。古人的这种寄托比较专一,竹树之中,一般选定一种,便如恋人一般,朝夕相对。王子猷、苏子瞻、文与可等之于竹,正如孙绰、张湛之于松。柳的风流翩翩,恐怕还

---

① 〔日〕川合康三著,蔡毅译《中国的自传文学》,北京:中央编译出版社,1999 年,第68、69 页。

② 钱锺书《管锥编》,北京:三联书店,2007 年第 2 版,第四册,第 1228—1229 页。

③ 〔日〕一海知义著,彭佳红译《陶渊明·陆放翁·河上肇》,北京:中华书局,2008 年,第 22—23 页。

④ 《宋书》卷九三,第 2287 页。

是更让青年陶渊明动心。所以年轻时作的是《五柳先生传》，晚年要作的话，也许就会叫《孤松先生传》吧。而且陶公晚年有专门咏松的诗，却不见专门咏柳，甚至基本不会再提及柳树。《归园田居》中"榆柳荫后檐"，是归隐次年做的，而且一带而过。唯一可能作于晚年而提及柳树的是《拟古》其一"荣荣窗下兰，密密堂前柳"之句，但其诗不过模拟《古诗十九首》"青青河畔草，郁郁园中柳"，用以起兴，也非专门咏柳。总体而言，目前恐怕暂无确切的证据反驳古人的少作说。

中　编

陶渊明的精神天地

第三章　诚之以求真：陶渊明的人生行思

　　陶渊明是诗人，并非有系统性或独创性之思想家，但他依然有独属于自己的"人生哲学"，故历来为学者仍然看重其思想。朱光潜曾说："渊明读书大抵采兴趣主义，我们不能把他看成一个有系统的专门学者。"又说："他读各家的书，和各人物接触，在无形中受他们的影响，像蜂儿采花酿蜜，把所吸收来的不同的东西融会成他的整个心灵。"①这是通达之见②。陶公屡言："谈谐无俗调，所说圣人篇。"（《答庞参军》）"疑义相与析。"（《移居》其一）"信宿酬清话。"（《与殷晋安别》）"每有会意，便欣然忘食。"（《五柳先生传》）《形影神》三首，尤富思想的深味。顾随先生也洞察道："诗人有两种：一为情见，二为知解。中国诗人走的

---

① 朱光潜《诗论》第十三章《陶渊明》，北京：中华书局，2012 年，第 243、244 页。
② 很多学者都有类似看法，比如袁行霈说："其哲学思考虽然吸收了先哲的思想资料，但主要是从其本人的生活实践中来的，是他本人的生活体验的升华，因而较少纯思辨的色彩。""陶渊明的哲学思考有很强的实践性，他的哲学不是停留在头脑中或纸面上，而是诉诸实践，身体力行。他不但以其文字也以其整个人生展示他的哲学。所以他的人生体现为一种哲人的美。陶渊明的哲学思考是以诗的形式表现的，没有逻辑的论证，而只是若干智慧的火花。"袁行霈《陶渊明的哲学思考》，袁行霈《陶渊明研究（增订本）》，北京：北京大学出版社，2009 年，第 17—18 页。又如田晓菲说："陶渊明首先是一个诗人，不是一个哲学家或思想家。我们当然可以在他的作品里看到当代人所关心的哲学问题，但是他的诗不是哲学的论文，从诗歌的角度而不是从思想的角度探讨陶诗，会更有意义。"田晓菲《尘几录——陶渊明与手抄本文化研究》，北京：中华书局，2007 年，第 162 页。

不是知解的路,而是情见的路。""陶公之诗与众不同,便因其有知解。"①陶渊明在时代的思潮中浸淫颇深,且理性深沉,非如一般诗人那样容易情绪化,他拥有一己之人生哲学当可理解。

这种独特的人生哲学,我想用"诚之以求真"来概括,它同时拥有时代性和超时代性两面。陶渊明深受魏晋玄学影响,一生追求真之境界,如果看《世说新语》,便知其风度与爱好多与魏晋人物相似,这是他的时代性。萧统在《陶渊明集序》中所云"论怀抱则旷而且真",可谓一语破的。另一方面,陶渊明求真的方式是砥砺德性之诚,并敦行实践②,最后竟以诚笃自省的方式,而非纵乐虚无的方式达致真之境界,所以独能超越于时代之上,而为后世士大夫的精神天地开拓新世界。因此对他的思想观念及其人生实践,当就时代性与超时代性两面,由表及里,加以一番探讨。

本章前两节讨论的是前一个问题,即玄学对陶渊明思想与人生之境追求的影响。如果深入玄学思想的世界中,会发现陈寅恪先生影响巨大的"新自然说"恐怕经不起推敲,陶渊明更多在精神上、风度上、文学上受到嵇康、阮籍的影响,但其思想则主要受到其他玄学家,尤其是郭象的影响。最近二三十年中,越来越多的研究者开始讨论郭象玄学在陶渊明思想中留下的印迹,往往集矢于《神释》一首中呈现的委运顺化之思想。如果藉由思想史学者已有的研究更全面审视郭象的思想体系,并更加全面地检视陶渊明全部的作品,会发现陶渊明思想是以源自郭象的"自然"观为核心展开。他所追求的人生真

---

① 顾随述,叶嘉莹记《顾随讲中国古典诗词》,石家庄:河北教育出版社,2013年,第79页。

② 周一良云:"真正放达清高者,数百年中,唯有陶渊明一人。(中略)推寻所以,陶诗之所以高超,思想而外,与渊明之注重劳动实践亦有关。"周一良《名教自然"将无同"思想之演变》,周一良《魏晋南北朝史札记》,北京:中华书局,2007年第2版,第60页。原载《文史哲》,1985年第3期。袁行霈亦持此论,见上页注②所引。

之境,也正是这种"自然"观的必然产物。不过,陶渊明的玄学思理并非一味臣服于玄学诸人,他自有其超越处,这使得他的人生境界独臻"真"境,而为后人啧啧称赏。陶渊明人生行思思想的独特性当然不仅仅是玄学思想中那一点超越,更重要的是他人生"诚之以求真"的态度与方式。什么是陶渊明的"诚之以求真",这将是第三节展开分析的内容。

第一节　自然与名教：陶渊明的玄学之思

一　陶渊明思想的玄学视域

陶渊明思想与人生态度的底色究竟如何,是儒家、道家还是儒道调和? 主张儒家的学者面对《形影神》三首和《饮酒》其五这类作品时必然是尴尬的;同样,那些忧愤的,坚持"固穷"的作品也会让道家说显得不那么让人信服,于是调和说便更为现代学者所接受。但何谓儒道调和? 汉人有汉人的调和,魏晋人有魏晋人的调和。在后世,还有宋儒取玄学、佛教的理论资源、思考方式以构建新儒学,这也是调和。或者干脆只是像明清一般士人那样兼取儒释道,只为慑于报应而劝善惩恶,亦可谓之调和。同一调和,其实方式各异,面貌正自不同。

汉儒已颇有以儒为本,而兼取老庄者。汤用彤说:"贵玄言,宗老氏,魏晋之时虽称极盛,而于东汉亦已见其端矣。"①严格说来,这端倪

---

① 汤用彤《魏晋玄学流别略论》,汤用彤《魏晋玄学论稿》,上海:上海古籍出版社,2001 年,第 43 页。

恐怕可以上溯至西汉①。陶渊明的调和如汉儒否？魏晋玄学也是调和儒道二家而成（后期又融采释家之说），却是以道摄儒。两汉与魏晋人都调和，就其同者言，雌伏无为，全身避祸，读老庄者皆有取于此②。同样，陶渊明也颇有此意。在《与子俨等疏》中，他自述："性刚才拙，与物多忤。自量为己，必贻俗患。"③颜延之也回忆说："念昔宴私，举觞相诲：独正者危，至方则碍。哲人卷舒，布在前载。取鉴不远，吾规子佩。"④这与前人无异。

　　但同是调和儒道，汉人与魏晋人有根本的差异。汤用彤认为，汉人以儒为本，兼取老庄，而魏晋玄学则以老庄为本，以老庄释儒。汉人儒学重天道，是要明天人感应，以天之道、宇宙之构成来建造和解释人间的秩序，所以汉人的天道是阴阳五行之实体，用来对应人间万象。而魏晋人则摆落此实体之天道，而作抽象的玄谈。这种玄谈固然也要为现存秩序找寻合法性依据，但重点是清谈道家之名理⑤。在扬弃汉人天道这一点上，陶渊明正与玄学诸人无异。阴阳灾异之说，绝不见于文集

---

① 参饶宗颐《战国西汉的庄学》，载饶宗颐《选堂集林·史林》，香港：中华书局香港分局，1982 年，第 145—156 页。另陈斯怀对两汉士人援道入儒的种种面向有更全面的梳理，可参看。陈斯怀《道家与汉代士人思想、心态及文学》，济南：齐鲁书社，2010 年。

② 汤用彤："夫老氏卑弱之术，汉初原为刑名所利用，然固亦为慎密惧祸之表现。西汉以来，蜀庄之沉冥，扬雄之守玄，冯衍之显志，刘劭之释争，其持隐退之道者，盖均出于戒慎之意。""《易》之戒慎本可合于老氏卑弱之义。王弼注《易》，于此乃反复致意。"汤用彤《王弼之〈周易〉〈论语〉新义》，《魏晋玄学论稿》，第 87、86 页。

③ 袁行霈笺注《陶渊明集笺注》，北京：中华书局，2003 年，第 529 页。

④ 颜延之《靖节征士诔》，萧统编，李善注《文选》卷五七，北京：中华书局，1977 年，第 792 页。

⑤ 汤用彤："汉代偏重天地运行之物理，魏晋贵谈有无之玄致。二者虽均尝托始于老子，然前者常不免依物象数理之消息盈虚，言天道，合人事；后者建言大道之玄远无朕，而不执着于实物，凡阴阳五行以及象数之谈，遂均废置不用。因乃进于纯玄学之讨论。汉代思想与魏晋清言之别，要在斯矣。"汤用彤《魏晋玄学流别略论》，《魏晋玄学论稿》，第 44 页。又："汉人所谓天，所谓道，盖为有体之元气，故其天道未能出乎象外。至若王弼，则识道之无体超象，故能超具体之事象，而进于抽象之理则。"汤用彤《王弼之〈周易〉〈论语〉新义》，《魏晋玄学论稿》，第 83 页。

之中,即明证。陶渊明非不深于儒学,但与汉人之儒学风神迥异,反而遥契后世宋儒之学。

其实研究者无不清楚,每个历史人物都有自己的历史语境,哪怕最伟大的、具有超时代性的思想家,他们首先要面对、要思考与回应的,仍是自己时代的问题。陶渊明亦不能例外。很难想象陶渊明读的是没有注释的白文本的五经、《论语》《老子》《庄子》,如果要读注,一个东晋人几乎不可能绕过王弼、何晏、郭象。如果我们认为陶渊明是那种刊落注释,师心自用,直接依据原文与孔、老、庄"对话"的人,那该如何解释陶渊明诗文中经常出现的源自《庄子》郭象注、《列子》张湛注的典故?也很难想象一个人完全不读自己时代流行的名贤时流的著述,完全不关心流行的话题。一个能与当世士流"抗言谈在昔""奇文共欣赏,疑义相与析"的陶渊明,怎么可能不了解这些流行话题? 既然如此,忽视玄学的影响,而单纯从老、庄以观陶渊明思想便会模糊很多问题。

自宋儒陆九渊、真德秀、魏了翁提出陶渊明思想底色是儒家以来,学者一直更愿意强调这一面,而对魏晋玄学的影响多少有些忽视。陈寅恪在1945年发表了《陶渊明之思想与清谈之关系》一文,将陶渊明的思想概括为"新自然说",重新强调了玄学思潮对陶渊明思想与人生实践的深刻。此说影响深远,至今仍为不少学者奉为圭臬。

陈先生认为,陶渊明思想中的"自然",是相对何曾等人坚持名教反自然之说而来;所谓"新",则是相对嵇康等人排斥名教,且欲求长生的"旧自然说"而言的。陈先生说:"新自然说之要旨在委运任化。夫运化亦自然也,既随顺自然,与自然混同,则认己身亦自然之一部,而不须更别求腾化之术,如主旧自然说者之所为也。"[①]在陈先生看来,这种委运任化观,"既不尽同嵇康之自然,更有异何曾之名教,且不主自然

---

① 陈寅恪《陶渊明之思想与清谈之关系》,陈寅恪《金明馆丛稿初编》,北京:三联书店,2001年,第225页。

名教相同之说如山、王辈之所为",他称赞这一新说为创解,"所以结束二百年学术思想之主流,政治社会之变局,岂仅渊明一人安身立命之所在而已哉"①。此文立意高远,所论非仅陶渊明一氏之思想,实是魏晋士人如何利用名教与自然关系这一话题以阐发己身政治立场之合理性,即政治立场与人生安顿的问题,而以陶渊明为清谈内容与政治立场互动演变的结穴。嵇康诸人以学说抗议当世,而何曾、山涛之徒则曲学以阿世,因此学术之变迁恒受政治的深刻影响。这是陈先生此文之根本旨趣,其基本结论自可成立,但要把陶渊明思想放置在上述线索加以讨论,并赋予"所以结束二百年学术思想之主流"的重任,陈先生的论证就未能餍足人心。

其一,陈寅恪主要依据的仅仅是《形影神》三诗,而未能对陶渊明作品做一全面检讨。其实陶诗中透露其玄学意趣之处颇不少,如加以仔细地分析检讨,其结论当有所修正。其二,陈先生着眼于学说与政治之关系,揭示出历史上"兼尊显之达官与清高之名士于一身,而无所惭忌,既享朝端之富贵,仍存林下之风流,自古名利并收之实例"这类人物的真面目②,这是史学之眼光,而非思想、哲学之眼光。其实即便从史家眼光看,陈先生仍有情胜于理之嫌。如吕思勉就曾指出:"凡诸清谈之徒,特其识解相近,才志自各不同;故其立身途辙,亦各有异。有真不能任事者,若焦和、王澄、谢万之徒是也。有托以避祸者,如阮孚、谢鲲、庾敳之徒是也。有热中权势,无异恒人者,如郭象是也。有处非所宜,以致败绩者,如毕轨是也。"③可见学说与立身,颇有离合同异,可就群体论其趋势,也当即个人析其详情。这是题外话,即不再赘言。而从思想与哲学的眼光看魏晋玄学,其面貌与陈先生所述殊有不同。后者的代表,真正奠定后世玄学史研究基础的是汤用彤的《魏晋玄学论稿》

---

① 陈寅恪《陶渊明之思想与清谈之关系》,第 220、223 页。
② 同上注,第 209—210 页。
③ 吕思勉《吕思勉读史札记》,上海:上海古籍出版社,2005 年,第 877—878 页。

一书。书中诸文，虽然大多已经发表在抗战期间，但陈寅恪曾否寓目实是问题。如陈先生以为名教与自然相同是山涛、向秀辈为投身仕途所造的新说，与陶渊明"委运任化"之说不同。其实依据汤先生和后来学者的研究可知，以顺性安命为自然，名教亦自然，正是向秀、郭象的基本主张，陶渊明委运顺化之说恰从此而来。这一点，后文再做详细分析。其三，陈寅恪文中还有节外生枝、自相矛盾的说法。最著者是他在《魏书司马叡传江东民族条释证及推论》一文中考证陶渊明家族世传天师道信仰①，据此认为"陶公之新解仍从道教自然说演进而来，与后来道士受佛教禅宗影响所改革之教义不期冥合，是固为学术思想演进之所必致，而渊明则在千年以前已在其家传信仰中达到此阶段矣"②。按：天师道信仰鬼神，主悔过、禳祷，与委运任化大异其趣，如何可能演进出"新自然说"？而主张自然是玄学的基本观点，又何须绕经道教而重新发明之？

以上三点，是陈寅恪的论文值得我们认真检讨的地方。由此陶渊明的观点是否可以概括为"新自然说"，似成问题。今天我们研究陶渊明的思想，陈先生的论文仍然是重要的参考，但是墨守旧说，非学术研究之义，求真求是而不失对古人的理解，相信当为陈先生所首肯。

虽然陈寅恪的具体结论未必正确，但经他揭发的玄学思潮对陶渊明的深切影响自是不争的事实，这一影响渐渐受到越来越多学者的认可③。已有研究中，自然、养真、顺化、得意忘言、神灭论等问题上陶渊

① 陈寅恪《魏书司马叡传江东民族条释证及推论》，《金明馆丛稿初编》，第89—93页。按：陶氏家族中确有天师道信徒，但陶渊明自己却不信神仙之说，有其多处诗文为证，陈先生一概忽视，其说恐不能成立。
② 陈寅恪《陶渊明之思想与清谈之关系》，第225页。
③ 如逯钦立《读陶管见》，《吉林师大学报》，1964年第1期。白本松《陶渊明思想三题》，《河南师大学报》，1981年第1期。姚汉荣《陶渊明与魏晋玄学》，《贵州社会科学》，1986年第2期。龚斌《陶渊明哲学思想及与魏晋玄学之关系》，《辽宁大学学报》，1989年第5期。

明所受玄学的影响一向为学者瞩目①。

以老庄释儒学，是魏晋玄学的基本特色，为各家所同。但除此以外，玄学诸家的理论其实颇有同异。如从名教与自然的关系看，则嵇康、阮籍主对立，与其他主调和的诸人不同。从有无孰为本看，王弼"贵无"，便与向秀、郭象诸人"崇有"之学大异。因此，在揭示出玄学对陶渊明的影响之后，需要细致分析陶的思想与玄学诸家的异同，不可一概而论。陶渊明于各家学说皆有所取，其中影响最大的应是郭象，而不是过去有些学者认为的嵇康、阮籍，后者主要还是在人格与风度上让陶渊明倾倒仰慕，在诗歌写作上为陶开启法门。研究者越来越注意到这一点。龚斌在分析陶渊明"迁化"观时已指出"应该说受到郭象理论的相当影响"②。陈中伟则明确提出："陶渊明不仅接受了郭象玄学思想，而且将此深化、融注为自己人生哲学的一部分。"③高原认为陶渊明之隐逸的哲学依据即郭象的"性分"论④。李昌舒分析《形影神》三诗后认为陶渊明自然任运、由自然而自由的人生态度深受郭象影响⑤。李雅玲从仕隐、生死两方面探讨了郭象对陶渊明的影响⑥。李希、廖宏昌

---

① 姚汉荣简要分析了自然、得意忘言、顺化这三点。见姚汉荣《陶渊明与魏晋玄学》，《贵州社会科学》，1986年第2期，第56—59页。李文初重点分析了"得意忘言"论对陶诗的影响。见李文初《陶诗与魏晋玄风》，《暨南学报》，1983年第2期，第89—99页。龚斌重点分析了自然、委运顺化和神灭论三个问题。见龚斌《陶渊明哲学思想及与魏晋玄学之关系》，《辽宁大学学报》，1989年第5期，第88—90页。袁行霈则强调了自然、顺化、养真三点。见袁行霈《陶渊明的哲学思考》《陶渊明崇尚自然的思想与陶诗的自然美》，袁行霈《陶渊明研究（增订本）》，北京：北京大学出版社，2009年，第1—25、49—66页。

② 龚斌《陶渊明哲学思想及与魏晋玄学之关系》，第89页。

③ 陈中伟《陶渊明与郭象的玄学思想》，《淮阴师专学报》，1992年第3期，第22页。

④ 高原《"隐逸"新概念与亦隐非隐的陶渊明》，《兰州大学学报（社会科学版）》，1997年第2期，第97—103页。

⑤ 李昌舒《自然与自由——论陶渊明"自然说"与郭象哲学的关系》，《江淮论坛》，2005年第1期，第71—75页。

⑥ 李雅玲《仕隐·生死：陶渊明的心结——兼论郭象玄学对陶渊明的影响》，华中科技大学硕士论文，2005年。

则专门分析了陶渊明"本真"的生命境界是对郭象"独化"哲学的现实诠释①。

在已有研究基础上，还有以下问题有待回答。其一，如果从郭象思想出发加以审视，陶渊明思想中一些基本观念，如自然、真、顺化，其涵义究竟是什么？这些概念是各自独立的并列概念，还是有内在逻辑关系？其二，这些观念与其他玄学家的思想异同如何？即如何判断它们更接近郭象之说？其三，陶渊明的思想是完全受郭象笼罩，还是自成天地？其他玄学家在思想上对陶渊明又是否有影响？这些问题需要更充分参考思想史、哲学史学者对魏晋玄学的研究成果，并通过对陶渊明诗文的解读，予以解答。

大致说来，陶渊明的玄思中，"自然"是最核心的观念，是他基本的人生态度。这一观念与郭象"性"论关系最密切，而与嵇康的自然观不同，需了解前者，才能真切理解陶渊明诗文中"自然"之意。而"委运顺化"只是"自然"的实现方式，是"自然"人生的外显形态，而并非一个与"自然"平级并列的概念。至于"真"，既是"自然"的同义词，也是落实"自然"之后人生所达到的境界。陶渊明人生所努力追求的"真"之境，则颇与郭象以及其他玄学家有出入，能显出陶渊明人生哲学的独特性。而真正重要的是，陶渊明的人生达致一"真"之境界，这却是他远远超出全部魏晋人物之处，这需要我们结合其思想与实践两方面加以分析。盖陶渊明的思想与精神，与玄学诸人有同有异，同者自然是陶渊明思想中的时代性，异者则是他的独特之处，同异交织，方成就独立千古的陶渊明。回到陶渊明的玄思，还需要讨论的是他的政治理想，那种容纳有礼法名教的真朴世界，是如何受到玄学影响而产生的。这方面仍是远于嵇康、阮籍而近于其他玄学家，细究起来，恐怕最接近王弼之说。

---

① 李希、廖宏昌《陶渊明诗学与郭象哲学之关系考》，《求索》，2010 年第 11 期，第 191—193 页。

二 "自然"观

"自然"是源自老庄思想中的概念,而为魏晋玄学家加以了极大发挥,成为最基本的概念;"自然"也是陶渊明思想的根本问题,后人也常以之概括其诗文的总体风格。是以论陶渊明思想,不能不直面"自然"问题。就渊源而言,陶渊明思想中的"自然"源自郭象的性论,既不同于王弼之说,也与嵇康的"自然"观大相径庭。而在郭象的理论中,命自性出,"自然"生命的实现,必然采用委运顺化方式,即委运顺化只是"自然"的达成手段,属于"自然"的次级概念。而"真"即"自然",亦可以说是落实"自然"所臻之境。过去有先生以为自然、真、顺化为陶渊明思想的三个基本命题,其实如果细致分析陶渊明诗文,并透过郭象思想加以审视,会知道三个概念并不平级,"自然"是陶渊明玄学思致的核心。

钱穆在《郭象庄子注中之自然义》一文中统计《老子》书中"自然"凡五见,《庄子》内篇仅两见,外、杂篇中亦仅六见,可见先秦时"自然"尚非一重要概念,其意"不过曰顺物之自为变化,不复加以外力,不复施以作为而已"[①]。至王弼注《老子》,始畅言"自然"。钱穆总结说:"王弼注《老子》用'自然'字,共二十七条。其说以道为自然,以天地为自然,以至理为自然,以物性为自然,此皆《老子》本书所未有也。然则虽谓道家思想之盛言'自然',其事确立于王弼,亦不过甚矣。"[②]钱先生进而指出,由王弼确立,而为一般玄学家接受的"自然"之通谊,是以"自然"等同于"道",等同于"无"[③],玄学中与此义不同而独成一家的唯郭象。"郭象言'自然',其义最精,厥谓万物皆自生自化,更无有'生

---

① 钱穆《庄老通辨》,《钱宾四先生全集》卷七,台北:联经出版事业股份有限公司,1998 年,第 509—510 页。

② 同上注,第 516 页。

③ 同上注,第 517—519 页。

万物'与'造万物'者"①，即取消了抽象的"道"，而只承认万物本身。万物各自有性，各依其性，自生自化，这就是郭象的"独化"理论。钱先生认为，郭象"自然说"是道家自然思想的造极之论，标志着道家自然主义的完成与成立②。钱穆之后，汤一介总结郭象的"自然"之义，认为包含了五种相联系的意思：天然、自为、任性、必然、偶然③。杨立华则更准确地概括为三点，分别强调其客观必然性、不可知性和无目的性："首先，'自然'即是必然，亦即'不得不然'。""其次，'自然'也有'不知其所以然而然'的意思。""第三，'自然'是与有主观目的的'为'相背离的。"④概括说来，王弼的"自然"是由"道"决定的，或者说"自然"即"道"，也即最高抽象原则"无"；而郭象的"自然"是万物依据各自本性的自生自化，并不受任何最高的抽象原则的影响。陶渊明的"自然"，应该说近于郭象之义。有学者一边认为陶渊明的"自然观"与玄学"自然观"有分别，认同陈寅恪的陶渊明"新自然说"论，一边又以为"陶渊明'化迁'的哲学观，则受到郭象理论相当的影响"⑤，却不悟郭象理论中之"化迁"即其"自然"，不免自相矛盾乃尔。

今存陶集中，"自然"一词凡四见：

> 贵贱贤愚，莫不营营以惜生，斯甚惑焉。故极陈形影之苦，言神辨自然以释之。（《形影神三首序》）
> 少无适俗韵，性本爱丘山。（中略）久在樊笼里，复得返自然。（《归园田居》其一）
> 及少日，眷然有归欤之情。何则？质性自然，非矫厉所得。饥

---

① 钱穆《庄老通辨》，第520页。
② 同上注。
③ 汤一介《郭象与魏晋玄学（增订本）》，北京：北京大学出版社，2000年，第237—241页。
④ 杨立华《郭象〈庄子注〉研究》，北京：北京大学出版社，2010年，第106—107页。
⑤ 陈美利《陶渊明探索》，台北：文津出版社，1996年，第44页。

冻虽切,违己交病。(《归去来兮辞序》)

又问听妓,丝不如竹,竹不如肉。答曰:"渐近自然。"(《晋故征西大将军长史孟府君传》)

四个"自然"有二义。"渐近自然"是"天然"之义,取无人工造作之意。其他三例则可视为陶渊明"自然"的根本义,即以顺其本性、尽其本性为自然。唯尽性斯为委运顺化,盖言命,言运,言化,都是一己与天地人世遭逢时,依据于本性的自然发展与结果,不违本性即安于己命。这是陶渊明的基本思想,后文将有详细论述。

(一) 性与自然

前面引文可以看到,陶渊明诗文中四次出现"自然",两次都与"性"相关联,足见性的问题又是陶渊明自然之思的核心。而《归园田居》其一首言"性本爱丘山",主题则是"返自然",即复归本性就是返自然,尤其应当成为与《形影神三首》同样重要的讨论陶渊明思想的文本。为便于分析计,先录其全诗:

> 少无适俗韵,性本爱丘山。误落尘网中,一去三十年。羁鸟恋旧林,池鱼思故渊。开荒南野际,守拙归园田。方宅十余亩,草屋八九间。榆柳荫后檐,桃李罗堂前。暧暧远人村,依依墟里烟。狗吠深巷中,鸡鸣桑树颠。户庭无尘杂,虚室有余闲。久在樊笼里,复得返自然[①]。

这首诗所透露的思理,直接从字面看,近于嵇康,但究其实质,则源自郭象。先看与嵇康在文句上的相遇。陶诗"误落尘网"即嵇康《与山巨源

[①] 袁行霈《陶渊明集笺注》,北京:中华书局,2003 年,第 76 页。后引陶渊明诗文同,不再赘注。

绝交书》禽鹿"长而见羁"之意①，"羁鸟"二句即中散《兄秀才公穆入军赠诗十九首》其十九"泽雉虽饥，不愿园林"二句及《绝交书》"长而见羁，则狂顾顿缨，赴蹈汤火，虽饰以金镳，飨以嘉肴，愈思长林而志在丰草也"诸句之意②。而陶以"复得返自然"为全诗之结穴，嵇诗以"至人远鉴，归之自然"为要义③，亦若合符节。

但嵇康的"自然"，实与陶渊明的"自然"有泾渭之别。其大别有二。其一，嵇康相信神仙，故其"自然"，多取天地法则、客观规律之意，所以多言"自然道""自然之理"，陶渊明无此意。嵇康言神仙事则云："飘飖戏玄圃，黄老路相逢。授我自然道，旷若发童蒙。"（《游仙诗》）④云："（神仙）特受异气，禀之自然。"（《养生论》）⑤言养生则云："顺天和以自然，以道德为师友，玩阴阳之变化，得长生之永久，任自然以托身，并天地而不朽。"（《养生论》）⑥论乐辨音则云："夫推类辨物，当先求之自然之理。理已定，然后借古义以明之耳。"云："夫圣人穷理，谓自然可寻，无微不照。"（《声无哀乐论》）⑦论宅有吉凶则云："古人合德天地，动应自然，经世所立，莫不有征。"（《答释难宅无吉凶摄生论》）⑧可知嵇康意中，宇宙有其普遍而恒定的规律，无论求仙、养生、制曲论乐还是辨风水之吉凶，都应当遵循之。汤用彤言，汉人"稽察自然之理，符之于政事法度。其所游心，未超乎象数。其所研求，常在乎吉凶"，故其宇宙论"寓天道于物理"⑨，嵇康之自然，大要近于此。丁冠之、许抗生都认

---

① 嵇康著，戴明扬校注《嵇康集校注》，北京：中华书局，2014年，第196页。

② 同上注，第31—32、196—197页。

③ 同上注，第31页。

④ 同上注，第64—65页。

⑤ 同上注，第252—253页。

⑥ 同上注，第304页。

⑦ 同上注，第349、352页。

⑧ 同上注，第507页。

⑨ 汤用彤《魏晋玄学流别略论》，汤用彤《魏晋玄学论稿》，上海：上海古籍出版社，2001年，第43、44页。

为嵇康自然观继承了王充的元气说①，王晓毅、童强、曾春海则谓嵇康的宇宙论上承汉人的元气宇宙观而来②，较前说更圆融。汤用彤已指出："汉代寓天道于物理。魏晋黜天道而究本体。"③陶渊明思致玄远，其意趣显然是魏晋式的，而非秦汉式的。神仙养生、阴阳吉凶、自然之理，都是他从来不会留心的问题，这是陶、嵇二氏自然论首要的不同。

其二，嵇康的"任自然""归之自然"是理想人格的应然状态，故虚；陶渊明的"返自然"是人生的实然状态，乃实。嵇康论人之"自然"，有常人与至人的区别。就常人来说，"夫民之性，好安而恶危，好逸而恶劳，故不扰则其愿得，不逼则其志从。（中略）六经以抑引为主，人性以从欲为欢。抑引则违其愿，从欲则得自然。然则自然之得，不由抑引之六经；全性之本，不须犯情之礼律。故知仁义务于理伪，非养真之要术；廉让生于争夺，非自然之所出也。"（《难自然好学论》）④所以普通人的自然之性，从欲则得之，用礼乐抑引则失之。但是嵇康其实并不赞成这种常人之性，在《答难养生论》中，他批评向秀说："然则子之所以为欢者，必结驷连骑，食方丈于前也。夫侯此而后为足，谓之天理自然者，皆役身以物，丧智于欲，原性命之情，有累于所论矣。夫渴者唯水之是见，酌者唯酒之是求。人皆知乎生于有疾也。今若以从欲为得性，则渴酌者非病，淫湎者非过，桀跖之徒皆得自然，非本论所以明至理之意也。"⑤按：向秀"以从欲为得性"之说分明与《难自然好学论》中嵇康之言相

① 丁冠之《论嵇康的哲学思想》，《哲学研究》，1980 年第 4 期，第 64 页。许抗生《嵇康思想略论》，《齐鲁学刊》，1980 年第 3 期，第 31—32 页。

② 王晓毅《嵇康哲学新论》，《中国哲学史》，2004 年第 1 期，第 77—79 页。童强《嵇康评传》，南京：南京大学出版社，2006 年，第 272—275 页。曾春海《嵇康的精神世界》，郑州：中州古籍出版社，2009 年，第 37—38 页。按：王晓毅又强调嵇康的"自然之理"是万物的自然本性和运行规律，不能等同于汉人的阴阳五行之气的运行规律，这是嵇康超越汉人之处。其说可参考。

③ 汤用彤《魏晋玄学流别略论》，《魏晋玄学论稿》，第 43—44 页。

④ 《嵇康集校注》，第 446—447 页。

⑤ 同上注，第 303 页。

合，嵇氏却予以"役身以物，丧智于欲"的严厉批评，这岂非自相矛盾？究其原，盖嵇康另有一番称为"至理"的自然之道理，而与常人之"从欲"不同。这另一种自然，是至人君子的自然。嵇康的思想中，存在着两个世界：现实的"常"的世界和超时空的绝对的"至"的世界。他"企图脱离'常'的现实的世界，而向'至'的概念的世界飞升"①。常人的自然以从欲为得性，这是现实的情况，但为嵇康所不认同，他追求的是至人的自然。前引《兄秀才公穆入军赠诗》的"流俗难悟，逐物不还。至人远鉴，归之自然"，正是区分两种自然的纲领之言。所谓"至人"，嵇康在《释私论》中也称为君子，他说君子"心无措乎是非，而行不违乎道"，"矜尚不存乎心，故能越名教而任自然；情不系于所欲，故能审贵贱而通物情"，最后又总结说"至人之用心，固不存有措"，因此此处"君子"即"至人"②。既是至人，就非常人所能及。《难自然好学论》中，嵇康明确将"至人"属之上古帝王③，可知至人的人格为理想人格，其境界为理想境界，非一般人所能企及。

当然，"常"与"至"的区分并非嵇康的创造，而是他对《庄子》的继承。在《庄子》中，体道之人，或称为至人，或称为神人、圣人、真人，他们是"乘天地之正，而御六气之辩，以游无穷"的无所待者，而芸芸众生，则大都是蜩与学鸠而已，这是读《庄》者尽人皆知之事。因此，从庄子到嵇康，只有齐一万物、与道为一之人才被视为至人，也只有至人才能"任自然""归之自然"。普通人有待、自是，他们的状态是不能视为"自然"的。

陶渊明从来没有自许为至人，却自居"复得返自然"而不疑。《归园田居》其一层次井然，先云本性所爱在丘山，次云误落尘网终得返

---

① 侯外庐、赵纪彬、杜国庠、邱汉生《中国思想通史》第三卷，北京：人民出版社，2011年，第152页。

② 《嵇康集校注》，第402页。

③ 同上注，第446—447页。

还,然后描写田园景象,最后以"返自然"作结,其意正是以遂己之性、尽己之性为自然,所以这个"自然"是实然的状态,而非应然的状态。《归去来兮辞序》亦云:"及少日,眷然有归欤之情。何则? 质性自然,非矫厉所得。饥冻虽切,违己交病。尝从人事,皆口腹自役。于是怅然慷慨,深愧平生之志。"所谓"矫厉",即"从人事",委屈于官场,汲汲以"口腹自役",此即不自然。反之,彭泽归来,"息交以绝游","聊乘化以归尽,乐夫天命复奚疑",如此即为得性之自然。可见辞中之意与诗中之意正无差别。

可陶渊明也只是常人,他拒绝刘柴桑山林礼佛的邀请,说自己"但为亲旧故,不忍言索居",显然是不自视为无待者,那他何以能得自然、返自然? 这就需要先在理论上将"自然"的可能性赋予所有人。这样的理论与庄子、嵇康的旧说是不同的,而能提供这一理论的就只有郭象了。

郭象的理论上承向秀而来,又多有发展①。前已述及,向秀持一种满足天性欲望即自然的观念。他在《难养生论》中说:"有生则有情,称情则自然。"又说:"好荣恶辱,好逸恶劳,皆生于自然。""富贵,天地之情也。"②这其实与嵇康所谓的常人之自然同。陶渊明的"自然"观显然还不是向秀式的,因为满足生理欲望最好的方式是待在官场,随波逐流,尸位素餐;返归田园过苦日子,反而是不自然了。因此,无论嵇康还是向秀,竹林玄学的"自然"说都无法为陶渊明的"自然"观提供合理解释。而郭象的"性分"说出,才自然而然地有了陶渊明"自然"观的出现。

郭象的性论,汤一介、王晓毅、杨立华都有专门讨论,王、杨二位所

<hr>

① 郭、向思想的关系,可参见汤一介《郭象与魏晋玄学》第六章《郭象与向秀》,第127—148 页。

② 《嵇康集校注》,第 284 页。

论尤详。杨立华认为郭象的本体论是以"性"的概念作为核心范畴的①，王晓毅则直以郭象"性分"说为其哲学的核心②。综合学者的研究，可以看到郭象的"性分"说影响到陶渊明的地方大致有如下五点内容。其一，"性分"天成，不得移易。如："天性所受，各有本分，不可逃，亦不可加也。"(《庄子·养生主》郭注)③其二，物各有性，人各有性，难求齐一。人物不同，人与人之不同，皆由天性所定。如："物各有性，性各有极，皆如年知，岂跂尚之所及哉！"(《庄子·逍遥游》郭注)④"夫长者不为有余，短者不为不足，此则骈赘皆出于形性，非假物也。然骈与不骈，其性各足。(中略)夫物有小大，能有少多，所大即骈，所多即赘。骈赘之分，物皆有之，若莫之任，是弃万物之性也。"(《庄子·骈拇》郭注)⑤其三，性不但指道所赋予的人的本然之性，也指经社会熏染而成的后天习性。如郭象以为"人之生也，可不服牛乘马乎？服牛乘马，可不穿落乎？牛马不辞穿落者，天命之固当也。苟当乎天命，则虽寄之人事而本在乎天也。"(《庄子·秋水》郭注)⑥又说善御者能让群马"足迹接乎八荒之表，而众马之性全矣"，他理解的"马之真性"，"非辞鞍而恶乘，但无羡于荣华"。(《庄子·马蹄》郭注)⑦也就是说马因为善跑，为人骑乘驾驭而奔驰也是尽性。无怪王晓毅说："郭象大大扩展了'自然本性'的范围：不仅指饮食男女之类生理本能，或气质性格等先天因素，而且后天社会熏染所造成的人为变化，统统视为'性分'的逐步展现。这样一来，人类先天的自然本能与后天的社会属性之间，失去了边界，完全融

①　杨立华《郭象〈庄子注〉研究》，第120页。
②　王晓毅《郭象评传》，南京：南京大学出版社，2006年，第273页。
③　郭象注，成玄英疏，曹础基、黄兰发点校《南华真经注疏》，北京：中华书局，1998年，第71页。
④　同上注，第5页。
⑤　同上注，第181页。
⑥　同上注，第342页。
⑦　同上注，第194页。

为一体了。"①其四,人与物的行为都是依据其性而来,而不能背性而行。如:"性之所能,不得不为也;性所不能,不得强为。"(《庄子·外物》郭注)②甚至为善、为恶,好仁义、乐园田,这些都是由本性决定的。"夫曾史性长于仁耳,而性不长者横复慕之。慕之而仁,仁已伪矣。天下未尝慕桀跖而必慕曾史,则曾史之簧鼓天下,使失其真性,甚于桀跖也。""夫仁义自是人之情性,但当任之耳。"(《庄子·骈拇》郭注)③其五,顺其性、尽其性则为自然,为逍遥。如:"真在性分之内。"(《庄子·秋水》郭注)④"不知其然而自然者,非性如何!"(《庄子·则阳》郭注)⑤"苟足于其性,则虽大鹏无以自贵于小鸟,小鸟无羡于天池,而荣愿有余矣。故小大虽殊,逍遥一也。"(《庄子·逍遥游》郭注)⑥汤一介总结郭象理论中"自然"之义,其第三点即"'任性'即'自然'","郭象既然认为'自为'也是'自然'……所谓'自为'就是根据事物各自的'自性'而'为',这也是'无为'"⑦。

郭象由性分论推而广之,"则一切现存制度,伦理秩序都是自然,非人力所能强为,因此无可非难"⑧,初衷是为名教制度寻找合理性。

---

① 王晓毅《郭象评传》,第 276—277 页。

② 《南华真经注疏》,第 530 页。

③ 同上注,第 183、185 页。

④ 同上注,第 343 页。

⑤ 同上注,第 501 页。

⑥ 同上注,第 4 页。

⑦ 汤一介《郭象与魏晋玄学》,第 238 页。按:郭象"性分"说,似实源于嵇康。《与山巨源绝交书》有云:"性有所不堪,真不可强。今空语同知有达人,无所不堪,外不殊俗,而内不失正,与一世同其波流,而悔吝不生耳。老子、庄周,吾之师也,亲居贱职;柳下惠、东方朔,达人也,安乎卑位。吾岂敢短之哉!又仲尼兼爱,不羞执鞭;子文无欲卿相,而三登令尹。是乃君子思济物之意也。所谓达能兼善而不渝,穷则自得而无闷。以此观之,故尧、舜之君世,许由之岩栖,子房之佐汉,接舆之行歌,其揆一也。仰瞻数君,可谓能遂其志者也。故君子百行,殊途而同致,循性而动,各附所安。故有处朝廷而不出,入山林而不反之论。"此即嵇康"性分"说之雏形。但嵇康这里仅仅为了拒仕宦而提出此论,未及更全面展开论述,进而发展出完整的理论。但此说应对郭象产生过实际影响。

⑧ 唐长孺《魏晋玄学之形成及其发展》,唐长孺《魏晋南北朝史论丛》,北京:中华书局,2011 年,第 323 页。

而郭注《庄子》作为"三玄"之一，显然对陶渊明产生了深切的影响。其一，郭象理论中，足其性、任其性即为逍遥自然，所以大鹏与小鸟各自按照本性高飞低窜，这就都是逍遥自然。这样，至人与常人的区别就被取消了，有待与无待的差别、体道与不体道的差别都被无视了，任何人，只要尽其性即可自然。那陶渊明当然可以宣称自己是自然的。嵇康固然曾在《与山巨源绝交书》中提到过"循性而动，各附所安"之说，但他未及将此说与"自然"说结合而形成一完整理论，所以陶诗从性即自然之义仍然无法从嵇康文字中找到依据，而不得不皈依于郭象。其二，如果说"性嗜酒"的五柳先生是以生理之欲为性的话，那陶渊明以爱好丘山为本性，以出仕为官、人事交游为矫厉背性，这就是以后天的社会人格为"性分"，正与郭象的理论若合符契。另外，陶渊明在《与子俨等疏》中自述"性刚才拙，与物多忤"，"才性"问题固然自《人物志》以来成为玄学清谈的中心话题之一，而这里的"性刚才拙"即《归去来分辞序》中"质性自然"之意，仍是取郭象本性不可逾越之意。而《归园田居》其一中"狗吠深巷中，鸡鸣桑树颠"二句，不单点化乐府《鸡鸣行》"鸡鸣高树颠，狗吠深宫中"之成句，更是取义取象于郭象。《庄子·则阳》有云："鸡鸣狗吠，是人之所知。虽有大知，不能以言读其所自化，又不能以意其所将为。"郭象注云："物有自然，非为之所能也。"①在《庄子》和郭象的语境中，鸡鸣狗吠，不单是田园景象，更是物各自然的写照，如是正与全诗"返自然"的主题密合无间。解悟这一层，才能明白陶公诗心之妙，手段之高明。诚如清人赵文哲所言："陶公潜之诗，元气淋漓，天机潇洒，纯任自然。然细玩其体物抒情、傅色结响，并非率易出之者。世人以白话为陶诗，真堪一哂。"②

本此再看《与殷晋安别》一诗，陶渊明称殷"良才不隐世"，自称"江

---

① 《南华真经注疏》，第 516 页。
② 赵文哲《媕雅堂诗话》，张寅彭选辑，吴忱、杨焄点校《清诗话三编》，上海：上海古籍出版社，2014 年，第三册，第 1815 页。

湖多贱贫",当理解为殷晋安的"性分"为有才宜仕者,故终不得隐没世间,己则反之,故只宜安其贫贱。唯如此理解,才能明白陶渊明对殷之态度,有惜而无讽。盖二人"语默自殊势",陶公洒落超然,又有郭象的理论作支撑,蜩、学鸠与大鹏,各自遂性而逍遥,从此再无交集,又何须在临别汲汲于讥讽。

一言以蔽之,陶渊明以爱园田、厌人事为本性,以尽性为自然,这是思想上受到郭象影响的结果。本此认识再看来《形影神》三首,理解将更为透彻。这是因为从思想的层级看,自然是宇宙万有的法则,而委运顺化是人生面对自然法则时所应秉持的态度,前者为本,后者为末。如果像有些学者一样在处理陶渊明的思想问题时将自然与顺化二者并列,就不妥当了。

(二)委运顺化

《形影神》三诗历来为讨论陶渊明思想的核心文本,如果真正从魏晋玄学的内部来加以审视,将三诗切实置纳于时代思潮的历史世界中加以考察,所得之结论恐怕将稍有异于前人。三诗小序云"神辨自然以释之",《神释》诗云"正宜委运去",云"纵浪大化中",《自祭文》云"识运知命",是知命委运顺化即自然,这正是郭象思想的体现。盖如前所说,郭象思想中,万物各有其性,故各有其命,命自性出,尽其性、顺其命,是为自然,反之为不自然。下面结合诗作,做一展开分析。

《神释》所云"甚念伤吾生,正宜委运去。纵浪大化中,不喜亦不惧。应尽便须尽,无复独多虑",如历来学者所言,直接针对纵酒、立善、求仙、养生等人生观而来。但这只是就诗句所否定的一面说的,如就肯定的一面说,何以命运为不能抗拒的必然,采取委运顺化态度的理据何在,却仍有待更进一步分梳。关于这一问题,不妨由诗歌第二句"万理自森著"的问题切入。

"理"字,传世宋元本中,汲古阁藏南宋初递修本(即曾纮跋本)、曾集本、汤汉本、李公焕本皆如此,二曾本及汤本小字注云:"一作物。"仅清人翻刻苏写本径作"万物"。而袁行霈《陶渊明集笺注》和龚斌《陶渊明集校笺》都据此改正文作"万物"。袁先生的理由是："上句言'大钧'造器，下句又言人为三才之中，皆就物而言，故作'物'于义较胜。"①龚先生之说类之②。按：此处校改恐属武断，盖"理"字并非漫无意味的"讹字"。从校勘的一般原则来讲，"理"和"物"字既非形近，亦非音近，那么更"文从字顺"的那个字就更可能是后人所臆改。"万物"更容易理解，所以更可能属于后世产生的异文。

钱穆注意到，魏晋玄学诸家特好用"理"字，且其义颇可与后世理学相通③。王葆玹说："'理'在正始玄学已上升为核心范畴，正始玄学几可以说是义理之学。"④正始之后，"理"也一直是玄学家们的核心概念。故钱穆云："特别重视此'理'字，一再提出，以解说天地间一切自然之变化，而成为思想上重要之一观念，则其事当始于魏晋间之王弼与郭象。"⑤钱穆、王葆玹、王晓毅都指出，自郑玄以来，学者一般将"理"等同于"性"⑥。这两个概念的区别，汤用彤以为在王弼那里是"自道言之名之曰理（天），自德言之则名为性（人）"⑦。王弼之后，裴頠论性理稍有不同，王晓毅概括裴说云："'理'是事物在'本性'的驱使下，与外物发生联系时表现出的必然趋势或规律。"⑧这一看法为郭象所继承。"万理自森著"，其实也就是裴頠在《崇有论》开篇所言："夫总混群本，宗极之道也。方以族异，庶类之品也。形象著分，有生之体也。化

---

① 袁行霈《陶渊明集笺注》，第 67 页。
② 龚斌《陶渊明集校笺》，上海：上海古籍出版社，2018 年，第 83 页。
③ 参见钱穆《王弼郭象注易庄用理字条录》一文，载《庄老通辨》，第 457—500 页。
④ 王葆玹《正始玄学》，济南：齐鲁书社，1987 年，第 282 页。
⑤ 钱穆《庄老通辨》，第 463 页。
⑥ 同上注，第 461 页。王葆玹《正始玄学》，第 282—283 页。王晓毅《郭象评传》，第 284—285 页。
⑦ 汤用彤《王弼大衍义略释》，《魏晋玄学论稿》，第 62 页。
⑧ 王晓毅《郭象评传》，第 285 页。

感错综,理迹之原也。"①是讲万物之性与理皆森然著明也。《神释》后面讲人皆有死,讲委运顺化的道理,都是就性理而言,仅言"万物"反而大失诗旨。《庄子·德充符》郭象注有云:"苟知性命之固当,则虽死生穷达,千变万化,淡然自若,而和理在身矣。"②以淡然于"死生穷达"为"和理在身"的表现,正是"理"与"纵浪"诸句呼应的明证。另外,《庄子》凡三言"万物之理",见于《秋水》《知北游》《天下》三篇,则单从《庄子》而言,也是"万理"胜于"万物"。而陶诗中,《五月旦和戴主簿》"既来孰不去,人理固有终",《癸卯岁始春怀古田舍二首》其一"即理愧通识,所保讵乃浅",《杂诗》其八"人皆尽获宜,拙生失其方。理也可奈何,且为陶一觞",皆标举"理"字,足见陶渊明因深受玄学影响,对"理"的使用有其自觉性。

又,《神释》中以"万"界定"理",这一表达,正与裴頠、郭象的理论相符合,而与王弼的理论不合。王弼的理论"贵无",以无为本。汤用彤概括说:"万象纷纭,运化无方,莫不依天地之心,而各以成形,莫不顺乎秩序而各正性命。万有由本体而得存在,而得其性(故不能以有为心)。而本体则超越形象笼罩变化(故本体寂然至无)。总之,宇宙全体为至健之秩序。万物在其中各有分位各正性命。自万有分位言之,则指事造形,宛然各别。自全体秩序言之,则离此秩序更无余物,犹之乎波涛万变而固即海水也。"③"无"的性质为何,后来学者解说不一,可参看康中乾《有无之辨》中的归纳④,但前引汤先生此说则为学者之共识。总之,王弼"崇本息末",归本于一"无",即"物无妄然,必由其理。统之有宗,会之有元,故繁而不乱,众而不惑。(中略)故自统而寻

---

① 《晋书》卷三五《裴秀传附子頠传》,北京:中华书局,1974 年,第四册,第 1044 页。
② 《南华真经注疏》,第 123 页。
③ 汤用彤《王弼大衍义略释》,《魏晋玄学论稿》,第 62—63 页。
④ 康中乾《有无之辨——魏晋玄学本体思想再解读》,北京:人民出版社,2003 年,第162—167 页。

之,物虽众,则知可以执一御也;由本以观之,义虽博,则知可以一名举也"①。所以,自王弼之理论,宜言"一理""天理",不宜言"万理"。比如西晋庾敳《意赋》"至理归于浑一分"②,这才是典型的依据于王弼理论的表达。

　　然自裴頠、郭象理论视之,则正当云"万理"。裴氏"崇有",汤一介总结为:"'万有'的'自生'是以其自身的存在为根据(本体)。'有'即是其自身存在的根据,在'有'的背后(之外、之上)不再有什么'无'作为其本体。"③所有万物自有其理。前面已经看到,郭象以为万物自有其性,这正是裴頠理论的发展。且郭象强调不存在造物主,"造物者无主,而物各自造","化与不化,然与不然,从人之与由己,莫不自尔"(《庄子·齐物论》注)④,故万物自有其理。所以郭象说:"物物有理,事事有宜。"(《庄子·齐物论》注)又云:"万理皆当。"(《庄子·骈拇》注)⑤《形赠影》中同样说天地之理为"长不没",草木"得常理",故能霜悴露荣,而人之理则一死不复生,正是天地、草木、人类物各有理的意思,与裴、郭之说同。复次,在郭象理论中,"理"常常与"命"相联系,而为"命理",如"不知其所以然而然谓之命,似若有意也,故又遣命之名以明其自尔,而后命理全也"(《庄子·寓言》注)⑥,汤一介解释说,"命理"即"每个事物的'自性'所决定此事物如此生生化化的必然性"⑦。所谓顺化,即顺此命与此理也。其三,由此言之,理者不能违,而当取完全委顺的态度。郭象又云:"达生之情者,不务生之所无以为;达命之情者,不务

---

①　王弼《周易略例·明象》,楼宇烈校释《王弼集校释》,北京:中华书局,1980 年,第591 页。

②　《晋书》卷五十《庾峻传附庾敳传》,第五册,第 1395 页。

③　汤一介《郭象与魏晋玄学》,第 153 页。

④　《南华真经注疏》,第 57—58 页。

⑤　同上注,第 44、187 页。

⑥　同上注,第 544 页。

⑦　汤一介《郭象与魏晋玄学》,第 274 页。

命之所无奈何也。全其自然而已。"(《庄子·养生主》注)①云:"其理固当,不可逃也。故人之生也,非误生也;生之所有,非妄有也。天地虽大,万物虽多,然吾之所遇适在于是,则虽天地神明,国家圣贤,绝力至知而弗能违也。故凡所不遇,弗能遇也;其所遇,弗能不遇也。凡所不为,弗能为也;其所为,弗能不为也。故付之而自当矣。"(《庄子·德充符》注)②所以,就理言之,存在一种必然性,天地之长久,草木之荣悴,人物之生死,都由万物的自性所决定,欲违之而必不能,只能付之自然自化,将自己托给依据于自性而生成的变化本身。可见,如果以郭象玄学审视之,陶诗此处作"万理"是极切当不过的。

虽然陶诗上一句云"大钧无私力",似乎有一造物主被称为"大钧",但这个词直接出典在贾谊《鵩鸟赋》,进而上承《庄子·齐物论》的"天钧"、《寓言》篇的"天均",郭象注为"莫之偏任,故付之自均而止也"③,并不解释为造物主。而从全部陶诗看,这个"大钧"是虚位虚指,并非实如汉人和嵇康所认识的那样,有阴阳二气五行运行的"物理"规律。《感士不遇赋》中,陶渊明说:"咨大块之受气,何斯人之独灵。"又《自祭文》说:"茫茫大块,悠悠高旻。是生万物,余得为人。"固是元气生人之见解,但这仍是玄学的表达,而非汉人旧说。《庄子·齐物论》:"夫大块噫气,其名为风。"郭象注:"大块者,无物也。夫噫气者,岂有物哉?气块然而自噫耳。物之生也,莫不块然而自生,则块然之体大矣,故遂以大块为名。"④依郭注,"大块"即取万物块然自生、块然自化之意,即忽焉自生、无故自化的意思。且以"大块"代称天地造化,正是《庄子》与玄学诸家的专用概念,儒家绝不一用,陶渊明两用"大块",最见渊源。也可证"大钧"为虚位。所以合"大钧"二句,可以

解释为天地无私，万物自生自化之理昭然显明。

故而《神释》一诗，首云"万理自森著"，后云"纵浪大化中"，是有内在理论逻辑一贯性的。言"万理"，意谓物各有性有理，人各有命有运；言"委运""纵化"，即自知其性，自安其命的意思。这命运是依据于一己之性的必然性，既然无能违背己性，自然只能安于己命。陶渊明在《饮酒》其十九中说"遂尽介然分，终死归田里"，所谓"介然分"即自己以介然为命分之意，归田不过顺命而已。同样，《咏贫士》其一说"量力守故辙，岂不寒与饥"，饥寒是自己"性刚才拙"的结果，"量力"即量此才性，饥寒之命就是顺性之命。陶渊明诗文中言"命"，固然有传统的命数之意，但由郭象理论而来的这层新意也显然可见①。如不能顺性而安命，则其他种种徒劳挣扎，都是不达性命之旨，有违"自然"之理，故而不能逍遥于自得之场。

又"不喜亦不惧"一句，注家多引《庄子·大宗师》"古之真人，不知说生，不知恶死"为注，固是。只是在《庄子》中，这是"真人"的境界，如果看郭象的理论，却是每个人顺乎自然，安于命理所应为之事，也是必然的结果。《德充符》郭注有云："一生之内，百年之中，其坐起行止，动静趣舍，情性知能，凡所有者，凡所无者，凡所为者，凡所遇者，皆非我也，理自尔耳。而横生休戚乎其中，斯又逆自然而失者也。"又："苟知性命之固当，则虽死生穷达，千变万化，淡然自若，而和理在身矣。"②所以"不喜亦不惧"非止是"真人"的境界，在郭象看来，即每个知性安命者应有的态度。陶渊明一生追求在"养真""任真"，却并不以为自己即庄子所谓的至人、真人、神人、圣人，而是"老夫有所爱"的常人，所以他

① 按：传统的秉元气而生命的命定论，王充可谓其代表。王充以为，人之"性成命定"都是由元气，由宇宙之规律所定，所以人"所当触值之命"与"强弱寿夭之命"都是天定的。(《论衡·气寿篇》)这与郭象的命自性出之说，可谓迥异。我们通观陶集，会明显觉得陶渊明的思想更倾向于后者。

② 《南华真经注疏》，第117、123页。

的安命顺化,仍是与郭象理论更贴合。

下面引录《庄子·秋水》中有关表述及郭象之注,再次证明陶渊明委运顺化思想的来历:

> 孔子曰:"来! 吾语女。我讳穷久矣,而不免,命也;求通久矣,而不得,时也。(中略)知穷之有命,知通之有时,临大难而不惧者,圣人之勇也。由,处矣,吾命有所制矣。"
>
> 郭注:命非己制,故无所用其心也。夫安于命者,无往而非逍遥矣①。

观此可知,《形影神三首》序中所言"神辨自然",在诗中所展现的人生态度是委运顺化,所展现的人生境界实即"逍遥"。王晓毅说:"郭象认为所谓逍遥,是行为与本性一致而获得的心理愉悦。他反复强调,对每个生命个体来说,只要能按照自己的本性("性分")生活,即思想行为与本性一致,便达到了'逍遥'境界。而达到逍遥之境的途径,是放弃主观好恶的'无心'状态("冥"),使思想情感与自然本性合一。'自然者,不为也,此逍遥之大意。'"②陶渊明此处思想与郭象理论的内在关系业经揭明,则陈寅恪以来谓陶渊明"新自然说"承嵇康"旧自然说"而来的看法,当可得到纠正。

关于"纵浪大化中""化"的形态,袁行霈曾详细分析了陶诗中 15 例"化"的用法和含义,认为这些"化"有三层意思:"一是宇宙间事物变化迁徙的过程","二是不可抗拒的万物自身变化的规律","三是人自身从幼至壮至老至故的变化过程"③。如果从郭象理论观之,还可以强调两点:其一,无时不变,无物不化;其二,化自性出,物各有化。《庄

---

① 《南华真经注疏》,第 345 页。
② 王晓毅《郭象评传》,第 328 页。
③ 袁行霈《陶渊明的哲学思考》,袁行霈《陶渊明研究(增订本)》,第 10 页。

子·齐物论》郭象注："日夜相代,代故以新也。夫天地万物,变化日新,与时俱往,何物萌之哉？自然而然耳!"①《岁暮和张常侍》"明旦非今日",《己酉岁九月九日》"万化相寻绎,人生岂不劳",《饮酒》其一"衰荣无定在,彼此更共之""寒暑有代谢,人道每如兹"皆取此意。郭璞名句"林无静树,川无停流"之玄意,正与此同。《齐物论》注又云："故造物者无主,而物各自造。物各自造而无所待焉,此天地之正也。(中略)化与不化,然与不然,从人之与由己,莫不自尔,吾安识其所以哉!"②前面分析郭象的"性分"论可知,郭象主万物皆各有其性,所以也各有其化,依据即其性理。《形赠影》中天地、草木、人物之化各不相同,其理即在此。陶诗两言"万化",是就万物各自之化而言之,两言"大化",是总此万物万化而言之。

综上言之,陶渊明以爱好园居之自由、厌恶人世之倾轧为本性,以顺从本性为自然;以从此本性,安于依据于一己之性的命运为人生应有的态度,复以此态度为自然。以求此"自然"为基本人生态度,并付诸实践,其思想渊源正来自郭象。如果对魏晋玄学做一番了解,相信会得到这一结论。单就玄学思想而言,郭象对陶渊明的影响要远大于嵇康、阮籍。过去陈寅恪以为陶渊明"新自然说"上承嵇、阮的"旧自然说"而来,恐怕不确。

第二节　真之境：陶渊明的人生境界

受魏晋玄学影响,一生追求真之境界,这是陶渊明的时代性使然。陶渊明的"真"有三种：认知中的真、实践时的真和人生境界上的真。

---

① 《南华真经注疏》,第28页。
② 同上注,第57—58页。

所谓认知中的真,是陶渊明受玄学影响,在思想上所认知的"真"。这属于知解之真。所谓实践时的真,则是陶渊明的认知与行动的一致。当他把自己所认知的真付诸实践,而不是仅仅流于清谈、说一套做一套时,我们说陶渊明在实践其真。这个真是真实无伪之真,而要成就这种实践之真,却需在实践时贯彻一极强的道德意志,持续在德性上下工夫,这种实践之真实际更宜视之为实践之诚。最后,陶渊明在思想上追慕庄子式的自然之真,而他的人生境界也庶几近之,其人生呈现了一种真率自然、物我同流的风格和境界。实践之真诚是第三节讨论的问题,本节主要讨论的是认知之真和境界之真。

对陶渊明思想与文学中的这个"真",学者非无注意,但对其"真"之义的概念解析与"真"之境的形态总结都尚未深入。如仅仅以为陶渊明之"真"即老庄之真,即不伪,即人世之淳①,或者仅仅从否定的一面界定为"所谓'养真'就是让自己的本性不为时俗所污染,不为物欲所败坏,不使自己在人世浮华中丧本离真"②,都还不够全面和准确。此外,因为不了解郭象理论和陶渊明思想中"真"与"自然"两个概念,未有意识到二者实为二而一的关系,因此割裂了陶渊明作品中的"真"与"自然",也未意识到"真"之境是可以用来概括陶渊明人生所追求并企及的最高境界的。故本节将尝试对陶渊明的"真"之义与"真"之境做一深入而全面的探析。

一　"真"之义

陶渊明的人生与文学境界,一言以蔽之曰真。这一真之境,既是他思想上自觉的追求,也是最后达到的人生境界。所谓真,即自然之境。其渊源在魏晋玄学,尤其在郭象处,但又能超越之。总体而言,陶渊明

---

①　袁行霈《陶渊明的哲学思考》,袁行霈《陶渊明研究(增订本)》,第16—17页。

②　戴建业《澄明之境——陶渊明新论》,武汉:华中师范大学出版社,1998年,第182页。

的"真"有两种含义：一是庄子的"体道"之真，即得道体道、齐一大化的存在之境；二是郭象的"独化"之真，即依据"自性"、自生自化之境。两种"真"并存于陶渊明的诗文中，前者是诗人向往的理想世界的形态，后者是他自身追求并践行的生命状态。

"真"这个概念源出老庄，顾炎武已指出："五经无'真'字，始见于老、庄之书。"①《老子》中"真"凡3见，而《庄子》中则用了66次，是《庄子》尤重这一概念。徐克谦认为，"'真'指的其实就是天、地、万物和人的本然的'存在'"，是"一切'存在'的本相"②。《庄子·大宗师》中讨论"何谓真人"，共提出四种"古之真人"来描述之，钟泰总结说，前三者"其一遣得失，其二一梦觉，其三齐生死"，最后则明其"功夫与本体"③。准此可知，"真人"是摆脱了分别之心、尘俗之见而达到齐一逍遥的人。所以"真"之表现为与道合一，齐一大化。

同样值得重视的是郭象的注，其注有云：

> 夫真人同天人，齐万物。万物不相非，天人不相胜，故旷然无不一，冥然无不任，而玄同彼我也④。

---

① 顾炎武《日知录》卷十八《破题用庄子》条，黄汝成集释，栾保群、吕宗力校点《日知录集释》，上海：上海古籍出版社，2006年，中册，第1056页。

② 徐克谦《论庄子哲学中的"真"》，《南京大学学报（哲社版）》，2002年第2期，第96、97页。又方明认为"庄子始终是站在人的'生存'角度来理解和阐述'真'问题的"，这个理想的"真"的状态"指的是世界万物应然的存在状态和人理想的生存境域，可以称为'本真存在'或'本真生存'"。方明《庄子"本真"的生存境域及其言说方式》，《辽宁大学学报（哲社版）》，2011年第6期，第12页。按："生存"的概括力不如"存在"一词。《庄子·大宗师》中，子桑户死，友人孟子反、子琴张相和而歌曰："嗟来桑户乎！嗟来桑户乎！而已反其真，而我犹为人猗！"以死为"反真"，这是在探究人的存在的本质，而非生存的境域。

③ 钟泰著，骆驼标点《庄子发微》，上海：上海古籍出版社，2002年新1版，第131、139页。

④ 《南华真经注疏》，第141—142页。

夫真者,不假于物而自然也。夫自然之不可避,岂直君命而已哉①!

前一条注以阐发《庄子》本意为主,后一条注则真正体现了郭象本人的思想。就庄子言,这种齐物我、齐梦觉、齐生死的状态之所以可能的理据是"恢诡谲怪,道通为一"②。按:老子思想中,"道"是世界的本原,是万物的依据③。《庄子》之"道"又有不同,钱穆说:"庄子宇宙论,可总括成两要义:一曰'万物一体',一曰'未始有物'。此两义相足相成。正因万物一体,故曰未始有物也。世俗之言物,则必各有一物之体,物必各有其个别相异自封之体,乃始得成为物。今既云万物一体,则物与物间,更无各自可以区分而独立之个别体之存在,故曰未始有物也。"④庄子以齐一大化为"真"之表现,其依据正是这个"万物一体"而又"未始有物"的"道",盖能体道即为"真"。韩林合因此说,"真人"就是"体道者"⑤。杨国荣也总结说,"真人"是一种"理想的存在之境","走向这种存在形态,又以体道或得道为条件"⑥。

而前引郭象的第二条注则颇有意思。表面上,这条注本于《庄子》杂篇《渔父》:"真者,所以受于天也,自然不可易也。故圣人法天贵真,不拘于俗。"⑦实际,郭象之义与《庄子》之义颇有出入。《庄子》的"天",据王博总结,大要有物质之天与造化二义⑧,所以"法天贵真"即

---

① 《南华真经注疏》,第 142 页。
② 《庄子·齐物论》,《南华真经注疏》,第 142 页。
③ 如冯友兰说:"古时所谓道,均谓人道,至《老子》乃予道以形上学的意义。以为天地万物之生,必有其所以生之总原理,此总原理名之曰道。"冯友兰《中国哲学史》,上海:华东师范大学出版社,2000 年,第 135 页。
④ 钱穆《庄老的宇宙论》,《庄老通辨》,第 183—184 页。
⑤ 韩林合《虚己以游世——〈庄子〉哲学研究》,北京:北京大学出版社,2006 年,第 113 页。
⑥ 杨国荣《庄子的思想世界》,北京:北京大学出版社,2006 年,第 107 页。
⑦ 《南华真经注疏》,第 586 页。
⑧ 王博《庄子哲学》,北京:北京大学出版社,2004 年,第 159—160 页。

与造化同流之意，仍是就体道而言之。但郭象对"天"予以了新解。
《大宗师》"知天之所为者，天而生也"一句，郭象注云："天者，自然之谓
也。（中略）真人遗知而知，不为而为，自然而生，坐忘而得。"①郭象认
为庄子这里的"天"非造化，而是"自然"的代称。郭象之"自然"，并非
"万物一体"的造化，而是取消了"道"的万物之"独化"。汤一介指出：
"所谓'独化'，是说事物都是独立自足的生生化化的，而此事物之如此
地独立自足的生生化化，彼事物之如彼地独立自足的生生化化，都是由
他们的'自性'决定的，不是由什么外在的造物主或'本体之本'等等所
决定的。"②也就是说，"独化"所依据的是万物的"自性"之"道"，而非
老庄"本体之无"之道。所以郭象所云"夫真者，不假于物而自然也。
夫自然之不可避，岂直君命而已哉"，是强调这种"独化"的必然性。依
照郭象的理论，"真"是安然于这种必然的"独化"。《大宗师》"彼特以
天为父，而身犹爱之，而况其卓乎！人特以有君为愈乎己，而身犹死之，
而况其真乎"，郭象注云："卓者，独化之谓也。"③钱穆据此解说云：
"'卓'与'真'皆从'匕'，盖皆指此物之内充自有之化言也。盖万物形
体，既皆假于外而暂成，而惟其物自身之成毁存亡之一段经历，即所谓
'此物之化'者，乃始为此物之所独擅。故确然成其为一物，以见异于
他物者，实不在其物之体，而转在其物之化。因惟物之化，乃始为此物
之所独，此即其物之卓与真也。故庄子之所谓'真'，即指其物之独化
之历程言。"④按：研究魏晋玄学的学者都指出，"独化"实为郭象理论
的核心概念，故此处郭象之注与庄子之意实有距离，钱先生的解释用来
阐发庄子之"真"未必切合，用来解释郭象以"独化"为"真"却正能抉

①　《南华真经注疏》，第 134 页。
②　汤一介《郭象与魏晋玄学（增订本）》，北京：北京大学出版社，2000 年，第 276—
277 页。
③　《南华真经注疏》，第 142 页。
④　钱穆《庄老的宇宙论》，《庄老通辨》，第 177 页。

其精义。

那么陶渊明的"真",是偏于庄子还是偏于郭象呢？大致说来，在形容世风时近庄，在描述一己之（理想）状态时近郭。陶渊明文集中，作形容词和名词的"真"字一共有如下七个用例：

> 悠悠上古，厥初生民。傲然自足，抱朴含真。（《劝农》）
>
> 羲农去我久，举世少复真。汲汲鲁中叟，弥缝使其淳。（《饮酒》其二十）
>
> 自真风告逝，大伪斯兴。（《感士不遇赋序》）
>
> 天岂去此哉，任真无所先。（《连雨独饮》）
>
> 真想初在襟，谁谓形迹拘。聊且凭化迁，终返班生庐。（《始作镇军参军经曲阿》）
>
> 投冠旋旧墟，不为好爵萦。养真衡茅下，庶以善自名。（《辛丑岁七月赴假还江陵夜行涂中》）
>
> 此中有真意，欲辨已忘言。（《饮酒》其五）

前三例为一组，谓上古之世，民风真淳。上古生民"抱朴含真"是什么状态呢？《庄子·缮性》有描述云："古之人，在混芒之中，与一世而得淡漠焉。当是时也，阴阳和静，鬼神不扰，四时得节，万物不伤，群生不夭，人虽有知，无所用之，此之谓至一。当是时也，莫之为而常自然。"[1]这种状态正是庄子所描述的与道为一的"真人"之状态。这种上古真淳的理想状态，在道家诸子和玄学诸家那里似乎并无二致。

后四例为一组，郭象的影响显然可见。"真想初在襟"四句所述正前引郭象"夫真者，不假于物而自然也。夫自然之不可避，岂直君命而已哉"之意。陶渊明本取郭象之说，以尽性为自然，此处即云我任真之

---

① 《南华真经注疏》，第 322 页。

想本在怀抱,自将顺性而为,非今之形迹可拘。"真想"为"任真之想",亦即顺性自然之愿望。而"凭化迁"之"化"既是万物之变化,也是一己命运之化,化自性出,我之天性"本爱丘山",顺此性斯为自然,斯为真,则"返班生庐"为必然之事。"自然"有必然义,正如郭象所云"自然之不可避"。如此理解,方能四句贯通而下,否则泛云"化"为"时运之变化"①,或者"万物变化"②,都尚未达一间。《饮酒》其五中,我之采菊东篱,南山之"山气日夕佳",以及飞鸟之还,皆各得其性中之自然,仍是"独化"之意,斯为"真意"。

至于"任真无所先"与"养真衡茅下"二句,更是受郭象影响最显著的标志。盖《庄子》书中,仅外篇《田子方》中有"虚缘而葆真"一语,而无"任真""养真",二词都从郭象注中来。下面引录郭注有关文字:

> 夫任自然而忘是非者,其体中独任天真而已。(《齐物论》注)
>
> 夫唯外其知以养真,寄妙当于群才,功名归物而患虑远身,然后可以至于暴人之所行也。(《人间世》注)
>
> 故任之而无不至者,真人也,岂有概意于所遇哉!(《大宗师》注)
>
> 任真者失其据,而崇伪者窃其柄。(《在宥》注)
>
> 任真而直往也。(《天道》注)
>
> 饰画,非任真也。(《列御寇》注)③

如果就郭象理论观之,命由性出,斯为"自然",则言"任真"比"养真"更切合,故郭象亦仅一言"养",而五言"任"。郭象注《庄》,不但言"任真",还十二用"任性",六言"任其性""任其性命",一言"任其天性"。

①　袁行霈《陶渊明集笺注》,第 184 页。
②　龚斌《陶渊明集校笺(典藏版)》,上海:上海古籍出版社,2018 年,第 193 页。
③　《南华真经注疏》,第 24、76、136、218、279、595 页。

又言"率性",亦与"任性"同。《人间世》郭注有云:"夫使耳目闭而自然得者,心知之用外矣。故将任性直通,无往不冥。尚无幽昧之责,而况人间之累乎!"①在这里明言"任性"即可"自然得",是"任性"亦即"任真"。又《秋水》郭注云:"真在性分之内。"②亦可为证。返观陶诗,诚能切其情景。在仕途之中,故其"真"需葆之、养之,使不失堕;在田园中独饮,则其"真"已得,但任之而已,任真故能"云鹤有奇翼,八表须臾还"。但不论是"养真"还是"任真",都源自郭象注,而非直接来自《庄子》,则显然可见。且依据郭注,"任真"即"任性",则"养真"亦"养性"之意。必自明己性,斯能养之而任之,以达致顺性自然之境。以上四例之"真",都是陶渊明描述一己之境,都是从郭象之说,以独化自然为真。辨明这一点,过去陶诗注释的含糊之处,也或可稍得明晰。

虽然郭象在玄学思致上影响陶渊明极深,但论对人生严肃认真的态度,对生命的践履以及所达到的境界,前者却无法与后者相提并论。因此,郭象之"真",是理论之"真";陶渊明之"真",却是由理论贯彻人生实践之"真"。前者只是理论上应然之境,后者却是人生实然之境,这是二人最大的不同。

以境界论,陶之于郭,正如大鹏之于蜩与学鸠。盖郭象汲汲论证的是现实的合理性,是顺名教而得自然的可能性③。依郭象之说,一般玄学人物、士族人物乃能逍遥于尘俗之中,自得于富贵之场,以为二者不相违背,安享富贵亦自然,而其实尘缠俗缚,并不能真逍遥自然;而陶渊

---

① 《南华真经注疏》,第84页。
② 同上注,第343页。
③ 正如王中江指出:"与庄子相反,郭象在《庄子注》中,把庄子'重估一切价值'的方向,完全逆转为'认同一切价值'的方向。如果说,庄子的逻辑是'一切现实的都是非合理的'的话,那么,郭象的逻辑则是'一切现实的都是合理的'。"王中江《从价值重估到价值认同》,王中江《道家学说的观念史研究》,北京:中华书局,2015年,第338页。具体分析可参第338—340页。

明则不自欺不自饰，直以违俗之性为本性，其以尽性为自然，即以超越尘俗为自由，便与诸人有根本差异，乃能得真逍遥、真自然。所以，言尽性则无不同，言性则大异，一者以适欲为性，一者以超然为性。因此，对现实的态度上，郭象肯定并维护现实，陶渊明则于现实不能认同，持批判态度。郭象要证成的是"名教中自有乐地"，"庙堂不异山林"，陶渊明眼中的世界则是"真风告逝，大伪斯兴"，"雷同毁异，物恶其上。妙算者谓迷，直道者云妄。坦至公而无猜，卒蒙耻以受谤。虽怀琼而握兰，徒芳洁而谁亮"（《感士不遇赋》）的局面，所以他希望"邈与世相绝"（《癸卯岁十二月中作与从弟敬远》），"心远地自偏"（《饮酒》其五），"远我遗世情"（《饮酒》其七）。盖郭象主不分别，而陶渊明分别远近偏正，且以偏远胜正近，此又阮步兵、嵇中散之态度也。主不分别，所以郭象认为许由那样的隐士因为"有情于自守，守一家之偏向"，才"独亢然立乎高山之顶"①，他进而嘲笑"若乃厉然以独高为至而不夷乎俗累，斯山谷之士，非无待者也，奚足以语至极而游无穷哉"②。陶渊明固然不是远弃人世而独居山林的许由，但他同样也不是悠游官场、和光同尘的郭象，他弃官自守这一点与郭象的主张便显然有别。

由此，陶渊明与郭象在思想上也存在根本不同。《庄子·大宗师》郭注有云：

> 夫理有至极，外内相冥，未有极游外之致而不冥于内者也，未有能冥于内而不游于外者也。故圣人常游外以冥内，无心以顺有。故虽终日见形而神气无变，俯仰万机而淡然自若③。

此处郭象刻画了理想的圣人人格，既能一边"游外"，应接世物，周旋人

---

① 《南华真经注疏》，第11页。
② 同上注，第15页。
③ 同上注，第155页。

事,"终日见形""俯仰万机",另一边却又"冥于内",即心无无别,超然逍遥,正因如此,才能在游外时"神气无变""淡然自若"。推导此说,形神可以有别,形可示人以应物之容,而神则淡漠无意。《维摩诘所说经》也表现了这一思想,故与郭象《庄子注》同在士大夫间流行①。《世说新语·言语》载:"竺法深在简文坐,刘尹问:'道人何以游朱门?'答曰:'君自见其朱门,贫道如游蓬户。'"竺法深所言取义正源于此。后来王维批评稽康和陶渊明弃官辞聘,是"异见起而正性隐,色事碍而慧用微,岂等同虚空、无所不遍、光明遍照、知见独存之旨邪",是"人我攻中,忘大守小"②,他所依据的理论也是郭象以来的玄、释之说。相反,陶渊明却似分毫未受到这种论调的影响,他主张的是形神合一,是修心诚内,束身归心。如《始作镇军参军经曲阿》:"真想初在襟,谁谓形迹拘。聊且凭化迁,终返班生庐。"《辛丑岁七月赴假还江陵夜行涂中》:"商歌非吾事,依依在耦耕。投冠旋旧墟,不为好爵萦。养真衡茅下,庶以善自名。"《乙巳岁三月为建威参军使都经钱溪》:"一形似有制,素襟不可易。园田日梦想,安得久离析。终怀在归舟,谅哉宜霜柏。"《归去来兮辞》:"既自以心为形役,奚惆怅而独悲。悟已往之不谏,知来者之可追。实迷途其未远,觉今是而昨非。"凡此所表达的都是约束身体、归于本心的意思。可见陶渊明绝不以为冥心游外是适合自己的人生理想,而这正是他与郭象思想的根本不同。

不但郭象不足比肩陶渊明,魏晋人物能真正达致自然而企及陶渊明人生境界的还有几人?《颜氏家训·勉学》已云:

> 夫老、庄之书,盖全真养性,不肯以物累己也。故藏名柱史,终

---

① 汤用彤先生《言意之辨》一文曾举东晋张翼之例,说明此时士人已引维摩诘之事为玄学同调,可参看。见《魏晋玄学论稿》,第 37 页。

② 王维《与魏居士书》,赵殿成笺注《王右丞集笺注》,上海:上海古籍出版社,1984 年新 1 版,第 334 页。

蹈流沙;匿迹漆园,卒辞楚相,此任纵之徒耳。何晏、王弼,祖述玄宗,递相夸尚,景附草靡,皆以农、黄之化,在乎己身,周、孔之业,弃之度外。而平叔以党曹爽见诛,触死权之网也;辅嗣以多笑人被疾,陷好胜之阱也;山巨源以蓄积取讥,背多藏厚亡之文也;夏侯玄以才望被戮,无支离臃肿之鉴也;荀奉倩丧妻,神伤而卒,非鼓缶之情也;王夷甫悼子,悲不自胜,异东门之达也;嵇叔夜排俗取祸,岂和光同尘之流也;郭子玄以倾动专势,宁后身外己之风也;阮嗣宗沉酒荒迷,乖畏途相诫之譬也;谢幼舆赃贿黜削,违弃其余鱼之旨也:彼诸人者,并其领袖,玄宗所归。其余桎梏尘滓之中,颠仆名利之下者,岂可备言乎!直取其清谈雅论,剖玄析微,宾主往复,娱心悦耳,非济世成俗之要也①。

所以一般玄学众人,言不顾行,行不顾言,早已为识者所讥。言行一致,唯有一陶渊明耳。汤一介概括道:"晋魏玄风作为一种人生态度应有所分别,有的人是'行为之放',仅得'放达'之皮相,如王衍、胡毋辅之之流,以矜富浮虚为放达;有的人是'心胸之放',则得'放达'之骨骸,如嵇康、阮籍等人,以轻世傲时为放达;有的人是'与自然为一体之放',则得'放达'之精髓,如不为五斗米折腰的陶潜即是。"②汤一介所谓的"与自然为一体之放",实即陶渊明所达致的真之境界,这一境界正是以束身归心为思想起步的。如果更进一层思考,汤一介先生所谓的"行为放达"和"心胸放达"两种人,其实都只是"浪漫泛滥的文人生命之'感性的主体'",这种"率真适性之自由结果是放纵恣肆而成为情欲之奴隶,而转为不自由"③。

① 王利器《颜氏家训集解(增补本)》,北京:中华书局,1993 年,第 186—187 页。
② 汤一介《郭象与魏晋玄学》,第 34 页。
③ 牟宗三《才性与玄理》,台北:学生书局,2002 年,第 375 页。

二 人生之境

陶渊明对"真"之境有真切体认，更付诸践履，而形成卓绝千古的一家之风。这种陶氏高风，既是其人生的境界，也是其文学的境界。人生的"真之境"，可以从两方面来看：其一是陶渊明对本性的体认与尽性的自觉追求，这是就真的实现方式而言；其二是由齐万物、顺运化的认知而来的人生的态度与风神，这是就最后的境界而言。只是这两方面只存在逻辑的先后关系，并不存在实际的先后关系，就陶渊明诗文所呈现的实际看，二者往往是兼具并存的状态①。

前面已说明，"任真"即"任性"，且郭象论中，物各一性，人各一性。《庄子·逍遥游》郭注有云："物各有性，性各有极。"②《庄子·秋水》："鸱鸺夜撮蚤，察毫末，昼出瞋目而不见丘山，言殊性也。"郭象注："就其殊而任之，则万物莫不当也。"③"物各有性""殊性"云云，仍是万物之性各殊，那人之性为一还是各殊？郭象以为人与人之性也是万殊的。同篇庄子辞楚王之聘，而曰："往矣！吾将曳尾于涂中。"郭象注："性各有所安也。"④庄子本意只是不欲求富贵而造横祸，并无涉及"性"的问题，郭象却以"性各有所安"来解释庄子的鄙弃富贵与楚王及群臣的爱慕富贵，正是离开庄子的本意，而用自己的学说来解释。他显然认为不但万物殊性，就是人亦是各殊其性，难求一是。向秀认为"好荣恶辱，好逸恶劳，皆生于自然"，以及"富贵，天地之情也"，显然认为人性是一样的，而郭象之说则异于是。在此逻辑下，体认己性，为最重要、最基本之事。

---

① 当然，陶渊明之"任真"，最显性的方式是魏晋风度中的饮酒沉醉，这一点人所共知的，故不需多论。钱锺书《管锥编·列子张湛注》其八《杨朱》中于此义曾有论述，可参看。另外，颜崑阳有《从饮酒论陶渊明的生命境界》一文，亦可参看。见《鹅湖月刊》132期，1986年6月。

② 《南华真经注疏》，第5页。

③ 同上注，第338页。

④ 同上注，第349页。

《庄子·骈拇》郭注云："知其性分非所断续而任之，则无所去忧而忧自去也。"①明确提出"性分"当先知，而后能"任之"。《庄子·缮性》："彼正而蒙己德，德则不冒，冒则物必失其性也。"郭象注云："各正性命而自蒙己德，则不以此冒彼也。若以此冒彼，安得不失其性哉！"②"冒"的本义是覆盖，成玄英疏："冒，乱也。"是引中而言之。郭象注强调了"各正性命"，不能"以此冒彼"这一层意思，即须把握己性，不能误认己性。

陶渊明一生之创作，都致力在探求自我、描述自我，宇文所安甚至称其诗歌为"自传诗"③。与其他诗人相比，何以陶渊明显得对"自我"更加着迷？一个重要的理由当是，他在不断探求与确认自己的本性，并以此肯定自己顺性而为之行动。他是个言顾行、行顾言的人，他一旦相信自己找到了本性，就一定会按照这一本性来行动，在他的认知中，这样才算是"自然"，才算真正的逍遥。居此一世之中，"人生实难"，苦难实多，这是任何一个凡人所不能免的，要"道胜无戚颜"，便不能不时时作"正性命"的确认功夫，再以"任之"的方式贯之彻之。

我们看陶渊明初作《五柳先生传》，通篇皆述己之性，这是少年之初认知。在仕途，反复云"真想初在襟"，"诗书敦宿好，林园无世情"，"一形似有制，素襟不可易"，这是对"失性"行为的自悔自誓。初辞官，云"质性自然，非矫厉所得"，云"少无适俗韵，性本爱丘山"，这是对本性的再确认。在田园，则有"形迹凭化往，灵府独长闲"，"介焉安其业，所乐非穷通"，"惟此百年，夫人爱之，惧彼无成，愒日惜时。存为世珍，殁亦见思。嗟我独迈，曾是异兹。宠非己荣，涅岂吾缁？捽兀穷庐，酣饮赋诗。识运知命，畴能罔眷。余今斯化，可以无恨"诸诗文，依然是自述己性，自顺己性。尤其是《自祭文》所述，在临终之前，再次确认，

---

① 《南华真经注疏》，第184页。
② 同上注，第322页。
③ 〔美〕宇文所安《自我的完整映像——自传诗》，见乐黛云、陈珏编选《北美中国古典文学研究名家十年文选》，南京：江苏人民出版社，1996年，第110—137页。

自己之"曳尾于涂",是"性各有所安"的结果,故"可以无恨"。

有一点可以补充讨论之,即早年的《五柳先生传》云"常著文章以自娱",临殁《自祭文》再次强调"酣饮赋诗",文学对于尽性的意义何在? 魏正申曾四次撰文,分析陶渊明"以诗文传世的思想",以表彰其积极用世之心①。其说抉发陶渊明深心中勃勃之气,甚为有见。但陶文明言,著文为"自娱",赋诗同于酣饮,显然也是强调其快乐逍遥的功能,这一层意思魏先生却忽略了。其实回到郭象《庄子注》中,是可以找到解答的。

《庄子·列御寇》"齐人之井饮者相捽也。故曰:今之世皆缓也"句,郭注云:"夫穿井所以通泉,吟咏所以通性。无泉则无所穿,无性则无所咏,而世皆忘其泉性之自然,徒识穿咏之末功,因欲矜而有之,不亦妄乎!"②郭象此注以吟咏与性的关系为例证,实际阐发了一个重要的文学观点。依照郭象的见解,性是根本,就像泉之本有,吟咏是由具有吟咏之能的天性发出的。吟咏的作用是"通性",即将性中吟咏之本能释放、实现出来,就像井之通泉。本性得到释放和实现,这才是"任性""任真",也就是这里的"通性",也就是"自然"。关于这种"尽其能",释放能力为"任性"的看法,郭象在《马蹄》篇注中有详细阐发,他认为善御的人,要尽马之能,让马充分施展自己奔腾的本领,"任驽骥之力,适迟疾之分",虽然被人驾驭,"虽则足迹接乎八荒之表",但"众马之性全矣"。相反,"惑者闻任马之性,乃谓放而不乘;闻无为之风,遂云行不如卧;何其往而不返哉! 斯失乎庄生之旨远矣"③。汤一介、王晓毅对此都有详细解说,可以参看④。"吟咏所以通性"正要如此理解。另

① 魏正申《陶渊明探稿》,北京:文津出版社,1990 年,第 1—12 页。魏正申《陶渊明评传》,北京:文津出版社,1996 年,第 99—129 页。

② 《南华真经注疏》,第 593 页。

③ 同上注,第 194—195 页。

④ 汤一介《郭象与魏晋玄学(修订本)》,第 167 页。王晓毅《郭象评传》,第 276—277 页。

一方面，郭象又对"徒识穿咏之末功，因欲矜而有之"的现象和人物提出了批评，称他们"不亦妄乎"。在他看来，文学的作用是释放和实现天性，如果一意雕章琢句，矜才炫能，同样有违自然，有害本性。郭象生于西晋雕琢文风盛行的时代，他这里的注释是否有隐隐针对"太康之英"们的意图呢？有趣的是，陶渊明生活的晋宋之际，正好是西晋文风再度被推崇的时代，陶渊明全然不理会这种发源于京师的新潮流，而完全赞同郭象的见解，所以他强调文学创作"自娱"的作用，正是要借此以"通性""任性"。可见，陶渊明文学创作的初衷与根本目的是要尽己之性，以达致天真自然之境，而以此迎合时流以扬名，全不在他意中。陈师道《后山诗话》云："渊明不为诗，写其胸中之妙耳。"[1]杨时《龟山先生语录》卷一："陶渊明诗所不可及者，冲澹深粹出于自然。若曾用力学，然后知渊明诗非着力所能成。"[2]这是前人的卓识，是后人的通见，自是不错。但陶诗何以能"不为诗"而"出于自然"，仅仅以人品高妙解之，只探得其一端而已，还要从"吟咏所以通性"这一理论去理会陶渊明的"自娱"说，才能于思想这一端究其底里。

　　这种对本性的自觉体认与尽性的追求，贯彻到人生中，就形成了陶渊明超卓的人生态度与高妙的风神，并很早就得到人们的认可与叹赏。史传中不但记载了诸多逸事，且《宋书·隐逸传·陶潜传》谓其"少有高趣"，"其真率如此"[3]，萧统称其"少有高趣"，"任真自得"[4]，这都是极准确的概括。王国璎指出，史传于陶渊明，着力点正在表现其高洁不

① 陈师道《后山诗话》，何文焕辑《历代诗话》，北京：中华书局，2004 年第 2 版，第 304 页。
② 杨时撰，林海权校理《杨时集》，北京：中华书局，2018 年，第 232 页。
③ 《宋书》卷九三，北京：中华书局，1974 年，第八册，第 2286、2288 页。
④ 萧统《陶渊明传》，袁行霈《陶渊明集笺注》附录，北京：中华书局，2003 年，第 611 页。

群、旷达逍遥的人格性情①。虽然王先生认为史传有意回避了陶渊明焦灼的一面，但历来《隐逸传》《高士传》无写焦灼隐士的传统，这是其一；天下人皆有焦灼，独陶渊明高旷真率如斯，自然传其高旷真率而略其焦灼，否则又何须立传，这是其二。因此仍不得不推沈约、萧统诸公为有识。至宋代，苏轼也表彰说："孔子不取微生高，孟子不取於陵仲子，恶其不情也。陶渊明欲仕则仕，不以求之为嫌，欲隐则隐，不以去之为高，饥则扣门而乞食，饱则鸡黍以延客，古今贤之，贵其真也。"②所谓"欲仕则仕，不以求仕为嫌"乃求官之向秀、郭象，于陶渊明实不确，此"心为形役"之大苦，何尝不以为嫌。但不惮隐，不畏贫，不耻乞食，不吝同欢，的确是真风迈俗，令人景仰。盖知行合一实难，陶渊明一生凝视自我，确认本性，毅然任性而行之，虽然遭遇千般难、万般苦，一旦自反其心，自觉其缩，便又纵浪大化，既不拘拘于鸡虫得失，便真能体会到万物齐一之感，往往忘我而为，如此形成的人格与风度，便是世人眼中的真率。

以读书弹琴为例，陶诗每连言"琴书"，而《五柳先生传》中"好读书，不求甚解"一语，又《宋书》本传中"不解音声，而畜素琴一张，无弦，每有酒适，辄抚弄以寄其意"的记载，引出了后人多少争论。雅好琴书，在魏晋人物中本自常见，这也是陶氏"任真"风度的绝佳体现，哓哓置辩陶渊明会弹琴与否、有学问与否，固非不可，终究有一叶障目、不见真风高格之嫌。其实元人李治于《敬斋古今黈》中解此二事最佳，其云：

> 陶渊明读书不求甚解，又蓄素琴一张，弦索不具，曰："但得琴

---

① 王国璎《史传中的陶渊明》，《台大中文学报》第十二期，2000 年 5 月，第 193—228 页。

② 苏轼《书李简夫诗集后》，孔凡礼点校《苏轼文集》卷六八，北京：中华书局，1986 年，第五册，第 2148 页。

中趣，何劳弦上声。"此二事，正是此老自得处。俗子不知，便谓渊明真不着意，此亦何足与语。不求解则如勿读，不用声则如勿蓄。盖"不求甚解"者，谓得意忘言，不若老生腐儒为章句细碎耳。"何劳弦上声"者，谓当时弦索偶不具，因之以为得趣，则初不在声，亦如孔子论乐于钟鼓之外耳。今观其平生诗文可概见矣。《答庞参军》云："衡门之下，有琴有书。载弹载咏，爰得我娱。岂无他好，乐是幽居。"《归去来辞》云："说亲戚之情话，乐琴书以消忧。"《与子俨等疏》云："少学琴书，偶爱闲静，开卷有得，便欣然忘食。"使果不求甚解，不取弦上之声，则何为载弹载咏以自娱耶？何为乐以消其忧耶？何为自少学之以至于欣然而忘食耶？痴人前不得说梦，若俗子辈，又乌知此老之所自得者哉①！

李治所拈出之"载弹载咏以自娱"，正与前述"常著文章以自娱"同义，为通性任真之方。李氏又以得意忘言解"不求甚解"，亦为有见。汤用彤指出，自王弼诸人树言意之辨之后，"言意之辨，不惟与玄理有关，而于名士之立身行事亦有影响。按玄者玄远。宅心玄远，则重神理而遗形骸。神形分殊本玄学之立足点。学贵自然，行尚放达，一切学行，无不由此演出"，"读书须视玄理之所在，不必拘于文句"②。诚如王弼《周易略例·明象》所云："言者所以明象，得象而忘言；象者，所以存意，得意而忘象。"③王葆玹则发现，王弼的影响，东晋中后期才开始显著起来，之前反而是言象尽意的各种理论较流行④。则陶渊明读书、弹琴皆重会意而不拘拘于形迹，也是深以王辅嗣之说为然。又《庄子·天运》亦言："夫六经，先王之陈迹也，岂所以迹哉！"郭象注云："所以迹

①　李治撰，刘德权点校《敬斋古今黈》，北京：中华书局，1995年，第173—174页。
②　汤用彤《言意之辨》，《魏晋玄学论稿》，第35、36页。
③　楼宇烈校释《王弼集校释》，北京：中华书局，1980年，第609页。
④　王葆玹《正始玄学》，济南：齐鲁书社，1987年，第360—361页。

者,真性也。夫任物之真性者,其迹则六经也。"①按:此说与王弼又有所不同。依郭象之见,先王行事的依据是真性,任万物之性、任百姓之真即可,至于六经之记载,则不过具体行事之陈迹而已。那么读书当求识其真,又何必拘泥于字句呢?以上三者,皆可解释陶渊明"琴书"之业,三者当交融于其胸间,而不必作泾渭之分辨。总之,玄学理论所提倡之任真风度,魏晋人物大都或多或少有所体现,而陶渊明则整个生命皆真,皆自然,即李治所说"自得"。此无他,他一生都在体认本性、践履尽性之事上下着深切的功夫,久之生命与之俱化而已。

"真"的态度与风神还有一个表现,就是"静"。陶集中屡言之,如:

> 静寄东轩,春醪独抚。(《停云》)
> 我爱其静,寤寐交挥。(《时运》)
> 静念园林好,人间良可辞。(《庚子岁五月中从都还阻风于规林》
> 其二)
> 少学琴书,偶爱闲静。(《与子俨等疏》)

又《五柳先生传》之"闲靖少言,不慕荣利","靖"通"静",亦是一例。"静"在《老子》《管子》《荀子》《礼记》《淮南子》等书中皆能见到,同为各家所重。但将"静"与"真"合一,则源自《庄子》及郭象注。《大宗师》:"是之谓不以心捐道,不以人助天。是之谓真人。"郭注云:"人生而静,天之性也;感物而动,性之欲也。物之感人无穷,人之逐欲无节,则天理灭矣。真人知用心则背道,助天则伤生,故不为也。"②"人生而静"四句,既见于《礼记·乐记》,又见于《淮南子·原道训》,郭象显然

① 《南华真经注疏》,第304页。
② 同上注,第137页。

赞同人性本静的观点。更重要的是，郭象以"静"来解释"真人"，这是符合《庄子》书中之义的。《庄子·天道》有云："圣人之静也，非曰静也善，故静也。万物无足以挠心者，故静也。（中略）夫虚静恬淡，寂漠无为者，万物之本也。"郭注"万物"句："斯乃自得也。"①又《庚桑楚》云："贵富显严名利六者，勃志也；容动色理气意六者，谬心也；恶欲喜怒哀乐六者，累德也；去就取与知能六者，塞道也。此四六者不荡胸中则正，正则静，静则明，明则虚，虚则无为而无不为也。"②前已说明，《庄子》之"真"是遣得失、一梦觉、齐生死，亦即这里的"万物无足以挠心"。可见，在《庄子》的话语系统中，"静"是"真"的状态。能"任真"者，即无得失意与分别心，而安于天性之静者。陶渊明《与子俨等疏》中，在"偶爱闲静"之后即云："开卷有得，便欣然忘食。见树木交荫，时鸟变声，亦复欢然有喜。常言五六月中，北窗下卧，遇凉风暂至，自谓是羲皇上人。"这便是与万物同流、齐一大化的形象描述。此际已不复有物我之别，则宇宙之生机即我之生机，宇宙之广大即我之广大，斯为真境，亦为静境。

　　陶渊明人生真境贯彻于文学之中，自然形成文学之真境③。这种文学境界与人生境界的合一，正是陶渊明在中国文学史上"独出众类"之处。学者恒言，风格即人格，文学即人学，但古今中外，真正能扫却修饰，在作品中真诚而完整地呈现整个人格的作家并不多。陶渊明显然是这不多者中的典范。相信在了解其人生之真境之后，对此将不再怀疑。

三　结语

　　以上分析了陶渊明人生与文学的真之境。这个"真"，既是庄子哲

---

①　《南华真经注疏》，第264—265页。

②　同上注，第459页。

③　诚如龚斌所说："陶诗的叙事、写景和抒怀，无不以'任真'为先，处处真意淋漓。'真'是陶诗平淡自然风格的灵魂。"龚斌《陶渊明传论》，上海：华东师范大学出版社，2001年，第192页。

学齐一大化之真,也是郭象理论尽性任性之真。陶渊明以"任真"为理想,终身审视本性,确认本性,然后依照所认定的自我,笃实而认真地活着。他饮酒赋诗,无不是为了释放天性、实现本性这一根本目的。久之,这种自觉的追求便融化于体内,形成自然率真的生命风度。因为文学创作的目的是通性,故而他的文学是生命的文学,是体现本性的文学,于是也常常达致真之境界。

陶渊明置身玄学思想风潮中,当然受其影响,但他所致力的并非独成一家之学说,而是笃厚真诚之实践。他取"得意忘言"之态度,予取予夺,蹈之履之,践之行之,《康衢谣》"不识不知,顺帝之则"之语,《庄子》"得鱼忘筌""天地有大美而不言"的境界,很能概括陶渊明这种人生状态。

过去学者常争论陶渊明的思想底色是儒还是道。虽然玄学与儒家的思想都对陶渊明产生了深切的影响,从而浸润在其诗文作品之中,但仍不得不承认,裁量儒道,成一家言,并不是他的目标。自始至终,他的关注点都是生命的安顿。如果着眼于此,那不妨跳出儒道之争,而聚焦于生命安顿的角度理解陶渊明和他的作品。可以发现,陶渊明追求的是心灵的自由,他也庶几企及了这一境界。而他对心灵自由的追求却主要不是采用庄子式的退与忘的方式,而是依靠意志的力量,这种意志力表现为理性认知、控制力与行动力。在陶渊明看来,世界和自我都是可以理解的,自我也是可以依照自己的理想与内在力量塑造与实现的。改变自我,塑造自我,持之终身,这显然是一种儒家式的态度。另一方面,陶渊明又渴望着心灵的自由。这种心灵自由是庄子式的齐一大化,是郭象所说的顺性自然,这种境界显然又是对意志的超越。吊诡之处在于,陶渊明始终致力于通过意志进入心灵,由知解进入"无知",以此达到心灵的自由。这种"西西弗斯式"的努力,最终成就了一个独特的但也是典范式的灵魂,他的作品的深厚滋味也由此而来。

第三节 诚之以求真：陶渊明的
人生哲学与实践

一 一种崭新的人生之道

绝大多数人遵循着已有的道路而行，极少数人走出自己的路，也为后人开辟道路。盖循其已有者易而筚路蓝缕难。陶渊明是后者。

陶渊明是一类伟大失败者的代表。他们也曾经寄望通过部分妥协在世俗中谋得一席之地，却最终发现这是不可能达成的目标，转而彻底拒绝世俗的标准，完全回到自己的信念中。从尘世的标准看，他们是失败者、逃避者，从他们自己的角度看，他们拒绝贪婪和不义，是信念与道德的捍卫者。

拒绝一般人的标准相对容易，为自己找寻安身立命的一整套价值观念、思想和与之相应的生活方式却难。较为简易的方式是遵循某套伦理规范、信仰某种宗教，比如友人刘遗民、周续之对佛教的信仰、堂弟敬远对神仙道教的信仰。如果没有被宗教吸引呢？儒家、道家（玄学）都有提供现成的伦理道德规范和生活方式。尴尬之处在于，儒家的教训与规范，自汉末以来，一直处于解体、滥用、扭曲，甚至污名化的过程中。陶渊明所拒绝的世俗标准，很多正是假借儒家规范之名以行之，或者说是庸俗化、世俗化的儒家规范的一部分。而道家学说，尤其新兴的玄学，其命运也并不好多少，依然成为富贵者纵乐的理据。这样，儒、道并不提供一个现成的桃花源，可以让陶渊明裹身遁入。他必须在人间，也在精神上，为自己构建出一片安身立命的天地，而构建的过程便是他寻路而行的程途。相比起逃入现成的儒、道世界、宗教世界的很多士人来说，陶渊明选择了一条艰难漫长、迂回曲折得多的道路，他和奥德修斯一样,所要回到的"伊萨卡岛",并不只是物理世界中的那个故乡,而是在历经磨难之后在心灵世界中重塑的家园,是他一直找寻并最终建成的世界。所以回归田园,就是回归心灵,更准确说是从属物世界回到属己的世界,开始心灵之建设。回归实即建造。这其实是一个漫长的旅途,并不是身体躺在老家的床上就算归来,那只是归来之路的起步。

以"诚"的态度和"诚之"的工夫来追求真之境界,这正是陶渊明所具有的可称伟大的意义。他和孔、孟、老、庄一样,并不取现成的思想来包裹和安放自己,而是展开生命的力量,在人生之中热切地创造独属于自己的精神的、思想的、心灵的世界。在称得上文学家的人物中,他也许是第一个这么做的人,是不祧之祖。

关于陶渊明这一独特的人生哲学与实践,虽然还未经充分探讨,但洞察其窾要的古今学者不乏其人。古人高妙透辟者,似无过于清人潘德舆者。彼云:"陶公诗虽天机和盎,静气流溢,而其中曲折激荡处,实有忧愤沉郁、不可一世之概,不独于易代之际奋欲图报。(中略)盖所学任天,自与俗异。同时必有貌为推尊、内实非薄者,必又有多方讪笑、交讧其侧者,非具定识定力,何以能不为之动而卒成所学也?故端居自励,亦深以怀疑改辙为警,曰'当年讵有几,纵心复何疑',曰'达人解其会,逝将不复疑',曰'一往便当已,何为复狐疑'。然则和盎流溢,学成之候也;愤激沉郁,刻苦之功也。先有绝俗之特操,后乃有天然之真境。彼一味平和,而不能屏绝俗学者,特乡原之流,岂风雅之诣乎?"[1]陶渊明之学根底在儒家,这是宋人真德秀以来越来越为人所接受的观点,潘四农的特出之处在于他认为陶渊明经过"愤激沉郁"的"刻苦之功"而达成的是"天机和盎,静气流溢"的"天然之真境"。前者属儒家之修身,后者近乎道家之真境。下至 1933 年,潘伯鹰说:"我觉得陶公的生活有全体一贯的精神。他那强毅的意志所发挥的人格,实是一个坚苦、

---

[1]　潘德舆著,朱德慈辑校《养一斋诗话》卷十,北京:中华书局,2010 年,第 157 页。

勇猛、平凡、伟大的英雄。(中略)他的快乐也自以此点为源泉。这便是他的坚固意志造成的一贯生活。"①张人骏亦云："大抵其享乐态度近王何(稽)[嵇]阮等，而其奋斗精神，则得之于儒。且亦惟其得力于儒家，故律己严正，道德责任心重。因其言道德重实践，故陆象山常称之，谓为'有志吾道'。(中略)因先后天种种关系，遂造成陶渊明之胸襟豁达，思想淳真。所谓淳真者，盖率性而行之谓。此近于黄老之'法自然'，亦近于儒家之存诚。惟此有当注意者，则彼虽率性而行，但不蔑弃礼法，此与清谈者迥异也。"②二说转不如潘德舆之明晰，但所见皆相近。稍后顾随亦如此描述陶诗的"高致"："人要能在困苦中并不摆脱而更能出乎其外，古今诗人仅渊明一人做到(老杜便为困苦牵扯了)。陶始为'入乎其中'，复能'出乎其外'：'敝庐交悲风，荒草没前庭。被褐守长夜，晨鸡不肯鸣。'(《饮酒二十首》其十六)'交'者，四面受风也。此写穷而并不怨尤，寒酸表现为气象态度，怨尤乃心地也。一样写寒苦，陶与孟东野绝不同。孟东野《答友人赠炭》：'驱却坐上千重寒，烧出炉中一片春。吹霞弄日光不定，暖得曲身成直身。''暖得曲身成直身'，亲切而无高致。陶入于其中，故亲切；出乎其外，故有高致。"③也认为陶渊明先入"困苦中"，后能"出乎其外"而得高致。当代学人中，罗宗强、戴建业、蔡瑜都有类似说法④。不过罗先生认为陶渊明这种人生境界的达成靠的是对儒家道德准则的信守，而"不是玄学的理论力量"⑤，对玄学的影响不免忽视。陶渊明沉浸于玄学思潮之中，却又别

①　凫公(潘伯鹰)《陶诗小识》，《中法大学月刊》，1933 年第 2 卷第 3—4 期，第 75 页。

②　张人骏《论陶渊明诗》，《无锡国专季刊》，1933 年第 1 期，第 123 页。

③　顾随述，叶嘉莹记《顾随讲中国古典诗词》，石家庄：河北教育出版社，2013 年，第170 页。

④　参见罗宗强《玄学与魏晋士人心态》，天津：天津教育出版社，2005 年，第 280 页。戴建业《澄明之境——陶渊明新论》第一章《忧勤与洒落》，武汉：华中师范大学出版社，1998 年，第 61 页。蔡瑜《陶渊明的人境诗学》，台北：联经出版事业股份有限公司，2012 年，第 186 页。

⑤　《玄学与魏晋士人心态》，第 272 页。

于玄学之外，走出了一条全新人生之路，所以难能。又，以上诸家，大都强调儒家对陶渊明的关键影响，只是儒家之道德如何转化出真率之境，且陶渊明心中的儒家显然不是汉儒以来的礼法之儒，那他究竟于儒家所取为何，陶渊明那里仁、诚诸德的展开方式又如何，这些却没有得到充分、有效的讨论。

牟宗三曾经指出，玄学以道家之"无"与"自然"为本，以儒家的礼法为用，"不真能会通儒道，自亦不能解消自然与名教（自由与道德）之矛盾"①。有意思的是，陶渊明却可以说真正做到了会通儒道，消解了自由与道德的矛盾，他如何做到的？陶渊明超然旷达而不失理性深沉，他无意于思想体系的探索，一生用力所求，"聊复得此生"（《饮酒》其七）而已。因此，他一边思索如何心安，如何得自由，一边付诸敦行实践。这样的人生态度，使他不会斤斤于孰为道、孰为儒，反而开创了一种几乎全新的人生之道：以儒者诚之的态度与实践追求庄子所描述的真的境界，或者说是凭借道德意志以希企心灵的自由。实际上，这更接近于孔子的人生境界，也是宋代以来很多文人、学士的人生态度。陶渊明凿破鸿蒙，孤寂一响，生前幽独以自安，身后解人难求，却在百千年下获得知音，为越来越多有志之士引为同道，这不是没有道理的。

二 诚与诚之

"真"的概念，前文已有详述。本文中使用的"诚"与"诚之"的概念，需要在这里先作说明。"诚"字在《老子》中仅一见，并没成为特别概念。作为单独概念的"诚"也不见于《庄子》的内、外篇中，而仅见于杂篇的《庚桑楚》《徐无鬼》《渔父》《列御寇》诸篇中。因此很有可能这是庄子后学借用了儒家"诚"的概念。《庄子》之"诚"，如《徐无鬼》之"修胸中之诚以应天地之情而勿撄"，《渔父》之"真者，精诚之至也。不

---

① 牟宗三《才性与玄理》，台北：学生书局，2002 年，第 124 页。

精不诚,不能动人"①,都是强调真实不伪的意思,这是"诚"的基本义,与《荀子·不苟》"君子养心莫善于诚,致诚则无它事矣"取义近似,但与《中庸》之"诚"的概念就很不相同。

"诚"是儒家极重要的概念,尤其是《中庸》的核心概念,正如张岱年所言:"今传《中庸》以诚为人生之最高境界,人道之第一原则。"②张先生依据朱熹《中庸章句》,也释"诚"为真实无妄,但这个真实是"实有此道,实有此德,未尝须臾离道,未尝须臾离德"。而道则是仁智勇三德③。而徐复观则认为:"所谓'诚'者,乃仁心之全体呈现,而无一毫私念杂入其中的意思。"④盖张先生所言之"道"实较近于徐先生之"仁"。徐复观认为"仁"在孔子思想中是全德之概称,是"由自反自觉而来之责任感及由责任感而来之向上的精神与实践"⑤这种自觉的精神状态,又包括"对自己人格的建立及知识的追求,发出无限的要求"和"对他人毫无条件地感到有应尽的无限的责任"这两方面内容,概括起来,即"要求成己而同时即是成物的精神状态"⑥。据此,诚是道的实现、仁的实现,是成己且成物的完成状态。

那人何以能"仁"能"诚",其依据何在?《中庸》讲,依据是"性",其云:

> 唯天下至诚,为能尽其性;能尽其性,则能尽人之性;能尽人之性,则能尽物之性;能尽物之性,则可以赞天地之化育;可以赞天地

---

① 郭象注,成玄英疏,曹础基、黄兰发点校《南华真经注疏》,北京:中华书局,1998 年,第 473、586 页。
② 张岱年《中国哲学大纲》,北京:中国社会科学出版社,1982 年,第 328 页。
③ 同上注,第 330—331 页。
④ 徐复观《中国人性论史(先秦篇)》,上海:上海三联书店,2001 年,第 131 页。
⑤ 徐复观《释〈论语〉的"仁"》,徐复观著、陈克艰编《中国学术精神》,上海:华东师范大学出版社,2004 年,第 3—18 页。引文见第 13 页。
⑥ 徐复观《中国人性论史(先秦篇)》,第 81 页。

之化育,则可以与天地参矣①。

这里,"诚"是天性、人性、物性的实现,是天性的固有作用。徐复观认为,"诚"的实现是天地间人与物同源天性的一体实现②,所以《中庸》才说"诚者非自成己而已也,所以成物也。成己,仁也;成物,知也。性之德也,合外内之道也"③。《中庸》云:"诚者,天之道也。"郑玄此处注"天道",正以为是"天性也"④,似可以佐证徐氏之言。而牟宗三则强调《中庸》之"性"是"义理当然之性、内在道德性之性,此是万善万德之所从出,此则只应'尽'"⑤。这种"性",与气所赋予的"气性""才性""质性"不同,而是"在于'气'之上逆显一'理'。此理与心合一,指点一心灵世界,而以心灵之理性所代笔之'真实创造性'为'性'"⑥。牟先生对"理性"与"气性"的区分,极有助于我们对《中庸》"诚"的理解。

因为"诚"是就完成状态而言,实现的过程与方式在《中庸》中则被称为"诚之",即:"诚者,天之道也;诚之者,人之道也。诚者不勉而中,不思而得,从容中道,圣人也。诚之者,择善而固执之者也。"⑦所谓"诚之者,人之道也",是说要"至诚",须"尽其性",天赋之德性要努力去体认去实现,人当求其诚,亦即求其仁,这就是为人之道。故唐君毅将

---

① 吕友仁整理《礼记正义》,上海:上海古籍出版社,2008 年,下册,第 2023—2024 页。
② 徐复观说:"'至诚',乃性之德的全部实现,'至诚',即是'尽其性'。此性乃由天所命而来,一切人物之性,皆由天所命而来。至诚,尽性,即是性与命的合一。性与命合一,即是由天所赋予于一切人与物之性的合一。"徐复观《中国人性论史(先秦篇)》,第 133 页。
③ 《礼记正义》,下册,第 2027 页。
④ 同上注,第 2021 页。
⑤ 牟宗三《心体与性体(一)》,《牟宗三先生全集》卷 5,台北:联经出版事业股份有限公司,2003 年,第 219 页。
⑥ 牟宗三《才性与玄理》,第 1 页。
⑦ 《礼记正义》,下册,第 2021 页。郑玄此处注"天道",正以为是"天性也",也可以佐证前面徐复观先生的说法。

"诚"视为德性，将"诚之"视为工夫①。

可以认为，"诚"是道德天性的完全实现，而"诚之"则是展开和实现道德天性所做的工夫。那"诚之"的工夫究竟如何去做，《中庸》里说"择善而固执之"，说"不明乎善，不诚其身矣"，所以在行动上有两个步骤，一是"明"和"择"，即体认，一是"固执之"，即履践。当然，二者是逻辑上的顺序，行动上则当二者并行。《中庸》讲"博学之，审问之，慎思之，明辨之，笃行之"②，正是对"择善而固执之"的具体展开。如果说"诚"是本体，那么"诚之"就是工夫。对应到孔子的仁学，"仁"是本体，成己成物的"忠恕"是工夫。诚如徐复观所言："诚的观念，是由忠信发展而来；说到诚，同时即扣紧了为仁求仁的工夫。"③这样来理解"诚之"，大概就比较完整了。至于人是否具有道德天性，这是哲学上可以争论的问题，从《论语》《中庸》《孟子》等文献看，儒家思想中这一道德天性的存在并无疑义，陶渊明的理解自也不出其外。

本文以"诚之以求真"来概括陶渊明的人生哲学与实践，其"诚"与"诚之"的概念正是借用自《中庸》。当然，陶渊明对《中庸》可能并无特别留意，他诗中的"诚"基本是作副词使用，仅仅《感士不遇赋》中有"发忠孝于君亲，生信义于乡闾。推诚心而获显，不矫然而祈誉"和"留诚信于身后，恸众人之悲泣"两个用例④。从文义看，陶渊明使用的"诚"只是无伪无妄的本义，并没有采用《中庸》那种抽象而复杂的含

---

① 唐君毅说："诚之为德，在使一切德行中无间杂；而常存敬畏之戒慎恐惧中，即包含有对彼为德行之间杂者之克制，而必求去除此间杂者之义。（中略）有此间杂，人之自然表现的德性行为，乃随时可断。此中便见人之德性行为，亦实尚未能自成其为德性行为。确切言之，即只见德行之始生，尚不见德行之完成。德行之由始生至完成，唯赖于诚之之工夫。"唐君毅《中国哲学原论·原性篇》，北京：中国社会科学出版社，2005 年，第 39—40 页。
② 吕友仁整理《礼记正义》，下册，第 2022 页。
③ 徐复观《中国人性论史（先秦篇）》，第 132 页。
④ 袁行霈《陶渊明集笺注》，北京：中华书局，2003 年，第 432—433 页。

义。但整个地看陶渊明的人生和他的作品,却会发现他一生履践的正是"诚之"之事。陶渊明追求庄、玄的"真"之境界,却并不以虚寂坐忘的方式,也不以纵欲作乐的方式,而是通过与《中庸》"诚之"颇为近似的方式达致之,这是他人生行思的独特之处。当然,他最后所达致的"真"之境界,也不会是纯然庄、玄所述的境界,而是陶渊明自己的"真",而近似于庄玄之"真"与《中庸》之"诚"融会的状态。

三 陶渊明"诚之"之表现

《中庸》"至诚尽性"的观点,与陶渊明对生命的理解大有相通之处。一方面,陶渊明谈性时,明言"质性自然"(《归去来兮辞序》),即以才质气质为性,以物质生命之禀赋为性,这显然是受到道家,尤其郭象的"性命"观影响而来[①]。郭象论性,除圣人之外的凡人与万物之性也是此性。且他强调命自性出,每个人都是依据自己的本性来实现自己,来形成自己的命运;而充分实现本性,行为与天性一致,这就是自然,就能逍遥,其行为即为"任真"。陶渊明直接言性亦如此,这是他受郭象影响的明证。但这只是天性之一端与时代之熏染,其生命的内里却自有一种笃实坚凝的德性贯通之。所以陶渊明作品中,念念不忘一"善"字。如"匪道曷依,匪善奚敦"(《荣木》)、"结发念善事,僶俛六九年"(《怨诗楚调示庞主簿邓治中》)等等。《感士不遇赋》亦云:"原百行之攸贵,莫为善之可娱。奉上天之成命,师圣人之遗书。发忠孝于君亲,生信义于乡闾。推诚心而获显,不矫然而祈誉。"陶渊明以"善"之源为"上天之成命",则善亦性中本有者,而非仅仅是后天的、外在的约束。尤其《辛丑岁七月赴假还江陵夜行涂中》诗中自述:"养真衡门下,庶以善自名。"对此二句的理解,既可以是养真即善,也可以反过来认为求

---

① 按:牟宗三指出"道家将气性、自然之质气,一起融于自然生命中,而就自然生命原始之浑朴以言性",这与先秦告子、荀子至汉人一路以"生之谓性"的观念共为一脉。引文见牟宗三《才性与玄理》,第 24 页。

善即所以养其真。这既与《中庸》"择善而固执之"的观念表达一致，同时又增加了善与真等值的含义。以真、善等价，是陶渊明能发展出独特的人生哲学的关键。

从郭象思想的影响而言，陶渊明的目的是实现行为与本性一致的自然和逍遥，但他的生命却贯注着一种庄严的德性意志，即他自述的"朝与仁义生，夕死复何求"（《咏贫士》其四），于是陶渊明在观念中以自然为本性，其真实之性却是兼有"质性""德性"二端的。严格说来，陶渊明的自然与天真主要以一种"任性"的方式来呈现，而其道德，则主要以"尽性"的方式来展开。任性者，落实在情感层与欲望层；尽性者，落实在意志层。而最后的真之境，则是顺着一己之性去展开一种真实无伪的、具有高度德性的人生，是将生命的情感、欲望与意志浑然地实现。当然，任性易而尽性难，非真尽性不能真任性，因为无德性与情感、欲望浑然为一，则后者不免流于任情与纵欲，这与合名教与自然为一而热衷富贵的郭象诸人便无二致。所以，以尽性的工夫达致任性的境界，是陶渊明成己的工夫。

同时，虽然陶渊明的尽性是尽己之性，没有如《中庸》那样明确提出要尽人之性、尽物之性，但他追求齐一大化、物我同流的境界，于是物我无隔，如春风风人、春雨雨人，不知不觉中感人动物多矣。这便曲似成物之功。成己成物，陶渊明的尽性便与《中庸》的尽性相通了。可以说，陶渊明一生的工夫在于求其诚，这便是"诚之"。

前面分析"诚之"的方法，有体认与履践二端，陶渊明的行思也可从这两方面来观察。就体认而言，陶渊明的独特之处在于，他以"真"为体认的对象，而方式却是"诚之"的方式。前一节曾分析指出，陶渊明追求人生"真之境"首先需要对本性的体认与尽性的自觉追求，盖在庄子和郭象玄学的理论中，"任真"即"任性"，所以体认一己之性为逻辑上之起步。"质性自然"（《归去来兮辞序》）、"性本爱丘山"（《归园田居》其一），这是陶渊明对自己天性的基本认识。如果在道家的话语系统,这种"自然"与"真"的认知如何能获得？刘笑敢认为,庄子的认识论包括两个方面：一个是以不知为真知的怀疑主义,即否认认识的可能性,强调认识的主观性和事物的变易性,所以虚无变化才是世界与万物本性的真实；另一个则是以体道为真知的直觉主义,即排斥感知和理性,而取心斋坐忘、齐一大化的直觉方式、审美方式来进行①。《庄子·大宗师》云："有真人而后有真知。"②真知要在自然的、真的人生状态才能获得。而"真人"的状态,也就是无知的、直觉的状态。也就是说,要达致"真之境",不能用理性来体认,不能采用分析与确认的方式,而只能采用忘我、齐物的方式。陶渊明采用的却正是非道家的、理性的方式。

　　"质性自然"固然是陶渊明对自己天性最基本的认识,但他并不是在认识到这一点之后就彻底进入忘我状态,恰恰相反,他终其一生都在反复确认之,同时也在努力体认、表达一个复杂的自我,一个追求善的自我。每次确认,都会帮助他在一段时间里获得内心的澄澈。比如《五柳先生传》作为早年自述,当然是一次自我确认。这种确认使得陶渊明一直拖到二十九岁才出仕,可以想见这次确认的力量。中年辞官,作《归去来兮辞》,写的也是身心交战,本性获胜之后的解脱感与自由感,这种确认自我之后的欢乐和自在打动了千古读者。归田十二年之后,《饮酒》组诗中再次出现这种自我确认。《饮酒》其一"荣衰无定在"表达了人世无常的认识,即功名富贵的虚妄性；其二"积善云有报"写善恶报应的虚妄,这都是庄子式的怀疑主义；其三"道丧向千载"嘲讽世人的汲汲名利而丧失人生之乐；其四"栖栖失群鸟"则以"因值孤生松,敛翮遥来归"表达了束身归心、安守田园的志愿,而以"托身已得

---

① 刘笑敢《庄子哲学及其演变(修订版)》,北京：中国人民大学出版社,2010 年,第162—171 页。

② 郭象注,成玄英疏,曹础基、黄兰发点校《南华真经注疏》,北京：中华书局,1998 年,第136 页。

所,千载不相违"做结,再一次表达了对内心的确认。很显然,前四首呈现了一个完整的由质疑外在世界而确认内心世界的心理过程。确认一旦完成,著名的《饮酒》其五出现了,那一刻天地清明澄澈,万物自得,诗人在体会到本性的时候获得了自我,也解放了自我,而进入无我的真境。陶渊明的作品极好地向读者展示了一个真实而真诚的人,一个忍受着现实的痛苦的人,如何经由心理建设而获得力量,一次又一次进入人生的"真之境"。罗宗强注意到了这种"真之境"达致得不易以及保持得短暂,却转而认为这是"内心未能免俗"所致①,其实不然。《论语·雍也》篇:"子曰:'回也,其心三月不违仁,其余则日月至焉而已矣。'""三月"固言其久,但也并非终身恒在之意。盖儒家最讲持续的工夫,所以曾子才要每日三省,才在临殁发出从今无过之叹。"从心所欲不逾矩",这是孔子七十以后才有的境界,又遑论他人。德性向上一路,需要终身持之以恒,需要时时做自省的工夫。虽然所求在"真",在回归自我,但陶渊明采用的却是通过诗文公开自省的方式,坦然展示内心的波澜与反思,这正是儒家"诚之"的工夫。"独祗修以自勤,岂三省之或废"(《感士不遇赋》),已将斯旨昭然揭出。《咏贫士》其五复作自我剖白说:"岂不实辛苦,所惧非饥寒。贫富常交战,道胜无戚颜。"陶渊明承认,肉体的痛苦从未消隐,所以他需要反复确认自己的选择是符合本性的,进而也要确认自然才是自己的本性。"道胜"即欲败,这仍然在延续《归去来兮辞》以来身心交战的主题。以观《形影神》三首,又何尝不是对肉体(形)、俗世(影)与本性交战的记录,又何尝不是对本性的确认。这种确认本性的行为本身显然不是直觉式的、齐物式的,而是极其理性自觉的行为,是道德意志的体现。这就是"择善而固执之"的工夫。很多当代学者不能理解古人的"诚之"不是无俗念,而是自省以去俗念,故多强调陶渊明凡俗的一面,甚至进而认为陶渊明的真率自

---

① 　罗宗强《玄学与魏晋士人心态》,天津:天津教育出版社,2005 年,第 278 页。

然只是一种人格面具,这便以毫厘之失而致千里之谬。

体认,除了要择善,还要辨恶,没有后者,便不足以超然于尘俗之上,而堕为乡愿。故"志意多所耻"(《饮酒》其十九),斯为夫子自道。《论语·子路》篇第十三章,子贡问士,孔子所答,第一即"行己有耻"。又《孟子·尽心上》:"人不可以无耻,无耻之耻,无耻矣。"知耻是孔孟家法,分辨是非善恶为士人首务。能向善固佳,但也须去恶,主体的彰显须在奋斗中求得,否则仍不免"德之贼也"。陈少明在分析羞耻心与君子人格时指出,羞耻感体现的是自尊心,能阻止个体的精神沉沦,使他自尊自爱,能呈现自我意识的性质①。陶诗中何以反复强调自己个性中的"介"与"拙",何以屡以"固穷"自誓,这正是知耻之方,是通过对个性的确认而作自我策勉。那么孰为恶?"道丧向千载,人人惜其情。有酒不肯饮,但顾世间名"(《饮酒》其二),这是丧失真性之恶;"是非苟相形,雷同共誉毁"(《饮酒》其六),这是颠倒是非之恶;"终日驰车走,不见所问津"(《饮酒》其二十),这是利欲熏心、失气丧志之恶。世间恶行多,所以才要"息交绝游",以守护一己之本真。世中人事复杂多变,一己之心也常有把捉不定的时候,唯有日日三省,才能不失于己,哪怕这个自己只是希望恬静无为,也只有如此奋斗才能获得。

有此择善去恶的工夫,则陶渊明虽然思想上向往自然之任性,其实际之行动却必然近似"慎独"以尽性。"慎独"是《中庸》上篇中另一极重要的概念,其文曰:"天命之谓性,率性之谓道,修道之谓教。道也者,不可须臾离也,可离非道也。是故君子戒慎乎其所不睹,恐惧乎其所不闻。莫见乎隐,莫显乎微,故君子慎其独也。"郑玄注云:"慎独者,慎其闲居之所为也。小人于隐者,动作言语,自以为不见睹,不见闻,则必肆尽其情也。若有觇听之者,是为显见,甚于众人之中为之。"②徐复

---

① 陈少明《关于羞耻的现象学分析》,《哲学研究》,2006 年第 12 期,第 106 页。
② 吕友仁整理《礼记正义》,下册,第 1987 页。

观进一步解释说："在一般人，天命之性，常常为生理的欲望所压、所掩，性潜伏在生命的深处，不曾发生作用；发生作用的，只是生理的欲望。一般人只是顺着欲望而生活，并不是顺着性而生活。要性不为欲望所压、所掩，并不是如宗教家那样，对生理欲望加以否定；而是把潜伏的性，解放出来，为欲望作主；这便须有戒慎恐惧的慎独的工夫。"①要尽其性，先需解放这一道德之天性，要通过"克己复礼"的方式，规范并训导自己。陶渊明也以实现本性为目标，虽然他认定的本性是真率自然，但同样需要战胜生理欲望的束缚，而实现真率的自我，这也是"慎独"。名场中人，自然任真是与富贵享乐合一的，故无须压抑生理欲望，只是恣情纵欲。陶渊明的自然任真却需以确认本性、摆脱欲望为先，只有依靠自省的工夫和道德的意志，靠着人生的砥砺，才达致这一境界②。牟宗三先生曾说："《中庸》讲'慎独'就是讲主体，是从工夫上开主体。""这个慎独是通过'天命之谓性'这个性体，性是首先提出来的，性是个主体，但是这个主体必须通过慎独这个工夫来呈现。这个慎独的独、独体的独是从性体那个地方讲的。"③由"性"出发，通过"慎独"的工夫来呈现一个德性的主体，陶渊明所行与《中庸》所言并无二致。

　　"诚之"另一端是履践。郭象以为物各一性，人各一性，故名教中人便以顺名教、享富贵为性，所以世俗享乐也是自然本性的一种，也能逍遥。而陶渊明虽追求任性逍遥，却反复体认安贫乐道为己性，于是他

① 徐复观《中国人性论史（先秦篇）》，第108—109页。
② 如傅刚说："在处理人与外物的关系上，陶渊明采取了纯任自然的态度。""在现实生活中，这种纯任自然往往表现出他的'无复多虑'的性格。他不愿意费神思想人力难以做到的事情，由此发展，对于需要作出努力的事情，他也不愿拿出积极的态度，一切适性而行，不刻意追求成功，而乐于散淡无计划，一任自然的发挥在那，总之'大钧无私力'，万物终归是各得其所。"这样的理（误）解是有代表性的。傅刚《魏晋南北朝诗歌史论》，长春：吉林教育出版社，1995年，第188、194页。
③ 牟宗三《中国哲学十九讲》，《牟宗三先生全集》卷29，台北：联经出版事业股份有限公司，2003年，第80页。

的"任真",就是实践安贫固穷,这是极不容易的。王羲之在《兰亭集序》中提到"固知一死生为虚诞,齐彭殇为妄作",这大概代表了大多数魏晋名士的想法,斯波六郎就此评论说:"老庄思想固然是超越了差别的世界,但对于身陷差别的漩涡中无法解脱的人类而言,却起不到任何救赎的作用。"①同样以一死生、齐物我为理想,王谢风流之辈做不到,甚至悲叹以为是虚妄,而陶渊明却能践行之,其道理何在? 终身确认与自省是一方面,另一方面,那就是咬牙去做了。朱子对此颇有洞察,他曾说:"陶渊明说尽万千言语,说不要富贵,能忘贫贱,其实是大不能忘,它只是硬将这个抵拒将去。然使它做那世人之所为,它定不肯做,此其所以贤于人也。或云:看来,渊明终只是晋宋间人物。曰:不然。晋宋间人物,虽曰尚清高,然个个要官职,这边一面清谈,那边一面招权纳货。渊明却真个是能不要,此其所以高于晋宋人也。"②朱子以为陶渊明实不能忘富贵,是其不及圣贤处,这恐怕是苛论③。孔子不云"富与贵,是人之所欲也,不以其道得之,不处也"乎,孔子念中何尝无富贵。但朱子称陶渊明"硬将这个抵拒将去",真不要富贵,称赞他言行一致,这却不错。

　　《中庸》有云:"庸德之行,庸言之谨。有所不足,不敢不勉;有余,不敢尽。言顾行,行顾言,君子胡不慥慥尔!"④这段话道出了陶渊明实践的精神。他并不追求高深系统的思想理论,不过将自己体认到的那点常德常言付诸行动,时时处处"言顾行,行顾言",一丝不敢懈怠。在

①　〔日〕斯波六郎著,刘幸、李曌宇译《中国文学中的孤独感》,北京:北京师范大学出版社,2019 年,第 102 页。
②　黎靖德编,王星贤点校《朱子语类》卷三四,北京:中华书局,1994 年,第三册,第 874 页。
③　莫砺锋先生曾批评说:"我觉得在对陶渊明人品的评价上,朱熹有求全责备的倾向,这是宋代理学家评价历史人物时常有的习惯,没有多大的实际意义。"莫砺锋《论朱熹关于作家人品的观点》,《文学遗产》,2002 年第 2 期,第 68 页。
④　吕友仁整理《礼记正义》,下册,第 1999 页。

道理上如有所悟容易,咬牙去做却难,盖不经这咬牙做去的工夫,悟到的那番道理终究融不到生命里,便会流于空谈高论。

王夫之曾批评学者"轻""惰"之病,轻者轻于有言,惰者惰于实行,唯君子能"于言则欲讷焉","于行而欲敏焉"①。对"轻"之病,陶渊明也很警惕,他说"摆落悠悠谈,请从余所之"(《饮酒》其十二),浑不以世中滔滔之论为意。又《拟古》其六云:"苍苍谷中树,冬夏常如兹。年年见霜雪,谁谓不知时。厌闻世上语,结友到临淄。稷下多谈士,指彼决吾疑。装束既有日,已与家人辞。行行停出门,还坐更自思。不怨道里长,但畏人我欺。万一不合意,永为世笑嗤。伊怀难具道,为君作此诗。"稷下学士善为高论,洋洋清言,甚似得道,所以诗人有相与结交而使彼决疑之意。但旋即醒悟,沉溺于大言玄谈者,多自恋自惑而不能敦实行、知真知,迷惑世人,正在此辈。汤汉认为此诗所讽"似谓白莲社中人也"②,不免高叟之固。其实这类人物何其多也。与陶渊明"信宿酬清话"的殷晋安不是很快就去做了刘裕的太尉参军吗? 又"谈谐无俗调,所说圣人篇"的庞参军不是汲汲在王弘、谢晦之间投机吗? 行不顾言之人,陶渊明一生所遇不知凡几,这首诗讥刺世人,又何须指实。而陶渊明自己的确践行了"讷言"之规,马一浮曾评云:"颜延之作《陶靖节诔》,谓'在众不忘其寡,处言愈见其默',此语深可寻味。盖和光同尘,不失其在己;随波逐流,则至于徇物。毫厘有差,天地悬隔矣。"③

至于另一个"惰"的毛病,即不能持之以恒,也是在敦行实践时常见的问题。陶渊明自己则不然,恐惧戒惧,自勉自励,一生践行自己认定之"善",努力成为自己期望成为的人。他说自己"顾我抱兹独,僶俛

① 王夫之《四书训义》卷八,《船山全书》,长沙:岳麓书社,2011 年,第七册,第390 页。
② 汤汉注《陶靖节先生诗》,据国图藏宋刊本影印,福州:福建人民出版社,2008 年,第112 页。
③ 马一浮撰,王培德、张立民编《尔雅台答问续编》卷三,吴光主编《马一浮全集》,杭州:浙江古籍出版社,2013 年,第一册下,第524 页。

四十年"(《连雨独饮》)，"结发念善事，僶俛六九年"(《怨诗楚调示庞主簿邓治中》)，"僶俛"二字正是一生实践最好的写照。"僶俛"即努力，努力即勉强，四十岁时自勉自励，到五十四岁时，他仍然在勉强自己，这才是不惰。所以陶渊明虽然屡屡自述委运任化、乐天知命的心境，但要知道，这境界绝不是躺在床上万事不为可得的，而恰恰是一生敦行实践、艰苦奋斗才得到的。

总结体认与履践二端，可以看到，陶渊明具有深沉的理性、坚强的意志和顽强的毅力，靠着这三者，他成为了自己想成为的任真自然的人。用"诚之"来概括他的这种努力，相信完全可以接受的。也正是在"诚之"的人生事业中，陶渊明的德性主体得以建立和突显，使他的自然真境不流于虚妄浅薄，而愈来愈理性深沉。

四　诚之以求真的方式

前面分析了陶渊明"诚之"工夫的具体情形，那么"诚之"的工夫究竟如何达致"真"之境界，其实现的途径为何？也许可以在前面论述的基础上，从具有普遍意义的意志力的贯彻与具体安身之道两个方面加以思考。

强大的意志力量，基本表现为远大志向的确立与实现上。陶渊明所展现的意志主要是道德意志，他既追求道家之道，也追求儒家之德，求道成德，便是他的大志。这在陶渊明作品中有充分体现，比如："迁化或夷险，肆志无窊隆。"(《五月旦作和戴主簿》)"是时向立年，志意多所耻。"(《饮酒》其十九)"斯滥岂彼志，固穷夙所归。"(《有会而作》)"日月掷人去，有志不获骋。"(《杂诗》其二)"丈夫志四海，我愿不知老。"(《杂诗》其四)"猛志逸四海，骞翮思远翥。"(《杂诗》其五)"于是怅然慷慨，深愧平生之志。"(《归去来兮辞序》)"常著文章自娱，颇示己志。"(《五柳先生传》)以善自守，唯真是求，这是他德性的体现，而"志于学""志于道"，终身以之，则展现了陶渊明意志的力量。前文提到的成己、成物两方面，是这种道德志向的实现；唯有道德意志的贯彻，才能将主体引导至德性上的"自由"境界，正是在这一境界上，德性之自由与人生之真境相融相贯。

从成己的角度看，陶渊明在分别善恶与躬行实践上大作工夫，为的是"不自欺"，是诚实地面对自己，努力按照本性去生活，最后成就理想的自己。不自欺在《大学》中被称为"诚意"，被张岱年认为是"《大学》整个系统中之重心"①。徐复观则将"诚意"与孔子的"主忠信"、孟子的"持志"、《中庸》的"慎独"等同，认为"志与意"是心在与物发生关系时所产生的德性之思②。感物而动，有善有恶，诚之、慎之、检讨之，敦其善去其恶，这是道德意志的抉发，是《大学》的不自欺。陶渊明就是这样。他不以生理欲望为天性，直面内心并存的善与恶，善善而恶恶，固穷而守拙，这正是诚意慎独的工夫。所以他常常坦言自己有所忧，有所凄，也承认自己"贫富常交战"，而结果是"道胜无戚颜"。这就是其作品中存在身心交战主题的原因。身是生理欲望，心是道德意志，二者恒战，出仕为官是"心为形役"，欲望胜，而此后便恒是意志的胜利。当然这胜利的保有不可能毕之于一役，靠的是终身的奋斗。在佛道修行中，在理学修炼中，公开忏悔都是重要的一环，不能直面己之恶，反而文过饰非，才是不可救药的大恶。真的基本含义就是无伪无妄，所以不自欺的态度本身就是真，而善恶抉择则是诚之的工夫，因此诚之的工夫以无伪之真为基础，而以尽性之真为归宿。成己之事即如是导向真。

再看成物的角度。前引徐复观之言，成物是"对他人毫无条件地感到有应尽的无限的责任"，此即孔子的以及"己欲立而立人，己欲达而达人"。美国学者顾立雅认为："康德断言，我们的道德义务要争取两个目的：'我们自己的善——他人的幸福。'这一断言完全可以用来

---

① 张岱年《中国哲学大纲》，第334页。
② 徐复观《中国人性论史（先秦篇）》，第250页。

概括《论语》的道德训诫。"①可见成己、成物是一种普遍的善,并非只有儒家才有这种意识,所有追求道德意志实现的人都会追求善的扩充,会在与世界遭遇时自然展开其善。在此意义上,无论陶渊明有无"立人达人"及对他人"无限的责任"的自觉,只要他有成己的道德意志,这一意志在遭遇世界时必然会开展出成物的行为。

陶渊明的成物,既表现在他对人对物之爱,也表现于他能与万物同其情。陶渊明仁爱友爱,人所共知。梁启超总结陶渊明人格的三个特质,其二即"缠绵悱恻最多情"。他称赞陶渊明"家庭骨肉间的情爱热烈到什么地步",感叹他的友情"又真率,又秾挚",又认为他眷恋旧朝同样出于一种深情,故"这些诗都是从深痛幽怨发出来,个个字带着泪痕,和《祭妹文》一样的情操。顾亭林批评他道:'淡然若忘于世,而感愤之怀,有时不能自止而微见其情者,真也。'这话真能道出渊明真际了"②。至于爱物,尤为陶渊明之高风。汉代以来,通过经学对《诗经》的解读,儒学者对《楚辞》的解读,影响到创作,诗赋中的物往往与比兴寄托有关,与道德、政治隐喻相联,可以说汉魏晋文学中的物并不是自在的,而是被隐喻投射之物。陶渊明诗中也有这类物,如他写归鸟,写松,都可以视为一己道德人格的投影。但陶诗还有更多事物是自为、自在的,陶渊明写它们并无任何道德和政治隐喻的动机,根本只是因为它们可爱,它们的存在就是这个世界的存在。在魏晋诸人在奇山异水间寄托玄心时,陶渊明则从诸人熟视无睹的田园中发现乐趣与美,所以陶家田园,独辟千古。田家的豆稻桑麻,村中的鸡犬炊烟,事事物物皆以他本来的样子呈现,诗中万物都闪闪发光。又比如篱下菊花,陶渊明写它的时候何尝有寄托隐逸之志的意思,不过是偶然所见,偶然采撷,纵

---

① 〔美〕顾立雅著,高专诚译《孔子与中国之道》,郑州:大象出版社,2004年,第159页。

② 梁启超《陶渊明》,《饮冰室合集》第12册专辑九十六,北京:中华书局,1989年,第7、8页。

笔写来,那个黄昏,那个世界,便自然在这花瓣上。一个自在的世界能出现在陶渊明诗中,根本是因为诗人"有爱所"。纵然世界残酷破碎,但天地星云、草木鸟兽和形形色色的人物仍然打动诗人,使他欣悦。"平畴交远风,良苗亦怀新。"(《癸卯岁始春怀古田舍二首》其二)风从远方来,到远方去,所有的苗和"我"都感受到风中的生意。"倾耳无希声,在目皓已洁。"(《癸卯岁十二月中作与从弟敬远》)诗人饥寒交作,但这一场大雪,无声而洁白,诗人依然看到他庄严的美。非爱人不能成人,非爱物不能成物,冷漠与仇恨只会毁灭,唯爱能成就之。

至于与万物同情,可由老庄的虚己忘我而来,也可由儒家之博爱而来。虚己是我与万物无分别,是人与物的同流共化。博爱则是人饥己饥、人溺己溺的良知与共感。孔子讲"爱人",孟子讲"仁民而爱物"(《孟子·尽心上》),至张载《西铭》讲"民吾同胞,物吾与也",由人及物,总是一种博大的仁爱。在陶渊明这里,两种同情交融会合。《停云》诗"霭霭停云,濛濛时雨。八表同昏,平路伊阻。静寄东轩,春醪独抚。良朋悠邈,搔首延伫",浓云沉雨,写得深静,这静是诗人对世界的体会,自是出于虚己之心;对友人的期待与呼唤,深情款款,则源自友爱之情。虽然通读全诗,是能够像辛弃疾那样体悟出对红尘友人的讽意的,但诗歌的风调,仍如萧望卿所体会的那样,"它和平渊静的旋律达到高远的绝境"①。这种风调显然来自这种交融的同情。顾随曾说:"诗人不但要写小我的情,且要写他人的及一切事物的一切情、同情。花有花情,马有马情。人缺乏诗情即缺乏同情。诗人固须有大的天才,同时亦须有大的同情。"②陶渊明的伟大,正在他有大的同情。

由爱与同情讲成物,似乎是在论情感而非意志,其实不然。首先,这里的二情属于孟子所讲"四端之情"的道德情感,而非"七情"喜怒哀

---

① 萧望卿《陶渊明批评》,上海:开明书店,1947年,第49页。
② 《驼庵传诗录》,第255页。

乐爱恶欲的自然情感。自然情感的发作出于天然气性，道德情感则根植于心性之善端，且更需要后天的引导和培养。蒙培元论孟子的"四端之情"，强调这"开端"的"生长发育""扩而充之"，"'扩充'的结果，就是仁义礼智之性。'扩充'实质上就是客观化，普遍化的过程，也就是理性化的过程，不只是范围的扩大，数量的增加"①。也就是说，爱与同情为性中本有，但发展它们靠的却是人后天的理性与意志，所以能有广大的爱与同情的人并不多。陶渊明的成物仍是他的道德意志的体现与实现②。

　　陶渊明的"真之境"正是由道德意志的贯彻而来。其一，陶渊明追求的是自然之性与真之境，但追求过程中必须依靠理性与意志，这在前文反复论证过了，不再赘述。其二，道德意志本身是以精神自由为归宿的。《论语》中孔子曾数度论及自己与颜回之"乐"，如《述而》篇的"饭疏食饮水，曲肱而枕之，乐在其中矣"和"其为人也，发愤忘食，乐以忘忧，不知老之将至"，以及《雍也》篇的"一箪食，一瓢饮，在陋巷，人也不堪其忧，回也不改其乐"等等。美国汉学家史华兹说，这是一种奠基于"德性伦理"之上的幸福，"德性就是幸福"③。这种快乐当然不是基于生理欲望的满足，而是基于道德意志的实现。唐君毅提出，孔子的"空空如也"，"毋意、毋必、毋固、毋我"等等，表现了一种"廓然虚旷的心灵

① 蒙培元《情感与理性》，北京：中国社会科学出版社，2002年，第80页。
② 梁遇春在其名文《查理斯·兰姆评传》中曾如是描述兰姆"广大无边的同情心"："那是能够对于人们所有举动都明白其所以然；因为同是人类，只要我们能够虚心，各种人们动作，我们全能找出可原谅的地方。因为我们自己也有做各种错事的可能，所以更有原谅他人的必要。真正的同情是会体贴别人的苦衷，设身处地去想一下，不是仅仅容忍就算了。用这样眼光去观察世态，自然只有欣欢的同情，真挚的怜悯，博大的宽容，而只觉得一切的可爱，自己生活也增加了无限的趣味了。"这里讲到的虚心，由己及人，体谅他人苦衷，宽容等等，其实都是极高的道德原则，需要强力的意志贯彻之，并不容易达成。也许可以用来类比陶渊明，故引于注中。梁遇春著，范桥、小飞编《梁遇春散文》，北京：中国广播电视出版社，1993年，第40页。
③ 本杰明·史华兹著，程钢译《古代中国的思想世界》，南京：江苏人民出版社，2004年，第81页。

境界"，体现的是最高的精神自由，在唐先生看来，这种自由是仁心所达到的境界，这种境界超越意志，但对仁的追求则靠的是意志，即好学，"好学即涵盖一切人生人文之价值矣"①。这种快乐而"廓然虚旷"的心灵境界，用孔子的话说，就是"从心所欲不逾矩"（《论语·为政》）。如果回到孔子从"十五有志于学"到"七十从心所欲不逾矩"的自述中，可以清楚看到，孔子的一生即贯彻"好学"意志的一生，这个学是"志于道"（《论语·述而》）之学，所以孔子向我们展示了贯彻道德意志而获得精神自由的可能。陶渊明的"真之境"，也同样可以从这一意义上加以理解。他在诗文中描述自己的快乐，常常是与德性自律联系在一起的，这类例子俯拾皆是，前文也多有举例，这里不再赘述。不但是快乐，在《连雨独饮》中高唱"任真无所先"的同时，也依然在沉吟"自我抱兹独，僶俛四十年"。这再清楚不过地说明，陶渊明片刻之"真"，是四十年德性追求的结果。实际上精神上的自由感极难获得，即便四十岁之后，也仍然需要借助酒的帮助，才能进入"任真"的境界②。所以，晚年的陶渊明，道德意志的贯彻从未松懈。惟其如此，他才能在《自祭文》中自信地说自己一生秉持"捽兀穷庐"的意志，终能达到"乐天委分"的境界。

以上是从具有普遍意义的道德意志角度加以阐发。陶渊明另有具体的安身之法，将"诚之"之事转化为"真之境"。这一问题，陈怡良曾经有过思考，并做了详细分析。他认为，陶渊明是有精神上的缺憾、苦闷和不足的，却能转化为自足、自乐、自欣，其法门有五：（1）读书会意，欣然忘食；（2）抚琴寄意，自得妙趣；（3）饮酒尽兴，深味无穷；（4）好游山水，怡悦心境；（5）为文自娱，颇示己志③。对本文来说，读书、作文、弹琴三者与"诚之"的工夫关系最大。

---

① 唐君毅《人文精神之重建》，桂林：广西师范大学出版社，2005 年，第 296、308 页。
② 参见颜昆阳《从饮酒论陶渊明的生命境界》，《鹅湖月刊》第 132 期，1986 年 6 月。
③ 陈怡良《陶渊明文学成就所以独超众类之探讨》，陈怡良《陶渊明探新》，台北：里仁书局，2006 年，第 83—103 页。

读书是尚友古人最好的方法。"历览千载书,时时见遗烈。高操非所攀,深得固穷节"(《癸卯岁十二月中作与从弟敬远》),"得知千载上,政赖古人书"(《赠羊长史》),读书是最好的敦励勉行的方法,这一点在下章《陶渊明的自我》一节中有详述。陶渊明诗中,咏史是体量极大的一类,原因或在于此。写作对人生的意义,大概言之,也可从两方面看:从"常著文章以自娱"(《五柳先生传》)看,借此以畅通吟咏的天性,以达到尽性的目的,尽性即任真自然,这一点上一节中已有分析;从"颇示己志"的角度看,公开展示一己之志即对自己的策勉,是自省自勉的一种有效方式。最后弹琴,正是孔子所讲"兴于诗,立于礼,成于乐"(《论语·泰伯》)之"成于乐"。音乐对人格修养有特别的作用,徐复观曾言:"儒家认定良心更是藏在生命的深处,成为对生命更有决定性的根源。随'情'之向内沉潜,'情'便与此更根源处的良心,于不知不觉之中,融合在一起。此良心与'情'融合在一起,通过音乐的形式,随同由音乐而来的'气盛'而气盛。于是此时的人生,是由音乐而艺术化了,同时也由音乐而道德化了。这种道德化,是直接由生命深处所透出的'艺术之情',凑泊上良心而来,化得无形无迹,所以便可称之为'化神'。"①乐之于人格修养,贵在"化神"之功,但对琴的选择与沉醉,则必然包含意志抉择的作用在其中,尤其琴自古是君子之乐,是君子陶冶心性之具。

以读书、作文、弹琴三者安顿人生,是一般士人都会采取的方式,在魏晋名士中也极常见,陶渊明还有一种诚挚的工夫,即躬耕力农,这是自觉继承了荷蓧丈人以来一部分隐者的传统。潘伯鹰曾特别强调躬耕的意义,认为陶渊明"在这最简单的自己劳动以谋粗衣糙饭的基础上,建立了完全一贯的生活体系","他之所以能不同流合污,能斥去一切

---

① 徐复观《中国艺术精神》,上海:华东师范大学出版社,2001年,第16页。

他所羞耻的事的动力和保障，就完全在'自己劳动'这一点上"①。比如《丙辰岁八月中于下潠田舍获》一诗："贫居依稼穑，戮力东林隈。不言春作苦，常恐负所怀。司田眷有秋，寄声与我谐。饥者欢初饱，束带候鸣鸡。扬楫越平湖，泛随清壑回。郁郁荒山里，猿声闲且哀。悲风爱静夜，林鸟喜晨开。曰余作此来，三四星火颓。姿年逝已老，其事未云乖。遥谢荷蓧翁，聊得从君栖。"此诗颇能道出陶渊明的心事。其一，力农所效是荷蓧丈人这样的人物，不是儒家，也不是道家，力农就是陶渊明所认定的善的行为，所愿意选择并坚持的人生之路。其二，"不言春作苦，常恐负所怀"，这也是他为了实现平生之志，为了成就一己之性自觉自愿的选择。其三，"曰余作此来"四句说明他愿终身以之，不厌不倦，其意志力之强大可见。其四，"饥者欢初饱"以下八句写景，并非谢灵运那样探幽访胜，有意要登山临水，他对自然的欣赏，只是在劳作途中顺带为之。虽然劳累艰辛，但对美的欣赏未曾丝毫减损，其胸次之高远可知。劳作是诚之的工夫，景致的明净清旷，则透露出诗人所至之真境。钟惺云："陶公山水朋友诗文之乐，即从田园耕凿中一段忧勤讨出，不别作一副旷达之语，所以为真旷达也。"②所说极是。民国学者罗庸也说："渊明喜说闲静，闲静是欣遇之根。而此闲静必仍寓于劳生，始不沉空住寂，转成坐驰。渊明所谓'勤靡余劳，心有常闲'者，实是一番居敬工夫，此又属儒生家业，盖以提掇息妄，与任运放倒又不同也。"③将"勤靡余劳"，将田家劳作，视为居敬的工夫，这是罗先生高明之处。劳作不辍，居敬不息，而能心地长闲，这正是道德意志所达致的精神自由境界。

躬耕力农以致真境，其意义极大，盖这一事实的存在使我们不能简

---

①　凫公（潘伯鹰）《陶诗小识》，第75页。

②　钟惺、谭元春《古诗归》卷九，《续修四库全书》集部第1589册据复旦大学图书馆藏明闵振业三色套印本影印，上海：上海古籍出版社，2002年，第453页。

③　罗庸《鸭池十讲》，沈阳：辽宁教育出版社，1997年，第62页。

单说陶渊明的人生行思是儒道融合,或者说以儒安其生,以道释其死,甚至不能说以儒家之诚求道家之真,结合本文的分析可知,"诚之"以求"真"是最合适的概括。这个"诚之"工夫只是道德意志的抉发与践行,不论儒道还是最朴实的躬耕,陶渊明只是将自己认定的"善"付诸实践,行之终身。并在此过程中锤炼人格,凝聚骨力,使生命愈加坚实而深厚,也使诗人能有一份拒绝污浊世事的物质保障。同时,躬耕非一般士大夫所能行,它提供了彼辈所不曾拥有的生命经验,人在劳作中会与天地自然建立深沉亲密的关系,这种关系全然真实而无矫饰。这种关系,普通农人或不能知之,或知之而不能言之,唯有在理性上求诚求真的诗人,能切实体会,并通过诗歌传达这种体认。这时讲"真",便在思想自觉层面所追求的道家式的"真"和在由道德意志所导向的精神自由之外,又加上了一种人与天地关系之真。当然这种对人物关系的体验,最终仍是要流向心灵与精神天地的。从根本上讲,诚之以求真的人生履践,既是通过意见完成对天性的抉发、释放和贯彻,也是德性达成及由此而获得满足。

五　千载遥契

陶渊明并非思想家,但他人生的高风却辉映千古。当然,在玄风与释道盛行的六朝隋唐,陶渊明作为隐士的代表,其风度与事迹播在人口,往往助美风流而已,少有人会在人生的敦行实践上取法他,他诚之以求其真的人生行思也并不能真正为人理解。王维在《与魏居士书》中嘲笑陶渊明辞官乞食"人我攻中,忘大守小"就是最好的例证。直到宋人出现,陶渊明的人生风致,才渐渐有了同调者。韩经太曾经提及,宋人因讲求心性之学而推崇魏晋人的风流萧散,所以"陶渊明格外受人尊崇"①。只是宋人之心性如何联接魏晋风度,又魏晋名士车载斗

---

① 　韩经太《宋诗与宋学》,《文学遗产》1993年第4期,第80页。

量，何以陶渊明特受推崇，韩氏并未回答这两个问题。相信只有分析了陶渊明独特的人生行思之后，这两个疑问才能得以解答。

宋人之人生态度与实践，最具陶风者，还不是以头号崇拜者自居的苏轼，而是黄庭坚。东坡才高气盛，其一生事业往往盛气驱之，天才行之。当其才气之发，如潮之生，盈天地皆是，当其意兴阑珊，便如"有情风、万里卷潮来，无情送潮归"（《八声甘州·寄参寥子》），常有"此生念念随泡影"（《庚辰岁人日作》）的丧气感。东坡实有童趣，故可爱，但与陶渊明一生作踏实工夫而高旷超迈的人生颇有距离。黄庭坚的人生才是陶渊明式的。李剑锋总结黄庭坚所仰慕的人格上的"渊明风流"有三点，其一"安贫乐道"，其二"气节高峻，固穷自守，不与俗同流"，其三"神韵高胜，情深悠远"①，这三点在涪翁身上都很显著。关于黄山谷的人生行思，周裕锴曾有过极好的总结，他说："黄庭坚接受得更多的是禅宗的心性哲学，以本心为真如，追求主体道德人格的完善，以心性的觉悟获得生死解脱，使忧患悲戚无处安身。"又说："黄庭坚则自觉地把禅宗顿悟真如的修养方式移植到士大夫的儒学修养中去，执着追求自我道德人格的完善，并力图把日常现实生活中的感性存在楔入宇宙本体的建构之中，从而在对'道即是心'的体认中获得一种审美式的愉悦。"②虽然影响陶与黄，有玄学与禅宗的不同，但二人追求道德人格完善，追求超然高旷境界的人生行思则基本一致，同样可以用"诚之以求真"来概括之。不论黄庭坚这种人生思考和实践是实受陶渊明启发而来，还是千载上下的莫逆相遇，黄庭坚对陶渊明的知己之感都因此格外真切。山谷《卧陶轩》诗云："陶公白头卧，宇宙一北窗。"非真有如此胸境，非实作敦行工夫，是道不出这十个字的。

当然，上面只是就苏、黄比较而言之，东坡去陶令，较山谷稍远，但

---

① 李剑锋《元前陶渊明接受史》，济南：齐鲁书社，2002 年，第 331—336 页。
② 周裕锴《文字禅与宋代诗学》，上海：复旦大学出版社，2017 年，第 74、79 页。

仍不失为知音。实际宋代诗人，多有近于陶渊明者，这是时代风气影响的缘故。友人王培军曾评价袁枚《遣怀杂诗》"早贵如早起，所见人事多。早退如早眠，心神常安和。吾生有天幸，熊鱼竟兼得"云："'早贵如早起'云云，尤见随园之鄙俗口吻……韩退之《秋怀》诗云：'鲜鲜霜中菊，既晚何用好？'东坡不以为然，诗云：'霜菊晚愈好。'陈简斋尤痛驳之：'萧萧十月菊，耿耿照白草。开窗逢一笑，未觉徐娘老。风霜要饱经，独立晚更好。韩公真躁人，顾用扰怀抱。'宋之简斋，胜清之简斋多矣。此所以宋人议论好也，渊明之知音，必须待之宋人，盖亦以此。"所言极是。

前引周裕锴的总结中，"心性"二字被拈出，是极有眼光的。修心复性，是佛教之学，是宋儒之学，如果回想前面对陶渊明人生行思的描述，似乎也可以说陶渊明之学是心性之学。周先生又说："儒家外在的政治伦理之道在黄庭坚这里内化为一种心性境界，这无疑与同时代的理学精神是相契合的。事实上，黄庭坚的诗近于一些理学家的诗，即同样追求一种将道德和审美融为一体的人生艺术，道德不再成为外在的枷锁，因人自心的觉悟而具有'悠然自得之趣'。"[1]黄庭坚与理学家的契合，实际也是陶渊明与理学家的契合，自真德秀以下的理学家，大都对陶渊明推崇备至，引为同调，岂属偶然。

真氏是朱子再传弟子，南宋大儒，云："渊明之学，正自经术中来，故形之于诗，有不可掩。《荣木》之忧，逝川之叹也；《贫士》之咏，箪瓢之乐也。《饮酒》末章有曰：'羲农去我久，举世少复真。汲汲鲁中叟，弥缝使其淳。'渊明之智及此，是岂玄虚之士所可望耶？虽其遗宠辱，一得丧，真有旷达之风，细玩其词，时亦悲凉感慨，非无意世事者。"[2]之所以认为陶氏之学来自经术，是看到了陶诗中敦行励志之辞与悲凉感

---

① 周裕锴《文字禅与宋代诗学》，第79—80页。

② 真德秀《跋黄瀛甫拟陶诗》，《四部丛刊》初编本《西山先生真文忠公文集》卷三六，上海：商务印书馆，1922年，叶二Ａ。

慨之意,这的确与一般耽于享乐的魏晋名士大不相同。

不过,更能探得陶渊明"诚之以求真"心曲的,是真德秀同时另一位大儒魏了翁,魏氏《费元甫注陶靖节诗序》有云:"其称美陶公者,曰荣利不足以易其守也,声味不足以累其真也,文词不足以溺其志也。然是亦近之,而公之所以悠然自得之趣,则未之深识也。《风》《雅》以降,诗人之词,乐而不淫,哀而不伤,以物观物而不牵于物,吟咏情性而不累于情,孰有能如公者乎?有谢康乐之忠,而勇退过之;有阮嗣宗之达,而不至于放;有元次山之漫,而不着其迹。此岂小小进退所能窥其际邪?先儒所谓经道之余,因闲观时,因静照物,因时起志,因物寓言,因志发咏,因言成诗,因咏成声,因诗成音者,陶公有焉。"①此论中"经道""观时""照物""起志"都是就成己成物的工夫言,"因闲""因静"则是就其圆融境界言。相比真德秀对忠义这一德目的强调,魏了翁的评价更能探其本而得其深。曹虹注意到了陶渊明这种胸次与后世理学的关系,她说:"顺此思路返观陶渊明的胸次,他在秉耒劳作、短褐穿结的平常生活中,油然产生'善万物之得时'的不限于一己的快乐,既洒脱又朴茂。尽管他初无'天理流行'那样的理学框架横亘于心,但他的怡然自得实含有对儒学的灵动体认,对后世理学襟怀的形成应有一定的前导作用。"②陶渊明当然不是理学家这样虔诚的儒学信徒,但他一生贯彻道德意志,敦行实践,最后达致自然真诚的人生境界与自由的心灵境界,这何尝不是理学家所追求的呢。

理学家与陶渊明的默契不仅在心性之学这一点上,还在为己之学的高迈志向上。陶渊明称孔子为"先师","先师遗训,余岂云坠"(《荣木》)、"先师有遗训,忧道不忧贫"(《癸卯岁始春怀古田舍二首》其二),"先师"这一称呼,不许老、庄,独许孔子,颇能说明问题。本章附录将言

① 魏了翁《鹤山先生大全文集》卷五十二,四部丛刊初编本,叶五 B—六 A。
② 曹虹《陶渊明与洙泗遗音》,《江西师范大学学报(哲社版)》,2016 年第 4 期,第 106 页。

及,玄学诸家都以孔子为圣人,而不以老、庄为圣人,这看似与陶渊明态度一致,但其实大有不同。盖如汤用彤指出:"宋学精神在谓圣人可至,而且可学;魏晋玄谈盖多谓圣人不可至不能学;隋唐则颇流行圣人可至而不能学(顿悟乃成圣)之说。"①牟宗三也指出,玄学家推孔子为体道而不言的圣人,他所体之道即老庄所言之道,这样"是则以孔子之'作'为用,(作者之谓圣),以老庄之言为体,(述者之谓明);以孔子之用为'迹',以老庄之体为'所以迹'。向、郭注庄,即盛发此义。内圣之道在老庄,外王之业在孔子。以此会通儒道,则阳尊儒圣,而阴崇老庄"②。陶渊明却显然不是这样理解孔子的。他称之为"先师",这一称呼则明显包含可学可致、愿学愿致的意思。而所学的,当然是孔子的"作用"与"行迹",即陶诗中反复称道的"善",而不是空空洞洞的"无"。对孔子思之慕之,效之法之,这也是陶渊明遥启宋儒之学处。

牟宗三曾经说,玄学也甚强调"理",其理却只是"根据于无或自然而来之虚说之理",宋儒出,才生成一种"根于存在的实体而来之实理"③。可是根据本文的分析,根据前引真德秀、魏了翁对陶渊明的评价看,陶渊明实是玄风流行中独能化虚为实,以诚之的工夫达致圆融真境的先导人物。也可以说,他是上承先秦儒家而下启宋儒的中间人物。虽然他并没有提出系统丰富的思想,但其独特的人生哲学与实践在其时代中为矫然特出者,上越两汉而呼应孔孟,下凌南朝隋唐而独开宋风。可以说,陶渊明的人生行思,于千年之后,独契孔子、颜回;又在八百年前,寻路一线,遥启宋人。再者,也需经宋人揭示,其意义才昭然大明。古人或许陶渊明为孔门弟子,又宋人始对陶渊明予以特别的崇拜与推重,其原因正在于此吧。如此,陶渊明是否也可厕足中国思想史中呢?

---

① 汤用彤《谢灵运〈辨宗论〉书后》,汤用彤《魏晋玄学论稿》,上海:上海古籍出版社,2001年,第103页。
② 牟宗三《才性与玄理》,第121页。
③ 同上注,第123—125页。

又，本篇文稿给友人杨曦审读后，他的答复中于此处有言曰："宋人重新发现陶渊明的意义，主要体现在两方面。一是对于诗歌本身特征的揭示。譬如东坡讲的'质而实绮，癯而实腴'，'初看若散缓，熟视有奇趣'，似乎讲出阅读陶诗能够感受到两种风格，即表面风格与深层风格，前者是字面上的质木、清癯、散漫、缓弱乃至平淡无奇，而后者则是内涵上的丰富、饱满乃至出其不意。从某种意义上说，这是对读者提出了更高的要求，所以后来类似的这种叙述阅读陶诗态度转变的文字非常多。如黄庭坚《书陶渊明诗后寄王吉老》：'血气方刚时读此诗，如嚼枯木，及绵历世事，知决定无所用智，每观此篇，如渴饮水，如欲寐得啜茗，如饥啖汤饼。'陈善《扪虱新话》：'乍读陶渊明诗，颇似枯淡，久久有味。'应当说由此，对于陶诗本身风格的认知更深了一层。二是对于陶诗所反映的陶渊明人生践履意义的揭示。这一层面的意义揭示由诗人发端，但最终完成于道学家手中。如真德秀《文章正宗》选陶诗即甚多。其序言所说'讽咏之间悠然得性情之正，即所谓义理也'，正与郭象'吟咏所以通性'之说息息相通。从某种意义上说，玄学可以说是魏晋时代的理学（似饶宗颐即有称玄学为"前理学"的讲法，一时未能检得出处），如此，就更可以理解何以宋人能体会陶渊明意义的原因了。简言之，诗人在诗歌的脉络里给予重新定位，而道学也在思想的脉络里揭示其意义。陶渊明正是在诗人与道学两重身份上都达到了一个极高的境界，且不因言理而伤诗，亦不因作诗而忘理，实现了一个微妙的平衡，所以得到了诗人与道学两大群体的共同尊崇，也更进一步成为一种人生上的典范。"此说颇好，引之以补充我论述未及处。

附录　玄学对陶渊明政治思想的影响

陶渊明的思想受玄学影响颇深，不止在人生哲学上，他的政治理想同样如此。这里想附带讨论陶渊明政治理想的表达是如何受到玄学影响的，以此作为本章第一、二节的一个补充，看看玄学思想如何在不同方面影响陶渊明的。

陈寅恪论陶渊明思想有云："惟其为主自然说者，故非名教说，并以自然与名教不相同。但其非名教之意仅限于不与当时政治势力合作，而不似阮籍、刘伶辈之佯狂任诞。盖主新自然说者不须如主旧自然说之积极抵触名教也。"①此说颇富洞见，盖指出陶渊明对名教的态度并不全然肯定或否定，而是取其伦理之化善而弃其礼法之媚俗。玄学的根本问题即儒家与道家思想的调和问题，或者说如何以道家思想融摄儒家思想。生长在玄学风气下，陶渊明对儒家的理解与接收，有与一般魏晋人物大异其趣之处，但也不能不熏染玄风，后者正是这里要讨论的问题。今存陶渊明诗文又涉及两个小问题，一是"自然"的社会中是否还有礼乐的存在余地，二是孔子是否是圣人。下面试分别作一讨论。

一 "自然"的社会中是否还有礼乐的存在余地

第一个问题出现在《桃花源诗》中，今节引有关诗句：

> 相命肆农耕，日入从所憩。桑竹垂余荫，菽稷随时艺。春蚕收长丝，秋熟靡王税。荒路暧交通，鸡犬互鸣吠。俎豆犹古法，衣裳无新制。童孺纵行歌，班白欢游诣。草荣识节和，木衰知风厉。虽无纪历志，四时自成岁。怡然有余乐，于何劳智慧。②

诗中透露的理想，此前学者多注意两层，一是"小国寡民"式的理想生

---

① 陈寅恪《陶渊明之思想与清谈之关系》，《金明馆丛稿初编》，第 228—229 页。
② 袁行霈《陶渊明集笺注》，第 480 页。

活状态，二是"秋熟靡王税"和"虽无纪历志"所呈现出的无政府思想①，但是对"俎豆犹古法"一句所蕴藏的信息却几乎都予以了忽视或回避。只有徐声扬认为，一诗一记表现的不是道家的政治理论，而是儒家的小康理想，"俎豆"二句表现的就是"礼制和谐"②。认为桃源世界是儒家小康社会的描述的确有些牵强，但徐先生敏锐地察觉到，"俎豆"的出现，的确别有意味。

如果依据《庄子》本文，那么至德之世与圣人之世的关键区别就在于仁义礼乐的有无。这种典型分别，在《庄子·马蹄》中有清楚的说明。"至德之世"的状态是：

> 山无蹊隧，泽无舟梁；万物群生，连属其乡；禽兽成群，草木遂长。是故禽兽可系羁而游，鸟鹊之巢可攀援而窥。
>
> 同与禽兽居，族与万物并，恶乎知君子小人哉！同乎无知，其德不离；同乎无欲，是谓素朴；素朴而民性得矣。
>
> 民居不知所为，行不知所之，含哺而熙，鼓腹而游，民能以此矣。

另外《胠箧》篇中也有类似描述："子独不知至德之世乎？昔者容成氏、大庭氏、伯皇氏、中央氏、栗陆氏、骊畜氏、轩辕氏、赫胥氏、尊卢氏、祝融氏、伏牺氏、神农氏，当是时也，民结绳而用之，甘其食，美其服，乐其俗，安其居，邻国相望，鸡狗之音相闻，民至老死而不相往来。"而"圣人之世"则是：

---

① 嵇康、阮籍政治上不合作的态度影响到陶渊明，早经陈寅恪先生指出，同时桃花源这一无君世界的构想直接导源于阮籍和其后的鲍敬言，则为萧公权先生揭出。见萧公权《中国政治思想史》，《中国现代学术经典·萧公权卷》，石家庄：河北教育出版社，1999年，第314—319页。
② 徐声扬《论〈桃花源诗并记〉是陶渊明对儒家思想的继承和发展》，《九江师专学报（哲社版）》，2003年第3期，第4页。

> 及至圣人，蹩躠为仁，踶跂为义，而天下始疑矣；澶漫为乐，摘僻为礼，而天下始分矣。……道德不废，安取仁义！性情不离，安用礼乐！……毁道德以行仁义，圣人之过也。

> 及至圣人，屈折礼乐以匡天下之形，县跂仁义以慰天下之心，而民乃始踶跂好知，争归于利，不可止也。此亦圣人之过也。

陶诗中的"俎豆"，是祭祀和宴享时的礼器，又常常引申指祭祀，如《论语·卫灵公》："俎豆之事则尝闻之矣，军旅之事未之学也。"祭祀之礼，当然是至德之世既衰，圣人制作仁义礼乐之后的产物。

我们对照《桃花源记》及诗，其中居民"草荣识节和，木衰知风厉。虽无纪历志，四时自成岁"，是无知；"怡然有余乐，于何劳智慧"，是无欲。既无政府管理，又无圣人指导，完全遵从本性和天地自然生活，这种生活状态非常接近于至德之世的人民。可是，为什么象征礼乐的祭祀会依然存在呢？按照庄子的说法，"性情不离，安用礼乐"，存在礼乐，就是性情浇漓的表现了。这该如何解释？

存在两种解释的可能性。第一种可能性，按照《胠箧》中说法，至德之民"乐其俗，安其居"，可以将俎豆解释成习以为常的习俗，即取消其礼乐功能，单纯视为一种习俗。既然是至德之世，其人民的习俗是否可能包含祭祀礼仪在内，庄子既没有说明，也与其他地方反对礼乐之说相矛盾。这的确是问题。第二种解释的可能性则存在于玄学思想中。玄学是为调和儒道而起，其意图在解决道家自然无为与儒家名教礼法的矛盾冲突，其根本思路即要寓自然之神于名教之躯，以自然为体，名教为用。所以除了激烈主张"越名教而任自然"的嵇康、阮籍外，在其他玄学各家的理论中，都各有容纳名教的空间①。

---

① 参见周一良《名教自然"将无同"思想之演变》，周一良《魏晋南北朝史札记》，北京：中华书局，2007 年第 2 版，第 54—62 页。原载《文史哲》，1985 年第 3 期。

《老子》第二十八章王弼注有云："朴，真也。真散则百行出，殊类生，若器也。圣人因其分散，故为之立官长。以善为师，不善为资，移风易俗，复使归于一也。"①这是说一旦不再是上古真朴浑然的状态，真朴散在各种德行之中，圣人就需要因其善而导之，达到移风易俗，归复于浑然之真，即"归于一"也。这一治理归复的过程，汤用彤概括说："王弼谈治，以因为主。（中略）其所谓因者，因自然之理，以全民之性（亦即民自全其性）。理有大常，道有大致。修其常，顺其理，则得治之方，致治之方。虽顺道家之自然，但不必即毁儒家之名教。"②按照王弼之说去理解，桃花源中居民来自秦末乱世，本来是风浇俗乱之人，在摆脱贪酷暴政以后，他们依据本性生活，逐渐向真朴归复，这一过程就是"以善为师"的过程。在这一过程中，祭祀礼仪具有"慎终追远，民德归厚矣"的作用，即能"移风易俗"，其存在自有合理性。

向秀、郭象一派，则着重论证名教与自然的一致性。向秀认为："夫人含五行而生，口思五味，目思五色，感而思室，饥而求食，自然之理也。但当节之以礼耳。"③即人的欲望都是自然而合理的，但需要以道德礼仪节制之，因此名教与自然需相辅相成。郭象则更进一步，主张名教与自然相合，甚至名教即自然。汤用彤谓："名教所以治天下，自然所以养性命。《庄子注》之理想人格，合养性命、治天下为一事，以《逍遥游》《齐物论》与《应帝王》为一贯。于是自然名教乃相通而不相违。"④汤一介云："郭象的哲学归根结底就是要论证现实的就是合理的，或者说现实的就是理想的，这就是他所谓'内圣外王之道'。"⑤在《庄子·大宗师》注中，郭象说："圣人常游外以冥内，无心以顺有。故

①　王弼《老子道德经注》，《王弼集校释》，第 75 页。
②　汤用彤《王弼之〈周易〉〈论语〉新义》，《魏晋玄学论稿》，第 90 页。
③　向秀《难养生论》，《嵇康集校注》，第 285 页。
④　汤用彤《向郭义之庄周与孔子》，《魏晋玄学论稿》，第 96 页。
⑤　汤一介《郭象与魏晋玄学》，第 64 页。

虽终日见形而神气无变,俯仰万机而淡然自若。"①作为理想统治者的圣人,以无心之内应乎万变之外,虽然顺人情以立教,却玄冥于心,所以外王与内圣为一,"自然"与"名教"不相背离。同时,君臣之分也是天生的,"时之所贤者为君,才不应世者为臣。若天之自高,地之自卑,首自在上,足自居下,岂有递哉! 虽无错于当,而必自当也",所以"夫臣妾但各当其分耳,未为不足以相治也。相治者,若手足耳目,四肢百体,各有所司,而更相御用也"(《庄子·齐物论》注)②。在郭象构建的人间治道之中,名教的种种制度都是臣民各安其分而自然生成的习俗与规范,"刑者,治之体,非我为","礼者,世之所以自行耳,非我制"(《庄子·大宗师》注)③,圣人只是顺其自然而已。所以人间帝王亦当以圣人为法,顺世自然即可④。

　　庄子的社会发展观是一种退化观,人类社会由至德之世而圣人之世而当世,显然处于不断堕落的过程中。桃花源中的人民并非一直生活在至德之世中,而是由最污浊的乱世反向进化到准至德之世的。如果按照郭象的理解,社会并不存在退化或进化,名教与自然完全可以和谐共存。而王弼强调"复使归于一",倒是跟这个反向进化的进程相吻合,用来解释陶诗中的描述便比较合理。而且,桃花源中看不到圣人的存在,那么祭祀之礼就需要作为圣人法则代替活的圣人承担起导善的作用,其分量就更重。当然,越到后来,民风越淳朴,这种导善的功能就越淡薄,越像是一种单纯的风俗而非礼仪。这时,"俎豆"就像是过去礼乐遗留的"阑尾",已经不再起实际作用,而只是一种单纯的习俗了。但是,可以想象,初入桃花源之时,祭祀之礼一定在日常生活中发挥着

---

① 《南华真经注疏》,第 155 页。
② 同上注,第 29—30 页。
③ 同上注,第 140 页。
④ 关于郭象的政治理论,可参看汤一介《郭象与魏晋玄学》第十二章《郭象的哲学体系下》,第 247—256 页。杨立华《郭象〈庄子注〉研究》第八章《治道》,第 164—190 页。

重要作用。

当然，上面的解释是对诗歌所描述现象的一种合理性解释，这种解释是否符合诗人本意，不能意必言之。但如果要结合时代思潮来论述之，这种解释存在的可能性就不能抹杀。

二　孔子是否是圣人

同时，在王、郭诸人的理论中，都存在一个理想的王者——圣人，《桃花源记》与《诗》并未涉及这一问题，但《饮酒》二十首其二十却正与此问题相关，值得我们注意。其诗有云："羲农去我久，举世少复真。汲汲鲁中叟，弥缝使其淳。凤鸟虽不至，礼乐暂得新。"古今许多学者都以此证明陶渊明推尊孔子，是纯粹儒生。但朱自清敏锐指出，"'真'与'淳'都不见于《论语》"，"都是道家的观念，而渊明却将'复真''还淳'的使命加在孔子身上；此所谓孔子学说的道家化，正是当时的趋势"①。姚汉荣更进一步分析了陶诗中的孔子实是玄学"圣人"的形象②。诗中单看所引这几句诗，朱、姚二先生的看法更接近实际。

汤用彤指出，魏晋玄学中，王弼、向秀、郭象诸人皆以孔子为圣人："王弼学贵虚无，然其所推尊之理想人格为孔子，而非老子。"③向、郭亦皆"以孔子为圣人"④。这是因为玄学的根本目的是要调和名教与自然，"根据自然与名教的关系来探索一种最佳的内圣外王之道"⑤，所以圣人应是"以无名不偏之德，行至公自然之治，无毫末之私，不自有其身，百姓日用而不知，故自成大功，自致太平也"⑥。此说发自王弼，郭

①　朱自清《陶诗的深度》，《朱自清全集》第三卷，南京：江苏教育出版社，1998 年，第7—8 页。

②　姚汉荣《陶渊明与魏晋玄学》，《贵州社会科学》，1986 年第 2 期，第 56 页。

③　汤用彤《王弼之〈周易〉〈论语〉新义》，《魏晋玄学论稿》，第 87 页。

④　汤用彤《向郭义之庄周与孔子》，《魏晋玄学论稿》，第 94 页。

⑤　余敦康《魏晋玄学史》，北京大学出版社，2004 年，第 200 页。

⑥　汤用彤《王弼之〈周易〉〈论语〉新义》，《魏晋玄学论稿》，第 90 页。

象尤畅发之。汤用彤总结说:"郭序曰,《庄子》之书'明内圣外王之道'。向、郭之所以尊孔抑庄者,盖由于此。内圣外王之义,郭注论之详矣。圣人无心玄应,惟感之从。会通万物之性,而陶铸天下之化。顺万物之性分而正之,则物咸自正。因人心之所欲亡而亡之,则人心不失。泛乎若不系之舟,东西之非已也,无行而不与百姓共,故无往而不为天下之君。夫与物冥而无不顺,心无为而过于为,天下遂以不治治之。(参看《逍遥游》《齐物论》注)故郭注曰:'无心而任乎自化者,应为帝王也。'(《应帝王》注)由此言之,则《庄子》养性之学,即治天下之术也。"①陶诗《示周续之祖企谢景夷三郎》"周生述孔业,祖谢响然臻。道丧向千载,今朝复斯闻",明确以千载"道丧"之"道"属之孔子,则《饮酒》其三"道丧向千载,人人惜其情"的"道丧"也是孔子以来之一千年。过去注家没留意到玄学依然以孔子为圣人(同时之老子、庄子非圣人),而注后者之"道"为远古朴散之道,就搞错了。反之也证明,陶诗中求真求淳的孔子,正是有道的圣人。

　　这样陶渊明诗中之意就较明白了。上古圣王之时,以自然为治,世风真朴。降则真散淳销,"文灭质,博溺心,然后民始惑乱,无以反其性情而复其初"②。孔子的事业则是修补世道,冀其再淳。以求真淳而非求仁义形容孔子的努力,这当然更接近玄学家的看法。诗云"弥缝使其淳",又云"如何绝世下,六籍无一亲",看来在陶渊明的认识中,孔子"弥缝"之法阐扬六经为极重要者。这种说法既可以视为儒家一贯之论,也可以在《庄子》中找到依据。《天下》篇有云:"古之人其备乎! 配神明,醇天地,育万物,和天下,泽及百姓,明天本数,系于末度,六通四辟,小大精粗,其运无乎不在。其明而在数度者,旧法、世传之史尚多有之;其在于《诗》《书》《礼》《乐》者,邹鲁之士、搢绅先生多能明之。

---

① 汤用彤《向郭义之庄周与孔子》,《魏晋玄学论稿》,第95页。
② 《庄子·缮性》,《南华真经注疏》,第323页。

《诗》以道志，《书》以道事，《礼》以道行，《乐》以道和，《易》以道阴阳，《春秋》以道名分。其数散于天下而设于中国者，百家之学时或称而道之。"①六经不是古代圣王的治道，但仍是其遗迹，郭象注引文最末一句云："皆道古人之陈迹耳，尚复不能常称。"②孔子能并称六经，即是高出诸子之处。又《庄子·天运》载孔子明道的两个阶段。第一阶段，孔子自谓："丘治《诗》《书》《礼》《乐》《易》《春秋》六经，自以为久矣，孰知其故矣。以奸者七十二君，论先王之道，而明周、召之迹，一君无所钩用。甚矣！夫之难说也，道之难明邪！"老子说："夫六经，先王之陈迹也，今子之所言，犹迹也。夫迹，履之所出，而迹岂履哉！"孔子受此启发，乃有第二阶段的感悟："久矣，夫丘不与化为人。不与化为人，安能化人！"郭象就此注云："夫与化为人者，任其自化者也。若翻六经以说则疏也。"③所以，能无心任化，是圣人之事，其次法圣人之陈迹，即法六经；而"绝世之下"之人，"终日驰车走"，连六经也绝不一顾，无心任化就更加不能指望。另外，汤一介指出，郭象为了齐一儒道而推孔子为圣人，乃采用"寄言出意"的方法，把《庄子》书中"游方之内"的孔子视为庄子"涉俗盖世之谈"，即迎合俗人理解力的寄托之言④。《庄子·大宗师》郭注即云："宜忘其所寄以寻述作之大意，则夫游外冥内之道坦然自明。"⑤所以，前面被老子启迪的孔子也当如此理解才好。

　　结合《饮酒》其二十和《桃花源诗》看，陶渊明的政治理想的确受到玄学很大的影响。他一面把孔子看作"游外冥内"的圣人，一面认为自然可融摄名教，这仍是与王弼、郭象他们的思想不相违背的。

---

①　《南华真经注疏》，第 605 页。
②　同上注，第 606 页。
③　同上注，第 304—305 页。
④　汤一介《郭象与魏晋玄学》，第 210—212 页。
⑤　《南华真经注疏》，第 155 页。

　　以上所述,是窥测玄学如何影响到陶渊明的政治思想。可知,无论人生哲学还是政治理论,玄学思潮对陶渊明都颇有影响力。一个人无论如何超越其时代,也总会有深受时代影响的一面,陶渊明何尝不是如此。

第四章　笃意真古：自我与风度

在哲学层面，陶渊明倾向认定自己有一个本质的、绝对的本性，这是上一章重点讨论过的问题。但如果换从心理学角度看，则会发现，陶渊明的作品清晰呈现了一个不断与社会生活碰撞而形成、发展的自我。如果说前一个本性是实际出于自觉建构，但诗人深信不疑为主体的天然本质属性，那么后一个自我则是作为认知对象的客体的"我"，这个客体的"我"是一个社会自我。陶渊明当然不会像现代人一样对这一社会自我有自觉和清楚的认知，但是，他的作品却依然清楚展现了这一社会性自我成长、发展和展示的各方面情形。因此，完全可以从心理学的角度对陶渊明作品所呈现的这一社会性自我做一番检讨。

第一节　陶渊明的"自我"

一　引论

美国著名汉学家宇文所安（Stephen Owen）有一篇影响颇大的论文《自我的完整映像——自传诗》（"The Self's Perfect Mirror：Poetry as

Autobiography")①,文中讨论了陶渊明诗歌的"自传"特色和"伪饰"特征。宇文所安教授研究的洞见与误读并存,其某些观点与隐藏其后的理论依据及其运用我并不认同,将在下一节中具体商榷之,但他却启发我,有必要从心理学的角度,全面审视一下陶渊明的"自我"问题。

每个人都会经历自我认知、自我发展、自我调整的过程,在其一生中,也时时进行着自我展示、自我描述。无论是真诚还是虚伪,是自觉还是不自觉,"自我"问题始终是人生的基本问题。《诗经》中,像《邶风·柏舟》"我心匪石,不可转也。我心匪席,不可卷也。威仪棣棣,不可选也"这样的自述,并不罕见。至《离骚》出,"自我"更一跃成为诗歌的主题。另一边,自司马相如《自叙》、司马迁《太史公自序》以后,自叙的专门篇章逐渐增多。这些"自我"的文学,基本以回顾总结的姿态出之,可以称之为"追忆"文学。中国文学史上,既有追忆自我的文字,又有终其一生持续通过作品描述自我的作家,其中大概当推陶渊明为第一人,这是他独特的文学史意义。游国恩曾说:"陶公的诗大半是表现他的人格与人生观的。"②这代表了多数学者的意见,即自我描述是陶诗的基本主题。而萧驰则敏锐地注意到这一特征在文学史中的意义,他说:"这是中国诗歌中最早将诗人自我形躯之身白描在日常生活化背景上的作品,并以此解构了屈原开创的、赖于自贵自恋和美的事物烘托的抒情自我的型塑模式。"③所以宇文所安称:"陶潜是第一位伟大的

---

① 〔美〕Stephen Owen. "The Self's Perfect Mirror: Poetry as Autobiography." In *The Vitality of the Lyric Voice: Shih Poetry from the Late Han to the T'ang*, edited by Shuen-fu Lin and Stephen Owen ed., Princeton: Princeton University Press, 1986. pp. 71-102.中文翻译见乐黛云、陈珏编选《北美中国古典文学研究名家十年文选》,南京:江苏人民出版社,1996年,第110—137页。

② 游国恩《一千五百年前的大诗人陶潜》,《国学月报》汇刊1928年第1期"陶渊明号",第126页。

③ 萧驰《论陶渊明藉田园开创的诗歌新美典》,《中华文史论丛》,2010年第1期,第117页。

自传诗人。"①自传(autobiography)这个概念运用得是否恰当此处暂不置议,宇文所安所展现的敏锐目光,的确让人佩服。而陶渊明作品的这一特性,正可以帮助我们有效地进入他的"自我"世界,陶渊明也成为第一个真正可以充分探究其"自我"的中国诗人。

除了宇文所安,孙康宜也认为陶渊明的诗歌是自传式的②。而戴建业在其《澄明之境——陶渊明新论》一书中,也用专章的篇幅,讨论了陶渊明自我体认的问题③。戴先生认为,年轻的陶渊明并不能清晰了解自己的本性,"他早年对自己根本没有形成一幅清晰的自我形象"④。陶渊明年轻时大济苍生的愿望,对功名的向往"并不是诗人生命中的'性体',不是他生命中作为根基的存在结构"⑤,超然尘俗之外才是他的本性。因此陶渊明的出仕,展现了"心迹难并和身心分裂"的状态,"诗人行为所表现的并非其本然的,所呈现的并非其所是的,他的所求超出了自己的本分,所行抵牾于自己的本性,这一切都起于诗人不知'分',而不知'分'又由于他不知'性'——只有深刻明了了自己的本性才能清楚地确定自己的本分"⑥。因此,陶渊明"每次出仕都是一次自我认识的深化,出仕的过程也就是他自我认识的过程。在一次又一次'矫厉'和扭曲自己以迎合官场的痛苦经历中,他才逐渐认清了自己的内在本性"⑦。而《归去来兮辞》以及《归园田居五首》的写作,就

---

① 〔美〕宇文所安《自我的完整映像——自传诗》,《北美中国古典文学研究名家十年文选》,第116页。

② 〔美〕孙康宜著,钟振振译《抒情与描写——六朝诗歌概论》,上海:上海三联书店,2006年,第15—39页。

③ 戴建业《澄明之境——陶渊明新论》第四章《知性与尽分——论陶渊明对自我的体认》,武汉:华中师范大学出版社,1998年,第160—173页。

④ 同上注,第161页。

⑤ 同上注,第164页。

⑥ 同上注,第163页。

⑦ 同上注,第160—161页。

代表了陶渊明对自己本性的发现①。这是戴建业的主要观点。当然，从上一章的分析可知，本书并不赞同戴先生的这一看法。此外，钟书林以魏晋人之自觉与文之自觉之说为基础，也有文讨论陶渊明是"自我寻求与文学自觉"潮流的集成者②。

如果从现代心理学的角度看，人的自我意识有一个成长过程，这看似可以佐证戴先生的看法，细究则不然。比如提出著名的心理社会性发展模型理论的艾里克森（Erik Erikson），在其《儿童期与社会》（*Childhood and Society*）一书中认为，进入青春期，青少年会面临同一性危机和角色困惑，能否有效回答"我是谁"的问题，能否在童年未定的我与即将定型的我之间、在社会期许与自我认知之间保持稳定与连续性，自然会导致诸多激烈的心理困惑③。面临自我形象的困惑与内在冲突几乎是人人难免之事，青少年陶渊明自也不会例外。不过这种青春期的自我困惑会持续多久，会一直持续到三十多岁出仕时期吗？那陶渊明的自我意识成长是否太过迟滞？更重要的是，大济苍生以成就自己和超越尘俗蔑弃名利，都发源于陶渊明性中之

---

① 戴建业《澄明之境——陶渊明新论》，第168—173页。

② 钟书林《隐士的深度：陶渊明新探》，北京：中国社会科学出版社，2015年，第139—147页。

③ E.H. Erikson（1993）.*Childhood and Society*. W. W. Norton & Company，235.艾里克森说，青少年"关注的是将他人眼中的自己与自己认识的自己相比较"，（concerned with what they appear to be in the eyes of others as compared with what they feel they are.）考虑"如何将之前习得的角色与技能与现在的职业榜样相联系"。（how to connect the roles and skills cultivated earlier with the occupational prototypes of the day.）"在寻求新的连续性和同一性的意义上，青少年必须重新进行早年的许多战斗，即使这样做，他们仍必须有意识地择定他们愿意扮演的完美的好角色；他们随时准备将恒久的偶像和理想作为最终身份的守护者。"（In their search for a new sense of continuity and sameness, adolescents have to re-fight many of the battles of earlier years, even though to do so they must artificially appoint perfectly well-meaning people to play, the roles of adversaries; and they are ever ready to install lasting idols and ideals as guardians of a final identity.）

善端,并逐渐成形①,何以后者是"诗人生命中的'性体'"而前者不是,这样的判断似嫌武断。因此我们可以说陶渊明在选择自我的角色,在作道德的抉择,但不能说他的出仕与回归是在寻找本性。而"自我"究竟是什么,陶渊明究竟如何认识自我和展现自我,也有待更细致地讨论。

遗憾的是,今天也有一些研究者,并不在前人的基础上作更深广的研究,反而力图用大而化之的方式揭示陶渊明的虚伪做作,还他一个所谓的"本来面目"。这些研究既缺少对历史的充分了解,也未能细致解读文本,更没有掌握心理学分析的基本方法,其态度是不严肃的。因此参考现代心理学的研究,对陶渊明作品中的自我描述做一更全面深入地分析,就显得非常有必要。

二 自我认识

"自我"是与生俱来之物还是后天生成的精神产物?与传统的本质自我的观念——即拥有一个不变的灵魂,就像亚里士多德和后来的基督教所强调的那样——不同,现代心理学家基本持发展的自我观念,即自我观念有一个形成、发展的过程,是主体在成长过程中与社会发生交互关系以后逐渐形成的。因为基督教的巨大影响,为了悬置传统的灵魂说,最早是德国哲学家费希特(Johann Gottlieb Fichte, 1762—1814)将自我区分出主我(I)和宾我(me),前者是感知的主体,后者是被意识、被理解的对象。这样区分后,主我是否是灵魂,是否拥有永恒的本质,可以置而不论,重要的是,费希特认为主格的自我并不自然出现在认知过程中,必须要在经受"碰撞"之后才被意识到,这个被意识

---

① 美国心理学家罗伯特·凯根在其《发展的自我》第二章《道德意义采择的演化》中,对个体道德选择的发展阶段和演化过程有详细描述,可参看。〔美〕罗伯特·凯根著,韦子木译《发展的自我》,杭州:浙江教育出版社,1999年,第53—86页。

的自我是宾我。作为宾我的自我不是传统意义上的灵魂,它是人精神发展的结果,是人在思考自我与世界的关系以及将自我作为认识对象时,意志与外在客体碰撞的产物。英国思想家伯林(Isaiah Berlin,1909—1997)将其概括为"我愿故我在"①。与费希特同时期的法国心理学家迈内·德·比朗(Maine de Biran,1766—1824)发展了相似的心理学,"比朗认为人格是后天习得的,只有通过努力,通过尝试,通过克服某些能使你意识到一个完整自我的障碍。换句话说,只有在遭受抵抗和反对的那一刻,你才可能感觉自我的存在"②。在美国,最早是由至今影响力巨大的心理学家威廉·詹姆斯(Willian James,1842—1910)在1890年出版的《心理学原理》一书中提出主我与宾我的区分。稍后,芝加哥大学社会心理学创始人乔治·米德(George H. Mead,1863—1931)也强调:"自我是逐步发展的;它并非与生俱来,而是在社会经验与活动的过程中产生的,即是作为个体与那整个过程的关系及与该过程中其他个体的关系的结果发展起来的。"③现代心理学,尤其美国的心理学,基本建立在这样的理论基础之上。

　　陶渊明"自我"的基本问题自然是他如何认识自我,也就是陶渊明认识的宾我(me)是什么样的④。詹姆斯将宾我称为经验自我,并进一

①　〔英〕以赛亚·伯林著,〔英〕亨利·哈代编,吕梁等译《浪漫主义的根源》,南京:译林出版社,2011年,第97页。

②　同上注,第100页。

③　〔美〕乔治·H.米德著,赵月瑟译《心灵、自我与社会》,上海:上海译文出版社,2005年,第106页。

④　按:在西方,诺贝特·埃利亚斯和本杰明·尼尔森等杰出的历史社会学家都认为"自我"是"文明化"的产物,是现代的进程促成了现代自我意识的出现。那么借鉴现代的自我研究来讨论陶渊明的自我就完全是无稽之谈。但是埃利亚斯也注意到,西方文明化的进程中的能同时塑造社会和人格的权力形态,如对暴力工具的垄断,对生产工具的垄断,对导向工具的垄断,对自我约束工具的垄断,很多早早就出现了在中国。他举的例子是不在餐桌上处理整个动物,将此行为视为不雅,"在具有更加悠久的'文明'历史的中国,把分割牲畜置于幕后的做法比西方国家要早得多,彻底得多"。(〔德〕诺贝特·埃利亚斯著,王佩莉译《文明的进程》卷一,(转下页)

步区分出(1)物质自我、(2)社会自我和(3)精神自我三类①,这里将采用这一分类来进行观察。

(1)物质自我的要义不仅在于我的躯体和我拥有的物质实体,更重要的是"物质自我(中略)恰恰由我们对这些物质实体心理上的占有欲组成。(中略)这就是延伸的自我意之所指,它包括心理上属于'我是谁'的所有人、地方和事物"②。所以直系亲人、乡里家园、土地财物、劳动成果、文学创作,凡能承载经验自我的占有欲的人和物,都是物质自我的构成部分。

本此,可以梳理陶渊明作品明确标识为"我"的东西:

> 遇以濯吾足、所以贵我身、吾生行归休
>
> 肃矣我祖、於铄吾弟、奈何吾弟
>
> 息我庭柯、袭我春服、翼我(彼)新苗、脂我名车、策我名骥、我有旨酒、我土(志)日已广、夕露沾我衣、漉我新熟酒、夙晨装吾驾、

(接上页)三联书店,1998年,第208页。按:译者引了《孟子》"君子之于禽兽也,见其生,不忍见其死;闻其声,不忍食其肉。是以君子远庖厨也"之语为证。)研究者进一步分析说:"这并不是偶然的,因为文明化进程的基本机构特征在帝制监禁下的中国已经体现得很明显:一个士大夫群体垄断着对社会和经济生活的控制工具,他们较早地确保了封建武士主导的空间的和平化,以及'导向工具',即知识的生产、获得和传播。"(〔英〕德兰迪著,〔英〕伊辛主编《历史社会学手册》,中国人民大学出版社,2009年,第125页。)本此逻辑进一步思考,会发现那种强烈的自我审视、自我意识、对身体和行为的控制,以此视为"文明",中国同样出现得极早。在《诗》《书》中,在《左传》《国语》中,尤其在《论语》中,成为"君子",对孔子来说,就是成为一个有明确而强烈的自我意识的人。我们当然不能由此认为中国的现代化进程开启于先秦,但同样不能机械地认为自我意识在中国也是很晚才出现的,正相反,中国的"文明",是一贯强调自我意识的文明。因此,我们可以借鉴西方现代的自我研究来讨论陶渊明的自我问题,这并不矛盾。

① 〔美〕威廉·詹姆斯著,田平译《心理学原理》,北京:中国城市出版社,2010年,第189—190页。

② 〔美〕乔纳森·布朗、玛格丽特·布朗著,王伟平、陈浩莺译《自我(第二版)》,北京:人民邮电出版社,2015年,第38页。

吾驾不可回、回飙开我襟、飘飘吹我衣、双双入我庐、吾亦爱吾庐、时还读我书、摘我园中蔬

可以清楚看到，陶渊明对人的占有感并不强，他当然在乎门第，只是这种在乎维持一种较为轻微的程度，他的自我观念中，"门第自我"是非常淡泊的。甚至他都不曾用"我"来界定过妻子和儿子，显然他不可能是那种权威家长型人物，不可能把家人视为予取予夺的私人物品。前人曾经争论过陶渊明《责子》是真责备还是戏谑，至少从表达习惯上看，很难不赞同黄庭坚的《书陶渊明责子诗后》："观渊明之诗，想见其人岂弟慈祥，戏谑可观也。俗人便谓渊明诸子皆不肖，而渊明愁叹见于诗，可谓痴人前不得说梦也。"①

　　同时，陶渊明对身体和生命的标注也不多，足见他"纵浪大化中"的人生宣言并不虚。陶渊明真正在乎、视为一己之延伸的，是那些最普通的日用品和家园农物。除了酒在当时稍稍可算作"奢侈品"外，其他起卧之间，庭园内外，所见所遇，大都可安放自我。诚如朱光潜所云："他把自己的胸襟气韵贯注于外物，使外物的生命更活跃，情趣更丰富；同时也吸收外物的生命与情趣来扩大自己的胸襟气韵。这种物我的回响交流，有如佛家所说的'千灯相照'，互映增辉。所以无论是微云孤鸟，时雨景风，或是南阜斜川，新苗秋菊，都到手成文，触目成趣。"②从物质自我的角度观察陶渊明，可以证明他的诚实，可以证明《宋书》以来对他人品的赞颂真实不虚。古今许多标新立异的批评恐怕都不能成立。

　　（2）所谓社会自我，"指的是他人如何认识和对待我们"，即个体所拥有的社会认同。"有学者（Deaux et al., 1995）划分了五类

① 黄庭坚著，郑永晓整理《黄庭坚全集辑校编年》，南昌：江西人民出版社，2011 年修订本，下册，第 1522 页。

② 朱光潜《诗论》，北京：中华书局，2012 年，第 248 页。

社会身份：私人关系（如夫妻）、种族/宗教、政治倾向、烙印群体（如酒鬼、罪犯），以及职业/副业。"①这种划分是基于当代美国社会的现实所作的，如果回到陶渊明的时代，至少可以再加上家族和品第两种身份。

关于陶渊明的社会自我，至少有三个问题值得关注。第一，社会自我非单一自我，而是依据社会身份而同时并存多个自我，这些自我既割裂又统一。詹姆斯提道："有多少个他在意其看法的人的群体，他就有多少个不同的社会自我。"②我们所承担的不同社会角色会形成我们不同的自我认知，也就是说我们会同时拥有多个社会自我。詹姆斯敏锐地注意到，人们有多面性，在父母师长面前一个样，在"狐朋狗友"面前另一个样，在孩子面前，在俱乐部伙伴面前，在顾客面前，在雇工面前，面貌都不一样。"实际上将人分为了不同的自我；而且这可以是一种不和谐的分裂，个人会害怕让他的一些熟人知道他在其他地方的表现；或者这也可以是一种完全和谐的分工，比如一个对孩子温柔的人，对在其控制之下的军人或是囚犯却是严厉的。"③

研究文学的学者理解这一点尤其重要。因为"真诚"是多数批评家最看重的作家品质，但他们往往将主我与宾我，将物质自我、社会自我和精神自我混为一谈，要求作家的主我（灵魂/本性）与社会自我统一，如果不能统一就指责作家不够真诚。只是如詹姆斯指出的，社会自我源于他人对我的认同，作为下级官吏的（卑微的）我与作为父亲的（高大的）我，作为隐士的（自足的）我与作为宴会贵宾的（谦逊的）我，作为士大夫的（文化/政治身份）的我与作为农夫的（半职业身份的）我，不同的社会自我，有不同的言行准则与方式，更重要的是，他们都不等于精神自我，也不等于主我。不能因为存在一个（准）农夫的身份，

---

① 〔美〕乔纳森·布朗、玛格丽特·布朗《自我（第二版）》，第41页。
② 〔美〕威廉·詹姆斯《心理学原理》，第191页。
③ 同上注。

就要求精神自我也如同农夫那样"不反思,不选择,也不渴望"①。衡量真诚与否,不能如此机械。真正的问题是,陶渊明的这些社会自我之后是否存在一个统一/同一的精神自我。答案是肯定的,后面会分析这一问题。

第二个需要注意的问题,这些社会身份,有先赋(不能选择)与自致(自己可选择)的区别,陶渊明看重哪种自我,比他具有哪些自我更重要。陶渊明在《命子》诗中表现了对家族门第的重视,但如一海知义等学者所指出的,在《五柳先生传》中又是一种蔑弃门第的态度②,这与颜延之在诔文中所称颂的"韬此洪族"的态度相一致。本书第一章考证了陶氏家族当属江州高门,高门子弟是陶渊明的先赋身份,他不能说不看重,但显然看重的程度有限。陶渊明真正在乎的社会自我,一个是孔门弟子,一个是隐逸之士,前者立善,后者致真,前者代表了他对人间的关心,后者代表了他对人世的失望。

第三个需要注意的问题与上一个问题紧密相关,即陶渊明似乎在有意识地减少自己的社会身份,拒绝某些社会自我。心理学家林维尔(Linville)用术语自我复杂性(self-complexity)来指称"个体以许多不同的方式看待他自己还是以有限的几种方式看待自己"③。林维尔认为"用许多不同的方式看待自己的人被认为具有高自我复杂性,反之,则被认为自我复杂性较低",同时"自我复杂性上的差异会影响人们对积极事件和消极事件的反应。个体的自我表征越不复杂,他对积极事件或消极事件的反应就越极端"④。从这一视角去观察,会发现钱锺书论

---

① 〔美〕宇文所安《自我的完整映像——自传诗》,《北美中国古典文学研究名家十年文选》,第 115 页。

② 〔日〕一海知义著,彭佳红译《陶渊明·陆放翁·河上肇》,北京:中华书局,2008年,第 22—23 页。

③ 〔美〕乔纳森·布朗、玛格丽特·布朗《自我(第二版)》,第 146 页。

④ 同上注,第 147 页。

《五柳先生传》"'不'字为一篇眼目。（中略）'不'之言，若无得而称，而其意，则有为而发；老子所谓'当其无，有有之用'，王夫之所谓'言"无"者，激于言"有"者而破除之也'。如'不知何许人，亦不详其姓氏'，岂作自传而并不晓己之姓名籍贯哉？正激于世之卖声名、夸门地者而破除之尔"①，其洞见正可与林维尔之说相印证。无论是陶渊明对门第身份的拒绝还是其激烈的态度，都说明他是个低自我复杂性的人。再如他说"代耕本非望，所业在田桑"（《杂诗》其八），这是对官员身份的拒绝；《和刘柴桑》的"山泽久见招，胡事乃踌躇？直为亲旧故，未忍言索居"，表明他不愿意受宗教教团的约束，不愿意增加一个宗教属性的自我。可以进一步认为他对群体属性抱有最大的警惕，家族的、（官员）职业的、宗教的属性，这些角色与他愿意接受的儒门弟子、隐士这样的角色存在内在的冲突②，所以他都尽量保持距离。而他对自己的低自我复杂性也有清醒的认识，在《与子俨等疏》中，陶渊明说自己"性刚才拙，与物多忤，自量为己，必贻俗患。僶俛辞世，使汝等幼而饥寒"。与自比管乐谢安的李白比，与自许稷与契的杜甫比，与晚悔用世心太盛的苏轼比，陶渊明的自我认识显然清晰太多。

由此回顾第一个问题，也可以说，陶渊明主动降低自我的复杂性就是他的真诚；但要他取消社会自我，那是太天真了。

（3）詹姆斯认为："精神自我，（中略）是指一个人的内部或主观存在，是具体的一个人的精神能力或倾向。（中略）这些精神倾向是我们最真实的那个自我的最为持久和亲密的部分。在想到我们的论辩和区分的能力，想到我们的道德感受性和良心，想到我们的坚强意志时，我们所得到的自我满足，比我们审视我们的任何其他所有物时都更加纯

---

① 钱锺书《管锥编》，北京：三联书店，2007年，第四册，第1934页。
② 詹姆斯已经论述过这种社会角色冲突与角色选择的现象，见《心理学原理》第十章《自我意识》的《不同自我之间的竞争与冲突》这一节，第199—203页。

粹。"①后来布朗则概括为:"精神自我是我们的内部自我或心理自我。除去真实物体、人、地方和社会角色之外,由能称为我的(my 或者 mine)的一切构成。我们感知到的能力、态度、情绪、兴趣、动机、观点、特质及愿望都是精神自我的组成部分。简言之,精神自我指的是我们所感知到的内在心理品质,它代表了我们对于我们自己的主观体验——我们对自己的感受。"②

通过诗歌和《五柳先生传》《与子俨等疏》《自祭文》等文章,陶渊明持续而清晰地展示着他的那个精神自我。他具体的人格和精神世界,向来是学者的基本关注点,也是后一节将讨论的对象,因此这里想思考另一些问题,包括:陶渊明前后自述所展现的精神自我是否具有一贯性;他的自我认识与他人看法是否具有一致性;他的自我观念与自我行动是否具有一致性。这三个问题也是在回答前面提出的真诚性问题。

上面三个问题,答案应该都是肯定的。他早年说"弱龄寄事外,委怀在琴书。被褐欣自得,屡空常晏如"(《始作镇军参军经曲阿》),"静念园林好,人间良可辞。当年讵有几,纵心复何疑"(《庚子岁五月中从都还阻风于规林》),晚年说"少学琴书,偶爱闲静,开卷有得,便欣然忘食"(《与子俨等疏》),说"勤靡余劳,心有常闲。乐天委分,以至百年","捽兀穷庐,酣饮赋诗。识运知命,畴能罔眷"(《自祭文》),前后的一致、贯通是显然可见、毋庸置疑的。

颜延之《陶征士诔》称陶渊明"在众不失其寡,处言愈见其默",与《五柳先生传》的"闲静少言"同;称他"心好异书,性乐酒德。简弃烦促,就成省旷",即陶渊明屡言的好酒好读书、乐自然;称他"孤生""介立""和而能峻",与陶诗中再三自述的"拙""介""独"契合;称他"畏荣

---

① 〔美〕威廉·詹姆斯《心理学原理》,第 192 页。
② 〔美〕乔纳森·布朗、玛格丽特·布朗《自我(第二版)》,第 43 页。

好古,薄身厚志"①,陶公诗文,处处可以印证。这是友人评价与自我评价的一致。心理学家的研究,可以帮助我们从两个角度理解这种一致性。其一,与一般人相比,越亲密的人对个体的人格评价与其自我评价就越接近②。包豪斯和布鲁斯发现,亲密朋友尤其容易了解个体的潜藏特质③,也就是说,颜延之的评价与陶渊明的精神自我理论上应该有较高一致性,而事实证明了这一点。其二,"影响自我-他人评价一致性强度的最后一个变量是特质的理想程度"④,即如果一个人格特质只是理想化的存在,或者说只是个体当作既存特质而实际只是目标性的特质,那自我-他人评价就很难符合⑤。运用到陶渊明那里,如果陶渊明的自我认知得不到颜延之的证实,说明他只是在塑造一个理想的自我⑥,甚至可以指责他在伪饰;但得到了证实,则这种怀疑得不到心理学的支持,恐怕很难成立。

最后是观念与行动的一致性问题。布朗总结了这方面的研究,心理学家发现自我观念与自我行动的一致性程度较低,人们容易高估他

---

① 颜延之《陶征士诔》,《文选》卷五七,第791页。

② Funder, D. C., & Colvin, C. R. (1988). "Friends and Strangers: Acquaintanceship, Agreement, and the Accuracy of Personality Judgment." *Journal of Personality and Social Psychology*, 55(1), 149–158.

③ Paulhus, D.L., & Bruce, M.N.(1992). "The Effect of Acquaintanceship on the Validity of Personality Impressions: A Longitudinal Study." *Journal of Personality and Social Psychology*, 63(5): 816–824.

④ 〔美〕乔纳森·布朗、玛格丽特·布朗《自我(第二版)》,第95页。

⑤ Park, B., & Judd, C. M. (1989). "Agreement on Initial Impressions: Differences due to Perceivers, Trait Dimensions, and Target Behaviors." *Journal of Personality and Social Psychology*, 56(4), 493–505. John, O.P., & Robins, R.W.(1993). "Determinants of Interjudge Agreement on Personality Traits: The Big Five Domains, Observability, Evaluativeness, and the Unique Perspective of the Self." *Journal of personality*, 61, 521–551.

⑥ 如林家骊、杨健《论陶渊明诗歌的理想化倾向》一文即认为陶渊明文学表达的只是对完美人格与理想人生境界的向往与追求。《浙江学刊》,2012年第1期,第50—56页。

们预测自己行为的能力,实际很难依据自我观念准确预测其行动。尤其对于正面的、有价值的结果的预测会产生错误。当然,学者们也注意到,西方文化推崇竞争和个人主义,造成人们倾向于夸大自己的美德,而东方文化这一现象则相对不那么明显①。但是研究者观察的东方文化只是当代的情况。回到陶渊明的时代,从汉代以来,征辟是出仕的主要途径,而乡里品评则是征辟的主要依据,这就造成那时的人们倾向于采取夸饰自己品德的做法,这是古来学者皆知之事。比如只看其清操美誉,我们会觉得华歆、陈群之流都应该为汉王室殉节才对,实际他们却是汉魏易代活动的积极参与者。再比如陶渊明同时代的傅亮,年轻时著《演慎论》以警惕自己世事艰险,勿为贪欲所误,这样一个人物,却在宋武帝托孤仅仅一年多以后发动政变,弑少帝而立文帝,不久被文帝诛杀。这都是自我观念与行动背离的典型例证。因此,现代心理学观察到的这一现象仍然具有相当适用性。本此观察陶渊明,他坚决地辞官归隐,他拒绝朝廷的征召,他劝告出山讲学的朋友,他在易代之后拒不接受刺史檀道济的馈赠,凡此都与他的自我观念保持了一致,也就是说他的行动是可以依据其自我评价来预测的。

　　以上通过分析陶渊明对经验自我的认知,相信可以得出一个较明确的结论:陶渊明对自我有清晰而准确的认识,并且他的自我陈述也是真诚而可信的。

三　自我发展

　　除了自我认识,陶渊明的作品也让我们看到他如何发展自我和展示自我。作为社会心理学奠基人的乔治·米德认为:"自我,作为可成为它自身的对象的自我,本质上是一种社会结构,并且产生于社会经验。"②因

---

① 〔美〕乔纳森·布朗、玛格丽特·布朗《自我(第二版)》,第96—98页。
② 〔美〕乔治·H.米德著,赵月瑟译《心灵、自我与社会》,上海:上海译文出版社,2005年,第110页。

此他特别强调自我的发展过程，"自我是逐步发展的；它并非与生俱来，而是在社会经验与活动的过程中产生的，即是作为个体与那整个过程的关系及与该过程中其他个体的关系的结果发展起来的"①。具体说来，自我的这一发展，"是从同一社会群体其他个体成员的特定观点，或从他所属的整个社会群体的一般观点来看待他的自我的"②。

陶渊明并非完全离群索居的岩穴之士，他的社会性显而易见，但读者更容易被他作品中那种非社会性所吸引。他不拘礼法的各种逸事，他反复道及的"真风告逝，大伪斯兴""世与我而相违""少无适俗韵""误落尘网中""栖栖世中事，岁月共相疏""平津苟不由，栖迟讵为拙""咄咄俗中恶，且当从黄绮""孰若当世士，冰炭满怀抱""人皆尽获宜，拙生失其方"这类疏离人世的诗文，特别是他在《饮酒》其九"清晨闻叩门，倒裳往自开"这首诗中明确表达的拒绝的态度，凡此都显而易见。那么，陶渊明是如何在社会生活中发展出自我中强烈的非社会性这一面，同时又一直保持一个相对健康稳定的自我？

当然有很多原因，比如目睹和经历过的侮辱、欺凌、迫害，以及贪婪、虚伪和背信弃义，比如连续不断的战争与杀戮，总之，无常与残酷的现实很容易让人悲观失望，让人心生厌倦，这是拒绝社会的原因。另一面，我们也需要从自我发展、自我建设角度去思考，去理解陶渊明如何忍受寂寞而又能拥有一个丰富的自我。

陶渊明父亲早逝，对他最初的自我形成来说，母亲无疑是第一重要的人物。我们可以想象出母亲是如何一遍遍给幼年的陶渊明讲述外公孟嘉的故事，又是如何秉持孟氏家风，在为人处世、言行举止上教育儿子的。且陶渊明自幼家贫，说明母亲也是个不善于持家理财之人，这自然是继承孟嘉之风而来。陶渊明身上，母系的影响大于父系，外公的影

---

① 〔美〕乔治·H.米德著，赵月瑟译《心灵、自我与社会》，上海：上海译文出版社，2005年，第106页。
② 同上注，第109页。

响大于父祖①,他没有为父祖作传,单单为外公作了一篇详实的《孟府君传》,便是最好的证据。不屑于世情,超然于流俗之上,相信这是陶渊明自我形成过程中最基质的要素之一。那陶渊明在后来的人生岁月中,如何保持和发展这样的自我,而不是像多数人那样宠为己荣,涅即吾缁,在少年走向成年的过程中,早早地丢掉了扬扬志气,变得随波逐流去了。

叔本华断言:"精神丰富的人(中略)追求平静简朴、尽量与世无争的生活,因为,他们与所谓的众人略有交往就会选择避世,伟大的心灵甚至会选择独处。原因是,一个人自身拥有的越多,对外界所求越少,他人也越难取而代之。正因如此,精神的卓越导致落落寡合。"②我举双手赞同。只是伟大的心灵、丰富的精神从何处来?人人生而赤子,何以少数人得到了陶渊明那样的自我,多数人变成了芸芸的你和我。米德的看法很有启发性,他说:"当一个自我产生之后,从某种意义说它为自身提供了它的社会经验,因而我们可以想象一个完全独立的自我。但是无法想象一个产生于社会经验之外的自我。当它已经产生的时候,我们可以想象一个人在其余生中闭门独居,但他仍以自己为伴,并能同他自己思考、交谈,一如他曾同他人交流那样。"③也就是说,我们可以将社会评价、社会经验内化,使之成为我们内省的准则,越是独处内省,这些准则越有可能得到强化。陶渊明主动选择独处的生活,在内省中建设自我,而不是像当时的大多数高门子弟一样,二十岁不到,早早出仕,这是最根本的原因。可以说,内心的孤独与丰富互为因果。

而独处时的自省,从陶渊明的作品看,有一种极重要的方式,即尚友古人,以古人中之杰出者作为理想自我的典范,以他们为内在的倾听

---

① 李长之先生在其《陶渊明传论》中曾专门讨论过这一问题,见张芝(李长之)《陶渊明传论》,上海:棠棣出版社,1953 年,第 15—22 页。

② 〔德〕叔本华著,李连江译《人生智慧箴言》,北京:商务印书馆,2017 年,第 27 页。

③ 〔美〕乔治·H.米德《心灵、自我与社会》,第 110 页。

者和对话者。他说：

> 遥遥望白云,怀古一何深。(《和郭主簿》其一)
>
> 得知千载外,政赖古人书。(《赠羊长史》)
>
> 历览千载书,时时见遗烈。高操非所攀,深得固穷节。(《癸卯岁十二月中作与从弟敬远》)
>
> 何以慰吾怀,赖古多此贤。(《咏贫士》其二)

心理学家有注意到这种现象。鲍德温等学者通过实验证明,当设想我们如何出现在他人面前时,我们的自我概念也会受到影响。我们会设定某个或某些"内部听众",这些"内部听众"显著性越强,我们的自我评价受到的影响也越强①。中国学者翟学伟在研究脸面问题时,也认为"脸"的标准是"某一社会圈内的共认价值",而这个社会圈可以是现实存在的,也可以是"暗示性的,未必真实存在"②。显然,在陶渊明这里,他选择以古圣先贤作为自己的"内部听众"。

关于尚友古人与陶渊明人格之关系,台湾蔡瑜大概是真正注意到这一重要问题,并作了深入研究的学者③。蔡教授关注的重点在陶渊明如何经由怀古的方式形塑人格典范,并探求理想乐园。她认为陶渊明树立了两类人格典范,一类是"反抗现实政治秩序,深具抗争精神的

---

① Baldwin, M.W., Carrell, S.E., & Lopez, D.E.(1990). "Priming Relationship Schemas: My Advisor and the Pope Are Watching Me from the Back of My Mind." *Journal of Experimental Social Psychology*, 26(5), 435 – 454. Baldwin, M.W.(1994). "Primed Relational Schemas as a Source of Self-Evaluative Reactions." *Journal of Social and Clinical Psychology*, Vol. 13, No. 4, 380 – 403.

② 翟学伟《中国人的日常呈现》,南京：南京大学出版社,2016 年,第 93 页。

③ 蔡瑜《陶渊明的人境诗学》第六章《怀古与典范》,台北：联经出版事业股份有限公司,2012 年,第 239—282 页。又见蔡瑜《陶渊明怀古意识与典范形塑》,《台大文史哲学报》第 72 期,2010 年 5 月,第 1—33 页。

典范"，一类是"结合隐士与贫士为一，以固穷为价值的'隐者-贫士'典范"①。蔡教授这里所谓的典范，并不是普通所指的具有榜样性的，品性高尚、精神卓越，但又鲜活的人，而是指从先秦到《史记》以来，"经由人物的选择与归类，实践范畴化与典范化的思维"所塑造的类型人物，也就是被抽象为某种品德、某种精神化身的人物类型，是一种高度抽象和概括的精神载体②。所以蔡教授反复使用的一个表达是陶渊明在"典范形塑""形塑典范"。另一边，蔡教授也不断强调说："对于诗人而言，典范求索是意志的渗透与贯注，诗人在于典范人物的往来召唤中，蓄积着人格精神的力量，因此，历史典范的确立与自我人格的完成是同步而行的。"③"陶渊明反身从人性结构中的关系性与历史性寻求支撑的力量。在他看来，人的自然本质必须体现在人境之中，理想人格是在主体的相互关系中建构的，'典范人物'实具有关键的意义，由此开展出不受时空限制、跨度最大的相互主体性。当自我与'典范人物'合一时，即是自我人格的完成。"④

　　典范人物对人格完成与自我发展具有重要意义，蔡教授对此的揭示与强调极见深思与卓识。只是，陶渊明是否具有如此高度的抽象思维，将各有性情的古人类型化为人格典范，这却是颇有疑问的。与具有极高理论思辨能力的嵇康不同，陶渊明现存的文字，不论诗文，都深深浸润着诗意，看不出他有这种抽象能力与兴趣。而尚友古人的传统，是孟子强调的"知其人，论其世"，即要将古人当作真实的人来看待，而非仅当作某种抽象精神。孟子这一看法，正是孔子的嫡传。比如孔子在评价管仲时，既肯定其保存周代礼乐的大节："桓公九合诸侯，不以兵车，管仲之力也。如其仁！如其仁！""管仲相桓公，霸诸侯，一匡天下，

---

① 蔡瑜《陶渊明的人境诗学》，第 247 页。
② 同上注，第 241—244 页。
③ 同上注，第 244 页。
④ 同上注，第 278 页。

民到于今受其赐；微管仲，吾其被发左衽矣！"肯定其施政之善："人也，夺伯氏骈邑三百，饭疏食，没齿无怨言。"（均见于《论语·宪问》）又批评他："管仲之器小哉！（中略）管氏有三归，官事不摄，焉得俭？（中略）邦君树塞门，管氏亦树塞门。邦君为两君之好，有反坫，管氏亦有反坫。管氏而知礼，孰不知礼？"（《论语·八佾》）这种不虚美不隐恶、尽而不污的态度，这种得其全体的精神，才是先秦至《史记》相承的传统。

陶渊明心中同样如此，古人是可与对话的，相与切磋琢磨的，切切偲偲之友，是"有朋自远方来不亦乐乎"之旧雨新知，而非仅仅止于某种人格典范。《时运》云："延目中流，悠悠清沂。童冠齐业，闲咏以归。我爱其静，寤寐交挥。"他所愿意的是厕身其间，同归同咏，虽然"但恨殊世，邈不可追"，但仍然独自一人"洋洋平泽，乃漱乃濯"，恍惚之间，便与古人同游。《荣木》云："先师遗训，余岂之坠。四十无闻，斯不足畏。脂我名车，策我名骥。千里虽遥，孰敢不至。"先师教诲，遵循不坠，颇有"祭如在"之意，态度是极亲切而诚挚的。《赠羊长史》："路若经商山，为我少踌躇。多谢绮与甪，精爽今何如？"说如君路经商山，请代我向四皓精魂问好，同样是如对生者的口吻。《咏贫士》其一所云"知音苟不存，已矣何所悲"，其二所云"何以慰吾怀，赖古多此贤"，直以古贤为慰怀的知音。知音者，此唱彼和深达心曲之人，彼此相视一笑莫逆于心，所贵在神之交，在心之感，而非抽象塑造的理想和目标。好友颜延之在《庭诰》中曾专门提及贫士"怀古"之用云："谚曰，富则盛，贫则病矣。贫之病也，不唯形色粗粝，或亦神心沮废；岂但交友疏弃，必有家人诮让。非廉深识远者，何能不移其植。故欲蠲忧患，莫若怀古。怀古之志，当自同古人，见通则忧浅，意远则怨浮，昔有琴歌于编蓬之中者，用此道也。"[1]颜氏认为，贫穷之人，会让亲友疏远，要"不移其植"，保持自己的品行，最好就是兴"怀古之志"，以"自同古人"，言下之意颇

---

[1] 《宋书》卷七三《颜延之传》，第1899页。

与陶渊明相近。既然现实中的朋友少了,那就与古人做朋友。颜延之强调"交友疏弃"作为怀古的背景,很有助于我们理解尚友古人的意义。

所以,还是心理学上"内部听众"之说更符合陶渊明的实际。他正是在心中以古人为真实的对话者、监督者,其言行都以获得所尚友的古人的肯定为出发点。惟其如此,才能超然浊世之外,安心以荒村野老终身。从小到老,陶渊明在孤寂之中度过了大部分的人生,却正是这孤独,使他不断进行着内在的省思和对话,并在此过程中坚持自我、发展自我。《五柳先生传》中所云"常著文章自娱,颇示己志",可知陶渊明一生诗文,都是这种内在对话的产物。他在内心向古人倾诉,也聆听古人,通过精神交往中形成"己志",最后形诸笔咏。实际上川合康三早有分析,《五柳先生传》本身就充满了与孔子、颜回、扬雄、嵇康等古人的对话①。可以说,陶渊明是中国第一个以内在对话、自我发展为主题,通过文学的方式加以记录的文学家。

四　自我展示

创作这种"示己志"的文学,正是陶渊明自我展示最重要的方式。心理学家总结自我展示的三个原因,分别是:促进社会交往,获取物质或社会奖赏,自我建构②。很显然,陶渊明的目的主要是自我建构。文学创作当然需要对文学的兴趣,这里不讨论这个文学兴趣,仅从自我心理的角度,去思考成年以后的陶渊明何以选择文学创作的方式作自我展示,这种方式在自我建构中有哪些独特的作用? 总的说来,自我展示最重要的作用是保持自我的同一性。

---

① 〔日〕川合康三著,蔡毅译《中国的自传文学》,北京:中央编译出版社,1999 年,第56—70 页。另可参于溯《互文的历史:重读〈五柳先生传〉》,《古典文献研究》第十五辑,2012 年 7 月。

② 〔美〕乔纳森·布朗、玛格丽特·布朗《自我(第二版)》,第 211—213 页。

前文已说明，宾我的自我是多样的，它们之间并不统一，甚至可能有矛盾冲突。那有没有一个恒定的同一的自我作为宾我的主宰？西方人观念中实体性的"灵魂"就是这样的作为主宰的，作为体验世界的主体的主我。但是洛克（John Locke，1632—1704）和休谟（David Hume，1711—1776）都对灵魂提出了大胆的质疑。休谟认为同一性根本是一种假象，并不存在一个不变的、非物质的实体自我，自我只是一连串的知觉，"任何时候，我总不能抓住一个没有知觉的我自己，而且我也不能观察到任何事物，只能观察到一个知觉"，"心灵是一个舞台；各种知觉在这个舞台上接续不断地相继出现；（中略）这里只有接续出现的知觉构成心灵"①。而洛克的说法则对后人有更大的影响，他认为人格的同一性源于意识的同一性，因此记忆具有关键性作用②。在《人类理解论》中，洛克说："人格同一性就只在于意识。而且这个意识在回忆过去的行动或思想时，它追忆到多远程度，人格同一性亦就达到多远程度。""任何过去的行动，自我如果不能借意识把它们同现在的自我联为一体，则他便与它们无关，正如它们不曾存在过似的。"③后来詹姆斯认为自我同一性是一种持续感④。到最近，心理学家依然认为，"我们的身份认同感或自我概念与我们能否回忆起我们的个人历史有很大的关系。那些不能忆起个人生活实践的个体会完全失去对自己身份的认识"⑤。

陶渊明的自我同一性似乎兼有灵魂式的与洛克式的两种来源。如果看《形影神三首》，不能不承认陶渊明心里存在一个灵魂式的神。但陶渊明的作品所呈现的那种自我感，灵魂的或者说天性的因素其实较

① 〔英〕休谟著，关文运译《人性论》，北京：商务印书馆，1980年，第282、283页。
② 〔英〕洛克著，关文运译《人类理解论》，北京：商务印书馆，1959年，第309—325页。
③ 同上注，第310、323页。
④ 〔美〕威廉·詹姆斯著《心理学原理》，第211—234页。
⑤ 〔美〕M.W.艾森克、M.T.基恩著，高定国、肖晓云译《认知心理学（第四版）》，上海：华东师范大学出版社，2004年，第322页。

弱,更多的来自他一生持续地自我描述与追忆。无论是早年的《五柳先生传》,晚年的《与子俨等疏》,临终前的《自祭文》,还是贯穿一生的诗歌,无论是即时的自述还是对人生的回顾,陶渊明所呈现的自我都有一个相当稳定的核心,就如《归去来兮辞序》所说:"质性自然,非矫励所得。饥冻虽切,违己交病。"即便在出仕为官期间,其自述依然是"静念园林好,人间良可辞。当年讵有几,纵心复何疑"(《庚子岁五月中从都还阻风于规林》其二),与前后隐居时期并无不同。这一点是古今学者的共识,可无须赘言。

文学自述如何能保持自我的同一性,除了展示本身,至少还有三种方式来达到这一效果:抒泄、确认、策勉。《诗大序》所谓"情动于中而形于言,言之不足故嗟叹之,嗟叹之不足故永歌之,永歌之不足,不知手之舞之足之蹈之也",讲的就是文学创作的抒泄功能。尤其终身孤寂的陶渊明,他需要渠道抒发所思与所感,需要"慷慨独悲歌"(《怨诗楚调示庞主簿邓治中》),以保持身心的健康。

而确认,是对(宾)我之为(主)我的确认,对自我之同一与稳定的确认。詹姆斯认为主我的同一性只能由观察客体的宾我而得到,因此只是一个事实的集合,是大体上的同一性。由此,他敏锐地指出:"我们经常这样谈论一个人,说'他的变化之大,几乎让人认不出来了';不那么经常地,一个人也会这样说起自己。在(宾)我之内发生的这些由我或外部观察者所认识到的变化,可能是巨大的,也可能是轻微的。在这里,它们值得我们注意。"①后来的心理学家区分出了两类人:一类他们称为"高自我监控者",即随时随地让自己适应社会情境的社交变色龙,亦即古人所谓乡愿;另一类是"低自我监控者",即那种不在乎社交场合,不愿意迎合他人,更看重保持内心与行动的一致,前后行为一

---

① 〔美〕威廉·詹姆斯《心理学原理》,第234页。

贯的人①。

很显然,陶渊明对此有充分的自觉,他每一次的写作,都在宣示与确认自我的高度同一。他与友人欢游时说"未知明日事,余襟良已殚"(《诸人共游周家墓柏下》),悲怨难耐,酬对他人时说"吁嗟身后名,于我若浮烟"(《怨诗楚调示庞主簿邓治中》),年轻为官时自述"弱龄寄事外,委怀在琴书。被褐欣自得,屡空常晏如"(《始作镇军参军经曲阿》),晚年家居时自誓"丈夫志四海,我愿不知老。亲戚共一处,子孙还相保。觞弦肆朝日,樽中酒不燥。缓带尽欢娱,起晚眠常早。孰若当世时,冰炭满怀抱。百年归丘垄,用此空名道"(《杂诗》其四)。虽然情随境转,但我之为我,却不动如山。今天很多学者往往更愿意关注和强调陶渊明一生中情绪的起伏与内心的悲欣交织,却有意无意忽视了情绪背后那个自我的同一与稳定。其实人生在世,非仙非佛,哪能心止如水,情定无澜。而陶渊明诗文最大的价值正不在于他的情感宣泄,而在于他表现了多情的诗人可以拥有一个怎样高度同一的、稳定的自我。

与确认紧密相关的作用是策勉。人都会有软弱与动摇的时候,伟大的人物并不掩饰自己的彷徨与动摇,相反他们直视自己的软弱,鞭策自己,勉励自己,使自己不会向沉沦投降。陶渊明大概在五十四岁前后遭遇过最大的自我怀疑,《饮酒》二十首、《怨诗楚调示庞主簿邓治中》及《感士不遇赋》大体是这前后的作品,其中痛苦的深浓,只要稍读一过都会有深切体会。但也是在这些作品中,陶渊明表现了不屈的意志与坚卓奋发的生命力。他在《感士不遇赋》的最后说:"宁固穷以济意,不委曲而累己。既轩冕之非荣,岂缊袍之为耻?诚谬会以取拙,且欣然而归止。拥孤襟以毕岁,谢良价于朝市。"甚至,他还写出了《饮酒》其五这样古往今来最伟大的诗篇。苦乐并作,努力向上,这既是他生命中

---

① Snyder, M. (1974). "Self-monitoring of Expressive Behavior." *Journal of Personality and Social Psychology*, 30(4), 526–537.

澄明时刻的记录,也是对自己最好的鞭策勉励。张人骏认为陶渊明
"对人生悲观,但不流为颓废;仍从悲观中,以奋斗精神寻取生命真谛,
以达观态度享受生之快乐"①。潘伯鹰则说:"他的态度一毫不消极,而
是积极。他的饮酒,不会沉湎,而是藉酒来陶写自己的乐趣,苏息自己
的辛劳。我觉得陶公的生活有全体一贯的精神。他那强毅的意志所发
挥的人格,实是一个坚苦、勇猛、平凡、伟大的英雄。我用这'英雄'一
辞,是指抱有一个信念百折不回争斗到底的人而言。"②这都是极恰当
的评价。

通过文学作品展示自我,是宣示与策勉,是实然之我与应然之我的
结合,也是使应然之我内化的有效方式。前面分析陶渊明的社会自我
时已经指出,他在有意识地进行取舍,接受某些社会自我,而拒绝另一
些。凡是他接受的社会身份,都是一种需要"扮演"的社会角色。布朗
概括心理学家的研究说:"我们扮演的每个角色都承载着一系列期望
的行为(如法官需要维护法律),同时也承载着对个人特征的假设(如
人们认为消防员是勇敢的)。这里我们非常关注这些个性品质。在角
色扮演的过程中,人们经常把这些与角色相关的个性品质内化。他们
逐渐认为自己拥有他们所扮演的角色所具有的品质。"③蔡瑜曾注意到
陶渊明真正将隐士与贫士形象合一,正是基于人生的实践,而对安贫乐
道、固穷守节品质的认定,同时也是对东晋但求自适、不守清贫的虚伪
隐逸风气的抗衡④。显然隐士-贫士角色被陶渊明内化,以丰富和完善
自我。同样他自述"颇为老农",农夫的沉默、勤勉、循守天时、顺命安
贫等等品质,也为陶渊明所认同。在"扮演"农夫时,他的自我也由此
得到了强化和发展。当然,农夫只是陶渊明所认可的社会自我的一种,

---

① 张人骏《论陶渊明诗》,《无锡国专季刊》,1933 年第 1 期,第 122 页。
② 凫公(潘伯鹰)《陶诗小识》,《中法大学月刊》,1933 年第 2 卷第 3—4 期,第 75 页。
③ 〔美〕乔纳森·布朗、玛格丽特·布朗《自我(第二版)》,第 233 页。
④ 蔡瑜《陶渊明的人境诗学》,第 255—261 页。

但并非其核心的本质的精神自我和主我。因此内化农夫角色更多起到的还是强化本质自我的作用。如果因此认为陶渊明在"演戏"，认为他分裂、虚伪，这样的看法恐怕是得不到心理学的支持的。

五 结语

我们从自我认识、自我发展、自我展示三方面讨论了陶渊明的"自我"问题。基本结论是，陶渊明是一个有清晰的自我认知的人，自己是个什么样的人，希望成为什么样的人，拒绝什么样的身份，以及如何维持自我的高度同一，如何发展自我，他都有明确的意识。并且，他通过文学作品，忠实记录了自己的心路历程，也为后人研究提供了丰富的材料。他曾说："今我不述，后生何闻。"他生活过，述说过，被理解。他成功了。通过心理学的分析，我们可以大胆地说，陶渊明真实地活过，真诚地说过，使我们的理解可以非常真切。他的自我展示完整丰富，贯穿一生，他的自我表达真实不虚。在时间维度上，陶渊明是中国"自我"文学真正的第一人；在真实性维度上，能与比肩者，也并不太多。

研究古典文学时如何运用现代理论，一向是研究者意见纷纭的问题。现代心理学，似乎尤与古典文学不搭边。但本文尝试着运用心理学来解析陶渊明的作品，探析其心灵时，却惊奇地发现，现代心理学完全支持陶渊明自我描述的真实性和可靠性，支持颜延之、沈约以来古人对陶渊明品质的高度评价；反而是不少现代学者的新论新解，从心理学角度去看，仅能获得部分肯定，甚至完全得不到支持。一旦我们开始讨论陶渊明的人格和自我问题，就不可避免地涉足了心理学领域，这时回避自非良策，从陶渊明的作品与史传材料出发，谨慎地参考心理学的研究成果，予以实际地分析讨论，才是研究者应有的态度。同时，在面对古人成说时，当虚其心诚其意，意必固我，但求胜人，恒当戒之。

第二节　陶渊明的真与伪——兼论 理论运用的适度性问题

一　陶渊明的"双重自我"

历史小说家、诗论家高阳曾经批评叶嘉莹的吴文英词研究,认为她误读梦窗词,误用西方理论,从而完全扭曲了吴梦窗词的本来面目①。高阳由此提出:"用一把欧美名牌的钥匙,怎么开得中国描金箱子上的白铜锁?"②每当学者们批评西方理论被滥用时,就会想起这一警句。但我们不可忘了钱锺书的另一警句:"东海西海,心理攸同。"东西之间的文学艺术、人文思想,完全可以沟通和对话,那么西方理论被汲取和借鉴也在情理之中。只是人文的思想、文学的理论是否有哪一种是永恒的、普适的真理,这是千百年来争论不休的问题,至少到现在还没个定论。比较可接受的看法是,在一定的限度内,在是其所是的范围内,每个理论都是合理的,一旦超出其限度,合理即变成谬误,"差之毫厘,谬以千里",说的就是这个意思。追求合宜和适度,显然比自信的"绝对"更接近真理些,这就是孔子"中庸"说和亚里士多德"中道"论的智慧。因此,在考量中国古典文学研究中西方理论的借用问题时,具体观点的正确与否固然需要做出评判,其借用的理论的适用度问题恐怕更值得讨论。

上一节提到过宇文所安的论文《自我的完整映像——自传诗》,这篇论文显然具有很大的影响力,吴伏生在专著《英语世界的陶渊明研

---

① 高阳《莫"碎"了"七宝楼台"——为梦窗词敬质在美国的叶嘉莹女士》,《高阳说诗》,沈阳:辽宁教育出版社,1998 年,第 133—145 页。

② 同上注,第 133 页。

究》中曾有专节介绍宇文所安此文①，张月也认为该文是欧美陶渊明研究的代表性论文②，即可见其分量。更重要的是，这篇论文的基本观点后来被采纳进入《剑桥中国文学史》。该书上卷第三章《陶渊明》一节中这样说："陶渊明将这种叙事因素融入诗歌本身之中，从根本上将其诗歌变成自传，尽管这一自传呈现的是一个高度建构的自我形象，而非'客观'的记录。"③陶渊明的自我表达与诗人自我之间是什么样的关系，是否如书中所说，呈现的是"高度建构的自我形象"？有必要回到宇文所安教授的论文中，分析其论证，其论证背后依据的理论及其合宜性。

宇文所安在论文中，首先提出一个前提：所有的自传作品意味着"作为他者了解自己"，"不可避免地分割和再分割假定一体的自我"④。也就是说自传必然导致"双重自我"，即真实的那个我和通过自传呈现的那个我。除非是儒家式的内外澄澈的圣人，否则我们很难避免这种分裂。所以自传就意味着不真实。这种对自传的看法在20世纪具有普遍性，如德国学者耶辛和克南《文学学导论》中即云："原则上，文学性甚至虚构性是任何一本自传都具有的特点，因为当作者以回顾性的自我视角讲述自己的生活时，叙述着的自我和被叙述的自我之间的差异始终会起到一种文学化的作用——只要它永远无法否认传记记忆的构建特点。自我的历史——遗迹在叙述中获得的人格身份——

①　〔美〕吴伏生《英语世界的陶渊明研究》，北京：学苑出版社，2013年，第86—93页。还可参吴伏生《信任与怀疑：中西对陶渊明诗歌的不同阐释》，《中国比较文学》，2016年第1期，第144—152页。

②　张月《欧美近期陶渊明研究综述、分析与展望》，《古典文献研究》第二十辑下卷，2017年，第286页。

③　〔美〕孙康宜、宇文所安主编，刘倩等译《剑桥中国文学史》上卷，北京：三联书店，2013年，第254页。

④　〔美〕宇文所安《自我的完整映像——自传诗》，乐黛云、陈珏编选《北美中国古典文学研究名家十年文选》，南京：江苏人民出版社，1996年，第113页。

是一种构建、一种筛选的结果,是对各种经历和事件所做的权衡和特殊组合。自我差不多就是虚构的,它只是写作结束之后才产生。就此而言,如果与书信和日记相比的话,自传所具有的真实性可能更少,至少它的真实性是更加成问题的。"①但真正的自传与所谓自传诗歌不同,如引文中所述,自传是一种回顾总结性的叙事文体,而诗歌记录生活、表达情感的即时性与书信、日记是一样的,因此自传通过记忆筛选和重组来建构自我的方式,并不是诗歌的主要方式,二者不能简单等同。同时,诉诸记忆必然导致真实性降低,但未必会影响真诚性。法国作家安德烈·莫洛亚在《自传的特点》中也强调自传的不真实性:"自传注定是不准确的和骗人的。这些罪过是:自然的遗忘,出于美学原因的故意省略,各种形式的审查,回头看的错误和事后的推理,对周围人的谨慎态度。"对此,勒热讷回应说:"如果稍作进一步思考,就可以看出这是一种似是而非的观点:对于真实性、坦诚性和历史精确性的渴望是自传作者创作活动的基础,但是作者是第一个意识到他的尝试在历史精确性方面存在局限的人。他之所以这么轻易地容忍了这些局限,是因为他或多或少地意识到他所追求的真实性不同于历史学家的真实性。写自己的历史,就是试图塑造自己,这一意义要远远超过认识自己。自传不是要揭示一种历史的真实,而是展现一种内心的真实:人们追求的是意义和统一性,而不是资料和完整性。"勒热讷强调"统一性",显然不认为自传就意味着自我的分割②。

可以发现,自传及自传诗歌的问题远不像宇文所安论文所描述的那样简单和确定。但因为有了这种简单和确定的界定,论文顺理成章地指出:"诗歌自传源起于害怕被轻视的恐惧。人不再是天性与行动

---

① 〔德〕贝内迪克特·耶辛·拉尔夫·克南著,王建、徐畅译《文学学导论》,北京:北京大学出版社,2016年,第118—119页。

② 〔法〕菲力浦·勒热讷著,杨国政译《自传契约》,北京:三联书店,2001年,第81—82页。此外,这种对自我和自传的看法,还有更多反对者,后文会述及。

的单纯统一体,他是双重的,一种外在的表象掩饰、模糊、歪曲着真正隐匿的天性。"①于是,作为第一个伟大的自传诗人的陶渊明,其实拥有"双重自我""双重性格":"一旦他承认可能存在的真实天性通过外部行动与他的外表相分离,其自我的统一就难以重建了。从此刻起,双重性格显隐于他的生活与诗作:天性与行为,内在的人与外在的人将不再同一;它们必须被积极地重组,它们的统一必须被积极地维护,必须以意志的力量去锻造这个结合。"②宇文所安认为陶渊明的诗都是在解释自己,"所谓解释自己恰恰意味着双重的自我——真我与表面角色","双重性格是不可避免的:表面角色必须很明确地被真实自我选择或抛弃"。之后,论文以一段严厉的批判总结道:"陶潜的诗常常向我们谈到自我与角色的统一,但他的诗并没有体现这种统一:它们暴露出一种双重性格,一个有意识的自我先于天性的判断与选择而设定了的角色。"③

有了上面的判断,论文再进一步具体分析了陶渊明的"隐秘的动机",这个动机就是一个复杂的人却希望把自己打扮得天真和坦诚。作者认为陶渊明一直在自欺欺人:"年轻的时候,他欺骗别人和自己去相信他适合于官场,就像现在我们受骗相信他仅是个农人。"(As a youth T'ao Ch'ien, our Chin farmer, fooled others and himself into believing he was suited for public office; just now we were deceived in thinking he was simply a farmer.)④在宇文所安教授看来,陶渊明从来不是一个真诚的、诚实的人,"陶潜的诗充满了矛盾,这种矛盾来源于一

---

① 〔美〕宇文所安《自我的完整映像——自传诗》,第114页。笔者按:"诗歌自传",原文作"poetic autobiography",引文的翻译原作"诗学自传",属于误译,故予径改。

② 同上注,第114页。

③ 同上注,第116页。

④ 同上注,第117页。Stephen Owen. "The Self's Perfect Mirror: Poetry as Autobiography." In *The Vitality of the Lyric Voice: Shih Poetry from the Late Han to the T'ang*, edited by Shuen-fu Lin and Stephen Owen ed., Princeton: Princeton University Press, 1986. pp. 79-80.

个老练、敏感的人却期望表现得单纯而自然的困难"①，所以"我们所读的不是叫陶潜的农隐者，而是带着复杂性、有意扮演为农隐者以表现自我的陶潜"②。只是我们在第一章的生平考证中已经证明，陶渊明"性刚才拙"的自述并非虚语。试想，一个在官场上"混"不下去的人，能有多复杂？陶渊明既不是需要建立名誉，寻求征辟出仕的汉魏晋官迷，也不是现代的职业文人、职业学者，需要塑造一个能迎合市场的个人形象，以尽可能地推销自己和自己的作品。他没有这样的需要，缺少这么做的动机，应该也不具备这样的能力。这是让我困惑的地方。

宇文所安的看法在结论上类似我们传统上所说的言行不一，这是广泛存在于文学作品中的现象，古人当然早已知悉。《周易·乾文言》记载孔子之言曰："修辞立其诚。"正说明太多的修辞无其诚，才需要孔子强调"立诚"。再如元好问著名的《论诗绝句三十首》其六："心画心声总失真，文章宁复见为人。高情千古《闲居赋》，争信安仁拜路尘。"元遗山以潘岳《闲居赋》为例，说明太多的文章只是说漂亮话、唱高调，作者的为人其实并不如此③。只是读者都知道，元氏所谓的"总失真"是经常失真，而非全部失真之意。因为组诗其四即云："一语天然万古新，豪华落尽见真淳。南窗白日羲皇上，未害渊明是晋人。"④以"天

---

① 〔美〕宇文所安《自我的完整映像——自传诗》，第 120 页。

② 同上注，第 123 页。

③ 钱锺书《管锥编》一九五《全梁文》卷一一中有一段文字可为元诗作注，姑引于此以为参证："'文如其人'，老生常谈，而亦谈何容易哉！虽然，观文章固未能灼见作者平生为人行事之'真'，却颇足征其可为、愿为何如人，与夫其自负为及欲人视己为何如人。元氏知潘岳'拜路尘'之行事，故以《闲居赋》之鸣'高'为饰伪'失真'。顾岳若不作是《赋》，则元氏据《晋书》本传，只睹其'干没'趋炎耳；所以识岳之两面二心，走俗状而复鸣高情，端赖《闲居》有赋出。夫其言虚，而知言之果为虚，则已察实情矣；其人伪，而辨人之确为伪，即已识真相矣；谓道'文章'之'总失'作者'为人'之真，已于'文章'与'为人'之各有其'真'，思过半矣。"钱锺书《管锥编》，北京：三联书店，2007 年，第四册，第 2158 页。

④ 郭绍虞《杜甫戏为六绝句集解元好问论诗三十首小笺》，北京：人民文学出版社，1978 年，第 62、60 页。

然"和"真淳"许陶渊明，仍然是言文合一、诗品见人品的看法。也就是说虽然很多人在作品中伪饰自己，但陶渊明没有。后来顾炎武在《日知录》卷十九《文辞欺人》一条中即专门畅发此旨。他认为心口不一、文辞作伪的人太多了，但是"世有知言者出焉，则其人之真伪，即以其言辨之，而卒莫能逃也"。他相信一个老于文字的人自能洞见幽微。顾炎武心中的真者是："《黍离》之大夫，始而摇摇，中而如噎，既而如醉，无可奈何，而付之苍天者，真也。汨罗之宗臣，言之重，辞之复，心烦意乱，而其词不能以次者，真也。栗里之征士，淡然若忘于世，而感愤之怀有时不能自止而微见其情者，真也。"①顾炎武是传统中学术、文章兼善的第一流人物，他与元好问等人的判断当慎重对待，不宜视之蔑如也。

宇文所安不应该不知道这些传统的看法，他仍然勇敢地独抒己见，是因为他有自己的理论依据。要判断他的看法的得失，首先要检讨他所依据的理论的适用性问题，然后再来看他的具体说明，这样才不至于流于意气之争。

宇文所安的核心论点是陶渊明在诗歌中塑造了一个角色，一个与真实自我颇有距离的角色。这种观点很容易让人想起两种影响巨大的理论，一是美国社会学家欧文·戈夫曼（E. Goffman，1922—1982）的"拟剧理论"，一是新批评派的诗歌理论。下面分别看看两种理论的适用性问题，然后再审视宇文所安教授在论文中的具体论述是否准确。

二　拟剧理论的适用性问题

宇文所安的论文和专著有一个鲜明的特色，他虽然在研究中熟悉地借鉴各种理论，但都尽量采用如盐入水的"暗用"方式，而不会交代

①　顾炎武著，黄汝成集释，栾保群、吕宗力校点《日知录集释》中册，上海：上海古籍出版社，2006 年，第 1095 页。

自己的理论背景。这种方式的长处是文章自然流畅,不会拘执;但也存在问题,比如我们往往惊叹于作者的种种"奇思妙想",而容易忘了检讨其理论运用的适用性问题。幸好其论文中并非没有线索可以寻绎。比如在讨论陶渊明时反复出现的"角色"一词及其分析方式,会让人立刻联想到戈夫曼出版于 1959 年的《日常生活中的自我呈现》(*The Presentation of Self in Everyday Life*)一书。戈夫曼在其社会学研究中借鉴了文学中"人生如戏"的看法和戏剧的演出方式,以此观察社会中人们的日常行为模式。他认为社会就是一个大剧场,"当个体在他人面前出现时,他通常总有某种理由来展开积极的活动,以便向他们表达他有意表达的印象"①,也就是说每个人都在他人面前表演某个"角色",管理自己留给他人的印象,以获得这个社会和其规则的认可。由此,个体被分成两个基本部分:表演者(performer)和他所扮演的角色(character)。角色所表演出来的自我"并不是一个具有专门定位的有机物,不是一个遵循出生、成熟和死亡这一基本过程的有机的东西;它是一种戏剧性的效果,是从被呈现的场景中渗透出来的效果。角色扮演所产生的关键问题在于,它是被人相信,还是被人怀疑。"②而表演者则是真实的个体:"他具有学习的能力,他在练习剧中角色的活动中锻炼了这种能力。他有想象和幻想的习惯,其中有一些想象和幻想合乎心意地展现为成功的表演,另一些则充满焦虑和恐惧,因为他害怕在社会前台区域丢人现眼。他经常对剧班同伴和观众表现出喜爱交友的意愿,对他们的心事予以乖巧的体谅;他具有含羞知耻的能力,这种能力使他可以把暴露的危险降到最低的程度。"③戈夫曼分析表演者时提到的"焦虑和恐惧",也正是宇文所安分析陶渊明时反复提及的问题。

---

① 〔美〕欧文·戈夫曼著,冯钢译《日常生活中的自我呈现》,北京:北京大学出版社,2008 年,第 3 页。
② 同上注,第 215 页。
③ 同上注,第 216 页。

初看起来，戈夫曼的理论也适用于中国人。比如清末民初在华传教的明恩溥（Arthur Henderson Smith，1845—1932），在他那本著名的《中国人的气质》（*Chinese Characteristics*）中，开篇就刻画分析中国人的"面子"问题，他认为中国人的言行往往围绕"面子"展开，具有强烈的戏剧性，能时时投入各种角色之中，以维护自己的面子①。明恩溥的观察和记录不但在中国影响极大，成为后来社会学研究中国人的"面子"的基础，也直接启发了戈夫曼的研究。

明恩溥对中国人的描写似乎印证了宇文所安教授对陶渊明的理解。只是戈夫曼分析的普通社会人和明恩溥观察的晚清中国大众，由此总结出的理论也许反映了社交生活的一般情形，但我们可以理直气壮地认为它适用于任何时代、任何身份的任何个体身上吗？事实上，直接运用戈夫曼的理论来分析陶渊明，未必会得到社会学研究的支持。早在1944年，留美的中国人类学家胡先晋就在其《中国人的面子观》一文中提出，应该区分中国的人的"脸"与"面子"②。胡先晋认为，

---

①　明恩溥描写晚清的普通中国人说："中国人是一个具有强烈演戏本能的种族。（中略）任何一个轻微的刺激，都会使任何一个中国人把自己当作戏剧中的一个角色。他会做出种种戏剧化的举动，诸如躬身下拜、双膝跪地、伏地不起、以头叩地，（中略）中国人是按照戏剧的方式来思考问题的。一个人需要为自己辩护的时候，面对两三个人，他也会像是面对一大群人那样说话。他会大声说道：'我是当着你们的面说的，你，你，还有你，你们都在这里。'如果他的麻烦事得以解脱，他就会说他体面地'下了台'，如果没有得到解脱，那他会发现自己无法'下台'。很明显，所有这一切都与实际情况没有任何关系。问题从不在于事实，而永远在于形式。如果在合适的时机用合适的方式道出了漂亮的话语，演戏的要求便得到了满足。我们不必到幕后去偷看真相，否则将会毁掉世界上所有的戏剧。"〔美〕明恩溥著，刘文飞、刘晓畅译《中国人的气质》，南京：译林出版社，2012年，第7页。

②　胡先晋说："'面子'，代表在中国广受重视的一种声誉，这是在人生历程中步步高升，借由成功和夸耀而获得的名声，也是借着个人努力或刻意经营而累积起来的声誉。要获得这种肯定，不论在任何时候自我都必须仰赖外在环境。另一个是'脸'的概念，美国人虽然略有所知，却未曾真正地了解它。这是团体对道德良好者所持有的尊敬：这种人无论遭遇任何困难，都会履行应尽的义务；无论在任何情况下，都会表现出自己是个正直的人。它代表社会对于自我德性之完整的信任，一旦失去它，则个人便难继续在社群中正常运作。'脸'不但是维护道德标准的一（转下页）

"脸"诉诸人的德性,"主要标准包括正人君子所应具备的各种美德"①,而"面子"的价值完全是由社会赋予的,"要面子"既有与"要脸"重叠的一部分,更多则是个人通过各种方式"提高或维护超过个人实际地位的名声"②。因此完全可能出现维护了在某个群体中的"面子"的行为,其实是"不要脸"的。

　　"脸"和"面子"的区分是非常有洞察力的分判,我们看明恩溥所举的例子中,那样的中国人就是典型的为了要面子而不要脸。他们随时随地能给自己戴上各种角色面具,以维护自己的面子,但其行为本身,往往是不顾道德的。如果按照宇文所安教授的理解,陶渊明也是属于要面子不要脸的类型,这恐怕存在龃龉不合之处。陶渊明在乎的恰好是德性。除了质疑陶渊明假扮农夫以外,宇文所安实际再提不出任何陶渊明不道德之处,这时要认定一个讲道德的君子偏偏在写诗这件事上心口不一,处心积虑地涂饰自己,给自己戴面具,这样的看法未免危言耸听。显然,根据胡先晋的研究,明恩溥和戈夫曼对普通人的描述不宜轻易移用到陶渊明身上。

　　当代社会学家翟学伟继承了胡先晋的看法而做了修正和进一步发展③。翟学伟不大赞同胡先晋"脸"是纯道德的看法,转而强调无论脸、面,都是要获得认同,因此存在"迎合"心理。脸、面的不同在于脸是个体建立的求认同的形象,面子则是个体在他人心中的地位,前者更多是一种自我意识、自我认同,后者则完全由在现场的他人的目

（接上页）种社会约束力,也是一种内化的自我制约力量。"胡先(缙)［晋］著,黄光国译《中国人的面子观》,黄光国编订《面子——中国人的权力游戏》,北京:中国人民大学出版社,2004 年,第 40—41 页。

① 胡先晋《中国人的面子观》,第 51 页。

② 同上注,第 59 页。

③ 参见翟学伟《中国人行动的逻辑》第四章《中国人脸面观的同质性与异质性》,北京:社会科学文献出版社,2001 年,第 70—87 页。翟学伟《中国人的日常呈现》第二章《脸面》,南京:南京大学出版社,2016 年,第 72—122 页。

光和表现来决定①。翟教授虽然强调迎合，但在定义时他特别强调了提供价值观的社会圈有时"是暗示性的，未必真实存在"，他补充说这个社会圈可以是"家庭、家族、乡里、朋友、组织、班底、帮派及非正式群体乃至整个民族。社会圈的不确定性不仅在于其群体的不同，带有情境性的特征，而且还带有暗示性或者想象性"②。

如果根据翟学伟的看法，那么陶渊明在潜意识中要"迎合"谁？宇文所安说："陶潜的诗实际上很少关注农民，它是向着并且为了我们这个赶车者和读诗者的骚动的世界而说话的。"③即他认为陶渊明是在迎合当时的士族群体。可是，文化史的常识告诉我们，中古士族虽然推崇隐遁，却对躬耕务农毫无兴趣，也全无欣赏，相反肩不能挑手不能提的文弱，不务正业、涂粉、喝酒、清谈的闲散才会获得推重，陶渊明怎么可能一边迎合士族，一边又把自己打扮成全不受欢迎的农夫？除非真的是每天醉得颠三倒四，否则但凡智力在及格线以上的人都不会这么做。如果一定要说陶渊明在迎合谁，那他就是在迎合一个"暗示性的，未必真实存在"的士君子群体，即陶渊明诗歌中反复提及"遗烈""古贤"。

显然，胡先晋和翟学伟的研究中，"脸"和"面子"的区分正是对戈夫曼理论的补充。考虑到这种区分，要说服读者陶渊明也是一个角色扮演者，显然需要更充分地说明论证，而不是予以直接认定。

三　新批评理论的适用性问题

除了与戈夫曼的拟剧理论相似以外，宇文所安论文也许更直接源自新批评派的理论。这派的学者反对诗歌的传记式文学研究法，韦勒克（René Wellek，1903—1995）和沃伦（Austin Warren，1899—1986）在

---

① 翟学伟《中国人的日常呈现》，第98页。
② 同上注，第99页。
③ 〔美〕宇文所安《自我的完整映象——自传诗》，第121页。

合著的《文学理论》中解释其原因说,欧洲历史上大多数的诗人都是客观的诗人,他们的作品并不表现自我,而另一类自我表白的主观诗人,其诗歌中的自我也并不等于真实生活中的自我①。他们说:"与其说文学作品体现一个作家的实际生活,不如说它体现作家的'梦';或者说,艺术作品可以算是隐藏着作家真实面目的'面具'或'反自我';还可以说,它是一幅生活的图画,而画中的生活正是作家所要逃避的。此外,我们还不要忘记艺术家借其艺术去'体验'的生活,与人们实际的生活经验有所不同;实际生活经验在作家心目中究竟是什么样子,取决于它们在文学上的可取程度,由于受到艺术传统和先验观念的左右,它们都发生了局部的变形。""诗人的作品可以是一种面具,一种戏剧化的传统表现。"②此外,韦勒克还写了《文学类型理论、抒情作品与体验》一文来反驳质疑者,对上述观点做了补充和更详细阐发③。早在 1910 年,德国女作家玛格丽特·苏丝曼即提出"诗歌自我"一词,她认为诗歌中那个"我"是一种角色游戏,不能简单等同于传记自我④。在英语世界,新批评派这一观点也是渊源有自。比如艾略特的"非个性"论,兰色姆的"本体论",勃克、布鲁克斯等人的诗歌"戏剧化"理论,以及该派最核心的"意图谬见"理论⑤。而新批评派的诗歌分析方法,正如伊格尔顿(Terry Eagleton)所准确概括的:"对于一首诗的一种典型的新批评阐释是对它的种种'张力'(tensions)、'因是因非之言'(paradoxes)和'情感矛盾'(ambivalences)进行极为严格的调查,指出它们如何被这

---

① 〔美〕勒内·韦勒克、奥斯汀·沃伦著,刘象愚等译《文学理论》第七章《文学和传记》,南京:江苏教育出版社,2005 年,第 75—82 页。

② 同上注,第 79—80、81 页。

③ 〔美〕勒内·韦勒克《文学类型理论、抒情作品与体验》,〔美〕勒内·韦勒克著,刘象愚、杨德友译《辨异》,上海:上海人民出版社,2015 年,第 202—227 页。

④ 〔德〕贝内迪克特·耶辛、拉尔夫·克南《文学学导论》,第 41 页。

⑤ 参见赵毅衡《新批评——一种独特的形式主义文论》,北京:中国社会科学出版社,1986 年,第 13—18、71—74、80—88 页。

首诗的坚固结构消解并整合为一体。"①除了同样强调诗歌的"面具"特征，宇文所安在论文中分析陶渊明诗歌时所采用的也正是典型的新批评手法。

只是新批评派的诗歌理论，应然性大于其实然性，理论设想大于历史分析，究竟有多大的适用性，需要分别在理论和文学史现实的层面加以讨论。伊格尔顿曾批评说："新批评所做的其实是把诗变成崇拜偶像（fetish）。如果说，I.A.理查兹是将文本'非物质化'，使之仅仅成为开向诗人心灵的一扇透明窗户，那么，美国新批评家们就是将其矫枉过正地重新物质化了，使之看来不大像一种意义过程，却更像某种四角方方的、有着水刷前连的建筑物。这可真是颇有反讽意味，因为此种诗所抗议的那个社会秩序恰恰是充满了这样的'物化'，它们把人、过程和机构统统化为了'东西'。"②伊格尔顿代表西方左翼学者，当然不能接受与社会现实直接相关联的作者意图被直接无视，除开这一基本分歧，诗人是否在自我表达中都呈现"反自我"的倾向，还需要再探讨。

新批评的"意图谬见"等理论，后来学者的回应、批评已经非常多了，这里不再赘述，拟仅就上引韦勒克和沃伦的具体观点做一分析。二人的上述观点中，有两个基本概念不能回避，它们是"自我"和"真实"。前一个是何为自我的问题，后一个则与自我书写的动机与效果相关。韦勒克、沃伦似乎认为存在一个稳定的、有"真实面目"的自我，诗人不走样地写出现实中的感受与经验才算"真实"，否则都有带上"面具"的嫌疑。这种本质自我观在西方思想传统中，尤其基督教思想中，可谓根深蒂固。但是近代以来，这个与灵魂观念相伴的本质自我遭到了各种质疑，何谓"自我"，何谓"真实"，恐怕再不是不言而喻的事。

---

① 〔英〕特雷·伊格尔顿著，伍晓明译《二十世纪西方文学理论》，北京：北京大学出版社，2007年，第48页。赵毅衡《新批评》一书第三部分用了三章详细讨论新批评派的分析方式、方法，可参看。

② 同上注，第48页。

本书上一节已经就自我的问题做了详细分析,可以说新批评派的本质"自我"观至少得不到现代心理学以及多数现代哲学的支持。后者不再认同存在一个上帝赋予的、与生俱来的、不变的、本质的自我。"自我"是发展变化的,我们很难确定地说诗歌的自我表白符合或者偏离那个真实的"自我"。所谓偏离的部分,既可以从心理学的角度解释为记忆的偏差,也可以按照萨特的理论,认为诗人在通过描述一个理想的自我而努力成为那个期望中的自我①。也许的确存在伪饰的情况,但显然"面具"理论只具备有限的解释力,决不能大而化之界定所有的情况。

而"真实"是与"自我"相关的问题。如果存在一个恒定的、本质的"自我",那么真实可以理解为对这个"自我"的如实表现和记录。但实际上没有人能丝毫不爽地认知自我、表达自我,就像人不能完全认知客观世界一样。否则德菲尔神庙的箴言就不必是"认识你自己",苏格拉底也不用终其一生教人这么做。如果如洛克、休谟以来众多思想家所言,"本质自我"根本就不存在,那什么样的自我表述才算真实?发现自我必然是一个过程,这个过程中的自我表达自然会出现前后不一的现象,这就是不真实吗?

另外,真实、诚实就意味着与生活、与经验一模一样吗?认为人和世界都可以完全地、准确地被认识、被描述,这是十八世纪启蒙思想家的看法。时过境迁,自浪漫主义兴起以来,人们早已放弃这种古典主义思想。这里仅以 20 世纪后半期最伟大的哲学家伯纳德·威廉斯(Bernard Williams,1929—2003)为例,他在《真理与真诚》一书中说:

---

① 萨特:"首先有人,人碰上自己,在世界上涌现出来——然后才给自己下定义。(中略)人性是没有的,因为没有上帝提供一个人的概念。人就是人。这不仅说他是自己认为的那样,而且也是他愿意成为的那样——是他(从无到有)从不存在到存在滞后愿意成为的那样。人除了自己认为的那样以外,什么都不是。这就是存在主义的第一原则。"〔法〕让-保罗·萨特著,周煦良·汤永宽译《存在主义是一种人道主义》,上海:上海译文出版社,1988 年,第 8 页。

"诚实是一种倾向,且不能仅仅被理解为遵循一条规则的倾向。"①他讨论了世界需要谎言的各种情形:为了维持友好信任,为了不违背正常期望(如对保守秘密的期望),为了防御或防范恶的威胁、操纵、迫害和凌辱等等②。所以诚实是一种倾向,一种意愿,它不意味着不走样地表达,威廉斯重申了康德的原则,"我们需要按照个人自由和避免操纵来理解信任的深层含义及其价值",于是,"诚实的倾向使得行动者有能力清楚地、没有自我欺骗地思考什么状况下欺骗是必要的,并对欺骗行为可能带来的损失保持一种敏锐的感觉"③。我们可以引申说,真实、真诚的基本原则是不自欺,是在允许的情况下不欺骗他人,但并不意味着所有的自我表述必须与实际一致。打比方说,陶渊明在心里憎恶庸俗贪婪的官吏,憎恶篡权雄猜的刘裕,现实显然不允许他把真实的想法说出来,他的归隐有现实的无奈,也是不合作的态度。我们在陶渊明的作品中看到这种无奈和愤怒,所以他的归隐就是假的,因此他不真实、不真诚吗?

再有,韦勒克多次强调:"还不要忘记艺术家借其艺术去'体验'的生活,与人们实际的生活经验有所不同;实际生活经验在作家心目中究竟是什么样子,取决于它们在文学上的可取程度,由于受到艺术传统和先验观念的左右,它们都发生了局部的变形。"由此来证明诗人们都戴了"面具"。现象学、阐释学的学者自然完全不会同意这样的看法。伽达默尔(Hans-Georg Gadamer,1900—2002)指出:"体验这个词是在传记文学中出现的,而且最终来源于自传中的使用。凡是能被称为体验的东西,都是在回忆中建立起来的。我们用这个词意指这样一种意义内涵,这种意义内涵是某个经验对于具有体验的人可作为永存的内涵所具有的。"所以体验意味着塑造自我,意味着形成生命。不能融入生

---

①　〔英〕伯纳德·威廉斯著,徐向东译《真理与真诚——谱系论》,上海:上海译文出版社,2013年,第156页。

②　同上注,第142—158页。

③　同上注,第157页。

命的经验都是外在于我的,已不属于我,"被经历东西的意义内涵于其中得到规定的自传性的或传记性的反思,仍然是被熔化在生命运动的整体中,而且持续不断地伴随着这种生命运动"①。艺术家的生命源自艺术家的体验,是否能说在体验之外还有"实际生活经验",伽达默尔看来,这些外在于生命的经验对艺术家而言是没有意义的。

以上引用了最近两百年中西方许多著名思想家、哲学家的论述,并不是要否认韦勒克、沃伦们的合理性。有意或无意伪饰自己的人,以及从事于"非个性"创作的诗人从来都很多,认为他们带有"面具"自然是正确的。但这个正确性也仅限于此。如果要推而广之,作为一条原则,一条普遍真理,认为抒情诗人们的自述诗歌都是带有"面具"的,都是"反自我"的,这恐怕很难说服读者。

四　西方文学中的真诚传统

除了上述理论分析,还需要回到西方文学史中,看看文学中"真诚"存在的样态,以及对真诚文学质疑的限度何在。以赛亚·伯林认为,真诚作为美德,是浪漫主义的产物。浪漫主义的真诚,并不是去模拟一个恒定的自我,而是完全按照自己的意志行事,成就自己,最大可能地成为自己②。而美国二十世纪杰出的文学批评家莱昂内尔·特里林(Lionel Trilling, 1905—1975)在其《诚与真:诺顿演讲集,1969—1970 年》中曾经对西方文学中的真诚问题——即文字表达的情感与实际情感相一致——作过专门探讨。特里林发现,自 16 世纪到 19 世纪中的大多数时候,人们推崇真诚的文学,主张风格即人格③。他说:"真

① 〔德〕汉斯-格奥尔格·伽达默尔著,洪汉鼎译《真理与方法——哲学诠释学的基本特征》上卷,上海:上海译文出版社,1999 年,第 85—86 页。
② 〔英〕以赛亚·伯林《浪漫主义的根源》,第 138—139 页。
③ 〔美〕莱昂内尔·特里林著,刘佳林译《诚与真:诺顿演讲集,1969—1970 年》第一章《真诚:起源与兴起》,南京:江苏教育出版社,2006 年,第 1—25 页。

诚这项事业所具有的价值也就成了过去差不多四百年里西方文化的显著特征，甚至是决定性的特征。"①比如对浪漫主义影响巨大但又瞧不起浪漫主义的歌德就曾说："风格乃是一个作家内心最真实的写照；谁想使作家的风格清清亮亮，他内心先就得清清亮亮；谁想写得超凡脱俗，他自己的品格就得超凡脱俗。""在艺术和文学中确实人格就是一切。"②这足以印证特里林的判断。有意思的是，特里林指出，自传写作的兴盛，正是源于这种真诚写作的风尚③。而文学中真诚观念的瓦解，是二十世纪艾略特、乔伊斯、纪德等一批杰出作家有意识强调的结果，他们认为艺术家"排除了他们作为一个人而跟众人说话的可能性，因而真诚与否、感受与表述一致与否，这些衡量标准都跟对他们作品的评判无关"④。

另一位杰出的美国文学批评家埃德蒙・威尔逊(Edmund Wilson，1895—1972)在评论叶芝的诗歌时，从不同角度表达过类似的看法，他认为20世纪的现代诗人为了对抗科学理念和语言对诗歌的侵蚀，"若要继续走过去那条路，又希望能全面地处理人生的话，就必须为自己创造一个独特的个性，或者一种精神状态，以便跟当代社会隔绝或互不相干。我以为这种需求可以解释叶芝散文中经常出现的'面具'或'反自我'，也即一种诗人必须加诸自身的、与自己个性的其他面向对立的、想象的个性。很难想象一位17世纪的诗人会被推向这样的理论：将诗人的自我视为一个分裂的人格中的一半"⑤。也就是说，刻意戴上面具是20世纪诗歌的特征，但要因此去怀疑过去时代的诗人们，动辄指

①〔美〕莱昂内尔・特里林《诚与真：诺顿演讲集，1969—1970年》，第7页。
②〔德〕艾克曼著，杨武能译《歌德谈话录》，成都：四川文艺出版社，2008年，第51、287页。
③〔美〕莱昂内尔・特里林《诚与真：诺顿演讲集，1969—1970年》，第23页。
④ 同上注，第8—9页。
⑤〔美〕埃德蒙・威尔逊著，黄念欣译《阿克瑟尔的城堡》，南京：江苏教育出版社，2006年，第32页。

责他们言不由衷,恐怕是必须慎之又慎的,需要足够充分的证据,而不是轻易地指责。否则以今度古,厚诬古人,无论对东方还是西方的诗人,恐怕都是不公正的。

有趣的是,特里林专门提到了戈夫曼的研究,他认为,戈氏理论以及 20 世纪的社会状况存在一个极大的弊端,就是彻底消灭真诚,让人对所有的真诚都产生怀疑:

> 社会要求我们展现真诚的我们,满足这种要求的最灵验的办法是,我们保证我们真的是真诚的,我们就是我们要社会知道我们之所是的那种人。简言之,我们扮演着是我们所是的角色,我们真诚地照一个真诚的人那样行事,结果就会出现对我们的真诚进行判断的情况,说真诚是不真实的①。

特里林还批评了他同时代的文学批评家们,在他们眼中,一切都是可疑的、面具式的、再无真诚的文学:

> 伴随现代文学经典而成长的批评对艺术家非人格化的信条亦步亦趋。在处理个性问题时,这种批评玩的是复杂、含混、反复无常的游戏。现代批评一方面努力让我们对诗人独特的声音内涵更加敏感,包括那些避免不了的个人的而非道德的和社会的东西;另一方面又严格地坚持认为,诗人不是一个人,而只是一个面具,将个人化的存在归于诗人是对文学之庄严的破坏。②

一个人从小被教育不存在真诚,那他这一生都很难再信任任何人。做

---

① 〔美〕莱昂内尔·特里林《诚与真:诺顿演讲集,1969—1970 年》,第 12 页。
② 同上注,第 9 页。

人是如此，对文学的理解自然也是如此。

特里林和威尔逊从文学史的角度肯定了真诚的文学的存在，进而批评了 20 世纪对曾经有过的真诚一概质疑的态度。这非常值得我们深思。

五　陶渊明真伪之论定

以上的考察说明，无论戈夫曼还是新批评的理论运用，都有其限度，一定要限定在某个范围之内，否则必然有滥用的嫌疑。

宇文所安的运用是否成功？如果先不看论证，只看思路，我们认为论文的逻辑并不严密和自洽。论文并没有对自传和自传诗作出清晰的界定，也缺少陶渊明诗歌自传性质的充分论证，就断然地宣称陶渊明写的是自传诗。而此前，作者预设了一个同样未经论证的前提，即自传式的"自知"必然意味着自我的分裂。于是顺理成章，既然陶渊明写的是自传诗，那么他一定是分裂的。剩下的工作，就是在陶诗中找寻这种"分裂"的证据。韩非子"智子疑邻"的寓言，是大家都熟知的，如果我们带着成见审视某人某物，则事事处处都是偏见。每一个从事人文研究的学者都很清楚，一旦失去客观和公正，我们可以在任何材料中解读出我们希望解读出的东西。

至于论文的论证，不得不遗憾地指出，这些论证建立在误读陶渊明诗文、不了解中国传统和理论误植基础上。下面，我们就具体来看看，作者是如何在谬误的沙滩上建构论文的大厦的。

论文根基性的误读是认为陶渊明在扮演"农夫"的角色，这一观点在全文中反复出现。可事实是陶渊明从来没说过自己是农夫，也从来没把自己真正看作是农夫，他只是"聊为垄亩民"（《癸卯岁始春怀古田舍》其二）而已。所谓"聊为"就是暂且当当、客串客串的意思。相反，他的自我认知比较清楚，他倾向于认同自己是一个儒生士人：

先师遗训,余岂之坠。四十无闻,斯不足畏。(《荣木》)

先师有遗训,忧道不忧贫。(《癸卯岁始春怀古田舍》其二)

羲农去我久,举世少复真。汲汲鲁中叟,弥缝使其淳。凤鸟虽不至,礼乐暂得新。洙泗辍微响,漂流逮狂秦。诗书复何罪,一朝成灰尘。区区诸老翁,为事诚殷勤。如何绝世下,六籍无一亲。终日驰车走,不见所问津。若复不快饮,空负头上巾。但恨多谬误,君当恕醉人。(《饮酒》其二十)

闲居非陈厄,窃有愠见言。何以慰吾怀,赖古多此贤。(《咏贫士》其二)

前面二例是三十九、四十岁左右的诗歌,称孔子为"先师",为儒生口吻。后面二例是晚年作品,《饮酒》对孔子大为推崇,对"如何绝世下,六籍无一亲"的现实深致不满,《咏贫士》则显然将自己置于孔子以下贫困不达的贤者之列。此外,年轻时所作的《五柳先生传》称自己"好读书""常著文章自娱",晚年作《与子俨等疏》自云"少学琴书,偶爱闲静,开卷有得,便欣然忘食",这些大家再熟知不过的诗文都说明陶渊明的自我定位是士大夫,而绝不是什么农夫。这一点古人看得很清楚。宋代罗愿《陶令祠堂记》赞陶公云:"言论所表,篇什所寄,率书生之素业,或老农之常务。(中略)尝有诗云:'羲农去我久,满世少复真。汲汲鲁中叟,弥缝使其淳。'呜呼!自顷诸人祖庄生余论,皆言淳漓朴散,繄周、孔礼训使然,孰知鲁叟为此,将以淳之耶?盖渊明之志及此,则其处己已审矣。"①罗愿说陶诗有"书生之素业"和"老农之常务"两大端,而其人处己之方仍然是周孔之道。清代李宪乔《凝寒阁诗话》亦云:

---

① 罗愿《罗鄂州小集》卷三《陶令祠堂记》,舒大刚主编《宋集珍本丛刊》第61册据明万历刻本影印,北京:线装书局,2004年,第706页。

　　陶、储作田家诗，绝得田家气味。然其意志则有托而出于此也。俭父不知，举老农语曰："吾学陶也，储也。"陶、储岂二老农哉？韩退之《县斋有怀》诗云"犹嫌子夏儒，肯学樊迟稼"，又云"长去事桑柘，闲爱老农愚"云云，前后语自相犯。要知其相犯处，正见有托而出于此也。杜、苏集中多有及农圃事者，皆当以此意求之①。

李宪乔之意，不能因为陶渊明写田园生活就把他看作"老农"，他之为农，不过"有托而出于此"，并非真要专心当一个农夫。

　　何谓"有托而出于此"，这就涉及古人对隐逸行为的理解。范晔《后汉书·逸民传论》云："然观其甘心畎亩之中，憔悴江海之上，岂必亲鱼鸟乐林草哉，亦云性分所至而已。故蒙耻之宾，屡黜不去其国；蹈海之节，千乘莫移其情。适使矫易去就，则不能相为矣。"②这就是后来朱熹所云："隐者多是带气负性之人为之。"③也就是说，隐者种地也好（"甘心畎亩之中"），不种地也好（"憔悴江海之上"），这些都不是他们的本心，他们的本心是出于对俗世俗态、权势富贵的拒绝。这与真正的农夫有本质的不同。《论语》中所出现的躬耕的隐者，长沮、桀溺、荷蓧丈人，他们都是自食其力的隐士，而不是单纯的农民。否则孔子及其弟子也不会对他们如此尊敬。《楚辞·渔父》中渔父对屈原谆谆告诫，看来也是隐者一流。后来中国文学、绘画和学术中出现"渔樵"传统，明代杨慎《临江仙》词所谓"白发渔樵江渚上，惯看秋月春风。古今多少事，都付笑谈中"，中国人都能理解他们的士大夫身份，而绝不会把他们当做真正的渔父和樵夫。

---

①　李宪乔《凝寒阁诗话》，韩寓群主编《山东文献集成》第47册，济南：山东大学出版社，2007年，第223—224页。
②　范晔《后汉书》，北京：中华书局，1965年，第2755页。
③　黎靖德编《朱子语类》卷一四〇，北京：中华书局，1994年，第八册，第3327页。

本此就能理解陶渊明的《庚戌岁九月中于西田获早稻》诗,诗中解释自己耕田理由,其一"人生归有道,衣食固其端。孰是都不营,而以求自安",是说躬耕是隐居安生的办法。其二"四体诚乃疲,庶无异患干",则说明宁愿忍受辛苦的原因,是可以免除宦海风波。这就从反面说明陶渊明只是厌恶官场,不等于他把自己当农夫。

钱大昕《十驾斋养新录》卷十八《治生》引《清波杂志》云:"人生不可无田,有则仕宦自如,可以行志;不仕则仰事俯育,粗了伏腊,不致丧失气节。"又引许鲁斋言:"为学者治生最为先,苟生理不足,则于为学之道有所妨。彼旁求妄进,及作官嗜利者,殆亦窘于生理之所致也。"而总结说:"与其不治生产而乞不义之财,毋宁求田问舍而却非礼之馈。"①章太炎《自述学术次第》从而发挥说:"余以人生行义,虽万有不同,要自有其中流成极,奇节至行,非可举以责人也。若所谓能当白姓者,则人人可以自尽。顾宁人多说行己有耻,必言学者宜先治生。钱晓征亦谓求田问舍,可却非义之财。斯近儒至论也。(中略)所取于林下风者,非为慕作清流,即百姓当家之事,小者乃生民常道。苟论其至,沮溺、荷蓧之隐,仲子之廉,武侯之德,未或不本于勤生。斯风既亡,所谓'见利思义,见危授命,久要不忘平生之言'者,宜其澌灭而不存矣!"②可知古人向有此论,认为士大夫如果有田土,才不会轻易为利禄所动,才比较容易保持节操。潘伯鹰也说:"他看不惯当时那种伪饰出清高,而实际上卑污苟且的风气,不愿同流合污。他又不乐'以心为形役'而贪恋口体的舒服。但无论如何,衣食总是要谋的,既不愿哺糟歠醨,于是他便决然去作农夫以至老死。这是陶公看得真,作得出的过人大识力,大勇气!他在这最简单的自己劳动以谋粗衣糙饭的基础上,建立了

① 钱大昕撰,孙显军、陈文和点校《十驾斋养新录》卷十八,陈文和主编《嘉定钱大昕全集》卷七,南京:凤凰出版社,2016年,第492页。
② 章太炎《自述学术次第》,马勇整理《太炎文录补编》下册,上海:上海人民出版社,2017年,第508页。

完全一贯的生活体系。所以他很谦虚，但也很兀傲地说，'高操非所攀，深得固穷节'。他之所以能不同流合污，能斥去一切他所羞耻的事的动力和保障，就完全在'自己劳动'这一点上。他的快乐也自以此点为源泉。这便是他的坚固意志造成的一贯生活。"①这一分析可谓中肯。总而言之，隐者的种田和农夫的种田，"相"同"法"异，性质有别，决不能混为一谈。陶渊明业农只是一个士大夫保持清白的方式，他从来没有把自己当作纯粹的农夫，更没有带上一个农夫的"面具"。认为陶渊明"想成为一个晋代农人"，"带着复杂性、有意扮演为农隐者（farmer-recluse）以表现自我"，这是从何说起。公正的法官是否该宣布检方控诉不成立呢？

除了虚构了陶渊明的"角色"外，论文还通过误读的方式，来指控陶渊明"蓄意的、有动机的建构"和"操纵与歪曲"②。论文以《饮酒》诗的序言（"余闲居寡欢，兼比夜已长，偶有名酒，无夕不饮。顾影独尽，忽焉复醉。既醉之后，辄题数句自娱。纸墨遂多，辞无诠次，聊命故人书之，以为欢笑尔。"）为例，认为陶渊明故意用强调偶然性、随意性写作的声明来掩盖自己的隐秘动机和焦虑。作者评论说："这些诗的写作竟然这么有条理——特别奇怪的是这些诗是来自对我们顾及很少的一个人。在《饮酒》的序言中，陶潜说明了写作和筹划诗稿的背景，他比同时代的人更周全地解释这个过程，很注意强调一时的兴致和完成过程中每个阶段的偶然事件。我们承认天然自发的人可能为了自娱而作诗，但不是把它们抄写出来并散布它们的那种'沽名钓誉'的味道。我们有一个'机械的朋友'来执行这个不体面的任务。这个序言是很必要的，陶潜必须让我们相信这些诗的发表完全不是他的努力，他担心别人会认为是他使它们流传起来。他不希望别人产生哪怕是片刻的怀

---

① 凫公（潘伯鹰）《陶诗小识》，《中法大学月刊》，1933年第2卷第3—4期，第75页。
② 〔美〕宇文所安《自我的完整映像——自传诗》，第114、117页。

疑,怀疑他清楚他在《饮酒》诗中的行为和关注:一切都是沉醉的、偶然的、一时兴起的——所有的自然天成的证明。当后来的诗人被怀疑掩饰自己、力图表现他们希望表现的那样的时候,这些辩解就成了他们的护身符。这不是一个只顾饮酒的诗人,饮酒的时候,他仍注视自己的影子,观察自己、自己的孤独和饮酒时的行为。"①很显然,陶渊明被描述成一个非常渴望名誉,却又极力掩饰,假装完全不在乎的人。于是陶渊明成了唐宋以后那些有"强烈的自我意识,为自己的价值与行为辩解,不顾一切地试图从内在价值准则的冲突中获得纯朴"的诗人的鼻祖②。

《饮酒序》的确有深意在其中。《序》中说,自己饮酒的时候是"顾影独尽",但写完诗"聊命故人书之",这不奇怪吗?既然有故人,何不邀请同饮,偏要独饮,饮完又让故人来传抄诗歌?有心作伪,会留下这么大的漏洞吗?真要作伪, 定会说"故人某君过吾庐,见几上诗稿,爱而钞之"云云,这是后世诗文集中最常见的"套路"。要理解陶渊明,正要深入这个"漏洞"思考。独自饮酒,是愤懑的态度,表示世无知己,这正是《饮酒》组诗的基本主题之一。"命故人书之",则是兀傲的表现,有意让人传观,"诸君若再有劝我入世之意,当从此绝矣"。正如《饮酒》其九所虚构的:"清晨闻叩门,倒裳往自开。问子为谁与?田父有好怀。壶浆远见候,疑我与时乖。襤缕茅檐下,未足为高栖。一世皆尚同,愿君汩其泥。深感父老言,禀气寡所谐。纡辔诚可学,违己讵非迷。且共欢此饮,吾驾不可回。"向世人宣示自己的"固穷之节"正是《饮酒》二十首的另一基本主题。再有,诗中既多愤世之言、兀傲之语,所以才说诗作于醉中,但以自娱娱人,望读者勿罪。语似谦恭潇洒,意实岸然不群,将满腹狂狷意态、超拔胸次,借醉后语以抒之。《饮酒序》传达的正是这样三层意思,这是每一个深入中国传统的读者都能心领

① 〔美〕宇文所安《自我的完整映像——自传诗》,第117—118页。
② 同上注,第118页。

神悟的理解。所以萧统说："有疑陶渊明诗篇篇有酒，吾观其意不在酒，亦寄酒为迹焉。"①苏轼说："正饮酒中，不知何缘记得此许多事。"②坡翁此语要作如上的正面理解，切不可反面作为陶渊明作伪的证据。而钟惺亦云："《饮酒》诗如此寄托，如此含吐，酒岂易饮？饮酒岂易作诗？"③古人点到即止，今人切莫错会其意。

除了《饮酒序》，论文还以《归园田居》其二为例，分析陶渊明的伪饰。他如是理解诗歌的首句"野外罕人事"："我们还是看到他承认我们的事是人的事，与此相反农民的问题被假设为不是人的。"由此作者认为："陶潜的诗实际上很少关注农民，它是向着并且为了我们这个赶车者和读诗者的骚动的世界而说话的。"④做个类比，古人常常有跳出茫茫人海，独与渔樵往来的表达，所以古人认为渔父樵夫不是人吗？

之所以有这样那样的误读，可能关键原因是作者急于在陶渊明作品中找寻符合自己预设的证据。论文的预设是前面提及的写作自传就意味着自我分裂。这个预设又是以另一个更深隐的预设为基础的，即人必然是灵、肉分离的，所以才存在天性、一个真实的自我和一个外在的涂饰而成的"自我"。我们看到，这也是更早韦勒克他们的预设。前文已经反驳过这种预设，这里就不多说了。

而且不但现代西方思想反对这种预设，在中国思想中，尤其儒家思想中，至少在宋明理学出现之前，也找不到一个这样恒定纯然的天性说。孔子讲"性相近，习相远"，孟子认为人性本善，但又强调本善的只是仁义礼智的"四端"，四个发端而已。重要的是后天持续不间断地反省、培养、扩充，否则人必然是会堕落的。对汉儒影响更大的荀子持性

---

①　萧统《陶渊明文集序》，袁行霈《陶渊明集笺注》附录一，第613页。
②　苏轼《书渊明饮酒诗后》，孔凡礼点校《苏轼文集》卷六七，北京：中华书局，1986年，第五册，第2091页。
③　钟惺、谭元春《古诗归》卷九，《续修四库全书》集部第1589册据复旦大学图书馆藏明闵振业三色套印本影印，上海：上海古籍出版社，2002年，第454页。
④　〔美〕宇文所安《自我的完整映像——自传诗》，第121页。

恶论,主张"化性起伪",就更不用说了。儒家传统中,看重的是后天的持续的德性培养。而且儒家重"自省",如子贡所云:"君子之过也,如日月之食焉。过也,人皆见之;更也,人皆仰之。"(《论语·子张》)一个儒家信徒在内心感到不安、不平甚至疑虑时,或者行为有过失时,他们更愿意采用一种公开表态的方式来改正错误、鞭策自己。即朱子所说的"有则改之,无则加勉"。显然诗歌正是陶渊明培养德性、鞭策自我的手段之一。可以因此认为他灵肉分离吗? 在儒家看来,这恰好是自省的、真诚的表现。也就是说这个预设恐怕并不符合东方思想的实际。

当然,宇文所安不恰当地借用理论,也许并非由于他是特里林所批评的那种文学批评家,他在论文中有一段有趣的"准自述":

> 在诗的第一行这个农人就告诉我们他生来厌恶凡俗——突然我们惊奇地意识到这个想成为农民的人并不把自己限制于与农民的联系,而是要与我们这些读诗的人相联系! 正是我们被称为"俗",我们"俗"是因为有学问,雄心勃勃,优雅,并且拥有那些我们通常认为不俗的东西①。

只能说,诗和读者的确也讲缘分吧。

而真正理解陶渊明,需要我们回到传统中国的语境中。在运用某种理论时,如何保证其适度性,而非机械套用,也许对语境的考察和了解是最有效的方法。这时,那些从旧传统中成长起来的学者的判断,往往值得我们重视。比如蠲戏翁马一浮云:

> 论隐者,当观其志,不可徒论其迹。
> 孔子称逸民,亦致赞叹。贤者避世,亦非活身乱伦,岂可以高

---

① 〔美〕宇文所安《自我的完整映象——自传诗》,第115页。

士为小人乎①？

"岂可以高士为小人乎"，仿佛预为后生道也。

　　理解古人实难，古典文学的研究对研究者的要求很高，从字词句的解读、典故的掌握到古典文化的全面理解和古人心理的把握，任何一个环节出了问题，都有可能导致对古典作品的误读，如果在此基础上再加以某种现代理论的发挥，往往沦为以今度古，"我注六经"了。研究者可不慎欤？陈永正曾经论述注古诗之难，其实也正是研究古典之难，引录于下，以为自警：

　　　　陆游《跋柳书苏夫人墓志》云："近世注杜诗者数十家，无一字一义可取。盖欲注杜诗，须去少陵地位不大远，乃可下语。不然，则勿注可也。今诸家徒欲以口耳之学，揣摩得之，可乎？"所谓"地位"，不是指个人的身份、职位，而是指诗人的思想、人格以及其创作能力、审美情趣、艺术品位所达到的高度，犹克罗齐所说的"你要了解但丁，必须达到但丁的水平"。此论似属苛求，但注家在这些方面若未能达到一定的水准，则在精神上无法与诗人相通，更谈不上测其诗心、明其诗法了。历代传世的诗歌，泰半为士大夫所作，由于其身份特殊，其作品比起底层读书人之作较易留存，而这些贵族士大夫的生活，今人不易了解，而其文化精神及审美意识更是难知，古人通过写诗，以追求人格的自我完善，是以注家须提高素养，尽可能在精神上靠拢古人，理解其高贵的灵魂、高尚的品质、高洁的胸襟、高雅的意趣，努力去探明其诗心②。

①　马一浮述，王培德、刘锡嘏记录，乌以风、丁敬涵编次《语录类编》，吴光主编《马一浮全集》第一册下，杭州：浙江古籍出版社，2013年，第709页。
②　陈永正《诗注要义》，上海：上海古籍出版社，2017年，第52—53页。

第三节　五柳与孤松——关于嵇康、孙绰、张湛对陶渊明的影响

　　吾国先哲,高情雅意,常托兴山川草木,所以人物风流,交相辉映。陶渊明的风神,在草卉,有寄于菊花;在乔木,则最契于柳、松。柳与松,同样是魏晋士人所欣赏的树木,但姿态习性迥异,所呈现的风貌不同,进而与雅人名士也各有缘法,最后形成自己的文化史意蕴。从文化史的角度审视陶渊明与松、柳的关系,既能透过魏晋风流更好地理解陶渊明的人生意趣、思想渊源,更能发现陶渊明灌注给柳与松的文化史的新意蕴。

　　以柳而言,其隐逸的象征意蕴,恐怕托始于嵇康,陶渊明寄情柳树,当是向自己的文化偶像嵇康"致敬"。相较于柳树,陶渊明与松的关系则似未见人提及。松的文化与意味在汉魏晋间颇有发展,早先松之象征,兼有长生与死亡正反二义,至东晋,又因死亡而转入任诞,孤松之于陶公,正是其人任诞孤傲之气的写照。而将兴于柳和托于松结合,又能看出陶渊明心境与思境的变迁,也能佐证《五柳先生传》的写作时间。

一　柳与五柳

　　徐公持曾在《理极滞其必宣——论两晋人士的嵇康情结》一文中较为详细地梳理了嵇康在两晋文士中的巨大影响,指出"'嵇康情结'实为两晋时期特殊文化心理现象",所论甚确①。遗憾的是,徐文偏偏漏了陶渊明不谈。李剑锋撰有专著《陶渊明及其诗文渊源研究》,历数

---

　　① 徐公持《理极滞其必宣——论两晋人士的嵇康情结》,《文学遗产》1998 年第 4 期,第 36—45 页。

陶渊明的思想、文学渊源，于嵇、陶关系，仅在论及四言诗时提道："陶渊明的四言诗在精神上汲取了仲长统、曹操、王粲、陆机、嵇康等人抒写自我的新志向、新情思和新情趣。（中略）嵇康的四言诗已经有物我一体的玄趣，除了将日常生活情趣化外，在这一点上也可以看出嵇康对陶渊明的深刻影响。"[①]李说固善，然未尽，未探本抉原。其实陶渊明对嵇康是很崇拜的，他的思想与生活姿态常有与嵇康同声相应、同气相求之处。

陈寅恪于《陶渊明之思想与清谈之关系》一文中，主张陶渊明的态度与文字，"实一种与当时政权不合作态度之表示"，这一点与嵇康正相一致。所以，嗜酒闲居，不问政治，虽然与阮籍、刘伶等相似，而"如《咏荆轲》诗之慷慨激昂及《读山海经》诗精卫刑天之句，情见乎词，则又颇近叔夜之元直矣"[②]。在指示嵇康、陶渊明易代同悲的心曲上，陈先生所论可谓切中肯綮。

嵇、陶在思想、个性、精神以及文学上的承递，实有多端，其迹可按而绎之。陶渊明《形影神》三首，分别形、影与神，其渊源，据逯钦立、王叔岷、车柱环、杨勇、袁行霈诸先生考察，可在《庄子》、司马迁、王充、桓谭、《列子》、慧远诸人诸书处发现，但嵇康被诸先生失之眉睫之前了。《世说新语·文学》篇记载："王丞相过江左，止道《声无哀乐》《养生》《言尽意》三理而已，然宛转关生，无所不入。"[③]嵇康的前两论，当时影响之大可知。其中《养生论》即区分形、神，谓："精神之于形骸，犹国之有君也。"[④]以神为本，以形为末，崇本以息末，这是陶诗与嵇文一致之处。更有意味的相似表现在对自我的安顿与个性坚持上。余敦康在

① 李剑锋《陶渊明及其诗文渊源研究》，济南：山东大学出版社，2005 年，第 317 页。
② 陈寅恪《陶渊明之思想与清谈之关系》，《金明馆丛稿初编》，北京：三联书店，2001年，第 227 页。
③ 刘义庆撰，刘孝标注，杨勇校笺《世说新语校笺》，北京：中华书局，2006 年，第 189 页。
④ 嵇康撰，戴明扬校注《嵇康集校注》，北京：中华书局，2014 年，第 253 页。

《魏晋玄学史》中指出，嵇康认为自我是相对的、有哀乐之情的小我，主张克制自我，超越自我，而与和谐无限的宇宙本体合一，可是在与现实对抗时，嵇康偏偏不能克制自我，而是坚持个性以相抗衡，结果充满矛盾与痛苦①。直到"他面临死亡，却是从容、镇静、安详，表现了一个真正的哲学家的崇高风范。（中略）他那孤傲狷介的独特的个性处处与现实生活相抵触，最后却在他终生真诚追求的自然之和的宇宙本体中得到了确认。这是嵇康的悲剧，也正是嵇康的伟大"②。萧驰也注意到嵇康的这两面，他以冲和与峻洁标举之，并特别提出："清人沈德潜论唐诗人得陶诗者，以韦应物得其冲和，柳宗元得其峻洁。陶诗此两面，即叔夜人格与诗格的两面。"③萧先生的论断提醒我们，陶渊明的人格与诗格与嵇康何其相似乃尔，陶公面对死亡的风度又何尝不是嵇康式的从容潇洒呢？魏晋人物面对死亡之态度，以嵇康与陶渊明为最相似吧。

　　本此以审视陶渊明诗文，会发现他的确时时在向嵇康"致敬"。吴曾《能改斋漫录》卷八已云："陶渊明《归去来辞》云：'登东皋以舒啸，临清流而赋诗。'盖用嵇叔夜《琴赋》云：'背长林，翳华芝。临清流，赋新诗。'"④再如《停云》"安得促席，说彼平生"，《时运》"清琴横膝，浊酒半壶"，《咏二疏》"促席延故老，挥觞道平素"，还有《归去来兮辞》中的"悦亲戚之情话，乐琴书以消忧"，以及《杂诗》其四"丈夫志四海，我愿不知老。亲戚共一处，子孙还相保。觞弦肆朝日，樽中酒不燥"，五处诗文，其实都化用自嵇康《与山巨源绝交书》中"今但愿守陋巷，教养子孙，时与亲旧叙阔，陈说平生，浊酒一杯，弹琴一曲，志愿毕矣"的语

①　余敦康《魏晋玄学史》，北京：北京大学出版社，2004 年，第 316—322 页。
②　同上注，第 322—323 页。
③　萧驰《玄智与诗兴：中国思想与抒情传统第一卷》，台北：联经出版事业股份有限公司，2011 年，第 221—222 页。
④　吴曾撰《能改斋漫录》卷八，上海：上海古籍出版社，1979 年，第 233 页。

典。《与山巨源绝交书》，是好朋友山涛推荐嵇康出来做司马氏的官这件事已发生二三年之后写的，如真要绝交，无须等待这么久。诚如徐高阮在《山涛论》中所说："是嵇康假借了一个没有实在意义的谢绝推引的题目，针对眼前时势而发的一份反抗的宣言。信里所说的种种很不中听的不堪任官的理由，显然只是为了托出'每非汤、武而薄周、孔，在人间不止此事，会显世教所不容'这一句最激烈的讥刺。"①所以，嵇康所谓"今但愿守陋巷"云云，不是单纯对隐居的向往，而是从反面表达了政治不合作之意，隐居与政治反抗，正是一个硬币的两面。而陶渊明一而再再而三地化用嵇康此说，难道只取其隐逸之意而无反抗之心吗？显然不是，陶渊明对晋末官场固然不屑，他对先后篡权的桓玄、刘裕又何尝假以颜色？桓玄篡位后不久，陶渊明就在《癸卯岁十二月中作与从弟敬远》诗中说"高操非所攀，深得固穷节。平津苟不由，栖迟讵为拙"，不合作之意显然。后来晋宋易代之际，刘裕控制的朝廷一再征辟，陶渊明都拒不应命。因此他的诗文对嵇康的引用，自然是深有会心的。这点正可见出陶渊明对嵇康的倾慕。陶渊明化用嵇康，并不止于上述一处，如《停云》"枝条载荣"、《时运》"穆穆良朝"，即分别出自嵇康《赠秀才从军》"春木载荣"及"穆穆惠风"。此外还有不少，前辈诸家注释中都已揭明，此处即不一一罗列。

其实陶渊明追慕嵇康风流的表现，早在年轻时所作的《五柳先生传》中，已可寻绎其迹。传文开篇即向嵇康遥遥致意。"先生不知何许人也，亦不详其姓字"，虽然遵循传记的传统格式，却刻意"回避"传主的籍贯、姓字，自然是有心立异。不过日本汉学家一海知义敏锐地发现"这特异的"开场白"并不是陶渊明的独创新作。传为汉代刘向所作的《列仙传》，或晋代嵇康、皇甫谧的《高士传》等作品中已有不少类似的写法"。而且，"嵇康把时常出现在陶渊明诗中的古代隐士荣启期、长

---

① 徐高阮《重刊洛阳伽蓝记山涛论》，北京：中华书局，2013年，第235—236页。

沮、桀溺、荷蓧丈人等人物作为'不知何许人'来加以介绍"①。嵇康兄长嵇喜在《嵇康传》中，曾说康"超然独达，遂放世事，纵意于尘埃之表。撰录上古以来圣贤、隐逸、遁心、遗名者，集为传赞，自混沌至于管宁，凡百一十有九人。盖求之宇宙之内，而发之乎千载之外者矣"②。大概可以认为，陶渊明所选择的撰述形式意味着他自觉地把"五柳先生"放在了嵇康所构拟的宇宙之内、千载之外高士传统中，这也应该视为陶渊明倾慕嵇康的证据。

接下来"宅边有五柳树，因以为号焉"，也让人立即联想到了嵇康，只是这一点也同样为历来学者所忽略。陶渊明宅院之中花树众多，"榆柳荫后檐，桃李罗堂前"，"三径就荒，松菊犹存"，是其明证。那为什么此时的陶渊明偏偏选择以柳树为号，而不选松树、桃树、木槿或其他的什么树呢？恐怕还是因为柳树与嵇康的名士风流有莫大关系。《世说新语·简傲》篇刘孝标注引《文士传》云："康性绝巧，能锻铁。家有盛柳树，乃激水以圜之，夏天甚清凉，恒居其下傲戏，乃身自锻。家虽贫，有人就锻者，康不受直；唯亲旧以鸡酒往，与共饮啖，清言而已。"③原来柳树正是嵇康隐居傲世的象征。后来庾信《思旧铭》中"嵇叔夜之山庭，尚多杨柳；王子猷之旧径，唯余竹林"之语④，正是将柳树作为嵇康的代表，颇可反映南北朝文士的通行见解。

柳树的身影频繁见于中国文学中，撮其大要，有四种意象常常在汉魏晋时期被运用：一是时节的象征，二是比喻人物风流态度，三与怀旧相关，四则是隐逸的标识。汉代《易纬通卦验》："立春条风至，雉雊，鸡

---

① 〔日〕一海知义著，彭佳红译《陶渊明·陆放翁·河上肇》，北京：中华书局，2008年，第22—23页。
② 陈寿撰，裴松之注《三国志·魏志》卷二十一《王粲传》附嵇康传裴松之注引，北京：中华书局，1959年，第605页。
③ 刘义庆撰，刘孝标注，杨勇校笺《世说新语校笺》，第688页。
④ 庾信撰，倪璠注，许逸民校点《庾子山集注》，北京：中华书局，1980年，第689页。

乳,冰解,杨柳津。"①西晋傅玄《阳春赋》:"依依杨柳,翩翩浮萍。桃之夭夭,灼灼其荣。繁华烨而曜野,炜芬葩而扬英。"②东晋伍辑之《柳花赋》:"步江皋兮骋望,感春柳之依依。垂柯叶而云布,扬零花而雪飞。或风回而游薄,或雾乱而飘零。野净秒而同降,物均色而齐明。"③这是取柳树为春天的表征物候。东晋李颙《悲四时赋》云:"悲炎节之赫羲,览祝融之御辔。游井耀兮南离,晞辰凯之长吹。荫绿柳之杨枝,云郁律以泉涌。"④则是夏日之柳。大概春柳嫩色,依依随风,晚则柳絮如雪,最能表现春日妖娆而迷离的景象。而夏日柳荫深深,也很叫人惬意。诗人感四时迁流,最易取象于兹。

至于形容人物,《世说新语·容止》篇载:"有人叹王恭形茂者,云:'濯濯如春月之柳。'"⑤濯濯是明净清朗貌,春日柳色,舒展而不繁密,轻盈而不滞重,以此形容,可以想象王恭的神采。又《南史·张绪传》:"刘俊之为益州,献蜀柳数株,枝条甚长,状若丝缕。时旧宫芳林苑始成,武帝以植于太昌灵和殿前,常赏玩咨嗟,曰:'此杨柳风流可爱,似张绪当年时。'"⑥晋人以王恭比杨柳,是柳胜于人;齐武帝以杨柳比张绪,则人物风流,似更在柳树之上。

怀旧的柳树则与曹丕和桓温相关。曹丕《柳赋序》云:"昔建安五年,上与袁绍战于官渡,时余始植斯柳。自彼迄今十有五载矣,左右仆御已多亡,感物伤怀,乃作斯赋。"⑦据王粲《柳赋》"昔我君之定武,改

① 欧阳询撰,汪绍楹校《艺文类聚》卷三,上海:上海古籍出版社,1999 年第 2 版,第 40 页。
② 同上注,第 44 页。
③ 同上注卷八十九,第 1534 页。
④ 同上注卷三,第 47—48 页。
⑤ 刘义庆撰,刘孝标注,杨勇校笺《世说新语校笺》,第 569 页。
⑥ 李延寿撰《南史》卷三一,北京:中华书局,1975 年,第 810 页。
⑦ 《艺文类聚》卷八十九,第 1533 页。按:其中"左右仆御已多亡"一句是严可均据李善《文选注》补入。见严可均编《全上古三代秦汉三国六朝文》《全三国文》卷四,北京:中华书局,1958 年,第 1075 页。

天届而徂征。元子从而抚军,植佳木于兹庭。历春秋以逾纪,行复出于斯乡。览兹树之丰茂,纷旖旎以修长"云云①,可知这株柳树是曹丕从军于官渡时所植,十五年后再次经行此地,感逝伤怀,有作斯赋。其赋有云:"余年之二七,植斯柳乎中庭。始围寸而高尺,今连拱而九成。嗟日月之逝迈,忽覃覃以遄征。昔周游而处此,今倏忽而弗形。感遗物而怀故,俛惆怅以伤情。"②魏晋人物对生命有异样的敏感,这是思想史、文学史上的常识,宗白华先生曾说魏晋人物特深于情,他们"对宇宙人生体会到至深的无名的哀感"③。何况柳树易于成活,又生长迅速,十五年足以扶疏婀娜,让人有强烈的今昔之感,它进入曹丕的笔下也可谓必然了。这株令人伤怀的柳,后来同样出现在大将军桓温的身边,从此留名青史,成就自己的不朽。这就是《世说新语·言语》篇记载的:"桓公北征,经金城,见前为琅邪时种柳,皆已十围,慨然曰:'木犹如此,人何以堪!'攀枝执条,泫然流泪。"④曹丕再见柳树的时候还没有被册立为太子,可以说功业未就吧。而桓温也是希望建立不世功业的人,岁月流逝,通过柳树表现出来,是何等触目惊心。

最后,古典文学中隐逸之柳,应该说是肇端于嵇康,定型于陶渊明。《艺文类聚》卷三十六人部隐逸类收录了不少隐逸类的赋作,值得注意的是,收录在前面的张衡、曹植、张华、陆机、陆云等人赋作中都没有特意提到柳树。张衡、曹植时代柳树似乎与隐逸无关,可不论。张华、二陆则都是相对纯粹的儒家文人,不太受其时玄风的影响,作为玄学代表的嵇康应该不是他们的文化偶像,徐公持先生论两晋文人"嵇康情结"的《理极滞其必宣》一文中也不曾提到他们。所以他们的作品也不大

①　《艺文类聚》卷八十九,第 1534 页。
②　同上注,第 1533—1534 页。
③　宗白华《论〈世说新语〉和晋人的美》,《美学散步》,上海:上海人民出版社,1981年,第 214 页。
④　刘义庆撰,刘孝标注,杨勇校笺《世说新语校笺》,第 101 页。

会看到嵇康的踪迹。但是紧次陆云之后，孙承的《嘉遁赋》则明显受到了嵇康的影响。其赋有云：

> 有嘉遁之玄人，含贞光之凯迈。靡薜荔于苑柳，荫翠叶之云盖。挥修纶于洄澜，临峥嵘而式坠。淅清风以长啸，咏九韶而忘味。若乃御有抚生，应物宅心，曜华春圃，凋叶秋林，振藻扬波，清景玄阴。形犹与以徒靡，神旷寂而难寻。浑无名于域外，和丘中以草音。于是混心齐物，遨翔容与。薄言采薇，收萝中野。朝观夷陆，夕步兰渚。仰弋鸣雁，俯钓鲂鲤。游无方之内，居无形之域。咏休遁之贞亨，察天心而观复。委性命于玄芒，任吉凶而靡录①。

孙承生平爵里不详，其文在陆云、谢灵运之间，其人当亦如此。赋中肥遁的是"玄人"，又赋多用玄字，已见其人是老庄之徒。全赋受嵇、阮的影响甚为明显，"长啸"是阮籍所长，人所共知。单看嵇康，康诗《赠秀才从军》多为赋化用，如"挥修纶于洄澜"化自"垂纶长川"，"朝观夷陆，夕步兰渚"化自"朝游高原，夕宿兰渚"，"仰弋鸣雁，俯钓鲂鲤"化自"仰落惊鸿，俯引渊鱼"和"流磻平皋，垂纶长川"。由此可以相信，赋中那"靡薜荔于苑柳，荫翠叶之云盖"，正是从嵇康的庭院中搬来的吧。如无孙承之赋，似乎难以确信柳与隐逸的关系可以追溯到嵇康，而有此赋，则可以窥见晋人言及隐遁，已然绾合嵇康与柳树。张哲俊认为"陶渊明之前，隐士与柳并无特别的关系"②，程章灿在《"树"立的六朝：柳与一个经典文学意象的形成》一文中也忽略了孙承之赋，因此同样未

---

① 《艺文类聚》卷三十六，第 646 页。
② 张哲俊《陶渊明五柳的误读与演变》，《北京师范大学学报（社会科学版）》，2010 年第 4 期，第 49 页。

能注意到陶渊明之前柳与隐逸已然存在的关系①。嵇康在两晋文化领域拥有的崇高地位，他的一言一行莫不为人仿效，柳树因他而与隐士生情，这是不难想象的。回到《五柳先生传》，这位不求闻达的五柳先生，在庭中院外众多的草木中独独钟意于柳树，他心中念兹在兹的不是嵇叔夜还能是谁呢？

正如怀旧感伤的柳树从曹家柳变成桓家柳一样，那荫盖隐逸之士的柳树也从嵇家柳变成了陶家柳，而且由一株分作五株。文家势利，从来如此。大概在南朝梁时，五柳已经成为淡泊隐逸的象征。程章灿认为柳树凝固成经典的文学意象是在梁时初步定型的，尤其是桓温的金城柳和陶渊明的五柳，到这一时期成了文学中的熟典②。的确如此，梁元帝《全德志论》"物我俱忘，无贬廊庙之器；动寂同遣，何累经纶之才。虽坐三槐，不妨家有三径；接五侯，不妨门垂五柳"即是明证③。庾信《伤周处士》"三山犹有鹤，五柳更应春"更是直接以五柳代称隐士，可见此时五柳已经完全定型，遂成为后世诗文最常见的用语。相同意蕴的文学典故会有选择与替代现象，一旦某一个典故被广泛接受和运用，那么其他近似典故便会受到排挤。但被排挤者在早先存在过的痕迹仍然是可以寻觅的。前引孙承与庾信的例子说明，嵇康之柳与陶渊明之柳在彼时文学中是存在一定竞争的，因为陶渊明拥有比较单纯的隐士身份，是"古今隐逸诗人之宗"（钟嵘《诗品》语），终究其"五柳"成为隐逸的象征，而嵇康之柳则逐渐退让，转而单纯作为嵇康人格的象征物。

无论如何，陶渊明对嵇康的仰慕当可定论。颜延之《五君咏·嵇中散》"中散不偶世，本自餐霞人。形解验默仙，吐论知凝神。立俗迕

---

① 程章灿《"树"立的六朝：柳与一个经典文学意象的形成》，《北京大学学报（哲学社会科学版）》，2011 年第 2 期，第 52—61 页。
② 同上注，第 56—57 页。
③ 《艺文类聚》卷二十一，第 646 页。

流议,寻山洽隐沦。鸾翮有时铩,龙性谁能驯",论嵇康风神怀抱最得其肯綮。再看那个咏荆轲、咏精卫的陶渊明,便觉二人真是异代知己。嵇康《赠秀才从军》其十八云:"流俗难悟,逐物不还。至人远鉴,归之自然。万物为一,四海同宅。与彼共之,予何所惜。生若浮寄,暂见忽终。世故纷纭,弃之八戎。泽雉虽饥,不愿园林。安能服御,劳形苦心。身贵名贱,荣辱何在。贵得肆志,纵心无悔。"此诗也可作陶渊明集的引论读。

二　青松在东园

陶、嵇关系,草蛇灰线,仔细寻绎,自然可见。同样地,陶渊明与孙绰、张湛的关系也是如此。如果说陶渊明少年时倾慕宛转空灵的魏晋风流,因此结缘于柳的话,那么随着他生命趋于坚卓沉毅,他的风骨便转而寄托到了松树之上。毕竟,柳树逢秋凋零,论坚凝的品性,就不如岁寒后凋的松柏了。"顾悦与简文同年,而发早白。简文问曰:'卿何以先白?'对曰:'蒲柳之姿,望秋而落;松柏之质,凌霜犹茂。'"①柳树纵然风流可爱,仍不敢与松相比,这是明证。

松之文学,渊源已久,《诗·小雅·天保》有"如松柏之茂,无不尔或承",《鲁颂·閟宫》有"徂来之松,新甫之柏",《商颂·殷武》有"陟彼景山,松柏丸丸"。山岭之上,松姿特秀,相信这是每一个曾经登山赏松的人都会有的感受。顾恺之《神情诗》"春水满四泽,夏云多奇峰。秋月扬明辉,冬岭秀寒松"②,正是以山上青松作为冬日的代表。冬天草木凋零,独有松柏华茂,尤其大雪后,远望山岭,青白耀目。

松树不但风姿秀美,其凌霜傲骨经孔子品题之后,更成为君子品格的象征。是以刘桢"亭亭山上松"、左思"郁郁涧底松",都以松自喻。

---

① 刘义庆撰,刘孝标注,杨勇校笺《世说新语校笺》,第101页。
② 《艺文类聚》卷三,第42页。

再如张华诗"松生垄坂上,百尺下无枝。(中略)悲凉贯年节,葱翠恒若斯。安得草木心,不怨寒暑移",袁宏诗"森森千丈松,磊砢非一节。虽无榱桷丽,较为梁栋柔"①,都是极写松的磊落高洁。

山中松树,常有逾千岁者,神仙家出,便以为服食松脂、松子、松针等可以长生,可以成仙。今传《列仙传》中,记载偓佺、赤须子、犊子食松实,仇生食松脂,毛女食松叶②。而葛洪也明确将松柏脂列为仙药③。于是诗赋中的松树又与神仙世界联系在了一起。如嵇康《游仙诗》有云:"遥望山上松,隆谷郁青葱。自遇一何高,独立迥无双。愿想游其下,蹊路绝不通。"④何劭《游仙诗》有曰:"青青陵上松,亭亭高山柏。光色冬夏茂,根柢无凋落。吉士怀贞心,悟物思远托。"⑤谢道韫《拟嵇中散》诗也说:"遥望山上松,隆冬不能雕。愿想游下憩,瞻彼万仞条。"⑥三首诗都是因高山之松而起游仙之思,这时松是仙人的象征。而左芬《松柏赋》"禀天然之贞劲,经严冬而不零。虽凝霜而挺干,近青春而秀荣。若君子之顺时,又似乎真人之抗贞。赤松游其下而得道,文宾飡其实而长生。诗人歌其荣蔚,齐南山以永宁"⑦,则又合君子与神仙的意象为一,最能代表其时人心中的松树形象。

以上所谈都是自然生长的松树,而人们也会人工种植松树。《汉书·贾山传》:"(秦)为驰道于天下。(中略)道广五十步,三丈而树,

---

① 《艺文类聚》卷八十八,第 1513 页。

② 刘向撰,王叔岷校笺《列仙传校笺》,北京:中华书局,2007 年,第 11、36、101、109、132 页。

③ 葛洪撰,王明校释《抱朴子内篇校释·仙药》,北京:中华书局,1985 年第 2 版,第 196 页。

④ 逯钦立《先秦汉魏晋南北朝诗》《魏诗》卷九,北京:中华书局,1983 年,第 488 页。

⑤ 萧统撰,李善注《文选》卷二一,影印清胡克家刻本,北京:中华书局,1977 年,第 306 页。

⑥ 《艺文类聚》卷八八,第 1513 页。

⑦ 徐坚《初学记》卷二八,北京:中华书局,2004 年第 2 版,第 688 页。

厚筑其外,隐以金椎,树以青松。"①这是取松坚劲之性以护持驰道。除此一例以外,汉魏晋时人种植松柏,似都在冢墓之前。按先秦早期似无隆冢和植树的礼俗,所以《周易·系辞下》和《盐铁论·散不足》篇中都称古者"不封不树"。但后世逐渐于陵墓前种植松柏。《汉书·东方朔传》:"柏者,鬼之廷也。"颜师古注曰:"言鬼神尚幽暗,故以松柏之树为廷府。"②王符《潜夫论·浮侈》篇:"今京师贵戚,郡县豪家,生不极养,死乃崇丧。(中略)造起大冢,广种松柏,庐舍祠堂,崇侈上僭。"清汪继培笺引《盐铁论·散不足》篇云:"今富者积土成山,列树成林。"③单看东方朔"柏者鬼之廷"之语,其鬼既可以指人鬼,也可以泛指地祇,但结合《盐铁论》和《潜夫论》之语就可以推知,冢墓种松柏之风,前汉时已经较为常见,至后汉而愈盛。本来多植松柏还有炫富的嫌疑,再往后,就变成了一种孝道的表现。王隐《晋书》载:"山涛遭母丧,归乡里,涛虽年老,居丧过礼,手植松柏。"④

　　于是乎,松之文学又与死亡相关。《古诗十九首》其十三"驱车上东门,遥望郭北墓。白杨何萧萧,松柏夹广路。下有陈死人,杳杳即长暮",古诗《十五从军征》"遥望是君家,松柏冢累累",又阮籍《咏怀》其十三"登高临四野,北望青山阿。松柏翳冈岑,飞鸟鸣相过",描写的都是冢墓前的松树。看到长青的松,想到故去的人,谁能没有人生苦短、人命若朝霜的感叹呢?长生之树也是死亡之树。松树同时具有这两个相反的象征意义,正与训诂中所谓"反训"相合。

　　因为汉魏晋时代,人们为死者种松,久之就会产生避忌的心理,所

①　班固撰,颜师古注《汉书》卷五一,北京:中华书局,1962年,第2328页。
②　同上注卷六十五,第2845、2846页。
③　王符著,汪继培笺,彭铎校正《潜夫论笺校正》,北京:中华书局,1985年,第137、138页。
④　《艺文类聚》卷八十八,第1512页。按:《类聚》仅云《晋书》,据《太平御览》卷九五三,知是王隐《晋书》。

以基本不会有人在庭园中植松,以为大不吉利也。《世说新语·任诞》篇记载:

> 张湛好于斋前种松柏。时袁山松出游,每好令左右作挽歌。时人谓:"张屋下陈尸,袁道上行殡。"

刘孝标注引裴启《语林》,也记有此事,或是《世说》所本①。张湛是东晋中期人,斋前种松,事入"任诞",足见家园中种松在东晋时是耸人耳目的行为。

以此为背景,我们会惊奇地注意到陶渊明的《饮酒》其八:"青松在东园,众草没其姿。凝霜殄异类,卓然见高枝。连林人不觉,独树众乃奇。提壶挂寒柯,远望时复为。吾生梦幻间,何事绁尘羁?"这首诗以孤松自喻,显然自置于君子人格的序列之中,但诗歌别有其特异之处,即青松在"东园"。

所谓东园,当是陶渊明家中的东园。陶诗《停云》第三章"东园之树,枝条载荣。竞用新好,以招余情",此处东园即渊明饮酒东轩外的园子。又《饮酒》其十五"贫居乏人工,灌木荒余宅"的描写与"众草没其姿"也可以互相印证。东园属于陶宅,应不错。看来庭园中植松,似乎是陶渊明特别的喜好。那么《饮酒》其十一所写的"故人赏我趣,挈壶相与至。班荆坐松下,数斟已复醉",看来也是坐在东园孤松之下,饮酒为乐。

不过陶渊明并非一开始就在家中种松的。《和郭主簿二首》其二云"陵岑耸逸峰,遥瞻皆奇绝。芳菊开林耀,青松冠岩列。怀此贞秀姿,卓为霜下杰",诗中的青松仍然生长于远山峰岩之上,并非陶公自植。《和郭主簿》诗前人多据其一中"弱子戏我侧,学语未成音"一语及

---

① 刘义庆撰,刘孝标注,杨勇校笺《世说新语校笺》,第680页。

《责子》诗，推算第五子佟的生年，然后将本诗系于晋安帝元兴初（402
或403）陶渊明居母氏丧期间，恐怕有误。首先"弱子"只是幼子、稚子
的意思，渊明五子俨、俟、份、佚、佟，幼时都可以被称为弱子，断定诗中
的弱子是陶佟，武断无据。其次自汉以后，人们居丧谨守儒家之礼，丧
期不得饮酒、作乐，是最基本的要求。任诞如阮籍，虽然饮酒吃肉，却其
实深忧大恸于心，所以临葬吐血①。陶渊明为人诚挚，孝友之情同样发
自肺腑。他为外公作《晋故征西大将军长史孟府君传》，中云"渊明先
亲，君之第四女也。凯风寒泉之思，实钟厥心"，孝子之心，昭然可见。
可是《和郭主簿》其一云"春秫作美酒，酒熟吾自斟"，其二云"衔觞念幽
人"，美酒自斟，是服齐衰的孝子所为吗？而且通观全诗，何等的悠然
自得、欢欣愉悦。居母丧而喜悦至此，实在是难以想象的行为。所以知
前人有误。按诗与郭主簿唱和，又云"息交游闲业，卧起弄书琴"，"检
素不获展，厌厌竟良月"，似乎这位郭主簿是从前的旧同僚，此刻渊明
辞官在家，与之书札往还，诗歌唱酬，时间在辞官州祭酒之后的太元十
九年（394）或从会稽回来之后的隆安二年（398）较为可能。

由此可以知道，陶渊明年轻时还只是欣赏远山之松。可到了写
《归去来兮辞》的义熙二年（406）时，家里已是"三径就荒，松菊犹存"，
那么此前的陶渊明必然已经力排众议，在庭院中种上松树了。义熙四
年（408）六月，辞官居家才两年多的陶渊明遭遇回禄之灾，家室荡然。
后来，陶公移居寻阳附郭的南村，《饮酒》二十首即作于迁居南村之后。
我们看这时陶公东园之松，可以挂以酒壶，又被众草木所没，可知是迁
居后新植的松树，这时仍然幼小。虽然孤松小树，但本质孤高，所以寒
来霜降，诗人徘徊其下，把酒凝望，自然而意远。五柳的风流已成往事，
此时贞骨凌霜，托兴已在孤松。

---

① 《世说新语·任诞》篇："阮籍当葬母，蒸一肥豚，饮酒二斗，然后临诀，直言'穷矣！'
都得一号，因吐血，废顿良久。"刘义庆撰，刘孝标注，杨勇校笺《世说新语校笺》，第
658—659页。

前文已经提到,张湛在屋前种松,时人以为任诞,但这种骇俗的行为大概也不是张湛的首创,而应该始于孙绰。《世说新语·言语》篇记载:"孙绰赋《遂初》,筑室畎川,自言见止足之分。斋前种一株松,恒自手壅治之。"①今存孙绰《秋日诗》:"萧瑟仲秋月,飙唳风云高。山居感时变,远客兴长谣。疏林积凉风,虚岫结凝霄。湛露洒庭林,密叶辞荣条。抚叶悲先落,攀松羡后凋。垂纶在林野,交情远市朝。澹然古怀心,濠上岂伊遥。"诗言山居,正与隐居会稽东山写《遂初赋》同一时期,又抚叶攀松都是"庭林",所以大概诗中之松,正是孙绰斋前手种者。

孙绰的生年,曹道衡曾考订在于晋愍帝建兴二年(314)②,陈慧娟则有详考,认为当在晋惠帝永宁元年(301),陈说可信③。南渡时,孙绰年纪在十岁左右。而据王晓毅先生考证,张湛之父张旷与孙绰为同辈,但出生于江左,时间当在永嘉六年(312)之后,所以孙绰是张湛的父辈人物。又最早记载张湛事迹的裴启《语林》成书于隆和年间(362—363),那么张湛成年后的放诞行为只能发生在此前④。公元301到363年相差60年,扣除张湛成年的20到30岁的年纪,那么,孙绰比张湛年长30至40岁。又据《晋书·孙绰传》,孙绰隐居东山作《遂初赋》是在早年出仕之前,所以可以确信孙绰种松早于张湛。

孙绰与张湛都是东晋玄学的重要人物,孙绰尤其有名。《晋书·孙楚传》附绰传称:"绰少以文才垂称,于时文士,绰为其冠。温(峤)、王(导)、郗(鉴)、庾(亮、冰)诸公之薨,必须绰为碑文,然后刊石

① 刘义庆撰,刘孝标注,杨勇校笺《世说新语校笺》,第124页。

② 曹道衡《晋代作家六考·孙绰》,《中古文学史论文集》,北京:中华书局,1986年,第290页。

③ 陈慧娟《孙绰生平考》,《中山大学研究生学刊(社会科学版)》,2009年第3期,第13—29页。

④ 王晓毅《张湛家世生平与所著〈列子注〉考》,《东岳论丛》,2004年第6期,第166—170页。

焉。"①檀道鸾《续晋阳秋》则称许询和孙绰的玄言诗"并为一时文宗，自此作者悉体之"②。钟嵘《诗品》也说"世称孙、许，弥善恬淡之词"③。陶渊明受到玄学的深刻影响，是人所共喻的④。但由他效法孙绰与张湛种松的行为，可以推测，陶公在玄学人物中，可能对孙、张较为心仪，而受其影响。

孙绰是玄言诗大师，钱钢曾分析以孙氏诗为代表的玄言诗美学的三重品格，即"以说玄理以言情志""人格的内在超拔""理感赏心"⑤。这三种特征，在陶诗中都有明显的体现。陶诗多理语，更有哲理诗《形影神》三首。虽然自有趣味而不再"平典似《道德论》"，但渊源毋庸置疑。

论人格超拔，需要稍加说明。孙绰在当时，有"秽行"之名⑥，这固然因为孙氏常托藉盛流，高自标榜，但恐怕也与太原孙氏门第不算高显，强自攀附，不免为当时最高门第的庾、褚、王诸氏所鄙有关⑦。但孙兴公因寄兴青松，便手自培植，而于他人怪异的目光夷然不顾，仍是追求人格的超拔之美⑧；同时他颇具慧识，品评人物，能得肯綮，《世说新语·赏誉》篇载其月旦人物之语不少，足见其当时影响。又孙氏面对洪族，或有媚态，但立身朝堂，仍具傲骨。《晋书》本传载桓温欲迁都洛

---

① 房玄龄撰《晋书》卷五六，北京：中华书局，1974 年，第 1547 页。

② 《世说新语·文学》篇"简文称许掾"条刘孝标注引。刘义庆撰，刘孝标注，杨勇校笺《世说新语校笺》，第 245 页。

③ 钟嵘著，曹旭集注《诗品集注》，上海：上海古籍出版社，2011 年第 2 版，第 511 页。

④ 详参李剑锋《陶渊明及其诗文渊源研究》第四章《老庄玄学与陶渊明》，第 133—197 页。

⑤ 钱钢《东晋玄言诗审美三题》，《上海大学学报（社会科学版）》，1997 年第 2 期，第 32—38 页。

⑥ 《世说新语·品藻》篇："孙兴公、许玄度皆一时名流。或重许高情，则鄙孙秽行；或爱孙才藻，而无取于许。"刘孝标引《续晋阳秋》曰："绰虽有文才，而诞纵多秽行，时人鄙之。"刘义庆撰，刘孝标注，杨勇校笺《世说新语校笺》，第 476 页。

⑦ 说见张蓓蓓《魏晋学术人物新研》，台北：大安出版社，2001 年，第 246—247 页。

⑧ 晋人本有"人格的唯美主义"，宗白华先生论之已详。参见宗白华《论〈世说新语〉和晋人的美》，《美学散步》，第 208—226 页。

阳,以渐行篡夺之事,"朝廷畏温,不敢为异,而北土萧条,人情疑惧,虽
并知不可,莫敢先谏",这时孙绰第一个公开上疏反对,虽触桓温之怒
而不顾。撰《晋书》的史臣也不禁称赞孙绰"献直论辞,都不慑元子,有
匡躬之节,岂徒文雅而已哉"①。所以孙绰也许未必是陶渊明的"偶
像",但应该仍在某些方面获其欣赏。陶渊明辞州祭酒、彭泽令,屡经
征辟而不应,傲对檀道济,风骨最为人称道,不知道他倚寒柯而远望,抚
孤松以盘桓时,怀古所念的,是否也有同样爱松的孙兴公呢?

至于"理感赏心",孙绰曾称赞庾亮"雅好所托,常在尘垢之外;虽
柔心应世,蠖屈其迹,而方寸湛然,固以玄对山水"②,"玄对山水"一
语,可以作晋人文学以及晋以后山水、田园诗的宗旨看。他在《天台山
赋》中又说:"恣语乐以终日,等寂默于不言。浑万象以冥观,兀同体于
自然。"③通过虚静忘我的方式消除主客对待,将客观的自然内化为审
美对象,为后人的自然审美开辟道路,这已是今人的共识。孙绰置身此
潮流中,而能总结成辞,表而出之,无愧宗师。陶渊明后来采菊望远,悟
真忘言,其中玄心,无异前辈。

陶渊明的创作远远超越了玄言诗,但却不妨生于玄言诗的风气中。
他东园种松,同于孙绰,所作《和郭主簿》其二、《己酉岁九月九日》,其
风调也近于《秋日诗》,草蛇灰线,隐隐可见承传之迹。

除了孙绰,张湛对陶渊明的影响也是可以考知的。张湛传名后世,
主要依靠他整理注释的八卷《列子》。他自述,祖父张嶷携《列子》书南
渡,到江南仅剩三卷,在亲友家搜求补录,复得完整的八卷,张湛即据此
作注④。考《隋书·经籍志》,六朝人注《列子》的似只有张湛一家,那

① 《晋书》卷五十六,第 1545、1548 页。
② 《世说新语·容止》篇"庾太尉在武昌"条刘孝标注引。刘义庆撰,刘孝标注,杨勇校
笺《世说新语校笺》,第 562 页。
③ 孙绰《天台山赋》,《文选》卷十一,第 166 页。
④ 见张湛《列子序》,张湛注、杨伯峻集释《列子集释》附录,北京:中华书局,1979 年,
第 278—280 页。

么陶渊明能看到的《列子》应该就是张氏注本。朱自清曾据古直《陶靖节诗笺定本》统计"陶诗用事，《庄子》最多，共四十九次，《论语》第二，共三十七次，《列子》第三，共二十一次"，并感叹说"《列子》书向不及《庄子》煊赫，陶诗引《列子》竟有这么多条，尤为意料所不及"①。这足见《列子》对陶渊明的影响。以思想而言，陶渊明也颇有与张湛相合处。如牟钟鉴指出："在自然与名教的关系上，王弼主张名教以自然为本，郭象主张名教与自然合一，《列子》主张任自然而忘名教，张湛则主张任自然而顺名教。"②陶渊明主任运委化，源于玄学，而立身处世，又多儒者气象，他对儒学的态度，也许近于张湛。又张氏《列子·力命》篇题注云："命者，必然之期，素定之分也。虽此事未验，而此理已然。若以寿夭存于御养，穷达系于智力，此惑于天理也。"③不主养生，不主立善，这也正是陶渊明《形影神》组诗大旨。张、陶的契合，原非种松一端，而由种松之事，正可推见陶公对张湛的欣赏。

　　渊明好松，洪迈先已言之："渊明诗文率皆纪实，虽寓兴花竹间亦然。《归去来辞》云：'景翳翳以将入，抚孤松而盘旋。'其《饮酒》诗二十首中一篇云：'青松在东园，众草没其姿。凝霜殄异类，卓然见高枝。连林人不觉，独树众乃奇。'所谓孤松者是已，此意盖以自况也。"④又元吴师道《吴礼部诗话》亦云："陶公《归去来辞》：'三径就荒，松菊犹存。'下复云：'景翳翳以将入，抚孤松而盘桓。'系松于径荒景翳之下，其意可知矣。又好言孤松，如'冬岭秀孤松'，如'青松在东园，众草没其姿'，下云'连林人不见，独树众乃奇'，皆以自况也。人但知陶翁爱

---

① 朱自清《陶诗的深度》，《朱自清全集》卷三，南京：江苏教育出版社，1998 年，第 6 页。
② 牟钟鉴《对〈列子〉的再考辨与再评价》，《文史哲》，1986 年第 5 期，第 51—52 页。
③ 《列子集释》，第 192 页。
④ 洪迈撰，孔凡礼点校《容斋随笔》三笔卷十二，北京：中华书局，2005 年，第 568—569 页。

菊而已,不知此也。"①然陶渊明效仿孙绰、张湛,东园种松,其事风流,又非仅好之而已,当补入陶渊明传中,并收入《世说新语》,惜乎当时人失载,便让陶公韵事,沉埋千载。明乎此,则《饮酒》其八之意味,在高洁之外,又多出一种洒脱兀傲。

三　结语

陶渊明与嵇康、孙绰、张湛的关系,是过去学者较少注意的。实则论陶渊明与魏晋玄学的关系,不但可以论其大体,也可以具体落实到他的文化偶像及其具体影响。过去学者较多关注到阮籍和陶渊明的外祖父孟嘉。阮籍的影响,《咏怀诗》的创作模式大于玄学,孟嘉的风度影响及于陶渊明也显然可见,但陶渊明如何看待其他更有代表性的玄学人物? 又是如何受到他们的影响呢? 他的魏晋风度是如何与前辈勾连的呢? 这里试图在这方面作些解答。可以看到,嵇康的风度、人格与政治态度对陶渊明具有较大影响,思想上则未必。恐怕还是郭象一系的玄学家对陶渊明思想影响大些,爱好松树,也许可以视为这种影响外显吧。

此外,柳与松的文化史、文学史中,陶渊明有其独特的地位与贡献。五柳意象的凝固源自陶渊明,前文已述及。而陶渊明对松的贡献恐怕更大于柳。本来在庭院中种松是不吉利的,后世却成为风雅的象征,风气转移、潮流形成,不能说没有陶渊明的贡献。杜甫《凭韦少府班觅松树子栽》:"落落出群非榉柳,青青不朽岂杨梅。欲存老盖千年意,为觅霜根数寸栽。"《寄题草堂》云:"尚念四小松,蔓草易拘缠。霜骨不甚长,永为邻里怜。"又一篇云:"四松初移时,大抵三尺强。别来忽三载,离离如人长。"正以种松见一己之怀抱。后来白居易也好写庭园中松树。白诗《松斋自题》"况此松斋下,一琴数帙书",《松声》"月好好独

---

①　吴师道《吴礼部诗话》,清《知不足斋丛书》本,叶三十四 A。

坐，双松在前轩"，《春葺新居》"栽松满后院，种柳荫前墀"，《栽松》"小松未盈尺，心爱手自移"等等，可谓开卷盈目。又钱易《南部新书》载晚唐"郑少师薰于里第植小松七本，自号'七松处士'，异代可对五柳先生"①。种松既诗法渊明，以七松对五柳，尤见风流②。总之，陶渊明之于松，不但贡献典故而已，也实际影响了后代园林的发展，这也是值得后人感念的。

---

① 　钱易撰，黄寿成校点《南部新书》戊集，北京：中华书局，2002年，第65页。
② 　郑州大学贺伟先生见告，陶弘景"特爱松风，庭院皆植松，每闻其响，欣然为乐"（《南史·陶弘景传》），对后世影响极大，杜甫、白居易恐怕受陶弘景的影更为直接。按：从孙绰、张湛、陶渊明、陶弘景，再到后世松树真正从山中、墓前走向文人庭院，有一个矫俗之举衍为风气的过程。风气转移，需要先导者，需要影响力特甚者，而终究是审美与文化心理整体变迁有以致之。

下编

陶渊明的文学风貌

第五章　弦上之音：主题与风格

第一节　疏世之隐与"边境"文学

真正称得上伟大的诗人，不被任何既有理论束缚，他和他的作品本身就是一种独特的理论。这样的诗人往往不存在于同时人熟悉的令人感到安全的美学品格和历史经验之中，他挑战人们的品味、规范和经验。他是一个闭合的独立世界，又向历史恒久敞开。陶渊明就是这样的诗人。在考证了他的生平与诗文若干问题，在重新检讨他的人生行思之后，本编希望讨论陶渊明的文学。

任何一个文学家，他选择的生存形态必然最深切地影响其文学形态。陶渊明归隐以终生，更被尊为"古今隐逸诗人之宗"，但是在中国历史上，隐逸的类型多种多样，隐士的人生也各个不同，陶渊明的隐逸究属何种类型，与其他隐士异同何在，自身特点如何；他的这种隐逸形态又如何影响其文学创作，这些都是尚待深入探讨的问题，而迄今尚未见系统深入的探讨。本节即拟从隐逸形态入手，先分疏隐逸类型，再在这一脉络中重新审视陶渊明的生存状态及此种状态对其心态及文学创作的影响。

一　隐逸五型

陶渊明在身前、后世和史传中，首先是以隐者的身份被认知与接受的，所以学者论陶，无不涉及其隐，又多结合隐逸传统以论之，这是题中应有之义①。如更进一步，当在辨析隐逸的意涵与类型之后，思考陶渊明式的隐逸与此前种种隐逸异同何在，其特色如何，对其文学又产生何种影响。

对早期隐逸的严肃研究，大概以王瑶在20世纪40年代撰写的《论希企隐逸之风》一文为发端（收入《中古文学史论》），此后渐渐受到学者关注②。在探源了中国隐逸思想发端于孔子、庄子之后，一种常见的

①　比较有代表性的如李文初《论陶渊明之隐》，氏著《陶渊明论略》，广州：广东人民出版社，1986年，第22—51页。卫绍生《陶渊明与六朝文人隐逸之风》，《中州学刊》，1990年第3期。李华《隐居风气与陶渊明的隐居》，氏著《陶渊明新论》，北京：北京师范学院出版社，1992年，第199—218页。邓安生《从隐逸文化解读陶渊明》，《天津师范大学学报》（社会科学版），2001年第1期。张泉《论陶渊明的隐逸及隐逸生活》，《理论学刊》，2002年第3期。卞东波《六朝"高士"类杂传考论》，《古典文献研究》第21辑上卷，2004年。吴怀东《论陶渊明隐逸思想之继承与创新》，《古籍研究》2006年卷下。蒋寅《陶渊明隐逸的精神史意义》，《求是学刊》，2009年第5期。杨清之《唐前隐逸文学研究》，北京：中央民族大学出版社，2011年。
②　近期有代表性的研究如高敏《我国古代的隐士及其社会作用》，《社会科学战线》，1994年第2期。王仁祥《先秦两汉的隐逸》，台北：台湾大学出版中心，1995年。冷成金《隐士与解脱》，北京：作家出版社，1997年。肖玉峰《先秦隐逸思想及先秦两汉隐逸文学研究》，四川大学博士论文，2006年。〔澳〕文青云著，徐克谦译《岩穴之士：中国早期隐逸传统》，济南：山东画报出版社，2009年。胡翼鹏《中国隐士：身份建构与社会影响》，北京：社会科学文献出版社，2011年。徐冲《中古时代的历史书写与皇帝权力起源》第四单元，上海：上海古籍出版社，2012年。谭慧存《秦汉士人隐逸思想研究》，河南大学博士论文，2012年。又同题正式出版物，成都：四川大学出版社，2015年。蒋波《秦汉隐逸问题研究》，湘潭：湘潭大学出版社，2014年。郭娜娜《魏晋南北朝隐逸现象及相关问题研究》，南开大学博士论文，2014年。其中文青云的著作对史料做了细致的梳理与富有逻辑的分析，在此基础上定义隐逸，总结其思想渊源、内涵、表现与发展，所论最深入细致，也最令人信服，代表了迄今为止本研究的最高水平。而徐冲关于中古隐逸的研究则专门集中在隐逸行为内化到皇权结构中的发展历程，也极精彩。

思路是将隐逸的类型区分为儒家之隐、道家之隐①。但正如文青云观察到的，真正教条地依据某种固定的学说立场而隐居的士人其实极少，"在许多事例中，儒家的因素占主导地位，但通常情况下，说'儒家隐士'并不比说'道家隐士''阴阳家隐士''农家隐士'甚至'佛家隐士'更有道理。所有这些思潮混杂在一起，试图将一个士人的理想和动机简化为只是效忠于某个特定哲学流派的一般化概括应当避免"②。也就是说，虽然儒教、道家，以及道教、佛教都提供了各自的隐逸理据，但隐逸往往有复杂的思想动机与现实触因，很少有"单色"隐士，仅仅从学说理论的角度来区分隐逸的类型，恐怕是过于简单化了。至于其他的分类方式，如范晔在《后汉书·逸民列传》中所区分的"或隐居以求其志，或回避以全其道，或静己以镇其躁，或去危以图其安，或垢俗以动其概，或疵物以激其清"③，只是说明隐者有哪些主观意图，并不等于一个隐者只有一种意图，所以也不宜采用为分类方式。再如常见的野隐（小隐）、市隐（中隐）、朝隐（大隐）的区分，仅仅以身之所处为区分，那所有市中人和朝中人都可用"市隐""朝隐"相标榜，则天下无人不隐矣。还有一些分类采用了多种标准，含混不清，更不可取。

文青云认为，隐逸意味着在心理上对人世名利标准的拒绝，在行为上对社会、对政治、对国家逃避，而在思想上则是追求哲学或者道德意义上更高的目标④。与西方的隐者多出于宗教的目的而选择彻底离群

---

① 肖玉峰采取了直接分为儒家之隐与道家之隐的思路，很有典型性。另如霍建波又加上了佛禅之隐，分为三类，在早期其实还是儒道二种。见霍建波《宋前隐逸诗研究》，北京：人民出版社，2006 年，第 80 页。而冷成金则认为先秦存在儒家的"道隐"和庄子的"心隐"，"汉代是中国隐逸文化传成的时代，由于稳固的封建统帝国的建立，孔子的仕隐思想和庄子的不合作的思想得到了融合，开启了中国隐逸文化传统的两个基本脉朝隐和林泉之隐"。《隐士与解脱》，第 62 页。
② 〔澳〕文青云《岩穴之士：中国早期隐逸传统》，第 171 页。
③ 范晔《后汉书》卷八三《逸民列传》，北京：中华书局，1965 年，第十册，第 2755 页。
④ 〔澳〕文青云《岩穴之士：中国早期隐逸传统》，第 3 页。

索居相比,在中国,"隐逸的核心问题是个人与国家社会的关系问题,即社会的期待和义务如何与个人的信念和意见协调的问题"①。这提示我们,如果要对隐逸的类型做出区分,最好是从如何处理个人与人世关系的角度加以思考。这一角度能同时包括心理、思想和行为三者,而避免从思想渊源、主观意图或者隐居场所中单取其一的不周备性。

若由个人与人世关系的角度加以思考而区分隐逸,大致可以分为避世之隐、待世之隐、顺世之隐、玩世之隐与疏世之隐五型。

有一种隐士,对人世持完全拒绝的态度,不管是出于"刻意尚行,离世异俗,高论怨诽,为亢而已矣"的"山谷之士,非世之人"也好,还是"就薮泽,处间旷,钓鱼间处,无为而已矣"的"江海之士,避世之人"也好②,他们遁迹山林,离群索居,基本断绝与人世的联系,既要隐其身,更要隐其名,所以这类隐士往往如司马迁所云"名湮灭而不称"(《史记·伯夷列传》)。机缘巧合而为人所知者,长沮、桀溺不知姓氏,荷蓧丈人不知姓名,而东汉韩康一旦发现自己名播妇孺,就立即逃入深山,再不露面了。这类隐逸,因为桀溺自称"辟世之士",陆贾也说这样的人"忽忽若狂痴,推之不往,引之不来,当世不蒙其功,后代不见其才,君倾而不扶,国危而不持,寂寞而无邻,寥廓而独寐,可谓避世,而非怀道者也"③,不妨概称为避世之隐。

第二类隐士,他们秉持的是孔子"天下有道则见,无道则隐"(《论语·泰伯》)、"用之则行,舍之则藏"(《论语·述而》)和孟子"穷则独善其身,达则兼善天下"(《孟子·尽心上》)的信念,隐居不过是不得已时"固穷"的一种方式。荀子尝传述孔子之言曰:"君子之学,非为通也;为穷而不困,忧而意不衰也,知祸福终始而心不惑也。夫贤不肖者,材也;为

---

① 〔澳〕文青云《岩穴之士:中国早期隐逸传统》,第10页。

② 《庄子》外篇《刻意》,郭象注,成玄英疏,曹础基、黄兰发点校《南华真经注疏》,北京:中华书局,1998年,第313—314页。

③ 陆贾撰,王利器校注《新语校注》卷上《慎微》篇,北京:中华书局,1986年,第96页。

不为者，人也；遇不遇者，时也；死生者，命也。今有其人不遇其时，虽贤，其能行乎？苟遇其时，何难之有？故君子博学、深谋、修身、端行以俟其时。"①显然，按照儒家固穷的思路，隐居之时也应当培植自己，以等待行道的时机。故钱穆发明斯旨云："隐居亦即所以行义，行义亦可出于隐居。求志与达道，二者亦一以贯之矣。若果以隐居与行义，求志于达道，必分作两事，谓于行义之外，别有隐居之安，达道之外，别有求志之业，此则不明夫孔门之所言隐矣。"②这一类隐逸者拒绝现在的人世，而期待未来的人世，改造人世是他们的理想，隐与仕的区别只是时机的差别。如果说避世之隐是彻底的消极虚无，那么此种隐逸并不虚无，相反，对人世其实抱持一种积极乐观的态度，相信"无往不复，无陂不平"的天道循环论，可以称之为待世之隐。

待世之隐拒绝现实，但对未来人世并未丧失信心，故显得"积极"；而另有一种"积极"的隐逸，其积极性则表现为与现实的调和，对人世的接受，隐逸对这类隐者而言，主要是展现自己高尚德行的方式，甚至是获致名利的方式。这后一种隐逸，不妨称之为顺世之隐。顺世之隐，其思想渊源与行为方式，固然随时代变化而变化，但在顺世之则、遂世之尚这一点上则无二致。在两汉时代，随着朝廷对儒学的肯定，对表现高尚品格的隐逸的认同，以及与此相关的察举征辟制度的实行，使得很多士人以隐逸为高，但这是"一种寻求名声的隐逸，而不是庄子所倡导的那种逃避名声的隐逸。它是坚定而有选择地建立在儒家教义的基础上的"③。这类人物，上焉者为郭泰，下焉者便滔滔皆是也。其目的大要有三，一是追求德性与高名，二是为世立范，影响世风，三则是以之为

---

① 王先谦撰，沈啸寰、王星贤点校《荀子集解·宥坐》，北京：中华书局，2013 年第 2 版，第 621 页。
② 钱穆《论春秋时代人之道德精神（下）》，钱穆《中国学术思想史论丛（一）》，合肥：安徽教育出版社，2004 年，第 214 页。
③ 〔澳〕文青云《岩穴之士：中国早期隐逸传统》，第 105 页。

进身之阶、出仕之途①。自魏晋以下，风气渐变。其一是皇权政治更加有意识地将隐逸内化到皇权结构之中，从曹魏建国开始，各王朝无不采用征聘隐士的方式"来宣示新王权的正当性所在以凝系人心"②。其二是魏晋玄学取代儒学，成为时代思潮。以此，隐逸行为更受推崇，士族子弟隐以养望成为最常见的现象③。殷浩庐墓而隐，时人至谓"渊源不起，当如苍生何"（《世说新语·识鉴》）。谢安东山之隐，同样为他积累了足够的名气与资本。可知玄学之隐虽以老庄之说为根基，但在追求世俗名利上，却仍然与前汉相同，故其精神本质与老庄佛道大异其趣。汉魏六朝之间的思潮虽然有儒、玄之别，但朝廷、社会推尚隐逸的风气却是不断强化的，其间虽然有真隐之士，但更多人却是隐以求名、隐以求仕的，这点则无汉、六朝之别。

　　吉川忠夫曾经指出，"伴随着作为稳定体制的门阀贵族社会的确立，出现了与以往极为不同形态的逸民。如果先讲出结论的话，那就是不避世的逸民和不艰苦的隐逸。在他们的立场上，并不是避世不避世的问题，而是要问将心情置于何种境地的问题"④。按：这里所谓"将心情置于何种境地"的理据实际即向秀、郭象以尽性即为逍遥的理论。

---

① 关于两汉政治、世风与隐逸的关系，可以参看〔澳〕文青云《岩穴之士：中国早期隐逸传统》，第 100—108、135—140、157—163 页。徐冲《中古时代的历史书写与皇帝权力起源》，第 173—210 页。蒋波《秦汉隐逸问题研究》，第 49—78、183—195、207—216 页。

② 徐冲《中古时代的历史书写与皇帝权力起源》，第 250 页。

③ 可参见王瑶《中古文学史论·论希企隐逸之风》，《王瑶文集》第 1 卷，太原：北岳文艺出版社，1995 年，第 222—231 页。黄伟伦《六朝隐逸文化的新转向——一个"隐逸自觉论"的提出》，《成大中文学报》第 19 期，2007 年 12 月。郭娜娜《魏晋南北朝隐逸现象及相关问题研究》，第 65—71 页。黄文、郭文皆详细地讨论了玄学理论与隐逸行为的内在联系，黄文结论是六朝形成一种"隐逸的自觉"的思想，突破此前的为仕而隐，形成为隐而隐的现象。按：黄氏此说主要从思想理论的角度立论，其论自可成立。但理论上为隐而隐的成立并不能否认六朝多数的隐逸仍是为名利而隐、为仕而隐的事实。

④ 〔日〕吉川忠夫著，王启发译《六朝精神史研究》，南京：江苏人民出版社，2012 年，第 19 页。

故晋人邓粲倡言："夫隐之为道，朝亦可隐，市亦可隐。隐初在我，不在于物。"①朝隐、市隐说的提出，其实是顺世之隐在六朝发展变异之结果，虽为流裔，但自六朝以来，影响于文人之中特盛，可谓别宗②。这里想借用东方朔戒子之言"饱食安步，以仕代农。依隐玩世，诡时不逢"（《汉书·东方朔传》）之语，称之为玩世之隐。所谓"玩世"，主要取其逍遥游玩之意。持此心态者，于世无依无违，亦依亦违，自以为心冥于内，故可以应世无累，在在皆能纵其玄心；而究其实质，不过是"既希望得到物欲与情欲的极大满足，又希望得到风流潇洒的精神享受"③，故寻一理论，以为其耽于世间享乐作自释而已④。严格意义上，玩世之隐已经不是隐了，而是打着心隐旗号的世俗人生而已。

　　从个体与人世关系的角度还可以区分出第五种隐逸类型。这类隐士对人世疏离淡漠，并不抱有什么期望，故无待时致用之思，但也并不离群索居，仍对人世持一种最低限度接受，甚至不失欣悦喜爱的态度；他们不隐其身，也不藏其名，但绝不求致其身，也不求扬其名；他们或隐于农，或隐于卜，或隐于佣，自于人世之中有一谋生之道可以安顿自己与家人。譬如於陵仲子、梁鸿，都是先隐于农，再逃而佣于人；如庄遵（即严君平），"卜筮于成都市，（中略）裁日阅数人，得百钱足自养，则闭肆下帘而授《老子》。博览亡不通，依老子、严周之指著书十余万言"⑤。此外如王霸、庞德公等等，都可以视为这种类型的隐者。陶渊

①　《晋书》卷八二《邓粲传》，北京：中华书局，1974 年，第七册，第 2151 页。
②　相关研究可参见王瑶《中古文学史论·论希企隐逸之风》，第 231—236 页。孙立群、马亮宽《士人与社会·秦汉魏晋南北朝卷》，天津：天津人民出版社，1992 年，第395—399 页。吉川忠夫《六朝精神史》，第 20—21 页。
③　罗宗强《玄学与魏晋士人心态》，天津：天津教育出版社，2005 年，第 196 页。
④　玩世之隐的理论虽然成型于魏晋以后，但其行为方式在汉代即已显然可见，其代表即东方朔等人。可参见〔澳〕文青云《岩穴之士：中国早期隐逸传统》，第 189—207 页。
⑤　《汉书》卷七二《王贡两龚鲍传》，北京：中华书局，1962 年，第十册，第 3056 页。

明之隐,也属于此类,故不妨借用其《和刘柴桑》"栖栖世中事,岁月共相疏"之句,名之曰疏世之隐,以形容其疏离淡漠而若即若离之貌。疏世之隐,较之避世者,疏离但不决绝;较之待世者,有退而不思进,自守而不求用;较之顺世者、玩世者,有真无伪,但求自适而绝去荣利之心、谐俗之想。总而言之,疏世之隐洁己修德则近于儒,隐身藏名则近于道,而安住世间,不出不进,则又非儒非道,适在两造之间,可谓隐之中庸者也。

二　陶渊明的疏世之隐与"边境"意识

陶渊明的隐逸属于疏世之隐,既可以由其一生行迹验证之,也可以在其作品自述中找到证明。

《归去来兮辞》如是宣示:"富贵非吾愿,帝乡不可期。"世间名利场与世外白云乡,诗人都不愿托身其中,他所归去的田园,正在人间与仙境之外,也可以说在两造之间。《归去来兮辞》主旨是远离人世,而《和刘柴桑》一诗,则拒绝了山林与宗教的诱惑。诗歌开门见山回答友人:"山泽久见招,胡事乃踌躇?直为亲旧故,未忍言索居。"这位做过柴桑令的刘程之此刻隐居庐山,皈依高僧慧远门下,敬礼诸佛①。"山泽久

---

① 唐释元康《肇论疏》卷二:"刘程之,字仲思,彭城人,汉楚元王裔也。承积庆之重粹,体方外之虚心,百家渊谈,靡不游目,精研佛理,以期尽妙。陈郡殷仲文、谯国桓玄诸有心之士莫不崇拭。禄寻阳柴桑,以为入山之资。未旋几时,桓玄东下,格称永始。逆谋始,刘便命挈考室林薮。义熙,公侯咸辟命,皆逊辞以免。九年,大尉刘公知其野志冲邈,乃以高尚人望相礼,遂放其心。居山十有二年,卒。有说云:入山已后,自谓是国家遗弃之民,故改名遗民也。"释元康《肇论疏》,《大正新修大藏经》第45卷,东京:大正新修大藏经刊行会,1982年,第181页。又陈舜俞《庐山记》卷三:"刘程之,字仲思,彭城聚里人,汉楚元王之苗裔也。历晋世,至卿相。程之少孤,事母,州闾称孝。坟典百家,靡不周览,尤好佛理。陈郡殷仲堪、桓玄等诸贤莫不崇仰。解褐府参军。程之既慕远公名德,欲白首同社,乃禄寻阳柴桑,以为入山之资。岁满弃去,结庐西林,蔽以榛莽。义熙间,公侯复辟之,皆不应。后易名遗民。远公社贤,推为上客。(中略)凡居山十有二年,(中略)即义熙六年庚戌终,春秋五十七。"日本内阁文库藏宋绍兴刻本,叶十A—十B。

见招"自是招邀陶渊明弃世礼佛，而诗人以不能弃绝亲旧的理由拒绝了。宗教人物，陶渊明乐于亲近，但对佛教的彼岸世界、道教的神仙世界，他并无兴趣。人生的意义不当超出生活之外，那种隔绝世间之情，只在冥思与祈祷中度过的人生，对诗人而言，无法想象。他自言"良辰入奇怀"，有奇怀即不枯寂，故他可访友庐山，却不能参禅东林，可行止相接，却不能举身而入，正以此也。诗歌后面又说："栖栖世中事，岁月共相疏。"世事如同岁月，皆与我相疏远。诗人再次宣告了同时与山林、人世两个世界的疏离，他愿意停留在两个世界的交界地带，一片专属于他的世界。清人蒋薰评此诗云："虽寄世中，却游人外。"①他已体会到此意。

此外，陶渊明也再无用世之想。檀道济劝他："贤者处世，天下无道则隐，有道则至。今子生文明之世，奈何自苦如此？"他回答说："潜也何敢望贤，志不及也！"②

而在诗文自述之中，陶渊明固然常以"固穷"自励，但却不再有待世用世之想，他反复说的是"穷通靡忧虑，憔悴由化迁"（《岁暮和张常侍》），"长公曾一仕，壮节忽失时。杜门不复出，终身与世辞。仲理归大泽，高风始在兹。一往便当已，何为复狐疑？去去当奚道，世俗久相欺。摆落悠悠谈，请从余所之"（《饮酒》其十二），"量力守故辙，岂不饥与寒"（《咏贫士》其一），"介焉安其业，所乐非穷通"（《咏贫士》其六）③等等。

由此，我们看到陶渊明与其他疏世隐者最大的不同，即在于他富于文学的天趣与表达的欲望，善于将安身之方述之于文学，传之于后世，所以成为疏世隐者，甚至所有隐者的代表。

---

① 蒋薰《陶渊明诗集》卷二，转引自《陶渊明资料汇编》下册，北京：中华书局，1962 年，第 88 页。

② 萧统《陶渊明传》，袁行霈《陶渊明集笺注》附录，北京：中华书局，2003 年，第 611 页。

③ 《陶渊明集笺注》，第 167、263—264、364、375 页。

　　如果进一步追问，陶渊明何以选择疏世隐逸这种类型的人生呢？考察其作品，可以发现他表达了至少三个层次的心理与现实需求：疏离、接受与安顿。正是这三个层次需求造成一种疏而不绝、爱而不谐之隐。与这种隐逸形态共生的，是一种独特而自觉的隐逸意识，这种隐逸意识可以被概括为"边境"意识。

　　首先疏离的意识与需求。所谓疏离，既是对污浊人世的隔离，是保持属己的世界与属人的世界之间的距离，同时也是对尘世欲望的远离。"寝迹衡门下，邈与世相绝。顾盼莫谁知，荆扉昼常闭"（《癸卯岁十二月中作与从弟敬远》）①，这种与世隔绝的姿态，在陶集中开卷即是，可无烦详引。究其实，人世是欲望的场域，离俗根本还是为了去欲。"心远地自偏"，"远我遗世情"（《饮酒》其五、其七），"世与我而相遗"（《归去来兮辞》）②，心远而世情乃远，乃所以能"入俗而超俗"③。

　　居住人境却又能远离人世，需要依靠随时的省思来形成心理边界。这种省思包括自我认知与道德自省两个方面。清晰的自我认知是形成人我界限的有效手段，本书第四章第一节已有详论。而在人生取舍上能有为有弗为，则主要依靠道德自省来完成。"结发念善事，僶俛六九年"（《怨诗楚调示庞主簿邓治中》）④，即是对这种孜孜内省的人生最好的写照。德性上的自觉自省是儒家思想的基本要求⑤，陶渊明当是受此影响。明人安磐谓"汉魏以来，知遵孔子而有志圣贤之学者，渊明也"⑥，

---

①　《陶渊明集笺注》，第 206 页。

②　同上注，第 247、252、461 页。

③　王叔岷《陶渊明诗笺证稿》，北京：中华书局，2007 年，第 290 页。又可参杨钟基《陶诗"心远"义探微——兼论陶潜之隐逸思想》，《中国文化研究所学报》第 20 卷，1989 年。

④　《陶渊明集笺注》，第 108 页。

⑤　可参见徐复观《释〈论语〉的"仁"》，徐复观《中国思想史论集续编》，上海：上海书店出版社，2004 年，第 237—241 页。〔德〕罗哲海著，陈咏明、瞿德瑜译《轴心时期的儒家伦理》，郑州：大象出版社，2009 年，第 194—206 页。

⑥　安磐《颐山诗话》，陈广宏、侯荣川编校《明人诗话要籍汇编》，上海：复旦大学出版社，2017 年，第一册，第 323 页。

当由此理解之。

其次是接受。如果只是单纯疏离、拒绝人世，容易愤世嫉俗而偏激极端，要形成平和广大的心境，还需要一个接受世界的心理过程。这一心理过程，可以在陶渊明的行役诗中一窥究竟。早期的行役诗中，山川基本是一种外在于己的、充满障碍的形象。如"我行岂不遥，登陟千里余。目倦川途异，心念山泽居"（《始作镇军参军经曲阿》），"山川一何旷，巽坎难与期。崩浪聒天响，长风无息时"（《庚子岁五月中从都还阻风于规林》其二），"萧条隔天涯，惆怅念常飡"，"驱役无停息，轩裳逝东崖。沉阴拟薰麝，寒气激我怀"（《杂诗》其九、其十）等等①。这些动荡的意象显然反映出诗人内心的动荡。大概"猛志逸四海"与"以心为形役"两种想法交织在胸，对风景的描述才如此不安。而到了最后一首行役作品《乙巳岁三月为建军参军使都经钱溪》中，诗人与山川和解了："我不践斯境，岁月好已积。晨夕看山川，事事悉如昔。微雨洗高林，清飙矫云翮。眷彼品物存，义风都未隔。"②行旅途中的风云草木非但不再险恶凄凉，反而生机勃勃、让人难以为怀，自然已经与内心彼此融摄。"眷彼"二句写出了诗人所感，乃在天地无私，风云舒卷而草木生长的景象。天地万物的元气淋漓、自在自为已为诗人所吐纳，那诗人的自由自然便也呼之欲出。诗歌让人感到，陶渊明最后归隐的时刻指日可待。因为他与外在的世界和解，物与我不再是那么对立的存在。当人生境界达到这个层次时，外在的官爵、俸禄再不可能真正束缚他了。心灵获得自由，必将导致行动的自由；心灵得到解放，与世界的关系才能由对立走向和解。所以陶渊明永归田园不可能在此之前，而只能是在这年年底，这绝非偶然。

需要补充说明的是，接受不等于认同，与自然世界和解不等于认可

---

① 《陶渊明集笺注》，第 180、191、356、358 页。按："沉阴"二句《笺注》据异文校改底本，无据，此处用底本原文。

② 同上注，第 210 页。

社会与政治的世界。陶渊明只是接受了世界的"本来面目",即世界就是善恶并存的,恶与苦难的存在是无法逃避的。面对善恶美丑皆坦然,对他人多宽容,但对丑恶之行绝不认同与随从,这才是陶渊明的接受。所以我们看他自述云:"田家岂不苦,弗获辞此难。"(《庚戌岁九月中于西田获早稻》)"寒暑有代谢,人道每如兹。达人解其会,逝将不复疑。"(《饮酒二十首》其一)"苍旻遐缅,人事无已。有感有味,畴测其理。"(《感士不遇赋》)苦难与丑恶无往不在,"畴测其理"呢? 陶渊明的态度是不"辞此难",是"不复疑",便是这种接受态度的真实写照。

接受之后,对人世就不会全然只是拒绝,而是保持一种有限度的交通。"野外罕人事,穷巷寡轮鞅"(《归园田居》其二),"穷巷隔深辙,颇回故人车"(《读山海经》其一)[1],他对自己居所的描述就像是在描述关隘一般,对一般富贵中人持一副不欢迎面孔,这是准入控制。但对亲友来往,他其实是欢迎的,不过原则是有来无往。有来,是好客之意;无往,则是不踏足红尘之志。试看《移居》二首,写搬到柴桑近郭的南村,与友人诗酒之乐,何尝有芥蒂存其胸间。又《答庞参军》四言、五言各一首,写得何其温厚多情,称庞参军为"良友",写二人之欢游畅饮,皆动人,但诗歌也再三说"岂无他好? 乐是幽居","我实幽居士,无复东西缘"[2],便是守志不出之意。再如《与殷晋安别》,殷氏将赴任热官,与陶渊明已是薰莸不同器,但临别仍谆谆告以"脱有经过便,念来存故人",则又不自高崖岸,而示人以门户。其器宇深广,于此等处最可觇之。

最后是安顿[3]。对陶渊明而言,隐居的起点与终点都是寻一处独

---

① 《陶渊明集笺注》,第 83、393 页。

② 同上注,第 26、115 页。

③ 安顿身心,是学者讨论较多的话题。如朱光潜称陶渊明有"深广的同情","他把自己的胸襟气韵贯注于外物,使外物的生命更活跃,情趣更丰富;同时也吸收外物的生命与情趣来扩大自己的胸襟气韵"。朱光潜《诗论》,北京:中华书局,2012 年,第 248 页。戴建业概括为"不失此生"。戴建业《澄明之境:陶渊明新论》,(转下页)

属于自己的天地,安顿一己之身心。首先要在人我之间,在世界与自己之间,具有明确的界限意识,然后才可能守住自己的一亩三分地。"白日掩荆扉,虚室绝尘想"(《归园田居》),"荆扉昼常闭"(《癸卯岁十二月中作与从弟敬远》),"门虽设而常关"(《归去来兮辞》)①,这些关门的动作实有极强的象征意味和暗示性。它们和"野外罕人事""无车马喧""寡轮鞅"这些表达一起,组成明显的边界,将纷浊喧嚣阻挡在外,一个独立稳定、平和安宁的内在世界才成为可能,一己之身心才能有所安放。有此想,躬耕的意义才超出于一般农人之上,而真正在物理世界中创造独属于自己的天地②。其次,这个独立稳定的属己世界,也存在于心理的

(接上页)武汉:华中师范大学出版社,1998 年,第 120—159 页。徐公持以为"他在'园林'中实现了主观精神与客观世界之充分平衡契合"。徐公持《魏晋文学史》,北京:人民文学出版社,1999 年,第 583 页。孙静强调陶渊明的田园生活既是现实,也是一种理想意境,他在其中更重视精神的自足。孙静《陶渊明的心灵世界与艺术天地》,郑州:大象出版社,2009 年,第 61—70 页。蔡瑜则概括出陶诗中的"吾庐意识"。蔡瑜《陶渊明的人境诗学》,台北:联经出版事业股份有限公司,2012 年,第 70—77 页。这些见解,各有独到,皆能得陶公心事。19 世纪英国最杰出的散文家哈兹里特(William Hazlitt, 1778—1830)曾在其名文"On Living to One's-Self"中描述他理想中的孤独生活。文中有一节文字,可以看作对陶渊明在遗世独立的状态中安顿身心生活最精确而细腻的描述。下面引录这段文字,以省却解说之劳。原文稍长,为节省篇幅,这里以文言译出之:"余所谓独存于世者,在世之谓,非顺世之谓也。盖人固不吾知,吾亦不欲人知。默观世变则可,见窥于人则非。凡世中事,吾愿察其趣而忖之,不愿举吾身而预之。人生一世,独与精神,但存兴趣,静思之、远望之,悯彼之痛,哂彼之愚,感彼之情,然毋苦其苦,毋遇其目,毋入其梦。智者持心独立,窥世以管,彼纷纭者,曾何足以芥蒂吾胸哉。'彼闻其嚣,而自寂寥。'茸之不能,损之亦非所愿。宇宙万有,凡趣者皆得览之;可为之事,则无得任之,盖不欲人之瞩目也。徒劳哉! 其人望乎云而观乎星,察乎四时之行,览木叶之黄陨,赏春花之馥郁,闻啼莺而动色,坐炉火而聆风,或把卷,或高言,以消寒夜,或沉思乐事,不知光阴之移也。当此际也,纵心而往,安知有我。彼赏一家之文,则目无余子。遇名家之画,虽摹本,亦观之忘倦,而雅不欲开墨临之。吾彼非我,能于不能,非所劳心也。任事之才,知非己有,用世之具,尤非己志。(中略)彼其之人,近观乎身而远观天地之大,爱一己而知爱天下之人。自由兮如气之流,独立兮如风之行。"Hazlitt, William. (1869). *Table-Talk: Essays on Men and Manners*. Bell & Daldy. pp.122 - 123.

① 《陶渊明集笺注》,第 83、206、461 页。

② 上我"陶渊明研究"课的刘雨欣同学在作业中有一段话,我觉得说得很好,(转下页)

空间领地感和时间绵延感中。比如《停云》诗，主题是"思亲友"，如果说诗歌前两章写云浓雨厚，交通断绝，那后两章明明风物清朗，已是雨止之景，那"岂无他人，念子实多"的陶渊明何以不外出访之，而只是一味枯坐等待？苏轼《和陶〈饮酒〉》其三云："江左风流人，醉中亦求名。渊明独清真，谈笑得此生。"①已探得陶公心事。稍后辛稼轩《贺新郎》"甚矣吾衰矣"一词，将此意发挥得淋漓尽致。其词后半阕云："一尊搔首东窗里。想渊明、《停云》诗就，此时风味。江左沉酣求名者，岂识浊醪妙理。回首叫、云飞风起。不恨古人吾不见，恨古人、不见吾狂耳。知我者，二三子。"②郭绍虞谓："此数语正得渊明意趣。所谓'抱恨如何'，所谓'搔首延伫'者，均可于此春醪独抚之际，窥其上下今古独立苍茫之感。"③由此观之，《停云》所写，其实是陶渊明安身在自己的世界中，他不外求，不踏出这一天地，盖其外无法安放身心也。而这一世界中时间的延续性能造成生命的安定感，这一现象业由萧驰所揭出："陶诗正以大气流衍、草木往复荣凋体现田园世界的可持续性和渐进性。而且是以'委运''乘化'的态度，即天、人一体，身、心一体地在一气流动的'场域'去感知其所熟稔的土地。"④

综合疏离、接受与安顿三种需求，如果要寻觅一个词来概括陶渊明的隐逸意识，大概"边境"意识最为合适。

（接上页）摘录在这里："我想到加缪在《荒谬的墙》中所说：'伟大的情感有自己的一片天地。这个世界可能是卑微，也可能是辉煌的，凭借着一点激情，它把一方天地点亮了。在那里，它找到了适合的氛围。'在'举世少复真'的当下，陶渊明是需要一方天地来安放自己的伟大情感的，也就是'边境'。他以躬耕的方式，亲手开垦出这样一个属于自己的避难所。仿佛一个置身黑暗的人，他挥起锄头，每凿一下，便溅出一点光。"

① 袁行霈《陶渊明集笺注》附录，第 624 页。
② 辛弃疾撰，邓广铭笺注《稼轩词编年笺注（定本）》，上海：上海古籍出版社，2007 年第 2 版，第 535 页。
③ 郭绍虞《陶集考辨》，郭绍虞《照隅室古典文学论集》，上海：上海古籍出版社，2009 年第 2 版，第 283 页。
④ 萧驰《论陶渊明藉田园开创的诗歌新美典》，第 141 页。

何谓边境？边境不同于边界。边界是划分彼此的明确的界线，这种宣示国家主权的清晰边界是现代世界的产物。而边境是指靠近边界的一片区域，传统国家的分隔往往依靠的是荒凉少人烟的边陲地区，是沙漠、海洋、山脉、湿地、河流、森林等自然区域[1]。这类边境地区往往因传统国家无法有效管理而具有相当独立性，其中居民自中心视角视之，自是化外之民；而他们从自身立场看，则庶几称得上自做主人。陶渊明为代表的疏世之隐就是自放于此种"边境"之中的。他们既在人世之中，又远离人世，但又不向山林离群索居；同时，或耕于园田，或筮于卜肆，拥有独立的空间，与外人只保持一种有限度的交通。这不正像是居住在两不管的边境世界中的化外之民吗？也正是有一片真正独属自己的小天地，存身有所，扎根有地，心灵才能走出单纯拒绝的流浪状态而成长壮大，对世界的理解、和解才成为可能，对身心的安顿才成为可能。这就是"边境"生存的智慧。《饮酒》其五首云："结庐在人境，而无车马喧。"[2]即可视为对此"边境"图景的描绘。而且考究字义，这两句其实可有并存的两解。境的本字为竟，疆界之义。再引申为地域、区域，这是后起义项。陶渊明用"境"，二义皆可见。"有客常同止，取舍邈异境"（《饮酒》其十三）[3]，云二客取舍邈不相接，"异境"即异界不相接之义，用本义。"来此绝境，不复出焉"（《桃花源记》）[4]，"绝境"犹当时更习用之"绝域"，取引申义。而《乙巳岁三月为建威参军使都经钱

---

[1]　参见〔英〕安东尼·吉登斯（Giddens，A.）著，胡宗泽、赵力涛译《民族-国家与暴力》，北京：三联书店，1998年，第59—63页。吉登斯当然知道古罗马和中国在边境都有防御的城墙体系，但他指出："无论罗马还是中国，就'民族主义'这一术语的当代含义来说，其城墙均无法对应于'民族主权'的界线。相反，这些城墙是'内层'防御体系的向外延伸物。"实际两个帝国的边境依然是广大而模糊的边疆地区。引文在第62页。

[2]　《陶渊明集笺注》，第247页。

[3]　同上注，第266页。

[4]　同上注，第479页。

溪》:"我不践斯境,岁月好已积。"①钱溪为江边泊船处,"践斯境"作踏入其界解可,作踏上其土解亦可。"结庐在人境"同样可以两解。从引申义看,陶诗是说自己安身于人寰,但并没有车马喧嚣,没有贵者相与往来。如采用本义理解,则是自己安身在人世的边界,因而不复有车马的喧哗。但读者都知道陶渊明家在柴桑附郭的南村,并非边境,所以才有进一步的解释,这边境纯是地随心远之故而生成的。这样来看,用"边境"意识来概括陶渊明的隐逸意识,大概也算信而有征的。

三 陶渊明的"边境"文学书写

用"边境"来概括陶渊明的隐逸意识之后,当可以"边境"文学概称基于此种意识而展开的文学书写。蔡瑜以"人境"这一概念界定陶渊明的自然境界,并从空间、时间与心灵三个维度来讨论此一境界②。这里讨论"边境"文学书写,也不妨由这三个维度加以分析。

在空间上,陶渊明描写与人世、山林皆有区别的田园生活;在时间上,它是过去与未来之间的现在,是真实历史之外的避难所;从心理上说,边境是陶渊明拒绝欲望世界和安顿心灵的避难所。徜徉在这个边境之中,陶渊明不否认世俗、山林两造的统治权力,并保持了必要的交通,但同时他更是化外之民,是自己世界的国王。

(一)空间书写

从空间书写看,疏离与有限度交通都得到了充分表达。陶诗中反复言及对现实人世的疏离态度。除了前面提及的"寝迹衡门下,邈与世相绝。顾盼莫谁知,荆扉昼常闭","结庐在人境,而无车马喧","栖栖世中事,岁月共相疏","岂无他好? 乐是幽居","我实幽居士,无复东西缘","穷巷隔深辙,颇回故人车"之外,又如"暧暧远人村,依依墟

---

① 《陶渊明集笺注》,第210页。
② 蔡瑜《陶渊明的人境诗学》,第9—14页。

里烟"(《归园田居》其一)，"野外罕人事，穷巷寡轮鞅""虚室绝尘想"
(《归园田居》其二)，"闲居三十载，遂与尘事冥"(《辛丑岁七月赴假还江陵
夜行涂中》)，"泛此忘忧物，远我遗世情"(《饮酒》其七)等等①，无不流露
了这种疏离感。以上诗句的关键词，曰疏、曰远、曰野、曰邈，表示距离
的阔远；曰幽、曰冥，表现隐蔽昏暗貌；曰绝、曰隔，表达隔绝之意。诗人
与尘世，相隔悠远的道里，而且仿佛浓雾弥满，使曲折的细路更加幽暗
难寻，于是相隔并非无路相连，却又难以企及。诗人置身清澄之境，这
里外于人间，而又不失人情暖意，习惯晦暗的人不能找到那条通往清澄
之境的路，就像世人找不到桃花源一样。

　　而对有限度交通的书写，如前引《答庞参军》《与殷晋安别》等赠答
诗，皆造语温厚潇洒，而用意深隐倔强，不立崖岸而风骨自峻。不立崖
岸，便是示人以门户；风骨自峻，则又独立不挠。更有一类诗歌，看似自
说自话，可是细味之，却分明是在与亲友对话。《形影神三首》小序云：
"贵贱贤愚，莫不营营以惜生，斯甚惑焉。故极陈形影之苦，言神辨自
然以释之。好事君子，共取其心焉。"②可见三诗实是与"好事君子"之
论辩。又《饮酒》小序云："余闲居寡欢，兼比夜已长，偶有名酒，无夕不
饮。顾影独尽，忽焉复醉。既醉之后，辄题数句自娱。纸墨遂多，辞无
诠次，聊命故人书之，以为欢笑尔。"③既有传抄的故人，何不与之共饮？
既已独饮，何以特命故人书之？细读全部二十首诗，可知独饮乃自述超
世高节之意，命人书之，则是晓谕众人，毋饶舌劝仕，毋以俗说败兴。这
种幽微的书写方式，是典型的陶渊明式的与世之对话，也是他的有限度
交通。

（二）时间书写

　　再看这种"边境"文学书写在个体生命和人类历史两种时间结构

---

① 《陶渊明集笺注》，第 76、83、193、252 页。
② 同上注，第 59 页。
③ 同上注，第 235 页。

中的变奏①。陶渊明作品,尤其是晚年作品中,生命中的边境就是现在。常人对过去多怀念,在追忆时常常美化过去;而对未来则向往,总是在幻想中深怀期冀。陶渊明不同,他不自欺,深知过去多痛苦,未来无希望,焦灼于既往与将来,便是自寻烦恼,不复有自然可言,因此于过去不眷恋,于未来不渴望,只是安处现在。唯有当下行乐,遇物多欣,逢酒便饮,有饭则啖,这样的人生才能在虚无痛苦之上开出花朵。过往的痛苦,在《怨诗楚调示庞主簿邓治中》《岁暮和张常侍》《杂诗》其八、《自祭文》等等作品中皆有充分的表达。《自祭文》用《左传》"人生实难"一语,可尽概斯旨。而"死如之何",实是以死亡为人生的解脱②。除了死亡,别无解脱,则人生的无希望也可由此而知。所以《杂诗》其四云:"百年归丘垄,用此空名道。"其七云:"素标插人头,前途渐就窄。家为逆旅舍,我如当去客。去去欲何之? 南山有旧宅。"③人生的前途唯死亡相候,其中实有颓丧感、空幻感。

理解陶诗中大量及时行乐的表达,理解《神释》委运任化的态度,如前修时贤那样,从思想史、哲学史的角度去照察,固然可以拓展历史的、思想的景深,从而放大陶渊明思想的深度;但何妨也回到陶渊明的生命意识作一番审视,即就陶说陶,从诗人自己的生命体验去理解诗歌本身。这时,当下之乐便是对人生诸苦的抗拒,是在过去与未来绵延的生命时间的缝隙中营造的一块乐土。以及时行乐言,陶诗与《诗经·唐风·山有枢》,以及《古诗十九首》"青青陵上柏""驱车上东门""生年不满百"等作品同。故民国学者杨鸿烈说:"渊明因其对于人生抱悲观的见解,所以主持一个任运而化的态度,(中略)常是用'饮酒'来做一种忘忧的方法,他饮酒就可使这个'人生根本的根本问题',暂时不

①　蔡瑜在分析"人境"的时间向度时曾细分出个体生命和历史两个时间单位,这里亦用此二分。蔡瑜《陶渊明的人境诗学》,第 13 页。

②　《陶渊明集笺注》,第 556 页。

③　同上注,第 346、352 页。

在人心上发酵些清凉的意味；但最重的还是使内心纯洁'不以心为形役'常常都是'即事多所欣'，使那些在他周围的人事都变成笑，所以他虽受了无数的饥寒窘困而时时都在下坚苦工夫；目的总不外保全他的'自然'。"①但陶渊明绝非仅仅是及时行乐之人。如《时运》诗中，饮酒所念，在黄唐之世，在孔门之"浴乎沂，风乎舞雩，咏而归"。盖《诗经》《十九首》的诗人们满怀着对死亡的忧惧，其纵乐毋宁说是溺水者紧紧抓住的芦苇，是淹没前最后一大口的呼吸，乃是一种虚无之乐。而陶渊明则是积极与消极两种人生观常自作战，唯其能直面人生的痛苦与历史的荒谬，一边采用"重觞忽忘天"的方式忘我忘世，不背负过去的苦，不恐惧未来的痛，一边以大力承担此刻的人生，不失堕其向上的精神，所以常常超然于忧惧与不满之上。他"知已往之不谏"，他欣然于"岁月共相疏"的人生，能于人生与世界的缝隙处为身心寻一安顿，故能纵浪大化，所以其乐更多时候是实在之乐、安顿之乐，而非欲望的放纵。

　　同样，陶渊明也在人类历史之中构筑起一处化外之地——桃花源。在这里，历史有开始，即"先世避秦时乱，率妻子邑人来此绝境"，但随后历史的进程就停止，甚至倒流了。这里"秋熟靡王税"，"俎豆犹古法"，"虽无纪历志，四时自成岁"，可谓由秦代而逆入羲皇以上无帝王的时代，所以此中居民"不知有汉，无论魏晋"②，历史在这里终结。古今学者，于桃花源各抒所见，或谓其仙境，或谓其心境，或谓其得老庄之道，或谓其写易代之悲，或强调其无政府理想，或以为是南北避乱民众生活的真实写照，或将其与同时小说比较，或与道教洞天传说相联系，这正是伟大作品包孕甚广的体现。从"边境"文学的立场去审视，则不妨在诸说之外强调历史进程的消隐这一事实。这种消隐是陶渊明逆入

---

①　杨鸿烈《陶渊明的人生观》，《国学月报汇刊》，1928 年第 1 期，第 232—233 页。
②　《陶渊明集笺注》，第 479—480 页。

上古的幻想在桃花源中的真实铺展。诗人曾反复道及"黄唐莫逮,慨
独在余"(《时运》),"愚生三季后,慨然念黄虞"(《赠羊长史》),"遥想东
户时"(《戊申岁六月中遇火》),"望轩唐而咏叹"(《感士不遇赋》),"无怀氏
之民""葛天氏之民"(《五柳先生传》),"自谓是羲皇上人"(《与子俨等
疏》)等等①,无不在与《桃花源记》相呼应。值得注意,陶渊明应受《庄
子》影响,他的表述中人类历史隐隐有三皇五帝之前、之中、之后三个
阶段。《庄子·缮性》篇中,未有帝王的时代的人们"莫之为而常自
然"②,所谓"羲皇上人",以及《桃花源记》所描述的状态,对应的似乎
正是这一时代。据《缮性》篇,燧人、伏羲之世已"故顺而不一",神农、
黄帝之世"安而不顺",再到尧舜时代,其德更衰,用智用德以治,"然后
民始惑乱,无以反其性情而复其初"③。所以黄唐、黄虞的时代,是刚刚
有帝王,世道稍衰而未至大乱的时代。陶渊明对这一时代的追想,自是
含有对现实稍作妥协的意味。帝王的出现已是久远以来的事实,则所
希望的不过是去奢去欲,与民休息而已。至于三季之后,世道浇漓,则
是陶渊明所厌弃而欲逃避者④。由是观之,桃花源的意义在于在"晋太
元中"之武陵郡这一现实时空中,构造出一个超出黄虞之上的上古世
界。纳古于今,藏今于古,存在于时空交织的缝隙之中,这是桃花源这
个边境世界的独特面貌。

　　虽然桃花源是在历史之外的"绝境",但采用忘怀得失,"忘路之远

①　《陶渊明集笺注》,第9、161、219、432、502、529页。
②　郭象注,成玄英疏,曹础基、黄兰发点校《南华真经注疏》,北京:中华书局,1998年,
　　第322页。
③　《南华真经注疏》,第322—323页。
④　此前学者似未注意到陶渊明作品中三五以上与三五之世的区别,而混而言之。如萧
　　驰统论包括《桃花源记》在内的诗文说:"呼唤于此的是尧舜时代心,形为一体,个人
　　生命与宇宙生命为一体的生活。"尧舜时代已经有历法,故不能说是尧舜时代。萧
　　驰《论陶渊明藉田园开创的诗歌新美典》,《中华文史论丛》,2010年第1期,第
　　140页。

近"的方式,就可能进入其中①;反之,想向太守告密,强行将桃花源拉入历史的轨道,甚至只是单纯怀着求仙访道的目的②,都是无法进入这片遗忘之境的。"后遂无问津者",无论是寻之不得,还是不再挂意,总之,桃花源向偶然闯入者一揭其面纱之后,再次安然隐遁于历史之外。作为"羲皇上人"的陶渊明,自然也是居住其中的,因为这片乐土,本来就只存在于他的观念中。总之,陶渊明对个体生命的书写重在表现过去与未来两造之间的感受;而他的桃花源,则逆人类历史的流程而上,于时空交织的夹缝中别辟一境。

(三) 心理书写

最后,陶渊明的边境文学书写也表现为心理上的拒绝感与安顿感。因拒绝,而自居边缘;因安顿,而自成世界。陶渊明要疏离和拒绝,不仅仅是前面谈到的尘世,更是欲望以及欲望之恶。欲望既指俗世中人对财富、权力、身体的贪婪,也包括修仙者对不朽生命的荒唐渴望。《归去来兮辞》中"心为形役"是昨日之非,以身体之欲望为非;《归园田居》"守拙归园田""虚室有余闲"则是今日之是,以心灵之自由为是。被欲望驱遣所造作癫狂的种种人间之恶是陶渊明避之唯恐不及的。梁任公

---

① 明末张自烈有云:"本《记》字字可悟,更须言外遇之,如'缘溪行,忘路之远近,忽逢桃花林',此数句须看一个'忘'字,一个'忽'字,隐然说人到此处,百虑都尽,便忽有会意处也(中略)末段云太守遣人随其往,寻向所志,遂迷不复得路,又寓言凡人事境阅历以无意适遭为至,着意便迷惑矣,与庄氏'异哉象罔'乃得同旨。结句'后遂无问津者',冷讽世人,悠然不尽。"张自烈《笺注陶渊明诗集》卷五,转引自《陶渊明资料汇编》,下册,第 351 页。

② 《晋书》卷九四《隐逸传·刘驎之传》:"刘驎之,字子骥,南阳人,光禄大夫耽之族也。驎之少尚质素,虚退寡欲,不修仪操,人莫之知。好游山泽,志存遁逸。尝采药至衡山,深入忘反,见有一涧水,水南有二石囷,一囷闭,一囷开,水深广不得过。欲还,失道,遇伐弓人,问径,仅得还家。或说困中皆仙灵方药诸杂物,驎之欲更寻索,终不复知处也。"《晋书》,北京:中华书局,1974 年,第八册,第 2487—2488 页。按:南阳刘氏为东晋道教重要的世族之一,《晋书》所载刘子骥欲求仙药之事,源出《晋中兴书》(《太平御览》卷五〇四引),是其人亦有神仙信仰。故欲访求桃花源便有访道寻仙之意。

云："本集《感士不遇赋》的序文说道：'自真风告逝，大伪斯兴，闾阎懈廉退之节，市朝驱易进之心。'当时士大夫浮华奔竞，廉耻扫地，是渊明最痛心的事。他纵然没有力量易风移俗，起码也不肯同流合污，把自己人格丧掉。这是渊明弃官最主要的动机，从他的诗文中到处都看得出来。"①此论最中肯。《感士不遇赋》最后说"诚谬会以取拙，且欣然而归止。拥孤襟以毕岁，谢良价于朝市"②，将此拒绝之意表达得极为清楚。而对释道二教，陶渊明也秉持敬而远之、友其人而远其教的态度③。盖希冀长生，何尝不是一种贪婪。"三皇大圣人，今复在何处？彭祖爱永年，欲留不得住。老少同一死，贤愚无复数。"（《神释》)④诗人所嘲讽的"营营以惜生"的人们不仅是世中名利客，也包括了宗教的信徒们。所以他既远离尘世，也疏离山林，后者正是要与佛道教团保持距离⑤。

如前所言，心理上疏离意识只是一面，另一面则想望安顿，桃花源的创造就是这种安顿心理的投射。陶渊明的安顿书写主要表达了"自安"与"易安"两个主题。"自安"，是《饮酒》其四所写失群独飞之鸟，"因值孤生松，敛翩遥来归"，"托身已得所，千载不相违"⑥；也是《拟古》其五往访东方一士，"愿留就君住，从今至岁寒"⑦。这颇似《庄子》

①　梁启超《陶渊明》，《饮冰室合集》第 12 册，北京：中华书局，1989 年，第 3 页。

②　《陶渊明集笺注》，第 433 页。

③　陶渊明不以佛教、道教为然，不少学者都有专门论述。可参看陈美利《陶渊明探索》，台北：文津出版社，1996 年，第 285—290 页。龚斌《陶渊明传论》，上海：华东师范大学出版社，2001 年，第 140—154 页。周振甫《陶渊明和他的诗赋》，南京：江苏教育出版社，2006 年，第 136—146 页。

④　《陶渊明集笺注》，第 67 页。

⑤　按：陶渊明友其人而远其教，其态度颇类后世的杜甫、韩愈，本来即其诗文一览可知，陈寅恪先生着眼于道教在特定人群中的流衍与政治之关系，而谓陶家为天师道世家，其用意在彼，而不在陶渊明一人，故其说为创论而非定论。若后来者弃陶渊明自述不顾，附会他是某教某宗信徒，则不免好奇太过矣。

⑥　《陶渊明集笺注》，第 245 页。

⑦　同上注，第 327 页。

书中非梧桐不止、非练实不食、非醴泉不饮的鹓雏。所以"自安"者，其一乃唯己所安，绝不俯己从人；其二所择极严，所托颇窄，可以说安何易哉！如果从现实看，"自安"则是《庚戌岁九月中于西田获早稻》所述"人生归有道，衣食固其端。孰是都不营，而以求自安"，"遥遥沮溺心，千载乃相关。但愿长如此，躬耕非所叹"①。以躬耕为安，以自食其力为安，这就是前述疏世之隐的典型特征。"自安"固难，而一旦托身得所，便转成"易安"。这个"易安"既是"称心而言，人亦易足"和"审容膝之易安"②，即物欲之淡泊，也是对世界、对亲情的眷恋与缠绵③。

　　总结陶渊明全部的"边境"文学书写可以发现，它既有空间、时间、心理等多个维度，而贯穿其中的则恒是疏离、和解、安顿的"边境"意识。这种意识渗透在陶渊明全部作品之中，成为其文学书写最基本、恒定的主题。"边境"主题不表现在文学的表层，它位于陶渊明文学主题的最底层，对上层的各个主题具有融摄性与承载性④。它可以视为陶渊明文学主题核心的结构性存在，在中国文学史上，则是全新的存在物。因为这一主题源自陶渊明疏世之隐的生命形态，源自他处世立命的"边境"意识，它是诗人为自己构造的遁身之所，是观照历史与人世的视域。陶渊明的思感行止，他所有的创作，其依据与出发点，都来源于他对自己生命这种若即若离、自为自在的存在方式的定位。"边境"即是对这种生命形态的形象概括，这片疆域若隐若现，山环水绕，它有丰富的层次与变化，它拥有空间、时间和心理的多个维度。透过对"边

---

① 《陶渊明集笺注》，第 227 页。

② 同上注，第 8、460 页。

③ 诚如梁启超所云："他是一位缠绵悱恻最多情的人。读集中《祭程氏妹文》《祭从弟敬远文》《与子俨等疏》，可以看出他家庭骨肉间的情爱热烈到什么地步。（中略）他对于朋友的情爱，又真率，又秾挚。"梁启超《陶渊明》，第 7 页。

④ 如袁行霈在《陶诗主题的创新》一文中归纳了陶诗的五种创新性主题：徘徊回归主题、饮酒主题、固穷安贫主题、农耕主题、生死主题。五者都可以为"边境"主题所统摄。袁行霈《陶渊明研究（修订本）》，北京：北京大学出版社，2009 年，第 93—103 页。

境"文学书写的解读,我们可以更真切感知诗人与世界的关系,也能更充分认识陶渊明在文学史上的非凡意义。

四　陶渊明文学史意义之再审视

由"边境"意识与"边境"书写再审视陶渊明在文学史上的意义,会有一些新的认知。首先是疏离感的表达与疏离姿态的书写,然后是文学中纯然自足的自我世界的成立,陶渊明都有开创意义。

陶渊明的文学,首先是拒绝的文学,而非迎合的文学①。盖自处边境,即是对中心的疏离,是对时尚和主流价值的不认同。这个意义言,他是屈原诗歌的流裔。但屈原是始终求用而不能的悲愤,是无路可走后的拒绝,陶渊明则是主动疏离而又能接受、安顿,心态上便有根本之异②。另一个表现了近似的拒绝态度,可以视为陶渊明先导的诗人是阮籍③。只是严格说来,阮籍欲隐不得,欲退不能,身居危苦之境,故切慕于隐退之人,他的文学与陶渊明的真疏离、得安顿还是很不一样的。清人陈祚明谓阮籍"学《离骚》",又谓"嗣宗《咏怀》诗如白首狂夫歌哭道中,辄向黄河乱流欲渡,彼自有所伤心之故,不可为他人言"④,抉出其悲愤的特色,颇中肯綮。后来方东树评阮诗"沉痛伤心","沉痛幽深,则于《骚》《雅》近之",所见正与陈氏同⑤。陶渊明固然也有愤世的一面,但他悲愤少而淡泊多。唯其早定主意,主动疏离,之后才能纵身

---

① 钱锺书分析《五柳先生传》"不"为一篇之目,正是这种拒绝文学极佳的例子。钱锺书《管锥编》,北京:三联书店,2007年,第四册,第1934页。

② 陈怡良有专文探讨《楚辞》对陶渊明创作的影响,论屈、陶关系,以其文为最详。不过他意在探析陶渊明创作的渊源,故仅仅分析了二者之同,而未讨论二者之异。陈怡良《陶渊明探新》,台北:里仁书局,2006年,第299—344页。

③ 如钱基博所说:"既以逼于司马氏,意有郁结不得摅,故游心于物外以轻世肆志。"钱基博《中国文学史》,上海:上海古籍出版社,2011年,第126页。

④ 陈祚明评选、李金松点校《采菽堂古诗选》,上海:上海古籍出版社,2008年,第236页。

⑤ 方东树撰、汪绍楹校点《昭昧詹言》,北京:人民文学出版社,1961年,第81页。

大化,臻于平淡自然。

因疏离感的表达,陶诗呈现出难得的洒脱不自恋的风度。正常人的心理,多多少少都会有点自恋的成分,而诗人尤甚。于是在以抒情为主的中国文学史中,有太多自恋自怜自矜自喜的作品。陶渊明不是这样,他自爱自尊,但不过度①。宋人罗愿曾称赞他"不藉琴以为雅,故无弦亦可;不因酒以为达,故把菊自足"②,风流出于自然,而非造作。顾随也曾说:"我们千载而下看陶公,了不得,陶渊明盖'不自高'。凡自己做事若自觉清高,那他心里就混浊;自觉风雅,那他心里就庸俗。"③所以陶渊明的作品有批判,有愤懑,有坚持,有拒绝,但他不会形人之短以自高,不会状人之丑以自美,不会自饰自夸,不会自怨自艾,更不会自拟怨妇,顾影自怜。《与殷晋安别》中,分明与殷"语默自殊势",但依然语语真诚,不卑不亢。陶渊明的作品以从容自得、深沉广大而为人称

① 陶渊明何以能不自恋? 除了天性淳厚和人格的砥砺外,他疏离自处的生活形态也是重要原因。自觉远离尘俗,退居一隅,那他自然不用讨好逢迎任何人,反过来说,他也不需要太多他人的夸赞肯定,也不在乎他人的议论讥讽。《饮酒》其六:"行止千万端,谁知非与是。是非苟相形,雷同共誉毁。三季多此事,达士似不尔。咄咄俗中愚,且当从黄绮。"又其十二云:"去去当奚道,世俗久相欺。摆落悠悠谈,请从余所之。"都是陶渊明不在乎他人评价的明证。现代心理学家研究表明,人的自我认识的信息来源主要有三种: 物理世界,即我所拥有的东西;社会世界,在社会中,我们通过与他人比较和对他人评价做出反应来形成自我观念;最后是思维和情感的内部心理世界,即心理世界。其方法主要有:(1)用物理世界来指导自我评估;(2)社会比较;(3)反射性评价;(4)内省;(5)自我知觉;(6)归因过程。很显然,自恋自喜自怜自矜种种表演型心理状态,其目的都是要吸引别人的关注,我们越看重物理世界和社会世界的评价,这种心理状态就会越重。反之,离社会越远,就越容易客观冷静地看待自己,从而保持一颗平和的心。这就是疏离心态必然导致不自恋的原因。古今学人文士评价陶渊明,多赞叹他真率自然不可企及,的确,文学中所呈现的这种风度在中国文学史上并不多见。后世能真正在风神上接近陶渊明的文学家,基本都能自觉与尘世保持一定距离,其道理就在于此。

② 罗愿《罗鄂州小集》卷三《陶令祠堂记》,舒大刚主编《宋集珍本丛刊》第 61 册,据明万历刻本影印,北京:线装书局,2004 年,第 706 页。

③ 顾随讲授,叶嘉莹笔记,高献红、顾之京整理《驼庵传诗录:顾随讲中国古典诗词》,石家庄:河北教育出版社,2013 年,第 57 页。

道,自与此有关。

疏离姿态的书写对后世文学也有一些具体影响。比如在陶渊明以前,中国文学中农夫、渔父、樵子都是被描写的对象,还不是诗人本人。陶渊明开创了诗人农夫化的新传统,后来诗人的渔樵化也就顺理成章,此后成为中国文学蔚为壮观的一系,进而在整个中国文化中开枝散叶。再如,陶渊明一系的文学,有一共同特征,即不再长歌当哭,不再过于情绪化。在之前诗文中泛滥汹涌的泪水与动辄哭泣沾襟的姿态,几乎被诗人遗忘。除了《悲从弟仲德》以外,陶渊明几乎没有写过自己的哭泣。自有署名的诗人以来,他也许是第一个不哭的诗人,也是整个中国文学史中很少的不哭的诗人①。唐宋以后的表现疏离姿态的文学,往往受到佛教、道教学说的影响,以空无梦幻为基调,常不免有游戏人间、玩世不恭的心态,这是流衍之变。在陶渊明那里,疏离而不冷漠,自然而不失深厚,那种"质而实绮,癯而实腴"的风味,真的是很难企及的②。

疏离但不厌世,因为已得和解,因为自有安放身心的小天地,所以陶渊明不取屈原之纵身清波,不效阮籍之穷途痛哭,故一面有鲜明的爱憎取舍,一面又温厚广大。由此,我们看到中国文学史中一个纯然自足的精神世界。《宋书》本传称其"任真自得",可谓的评。魏了翁赞其"经道之余,因闲观时,因静照物,因时起志,因物寓言,因志发咏,因言

---

① 顾随认为中国诗人多抒情,而陶渊明"知解",又说:"中国诗人多是病态的。由生理身体之不健康,影响到心理之不健康,此乃中国诗人最大毛病。陶公心理健康,这一点上连老杜也不成。"可谓独具只眼。《驼庵传诗录:顾随讲中国古典诗词》,第79、17页。

② 熊十力《存斋随笔》有云:"最谬者,以生灭法为幻有,即将宇宙人生而看作空幻。人道将何由立。此余所不敢苟同也。陶渊明诗有旷远冲淡之趣,而杂染佛徒西来意。览其诗集,《归园田居》六首有云:'人生似幻化,终当归空无。'又曰:'吾生梦幻间,何事绁尘羁。'王船山嫌其颓废,卓哉睿识!千载来论陶诗者,未见及此。士习于颓废久矣,罕见自觉,其能识陶公乎?"看到这种疏离感,是为卓识,却又与后世文士一例等同视之,未能注意此中同异,则不免苛论。此条材料蒙余一泓学兄检示。熊十力《存斋随笔》,上海:上海远东出版社,1994年,第75页。

成诗,因咏成声,因诗成音",所以能够"悠然自得",能"以物观物而不牵于物,吟咏情性而不累于情"①。再如归有光称："中无留滞,见天壤间物,何往而不自得。"②明末许学夷也说："晋宋间谢灵运辈,纵情丘壑,动逾旬朔,人相尚以为高,乃其心则未尝无累者。(中略)惟陶靖节超然物表,遇境成趣,不必泉石是娱、烟霞是托耳。其诗(中略)皆遇境成趣,趣境两忘,岂尝有所择哉? 本传谓其'任真自得',信然。"③所谓自得,即内在的完满自足,不假外求。正以陶渊明身有所安,故心有所放。《庄子・逍遥游》："今子有大树,患其无用,何不树之于无何有之乡,广莫之野,彷徨乎无为其侧,逍遥乎寝卧其下。"陶渊明的"边境"世界,正是这实实在在的"无何有之乡"吧。《庄子》以后,通过诗文展现这样一种精神世界和人生境界,陶渊明是第一人,他在文学史上拥有不朽的地位也就顺理成章了。

第二节　陶诗的力量

· 引论

陶渊明其人其诗,皆极有力量。看似平淡自然,其实有大力存于其间,正是陶渊明区别于后世诸多山水田园诗人的关键之处,更是陶诗独具品格而千载难及之处。诚如贺贻孙所言："陶元亮诗淡而不厌。何

---

① 魏了翁《费元甫注陶靖节诗序》,《鹤山先生大全文集》卷五十二,四部丛刊初编本,叶五 B—六 A。
② 归有光《悠然亭记》,周本淳校点《震川先生集》卷十五,上海：上海古籍出版社,2007 年,第 386 页。
③ 许学夷撰,杜维沫校点《诗源辨体》卷六,北京：人民文学出版社,1987 年,第 106—107 页。

以不厌？厚为之也。"①因此对陶诗力量的把握，可谓判别读者理解深浅的标准。所谓力量，既指诗歌的力度感、力量感，也指其内在的充实厚重，是就内容、情感、气韵、风格、语言、技巧等综合言之，而非单执一端而论之。所以轻盈者可以有大力，豪壮者也可以粗浮不实。卡尔维诺（Italo Calvino）在《美国讲稿》中引用保尔·瓦莱里（Paul Valéry）语云："应该轻得像鸟，而不是像羽毛。"②羽毛虽轻，无风自沉，盖其自身无力，完全依凭外物；鸟能飞翔，力大者九万里风斯在下，力弱者抢榆枋而止，各随其力而已。瓦莱里的比喻，刘勰早已发之："若丰藻克赡，风骨不飞，则振采失鲜，负声无力。是以缀虑裁篇，务盈守气，刚健既实，辉光乃新，其为文用，譬征鸟之使翼也。"③"刚健既实，辉光乃新"，才能如"征鸟之使翼"。陶诗高翔于天地之间已一千六百年，若无大力，焉能及此。

关于陶诗的力量这一问题，虽然现代研究中缺少系统讨论，但先贤时髦对此颇有深刻透辟的见解，可以作为我们研究的基石。钟嵘《诗品》称陶诗"又协左思风力"，这大概是最早揭出陶诗力量的评论，自是眼力不凡。稍后萧统《陶渊明文集序》中评价说："其文章不群，辞彩精拔；跌宕昭彰，独超众类；抑扬爽朗，莫之与京。横素波而傍流，干青云而直上。"④他显然感受到了陶渊明作品所蕴含的力量。到宋代，陶渊明成为一种文化典范，其独特的质地和意义不断被讨论和抉发。

宋以后人讨论陶诗的力量，大致有三个视角：忠义之气、人格个性和学养。黄庭坚《宿旧彭泽怀陶令》："司马寒如灰，礼乐卯金刀。岁晚

---

① 贺贻孙《诗筏》，郭绍虞编选，富寿荪校点《清诗话续编》，上海：上海古籍出版社，1983年，第137页。
② 〔意〕卡尔维诺著，萧天佑译《卡尔维诺文集》第五卷，南京：译林出版社，2001年，第331页。
③ 刘勰著，范文澜注《文心雕龙注·风骨》，北京：人民文学出版社，1958年，第513页。
④ 袁行霈笺注《陶渊明集笺注》附录，北京：中华书局，2003年，第613页。

以字行，更始号元亮。凄其望诸葛，骯脏犹汉相。时无益州牧，指挥用诸将。平生本朝心，岁月阅江浪。空余时语工，落笔九天上。"①认为陶渊明眷怀晋朝，这是《宋书》本传以来一贯之论，黄山谷则进而把陶令比作未得志的诸葛孔明。"骯脏"一词用得极好，能状出陶公磊落出尘的神貌。后来朱子论陶诗，抉发其豪放之相，其实"骯脏"即豪放也。后人持忠义之论者极多，至清代周春说："朱子谓《荆轲》一篇，平澹中露出豪放本相，须知其豪放从忠义来，与《述酒》同一心事。"②再次绾合忠义与豪放。

其二从个性立论。朱子云："陶却是有力，但语健而意闲。隐者多是带气负性之人为之，陶欲有为而不能者也，又好名。"③谓隐者多带气负性，其论当本之范晔。《后汉书·逸民传论》云："然观其甘心畎亩之中，憔悴江海之上，岂必亲鱼鸟乐林草哉，亦云性分所至而已。故蒙耻之宾，屡黜不去其国；蹈海之节，千乘莫移其情。适使矫易去就，则不能相为矣。"④朱子据此认为陶渊明"欲有为而不能"，也是一个有傲气的人。而他对陶诗"有力""语健而意闲"的概括，则极富洞见，让人叹服。清人延君寿也说："每闻人称陶公恬淡，固也。然试想此等人物，如松柏之耐岁寒，其劲直之气，与有生俱来，安能不偶然流露于楮墨之间。"⑤

其三以学养观陶诗的力量，尤须特识。真德秀云："渊明之学，正自经术中来，故形之于诗，有不可掩。（中略）虽其遗宠辱，一得丧，真

① 黄庭坚著，任渊等注，黄宝华点校《山谷诗集注》，上海：上海古籍出版社，2003 年，第 15 页。
② 周春《耄余诗话》卷八，张寅彭主编《清诗话三编》第四册，上海：上海古籍出版社，2014 年，第 2542 页。
③ 黎靖德编《朱子语类》卷一四〇，北京：中华书局，1994 年，第八册，第 3327 页。
④ 范晔《后汉书》，北京：中华书局，1965 年，第 2755 页。
⑤ 延君寿《老生常谈》，郭绍虞选编，富寿荪校点《清诗话续编》下册，上海：上海古籍出版社，1983 年，第 1821—1822 页。

有旷达之风,细玩其词,时亦悲凉感慨,非无意世事者。"①真氏意中,"经术"是陶诗力量的根源,"悲凉感慨"则是其表现。清代潘德舆则认为陶渊明"所学任天,自与俗异",同时深具"定识定力",故绝不为流俗之论所动,所以"和盎流溢,学成之候也;愤激沉郁,刻苦之功也。先有绝俗之特操,后乃有天然之真境"②。

以上三者,虽一致百虑,实殊途同归。读陶诗不但要观其旷达深静,也要观其忧愤沉郁;不但要观其疏淡朴拙,也要观其耿介峻洁。因为旷达深静、疏淡朴拙实由忧愤沉郁和耿介峻洁所造,所以它不是闲潭曲水,而是如洋之广,如海之深,其中有大力存焉。本文则希望在此基础上,将陶诗细致展开,观察其力量的存现方式。尤其是来自人格的力量如何通过艺术的方式,呈现在诗歌之中。为论证之便,论文拟从三个方面加以探讨:风格上的"左思风力",介与拙之个性的呈现方式,以及字法、句法、章法。

二 "左思风力"

钟嵘抉发陶诗的"左思风力",被学者赞为"特识"③,自是陶诗力量最易辨识之处,所以先论述之。前人的辨析,多在找寻和比较陶诗与左诗的相类之处。最早作详细讨论的大概是游国恩。在 1928 年发表的《一千五百年前的大诗人陶潜》一文中,他先评价左思诗"胸次高旷,笔力雄迈",又举陶诗《拟古》"辞家夙严驾""迢迢百尺楼"和《咏荆轲》三诗,说:"这些诗都可以表现陶公慷慨豪迈、自负不凡的气象。音节苍凉激越,辞句挥洒自如,拿它们和左思的诗比较一下,才知道钟嵘的

① 真德秀《跋黄瀛甫拟陶诗》,《四部丛刊》初编本《西山先生真文忠公文集》卷三六,上海:商务印书馆,1922 年,叶二 A。
② 潘德舆著,朱德慈辑校《养一斋诗话》,北京:中华书局,2010 年,第 157 页。
③ 王叔岷《论钟嵘评陶渊明诗》,王叔岷《陶渊明诗笺证稿》附录,北京:中华书局,2007 年,第 531 页。

话不是无的放矢的。"之后列举了多例,认为都是陶诗出自左诗的证据①。后来王叔岷也有类似的比较之辞,他说:"同是咏荆轲,陶诗三十句,以长胜。左诗仅十二句,以短胜。其'风力'实不相上下。陶诗之悲壮淋漓,左诗之慷慨磊落,皆令人击节称赏！陶公《拟古》之第二、第四、第八,亦见'风力'之作。钟氏谓'协左思风力',信不虚矣！"②

　　游、王二氏之说都有道理,不过又都略有瑕疵。阮瑀和王粲各有一首咏荆轲的《咏史》诗,陶渊明《咏荆轲》一诗详细描摹易水送别和刺秦情景,正与阮、王之诗相同,而与左思写荆轲燕市饮酒之作无关,其渊源显然在彼不在此③。要说诗歌上明显借鉴左思的地方,我觉得倒未必是荆轲的题材或者一二激烈的语言,而是左太冲《咏史》的写作方式。清人何焯在评点张协《咏史诗》时说:"咏史者不过美其事而咏叹之,隐括本传,不加藻饰,此正体也。太冲多抒胸臆,乃又其变。"④他将咏史诗分作两种类型,正体是"隐括本传"的写法,左思为变体,借史以抒发胸臆。本此视之,陶公《咏荆轲》《咏三良》上承阮瑀、王粲、曹植同题之作,接近正体⑤,而《咏贫士》则属于左思一脉。程千帆总结左思《咏史》有两个特征,其一是"杂陈先典,不专一事",其二是"题为咏史,实

① 游国恩《一千五百年前的大诗人陶潜》,《国学月报汇刊》"陶渊明号",1928 年第 1期,第 136—140 页。按:游氏后面所举陶诗出于左诗的例证多嫌牵强,此处不拟详论。
② 王叔岷《论钟嵘评陶渊明诗》,第 532 页。
③ 阮瑀诗:"燕丹养男士,荆轲为上宾。图尽擢匕首,长驱西入秦。素车驾白马,相送易水津。渐离击筑歌,悲声感路人。举坐同咨嗟,叹气若青云。"王粲诗:"荆轲为燕使,送者盈水滨。缟素易水上,涕泣不可挥。"应都是残诗。然所存片段描摹易水送别,对陶诗的影响显而易见。俞绍初辑校《建安七子集》,北京:中华书局,2005 年,第 159、88 页。
④ 何焯撰,崔高维点校《义门读书记》卷四十六,北京:中华书局,1987 年,第 893 页。
⑤ 朱自清先生已经揭出这一点。朱自清《陶诗的深度》:"'三良'与'荆轲'都是诗人的熟题目:曹植有《三良诗》,王粲《咏史》诗也咏'三良';阮瑀有《咏史》诗二首,咏'三良'及荆轲事。渊明作此二诗,不过老实咏史,未必有深意。"《朱自清全集》第三卷,南京:江苏教育出版社,1998 年,第 8 页。

寓衷怀"①,即常常在一首诗中咏同一类型的多个人物,借此寄托怀抱;《咏贫士》七首也基本是这一写法,除了语气较为平和内敛外,其他正可视为太冲《咏史》嫡脉。"左思风力"是否应该这样理解呢?

以上是从咏史的形式而言,如果以神遇之,而不以形视之,那左思咏荆轲的精气神在陶诗中并不少见。左思诗云:"荆轲饮燕市,酒酣气益震。哀歌和渐离,谓若傍无人。虽无壮士节,与世亦殊伦。高眄邈四海,豪右何足陈。贵者虽自贵,视之若埃尘。贱者虽自贱,重之若千钧。"②今存汉画,荆轲题材集中在刺秦场景,而建安诗歌,则更着力于易水送别,一激烈,一悲慨,都能很好表达荆轲的英雄气③。左思的诗则迥异于古今同题材作品,他选取的是《史记·刺客列传》中的另一段记载:"荆轲嗜酒,日与狗屠及高渐离饮于燕市,酒酣以往,高渐离击筑,荆轲和而歌于市中,相乐也,已而相泣,旁若无人者。"④为什么写这一场景?前人评述总不外以为左思借以表达对豪右的蔑视。此说不错,但流于表面,未得其深处。英雄之为英雄,并不要等到他做出了惊人事迹之后才是。英雄者,恒有其英雄志气者也。虽然困穷,虽然失路,但其人昂藏不摧。得其时以成其事,其气勃勃;不得其时不见其事,其气郁郁。郁郁勃勃,有时而发,是为英雄⑤。清初学者陈瑚曾经说:

---

① 程千帆《左太冲〈咏史〉诗三论》,程千帆《古诗考索》,武汉:武汉大学出版社,2008年,第277页。

② 萧统编,李善注《文选》卷二一,北京:中华书局,1977年,第297页。

③ 荆轲题材诗与画的离合关系,以及阮瑀和王粲二诗的分析,参见刘奕《图像性的减弱:汉代咏史诗的一种解读》,《上海大学学报》,2010年第6期,第98—99页。

④ 司马迁《史记(修订本)》,北京:中华书局,2013年,第八册,第3051页。

⑤ 兴膳宏先生解读此诗云:"左思却以'虽无壮士节,与世亦殊伦'有意抹煞了歌中的'壮士'一语,这等于是部分地否定了司马迁描绘的悲剧英雄荆轲的形象。可能左思认为荆轲有勇无谋,过分相信自己的力量,为燕太子丹泄私愤而去暗杀秦皇,不能算是真正的大丈夫。"左思本意是饮酒燕市时,荆轲还没有做出什么英雄之事,即"虽无壮士节",却英气勃勃,毫无寒乞相。兴膳宏先生却理解成了左思对荆轲一生的定评。这个误读颇具代表性,故引述于此。〔日〕兴膳宏《左思与咏史诗》,兴膳宏著,彭恩华译《六朝文学论稿》,长沙:岳麓书社,1986年,第53页。

"予观雄伟奇特之士,遇则建大功,成大业,震惊一世;不遇则伏处岩穴,甚且托迹于屠沽市贩之间,而人莫之识然。其光芒意气,亦必杰出于侪伍中,时时发越而不可遏。又必有同类者,倡予和女,而为之相后先焉。"①虽不是为左诗而发,却刚刚好是此诗确解。所以英雄不在乎人知与不知。而左思真知英雄,不像常人以成败穷通论英雄,是以为高。

陶公也是英雄人,也具英雄气。陈与义《题酒务壁》诗云:"当时彭泽令,定是英雄人。"②明代张以宁《题海陵石仲铭所藏渊明归隐图》云:"岂知英雄人,有志不得豁。高咏荆轲篇,飒然动毛发。"③清代舒位亦云:"仕宦中朝如酒醉,英雄末路以诗传。"④舒铁云诗本之黄山谷,而更许陶为"英雄",诗意便又深一层⑤。陈、张、舒诸人既看到了陶公的用世之心,又看到其卓落不屈之志与兀傲不羁之气。潘伯鹰则转从人格处立说:"他的态度一毫不消极,而是积极。他的饮酒,不会沉湎,而是藉酒来陶写自己的乐趣,苏息自己的辛劳。我觉得陶公的生活有全体一贯的精神。他那强毅的意志所发挥的人格,实是一个坚苦、勇猛、平凡、伟大的英雄。我用这'英雄'一辞,是指抱有一个信念百折不回争斗到底的人而言。"⑥对陶诗,需作如是观。

---

① 陈瑚《顽潭诗话》卷上,张寅彭编纂,杨焄点校《清诗话全编·康熙期二》,上海:上海古籍出版社,2018年,第1380页。

② 陈与义撰,白敦仁校笺《陈与义集校笺》卷十三,杭州:浙江古籍出版社,2014年,第367页。按:此诗为友人王培军先生见示。

③ 张以宁《翠屏集》卷一,沈乃文主编《明别集丛刊》第一辑第二册,合肥:黄山书社,2013年,第501页。

④ 舒位撰,曹光甫点校《瓶水斋诗集》卷八《向读文选诗爱此数家不知其人可乎因论其世凡作者十人诗九首》其四,上海:上海古籍出版社,2009年,第315页。

⑤ 鲍幼文《读诗札记》已先拈出云:"清舒位咏陶渊明诗云:'仕宦中朝如酒醉,英雄末路以诗传。'以渊明为英雄,意盖本于山谷。据山谷诗,渊明非以隐逸终者,特时无益州牧其人以中兴晋室,遂不得不以隐逸终耳!"见鲍幼文《凤山集》,上海:学林出版社,1987年,第158页。

⑥ 凫公(潘伯鹰)《陶诗小识》,《中法大学月刊》,1933年第2卷第3—4期,第75页。

陶诗云:"兀傲差若颖。"(《饮酒》其十三)兀傲自喜,正如燕市之荆轲。而左思自许"卓落"(《咏史》其一),则亦然。马一浮对《饮酒》其十三正好有一段解读:

> "一士长独醉,一夫终年醒。"屈原对渔父言"众人皆醉我独醒",以为醒胜于醉;靖节则自托于醉,以为醉胜于醒。"规规一何愚",言醒者之计较利害也,"兀傲差若颖",言醉者之忘怀得失也。"寄言酣中客,日暮烛当炳",若曰当续饮也。是故其所谓酒,不必作酒看;其所谓醉,不可作醉会①。

屈原以独醒为兀傲,陶公以独醉为兀傲,前者意在用世,后者有心逃人,然其不同流俗之意气却自相同。"去去当奚道,世俗久相欺。摆落悠悠谈,请从余所之。"(《饮酒》其十二)"孰若当世士,冰炭满怀抱。百年归丘垄,用此空名道。"(《杂诗》其四)这是陶公的傲世语。"贫富常交战,道胜无戚颜。"(《咏贫士》其五)这是陶公的安仁处。陶诗中此类甚多,不胜枚举,都是不以俗世的标准为标准,虽不作太冲"振衣千仞岗,濯足万里流"的豪语,但其超出尘寰的胸襟气度正自相同。这样的诗句,算不算得"风力"之作呢?

不但这类骨鲠嶙峋的诗句有风力,那些温润深厚的诗作在会心者眼中也是有风力的。如郭绍虞评价《停云》说:"余尝谓自来解《停云》诗者惟辛稼轩《贺新郎》词,最为恰到好处。辛词云:'甚矣吾衰矣。恨平生、交游零落,只今余几?(中略)一尊搔首东窗里,想渊明、《停云》诗就,此时风味。江左沉酣求名者,岂识浊醪妙理。回首叫、云飞风起。不恨古人吾不见,恨古人、不见吾狂耳。知我者,二三子。'此数语正得

---

① 马一浮述,王培德、刘锡嘏记录,乌以风、丁敬涵编次《语录类编》,吴光主编《马一浮全集》第一册下,杭州:浙江古籍出版社,2013年,第625页。

渊明意趣。所谓'抱恨如何',所谓'搔首延伫'者,均可于此春醪独抚之际,窥其上下今古独立苍茫之感。"①前有辛弃疾,后有郭绍虞,算是搔到了《停云》诗的痒处。如果说诗中前两章是雨沉天地,所以"舟车靡从",那么后两章明明已雨过天青,那为什么陶公只是在家中思念亲友,等待他们,却决不去寻访?盖亲友正在尘中,义无相寻相求之理。思念不置,是其温厚处;惟思其来,绝不往寻,则是其兀傲处。与辛稼轩充塞天地的块垒不同,陶诗是其言温润,其骨则崚嶒。

梁启超也有类似的体会,他说:

> 他并不是好出圭角的人,待人也很和易。但他对于不愿意见的人不愿意做的事,宁可饿死,也不肯丝毫迁就。孔子说的"志士不忘在沟壑",他一生做人的立脚,全在这一点。《饮酒》中一章云("清晨闻叩门"一首,略)。这些话和屈原的《卜居》《渔父》一样心事。不过屈原的骨鲠显在外面,他却藏在里头罢了②。

"志士不忘在沟壑,勇士不忘丧其元",语见《孟子·滕文公下》,任公先生记错了,但他的观察一点不错。陶渊明不是从里软到外的乡愿,他的骨鲠藏得深,但只要涉及独善的原则,这种深埋的硬气就会郁然而怒,勃然而发。"深感父老言,禀气寡所谐。纡辔诚可学,违己讵非迷。且共欢此饮,吾驾不可回。"话说得多么谦逊,又多么斩截③。清人包世臣

---

①　郭绍虞《陶集考辨》,郭绍虞《照隅室古典文学论集》,上海:上海古籍出版社,2009年第2版,第283页。

②　梁启超《陶渊明》(1923年商务印书馆初版),《饮冰室合集》第12册专辑九十六,北京:中华书局,1989年,第13页。

③　延君寿《老生常谈》论此诗云:"斩钉截铁,劲气勃发,可以想见陶公之为人。"《清诗话续编》下册,第1820页。

同样有"彭泽沉郁绝伦"之语①，与前引潘德舆"忧愤沉郁、不可一世"的评价相同。这种深藏其中的气骨算不算"风力"呢？当然算的。

除了从上述精神气韵的角度理解"风力"，我们也可以直接观察到陶诗中有一种峻拔高洁的风格，这种风格即陶渊明不合流俗之气，也就是"左思风力"的直接表现。"峻洁"的品目，远出颜延之"廉深简絜""和而能峻"②，近则似当出自沈德潜。《说诗晬语》卷上有云：

> 陶诗胸次浩然，其中有一段渊深朴茂不可到处。唐人祖述者，王右丞有其清腴，孟山人有其闲远，储太祝有其朴实，韦左司有其冲和，柳仪曹有其峻洁，皆学焉而得其性之所近③。

拈出"峻洁"，是沈归愚的见识。峻是高峻，洁是清洁，是洁身自好，这是讲陶渊明立身崖岸很高，绝不同流合污，因此诗歌风格也有高洁的一面。以人格论，有傲骨自然能不同流俗。以诗风论，雄豪语、忧愤语、斩截语、磊落语，都是峻洁的表现。除了人所熟知的《咏荆轲》之"雄发指危冠，猛气冲长缨""其人虽已殁，千载有余情"和《读山海经》之"精卫衔微木，将以填沧海。刑天舞干戚，猛志故常在"之外，潘德舆还另举过一些例子：

> 如"醒醉还相笑，发言各不领"，"是非苟相形，雷同共誉毁"，"赐也徒能辩，乃不见予心"，"摆落悠悠谈，请从予所之"，"知音苟

---

① 包世臣《艺舟双楫》卷一《答张翰风书》，包世臣撰，李星点校《包世臣全集：中衢一勺、艺舟双楫》，合肥：黄山书社，1993年，第256页。

② 颜延之《靖节征士诔》，萧统编，李善注《文选》卷五七，北京：中华书局，1977年，第791页。

③ 沈德潜撰，王宏林笺注《说诗晬语笺注》卷上，北京：人民文学出版社，2013年，第164页。按：沈氏《唐诗别裁集·凡例》亦云："柳柳州得其峻洁。"

不存，已矣何所悲"，"孰若当世士，冰炭满怀抱"，"不怨道里长，但
畏人我欺"，"多谢诸少年，相知不忠厚"，"迂辔诚可学，违己讵非
迷"，"我心固非石，君情定何如"，"不见相知人，惟见古时丘"，
"此士难再得，吾行欲何求"，盖所学任天，自与俗异①。

潘德舆的高明之处在于，他不被众口一词的"易代之悲"所束缚，而是
由人我关系的角度审读陶诗。引言中曾引及潘氏之言："盖所学任天，
自与俗异。同时必有貌为推尊、内实非薄者，必又有多方讪笑、交讦其
侧者，非具定识定力，何以能不为之动而卒成所学也？故端居自励，亦
深以怀疑改辙为警。"这就是峻洁诗风的来源。人言易惑，三人便成市
虎，何况举世相违，讪笑交加，而仍然坚持故我，那一定是需要极强的骨
力和极深的反省砥砺之功的。否则仅仅凭借少年热血以行事，往往经
不起世事摧折，很容易就改弦易辙而随波逐流去了。我们看潘德舆所
举，都是《饮酒》《杂诗》《拟古》这类晚年组诗中的诗句，可知陶渊明并
没有像常人那样临老来变得颓丧荒唐，反而骨愈鲠而气愈盛，便可知潘
氏所云"定识定力"绝非虚语。

　　朱自清据古直《陶靖节诗笺定本》统计后认为，陶诗化用左思的句
子数量少于《十九首》、阮籍和嵇康诗，所以"左思的影响并不顶大"，
"《诗品》的话就未免不赅不备也"②。王运熙也说："总的说来，陶诗风
格的主要特征是古朴质直，与应璩诗接近，也有与左思诗风相通之处，
但左思诗歌雄迈有力的特征，仅在陶诗少数篇章中见之。从风骨说，陶
诗风清（即鲜明爽朗）的特征比较突出，骨峻（即刚健有力）则稍逊。"③
如果仅从体现峻洁风格的诗句数量论，二说似可接受。但从内在力量

---

① 　潘德舆《养一斋诗话》卷十，第 157 页。
② 　朱自清《陶诗的深度》，《朱自清全集》第三卷，南京：江苏教育出版社，1998 年，第
　　10 页。
③ 　王运熙《钟嵘〈诗品〉陶诗源出应璩解》，《文学评论》，1980 年第 5 期，第 138 页。

的角度考虑，以"刚健既实，辉光乃新"思之，则朱、王二先生之说犹未达一间。颜延之讲陶渊明"和而能峻"①，以及前引辛稼轩、包慎伯、潘四农、梁任公、郭绍虞、潘伯鹰诸人之论，都可谓洞彻表里。所以古朴质直是陶诗，沉郁骨鲠也是陶诗，二者一表一里，一显一隐，是浑融焕发的关系，以数量和比例的角度观察，未免失之肤泛。这种浑融焕发，郑骞曾做过说明："陶渊明归田以后的心情，始终是这样冲突矛盾，但他能把这个冲突矛盾排遣融化，使之归于悠闲冲淡。这种锻炼修养，需要很强的意志，很强的生命力，所谓坚苦卓绝是也。正如同七色板，若非用大力加速旋转，不会合为白色。所谓白色也者，不就是淡泊宁静的象征么？惟其陶渊明有这样坚卓强固的意志与生命力，他才能在饥寒与寂寞，物质与精神两重压迫下，悠然地活下去，饮酒赋诗，以此终老；而不曾中途变卦，再去折腰五斗，奔走风尘。人生反正只有三条路，向前、退后与站住了不动，都需要很大的力量。若陶渊明者，一卧柴桑，万年难起，这是辛稼轩之所以称之为'到如今凛然生气'。"②

更早顾随也强调过这一点："陶公调和。（中略）陶公在心理一番矛盾之后，生活一番挣扎之后，才得到调和。陶公的调和不是同流合污，不是和稀泥，不是投降，不是妥协。"③这个调和，是用了承担的大力才得到的。顾随借禅宗和耶稣作比说："一个人无论怎样调和，即使是圣、是佛，也有其烦恼。佛是烦恼，耶稣是苦痛。他不烦恼、苦痛，便不慈悲了。一个大思想家、宗教家之伟大，都有其苦痛，而与常人不同者，便是他不借外力来打破。或问赵州和尚：'佛有烦恼么？'曰：'有。'曰：'如何免得？'曰：'用免作么？'这真厉害。"④这个比较有道理。陶渊明

---

① 颜延之《陶征士诔》，《文选》卷五七，第 791 页。
② 郑骞《辛稼轩与陶渊明》，郑骞《从诗到曲》，北京：商务印书馆，2015 年，第 86 页。
③ 顾随述，叶嘉莹记《顾随讲中国古典诗词》，石家庄：河北教育出版社，2013 年，第 70 页。
④ 《顾随讲中国古典诗词》，第 76 页。

能承担人生的痛苦,他不逃避,不自欺,所以才能领悟人生的真际,才知道苦自苦,乐自乐,最终成就其深厚与广大。他的诗歌质朴自然,是骨鲠其内、风荡其中的质朴自然,唯其有风力,所以能质能厚能自然;反之,越是质朴深厚,其骨越硬,其气越盛,二者是相辅相成、呼吸相通的关系,而非主次并列相加的关系。"大用外腓,真体内充。反虚入浑,积健为雄",这样来理解"左思风力",则陶诗无时无处不是风力弥满的。同理,陶诗无一首不古质,无一首不自然,又无一首不峻洁。

前面详论陶、左之同,还应补一转语,稍稍分辨二氏之异。程千帆谓左思"结念在穷通",《咏史》之作,不过借以"消释其内心之矛盾与苦闷耳"①。张伯伟乃谓:"盖左思之力,出于其怨,若社会能满足其愿望,则怨亦消失。陶公之力,来自其傲(乃上百年家风铸造而成),故不屑与主流社会相融。惟其性情淳厚,故其傲在骨不在形。左思属草根,身怀天才,一心向上爬,屡遭挫折(陆机嘲之为伧父),乃化为一股怨气,不择地而出。陶公出于贵族,眼见小人得志而忘形,乃辽阔高翔,不屑为伍。"②陶、左高下,赫然在目。以风论,陶如春风大雅,左不免飘风之骤。以力论,左如狮子搏兔,贵在一击;陶则龙潜在渊,深蓄其力。渊明风力近南宗画和内家拳,左思风力近北宗画和外家拳,这是二家之异。

三　介与拙

陶渊明的自我认知与自我表达有三个有关联性的关键词:介、拙、独。其中以"独"的使用频率最高,但具有本质意义的却是"介"和"拙"。颜延之诔文称陶公"在众不失其寡,处言愈见其默",又"物尚孤生,人固介立","自尔介居"③,正是对介与拙的描述。

陶诗用"介"字有3例:

---

① 程千帆《左太冲〈咏史〉诗三论》,第275页。
② 此为张伯伟先生书信见告之语。
③ 颜延之《陶征士诔》,《文选》卷五七,第791、792页。

> 总发抱孤介，奄出四十年。(《戊申岁六月中遇火》)
>
> 遂尽介然分，终死归田里。(《饮酒》其十九)
>
> 介焉安其业，所乐非穷通。(《咏贫士》其六)①

此外，陶渊明偏爱的"固穷"的表达，也是"介"的变形。陶诗用"拙"字有6例，另《感士不遇赋》亦云："诚谬会以取拙，且欣然而归止。"②今举诗中典型者4例：

> 开荒南野际，守拙归园田。(《归园田居》其一)
>
> 平津苟不由，栖迟讵为拙。(《癸卯岁十二月中作与从弟敬远》)
>
> 人皆尽获宜，拙生失其方。(《杂诗》其八)
>
> 人事固以拙，聊得长相从。(《咏贫士》其六)③

陶渊明诗文中用"独"字最多，不算《五孝传》和《集圣贤群辅录》，总计42例。饮酒则独醉，高歌则独悲，登临则独游，灵府则独闲，所盘桓的松是独松，所遥望之云是孤云，孤独是陶公生命的基调，是陶诗的底色。只是"独"字所用虽多，却是"相"而非"法"，只是"介"和"拙"的外显而已。诚如颜延之诔文中所说，"在众不失其寡，处言愈见其默"，介立孤生是陶渊明一生的状态，做官与归隐，总是这样。正如前引顾随之论，孤独就是孤独，孤独是生的痛苦，这是需要承受的。以为孤独实为不孤独，实为充实和自在安详，反而抹杀了陶渊明其人与其诗的卓绝处。而且"自在与安详"是孔颜之乐，是与孤独共生的另一种生命状态，二者都是我们读其书想见其为人时扪毛辨骨之"毛"，他们各有来源，混而同之，反倒模糊了陶公面目。

---

① 袁行霈《陶渊明集笺注》，第219、278、375页。
② 同上注，第433页。
③ 同上注，第76、207、353、375页。

龚斌《陶渊明传论》中说："他常以孤松、孤云、孤鸟、秋菊、幽兰等自况，为自己耿介狷洁的品格写照。"①此说中肯。陶渊明孤独，根源于他的介与拙。拙是他的天然厚质，介则是他的德行抉择。

拙是巧的反义词。《说文·手部》："拙，不巧也。"《老子》第四十五章："大巧若拙。"王弼注云："大巧因自然以成器，不造为异端，故所拙也。"②拙是顺自然、从本性、不造作，所以不论褒义还是贬义，"拙"多从质性上言。如葛洪《抱朴子外篇·行品》："每动作而受嗤，言发口而违理者，拙人也。"③又如白居易《咏拙》："所禀有巧拙，不可改者性。所赋有厚薄，不可移者命。我性拙且愚，我命薄且屯。"④陶渊明曰"守拙"，曰"拙生"，其本来如此的意思也很明显。

介的义项众多，其中之一是保持操守，特立独行。《方言》卷六："介，特也。""物无耦曰特，兽无耦曰介。"⑤《孟子·尽心上》："柳下惠不以三公易其介。"⑥又董仲舒《士不遇赋》："贞士耿介而自束。"⑦张衡《思玄赋》："子不群而介立。"⑧"介"是德行，是自我选择。韩愈《伯夷颂》有云："士之特立独行，适于义而已，不顾人之是非，皆豪杰之士，信道笃而自知明者也。一家非之，力行而不惑者寡矣；至于一国一州非之，力行而不惑者，盖天下一人而已矣；若至于举世非之，力行而不惑者，则千百年乃一人而已耳。"又说："今世之所谓士者：一凡人誉之，则

① 龚斌《陶渊明传论》，上海：华东师范大学出版社，2001年，第97页。
② 王弼著，楼宇烈校释《王弼集校释》，北京：中华书局，1980年，第123页。
③ 葛洪撰，杨明照校笺《抱朴子外篇校笺》卷二二《行品》，北京：中华书局，1991年，第547页。
④ 白居易著，顾学颉校点《白居易集》卷六，北京：中华书局，1979年，第119页。
⑤ 扬雄撰，钱绎笺疏《方言笺疏》卷六，清光绪十六年红蝠山房刊本，叶十一B—十二A。
⑥ 《孟子注疏》卷十三下《尽心上》，阮元校刻《十三经注疏》（嘉庆刊本）第五册，北京：中华书局，2009年，第6025页。
⑦ 《古文苑》卷三，《四部丛刊》初编，上海：商务印书馆，1922年，叶三B。
⑧ 萧统编，李善注《文选》卷十五，北京：中华书局，1977年，第214页。

自以为有余；一凡人沮之，则自以为不足。彼独非圣人，而自是如此。"①可以看作对介立之士最好的描述。中有所守，唯义是从，而不为常人是非毁誉所动，这样才能特立独行。这需要的是后天的学习、思考和反省，需要心性锤炼和外在砥砺，并不是天生就会的。从真德秀的"渊明之学，正自经术中来"以下，直到晚清谭嗣同称陶渊明的境界为"涵养所致，经术之效"②，再到民国梁启超说"他一生得力处和用力处都在儒学"，"他做人很下坚苦功夫，目的不外保全他的'自然'"③，这些看法都是极有见识的。正源于他们都知道，陶渊明人格中耿介的个性，作品中兀傲的风骨并不是生就如此，就像孟子所言，人心中"义之端"需要后天的培养扩充，才能一生不动摇。显然在传统的思想资源中，这种培养扩充的力量主要还是由儒家来提供的。

陶渊明的拙和介交相为用。介者与世不谐，在他人眼中自然是"方脑壳"的拙者④。而拙者有二：不慧之拙，朴厚之拙，耿介之拙。陶公三拙皆备。他天性醇厚，也有狷介特立的傲骨，而从他总是短暂为官的履历看，他缺乏行政与交际才能当也不假。陶渊明人也妙，诗也妙，这种奇妙正来自他同时具备了天生的拙和砥砺出的介。盖介者易偏激，易锋芒显露而刻薄单寒，唯质性拙朴，所以耿介孤立，却又宽和朴厚，能傲于骨而不傲于人。分明内省不息，内力激荡，却又让接近他的

① 韩愈撰，马其昶校注，马茂元整理《韩昌黎文集校注》，上海：上海古籍出版社，1986年，第65—66页。

② 谭嗣同《报刘淞芙书二》，《谭嗣同集》，长沙：岳麓书社，2012年，第14页。

③ 梁启超《陶渊明》，第13页。

④ 钱锺书《管锥编》第三册《全上古三代秦汉三国六朝文》二〇《圆喻之多义》："西方古称人之有定力而不退转者为'方人'（a square man），后来称骨鲠多触忤之人为'棱角汉'（eineckiger Mensch），当世俚谈亦呼古板不合时宜为'方'（square），皆类吾国唐、宋之言'方头'，如陆龟蒙《奉酬袭美〈苦雨〉见寄》：'有头强方心强直'，又《全唐诗》辑陆氏断句：'头方不会王门事，尘土空缁白苎衣'；罗隐《塚子》：'未能惭面黑，只是恨头方'；朱熹《朱文公集》卷二《与宰执劄子》：'意广才疏，头方命薄'；《侯鲭录》卷八：'今人谓拙直者名方头'；《辍耕录》卷一七：'方头乃不通时宜之意'。"北京：中华书局，1986年第2版，第925页。

友人，让后代读者沐浴在骀荡春风之中。后世诗人，在这一点上最像陶渊明的是杜甫，而不是一般人所认为的王、孟、韦、柳诸人。清初焦袁熹尝云："得陶之性情神理者无如杜。"①正与鄙意相同。

如果审视陶渊明的生平，他一生行事，都与世上圆通之辈截然相反。我们有充足的理由相信，陶渊明诗文中自述"介"和"拙"是对自己真切的写照，而非狡狯弄笔的自我涂饰。但"真"的文学并不就等于"好"的文学。厚重的真实所具备的力量仍需要借助诗心诗笔，才可能转化成文学的力量感。读陶渊明的作品时，我们可以感受到"拙"与"介"两种人格各自的力量和作用，它们浸润作品之中，倒并不一定非要直接使用这两个字。

拙在陶诗中的表现是平实厚重，他不在文字上炫技、耍花枪，不刻意追求对偶和繁密的修辞，这都是尽人皆知的事实。同时，他的情感深沉秾挚，这是他的作品直击人心的地方。梁启超如是描述自己的感受："他是一位缠绵悱恻最多情的人。读集中《祭程氏妹文》《祭从弟敬远文》《与子俨等疏》，可以看出他家庭骨肉间的情爱热烈到什么地步。（中略）他对于朋友的情爱，又真率，又秾挚。"②比如《停云》，前面已经分析过，这首诗对一班在红尘中沉浮的亲友是有讽喻的，但诗歌又不厌其烦地说："良朋悠邈，搔首延伫。""人亦有言，日月于征。安得促席，说彼平生。""岂无他人，念子实多。愿言不获，抱恨如何。"③一片深情厚谊，除是铁石心肠，谁不会为之心动呢？同样，友人殷晋安要赴任陶渊明最看不上的刘裕的太尉参军，常人恐怕早已连朋友都做不成了，可是陶公依然赋诗赠别，最后还说："脱有经过便，念来存故人。"④其意中始终视殷为朋友。他人肝胆即秦越，陶渊明胸中却似乎放得下云梦之

----

① 焦袁熹《此木轩论诗汇编》卷四，上海图书馆藏清抄本，叶一 B。
② 梁启超《陶渊明》，第 7 页。
③ 袁行霈《陶渊明集笺注》，第 1 页。
④ 《与殷晋安别》，袁行霈《陶渊明集笺注》，第 155 页。

泽,所以作诗时郑重而缠绵。

此外,"拙"者如顽石,安稳不易动摇,所以容易呈现一种镇静的风度。李长之说:"高贵和镇静也体现在陶渊明的身上。"①这是就陶渊明的风度而言。那他的诗歌是否也有此风度?自然也有。《戊申岁六月中遇火》前面部分云:"草庐寄穷巷,甘以辞华轩。正夏长风急,林室顿烧燔。一宅无遗宇,舫舟荫门前。迢迢新秋夕,亭亭月将圆。果菜始复生,惊鸟尚未还。中宵伫遥念,一盼周九天。"②第三四两句写火灾,五六两句写暂时的安顿,七八两句写时间,转眼已经到了七月,第九句接着写生活的状况,第十句以"惊鸟尚未还"从侧面补述了当时火势之大,写出了家人心中的余悸,很得含蓄之美。其中"迢迢新秋夕,亭亭月将圆"两句,写得恬淡宁静,清人陈祚明特别赞赏道:"燔室后有此旷情。"③晚清钟秀《陶靖节纪事诗品》中也说:"其于死生祸福之际,平日看得雪亮,临时方能处之泰然,与强自排解、貌为旷达者,不翅有霄壤之隔。"④诚然诚然。前云"一宅无遗宇",后云"惊鸟尚未还",并不讳言险难惊惧,难得的是中间却安放得下"迢迢""亭亭"二句,是时序,是景物,更是诗人的胸怀。于人格言,苦难之际,仍有闲情欣赏新秋月色,是有厚重的大力;于诗歌言,在前后危苦中着此清旷之言,便是静远风味。相比愤怒、呐喊,镇静是一种更大的力量,人如此,诗亦如此。

陶渊明作品的"拙",展示的主要是一种承载性、包容性的力量,所谓"地负海涵",如载川岳而不亏,如泄尾闾而不盈。而"介"的力量感,则是"渊渟岳峙"式的,郁而怒,深沉而高耸。直抒胸臆,表达愤懑,所以高耸;下笔沉着,诗思深曲,所以深沉。试以《癸卯十二月中作与从

①　张芝(李长之)《陶渊明传论》,上海:棠棣出版社,1953年,第20页。
②　袁行霈《陶渊明集笺注》,第227页。
③　陈祚明撰、李金松点校《采菽堂古诗选》卷十三,上海:上海古籍出版社,2008年,第413页。
④　钟秀《陶靖节纪事诗品》卷二《宁静》,清同治十三年(1874)刻本,叶二B—三A。

弟敬远》一诗为例，作一分析：

> 寝迹衡门下，邈与世相绝。顾盼莫谁知，荆扉昼常闭。凄凄岁暮风，翳翳经日雪。倾耳无希声，在目皓已洁。劲气侵襟袖，箪瓢谢屡设。萧索空宇中，了无一可悦。历览千载书，时时见遗烈。高操非所攀，深得固穷节。平津苟不由，栖迟讵为拙？寄意一言外，兹契谁能别①？

癸卯岁是晋安帝元兴二年（403），这一年陶渊明三十九岁，正丁母忧服丧在家。去年，荆州、江州刺史桓玄举兵东下，三月，占领建康，"自称太尉，扬州牧，总百揆"②。到了本年十二月，桓玄篡位称帝，迁安帝于寻阳③。这一年的冬天特别冷，《晋书·五行志》载："元兴二年十二月，酷寒过甚。是时，桓玄篡位，政事烦苛。识者以为朝政失在舒缓，玄则反之以酷。"④这是诗歌的背景。

　　只就诗歌本身看，诗中的傲岸之气已是郁怒如飞。首四句大有顿挫。从意思上讲，正常的语序是"寝迹衡门下，荆扉昼常闭。顾盼莫谁知，邈与世相绝"，但这样就平顺无奇。现在颠倒如是，兀傲之气，正在不言中。陈祚明注意到这一点，他说："起四句，一句一意，一意一转，曲折尽致。"⑤这一诀窍，后世要杜甫才能深知。同时，颠倒后形成的首二句别有一个作用，即规定了诗歌主题的正负两面，正面讲自己的隐居，反面讲自己对人世的拒绝。岁暮之风、经日之雪，本来严酷，但是诗人却在严酷中有深会于雪之精神。大音希声，真正的力量并不靠高声

---

① 袁行霈《陶渊明集笺注》，第206—207页。
② 房玄龄等《晋书》卷十《安帝本纪》，北京：中华书局，1974年，第一册，第255页。
③ 同上注，第256页。
④ 《晋书》卷二九《五行志下》，第三册，第876页。
⑤ 陈祚明《采菽堂古诗选》卷十三，第402页。

呼喝证明自己。皓已洁,其纯洁的力量足以笼罩山河。"劲气"两句语意转折,虽然美好,却也严酷,诗人不粉饰不躲避,只是接受。然后递进,由严酷而痛苦:因贫困而痛苦,更因孤寂而痛苦。软弱者写痛苦,是自恋自怜,是咀嚼把玩,于消沉无可奈何之际获得一种沉沦的快感,更是乞求别人的关注与怜悯。固执强硬者写痛苦,那就只是痛苦,正如快乐只是快乐。痛苦之来,既能承担,也有反抗。"萧索空宇中,了无一可悦",是承担。下面再一次转折,"历览千载书,时时见遗烈。高操非所攀,深得固穷节",这便是反抗。世中的人看不上,没有人值得尊重,论交当世,难免失望,尚友古人,才能抚慰诗人郁郁之心。所谓固穷守节,孔子是这么说的,也是这么做的,那"我"现在也这么说这么做,古之烈士应该与"我"相视而笑了吧?"非所攀",是谦辞,"深得固穷节"却又极见兀傲。陶渊明不炼字吗?"深"字何等传神而有力。因为傲气被唤起,诗人便忍不住反问:不顺着你们所谓的通津大道走,栖迟隐居,这就是你们所谓的拙吗①?意思为一转折。可知开篇所云"邈与世相绝",既是世人疏远诗人,更是诗人弃绝世人,两相憎,两相绝。最后,诗意再折回,诗人转头对堂弟说:"我的深意都在言外,谁能与我契合而辨别呢?(也许就只有敬远你能明白吧。)"这就是对"邈与世相绝"的遥相呼应。明末黄文焕说:"无一可悦,俯首自叹;时见遗烈,昂首自命。非所攀,又俯首自逊;苟不由,又昂首自尊。章法如层波叠浪。"②分析得真好。但如前面的揭示,诗歌一直处于跌宕起伏的转折和递进之中,并不是只有这四处转折。所以方东树《昭昧詹言》中说:

---

① 陈祚明谓:"平津,平道也,人所共由,信不由之矣。"《采菽堂古诗选》卷十三,第402页。《新约·马太福音》中,耶稣说过类似的话:"你们要进窄门。因为引到灭亡,那门是宽的,路是大的,进去的人也多;引到永生,那门是窄的,路是小的,找着的人也少。"

② 黄文焕析义《陶元亮诗》卷三,《四库全书存目丛书》集部第3册据南京图书馆藏明末刻本影印,济南:齐鲁书社,1997年,第187页。

"一直叙去，而时时顿挫开合，笔势起跌，无平直病。"①

如果再联系背景解释，对诗歌的理解又会更深一层。陶渊明不久之前还是桓玄的属官，现在桓氏称帝，一般人都会觉得这是从龙的大好机会，那诗人强调固穷，会没有针对性吗？最后他说，"寄意一言外"，谁是我的同志而能明白我的苦心呢？这是对堂弟敬远说的，说别人都不理解我，只有你才理解我。所谓的不理解，第一个当然是一般人不理解他为什么不出来做官，第二可能是少数人觉得陶渊明不出来做官也是为了讨好桓玄。何以见得？《晋书·桓玄传》载："玄以历代咸有肥遁之士，而己世独无，乃征皇甫谧六世孙希之为著作，并给其资用，皆令让而不受，号曰高士，时人名为'充隐'。"②陶公自然不屑不齿桓玄提供的禄位，可会不会有人以小人之心猜度陶渊明，以为他是眼红皇甫希之，也想当桓家的隐士呢？纵观今古，想来这样的议论彼时一定少不了。此际的陶公，他要"与世相绝"，要"固穷"，要"栖迟"，就是敲击自己铮铮之骨，铿铿然作响，要让世人听听。其忧深，而出之以愤叹，想要平和也难。

通过上面的分析可以看到，个性上的"介"要转化为艺术上的"介"，写作时就不能平铺直叙，或一味平淡，而是要富于变化和转换，通过关键字的锤炼，通过句内和句间的转折、断裂、递进等方式，在语意承接上造成顿挫、突兀的感觉。

前人常说陶渊明无意作诗，只是胸次的自然流露，那么这种"介"感的形成是这种自然流出的无意行为还是诗人的有意为之？从全部陶诗看，陶渊明常能熟练运用类似的写作技巧，这显然不能用偶然性和自然写作来解释。那为什么会有那么多陶渊明无意作诗的看法呢？我认为拙与介的交相为用所形成的独特的诗歌美学效果是非常关键的原

① 方东树著，汪绍楹点校《昭昧詹言》卷四，北京：人民文学出版社，1961年，第105页。
② 《晋书》卷九九，第八册，第2593—2594页。

因。语言的平淡自然，常见修辞密度的降低，这是给人的直观印象。同时，由朴拙的本性、朴素的语言、真诚的情感所带来深厚感又无处不在，即便在诗人最愤激的时候，仍然能保持一颗温润的诗心。如在"凄凄岁暮风，翳翳经日雪"和"劲气侵襟袖，箪瓢谢屡设"这样晦暗苦痛的时刻，他依然能发现雪的神韵——"倾耳无希声，在目皓已洁"——无声故庄严，皓洁故坦荡，他已经将人格全部表现出来，所以这两句一直被后人赞叹不置。其写作手法也正与《戊申岁六月中遇火》相同。于是，兀傲的"劲气"和有意识的表达被深蕴于朴实厚重之中，如峻骨藏于丰肌，才让人容易产生无意为诗的印象。魏耕原先生认为陶诗的审美追求是外淡内奇，其语言是奇绝精拔，强调的正是"介"的一面，诚为有见①。只是介与拙虽略有隐显之别，但二者的关系是交相为用，俱内俱外，而非一内一外，也不宜执一端而忘全体。

四　字法、句法、章法

前面分析"介"的艺术表达时已经看到，陶诗中存在着一个字法、句法、章法的隐秘世界，它们蕴含着饱满的劲气，形成顿挫有力的艺术质感。读者或许有疑问，六朝诗是否可以讲字、句、章法。只是想一想陆机《文赋》和刘勰《文心雕龙》，便觉得可以放心去讨论。至于陶诗，固然是六朝诗中的异数，但所谓"深人无浅语"，无论陶公当初作诗时有意与否，显然通过字、句、章法的分析，可以帮助读者更清楚了解诗中深意，似毋庸置疑②。明人焦竑《陶靖节先生集序》云：

> 靖节先生人品最高，平生任真推分，忘怀得失，每念其人，辄慨

---

① 魏耕原《陶渊明论》第四、第五章，北京：北京大学出版社，2011 年，第 60—93 页。
② 吉川幸次郎说："渊明诗之精妙，在于有思想深度。深思的人，出语也深，这从陶诗的细微处表现出来。"吉川幸次郎著，陈顺智、徐少舟译《中国文学史》，成都：四川人民出版社，1987 年，第 83 页。

然有天际真人之想。若夫微衷雅抱，触而成言，或因拙以得工，或发奇而似易，譬之岭玉渊珠，光采自露，先生不知也①。

"因拙得工""发奇似易"是对陶诗风格极好的把握，也是文本着力分析之处。焦文中更注意的地方是他认为"譬之岭玉渊珠，光采自露，先生不知也"，即陶诗的佳处源自陶渊明人格、胸襟、气韵的超妙，并非他刻意营造锻炼而出的。反面言之，既有超妙之言，就应当审视陶诗是如何做到兼有拙易工奇之境的。这时，字句章法的角度，当不可少。

朱熹具有敏锐的艺术感受力，引言中引用的他"语健而意闲"的评价，正是他对这种艺术质感的深切体认。潘伯鹰也说过：

> 陶诗之美，一言以蔽之曰自然。"自然"的意思，并不是说平澹、随便，乃是说由苦心经营而出，以其真力的弥满，练习的纯熟，而泯去了一切烹炼的迹象。（中略）陶诗我们粗粗看去，似乎无（按：无字疑衍）不经意，但一细加涵咏，便知转折浏亮，安章用字的精稳，无不恰到好处，令人不能复易。昭明所谓，"文章不群，辞彩精拔，跌宕昭彰，独超众类，抑扬爽朗，莫与之京"，实为知言②。

陶诗的力量感虽然不像朴素自然的风格一望可知，但从萧统到潘伯鹰，陶渊明不能说没有知音。概括言之，陶诗的力量体现在用字上主要是准确厚重，造句是朴拙与高奇，安章则是顿挫曲折。下面分别做一讨论。

（一）字法

黄庭坚评价陶诗，有名言曰："巧于斧斤者多疑其拙，窘于检括者

---

① 焦竑撰，李剑雄点校《澹园集》卷十六《陶靖节先生集序》，北京：中华书局，1999年，第170页。

② 凫公（潘伯鹰）《陶诗小识》，《中法大学月刊》，1933年第2卷第3、4期合刊，第76页。

辄病其放。孔子曰：'宁武子，其智可及也，其愚不可及也。'渊明之拙
与放，岂可为不知者道哉！"①涪翁之意，陶诗的拙与放不是庸人所理解
的笨拙与疏放，而是有智慧与道存乎其中，诚可谓知言。焦竑也说陶诗
"或因拙以得工"，所见正同。前一节已经概述了陶诗"拙"的特色，这
里再单从字法的角度做一讨论。

　　如果论陶诗字法的拙和放，可以看到，动词和形容词的使用效果偏
向于拙，而虚词的使用效果则是放。在前者，陶渊明偏好用口语的、常
用的动词、形容词，而且会有较高频率地重复使用，不像其他诗人那样
精挑细选，又尽量避免重复。这当然是笨拙的表现。但是一旦告别了
南朝贵族"巴洛克"式文学的语境，后世读者越来越发现这种笨拙朴素
具有更丰富广大的包容力，更深沉厚重的承载力，可以为诗句提供更丰
富的解读的可能。

　　比如"在"字。我们用国家图书馆藏汲古阁旧藏南宋初年刻《陶渊
明集》十卷本（曾纮跋本）作底本，统计诗歌中使用的"在"字（不计小
序和异文），一共有 54 例。其中 9 例有异文，它们是《赠长沙公族祖》
"终在（焉）为山"，《连雨独饮》"心在（在心）复何言"，《赠羊长史》"事
事在（有）中都"，《始作镇军参军经曲阿》"真想初在襟（在襟怀）"，《饮
酒》其一"衰荣无定在（所）"，其二"夷叔在（饥）西山"，其十二"高风始
在（如）兹"，《咏贫士》其七"昔在（有）黄子廉"，《拟挽歌辞》其一"今
旦在（作）鬼录"。其中"心在""在心"和"初在襟""在襟怀"并不影响
统计，其余 7 例中异文明显不通的 2 例（《赠羊长史》、《饮酒》其十二），两
可的 5 例。不计这 5 例，仍然有 49 例。实际 5 例异文大都不如"在"字
本文，下面会以《饮酒》其二为例分析。另外陶诗中还有异文是"在"亦
两可的情况 3 例，这样看，"在"的用例有 50 左右。我们用明万历沈启

---

① 黄庭坚《题意可诗后》，黄庭坚著，郑永晓整理《黄庭坚全集》下册，南昌：江西人民
　　出版社，2011 年，第 1529 页。

原刻《谢康乐集》作底本统计，谢灵运诗中"在"字有 16 例。用《四部丛刊》景宋本《鲍明远集》统计，鲍照诗中有 18 个"在"字。陶渊明对"在"的使用频率显然远远高于他同时的谢、鲍等人，这一特点的成立基本不受异文的影响。"在"字句是汉语最基本、最口语的句式，其生命力从先秦延续至今，从未衰歇。任何一个诗人，都无法避免"在"的使用，但是如果可能，他们会选择别的表达方式，以避免"在"的大量出现，唯独陶渊明是例外，他看似毫不在意、漫无节制地使用着"在"字，这样给人的第一印象当然是朴素，甚至是笨拙。但如果我们分析这些例句，会发现很多时候，陶诗中"在"字句既准确，也包含更丰富的意蕴、更深沉的力量，有种不假安排而恰到好处的天机意趣。

　　比如《饮酒》其二："积善云有报，夷叔在西山。"这个"在"字有个异文"饥"。王叔岷认为"饥"于义较备，但是"在"音节较佳，而且陶诗喜欢第三字用"在"①。王先生论"在"的优点不错，但"饥"于义较备吗？恐怕不是这样。《史记·伯夷列传》原文是："武王已平殷乱，天下宗周，而伯夷、叔齐耻之，义不食周粟，隐于首阳山，采薇而食之。及饿且死，作歌，其辞曰（中略）遂饿死于首阳山。"两用"饿"字而不用"饥"字，这是因为在训诂上，"饥"和"饿"的意义有区别。"饥"是不饱，所以《饮酒》其十一称荣公"长饥至于老"，就是总吃不饱。超过不饱的程度，表示完全没东西吃、无食之意，则为"饿"。这一点古人的用法区分是很清楚的，古人记载伯夷、叔齐之事皆用"饿"，除了《史记》，他如《论语·季氏》："伯夷、叔齐饿于首阳之下。"《庄子·盗跖》："饿死于首阳之山。"《淮南子·说山》则云："宁一月饥，无一旬饿。"这个例证尤其显明。陶诗云"夷叔在西山"，是饿死意，非不饱意，所以王说不确。"饥"不但训诂上不准确，而且直露浅白。"在"字就不同，它既不存在训诂不确的问题，更重要的是它包孕万状，涵浑有力。"在西山"，并不是只

---

①　王叔岷《陶渊明诗笺证稿》，第 280 页。

指饿死一事,同时也包含了上西山的原因,在西山的坚持,以及最后的作歌和饿死,凡此都统摄在了"在西山"三字之下,如此与前一句"积善云有报"才形成了充分的呼应和强烈的对比。其实"饥"字也为陶渊明所常用,但使用时意思都很妥帖安稳。《饮酒》其十"此行谁使然?似为饥所驱",其十九"畴昔苦长饥,投耒去学仕",饥为食不足,还没到饿之将死的地步,却终究不能坚守家园,而出仕求"一饱",其中愧意已隐然可见。又其十一"荣公言有道,长饥至于老",荣启期寿过九十,虽然长饥,终不至于饿死,"饥"字用得很准确。《有会而作》"老至更长饥"也是如此。而"夷叔饥西山"却并不准确妥帖,自不如"在"。选字造句看似散淡实际精严,正是陶诗特色。此处"在"与"饥"之辨,也当以这一特色审视之。

又比如《饮酒》其八首句:"青松在东园。"老大一句白话。汉魏晋诗人提到松柏,总是免不了一番形容。比如《古诗十九首》的"青青陵上柏",刘桢《赠从弟》"亭亭山上松",左思《咏史》"郁郁涧底松",袁宏"森森千丈松"①。后来谢朓《铜爵悲》也说:"寂寂深松晚。"②准拟前人,完全可以写成"青青东园松",或者"寂寂东园松"等等,可陶公扫却形容,直截地说"青松在东园",这是何等自信。因为诗歌后面"众草没其姿。凝霜殄异类,卓然见高枝。连林人不觉,独树众乃奇"五句都在描写这棵松树。"众草"句,见其幼弱。"凝霜"二句,则一转,虽然幼弱,凌霜之性却没有分毫减损。"连林"二句又进一步状其孤独。所以这棵松青翠、坚韧、孤寂,用任何一个叠音词去形容它都无法同时包孕这三层意思,转不如直接说"青松在东园",反得其简劲之骨。《饮酒》其五"结庐在人境"的"在"虽然是介词,但其效果,正与此例相同。

① 欧阳询撰,汪绍楹校《艺文类聚》卷八八,上海:上海古籍出版社,1999 年第 2 版,第 1513 页。

② 谢朓著,曹融南校注《谢宣城集校注》卷二,上海:上海古籍出版社,1991 年,第 191 页。

　　后来江淹拟作《陶征君田居》，第一句正是"种苗在东皋"，的确把陶诗的字法、句法吃透了，难怪那么多后人都误会此诗是陶作。杜甫更是深谙陶诗字法，如《奉赠严八阁老》"雕鹗在秋天"，何其有力。又《江亭》有名句云："水流心不竞，云在意俱迟。"陈式大赞道："'在'字妙。"何焯也说："一'在'字，人更不能到。"①这里的"在"也有一个异文"住"。"住"字不准确，且笨拙，正好反衬出"在"之佳。盖诗云"意俱迟"，非停滞留住之意，而是舒卷从容之意；而"云在"，兼有行止动静二义，时止时行，似静实动，总之悠然在天，以见出天空高远，诗人出神凝望的情状；同时还用上了《白云谣》"白云在天"的语典。除了"住"字，试易以"去""逝""卧""过"等字眼，总不能如"在"一字而有此三义，不能不叹服老杜用字之功力。又《落日》首句："落日在帘钩。"邓献璋云："起句奇在'在'字，真与《西厢》'倩疏林，你与我挂住斜晖'，同一样神理。然'挂'字直致，'在'字微婉。"②亦是慧眼。如果作"落日照帘钩"，或者"落日耀帘钩"，强调的是主语"落日"，不过是客观静态描写，毫无奇致。"落日在帘钩"，则是眼睛忽然被帘钩闪烁之光晃到，然后醒悟是落日的反光，再回望夕阳。"在"字将诗意的重心转移到宾语"帘钩"上，所以能呈现这种动态的微妙的效果，即邓献璋所云"微婉"。杜公真不愧"思如陶谢手"的诗人，大巧似拙的造字手段，可谓深得陶公真传。

　　再如"交""怀"字，何其普通。《癸卯岁始春怀古田舍》其二的"平畴交远风，良苗亦怀新"，却让后世读者赞不绝口。如苏轼说："非古人之耦耕植杖者，不能道此语；非予之世农，亦不能识此语之妙也。"③张

---

①　萧涤非主编《杜甫全集校注》卷八《江亭》，北京：人民文学出版社，2014年，第四册，第2187页。

②　《杜甫全集校注》卷八《落日》，第2198页。

③　苏轼《题渊明诗》，孔凡礼点校《苏轼文集》卷六七，北京：中华书局，1986年，第五册，第2091页。

表臣称"渊明之句善体物也"①。清代薛雪赞云:"其妙处无从下得着语,非陶靖节能赋之,实此身心与天游耳。"②洪亮吉《北江诗话》也称:"余最喜观时雨既降、山川出云气象,以为实足以窥化工之蕴。古今诗人虽善状情景者,不能到也。陶靖节之'平畴交远风,良苗亦怀新'庶几近之。(中略)他人描摹景色者,百思不能到也。"③二句究竟好在何处呢? 平野之间曰"远风",即风从远方来之意,曰"交",则有四方之意,是天地皆在我意中。曰"良苗",是眼中无不善者。曰"怀新",是春风滋养之意,更是宇宙生生之德与欣欣向荣之景皆在目中。刘熙载认为这是"物亦具我之情也"④。诗人未必有意,但盈溢胸襟的是天地无穷、万物化生之境,所以笔下自然便以十字写出无限,写出生长和希望。潘德舆称之为"化工兼画工"⑤,良有以也。可见,胸中有元气,笔底自然化平凡为神奇。二程盛赞石延年"乐意相关禽对语,生香不断树交花"之句,以为能形容宇宙生生之意,其实石诗犹是我观物,而陶诗则纯然物我浑融,境界更高出一层。

　　动词聊举上例,陶诗在形容词的使用特色上与动词相同。比如《和刘柴桑》中"良辰入奇怀"一句中,"良"与"奇"都是陶渊明喜欢用的形容词。它们同样普通,但经陶公妙手点化,便生动丰满,大有升白丁为良将之感。陶渊明诗文中"良"字一共有 31 个用例,其中以形容词"良"作定语构成定中结构的词语有 17 个 21 例:良朋、良朝、良由、良友、良话、良辰、良对、良日、良月、良才、良苗、良弓、良人、良晨、良价、

---

① 张表臣《珊瑚钩诗话》卷一,何文焕辑《历代诗话》上册,北京:中华书局,2004 年第 2 版,第 459 页。

② 薛雪《一瓢诗话》,丁福保编《清诗话》下册,上海:上海古籍出版社,1978 年,第 704 页。

③ 洪亮吉《北江诗话》卷一,洪亮吉撰,刘德权点校《洪亮吉集》第五册,北京:中华书局,2001 年,第 2243 页。

④ 刘熙载著,袁津琥笺释《艺概笺释》,北京:中华书局,2019 年,第 273 页。

⑤ 潘德舆《养一斋诗话》卷十,第 158 页。

良丝、良田。同时谢灵运的诗文中"良"字出现了 28 次，更多是用作表"的确""很"的副词，作为形容词构成的双音词仅 8 个 11 例：良田、良工、良遇、良辰、良游、良时、良觌、良吏。从修辞的角度看，这意味着谢灵运的重复率低，修辞多样化，而陶渊明就相对朴拙了。但前面分析"良苗亦怀新"时已提到，新苗自有良莠之分，在诗人眼中却都是"良苗"。无须自我夸饰，一个"良"字，自然见出包孕万物之胸怀。"我见青山多妩媚"，大概这就是诗人钟爱"良"的缘故吧。当然，"良"字声音的响亮也是需要考虑的原因。《拟古》其一"中道逢嘉友"，"逢"字已经是 ng 韵尾，再用"良"，不免有音韵沉涩之弊，换用"嘉"字，便自然浏亮。可见陶渊明并不是一味蛮用"良"字，所谓"化工"，自是诗心洗练的结果。

至于"奇"字，也为陶诗所喜用。如《和郭主簿》其一"陵岑耸逸峰，遥瞻皆奇绝"，《连雨独饮》"云鹤有奇翼"，《饮酒》其八"连林人不知，独树众乃奇"，《桃花源诗》"奇踪隐五百，一朝敞神界"等等，用得最好的，还是这里的"奇怀"。清人延君寿在《老生常谈》中说："《和刘柴桑》云：'良辰入奇怀，挈杖还西庐。''奇怀'字是自家觉得于无奇处领会出来，他人不得而知也。"[①]在他人平淡无奇的一天，在陶公，却能引发"奇怀"。有"奇怀"，自然有"奇情""奇想""奇思""奇感"，郁郁垒垒，撑挂胸间。刘柴桑居然想要招邀这样的人参禅打坐，礼拜净土，叫他如何忘却喜怒哀乐、儿女情长？一个"奇"字，便暗示了诗人情感的丰富，不用直言拒绝，会心者已然明白。所以诗歌后文"无归人""见废墟"是哀，"春醪解饥劬"是乐，"共相疏"是拒绝，"耕织称其用"是接受。陶渊明说："刘公啊，看看我这百折千回的奇怀吧，对我来说，春酒可抚，人间可乐，叫我如何去修道呢？"平淡一字之中，却蕴藏万千，"一芥子中藏三千大千世界"的手段，陶公可谓当仁不让。

---

① 　延君寿《老生常谈》，第 1821 页。

有学者说:"在俯仰皆是平淡的陶诗中,满目都是平和的字眼,但稍有留心,就会发现有些劲健或沉重句,挟带着狠重的字眼,使整个句子甚至整首诗,充斥一种劲气与张力。这些字词可以称为重量级的,掷地如砖,它像柳体字逆转取势的棱角,锋芒毕露,具有果敢含忍之筋骨;或如版画刀刻的线条,笔透力强,有一种斩钉截铁,无坚不摧的力量。"①由陶诗的用字而观察到陶诗的力量感,是其卓识处,但上面的评价给人很强的"过犹不及"之感。用"狠重""如砖""锋芒毕露""斩钉截铁"这类词来形容,更像是在说韩、孟一派的诗人,而不是陶渊明。陶诗当然也炼字,偶或有用力量感鲜明的字眼的时候,如该学者提到的"日月掷人去,有志不获骋"(《杂诗》其二)的"掷"和"骋"。再比如"崩浪聒天响"(《庚子岁五月中从都还阻风于规林》其二)的"崩"与"聒"。但这类例子其实并不多,更多时候,陶渊明用字的特色是前面分析的拙中见奇,淡而弥厚,是自在朴素而包孕深广。古人早已指出这一点,如宋代惠洪说:"似大匠运斤,不见斧凿之痕。"②明代王世贞说:"渊明托旨冲澹,其造语有极工者,乃大入思来,琢之使无痕迹耳。"③类似意见还有很多,不赘引。所以,陶诗字法之所体现的力量,主要还当从平淡朴拙的字上去理解和体会。除了前面提到的例子,再譬如"有风自南,翼彼新苗"(《时运》)之"翼","中夏贮清阴"(《和郭主簿》其一)之"贮",从这些广为前人称道的字句入手体会,恐怕更能了解陶诗的真际。这样,也就不会产生"见南山""在艺术表现力上,似均不及'望'字突出"的想法,并以此肯定"悠然望南山"了④。

---

① 魏耕原《陶渊明论》,北京:北京大学出版社,2011年,第82页。

② 惠洪等撰,陈新点校《冷斋夜话·风月堂诗话·环溪诗话》,北京:中华书局,1988年,第13页。

③ 王世贞著,罗仲鼎校注《艺苑卮言校注》卷三,济南:齐鲁书社,1992年,第130页。

④ 钟书林《隐士的深度:陶渊明新探》,北京:中国社会科学出版社,2015年,第188—189页。另范子烨也有类似看法,见范子烨《悠然望南山——文化视域中的陶渊明》,上海:东方出版中心,2010年,第327—328页。

　　至于字法上"放"的特色，主要来源于陶诗对虚词的运用。这一点钱锺书《谈艺录》中已论及，魏耕原先生举证尤详①。今引证钱默存语于此：

　　　　唐以前惟陶渊明通文于诗，稍引厥绪，朴茂流转，别开风格。如"结庐在人境，而无车马喧"，"倒裳往自开，问子为谁欤"，"孰是都不营，而以求其安"，"理也可奈何，且为陶一觞"，"阿宣行志学，而不爱文术"，"馁也已矣夫，在昔余多师"，"日日欲止之，今朝真止矣"；其以"之"作代名词用者亦极妙，如"微雨从东来，好风与之俱"，"过门更相呼，有酒斟酌之"②。

"朴茂流转"，正是拙放之意。

（二）句法

　　以书法作比，字法好比其笔画，句法即其结体，章法则是全篇作品的安章布局。陶诗句法的力量感有两种，一种朴拙，一种高奇。明代许学夷说："靖节诗，语皆自然，初未可以句摘，即如东坡所称（中略）等句，亦不过爱其意趣超远耳。非若灵运诸公，用意琢磨，可称佳句也。"③他指出陶诗不像谢诗那样锻炼佳句，正是如此。因此这里所谓的高，不是其修辞之高，而是意思上的不俗不凡和表达上的自在轻盈，如方东树评《移居》二首云："只是一往清真，而吐属雅令，句法高秀。"④又评《庚戌岁九月中于西田获早稻》云："'开春'已下，照常叙说，只争句法秀出耳。"⑤评《赠羊长史》："高妙疏远，笔势骞举。"⑥所谓

---

①　魏耕原《陶渊明论》，第197—200页。
②　钱锺书《谈艺录》十八，北京：三联书店，2007年第2版，第177页。
③　许学夷著，杜维沫校点《诗源辨体》卷六，北京：人民文学出版社，1987年，第105页。
④　方东树《昭昧詹言》卷四，第107页。
⑤　同上注，第108页。
⑥　同上注，第109页。

"高秀""秀出""高妙""骞举"等等,都是对"高"的描述。而"奇",是更在"高"之外,有特出之见识与风度,也可以借用方东树对《饮酒》二十首的描述,即"人有兴物生感,而言以遣之,是必有名理名言,奇情奇怀奇句,而后同于著书"①。这类"奇"句,如方氏所言,在《饮酒》诗中俯仰即是,无烦多举例。

朴拙之句与高奇之句在陶诗中相融相生,其关系正与上一小节所论述的"拙"与"介"的关系相同。惠洪《冷斋夜话》记载苏东坡之语云:"渊明诗初看若散缓,熟看有奇句。"②将这一特色说得极明白。所以句法的力量感常常由朴拙之句与高奇之句的交织来实现。这种交织大概有三种情形。一是字面朴拙而意蕴高奇,《饮酒》《杂诗》《拟古》《咏贫士》等组诗往往如此。葛立方《韵语阳秋》卷三有云:"东坡拈出陶渊明谈理之诗,前后有三:一曰'采菊东篱下,悠然见南山';二曰'笑傲东轩下,聊复得此生';三曰'客养千金驱,临化消其宝'。皆以为知道之言。"③二是在前后娓娓如家常语的诗句中嵌入一二高句奇句,二者互相生发,便知平淡中原自有高情深致,使读者不至于误以为只是浅淡。清人马位《秋窗随笔》:"人知陶诗古淡,不言有琢句处。如'微雨洗高林,清飙矫云翮','神渊写时雨,晨色奏景风','青松夹路生,白云宿檐端',诗固不于字句求工,即如此等句,后人极意做作,不及也。况大体乎?"④此处所举各句正可作为例证。第三种情形则可视为前一种的镜像,即前面已经提及的,在动荡、愤懑中着一二静淡之语,而诗人的胸次、诗歌的境界全出。

(三)章法

前面分析《癸卯十二月中作与从弟敬远》诗时已经可见,陶诗并不

---

① 方东树《昭昧詹言》卷四,第 111 页。
② 惠洪等撰《冷斋夜话·风月堂诗话·环溪诗话》,第 13 页。
③ 葛立方《韵语阳秋》卷三,《历代诗话》下册,第 507 页。
④ 马位《秋窗随笔》,《清诗话》下册,第 827 页。

像一般想象的那样平铺直叙,无论是有意经营的结果,还是出于他"奇怀"的流露,总之陶诗存在高明的章法①。通过开展、收束、断裂、转折、递进、分承等各种方法,诗歌正如"龙跃天门,虎卧凤阁"的王右军书法一样,夭娇舒卷,变化多端。明明语言是朴拙的,但章法的奇纵,却让朴拙的用字造句生动无比。所以论陶诗的力量,也一定要结合字法、句法、章法三者而观之。

清人丘嘉穗在分析《庚戌岁九月中于西田获早稻》诗时说:"陶公诗多转势,或数句一转,或一句一转,所以为佳。余最爱'田家岂不苦'四句,逐句作转。其他推类求之,靡篇不有,此萧统所谓'抑扬爽朗,莫之与京'也。"②这里即以此诗为例,作一分析。诗云:

> 人生归有道,衣食固其端。孰是都不营,而以求自安。开春理常业,岁功聊可观。晨出肆微勤,日入负耒还。山中饶霜露,风气亦先寒。田家岂不苦,弗获辞此难。四体诚乃疲,庶无异患干。盥濯息檐下,斗酒散襟颜。遥遥沮溺心,千载乃相关。但愿长如此,躬耕非所叹③。

第四句"自安"是诗之眼,却不开门见山,而是从"归有道"说起,便是高处落笔,自然不凡。由衣食为道,到衣食需营,是顺承,而自营始能自安,就是递进。于是诗歌便自然生出两层意思,一是以自营衣食为归之道,"开春"句到"风气"句,正是写这一层。"开春理常业"二句是概说,即春耕秋收之意。如何是"常业"? 天天如此,年年如此,所以是常业。后面四句就是对"常业"的具体描绘。"晨出"二句是一天的劳作

---

① 汪洋《论陶渊明诗的"沉郁顿挫"》一文即主要从章法的角度阐述陶诗"沉郁顿挫"的风格,可以参看。《文艺评论》,2014 年第 6 期。
② 丘嘉穗《东山草堂陶诗笺》卷三,《四库全书存目丛书》集部第 3 册据湖北省图书馆藏清康熙刻本影印,济南:齐鲁书社,1997 年,第 246 页。
③ 袁行霈《陶渊明集笺注》,第 227 页。按:"耒"字,袁本作"禾",误,今从苏写本改之。

情景，也是每天不变的状态。写了一日，再写四时："山中饶霜露，风气亦先寒。"早晚都比平地上冷，春天暖和得迟，秋天冷得早。然后总结前四句说"田家岂不苦"。但诗歌马上转折，"弗获辞此难"，这就转出诗歌的第二层意思，也是中心的意思：自安。"四体诚乃疲"，转折，说明"苦"；"庶无异患干"，再次转折，解释何以"安"。下面再用具象来说明"自安"的生活状态："盥濯息檐下，斗酒散襟颜。"后二句，再递进，求知己于古人，这是"自安"的心理状态。最后"但愿长如此，躬耕非所叹"，即以"自安"作结。全诗意思有层层递进，有转折，结构上层次分明，写法上有概括有描述，有分有合。章法灵动多变，并不是流水账的平铺直叙。思想上看得透，行动上做得出，语言上甘于朴拙，这是陶诗质厚处；而诗歌内在的流动变化，正是诗心的流动变化，则让诗歌透出刚劲婀娜之气韵。苏轼称赞陶诗"质而实绮，癯而实腴"，真是独具法眼，无愧陶渊明的千古知己①。

何以陶诗章法能如此夭矫顿挫呢？顾随曾说："诗人有两种：一为情见，二为知解。中国诗人走的不是知解的路，而是情见的路。""陶公之诗与众不同，便因其有知解。"②这是极富洞见的区分和判断。顾先生解释说："情见就是情，知解就是知。"③"情见"和"知解"大约近于我们常说的感性和理性。一般诗人偏感性，陶渊明则偏在理性一边，又不缺感性。在中国诗歌的源头处，这种区分就很明显。《雅》(《大雅》和部分《小雅》)与《颂》是知解的，而《国风》与《楚辞》是情见的④。钟嵘

---

① 钱锺书《谈艺录》中曾细论古人诗中句篇位置布置之妙以及相关的"行布"之论，可惜没有论及陶渊明，这里对陶诗的分析，也可以为《谈艺录》稍作印证与补充。可参看钱锺书《谈艺录》二《黄山谷诗补注》新补十论"行布"，第40—43页。

② 顾随《驼庵传诗录：顾随讲中国古典诗词》，第79页。

③ 同上注。

④ 《诗大序》所云"是以一国之事，系一人之本，谓之风"，"雅者，正也，言王政之所由废兴也"，"颂者，美盛德之形容，以其成功告于神明者也"，已说明《风》写一己之感，而《雅》《颂》写政治得失，故一重情之感发，一重理性思考。

《诗品》中，上品诗人除了阮籍源出于《小雅》外，其他诗人的源头不是《国风》就是《楚辞》，足见顾随所言不虚。《国风》的诗歌，吉川幸次郎认为"都是歌唱瞬间感受的抒情诗，这是后来中国诗一直以这种抒情诗为主流的开端"[1]。后来之以"情见"者，诗歌中表现的，同样是将"从前积累之蕴，都撮聚于此一顷"[2]，萧驰因此认为："诗人正是从冉冉而来、首尾无端的思绪里撷取了一个感触尤深的当下，又由此去更深地感受在时光里延缓的悲思。"[3]除了情感的一面，魏晋以来诗歌还有另一个重要源头和创作特征，就是曹植开创的赋法铺陈的写作方式。黄节《曹子建诗注序》论曹植诗："驱屈宋之辞，析扬马之赋而为诗。"[4]此说最为有见。所以六朝诗重铺陈，铺陈就是横向地在描写平面上的展开。

陶渊明的诗歌却不同于情见的和铺陈的诗歌，他章法上的源头应该是阮籍。这一点上，方东树最有慧眼："阮公、陶公艰在用意用笔，谢、鲍艰在造语下字。"[5]阮籍、陶渊明的诗，都是以意运章，所以篇章布局是顺着诗人相对理性的思考来展开的。思想的开合顿挫，必然造成章法上的开合顿挫。因此陶诗的章法是线性的，在曲折回绕的过程中涌动向前。关于陶渊明与阮籍的关系，笔者将于下章中详论，这里就不再展开。

五　结语

本节分三方面论述了陶诗的力量的来源和呈现方式。陶诗深藏大力，当可无疑。贯串三方面的是一个基本特征，即平实朴拙与沉郁耿介

---

① 吉川幸次郎《〈诗经〉与〈楚辞〉》，吉川幸次郎《中国诗史》，第21页。
② 吴淇著，汪俊、黄进德点校《六朝选诗定论》卷四，扬州：广陵书社，2009年，第86页。
③ 萧驰《玄智与诗兴》，台北：联经出版公司，2011年，第54页。
④ 黄节《黄节注汉魏六朝诗六种》，北京：人民文学出版社，2008年，第317页。
⑤ 方东树《昭昧詹言》卷四，第110页。

的交织互生。前者提供承载包容之力,后者提供超拔绝俗之力。而尤需注意的,其实是二者相融相生,使质朴中深藏兀傲,愤懑时不失深厚,这才是陶诗力量的最显著特色。清人李怀民《紫荆书屋诗话》云:"凡诗于谐处看其傲岸,朱子所以谓陶公是负性带气人也。"①大是知言。而王夫之《俟解》中有段话,可以作为陶诗力量的注脚:

> 堂堂巍巍,壁立万仞,心气自尔和平。强如壮有力者,虽负重任行赤日中,自能不喘,力大气必和也。毋以箪豆竽牍为恩怨,毋以妇人稚子之啼笑、田夫市贩之毁誉为得失,以之守身,以之事亲,以之治人,焉往而生不平之气哉!故曰"未有小人而仁者也",卑下之必生于惨刻也。学道好修之士,自命为豪杰,于此亦割舍不下,奚足以与于仁②!

如是说来,陶诗的力量,正是陶渊明为仁人的明证。

本节的三方面主要是从艺术的角度加以分析,那从陶渊明其人来讲,他的伟力从何而来? 天性固然很重要,而古人反复申说的后天的学习修为、砥砺磨炼,其实更值得我们重视。诚如清人施山所说:

> 渊明为平淡之极品,然其言曰:"吾少性刚才拙,与物多忤。"又曰:"刑天舞干戚,猛志固常在。"有此刚性猛志,万锤万炼,而后能入平淡。此岂庸才弱质、厌厌无血气之夫所能借口勉为哉③!

---

① 李怀民《紫荆书屋诗话》,韩寓群主编《山东文献集成》第47册,济南:山东大学出版社,2007年,第97页。
② 王夫之《俟解》,王夫之著,王伯祥点校《思问录·俟解·黄书·噩梦》,北京:中华书局,2009年,第85—86页。
③ 施山《姜露庵诗话》卷一,张寅彭选辑,吴忱、杨焄点校《清诗话三编》第九册,上海:上海古籍出版社,2014年,第6634页。

朱庭珍《筱园诗话》也说：

> 陶诗独绝千古，在"自然"二字。（中略）盖自然者，自然而然，
> 本不期然而适然得之，非有心求其必然也。此中妙谛，实费功夫。
> 盖根底深厚，性情真挚，理愈积而愈精，气弥炼而弥粹。酝酿之熟，
> 火色俱融；涵养之纯，痕迹迸化。天机洋溢，意趣活泼，诚中形外，
> 有触即发，自在流出，毫不费力。故能兴象玲珑，气体超妙，高浑古
> 淡，妙合自然，所谓绚烂之极，归于平淡是也①。

这都是高明深刻的见识。

第三节　真切与深广：陶诗
田园书写的特色

　　前文曾引述东坡赞叹"平畴交远风，良苗亦怀新"二句之语云："非
古人之耦耕植杖者，不能道此语；非予之世农，亦不能识此语之妙也。"
极是。任何行当，都有外行所不能清楚了解的专门知识和诀窍，知者未
必能言。纵使言之，他人也未必能理会其中微妙。苏轼得意，正缘于他
能了解陶诗的好处。

　　陶诗有很多好处，其中一种便是对田园生活描写非常真切，无愧田
园诗歌之宗的称号。这种真切的特色对读者其实是挑战。比如有人认
为陶渊明只是诗里写写，劝农是真，自己力农是假。再有一种流行的看
法，"种豆南山下，草盛豆苗稀"，正是陶渊明不谙农事的写照，或者直

---

① 朱庭珍《筱园诗话》卷一，郭绍虞编选，富寿荪校点《清诗话续编》下册，上海：上海
古籍出版社，1983 年，第 2340—2341 页。

白说,因为他懒。这些恐怕都是误解。没有真真实实从事过农业生产的人,写不出陶渊明式的田园诗。他的诗句句皆从土地中生长而出,皆浸润过春雨,披拂过春风,也经历过严霜与烈日,这些是浮沉于繁华都市,安坐于高楼之上,幻想美好田园生活的读者不能轻易了解的。我们无法苛责远离农业的现代读者,但研究者却有责任对陶诗做出准确的解读,将陶公心事与行事大白于天下。正如吴鹭山所言:"这些描写贫困生活和劳动实践的诗,如果没有亲身经历是写不出来的。特别是对劳动经历的描述,不但在同时代的颜延之、谢灵运的诗作中一句也找不到,就是在唐代几个学陶的著名诗人如王维、孟浩然、韦应物、储光羲的诗作中亦未曾有过。因为他们都没有像陶渊明这样的劳动实践,单靠形式上的模章范句,怎么能写得出这样别具一格的好诗来呢!"①

同时,因为真切,农事的辛劳与大地的深广,便自然地呈现在读者眼前。真切与深广,这是后来大多数不事耕作,不知稼穑之艰的"田园诗人"所不具备的特征,也正是陶诗伟大之处。这里希望以人所熟知的《归园田居》五首的前三首为例,分析一下陶公田园书写的特色。

其一有云:"方宅十余亩,草屋八九间。榆柳荫后檐,桃李罗堂前。暧暧远人村,依依墟里烟。狗吠深巷中,鸡鸣桑树巅。"先要纠正一个流行的误解,"暧暧远人村,依依墟里烟"并不是描写远眺中的村庄。前面说"守拙归园田",以下就是对自家园田的描写。"方宅"四句写自己的居所宅院,"暧暧"四句刻画所居之村落,次第井然,层次分明。如果中间横插一望远,那前后便不能贯通。而且后面明明说到鸡鸣狗吠,这是自己村中的景象和声音,远望中村落的鸡犬声是听他不到的。又组诗其四"披榛步荒墟",可知陶公近处村落早已荒芜,那么"墟里烟"之景象也只能为己村所有。所以"远人村"是说自己所居之村庄远离

---

① 吴鹭山《读陶丛札》,杭州:浙江文艺出版社,1985 年,第 114 页。

人间，非谓望中别有一远村也。而"暧暧"者，所居乃在远离人世之村落，由尘中望来，正在暧暧然隐约之间。这与《桃花源诗》"荒路暧交通"诗义正相通。

陶公是怎么描写自己的宅院和村落的呢？他说自己所居宅院四方占地十余亩，其中有草屋八九间。十余亩的宅基地挺大的。《孟子·梁惠王上》："五亩之宅，树之以桑，五十者可以衣帛矣。"①《韩诗外传》卷四："古者八家而井田。（中略）二十亩共为庐舍，各得二亩半。"②《孟子·滕文公上》赵岐注同之③。儒家理想中的五口之家，占地顶多五亩。这种理想可以视为陶渊明的"前理解"。现在他强调自己宅院十亩，结合大家熟知的古人理想，言下便有知足之意。即十亩之宅不为不大，足可种桑种树、莳花艺草矣。但"偌大"宅院中草屋不过八九间，又颇陋。《晋书·吴隐之传》载以清廉著称的吴隐之居家后"数亩小宅，篱垣仄陋，内外茅屋六间，不容妻子"④。陶渊明的茅屋不过多了两三间，自然也是很朴陋的。屋舍陋是诗人安贫有守，宅院大是他知足常乐，这正是《时运》诗"称心而言，人亦易足"之意。

然后是宅院景象。《宋书·五行志》载：

> 晋武帝太康后，天下为家者，移妇人于东方，空莱北庭，以为园囿⑤。

又：

---

① 《孟子注疏》卷一下《梁惠王下》，阮元校刻《十三经注疏》（嘉庆刊本），北京：中华书局，2009 年，第五册，第 5810 页。
② 韩婴撰，许维遹校释《韩诗外传集释》卷四第十三章，北京：中华书局，1980 年，第 143 页。
③ 《孟子注疏》卷五上《滕文公上》，第 5878 页。
④ 《晋书》卷九十《良吏传》，第八册，第 2342 页。
⑤ 《宋书》卷三十《五行一》，第三册，第 888 页。

晋司马道子于府北园内为酒垆列肆①。

可见西晋以后,在屋北庭院中营造园林的风气逐渐形成,至东晋依然如此。陶渊明"榆柳荫后檐",所写似乎正是北园景象。可不可以"桃李荫后檐,榆柳罗堂前"呢? 绝对不行。陶诗所写才是真实田园。盖榆树和柳树都是性好阴湿的树种,且浓荫覆地,其下不宜再种别的草木,所以才种在屋后北园。《齐民要术》卷五《种榆、白杨》:

> 榆性扇地,其阴下五谷不植。种者,宜于园地北畔②。

唐人韩鄂《四时纂要》卷一也说:

> 榆性好阴地,其下不植五谷。种者宜于园北背阴之处。③

又:

> 种柳(中略)尤宜湿地④。

《艺文类聚》卷八八《木部·榆》引《杂五行书》曰:

> 舍北种榆九株,蚕大得⑤。

---

① 《宋书》卷三十《五行一》,第三册,第 890 页。
② 贾思勰撰,缪启愉校释《齐民要术校释》,北京:中国农业出版社,1998 年第 2 版,第 338 页。
③ 韩鄂撰,缪启愉校释《四时纂要校释》,北京:农业出版社,1981 年,第 30 页。
④ 同上注,第 30 页。
⑤ 欧阳询撰,汪绍楹校《艺文类聚》,上海:上海古籍出版社,1999 年第 2 版,第 1525 页。

《杂五行书》甚至把北园种榆的行为神化了，认为有宜蚕桑的作用。所以榆柳只能长在后檐外。

　　反之，桃、李果树，需要充足阳光，应该种植在堂前南边院中。《齐民要术》卷四《种李》：

　　　　桃、李，大率方两步一根①。

自注：

　　　　大概连阴，则子细而味亦不佳②。

缪启愉先生解释说："枝叶荫翳相连，是培养果树最忌的。通风不良，阳光荫蔽，光能作用恶劣，枝叶难以合成果实所需要的有机物质，自然果实少而小，味道也差。而且荫翳还是病虫害的潜藏渊薮，为害更大。"③陶公诗云"罗堂前"，正是桃李罗列散布的样子，"罗"字可谓精确不移。而前面《齐民要术》《四时纂要》形容榆树"扇地""阴地"，极言其树荫可观，所以上一句诗云"荫后檐"，同样是斩截准确的下字手段。

　　诗人的视线由自家宅院扩展至所住的孤独而温暖的小村落。"远人村"这个"村"便大有意味。首先，作为村落、聚落义的"村"是三国以来的一个新词，陶渊明用到诗中，即是口语化的一个表现。更要紧的是，"村"指代的是自然形成的聚落，而不是"乡""里"这类行政区划单位，所以正与《桃花源记》中"村中闻有此人"之村类似，远人之村即隐隐有天然、化外之意。这层意蕴，通过后面的景象描写，即不但有袅袅

① 《齐民要术校释》，第277页。
② 同上注。
③ 同上注，第279页。

炊烟,还有鸡犬之声洋洋盈耳,进一步得到强化。因为读者很容易想到
《老子》第八十章:"邻国相望,鸡犬之声相闻,民至老死不相往来。"以
及陶公《桃花源记》的"阡陌交通,鸡犬相闻"。小国寡民,自然是陶渊
明期待的生活状态。而元代吴师道《吴礼部诗话》则指出:"古《鸡鸣
行》:'鸡鸣高树颠,狗吠深宫中。'陶公全用其语。"①其实诗歌还暗合
了《庄子》杂篇《则阳》文本,及郭象注中所谓"鸡鸣狗吠"即自然本性,
非人力强求之意。这也是自然之境的一种表现。前面铺写得这样踏
实,诗歌最后说"复得返自然"便是真实语,而不是空话。

　　另外,"鸡鸣桑树颠"如果当作实景看,那也不妨稍加说明。因为
过去的鸡都散养,直到魏晋南北朝时,圈养才逐渐流行。《齐民要术》
卷六《养鸡》载圈养之法曰:"鸡栖,宜据地为笼,笼内着栈。虽鸣声不
朗,而安稳易肥,又免狐狸之患。若任之树林,一遇风寒,大者损瘦,小
者或死。"②书中特别强调圈养的好处,似乎可以反证当时圈养还不够
普及。至少诗句所描写的,仍是散养的鸡。也许斯时斯地尚未流行圈
养法,也许只是主人漫不经心,纯任自然。这样深究一下,趣味便增加
了许多。

　　分析了诗歌中的田园景象,再来看诗歌本身。文人赋写归田,之前
有张衡的《归田赋》:"于是仲春令月,时和气清;原隰郁茂,百草滋荣。
王雎鼓翼,仓庚哀鸣;交颈颉颃,关关嘤嘤。于焉逍遥,聊以娱情。"只
是张平子知自然之妙,却不悟田园即自然,人间即自然,所以不能开出
田园文学一派。而后世善写田园者,如王维、孟浩然,他们几乎都是站
在旁观者的立场,用自己闲逸的心来观照农民的田园生活,看到的或者
说想看到的只是田园的美丽,其诗歌表现的出世法要大于入世法,追求
一种超出尘世的美,这更多是二谢法脉。陶渊明不同,他于尘世,有一

---

①　吴师道《吴礼部诗话》,丁福保辑《历代诗话续编》,北京:中华书局,2006 年第 2 版,
　　中册,第 585 页。
②　《齐民要术校释》,第 449 页。

种不离不即的态度；他躬耕，了解田家生活的可乐，更能以欣赏的态度出之；他的人生，既超旷又沉着；他的诗歌，语淡而味浓，言浅而理茂。宋人归向内在，静中深观万物，"思入风云变态中"，才真真正正懂得欣赏这种文学。

《归园田居》组诗与《归去来兮辞》所表达的是同一主题，即离去与归来，尤其是其一，两篇作品的关系颇类似于《桃花源记》与《桃花源诗》的关系。诗也好，辞也好，归来都具有双重含义。首先是回归实体的田园，更进一步回归心灵的自由。"复得返自然"，陶渊明话语中"自然"，并不是英语的 nature，而是一个老庄的概念，这里是指心的本然与自适，正是"曷不委心任去留"的意思。由此更进一层，在离去与归来主题的背后，还隐藏着身心交战的主题。诗人"少无适俗韵，性本爱丘山"，俗是习俗，是大家习以为常的观念、礼法、行为方式，是要个人屈从于众人的力量，也就是下一句的"尘网"。诗人少年时所爱的是山川，并没有投身尘世的念头，为什么后来会"误落尘网中"而"久在樊笼里"呢？《归去来兮辞》里作了解答，这是因为"以心为形役"，心灵作了身体的奴隶。身心交战的第一轮，身体获胜，所以出山为官。然而反思自己，觉得"深愧平生之志"，"实迷途其未远，觉今是而昨非"，心灵战胜身体，又"守拙归园田"。

"误落"的"误"，说明是无心之失，步入仕途，并非出于本心。但是"心为形役"，却不能说是无心之过，而是欲望的胜利，是本心的失坠。老子和庄子认为，赤子本心的状态是无知无识、混沌茫昧的，此即自然。一旦知识的、欲望的孔窍被打开，心也就失坠了，它成为身体的奴仆，那个自由的、活泼泼的心于是像入了盘丝洞的唐僧，被密密匝匝包裹成了人肉馒头，再也动弹不得。该怎么办？返归自然而已。怎么返自然呢？《归去来兮辞》说是"息交以绝游"，《归园田居》说是"守拙归园田"。唯能守拙，故能息交绝游。这让我们想起叔本华在《人生智慧箴言》中类似的说法，他认为丰富的内心是人生幸福的源泉，而伟大的心灵追求独处、闲暇、平静,"一个人自身拥有的越多,对外界所求越少,他人也越难取而代之。正因如此,精神的卓越导致落落寡合"①。这样的人,"他不会被误导,不会为了升官发财、为了赢得世人的青睐与欢呼而牺牲自己,屈从他人的卑鄙用心,迎合他人的低级趣味"②。反之,俗人没有任何精神需求,只是追逐利益的获得与欲望的满足,才会在人群中流连忘返。俗人就像庄子所说的鸱。《庄子·秋水》:"夫鹓雏,发于南海而飞于北海,非梧桐不止,非练实不食,非醴泉不饮。于是鸱得腐鼠,鹓雏过之,仰而视之曰:'吓!'"陶公看来,人间交游,无往不在的都是鸱,是蜩与学鸠那样的人物,要返自然,当然要从息交绝游做起。

息交绝游,需要好大的力量。《古诗十九首》里写"胡马依北风,越鸟巢南枝",陆机说"孤兽思故薮,羁鸟悲旧林"等等,都只是在红尘中痴缠于荣华的徒然哀叹。陶渊明同样写"羁鸟恋旧林,池鱼思故渊",却能悬崖撒手,决然抽身,这表面是潇洒,实际却非力雄志坚者不能也。

然而归来也好,绝交游也好,还只是起步,要达到心灵的自由,二者之间仍有千山万水的距离。《庄子》书中提到"心斋""坐忘""吾丧我",以及齐一大化的认知方式,都是心灵进一步的历练。陶渊明同样不能一蹴而就,一回归田园就步入自由的王国。凡伟大者,莫不是承受更多的艰辛与痛苦而造就的。希腊诗人卡瓦菲斯《伊萨卡岛》:"当你启程前往伊萨卡,但愿你的道路漫长。"伊萨卡岛是奥德修斯的故乡,奥德修斯的归乡之路漫长,所以成就了一部史诗。弃捷径而取长途,虽非必要,却是伟大的充分条件。陶诗此处说"守拙归园田",彼处说"平津苟不由,栖迟讵为拙",说"量力守故辙,岂不寒与饥",也是拒绝坦途近路的同一态度。

归身田园易,束身归心难。田园生活艰苦,时世艰难。艰苦的生活

---

① 〔德〕叔本华著,李连江译《人生智慧箴言》,北京:商务印书馆,2017 年,第 27 页。
② 同上注,第 32 页。

会造成生理的痛苦,先要节制,欲望减小,痛苦才会少。"方宅十余亩,草屋八九间",便是"衡门之下,可以栖迟"的意思,是诗人的知足语,又是安贫乐道的言语。能知足能安贫,其后才能忘却痛苦。一切顺其自然,痛苦便无孔可入。

生活的艰难是一方面,而时世的沉浊是同等的甚至更大的挑战。加缪在其《手记》中曾言:"所有聪明人都会受到的共同诱惑:愤世嫉俗。"强烈的愤激与讽刺,其同情与悲愤浅,其自高之意重。看清了世间的黑暗与荒谬而仍不失其深沉温润之爱,其悲深,其爱大,其人广大而深沉。王维《与卢员外象过崔处士兴宗林亭》:"绿树重阴盖四邻,青苔日厚自无尘。科头箕踞长松下,白眼看他世上人。"虽然潇洒,却终有轻薄相。再看陶公"方宅"以下十句,方宅草屋、榆柳桃李,何其欣然自得;黄昏中的村落炊烟、鸡鸣犬吠,又何等温暖。安然于陋,可见欲望已然淡薄;欣然于草木村庄,便是心之充盈活泼。心中生机勃勃,眼中色、耳中声——孤村炊烟,鸡鸣狗吠——这才无一不可爱。而鸡犬鸣吠的天性不受人力操纵,人也无法操纵,便是诗人所感受到的自然。于是"户庭无尘杂",已绝官场交游也。于是"虚室有余闲",因息交绝游而心下安宁也。这是初回田园,身心俱得解脱的喜悦。

束身归心,就是身与心的起伏争胜的过程,陶渊明的作品真切地展示了他的修心之路。他四十一岁永归田园,可到五十多岁仍不免遇到精神危机,这还是身心的争斗,是陶渊明所选择的漫长道路,是一颗伟大的心灵不断战胜沉沦欲望的真实写照。傅雷在《约翰·克里斯朵夫》卷首的《译者献辞》中说:"真正的光明决不是永没有黑暗的时间,只是永不被黑暗所掩蔽罢了。真正的英雄决不是永没有卑下的情操,只是永不被卑下的情操所屈服罢了。所以在你要战胜外来的敌人之前,先得战胜你内在的敌人;你不必害怕沉沦堕落,只消你能不断的自拔与更新。"怯懦的人必逃避痛苦,陶渊明不是。虚伪的人,必修饰自炫,以期尽善尽美,让所有人都喜欢自己,陶渊明不是。凡有疑惑,有苦痛,有挣扎,有解脱,他都诚实展现在我们面前。而且陶渊明并非为预想中的观众"表演"自己,他放下了虚荣与怯懦,他只是自我评断。如果有人觉得陶渊明做作虚伪,那只好给他读读《庄子》,读读李商隐的"不知腐鼠成滋味,猜意鹓雏竟未休"。也许到最后,陶渊明都没能获得绝对的精神自由,但是他曾经品尝到那自由的滋味,他精神的高度已超然于人世之上。《自祭文》有云:"惟此百年,夫人爱之。惧彼无成,愒日惜时。存为世珍,没亦见思。嗟我独迈,曾是异兹。宠非己荣,涅岂吾缁。捽兀穷庐,酣饮赋诗。识运知命,畴能罔眷。余今斯化,可以无恨。"又说:"人生实难,死如之何。"仿佛叶芝的名诗 *Under Ben Bulben* 最后所言:Cast a cold eye/On life, on death./Horseman, pass by!(睥乎生,睨其死。/骑士,逾迈之!)如此说来,回归田园,是陶渊明真正走向自己的最重要的一步。

　　再进一步想,如果我们生来就处于混沌的自由之中,没有受到任何干扰,从出生到死亡,没有任何欲望,没有痛苦,没有惊喜,也没有恐惧,按照生物的本性活着,就像一个单细胞生物,这究竟是最大的幸运还是最大的不幸呢?生而为人,最大的幸运应该是既有身体和情感,有意志,更有灵魂,有超然于喜怒哀乐、七情六欲之上的可能性。而且正因为曾经深切体会过心灵成为身体所操纵的木偶的大烦恼,才更能体会心灵自由的美妙。孔子三十而立,是在世间能立住身,是入世法。四十不惑,是心内明澈,可以自我决断、自我评判,故不惑于外事外物。五十知天命,是真正找到了自己的使命和道路。六十耳顺,喜怒皆不动于心。心不妄动,便如止水。《庄子·德充符》:"人莫鉴于流水,而鉴于止水。"静水如镜,可映照日月星辰,可含纳万物。有了这层修养,再到七十,终于可以说"从心所欲不逾矩",庶几达到心灵自由的境界。陶公"虚室有余闲","虚室"来自《庄子·人间世》:"虚室生白,吉祥止止。"喻空灵的心。心空,故能止,能静,能定,所以最后说"复得返自然",虽然不必已是"吾丧我"和"从心所欲不逾矩"的境界,但已窥见自

由的光亮,可毋庸置疑。谢灵运《游赤石进帆海》有云:"溟涨无端倪,
虚舟有超越。"同此义理。

　　话到此处,不妨附带讨论一下"复得返自然"的异文问题。"复"
字,有一个异文作"安"。田晓菲《尘几录》认为,历代笺注家选择"复"
而排斥"安"字,是大家想当然地觉得"诗人已经挣脱了枷锁,可以享受
一点安宁了",实际上他们这样是把陶诗中复杂感受给单纯化了,为的
只是突出自己心中那个单纯的宁静自然的陶渊明形象。为了增强说服
力,田教授还举了杨万里的《晓起探梅》诗作为比拟:"一生劫劫只长
途,投老山林始定居。梦破青灯窗欲白,犹疑雪店听鸡初。"① 只是如前
文所述,从鸡鸣狗吠的自然到虚室余闲,再到返自然,一气而下,于意于
理都不容别做他解。而作为互文的《归去来兮辞》同样说"聊乘化以归
尽,乐夫天命复奚疑",其中何尝有一点怀疑? 杨万里的诗歌从背面敷
色,烘托风尘漂泊、人生无奈的感慨,却不是要表达田园之无法回归、心
灵之无法宁静,用作比拟也是不恰当的。

　　再看其二。诗中有云:"相见无杂言,但道桑麻长。桑麻日已长,
我土日已广。常恐霜霰至,零落同草莽。"陶公自谓与村中农人相见,
别无他言,只谈桑麻农事。以桑麻代称农事,这是文学的手法。只是农
事甚多,为何特别拈出桑麻?《孟子·梁惠王上》:"五亩之宅,树之以
桑。"②《汉书·食货志》:"还庐树桑。"③ 可知桑树常种在庐舍宅院四
周,为眼前之物,且正与前一首的"鸡鸣桑树颠"相应。"衣食当须纪",
桑麻都是衣事,自然连类而及。种桑麻都辛苦,种麻尤其不易。《齐民
要术》卷二《种麻》:"麻欲得良田,不用故墟。地薄者粪之。耕不厌

---

①　田晓菲《尘几录——陶渊明与手抄本文化》,北京:中华书局,2007 年,第 89 页。
②　《孟子注疏》卷一下《梁惠王上》,第 5810 页。
③　班固撰,颜师古注《汉书》卷二四《食货志上》,北京:中华书局,1962 年,第四册,第
　　1120 页。

熟。"自注:"纵横七遍以上,则麻无叶也。"地要肥,不肥者要多施肥。又要勤耕,反复至少七遍。正文又云:"麻生数日中,常驱雀。布叶而锄。"①看来麻的种植很是繁难艰苦,付出既多,看到近处的桑麻日渐长大,远方开荒的土地也日渐广大,不能不倍觉欢欣而相对纵谈。

但为什么突然害怕霜霰来到,草木零落?如果理解成诗人在蓬勃生长的日子里忧心着秋冬,似乎跳跃稍大。而且桑树并非草本,秋悴春荣是常理,又何须担忧。可惜注家因为这两句诗清通如话,都不愿辞费,这个疑问一直悬而未决。其实陶公所担忧的,并不是循环的四时荣枯,而是非时的风霜雪雨。如《吕氏春秋·季春纪》所言:"季春行冬令则寒气时发,草木皆肃,国有大恐。"②又《仲夏纪》:"仲夏行冬令则雹霰伤谷。""行秋令则草木零落。"③这里描述的春夏所行的秋令、冬令,就是指这种极端的灾害天气。这类天气并不罕见,正史《五行志》中保存了相当多的记录。这里从《宋书·五行志》中摘录在南方,尤其是在东晋发生的部分非时霜霰记录,以见业农之艰难:

> 吴孙权嘉禾三年九月朔,陨霜伤谷。
>
> 嘉禾四年七月,雨雹,又陨霜。
>
> (晋元帝)太兴三年三月,海盐郡雨雹。
>
> (晋明帝)太宁三年三月丁丑,雨雹;癸巳,陨霜;四月,大雨雹。
>
> 晋康帝建元元年八月,大雪。
>
> (晋孝武帝)太元十二年四月己酉,雨雹。
>
> 太元二十一年四月丁亥,雨雹。
>
> 晋安帝义熙元年四月壬申,雨雹。

---

① 《齐民要术校释》,第118页。
② 许维遹撰,梁运华整理《吕氏春秋集释》卷三,北京:中华书局,2009年,第65页。
③ 《吕氏春秋集释》卷五,第108页。

义熙五年三月己亥,雪深数寸①。

以上记录中,雨雹、陨霜、雨雪的时间,三月、四月、七月、八月、九月都有,此时"霜霰至",动辄减产,重则绝收。即使没有霜霰,夏秋季节的"风雨纵横至",也足可以造成"收敛不盈廛"(《怨诗楚调示庞主簿邓治中》)的后果。陶公的恐惧忧虑,是再真实不过的农家之忧。至于要否由此引申出人生之忧,那就尽可让读者发挥了。至少《命子》诗中所云:"福无虚至,祸亦易来。"深有此慨。

以上是诗中的农事。我们看到,种桑种麻,是人的力量能控制的事情,雨雪雨霜,则是自然更大的力量。任自然而尽人事,不怨天亦不尤人,则是诗歌更深沉的精神。明末黄文焕认为"返自然"是组诗的总纲,他说:"'返自然'三字,是归园田大本领,诸首之总纲。'绝尘想''无杂言',是返自然气象。'衣沾不足惜,但使愿无违',是返自然方法。至于生死者,天地自然之运,非一毫人力所得与。曰'终当归空无',一一以自然听之。田园中老死牖下,得安正命,与一切仕路刑辱不同,死亦得所,况存乎? 知此则清浅遇濯,鸡酒辄饮,彻夜至旦,所期以享用,此自然之福者,何可一刻错过。"②这是极有道理的。下面就再简单分析一下本诗。

"野外罕人事,穷巷寡轮鞅。"诗歌开首两句描写家园的位置,这种开篇法与《饮酒》其五"结庐在人境,而无车马喧"一样。除了标志位置以外,这两首诗都是用否定性的表达方式开篇的。诗歌中的否定实际有双重功能。第一,是直接的否定,比如这里说与俗世中人没有交往。第二,虽然否定,被否定的对象却能产生一个背景,为诗歌提供一个大

---

① 《宋书》卷三三《五行志四》,第 959、963、964、965 页。
② 黄文焕析义《陶元亮诗》卷二,《四库全书存目丛书》集部第 3 册据南京图书馆藏明末刻本影印,济南:齐鲁书社,1997 年,第 176 页。

的场景、一个坐标。即如这首诗,俗世的交往虽然被否定了,但俗世却成为诗人园田居大的背景,在这个喧闹、扰攘的背景上,诗人的乡野显得愈加宁谧、质朴。

　　没有人事交往,下面顺理成章地写自己的内心的安闲。"白日掩荆扉"就是《归去来兮辞》里"门虽设而常关"的意思。白天关着门,可能是出门劳作,也可能是人在家没出门,后一句"虚室绝尘想",无论劳逸,此际心中再无半点俗世念头,心中长闲。白天关着门,那后面"时复墟曲中,披草共来往",应该发生在黄昏日落,他人劳作归家以后。前四句写的是不与俗人交往,下面却笔锋一转,写起与人的交往来了。这个转折很妙。伍涵芬《读书乐趣》云:"陶元亮《归去来辞》,一种旷情逸致,令人反覆吟咏,翩然欲仙。然尤妙于'息交绝游'一句下即接云:'悦亲戚之情话,乐琴书以消忧。'若无此两句,不将疑是孤僻一流,同于槁木乎?"①诗与辞同一机杼。红尘名利之客,非我徒也,乡里父老,朴拙之中自有妙趣。与他们"相见无杂言,但道桑麻长",所谈的不过桑麻话。作为诗句,这两句不修饰锤炼,一白如水,却有一种飘逸的神气在,好像是王羲之在写字,你看他漫不经心写来,却逸宕潇洒,飘然风尘之外,而这种轻盈的丰采,却是由脚踏实地的生活而来。敦厚者最轻盈。有了这两句诗,全诗变得浑朴自然,同时,因为这朴实,生活中的诗意全部地浸润到了诗歌中,于是轻盈起来。试想,如果顺着诗歌开头四句写下去,一个平庸虚浮的诗人会怎么写? 他们一定是把自己的孤寂、清高拿出来继续把弄个不休,再用几个典故,征引几个清高独处的古人事迹作为比附,恍惚之中自己也和古人并肩了,不朽了。但是在诗歌中,陶渊明只是娓娓说着闲话,说庄稼的长势与收成。平淡田园生活本身的暖意与诗意第一次进入诗中。陶渊明与魏晋以来的诗人不同,他

---

①　伍涵芬《读书乐趣》卷三,《四库全书存目丛书》子部第 157 册据华东师范大学图书馆藏清乾隆四十九年刻本影印,济南:齐鲁书社,1995 年,第 744 页。

发现了生活本身的美，而不是刻意营造。

　　"相见无杂言，但道桑麻长。"清代温汝能说："'相见'二语，逼真田家气象，陶诗多有真趣，此类是也。"①最中肯綮。土地静穆，深沉，恒长，许多农夫木讷，但说起庄稼，却能头头是道。听者有心，自能在朴拙言语中领略到土地与人生的经验与智慧。侯孝贤的电影《恋恋风尘》中，主人公阿远服完兵役，发现恋人背叛，已嫁做他人妇。影片的最后，他回到乡下的家。青山之下，爷爷正在为番薯（红薯）翻藤。爷爷看到很久不见的孙子，停下手中的活，他跟日思夜想的孙子说的是什么呢？是他的番薯，是种番薯很辛苦。一位叫"梅生"的豆瓣网友这样说："番薯我也种过，绿色的藤，还会开一种小花。过段时间，是要用一根长长的棍子翻藤的。如果不翻，养分会被藤吸尽，番薯便长得很小，吃起来不甜。翻藤不是件浪漫的事，起初干起来，很轻松，但要不了一沟，身体就会疲惫，另加动作的反复——可能要那样重复着弄一个下午，没一个人跟你说话，你只是为翻而翻。很单调，却又不得不做，不光那是父母交给你的任务。其实从农村走过来的小孩子（懂事的小孩子）都明白，种庄稼不容易；而更重要的是，当你在收获的时候吃那些味美的番薯的时候，你会记得某个天气闷热的下午，你一个人在地里沮丧地翻番薯藤的场景，一沟一沟地过去，还是看不到一个人影，还要小心蛇——很多蛇就藏在那一条条绿色的藤下，便成了一种食自己果实的美。想想电影里的阿公跟我爷爷多像啊！他见我也无非那几句话，今年的和去年的，甚至和前年大前年的，都没什么鲜明的变化。重庆怎么样？习不习惯吃米饭？等等，像电影里的阿公。但他是我真实的爷爷，一个老农民，抽的永远是劣质的烟，关心的永远是土地、儿子和孙子。"②祖孙沉默的时候，镜头摇向青山与天空，音乐响起，影片结束。诗歌也好，电影

---

①　温汝能《陶诗汇评》卷二，清嘉庆九年（1804）温氏刻本，叶八 B。

②　http://movie.douban.com/review/1041216/

也好,都是闲话着农事,生命迁流在其中,人海沧桑在其外,哀乐相生,不淫不伤,最得隽永深味。顾随先生云:"古今中外之诗人所以能震烁古今流传不朽,多以其伟大,而陶之流传不朽,不以其伟大而以其平凡。他的生活就是诗,也许这就是他的伟大处。"①说得真好。

王夫之《俟解》有云:"生污世、处僻壤而又不免于贫贱,无高明俊伟之师友相与熏陶,抑不能不与恶俗人相见,其自处莫要于慎言。言之不慎,因彼所知而言之,因彼所言而言之,则将与俱化。如与仕者言则言迁除交结,与乡人言则言赋役狱讼,不知痛戒而习为固然,其迷失本心,难以救药矣。守口如瓶,莫此为至。吾所言非彼所欲闻,则量晴较雨,问山川,谈风物可尔。"②陶公与农夫谈桑麻是否也如此?友人王培军曾对我说:"与野老实无可共语,以不愿与本阶级人往还,故云云。就其底里言之,仍是负气处。"骨鲠之士所见如此。陶渊明自然也是傲岸之人,二王之说,别有深味。

最后看《归园田居》其三。全诗既是发挥典故,也是写实。就用典讲,《汉书》卷六六《杨恽传》载杨氏诗曰:"田彼南山,芜秽不治。种一顷豆,落而为萁。人生行乐耳,须富贵何时!"这是种豆南山表达隐逸之志的出典所在。但诗歌同样写实,有虚有实,切古切今,所以既踏实又高妙。所谓写实,首二句"种豆南山下,草盛豆苗稀"尤其需要讨论。大豆本来是北方的农作物,过去的农业学者曾以为"粟、麦、豆北方所产,两汉时期固尚未传入南方,所以南方的农业生产比较单纯,只靠水稻一项"③。但王子今依据长沙走马楼竹简发现,三国时期,在长沙地区豆类作物的种植已经相当普遍,以致政府已经征收"豆租""大豆

---

① 《驼庵传诗录——顾随讲中国古典诗词》,第 85 页。
② 王夫之《俟解》,第 87 页。
③ 唐启宇《中国农史稿》,北京:农业出版社,1985 年,第 248 页。

租"，并以豆为重要的仓储粮食①。可见到陶渊明时代，豆类种植在南方普及至少已有一两百年之久，其栽种方式，自当为人所熟知。如果以为豆类在陶渊明时代才新传入南方②，那陶渊明种不好豆子似乎可以理解，但事实并非如此。

常有人以"草盛豆苗稀"为例，来论证陶渊明的随性与懒散，如果我们看豆类作物的栽培方式，可以知道这样的理解厚诬古人了。邓小军早就解释过这个问题，他说："后魏贾思勰《齐民要术》卷二《大豆第六》引西汉氾胜之《氾胜之书》曰：'大豆保岁易为宜，古之所以备凶年也。谨计家口数，种大豆率人五亩，此田之本也。（中略）大豆夏至后二十日尚可种，戴甲而生，用深耕。大豆须均而稀。'所谓'均而稀'，'均'指窝距均匀，'稀'即指行距较宽。为什么大豆种植行距要稀？这是因为大豆植株需要较大空间才能长得茂盛（四川方言叫"长得蓬起来"，"蓬"指枝叶充分展开），豆荚里的豆子才能长得饱满、硕大。所以，豆苗一时被草掩盖，是农田常事，没有关系，只要去锄草，就没有草了。如果把'种豆南山下，草盛豆苗稀'解释为陶渊明'疏于耕作'，这样的解释，可能是由于不太熟悉南方农村生活。"③

此外，还可以略作补充。其一云"开荒南野际"，可见南山下这块地当是新开荒的土地。《齐民要术》特别强调过，种豆"地不求熟"，也就是种豆与种麻正相反，人们更愿意在新开荒的土地种豆。开荒是一件很辛苦的工作，要放火烧去草木，要把树根全都刨出来，但因为过去草木茂盛，这样的土地的肥力往往不适合种庄稼，这时豆科植物就能派

---

① 见王子今《长沙走马楼竹简"豆租""大豆租"琐议》，《简帛》第3辑，上海：上海古籍出版社，2008年10月，第323—330页。又见其《秦汉名物丛考》，北京：东方出版社，2016年，第63—73页。

② 如郭文韬编著，徐豹审定《中国大豆栽培史》，南京：河海大学出版社，1993年，第12页。

③ 邓小军《古典诗歌注释与农村生活经验》，《晋阳学刊》，2010年第4期，第97页。

上用场了。因为豆科植物的根有固氮作用,可以增加土壤的肥力,等种上几年豆子,新地变熟变肥,就可以再种其他农作物。看来陶渊明也像其他农夫一样明白这个道理,所以才在南山下种豆。所以,"种豆南山下"正是对陶渊明熟悉农事的认证。

而新开辟的土地中杂草的残根和草籽本来就多,豆苗又行距稀疏,野草有充分的生长空间,而野草杂草的生长速度从来都比庄稼快,结果会如何呢?农夫们一个不留神,杂草就会盖过庄稼,这是农村生活的常态,也是每个农人都会"抱怨"的事情,没有这样的景象才是奇怪的。所以"草盛豆苗稀"是对农村生活的真实写照,同样也是陶渊明了解如何种豆的证明。陶公自述勤苦垦荒的诗作,反而成了后人口中懒散的表征,以他的性格,一定呵呵而笑,欣然领受这番"好意"吧。

《颜氏家训·涉务》说:"江南朝士,因晋中兴,南渡江,卒为羁旅,至今八九世,未有力田,悉资俸禄而食耳。假令有者,皆信僮仆为之,未尝目观起一坺土,耘一株苗;不知几月当下,几月当收,安识世间余务乎?"①颜之推批评南朝士大夫不知稼穑,落实到大小谢身上毫无问题,但要这样看陶渊明就不对了。陶公的田园书写太真切,非老于农事者不能。仅仅从士大夫趣味出发理解陶诗,总是会有隔膜,苏轼自许"非予之世农,亦不能识此语之妙也",的确如此。陶渊明勤于农事、精于农事,但他终究是士大夫而不是纯然一老农,其诗歌更有深广之妙趣。

《归园田居》其二,写隐逸的恬淡,我们看到的是一个亲近大地的卑微的灵魂。在其三中,诗人由一个农事的谈论者变成了实践者,首二句的真切就是最好的证明。王培军先生又曾见告:"陶公《庚戌岁九月

---

①　颜之推撰,王利器集解《颜氏家训集解》卷四《涉务》,北京:中华书局,1993 年,第 324 页。

中于西田获早稻》诗云：'人生归有道，衣食固其端。'故前首言桑麻，即衣之事。本诗言种豆，即食之事。衣食二端皆备，可自得而无求于人矣。"

细读本诗，种豆在远远的南山之下，晨出夜归，春寒触人，生活诚不易，难得的却是诗人所抉发、所蕴蓄其中的浓浓诗意。"带月荷锄"之美，寻常雅士无法领略，真正山野乡农即便领略也写不出来。有月色之美，诗歌也不避"夕露沾衣"之苦，苦乐相生，其味愈长。除了安于乡野，且诗心醇厚的陶渊明，还有谁能写出这样的诗意呢？

此外，诗人不以"沾衣"为苦，也不以不惜沾衣为高，清真旷远，怡然自乐。一点没有修饰作态的毛病，而是从容自然。可以想见其人之自爱、自信、自得。这跟孔子"饭疏食饮水，曲肱而枕之，乐在其中矣"，及颜回的"一箪食，一瓢饮，在陋巷，人也不堪其忧，人也不改其乐"，可谓风神相同。

再有，诗歌简远，意在言外。种豆，说明常苦饥，需备荒。家里贫困缺乏人工，没有那么多仆僮，所以才亲力耕种。天未明即出，月已出而始归，来往南山之田，可谓长路漫漫。诗人并不唠叨自己的辛苦，但辛苦可想而知。诗歌并不写耕作的场景，而只于"归"字落笔。归来时既晚且寒，可见回归田园，岂易言哉？但诸般辛苦皆不足惜，但使愿无违而已，不必滔滔自述自夸。不但于平淡中见诗意，而且于平淡后见深醇旷达，可谓韵深味长。以含蓄浑厚的风格言，后人效法陶渊明的颇不少，但以境界而论，能企及者极罕见，诚有其宜。这是陶诗超出诗而关乎人的地方。

顾随讲："陶之田园诗是本之心灵经验写出其最高理想，如其'种豆南山下'一首。（中略）明明说草、说锄、说月，都是物，而其写物，是所以明心。"①苏轼曾经说："览渊明此诗，相与太息。噫嘻，以夕露沾衣

---

① 《驼庵传诗录——顾随讲中国古典诗词》，第91页。

之故,而犯所愧者多矣!"东坡所愧,我们何尝不然?

陶公于田园是亲切的,他将心灵与理想寄寓其中,诗歌便真而有味。这样的诗歌需要读者有相应的知识,挑战读者心灵的深度,更需要读者有呼应的力量。也许这里的分析也未必能搔到陶公痒处吧,但陶公广大,想来是不会嗔怪的。

第六章　希声：陶诗的"修辞"

第一节　何谓陶诗的"修辞"

伟大的诗人，能采用独特的方式，熔铸出自己独特的风貌。陶渊明是公认中国诗歌史上的伟大者，而他最鲜明的风貌就是自然质朴。试比较后世主张自然、白话的禅诗，理学家诗，公安三袁之诗，甚至等而下之的张打油、李打油们，会发现，陶渊明自然质朴而浑厚高妙，形成这种风格，绝非简单我手写我口所能。实际上所有杰出的作家在修辞上一定都有大过人之处，有独得之秘，陶渊明何尝是例外。诚如宋人杨万里《读陶渊明诗》所言"雕空那有痕，灭迹不须扫。腹腴八珍初，天巧万象表"①，诗人诗思本腴，诗法本巧，奈何雕空灭迹，对读者实是莫大的挑战。

前人分析陶诗，多言其诗思，而较少讨论其诗法，如黄庭坚说："谢

---

① 杨万里著，辛更儒笺校《杨万里集笺校》卷二二，北京：中华书局，2007 年，第三册，第 1115 页。马一浮也说："陶诗好处在于无意超妙而自然超妙。论者言颜诗如'错彩镂金'，谢诗如'初日芙蓉'。谢之视颜，自是较近自然，然犹有故意为之处。陶则本地风光，略无出位之思，不事雕缋而自然精粹。似此境界，确不易到。"马一浮述，王培德、刘锡嘏记录，乌以风、丁敬涵编次《语录类编》，吴光主编《马一浮全集》，杭州：浙江古籍出版社，2013 年，第一册下，第 625—626 页。

康乐、庾义城之于诗,炉锤之功不遗余力也。然陶彭泽之墙数仞,谢、庾未能窥者,何哉?盖二子有意于俗人赞毁其工拙,渊明直寄焉耳。"①如方东树说:"读陶公诗,专取其真事真景,真情真理,真不烦绳削而自合。谢、鲍则专事绳削,而其佳处,则在以绳削而造于真。"②这种意见是很有代表性和影响力的。既然无意工拙,不烦绳削,那工拙与绳削的讨论便似落入下乘,其实不然。盖无意工拙非无工拙,不烦绳削不等于不合准绳。明代王世贞云:"渊明托旨冲澹,其造语有极工者,乃大人思来,琢之使无痕迹耳。"③清代诗人赵文哲也说:"陶公潜之诗,元气淋漓,天机潇洒,纯任自然。然细玩其体物抒情、傅色结响,并非率意出之者。世人以白话为陶诗,真堪一哂。"④陶诗诗法乃雕空灭迹之法,相对更加隐而不彰,因此更值得研究者沉潜用心,表而出之。只有理解陶诗独特的修辞手段,才能更好理解他独特的风格与风貌。

上引黄、方、王、赵诸说似相反而实相成。就最后的效果看,陶诗是无修辞,或者准确说弱修辞;但就创作过程看,这种效果却需要以很大的力量,反复探寻独属于自己的声音与表达方式才能实现。惠洪《冷斋夜话》卷一引苏轼之语指出,陶渊明因为"才高意远,则所寓得其妙",又经过"造语精到之至"的方式,使其诗臻至化境⑤。这与苏轼一贯的"由技进道"观念相符。清代朱庭珍《筱园诗话》卷一亦有承接东坡思路之言:"陶诗独绝千古,在'自然'二字。(中略)盖自然者,自然而然,本不期然而适然得之,非有心求其必然也。此中妙谛,实费功夫。

① 黄庭坚著,郑永晓整理《黄庭坚全集辑校编年》,南昌:江西人民出版社,2011 年修订本,下册,第 1613 页。

② 方东树撰,汪绍楹点校《昭昧詹言》卷四,北京:人民文学出版社,1961 年,第 98 页。

③ 王世贞著,罗仲鼎校注《艺苑卮言校注》卷三,济南:齐鲁书社,1992 年,第 130 页。

④ 赵文哲《媕雅堂诗话》,张寅彭选辑,吴忱、杨焄点校《清诗话三编》,上海:上海古籍出版社,2014 年,第三册,第 1815 页。

⑤ 惠洪等撰,陈新点校《冷斋夜话·风月堂诗话·环溪诗话》,北京:中华书局,1988 年,第 13 页。

盖根底深厚,性情真挚,理愈积而愈精,气弥炼而弥粹。酝酿之熟,火色俱融;涵养之纯,痕迹迸化。天机洋溢,意趣活泼,诚中形外,有触即发,自在流出,毫不费力。故能兴象玲珑,气体超妙,高浑古淡,妙合自然,所谓绚烂之极,归于平淡是也。"①朱氏所言,重点在性情理气、天机意趣,仍是落在诗人的人格境界上,但他也说兴象、气体,这仍然需要回到创作本身来看。就像庖丁解牛,固已恢恢乎有进于道,但解牛的过程仍是其技,仍然可以借由庄生之笔加以描述。

从创作角度看,陶诗最明显采用的修辞策略是弱化修辞格的使用。即有意降低普通修辞的密度,较自然地运用口语。但如果仔细观察,又会发现陶诗其实采用了独特的、极具风格的修辞方式。可能因为自古以来陶渊明不事雕琢、"直寄焉耳"的观念深入人心,有意识地直接讨论陶渊明修辞的研究并不算多。而少数的直接研究,如刘金菊的硕士论文《陶渊明诗修辞研究》,则主要是从修辞格的角度进行描写②。钱志熙在《陶渊明经纬》中,也认为陶渊明在诗歌语言艺术上有自觉的追求,"对诗文艺术,甚至狭义的修辞艺术的追求,表现在'文辞超卓''文妙''奇文''赋诗颇能工'这一些论文之语中"③。所以他所重仍在修辞格上。修辞格固然是修辞的重要问题,但陶渊明诗文的特征正是大大减少了修辞格的运用,仅着眼于此,反而不易看清他的修辞特色。

将修辞等同于修辞格,在二十世纪的一段时间内是国内修辞学研究的主潮,但不管东方还是西方,其整个的修辞史与修辞学史其实都并不如此简单化,修辞格只是修辞的一个部分。何谓"修辞"？在西方,修辞源出演讲术,所以亚里士多德对它的定义是"一种能在任何问题

---

① 朱庭珍《筱园诗话》,郭绍虞编选,富寿荪点校《清诗话续编》下册,上海:上海古籍出版社,1983 年,第 2340—2341 页。

② 刘金菊《陶渊明诗修辞研究》,台湾玄奘人文社会学院硕士论文,2004 年。

③ 钱志熙《陶渊明经纬》,北京:北京大学出版社,2019 年,第 183 页。

上找出可能的说服方式的功能"①。余友辉解释说,"亚里士多德认为修辞学的说服能力主要来自与辩证法相同的或然性论辩逻辑","不同于辩证法的一般性探讨,修辞学更加关注于在具体情境中就特定主题对特定听众进行说服","这一方面使修辞学主要隶属于政治学;另一方面也使得修辞语言表达(所谓风格)成为修辞学的内在一部分:因为,正如亚里士多德所认识到的那样,修辞学所指向的听众(政治公民)往往难以领会复杂的逻辑推理与论证,要说服他们,不仅需要与辩证法不同的逻辑推论方式(修辞学式推论 ehthymema 与例证),需要另外两种能产生说服力的修辞手段:诉诸情感(pathos)的说服与诉诸品质(ethos)的说服(亚里士多德强调这后两种说服手段必须与逻辑论证说服相一致),而且需要某种特定的适合于他们的语言表达风格"②。显然,修辞格并不是亚里士多德关注的内容。亚里士多德之后,罗马哲学家西塞罗才开始强调修辞学的本质是语言表达技艺,而稍后的修辞学家昆体良才表现出修辞学单纯技术化的倾向③。古希腊、古罗马的政治修辞学,在文艺复兴和启蒙运动时有所复兴。而修辞学的再次兴盛则出现在 20 世纪。从莱庭、徐鲁亚在合著的《西方修辞学》一书中总结说:"20 世纪修辞学研究的主要特点是,一方面强调对古典修辞学的继承,另一方面又大大发展了古典修辞学。现时—传统修辞学、新亚里士多德主义修辞学以及新柏拉图主义修辞学都多多少少地以古希腊、古罗马修辞学传统为主体,结合当今的修辞实践进行修辞活动。新修辞学不仅复活了曾被古典修辞学忽视了的辩证理论,进一步突出了古典修辞学的论辩特征,而且提出了'情境'理论,并运用了心理学、语

---

①　〔古希腊〕亚里士多德著,罗念生译《诗学·修辞学》,上海:上海人民出版社,2016年,第 145 页。

②　余友辉《修辞学、哲学与古典政治——古典政治话语的修辞学研究》,北京:中国社会科学出版社,2010 年,第 6—7 页。

③　同上注,第 10—13 页。

文学、动机研究以及行为主义科学等的研究成果。后现代修辞学则从认识论上突出了对现代性的质疑和批评。"①在总结西方学者对修辞的种种界定和描述之后，《西方修辞学》对"修辞"做出了如下界定："修辞是关于语言使用者如何在口语和写作中更有效地使用语言，通过各种语言手段更有效地劝说、影响读者，以达到思想认识上的高度同一或统一，尽可能完满地达到交际目的的艺术，是发现真理与表现真理的有效手段。"②所以修辞是方式—目的结合的语言运用。根据这一界定，修辞格仅是修辞方式的一部分，远不能等同于方式—目的合一的修辞。而为实现某种目的的修辞方式也显然远远超出修辞格的范围，比如对语境的考量，语体、文体、风格的选择，这些都是修辞的必要手段。如果只看具体的修辞手段，《西方修辞学》概括为：

（1）词法手段。A.语音手段：音韵、节奏格律、韵律、副语言特征、拟声。B.选词手段。C.喻格手段。D.叠词叠音。E.构词手段。

（2）句法手段。A.句式修辞。B.语态修辞。C.语气修辞。D.句式变换与综合句式修辞。

（3）篇章手段。A.语篇的品质要求及修辞手段。B.古典修辞学中的劝说手段。C.叙事辞格手段。

（4）语体（文体）手段。

（5）风格手段③。

通过以上总结可以看出，修辞格只是修辞手段集合中的一部分，修辞手段研究是修辞学研究的一部分，修辞格远不足代表整个修辞手段，更不

---

① 从莱庭、徐鲁亚编著《西方修辞学》，上海：上海外语教育出版社，2007年，第63—64页。
② 同上注，第196页。
③ 同上注，第440—449页。

能代表修辞①。

　　中国古典修辞学与西方古典修辞学是很有相似性的。陈光磊、王俊衡合著的《中国修辞学通史·先秦两汉魏晋南北朝卷》中,总结先秦修辞学的特征,第一点是"强调立言修辞切合政治伦理需要的社会功用性",第二点是"注重立言修辞结合自身道德修养的言行一致性",第三点是"从文质、言意、名实等关系阐明立言修辞的主导原则",第四点才是修辞的各种法式②。可以看到,修辞是作为政治表达的方式被强调的,其目标是政治意图的实现,这与亚里士多德的看法相接近。至于中国传统的修辞学,如果从最后总结阶段的代表性作品看,如王念孙、王引之父子的《读书杂志》《经义述闻》、俞樾的《古书疑义举例》、杨树达《古书疑义举例续补》《中国修辞学》等,主要涉及的问题对应于前面讲到的修辞手段,要大于后来《修辞学发凡》中总结的修辞格③。另外,最有中国特色的修辞方式——"春秋笔法"与《诗经》比兴,则是修辞手段与修辞政治目的紧密结合的,后来在古文与诗词创作、批评中都有深远影响,值得中国修辞学史的学者做专门而深入的研究。其中"春秋笔法"的修辞手段也大都不是修辞格能解释的。虽然 20 世纪较长时间里面修辞格是中国修辞学研究的主要内容,但当代学者早已明白这并非修辞的全部。自 1979 年起,王希杰即不断撰文,重新探讨修辞学的定义、研究对象和研究理论。1983 年,他在北京出版社出版了《汉语修辞学》,成为国内新修辞学研究的第一部专著。这部书"分三大块构建

① 从莱庭、徐鲁亚编著《西方修辞学》,第 464—466 页。
② 陈光磊、王俊衡《中国修辞学通史·先秦两汉魏晋南北朝卷》,长春:吉林教育出版社,1998 年,第 4—16 页。
③ 关于俞樾、杨树达的修辞学,《中国修辞学通史·近现代卷》中有专节介绍,可参看。宗廷虎、李金苓《中国修辞学通史·近现代卷》,长春:吉林教育出版社,1998 年,第 39—46、462—467 页。作为俞、杨源头的王氏父子以及汪中的修辞学,笔者在《乾嘉经学家文学思想研究》中略有涉及,可参看。刘奕《乾嘉经学家文学思想研究》,上海:上海古籍出版社,2012 年,第 128—131 页。

了修辞学的系统框架。一是从结构、意义和声音三方面来论述语言三要素所提供的修辞手段的表达作用；二是从均衡、变化、侧重、联系的四种美质来论述各种修辞格；三是语体风格和表现风格。语言交际活动和语言的同义手段则是贯穿在这三大块中的两条主线"①。再如初版于 1984 年、修订再版于 2000 年的骆小所《现代修辞学》，其章目包括"修辞和语境的关系""词语选择""句式选择""准语言的运用""叙述方法的选择""修辞选择的角度和应注意的问题""修辞格的运用""语言风格"等内容②。王德春、陈晨合著的《现代修辞学》初版于 1989 年，增订再版于 2001 年，其章目除概述以外，分别是"语境学""语体学""风格学""文风学""言语修养学""修辞手段学""修辞方法学""话语修辞学""信息修辞学""控制修辞学""社会心理修辞学""语用修辞学"③。可以看出，敏锐的学者早在 20 世纪 80 年代就已经不再局限在修辞格的研究中。

　　以上简单介绍了中西方修辞学的发展与研究状况，是想说明，古典文学的修辞研究应当为丰富和深化修辞学研究做出自己的贡献，而不能简单将自己束缚在修辞格研究之中。事实上仅仅是修辞格，往往并不能真正揭示一个作家的修辞特色。以此眼光我们会注意到，如钱锺书《谈艺录》《管锥编》，高友工、梅祖麟《唐诗的魅力》，黄永武《中国诗学·设计篇》，松浦友久《中国诗歌原理》，刘衍文、刘永翔《古典文学鉴赏论》等等都是。具体到陶渊明研究，葛晓音的论文《从五古结构看"陶体"的特征与成因》，从文体角度讨论陶渊明诗歌的风格特征，正是从修辞研究陶诗的力作④。葛先生认为陶诗独成一体，既如汉诗之浑

---

① 袁晖《二十世纪的汉语修辞学》，太原：书海出版社，2000 年，第 377—378 页。
② 骆小所《现代修辞学》，昆明：云南人民出版社，2000 年第 2 版。
③ 王德春、陈晨《现代修辞学》，上海：上海外语教育出版社，2001 年。
④ 葛晓音《从五古结构看"陶体"的特征与成因》，《中国诗学》第十五辑，北京：人民文学出版社，2011 年。又收入葛晓音《先秦汉魏六朝诗歌体式研究》，北京：北京大学出版社，2012 年。

然天成,又有自家韵味悠长、意境高远之风,其特征与成因源自陶诗上承汉魏诗而又能出新。其承继处主要在习得"汉诗场景表现的单一性和连贯性的创作原理,避免了西晋五古由于体俳而形成的意脉割裂感"①。不同之处在于,陶渊明的单一场景不是简单的日常生活,而是从日常生活中提炼出典型场景和人生哲理,由此表现出诗人的鲜明形象、人格特征②。而另有一种来自西晋多层结构的诗作,陶渊明则以抒情逻辑贯穿全诗,形成一种内在意脉和连贯之气,从而达到一气相承,消解了复杂结构的层次感的效果③。葛晓音的研究启发我们,研究陶渊明的修辞,不必依据修辞手段的条目去一一对照陶诗,而应当反复细读其作品,从中总结出最具有一家之风的修辞方式、修辞手段。如是,才能真正抉发陶渊明独特的文学风貌及其形成原因。

本书上一章《陶诗的力量》一节中从字法、句法、章法的角度分析陶诗力量,其实同样是在做修辞分析。陶诗用字拙放而包孕深广,造句拙朴与高奇相生,结构上如长江大浪富于变化,这都是修辞手段上非常鲜明的个人特色。通过仔细阅读和反复体味,陶诗还有一些独特的修辞方式与手段值得关注,比如在形容描绘时的准确性和适当性,灵动多变的节奏,以及形成诗歌风格的一些修辞手段。当然以上三点远不能说完备,分析也未必切中肯綮,聊作引玉之砖,以俟高明。

第二节　形容的尺度

陶诗"质而实绮,癯而实腴",所谓质与癯,是给人的第一印象,这是就风格而言,而要实现这一风格,重要的方法是"不用或少用形容词

---

① 葛晓音《先秦汉魏六朝诗歌体式研究》,第 345 页。
② 同上注,第 345—350 页。
③ 同上注,第 350—354 页。

之类的附加成分,不用或少用比喻、夸张之类的修辞方式,老老实实地叙述事实,铺陈景物,解剖事理"①。当然,仅仅平实的抒写描述,是无法由质癯而生绮腴的,必要的形容、描绘必不可少。从选词手段讲,形容与描绘重在准确、恰到好处,而不在繁多、堆砌。用准确的词汇,在适当的位置加以形容和描绘,这既考验作者的写作能力,实际也是其内在精神的表现。有些诗人意多而笔繁,有些诗人性简而笔淡,其间本无高下轩轾,如果有意伪饰,欲以堆砌修饰的方式创造某种外在于己的风格,就往往会在准确性和适当性上露马脚。从这个意义上说,准确性与适当性正是"形容"最关键的尺度。

一　适当性

这个问题,钱锺书早已举过一个非常典型的例子。《谈艺录》第四八则评阮大铖诗条补订云:

> 余尝病谢客山水诗,每以矜持矫揉之语,道萧散逍遥之致,词气与词意,苦相乖违。圆海况而愈下;听其言则淡泊宁静,得天机而造自然,观其态则挤眉弄眼,龋齿折腰,通身不安详自在。《咏怀堂诗》卷二《园居诗》刻意摹陶,第二首云"悠然江上峰,无心入恬目",显仿陶《饮酒》第五首之"采菊东篱下,悠然见南山"。"悠然"不足,申之以"无心"犹不足,复益之以"恬目",三累以明己之澄怀息虑而峰来献状。强聒不舍,自炫此中如镜映水照,有应无情。"无心"何太饶舌,着痕迹而落言诠,为者败之耳。(中略)诗中好用"恬""憺"字,连行接叶,人类躁于鸣"恬",矜于示"憺"。又好用"睇""骛"字,自以为多多益善,徒见其陈陈相因②。

---

①　王希杰《汉语修辞学(修订本)》,北京:商务印书馆,2004 年,第469—470 页。
②　钱锺书《谈艺录》,北京:三联书店,2007 年第 2 版,第427—428 页。

正如钱先生所指出的,阮大铖尘心俗虑,为人中躁之躁者,写诗却偏偏要表现宁静澹泊之意,于是拼命堆砌表现安宁的形容词,反而把诗句弄得矫揉沉重。例中之诗,本意不过是看见江上群峰而已,却用了两个定语"悠然""恬"和一个状语"无心"。这是何其冗赘的"观望"啊!过度修饰,制造出如此饱满的情绪,应当是阮髯酝酿很久的结果吧,却压得人眼都抬不起,等到读者终于抬起头观望时,江上山峰只怕早已遥落身后看它不见了。惺惺作态者很难有真诚的修辞。返观陶诗,到东篱之下、采菊、遥望南山,十个字竟包含了三个连续性动作、三层意思。陶渊明只似一个惯常沉静的人与友朋闲话一般,朴素、简单,没有刻意描头画角卖弄自己,"悠然"的出现刚刚好,不缓不急、不多不少,显得何其轻盈。轻盈,所以跳跃、包容而丰富。诗歌所传达的诗意与选词造句所造成的修辞效果完美相合,散发着轻盈、自然、宁静、淡远的神味。相反,习惯于粘滞修辞的人只会因沉重而败坏他的"自然"。

　　当然,阮大铖的毛病也是有所本的。冯复京《说诗补遗》卷三批评陆机诗云:

> 　　士衡情苦怪繁,下笔芜杂,古人已病之。如云"沉欢滞不起",曰沉曰滞曰不起,赘之甚矣。况下句又云"欢(况)[沉]难克兴"耶?"离鸟悲旧林",又继以"思鸟有悲音";"歧路良可遵",又继以"将遂殊途轨";"振策陟崇丘",又继以"倚峦登高岩"。"倏忽几何间""朝徂衔思往""偏栖独只翼",一句中,"倏忽""几何""徂往""偏独"赘用。《罗敷歌》"清川""清尘""清湍""清响"交错,文体益芜,大致则才藻有余,骨气不足①。

---

① 　冯复京《说诗补遗》,周维德集校《全明诗话》第五册,济南:齐鲁书社,2005 年,第3871 页。

很显然,阮诗上追陆士衡,下拟陶谢,他的毛病除了自身的问题,也有追摹陆机等人的原因在。"沉欢滞不起"句见陆氏名篇《为顾彦先赠妇诗二首》其一。此诗第七至十句云:"隆思乱心曲,沉欢滞不起。欢沉难克兴,心乱谁为理。"①"乱心""心乱"及"沉欢""欢沉",故作回环,其实烦冗,更何况句内亦复沓,真令人读之气懑。

　　上面陆机、阮大铖的毛病主要是不适当,即过度。从心理学上讲,过度追求的都是内在缺乏的,适度感的缺乏正是其人不自得、不自信的表现。而陶渊明则显然是自信自得的典范,所以他才简简单单一个"悠然"就够了。虽然南朝喜爱华丽的贵族们不能欣赏这种质朴,但随着佛教与儒家心性学的普及,越来越多的士大夫能明白这种少许胜人多多的妙处。再举陶诗一例。《读山海经》其一:"孟夏草木长,绕屋树扶疏。众鸟欣有托,吾亦爱吾庐。既耕亦已种,时还读我书。穷巷隔深辙,颇回故人车。欢然酌春酒,摘我园中蔬。微雨从东来,好风与之俱。泛览周王传,流观山海图。俯仰终宇宙,不乐复何如。"诗中曰"欣""爱",曰"欢然",曰"乐",可谓三复斯言,这是不是阮大铖式的过度堆砌呢?不是的。诗歌层次井然,意思清圆。三四句的"欣""爱"就居得其所而来,而且二字互文,鸟欣即人欣,人爱即鸟爱,于是"观物观我,纯乎元气"②,物我齐一的境界便由此二字生出。"欢然",则是承耕种得暇,闲居无人而来。闲而不劳,常至于无聊,劳而不得闲,便要堕入困窘;劳而得闲,更兼无人打扰,准备酒菜,以佐读书,自然有欣然跃然之意涌动心间。以上机缘凑合,条件圆熟,终于畅快读书,人生之乐,何可言哉。这个"乐"字,是读书之乐,也是前述种种机满缘足之乐,更是最后"俯仰终宇宙"人生之乐,所以是总结,也是升华。诚如清人吴淇所言:"章末'乐'字,作诗之根本,即孔、颜之乐处。(中略)结句'乐'字,

　　①　陆机著,杨明校笺《陆机集校笺》,上海:上海古籍出版社,2016年,第295页。
　　②　沈德潜《古诗源》卷九,北京:中华书局,1963年,第210页。

总结上文十二句。盖靖节因乐而读《山海经》,非读《山海经》而后乐也。"①因此诸字各有用处,相承相显,而绝不会有过度之弊。可见修辞之中,重复不等于过度,单一不等于适度,适度与否,看的是选词造句与全篇的配合,看的是其安排的位置。

二 准确性

以上是分析陶诗形容的适度性,再看其准确性。上一章分析陶诗力量时,于字法中所举"在""良""奇"诸字,都是准确用字的最佳代表。又在分析陶渊明的田园书写时,以《归园田居》前三首为例,揭示其田园生活描写的真切,这种真切就是准确。正如前文提到的,"榆柳荫后檐,桃李罗堂前",一字移易不得。而种豆于新开荒的南山下,也一定是"草盛豆苗稀",任何涂饰都会破坏这种田园生活的真实感与画面感。龚望评其一云:"直吐露真情来,无一修饰之语,而其间有无穷妙味,是陶诗之真面目也。"②何以不修饰而有妙味? 正因为能写出田园生活的实况。相反,不够好的诗人、坏的诗人,选词造句的随意性就比较强。仍看钱锺书所举的阮大铖的例子:

> 《戊寅诗》如《微雨坐循元方丈》云"隐几憺忘心,惧为松云有",夫子綦"隐几",嗒焉丧我,"心"既"憺忘",何"惧"之为,岂非言坐忘而实坐驰耶。又如《昼憩文殊庵》云"息机入空翠,梦觉了不分。一禽响山窗,亦复嗤为纷",自诩"息机"泯分别相,却心嗔发为口"嗤",如欲弹去乌白鸟、打起黄莺儿者,大异乎"鸟鸣山更幽"之与物俱适、相赏莫违矣③。

---

① 吴淇撰,汪俊、黄进德点校《六朝选诗定论》卷十一,扬州:广陵书社,2009 年,第293 页。
② 龚望《陶渊明集评议》,天津:南开大学出版社,2011 年,第25 页。
③ 钱锺书《谈艺录》,第428 页。

既然"忘心",何惧之有,既然"息机",嗤从何来。一诗之内,两句之间,自相矛盾若此,从文品与人品关系看,可见阮大铖之伪,从修辞看,便是准确性的欠缺。准确性是大诗人的基本要求,在陶渊明自然是不欠缺的。

不妨再举两个例子。《移居》其一:"昔欲居南村,非为卜其宅。闻多素心人,乐与数晨夕。怀此颇有年,今日从兹役。敝庐何必广,取足蔽床席。邻曲时时来,抗言谈在昔。奇文共欣赏,疑义相与析。""素心"一词,为诗歌关键。袁宏《后汉纪》卷五载冯异之言有"伏愿明主知臣素心"之语①,是本心之义。诗中之"素心",则是纯素之心、素朴之心,清人方宗诚谓"'素心'即淡泊宁静之意"②,是也。这个意义的用法大概是陶渊明的创造。诗中说南村多素心人,这是移家的最大动力,可见诗人自己也是素心人,才能惺惺相惜。那如何是"素心"?"敝庐"二句是素,简朴安贫之素。"邻曲"二句,明末黄文焕所评最有眼光:"一切世事不入眼,不入口。"③谈古不论今,此即淡泊。但素朴不等于寡淡平庸,一个"奇"字,一个"疑"字,生动写出诗人活泼泼之胸怀。于是我们知道这"素心"素如流水,而非一潭死水。安贫、好古,这是正面写"素",好奇,这是补充发展"素",一个"素心"被层层展开,既生动,又准确,的确是大诗人的手笔。

再看《拟古》其五:"东方有一士,被服常不完。三旬九遇食,十年着一冠。辛勤无此比,常有好容颜。我欲观其人,晨去越河关。青松夹路生,白云宿檐端。知我故来意,取琴为我弹。上弦惊别鹤,下弦操孤鸾。愿留就君住,从今至岁寒。"诗歌层次井然。前六句写所闻,而以"我欲观其人"二句结之。《说文》:"观,谛视也。"《春秋》隐公五年《谷

① 袁宏撰,张烈点校《后汉纪》,《两汉纪》下册,北京:中华书局,2005年,第92页。
② 方宗诚《陶诗真诠》,清光绪八年刻本,叶三B。
③ 黄文焕析义《陶元亮诗》卷二,《四库全书存目丛书》集部第3册据南京图书馆藏明末刻本影印,济南:齐鲁书社,1997年,第180页。

梁传》曰:"常事曰视,非常曰观。"①可见"观"是细心考察之义。耳闻其人其事,固然心生敬佩,愿相结交,但传闻未必尽真,所以要观之察之。诗歌后半即所观所察。居家在青松白云间,所乐在清琴,所弹为《别鹤操》《孤鸾操》,其人之高洁耿介可知,所以心悦诚服,愿意留住。不但愿意留住;而且要"从今至岁寒",则一往倾心之态溢于言表。所以前面的"观"字,后面"从今"一句,将诗人的心态传达得颇为入神。

《拟古》其五在后世颇有模拟者,试举二首作为比较,即可看出陶诗平常言语而精确,诚非所易学。白居易《丘中有一士二首》其二:"丘中有一士,守道岁月深。行披带索衣,坐拍无弦琴。不饮浊泉水,不息曲木阴。所逢苟非义,粪土千黄金。乡人化其风,熏如兰在林。智愚与强弱,不忍相欺侵。我欲访其人,将行复沉吟。何必见其面,但在学其心。"②元明之际的张羽《拟古十首》其七:"薄游上东门,南望青山阿。松柏郁苍苍,绝顶亦嵯峨。中有避世者,存身养元和。我欲求其人,年岁空蹉跎。(后略)"③白居易用"访",张羽用"求",都是信之不疑,意味便薄,后面也难以为继。陶诗遣词造句之佳,如此比较,便一目了然。

前人论诗,不少人好侈言炼字、言句眼,钱锺书《谈艺录》中已详论其偏颇与浅陋,钱先生说:"夫曰'安排',曰'安',曰'稳',则'难'不尽在于字面之选择新警,而复在于句中之位置贴适,俾此一字与句中乃至篇中他字相处无间,相得益彰。倘用某字,固足以见巧出奇,而入句不能适馆如归,却似生客闯座,或金屑入眼,于是乎虽爱必捐,别求朋合。盖非就字以选字,乃就章句而选字。""盖策勋于一字者,初非只字偏善,孤标翘出,而须安排具美,配合协同。一字得力,正缘一字得所

① 《春秋谷梁传注疏》卷二,阮元校刻《十三经注疏》(嘉庆刊本)第五册,北京:中华书局,2009 年,第 5141 页。
② 顾学颉点《白居易集》,北京:中华书局,1979 年,第 23 页。
③ 张羽著,汤志波点校《张羽集》下册,杭州:浙江古籍出版社,2018 年,第 232 页。

也。"①正是对用字准确性的有力阐发。陶诗之佳，不在有警字、警句，而在于字字句句妥帖准确，互相生发，所以单拈似平平，而合成一篇则境界高旷。读者最宜于此细味之。

第三节　句篇节奏

本节欲讨论陶诗的句篇节奏。过去学者讨论诗歌节奏，一般讲的是句内的节拍、停顿②，朱光潜认为纯粹的抒情诗以停顿性的音乐节奏为主，即这种句内的节拍停顿，但他指出还有另一种语言的节奏。所谓语言的节奏，包括一段文字发音上的长短顿挫、意义理解造成的轻重起伏和情感的回旋起伏三个方面。朱先生认为接近谈话的诗剧、叙事诗的节奏便以这后一种语言的节奏为主③。这就提示我们，句内停顿的音乐节奏和句篇的语意、情感起伏的语言节奏是同时存在于诗歌之中的，不同诗体，不同作家的不同风格，会导致两种节奏的比重不同。陶渊明显然更适合从语言节奏的角度考察他诗歌的句篇节奏的变化。其一，他是近体格律产生之前的诗人，且不以"律谐宫商"见称。其二，陶诗之特色正是平白自然如说话，这一风格特色决定了他的诗歌节奏主要存在于句篇之中，存在于语意和情感的变动之中。

如果从这一角度观察，会发现陶渊明诗歌并非如一般所想象的静水深流，相反在情感上可见急促、轻快与舒缓、凝重的交织，在意义表达上常见转折、延宕与跳跃，二者共同形成了一种富于变化的诗歌节奏。

---

① 钱锺书《谈艺录》二《黄山谷诗补注》新补十二，第44、46页。

② 如〔日〕松浦友久著，石观海等译《节奏的美学——日中诗歌论》，沈阳：辽宁大学出版社，1995年，第163—175页。

③ 朱光潜《诗论》，北京：中华书局，2012年，第124—126、162—170页。

从句篇节奏角度看陶诗的自然是流动的自然，如风行水流，表现的是诗人活泼泼的心灵与深沉的诗思。

除了心灵与诗思的变化因素外，这种丰富而变化的节奏当然也与陶渊明生命中的音乐感有密切的关系。他的日常生活充满音乐，"清琴横床"，"委怀在琴书"，"乐琴书以消忧"，"今日天气佳，清吹与鸣弹"，其生命与心灵久为音乐所浸润。梁宗岱以法语翻译《陶潜诗选》之后，请法国大诗人瓦雷里（旧译梵乐希）作序，瓦雷里由此谈到诗歌的音乐性："如果是一首诗，音乐底条件是绝对的了：如果作者不曾在这上面审思熟筹；如果我们观察到他底耳朵只处在被动的地位。而节奏、音调和音色在诗底组织里并不占有一个主要的、和那含义相等的重要地位，我们就要对这并未感到需要而歌唱，而他所用的字令人想起别的字的人绝望了。"①虽是他的一贯之谈，却无意中切合了陶诗。英国诗人柯勒律治说："灵魂中没有乐感的人永远不能成为一个天才的诗人。"法国学者雅克·马利坦也说："诗性认识和诗性直觉最初的效果和征象是一种产生于赋予诗性认识和诗性直觉以存在的生活源泉之中的音乐的激动，只要它们存在于灵魂之中，甚至于在任何有效的实施开始之前。"②陶渊明也是那种灵魂中有乐感的诗人吧。

下文，将分别从情感的舒促快慢和诗意之延宕跳跃两方面来具体讨论陶诗的篇章节奏，借此一窥陶诗成道之技。

一　舒促变化

形成风格的诗人往往有自己的节奏，或繁鼓急弦，或啴缓安和，或庄严凝重，或超逸飞扬，大都各肖其为人。陶渊明诗歌，很多人会有安

---

① 梁宗岱《诗与真》，北京：中央编译出版社，2006 年，第 192 页。
② 〔法〕雅克·马利坦著，刘有元、罗选民等译《艺术与诗中的创造性直觉》，北京：三联书店，1991 年，第 217、215 页。

详舒展的第一印象，即钟嵘所言"笃意真古，辞兴婉切"①。但览其全体而品味之，却会发现陶诗节奏极富于变化，一种常见方式是情感和气息上急促与舒缓的交织起伏。这一点，早经萧统在《陶渊明集序》中指出，即"跌荡昭章"，"抑扬爽朗"②。他的诗歌，往往一首之内，舒促交替，一组之中，刚柔摩荡。就像交响乐主部主题与副部主题的交织，有快板、慢板、行板、柔板等等变化，陶诗虽然没有交响乐那么复杂的结构，但诗人的情感与意志常常在展开中发生变奏，咏叹有时，激切有时，淡泊有时，沉吟有时，变化的情思使得不少诗篇也存在主部、副部等不同主题，而诗歌节奏也随之摇漾生变。笔者曾在第五章《陶诗的力量》一节中提及陶诗的两种句法组合情况，一是"在前后娓娓如家常语的诗句中嵌入一二高句奇句，二者互相生发，便知平淡中原自有高情深致，使读者不至误以为只是浅淡"，二是"在动荡、愤懑中着一二静淡之语，而诗人的胸次、诗歌的境界全出"。

前一种情形，清人马位在《秋窗随笔》中曾举例道："人知陶诗古淡，不言有琢句处。如'微雨洗高林，清飙矫云翮'，'神渊写时雨，晨色奏景风'，'青松夹路生，白云宿檐端'，诗固不于字句求工，即如此等句，后人极意做作不及也，况大体乎？"③此外，陶诗更常采用的变缓为急的手段是用反问或疑问来提升情绪。诗中用反问和疑问很常见，但陶渊明平淡自然之作大量采用这类问句，说明诗人内心并不是真的一平如水，而是自有起伏，有情绪的波动，其诗歌是真实生命的呈现。如《九日闲居》之"如何蓬庐士，空视时运倾"，将前面空明秋景转至小序中"持醪靡由，空服九华"的主题上，无奈之叹息随着问句扑面而来，与

---

① 钟嵘著，曹旭集注《诗品集注（增订本）》，上海：上海古籍出版社，2011 年，第 336—337 页。

② 袁行霈《陶渊明集笺注》附录，第 613 页。

③ 马位《秋窗随笔》，丁福保编《清诗话》下册，上海：上海古籍出版社，1978 年，第 827 页。

后面"尘爵耻虚罍,寒华徒自荣"两句一起自成一节奏片段。而其下"敛襟独闲谣,缅焉起深情",在情绪上有所放缓,但最后的"栖迟固多娱,淹留岂无成"又以反问结束全篇,情绪又被提升。诗的后半部分,两个问句引领了情绪的起伏,平淡的字句之下实藏波澜。与前半部分缓缓描述秋景的平静节奏不同,后半部分情绪的旋起旋落,便似由慢板转为快板。几乎完全相同的笔法也见于《五月旦和戴主簿》。其他诗歌虽然层次结构上各有千秋,但以问句提升情绪的手法则相同。

比较有特色的如《饮酒》其二:"积善云有报,夷叔在西山。善恶苟不应,何事空立言?九十行带索,饥寒况当年。不赖固穷节,百世当谁传?"诗歌八句,明显上下四句各作一层。前半疑,取《史记·伯夷列传》之语,以疑善恶报应之说,以疑问作结,其愤自深。后半信,虽然当身并无善恶之报,但是固穷之节,自足不朽,仍以疑问作结,其志慷慨激烈。一反一正,自疑自誓,都用问句将这种情志推向高潮。而《癸卯岁十二月中作与从弟敬远》则是在结尾四句连用两个问句:"平津苟不由,栖迟讵为拙?寄意一言外,兹契谁能别?"将开篇即峻烈的诗作推向了情绪的顶峰。

仍是《癸卯岁十二月中作与从弟敬远》,在全篇孤寂郁怒、饥寒交迫的境况中却又写出了"倾耳无希声,在目皓已洁"的千古名句。清人陈祚明云:"'倾耳'二句写风雪得神,而高旷之怀,超脱如睹。"①高旷超脱不难,沉郁决绝也不难,难的是沉郁决绝的时刻仍能以高旷超脱的胸怀体悟雪的精神,欣赏天地严酷中的大美。于人生言,这是绝大力量的展现;于诗歌节奏言,这是快板中的慢板,是对郁怒的舒缓。《戊申岁六月中遇火》同样如此,在描写火灾之中,却出现"迢迢新秋夕,亭亭月将圆"这样宁静之语,所以陈祚明赏叹云:"燔室后有此旷情。"②又

---

① 陈祚明撰,李金松点校《采菽堂古诗选》卷十三,上海:上海古籍出版社,2008年,第402页。

② 陈祚明《采菽堂古诗选》卷十三,第413页。

《己酉岁九月九日》前半固然写"万化相寻绎，人生岂不劳"忧郁之情状，而其间"清气澄余滓，杳然天界高"两句状秋空之澄澈爽朗，便将忧郁一扫而空，真妙不可言。

不但一诗之中有节奏舒促的起伏变化，陶渊明的组诗同样呈现这一特色。比如《饮酒》二十诗，这组诗是否有内在线索脉络，前人有争论，但是组诗有情绪起伏、节奏变换则无疑。黄文焕有一段分析极妙，他说：

> 其字句环应，互洗互翻，牵连只属一丝，错综分为万绪。示达则曰"达人解其会"，"达人似不尔"；寄傲则曰"啸傲东轩下"，"兀傲差若颖"；剖疑则曰"逝将不复疑"，"何为复狐疑"；戒同则曰"一世皆尚同"，"雷同共誉毁"；矢节则曰"不赖固穷节"，"竟抱固穷节"；愤俗则曰"咄咄俗中恶"，"世俗久相欺"；溯情则曰"人人惜其情"，"远我遗世情"，"终以翳吾情"；晰名则曰"但顾世间名"，"恐此非名计"，"虽留身后名"；明意则曰"此中有真意"，"人当解意表"，"志意多所耻"；考言则曰"何事空立言"，"欲辨已忘言"，"寄言酬中客"，"发言各不领"，"父老杂乱言"种种。以前说起后说，以后说洗前说，由浅入深，用翻助厚，端倪出没，步步穿插①。

黄文焕的本意是要抉发组诗"深于布置"，"淋漓变幻，义多对竖，意则环应"②，但借由他的归纳，可以清晰看到，《饮酒》二十首，愤世嫉俗之语颇多，诗人意中似甚有不平之事，又拒绝人世之意甚明，故不免重言往复，再三言之。以此审视全部二十首诗歌，就会看到前后多愤激、嘲弄、叹息、调笑之作，其气息或急促或轻快；其五、其七、其十四何

---

① 黄文焕析义《陶元亮诗》卷三，《四库全书存目丛书》集部第 3 册据南京图书馆藏明末刻本影印，济南：齐鲁书社，1997 年，第 195 页。
② 同上注，第 194 页。

其舒缓自在;又有坚凝强毅的自誓之作,如其四、其十二等等,作庄严凝重之声。组诗节奏随情生变,如山中云烟,逐风上下,遇林盘旋,绝不单调沉闷。其他组诗,同样如此。《读山海经》十三首的神仙世界,既有诗人"俯仰终宇宙"之乐和王母的怡悦逍遥,也有夸父、精卫、刑天的不息猛志,还有"巨猾肆威暴"一首对所有奸臣小人的诅咒,最后以"帝者慎用才"作结,可谓缓调开篇,而促调终之。

陶渊明是酒徒与诗人,是妻之夫、子之父,是可亲近的朋友,但不是参禅悟道、哀乐不入的方外士,故而他具有丰富的感情。生命与世界的可爱与可憎时时触动他。陶渊明多情,其诗亦情多。所以陶诗节奏上舒缓与急促的交织变化大要是随着情感的起伏变化而产生的,但也不止于情感。那种郁怒、痛苦之中包含的舒缓宁静,表现的更多是诗人的胸次,源自坚凝的品格、深沉的思致与旷达的胸怀,以此在情感波动的时刻依旧不失去安宁镇静的风度。陶渊明的情盛和意远,不但直接表现在诗句之中,也同样体现在篇章的舒促变化之中,形式与内容可谓密合无间。

二 转折、延宕与跳跃

一首诗往往包含数层意思,有时一句一意,有时数句一意,意义单位之间,或并列铺展,或顺承,或转折,是常见的写法。在早期诗歌中,《饮马长城窟行》"青青河边草"一首,韵随意转,将承接与转折的变化发挥得淋漓尽致,可称典范。又徐幹《室思》"人靡不有初,想君能终之。别来历年岁,旧恩何可期。重新而忘故,君子所尤讥。寄身虽在远,岂忘君须臾。既厚不为薄,想君时见思"①,两句为一个意义单位,陈祚明指出它"句句转掉"②,实即两句一个转折,也让人赞叹。但如果

---

① 吴冠文、谈蓓芳、章培恒汇校《玉台新咏汇校》,上海:上海古籍出版社,2011 年,第155 页。

② 陈祚明《采菽堂古诗选》,第 200 页。

仔细分析起来，这些承与转在意思上并不超出读者的预想，基本围绕一个总的意思，比如"思念"在展开，在节奏变化上则比较单一，尤其《室思》采用固定的两句一转的方式，使得全诗只有一种节奏形式。这时，"句句转掉"既是诗歌的优点，同时也成了它的不足。相比起来，陶渊明诗歌的意思往往富于变化，除了铺展、顺承、转折外，还可以看到延宕、休止和跳跃，造成他诗歌意义单位的音长快慢出现更为丰富的变化。

这里先以读者最熟悉的《饮酒》其五为例，稍作分析。开首的"结庐"两句，诗人为全诗定下基调，他分出两个世界，一个宁静的家园，一个喧嚣的尘世，他要写的是前者。旋即以设问的方式自问自答：如何能将家园从世界中区分出来？原来疏离与宁静根源于内心。设问的作用在意义上是强调，而通过提出问题，在节奏上制造了一个延宕和顿挫，而不是平铺直叙。清人丘嘉穗曾说："首四句，三句一呼，一句应之。"①一呼一应，正是对这种节奏的把握。同时，这一设问还制造了一个焦点，吸引读者思考"心远地偏"的道理。方东树指出，前四句逼出"心远"之义，"后六句即'心远地偏'之实事"②。有前面开门见山一番道理，后面便撇开说理，直入写事写景，即清人温汝能所说"得力在起四句，奇绝妙绝，以下便可一直写去，有神无迹，都于此处领取"③。而从篇章节奏的角度看，这是突然的休止与跳宕，造成一种轻盈多姿的效果。仔细想来，在"心远"与"采菊"之间，诗人省略了多少闲言语。诗歌是"饮酒"之作，但诗人并不去谈酒。也许他独酌无聊，也许数日无酒而乍得名酿，这些一概省略。被省略的还有采菊的目的。"酒能祛百虑，菊解制颓龄"（《九日闲居》），菊花益寿延年、轻身祛老的功效，不

---

① 丘嘉穗《东山草堂陶诗笺》卷三，《四库全书存目丛书》集部第 3 册据南京图书馆藏明末刻本影印，济南：齐鲁书社，1997 年，第 247 页。
② 方东树撰，汪绍楹点校《昭昧詹言》卷四，北京：人民文学出版社，1961 年，第 113 页。
③ 温汝能《陶诗汇评》卷三，清嘉庆九年（1804）温氏刻本，叶二十一 B。

谈。除了饮酒,诗人在白日的遐想与劳作,在黄昏来临前步出庭园,这些其实都不妨写入诗中,也不写。诗人"心远"的时候就是采菊的此际,饮酒与长寿、劳作与遐想都隐遁而去,只看到诗人悠悠然采下一朵菊花,然后抬起头远眺,此外一片空明澄澈。诗人超越了日常的琐碎,从生活的烦扰中轻盈走出,走到东篱之下、南山之前。休止与跳跃,使得诗歌转换的速度变快,也在诗情与诗思之间留白,给予读者充分体悟的空间,反而使全诗变得更加舒缓。诗歌语言简洁凝练,诗情诗意却丰盈开朗,显然诗歌独特的节奏处理方式与有力焉。而理解这种处理节奏的手法,当从诗人构思的角度去看。

五言诗自汉末建安以来,有两条道路。曹植所开创的抒情叙述与赋法铺陈结合的创作方法,为魏晋诗歌的主流。诚如黄节先生所总结的"六代以前,莫大乎陈王",六朝诗歌都受曹植的笼罩。曹植开创的诗歌道路则是"本《国风》之变,发乐府之奇,驱屈、宋之辞,析扬、马之赋而为诗"①。另有一条少有人走的路,即情感与思理结合,运思成诗之路,由两位杰出的诗人先后开拓,至唐,尤其宋以后蔚为大观。这两位开拓者,在前的是阮籍,其次即陶渊明。阮籍的诗歌,吉川幸次郎认为是"具有致密的知性与深刻的见识的哲学家的发言"②。清人方东树虽然未明确以哲思来概括阮籍诗歌,但他已非常强调阮诗用思深沉的特色,并且认为这是阮籍、陶渊明共同之处。他说:"阮公、陶公,自尔深人无浅语,不当以诗人求之。"③又说:"阮公、陶公艰在用意用笔,谢、鲍艰在造语下字。"④

因为这种沉思式的抒情方式,阮籍诗歌的展开常见一种被思考所

① 黄节《曹子建诗注序》,黄节《曹子建诗注》,北京:人民文学出版社,1957年,序第1页。
② 〔日〕吉川幸次郎撰,骆玉明译《阮籍的〈咏怀诗〉》,〔日〕吉川幸次郎著,章培恒等译《中国诗史》,上海:复旦大学出版社,2001年,第143页。
③ 方东树《昭昧詹言》卷四,第98页。
④ 同上注,第110页。

推动的情形，即诗歌不是在情绪上延展或者在场景上铺陈，而是顺着沉思的方向前进。当思路推进，就有可能出现语句上的断裂、转折、分述、回溯、跳跃等种种情形，从全诗的思路看，却可以发现不连贯处正是思考在展开，在转换方向、视角而前进。也就是说，语句上的不连贯在思想上却是连贯的。这种转换的方式，常见于文章中，尤其是论证文章中，而少见于早期诗歌中。方东树非常准确地用“意接而语不接”来概括这种特色①。

　　在评析阮籍《咏怀诗》时，方东树曾很多次对这种“意接而语不接”的特色做了详细揭示。如“昔闻东陵瓜”一首，方氏云：“恉意宏远，迷藏隐避，而用笔回转顿挫，变化无端。起六句先写瓜，极夸美，写至十分词足。‘膏火’二句凭空横来，与上全不接。‘布衣’句倏又截断，遥接前六句种瓜之安乐。‘宠禄’句倒接‘膏火’‘多财’，以二句分结。如此章法，岂非奇观。”②评“湛湛长江水”一首云：“此篇文法高妙，而血脉灌输。（中略）起四句写春意，有岌岌殆哉可悲之象。（中略）‘远望’六句，笔笔倒卷，一层申一层。‘一为黄雀哀’二句，另自咏收。”③又评“杨朱泣歧路”一首云：“文法深曲细微，血脉灌输。起二句横空设一影作案。‘揖让’四句承明，而用笔横空顿挫。‘萧索’二句忽换势顿住。‘赵女’二句倒缴酣恣。‘嗟嗟’二句重著申明。用笔往复顿挫，一波三折。”④方东树是桐城文家，他诗学的一大特色即强调诗中的“文

① 方东树《昭昧詹言》卷三，第94页。
② 同上注，第85页。附原诗供参考：“昔闻东陵瓜，近在青门外。连畛距阡陌，子母相钩带。五色曜朝日，嘉宾四面会。膏火自煎熬，多财为患害。布衣可终身，宠禄岂足赖。”
③ 同上注，第86—87页。附原诗供参考：“湛湛长江水，上有枫树林。皋兰被径路，青骊逝骎骎。远望令人悲，春气感我心。三楚多秀士，朝云进荒淫。朱华振芬芳，高蔡相追寻。一为黄雀哀，泪下谁能禁！”
④ 同上注，第89页。附原诗供参考：“杨朱泣歧路，墨子悲染丝。揖让长离别，飘飘难与期。岂徒燕婉情，存亡诚有之。萧索人所悲，祸衅不可辞。赵女媚中山，谦柔愈见欺。嗟嗟涂上士，何用自保持？”

法",上面三段引文,一次讲"章法",两次讲"文法",便是明证①。由方东树的眼光可以知道,阮籍诗歌的一大特征正是将文章行文时分析展开的思考方式融入诗歌之中,成为以文为诗的先驱。宋吕本中云:"渊明、退之诗,句法分明,卓然异众。惟鲁直为能深识之。学者若能识此等语,自然过人。阮嗣宗诗亦然。"②所谓句法分明,显然与陶渊明诗歌承继了这种运思成诗的写作方式有关。诚如顾随所说:"陶公之诗与众不同,便因其有知解。"③吉川幸次郎也说:"渊明诗之精妙,在于有思想深度。深思的人,出语也深,这从陶诗的细微处表现出来。"④所以从文法、章法的角度看,陶渊明诗歌可谓阮籍诗歌的正脉嫡传。

这里仍以《癸卯十二月中作与从弟敬远》诗为例,再作一分析:

> 寝迹衡门下,邈与世相绝。顾盼莫谁知,荆扉昼常闭。凄凄岁暮风,翳翳经日雪。倾耳无希声,在目皓已洁。劲气侵襟袖,箪瓢谢屡设。萧索空宇中,了无一可悦。历览千载书,时时见遗烈。高操非所攀,深得固穷节。平津苟不由,栖迟讵为拙?寄意一言外,兹契谁能别?

这是一首表达拒绝的诗。诗歌首四句,如果按意思顺承而下,应该是"寝迹衡门下,荆扉昼常闭。顾盼莫谁知,邈与世相绝",现在却二、

---

① 方东树将文章学理论融入诗论的具体情形,可参见蒋寅《诗学、文章学话语的沟通与桐城派诗歌理论的系统化》,《复旦学报(社科版)》,2016年第6期。

② 胡仔纂集,廖德明校点,周本淳重订《苕溪渔隐丛话》前集卷十八,北京:人民文学出版社,1993年第2版,第120—121页。

③ 顾随述,叶嘉莹记《顾随讲中国古典诗词》,石家庄:河北教育出版社,2013年,第79页。

④ 〔日〕吉川幸次郎著,陈顺智、徐少舟译《中国文学史》,成都:四川人民出版社,1987年,第83页。

四颠倒，形成"起四句，一句一意，一意一转，曲折尽致"①的效果，而兀傲之气，已隐在不言之中。同时，倒折后形成的首二句规定了诗歌正反两个主题，正面为隐居的坚持，反面是对尘俗的拒绝。"凄凄"二句，承与世绝而来，状风雪之酷。"倾耳"二句为承接，却非顺承，而是逆承，故从节奏上生成延宕的效果。盖前后都是严酷惨淡之句，偏生这两句却于严酷中深会雪之精神，纯净安宁镇定，味得天地无声之大美。"劲气"两句再转回严酷，诗人只是坦然接受。然后递进为痛苦：因贫困而痛苦，更因孤寂而痛苦。后面又作转折，"历览"四句，是对痛苦的承担与反抗。孤寂萧索，既是世与我相远，更是我与世相绝，盖世中人无入眼者，诗人倾慕者、许为知己而能共固守穷节者，唯有古人。由此四句自誓之语，于是再下转语，表达对俗世法则的拒绝，反问不循通津大道即拙乎？这是对"邈与世相绝"的呼应。诗歌最后两句扣题，以对堂弟语作结，谓言外深意，堂弟当能辨别之。如果与徐干《室思》比较，会注意到徐诗只是两句自己、两句君子的切换，虽有转折，却无变化；陶诗却是围绕坚持与拒绝正反两个主题，其展开与切换呈现了繁复的变化，显示与阮籍诗歌之间明显的渊源关系。

当然，陶渊明之为伟大的诗人，在承继前人的同时，更重要的是能表现出鲜明的个性，及由此在创作手法上超越前人。与后半生笼罩在忧惧中的阮籍不同，陶渊明的人生苦乐相生，沉郁与轻盈兼而有之，所以他之所思，并不只是人生之苦，并不只是表达对人生的怀疑，相反，他更多时候是在对人生的意义作确认与肯定。表现在诗歌节奏上，阮诗的转折、递进为陶诗所继承，而陶诗的延宕与跳跃的方式为阮诗所少用，并且都具有一种阮诗所没有的肯定性力量，延宕的作用重在强调与强化，跳跃则是升华。

陶诗中延宕的方式，主要是《饮酒》其五中"问君何能尔？心远地

---

① 陈祚明《采菽堂古诗选》，第402页。

自偏"这样自问自答的句中设问。陈望道说:"胸中早有定见,话中故意设问的,名叫设问。这种设问,共分两类:(一)是为提醒下文而问的,我们称为提问,这种设问必有答案在它的下文;(二)是为激发本意而问的,我们称为激问,这种设问必定有答案在它的反面。"[1]激问问而不答,实际是另一种修辞格,即反问,它节奏上并不产生延宕的效果,自问自答的设问则会形成节奏的延缓。这种延缓是一个明确的提示,是一个醒目的路标,暗示读者,作者想要重点强调的意思即将出现。不妨借用语法术语,将设问的问题称为"焦点标记",而后面的答案,正是要强调的焦点意思。从汉末古诗到曹植、阮籍以及西晋人诗中,激问常见,而自问自答的设问偶一为之。《古诗十九首》有一例,即"西北有高楼"一诗中"谁能为此曲?无乃杞梁妻"一句。又如《饮马长城窟行》的"长跪读素书,书上竟何如?上有加餐食,下有长相忆"。长跪读信,见其郑重,见书如面,更见其期盼的迫切,然后以"书上竟何如"一问,设置疑问,减缓节奏,将这种期待感推至高处,之后是陡然落下的答案:"你好好保重,我很想你。"归期未尝只字道也!于是巨大的失落感、痛苦感弥漫诗中。诗歌至此戛然而止,便如久绷之弦的突然断裂。设问运用之妙,此诗可谓典范。陶诗"问君"二句,表现的思想情感不同,妙处则近之。朱自清曾谓陶诗有"散文化的笔调",这是对的,但又说"结庐"四句"是从前诗里不曾有过的句法"[2],便不确。

陶诗采用这种设问至少有 12 处,数量之多,可谓汉末以来独树一帜,这说明陶渊明是自觉有意地采用这种方式来唱出自己的歌声。除《饮酒》其五外,其余用例如下:

> 衔戢知何谢? 冥报以相贻。(《乞食》)

---

① 陈望道《修辞学发凡》,上海:上海教育出版社,1997 年新 2 版,第 140 页。
② 朱自清《陶诗的深度》,《朱自清全集》卷三,南京:江苏教育出版社,1998 年,第 10 页。

　　山泽久见招,胡事乃踌躇? 直为亲旧故,未忍言索居。(《和刘柴桑》)

　　何以称我情? 浊酒且自陶。(《己酉岁九月九日》)

　　一生复能几? 倏如流电惊。(《饮酒》其三)

　　问子为谁与? 田父有好怀。(《饮酒》其九)

　　此行谁使然? 似为饥所驱。(《饮酒》其十)

　　问君今何行? 非商复非戎。(《拟古》其二)

　　去去欲何之? 南山有旧宅。(《杂诗》其七)

　　何以慰吾怀? 赖古多此贤。(《咏贫士》其二)

　　此士胡独然? 实由罕所同。(《咏贫士》其六)

　　魂气散何之? 枯形寄空木。(《拟挽歌辞》其一)

一问一答,自问自答,节奏上宛如一个弹跳,有一个抛出与接住,所以不是在直线上延缓,而是曲线上延迟,因此我称之为“延宕”——它至今仍是民歌常用的手法,多用此法,是陶诗显得口语化的原因之一。且如陈望道所说,后面回答都是作者胸中的定见,所以陶渊明多用这种方法来突显的人生理念。如《和刘柴桑》强调对人间亲情的留恋,《己酉岁九月九日》肯定了酒的作用,即由饮酒可达致人生的真之境,前文有关章节中都已分析过。《咏贫士》二例则强调耿介、尚友古人的人生志趣。这里需要稍作补充说明,设问固然是修辞格的一种,但对于陶诗的节奏处理方式而言,它只是延宕的主要方式,其他断裂、转折、分述以及快慢节奏的变化等都是超出修辞格以外的修辞手段,这些修辞手段合在一起,才是陶诗在节奏上真正的特色。

　　如果说延宕是强调,那么跳跃则是升华。这种升华,在《饮酒》其五中,是由抽象的观念世界进入理念所化的大千世界,是由“看山不是山”变为“看山仍是山”,可以说无“采菊”以下数句,不能见出“心远”

之真。陈望道所总结的修辞格中有"跳脱"一种,意指"语言因为特殊的情境,例如心思的急转,事象的突出等等,有时半路断了语路"①。陈先生进一步将跳脱分为三种,"第一是说到半路断了不说或者说开去的,这可以称为急收","第二是突接。折断语路突接前话,或者突接当时的心事,因此把话折成了上气不接下气","第三是岔断。这有些象急收而其实非急收,又有些象突接而其实非突接,这是由于别的说话或别的事象横阔进来,岔断了正在说的话,致被岔成了残缺不全或者上下不接"②。如果读者注意看陈望道所举的例子,会发现都来自古今文章,而诗歌的例子一个也没有,因此这些其实不是词句修辞,而属于话语衔接的手段。王德春、陈晨《现代修辞学》书中,在《话语修辞学》一章设《话语衔接手段》一节来讨论这类修辞手段,而不再归纳为一种或几种修辞格,这样的认知和处理更加合理③。由此返观陶诗,可以注意到:其一陶诗的修辞,篇章、话语修辞与其词句修辞同样值得重视;其二陈先生总结的跳脱接近本文所说的断裂,而《饮酒》其五所展现的升华的跳跃则为他所忽略。

跳跃在陶诗中同样常见。同样是意思的升华与发展,陶诗中又存在转折与承接两种情况。转折跳跃对前面的意义单位来说是休止,但诗人在转到新意义单位之后会做补充说明,将新旧意义单位的关系由对立变成升华。如《归园田居》其二,前四句说"野外罕人事,穷巷寡轮鞅。白日掩荆扉,虚室绝尘想",这是不与人来往;五六句则一转云"时复墟曲中,披草共来往",复又有交游,直接看承接关系,这是180度的猛折;但七八句补充道"相见无杂言,但道桑麻长",原来交往对象正是口不道人事而只及桑麻的农人,于是诗意便由水平的转折而变为垂直的升华,盖仍是"户庭无尘杂"也。

---

① 陈望道《修辞学发凡》,第 221 页。
② 同上注,第 221—222、224、226 页。
③ 王德春、陈晨《现代修辞学》,第 396—405 页。

《五月旦作和戴主簿》也是同样章法，诗歌前八句写夏日之盛，第九、十两句一转至"既来孰不去，人理固有终"，突然在盛而言衰，是为跳跃，再补上"居常待其尽，曲肱岂伤冲"二句，由盛衰之变而道出安命之意，既呼应了起始的"虚舟纵逸棹，回复遂无穷"二句，更将诗思推深一层。再如《连雨独饮》先言饮酒而忘我忘天，然后接以"自我抱兹独，僶俛四十年。形骸久已化，心在复何言"作结；前云百情已远，天已忘怀，这里说"抱独"，仍是"我"之不能忘，便是转折；但末二句又云身体与生命早已任随大化，不变恒在的，此心而已，便将可忘者与不可忘者做了区分，诗人之心便充盈于天地之间。从所举三例可以看出，陶诗的转折跳跃一般采用二句作猛转，再接二句作补足与升华，使诗意又返回，在原初的思路上形成跃升。这种节奏上的大开大阖，需要从全诗的章法角度去审视，传统的修辞格是无力揭示其奥妙的。

第二种承接式的跳跃，《饮酒》其五即是佳例。下面再分析两个用例。《和郭主簿》其一：

> 蔼蔼堂前林，中夏贮清阴。凯风因时来，回飙开我襟。息交游闲业，卧起弄书琴。园蔬有余滋，旧谷犹储今。营己良有极，过足非所钦。春秫作美酒，酒熟吾自斟。弱子戏我侧，学语未成音。此事真复乐，聊用忘华簪。遥遥望白云，怀古一何深。

诗歌前面所写都是夏日家园中种种乐事，而以"此事真复乐，聊用忘华簪"作结。如果诗歌即结束于此，未尝不可，未尝不是神全意足之作，但加上望云怀古二句，字面上不接，实际却是对华簪俗事不在眼之意做了进一步发展，盖眼中既无俗事，所以放眼在云中，这是空间的升华，再由云中而遥想古昔，则又由空间拓展到时间。是二句而有两次升华。前人颇有注意到末二句升华之妙用的。元人刘履云："末言遥望白云，深怀古人之高迹,其意远矣。"①清代沈德潜云:"一结悠然不尽。"②今人龚望尤其窥得破、说得明:"一结进出题外,绝妙。"③后世李白《越中览古》"越王句践破吴归,义士还乡尽锦衣。宫女如花满春殿,只今惟有鹧鸪飞",前三句一气而下,末句作一跳跃,结构上正与陶诗相似。不同之处,陶诗是升华,而李诗则将前三句扫而空之。古人一向艳称太白此诗诗法之妙,而不悟陶诗早有此体。类似诗末跳出作结,深入一层的写法,《饮酒》其十五、其十六、其二十,《拟古》其九,《咏贫士》其二,《读山海经》其一等等皆是。

而《和刘柴桑》一首,则在诗中两次作升华之跳跃,节奏变化之奇,尤为罕见。诗云:

> 山泽久见招,胡事乃踌躇?直为亲旧故,未忍言索居。良辰入奇怀,挈杖还西庐。荒途无归人,时时见废墟。茅茨已就治,新畴复应畲。谷风转凄薄,春醪解饥劬。弱女虽非男,慰情良胜无。栖栖世中事,岁月共相疏。耕织称其用,过此奚所须。去去百年外,身名同翳如。

诗歌两次跳跃,"良辰"处是一次,"栖栖"处又是一次。首四句解释自己不应山林禅修之招邀的原因,是难弃亲旧,即尘中犹有所恋。所以后面"良辰入奇怀"起,字面上与前不接,实际所写却是世中可爱之事。只是留恋尘凡,不等于赞同俗世,于是"栖栖世中事,岁月共相疏"以下再次一跃,将世中之乐限定于安贫易足之乐,既是道理两面说足,又是人生志趣的最后总结。两次跳跃,都不做任何过渡,意脉流动,轻盈潇

---

① 刘履《风雅翼》卷五《选诗补注》五,景印文渊阁四库全书第1370册,台北:商务印书馆,1986年,第99页。
② 沈德潜《古诗源》卷八,第191页。
③ 龚望《陶渊明集评议》,第38页。

洒。"意接而语不接"的特色同样在此有极好展现。

延宕和跳跃对节奏的影响显而易见。如果句句连接，一气之下，节奏上就少变化；如果有起承转合，但合规中矩，过渡之迹显明，那么节奏的变化仍然较弱。而延宕和跳跃是节奏中的突变，是惊奇，是焦点。在阮籍诗歌中，他的焦虑、恐惧、绝望由此放大；在陶渊明诗歌中，因为他往往运用这些方式表达对人生信念的肯定，尤其独特的延宕与跳跃的运用，使其诗歌的节奏更多时候显得轻盈超逸，而不是往沉重方向发展。这在文学史上，可谓极富创造性的发展，对后世诗人，尤其江西派诗人影响很大。潘伯鹰曾经概括黄庭坚诗的特点，第二点是章法上的"草蛇灰线"，即诗思如暗针，藏在内里，不用虚词连接，不用直白的语言过渡，"这不但要从陶、谢、李、杜等大诗家中去体会山谷，也要从《史记》《汉书》等古代散文里去体会山谷"，就很好地揭明了陶、黄诗歌之间的传承关系①。

三　结语

总结以上的分析，可知陶诗的节奏极富变化，这源自诗人丰富的情感、可贵的品格与热烈的意志，源自他用诗歌所真切呈现的自我。如果说舒促变化主要源自情感变化的话，那么承接、递进、转折、延宕和跳跃形成的节奏变化更多来自诗人的构思用意。前者相对偏于情感的自然流露，后者则更多源自深沉的理性。也正是情感与理性两方面修辞手段的叠加运用，造成了陶诗丰富变化的诗歌节奏。以舒促论，陶诗既有急促、轻快之作，也有舒缓、凝重之作，但真正有特色的是往往一首之中，一组诗之内，急促、轻快与舒缓、凝重交替变化，显示出一颗极活泼的内心和阔大高远的胸怀。以诗思变化论，可以看到陶诗在中国文学史上独特的地位：他上承阮籍，句篇布置展现了诗思的夭矫变化；而延

---

① 潘伯鹰《黄庭坚诗选·导言》，上海：古典文学出版社，1957年，第26页。

宕和跳跃的变化方式则表现出鲜明的个人风格,往往使诗意在转折与递进中升华与超越,从而极好地表现了诗人的超迈之思与超逸之境,正是在这样的地方,陶诗远远超越阮诗,而造成一家高风,并在文学史上产生深远影响。

把握了陶诗的句篇节奏,也能帮助我们更好理解陶诗的风格。陶诗的风格以平淡自然为宗,而平淡非平直寡味,自然贵在气机生动。黄宾虹《画法要旨》文中论述笔法五要,第一曰"平",黄先生解释说:

> 平非板实。(中略)夫天地之至平者莫如水,澄空如鉴,千里一碧,平之至矣。乃若大波为澜,小波为沦,奔流澎湃,其势汹涌而不可遏者,岂犹得谓之平乎?虽然,其至平者水之性,时有不平,或因风沮石有激之者使然。故洪涛上下,横冲直荡,莫不随其流之所向,终不能离其至平之性而成为波折。水有波折,固不害其为平;笔有波折,更足显其流动。书法之妙,一波三折,起讫分明,此之谓平。平非板矣①。

如此论画,可以通诗。如此观诗,可以知陶诗之平淡自然,正浩浩江流,浪浪天风也。正因为有节奏上这许多变化,才是自然之极境,才能绚烂之极而归于平淡。由此也可以帮助我们理解钟嵘所言陶诗中存在的"左思风力"。目前主流的意见仅仅从题材内容加以审视。如朱自清先生据古直先生《陶靖节诗笺定本》统计后认为,陶诗化用左思的句子数量少于《十九首》、阮籍和嵇康诗,所以"左思的影响并不顶大","《诗品》的话就未免不赅不备也"②。王运熙先生也说:"总的说来,陶诗风格的主要特征是古朴质直,与应璩诗接近,也有与左思诗风相通之

---

① 上海书画出版社、浙江省博物馆编《黄宾虹文集·题跋编、诗词编、金石编》,上海:上海书画出版社,1999年,第363—364页。

② 朱自清《陶诗的深度》,《朱自清全集》第三卷,第10页。

处,但左思歌雄迈有力的特征,仅在陶诗少数篇章中见之。从风骨说,陶诗风清(即鲜明爽朗)的特征比较突出,骨峻(即刚健有力)则稍逊。"①但如果从句篇节奏的角度去理解,那些舒促交织的,充满转折、延宕与跳跃的节奏,不也是形成"左思风力"的重要原因吗? 这时就会发现"左思风力"在陶诗中并不少见,反而应视作陶诗的基本风格。

第四节 风 格 修 辞

本书第三章分析了陶渊明人生之真境,而陶渊明自然真率的文学境界,即这种人生境界的贯彻与呈现。如果从修辞手段角度看,陶诗如何形成其独特的风格,这是本节希望处理的问题。

关于陶诗的风格,这里指的是表现风格。语言风格可以从不同角度区分出不同类型,"着眼于运用风格表达手段所产生的修辞效果的是表现风格,着眼于不同交际领域的人们适应不同交际内容、目的、场合等的需要运用语体风格手段的是语体风格",此外还可以区分出民族风格、时代风格、地域风格和个人风格等②。表现风格"是综合运用各种风格手段所产生的修辞效果的概括体现。从调音、遣词、择句到设格、谋篇等风格手段,综合地反映在一篇文章(或一个话篇)或一部作品,或一种语体,或一个作家的作品,或一个流派的作家作品,或一个地域的作家的作品,或一个时代的作家的作品,或一个民族的作家的作品里的修辞效果集中表现出来的各式各样的气氛和格调,便是它们各自的表现风格"③。

---

① 王运熙《钟嵘〈诗品〉陶诗源出应璩解》,《文学评论》,1980 年第 5 期,第 138 页。
② 黎运汉、卢永生主编《汉语修辞学》,广州:广东教育出版社,2006 年,第 529—530 页。
③ 同上注,第 528 页。

　　陶诗的风格固然多样,而"自然"应是无异辞的最主要风格,探究陶诗的风格修辞,首要应对自然风格的修辞成因做出说明。陶渊明诗风"自然"是古今共识,学者早有详尽描述。如袁行霈谈陶诗的自然美,认为包括诗与生活的不隔、风格的本色朴素、物象的平常出新、语言的熔炼无痕,以及诗思的理趣情趣结合等几方面①。而陈美利从人格美、自然本性、冷静的个性、导达意气的创作初衷、反复锤炼和不假雕琢的技巧六方面探讨了陶渊明自然风格的成因②,又将陶渊明文学用语的自然分作直语、真语、淡语、质语、简语、田家语、口头语、家常语、写真语、豪语十种类型③,可谓洋洋大观矣。回到本文最开始的问题,是否可以在前人研究的基础上,将观察的视角集中于修辞手段,对陶诗自然风格的修辞成因做一番更深入而全面的探讨? 盖文学不止于修辞,又须臾不能离开修辞,理解某种风格,从修辞手段入手,是必要而有效的。已有的陶渊明研究,多少受到本色自然、不事雕琢说的影响,虽然不乏风格分析、修辞分析,但无论是专门的修辞手段总结,还是论述时的精深与全面,都值得研究者再下工夫。

　　以修辞手段论,葛晓音分析过的诗歌结构是重要的一种,此外还有三种手段值得注意:其一是写意取神的方法,其二是即俗即雅的书写方法,其三是陶诗独特的语言运用。此外,陶诗中理趣的融入,也可视为"修辞手段"的一种变体。陶渊明研究积累了极其丰厚的研究成果,大关大节早经拈出,但陶诗手段本来雕空无痕,通过反复的文本研读与细部分析,加上前贤的提示,昭析其迹,示现其轮廓,发人所未发,至今仍是对研究者极大的挑战。

---

① 袁行霈《陶渊明崇尚自然的思想与陶诗的自然美》,袁行霈《陶渊明研究(增订本)》,北京:北京大学出版社,2009 年,第 61—64 页。

② 陈美利《陶渊明探索》,台北:文津出版社,1996 年,第 194—207 页。

③ 同上注,第 207—246 页。

一　写意取神

陶渊明是诗人中写意派的代表，人所共知。其实写意之法也不同，梁楷泼墨，徐渭泼墨加取影，牧溪粗率，八大丑怪，石涛纵肆，那陶诗写意的方法为何？大要言之，能捕捉律动，表现动态，而非做静止的模拟，故于动中传其神。陶渊明有捕捉律动的天赋，他写景写人纪事都不求精工，不做呆板的刻画，甚至也不求轮廓完整，而是用寥寥数笔，往往一鳞一爪，着重的是勾勒出变化之势与变化中的某个瞬间。这大概与他活泼的心灵有关，故观人观物皆能活泼生动。

从修辞角度分析自然风格的形成，潘伯鹰早着先鞭，他在1933年发表的《陶诗小识》中说：

> 陶诗之美，一言以蔽之曰自然。"自然"的意思，并不是说平澹，随便，乃是说由苦心经营而出，以其真力的弥满，练习的纯熟，而泯去了一切烹炼的迹象。（中略）陶诗我们粗粗看去，似乎无（按：无字疑衍）不经意，但一细加涵咏，便知转折浏亮，安章用字的精稳，无不恰到好处，令人不能复易。昭明所谓"文章不群，辞彩精拔，跌宕昭彰，独超众类，抑扬爽朗，莫与之京"，实为知言。（中略）他描画景物，不注重迹象上细笔的钩勒，却专用细密的心思摄取完整的景物之神，而用精简的一二语出之，所以愈觉浑然如不可求，而愈玩索不尽。如"叩枻新秋月，临流别友生。凉风起将夕，夜景湛虚明。昭昭天宇阔，晶晶川上平"，"平畴交远风，良苗亦怀新"，"靡靡秋已夕，凄凄风露交。蔓草不复荣，园木空自凋。清气澄余滓，杳然天界高"，"采菊东篱下，悠然见南山。山气日夕佳，飞鸟相与还"，皆是好例。至其咏雪诗云"凄凄岁暮风，翳翳经日雪。倾耳无希声，在目皓已洁"，倾耳二句尤令人觉千古所有的雪诗，皆为辞费。东坡咏雪云"但觉衾裯如泼水，不知庭院已堆

盐"，自来传诵，以为能传雪之神。但此十四字只作到陶诗的上半句耳。而陶辞气的空远雅静，更非苏所及。同时陶诗亦有极炼的句法字法。如"迢迢百尺楼，分明望四荒。暮作归云宅，朝为飞鸟堂"，归云两句，落想奇绝。如"泠风送余善"的"送余善"，如"悲风爱静夜"的"爱"，皆是由苦思得来。至如"结庐在人境，而无车马喧。问君何能尔？心远地自偏"，更为精炼之极通乎自然①。

潘先生的论述涉及两种修辞手段，一个是"安章用字"的"精稳""恰到好处"，这正是我们在第二节中分析的准确和适度的问题，另一个则是写景物时不重写形而重取神。后来袁行霈也总结了陶诗的语言在修辞上的两个特点，写意和启示性语言，所述与潘伯鹰相合②。但袁先生又认为，谢灵运之前，写意而不摹相是中国诗歌的传统，陶渊明仍是继承这一传统，极少写景，"陶诗是写心，是写于景物融合为一的心境。他根本无意于模山范水，也不在乎什么似与不似，以及形似与神似"③，说陶诗不写景，就与潘先生看法不一致了。潘文所举诗例皆能成立，不宜等闲视之。而陈怡良则在《陶渊明思想境界之建立及其写意诗法之开拓》一文中，认为陶渊明以写意的手法，探理趣，生情味，其方法是"在'取材''造语''运笔'上，有一缜密之心思在运转，在琢磨，并有牢不可破之系联，使诗歌本身自然引人'兴情'，而得'不尽之意'"④。看法更接近潘先生。但究竟陶渊明写意取神的方法、手段为何，似还未见前人道及。

　　美国诗人约翰·阿什伯利在谈论十九世纪英国诗人约翰·克莱尔

①　凫公(潘伯鹰)《陶诗小识》，《中法大学月刊》1933 年第 2 卷第 3—4 期，第 76—77 页。

②　袁行霈《陶谢诗歌艺术的比较》，袁行霈《陶渊明研究(增订本)》，北京：北京大学出版社，2009 年，第 140—142 页。

③　同上注，第 140 页。

④　陈怡良《陶渊明探新》，台北：里仁书局，2006 年，第 142—143 页。

时,曾指出克莱尔诗歌的一大特色是"捕捉到了大自然的节奏,它的无常与紊乱,从某个角度看,连济慈都无法做到这一点"①。所谓"节奏""无常与紊乱",是就自然的变化而言,非静止地看其一花一叶,一水一山。陶渊明的写意取神的能力有些类似克莱尔,他并不用力于一丝不苟地临摹自然,而是善于抓住自然与日常生活的律动。这个本领,是刻画自然的谢灵运所不及的。比如写风,陶诗是"有风自南,翼彼新苗"(《时运》)、"平畴交远风,良苗亦怀新"(《癸卯岁始春怀古田舍》其二),谢灵运则是"海鸥戏春岸,天鸡弄和风"(《于南山往北山经湖中瞻眺诗》)、"袅袅秋风过,萋萋春草繁"(《石门新营所住四面高山回溪石濑茂林修竹诗》)②。陶诗上下句相生,写足风中万物的生长与情态,则春风生生之意盈天地皆是,洪亮吉称赞说:"余最喜观时雨既降,山川出云气象,以为实足以窥化工之蕴,古今诗人虽善状情景者不能到。陶靖节之'平畴交远风,良苗亦怀新'庶几近之。次则韦苏州之'微雨夜来过,不知春草生'亦是。此陶韦诗之足贵。他人描摹景色者,百思不能到也。"③所举韦诗与陶诗一样,不从正面摹写,而是着眼于万物与风雨的应和,物与物、物与我皆呼吸相通、相互联系,所以产生宇宙一气之感,所谓"化工之蕴"。别处又说"陶彭泽诗有化工气象,余则惟能描摹山水,刻画风云,如潘、陆、鲍、左、二谢等是矣"④,正以此之故。而谢诗两例则上下句分立,且风与天地万物的关系并未被强调,一比就呆板无味了。

再如写秋天,《和郭主簿》其二云:"露凝无游氛,天高风景澈。"《九日闲居》:"露凄暄风息,气澈天象明。"《己酉岁九月九日》:"清气澄余滓,杳然天界高。"诗人表现的是夏天那种沉闷浑浊的空气都凝聚在露

---

① 〔美〕约翰·阿什伯利著,范静晔译《别样的传统》,南宁:广西人民出版社,2019年,第20页。

② 顾绍柏校注《谢灵运集校注》,郑州:中州古籍出版社,1987年,第118、174页。

③ 洪亮吉《北江诗话》卷一,洪亮吉撰,刘德权点校《洪亮吉集》,北京:中华书局,2001年,第五册,第2243页。

④ 洪亮吉《北江诗话》卷二,第2258页。

水之中,空气变得透明,天空随之高远。三例都化自宋玉《九辨》"沆寥
兮天高而气清"之句,而愈加高远清旷。盖陶诗以"游氛""暄风""余
滓"写夏日残余的气息,于夏去秋来的节物变化表现得更加有力。陶
诗的这个特点,萧望卿已经触及,他说:"无论是自然或田园生活,在渊
明诗里你只接触到一种意境、情趣,或者说是空气(想象和情感合成的
奇景),看不出各部分细致的形象,可是,他准确的感觉却从生活和自
然捕捉住最真实的景象,而进于高邈的缔造。'清气澄余滓,杳然天界
高','微雨洗高林,清飙矫云翮',这里面是极高、极细微的感觉。"①只
是陶诗所长,非止于真实高邈,而实是能写出万物的生长之意、变化之
态,能写出天地间的气化流行,能得其生动而不停滞硬摹。

　　陶诗不但善于捕捉自然的律动,也同样善于捉取人事的动态。如
《移居》其二:"春秋多佳日,登高赋新诗。过门更相呼,有酒斟酌之。农
务各自归,闲暇辄相思。相思则披衣,言笑无厌时。此理将不胜,无为忽
去兹。衣食当须纪,力耕不吾欺。"先写春秋佳日登高之合、饮酒之合,此
合中藏分;次写农务之分,再因相思而合,此因分得合。分分合合,多少
快乐的时日在诗中回环闪耀。我们赞叹陶诗的朴茂丰腴时,不可忘记他
写的是生活的动态,因此他绝不粘滞于静止状态中做死板描写,这就是
陶诗写意取神的手段。以此观全部田园诗,当能解悟其中奥妙之一二。
而这种捕捉律动的写意手段,当时并无知音,诚如刘勰所言:"自近代
以来,文贵形似,窥情风景之上,钻貌草木之中。吟咏所发,志惟深远;
体物为妙,功在密附。故巧言切状,如印之印泥,不加雕削,而曲写毫
芥。故能瞻言而见貌,(印)〔即〕字而知时也。"(《文心雕龙·物色》)②
"形似",正是张协、谢灵运以来的工笔细摩,沉溺于密附以体物之中,
于"律动"二字,实不能心知其意。至宋人出,"自然成文"的文学观始

---

① 萧望卿《陶渊明批评》,上海:开明书店,1947年,第76页。
② 黄叔琳注,李详补注,杨明照校注拾遗《增订文心雕龙校注》,北京:中华书局,2000
　　年,第566页。

能与陶诗相呼应。宋人好用"风行水上，自然成文"之喻来解说诗文创作，苏轼又有"万斛泉源""随物赋形"之说，周裕锴在《宋代诗学通论》中已有详论，兹不赘述①。风行水上与随物赋形，共同强调的都是物之变，是在时时刻刻的变动之中物与物的动态关系。宋儒讲生生之意与气化流行，也是静中观其动，诚如明道《秋日》诗所云，"思入风云变态中"。这就是万物的律动。所以宋人独能欣赏陶诗，就不足为奇了。

二　即俗即雅

写意取神的手法属于叙述修辞的手段，而即俗即雅则是狭义的风格修辞手段。过去学者多能抉发陶诗以俗为雅的一面，但陶诗的特色实是同时有化俗为雅、雅中有俗的两面，或者说陶诗能摆脱雅俗的束缚，而实现雅俗的交融与平衡。所以这里总结为"即俗即雅"。更重要的是，陶诗实现即俗即雅的手段为何？题材上拓宽，发掘日常生活的诗意，这是前人强调的一面，是化俗为雅的主要方式；实现雅中有俗的手段，除了语言通俗流畅以外，陶诗很善于利用诙谐戏谑的表达手段。通过玩笑、托辞设境和正言若反的手法，诗人传达的不仅是生活的热情，更是对人世荒诞的嘲弄，所以诙谐戏谑不仅仅是前人指出的个性特征，实际更是诗人有意识运用的修辞手段，既传达游戏人生的意图，也因此形成了诗歌雅中有俗的风格。

五言诗自建安以来，渐渐成为贵族的专属品。太康之诗所重在言雅，玄言诗所重在义雅，建安、正始之雅，在言意之间。文人求雅，自然之势。但何谓雅？营营苟苟，志趣卑污，描头画角，涂脂抹粉，以此求雅，适证其俗。魏晋文人，多不免这种求雅之俗。此即古人常云"俗在骨，不在貌；俗关性情，不关语句"之意②。真正体道超迈之士，能有所

---

①　周裕锴《宋代诗学通论》，上海：上海古籍出版社，2019 年，第 336—339 页。

②　李怀民《重订中晚唐主客图说》，张寅彭编纂，刘奕点校《清诗话全编·乾隆期》，上海：上海古籍出版社，2020 年，第 5108 页。

为有所不为,才能得人生与万物的真际,于是雅人深致,无往不自在清真。所谓陶渊明的即俗即雅,首先是他无意于雅俗之分,不刻意求雅,不有心免俗,本无雅俗之心,自然不以雅俗为意。其次是真气所行,着手成春,前此与同时人物不敢不屑处理的日常生活题材,一一被诗人灌注诗心,摄入笔底,而过去诗人板着面孔写的一些题材遇到诗人则显得气机畅达,自然生动。他人之俗在陶诗中自有雅意,他人之典雅在陶诗中却往往化为流畅生动。无论是化俗为雅还是变雅为俗,都可谓是陶渊明的绝大发明,盖真气流行,格调自高。

理解陶渊明的即俗即雅,不妨从上之源与下之流两端合观之。道无雅俗,无物不周,《庄子·知北游》中已有名论:

> 东郭子问于庄子曰:"所谓道,恶乎在?"庄子曰:"无所不在。"东郭子曰:"期而后可。"庄子曰:"在蝼蚁。"曰:"何其下邪?"曰:"在稊稗。"曰:"何其愈下邪?"曰:"在瓦甓。"曰:"何其愈甚邪?"曰:"在屎溺。"①

道无处不在,即蝼蚁、稊稗、瓦甓、屎溺中亦有道。对此,庄子进一步向东郭子解释说:"至道若是,大言亦然。周、遍、咸三者,异名同实,其指一也。"周者周全,遍者普遍,咸者完全,所以郭象注云:"明道不逃物。"②从庄子哲学看,何处不可体认道,妄分雅俗,才是不达于道的表现。以道通之,则俗雅何尝有别;不能证道,才标榜雅俗。这大概是陶渊明的理论渊源。

"天地有大美而不言。"③陶渊明不避俗,即表示他于世人,无希宠

---

① 郭象注,成玄英疏,曹础基、黄兰发点校《南华真经注疏》,北京:中华书局,1998年,第428—429页。
② 《南华真经注疏》,第429页。
③ 同上注,第422页。

邀誉之意,有此心方能真正体会天地之大美。李泽厚、刘纲纪说:"超出眼前狭隘的功利,肯定个体的自由的价值,正是人对现实的审美感受的一个极其重要的本质特征。庄子哲学所提倡的人生态度,就其本质来看,正是一种审美的态度。"①据此可知,体会庄子越深,其人的审美意态越真越雅。因此,即俗即雅的美学风貌,不止是陶渊明文学真境的体现,也是他人生真境的体现。

再看后世,宋人明确提出"以俗为雅"的主张。这一主张似出梅尧臣,钱锺书《谈艺录》中已经拈出:"《后山集》卷二十三《诗话》云:'闽士有好诗者,不用陈语常谈,写投梅圣俞。答书曰:"子诗诚工,但未能以故为新,以俗为雅尔。"'"②之后苏轼、黄庭坚皆倡言之。苏轼《题柳子厚诗》云:"诗须要有为而作,用事当以故为新,以俗为雅。好奇务新,乃诗之病。柳子厚晚年诗,极似陶渊明,知诗病者也。"③黄庭坚《再次韵》小序云:"盖以俗为雅,以故为新,百战百胜,如孙吴之兵,棘端可以破镞,如甘蝇飞卫之射:此诗人之奇也。"④东坡之说尤其值得注意,他说柳宗元晚年诗不追求新奇,而能"以故为新,以俗为雅",极似渊明,故无诗病。显然在其意中,陶诗也是"以故为新,以俗为雅"的。虽然宋人诗学受禅宗影响较大,但苏、黄都是兼受庄、禅影响的人物,重俗的倾向,也正是庄、禅相通之处。而"以俗为雅"的具体方法,周裕锴指出,包括诗歌的题材和语言两个方面⑤。

由苏、黄返观陶渊明,会看到他才是诗歌中化俗为雅的不祧之祖。题材上,田园题材是陶诗独创,这早已是常识。文人之中以躬耕为隐的

---

①　李泽厚、刘纲纪《中国美学史·先秦两汉编》,合肥:安徽文艺出版社,1999 年,第229 页。

②　钱锺书《谈艺录》,北京:三联书店,2007 年第 2 版,第 36 页。

③　孔凡礼点校《苏轼文集》卷六七,北京:中华书局,1986 年,第五册,第 2109 页。

④　任渊、史容、史季温注,黄宝华点校《山谷诗集注》卷十二,上海:上海古籍出版社,2003 年,第 303 页。

⑤　周裕锴《文字禅与宋代诗学》,上海:复旦大学出版社,2017 年,第 190—208 页。

人,自古即有,《论语》中长沮、桀溺、荷蓧丈人皆是此种人物,但真正以田园生活为文学题材,细致描写躬耕生活的苦与乐的,仍要推陶渊明为第一人。明末黄文焕曾经评价《归园田居》其一云:"其一为初回,地几亩,屋几间,树几株,花几种,远村近烟何色,鸡鸣狗吠何处,琐屑详数,语俗而意愈雅。恰见去忙就闲,一一欣快,极平常之景,各生趣味。"①最末九字,尤可谓具眼之言。魏晋时哪个官僚士人没有自己的乡村别墅,能真正写出乡村之美的却再无他人,盖正如东坡所云,他们意在"好奇务新",于是对常情常景之美便不懂得欣赏。试想,"带月荷锄归"的剪影,不但在前没有,往后的一千六百年中,又有几个诗人悟得到、拈得出?

盖陶渊明的俗,即其平常,他的雅,即能于平常中发现不常,于平淡中味乎大美。所以不单写田园如是,写其他题材也同样如是。比如《责子》诗以及《和郭主簿》其一的"弱子戏我侧,学语未成音",固然是从左思的《娇女诗》而来,但左太冲所有的正面描写之法一概不学,"弱子"二句只传其神态,这仍是前面说的捕捉"律动"的手法。《责子》诗则但为戏谑,而子之不成器,实乃失教之过,故责子实为自嘲,黄山谷所谓"岂弟慈祥,戏谑可观",最是中肯②。这种写家庭之乐,写父子间的嘲弄,同样是其他诗人不愿、不敢着手的,盖不够"正经"也。其他如写《乞食》,如《止酒》诗以文字游戏作戒酒的誓词,如遇火后纪其事等,都是当时人所不屑写的题目,王维甚至在《与魏居士书》中对陶的乞食大加嘲弄。杜甫出,始再三以"乞食"为题目作诗,可谓深得陶渊明之精神。再到宋人,其流始大畅。虽然陶渊明还不会像宋人那样凡事都入诗,但挖掘日常生活的诗意,这一题材开拓的不二法门,的确是由

---

① 黄文焕析义《陶元亮诗》卷二,《四库全书存目丛书》集部第 3 册据南京图书馆藏明末刻本影印,济南:齐鲁书社,1997 年,第 175 页。

② 黄庭坚著,郑永晓整理《黄庭坚全集辑校编年》,南昌:江西人民出版社,2011 年修订本,下册,第 1522 页。

陶渊明开拓的。"宋诗"成立期最关键的一位诗人梅尧臣和宋诗的两座巅峰苏、黄恰好都是陶诗的热烈崇拜者，这不是没有道理的。从题材角度说，自然是题材越广泛越显自然。"耳得之而为声，目遇之而成色"，万事万物皆有诗趣，信笔挥洒皆成文章，端赖诗心一点，妙悟万有，这正是宋以后士大夫审美的一大特色。陶渊明深契庄生之言，是其时代性；独运庄生之旨，肇开诗学法门，便是他的超时代性。

不过陶渊明的即俗即雅与宋人有意识的以俗为雅并不完全等同。盖宋人于雅俗先有清楚区分，欲俗中证道，又欲开拓诗世界，故有意援俗入雅、化俗为雅。陶渊明却无此争胜之心，对雅俗的区分并不在意，反正于他而言，诗中所写，皆有感而发，处处有真意，又何须分别孰雅孰俗。故陶诗不但有以俗为雅的一面，也有雅而能俗的一面。首先，陶诗固然也用典，也注意修辞，但跟其他诗人相比，陶诗少用典，不用生典僻典，不刻意炼字炼句、求奇求怪的特色却非常明显，这是古今人的共识。朴素自然是陶诗的基本风貌，这一风貌正是陶诗雅而能俗的表现之一，盖诗人不追求雕章琢句之胜人，但以诗为抒情达意之具。其次，陶诗多诙谐戏谑，不故求典正，板着面孔说话，这也造成他的诗常能用生动多趣的口吻来谈严肃的话题。

前面曾说《责子》诗"不正经"，这一特点在其他诗歌中也常常见到，盖陶诗多戏谑之辞，此即庄子"以谬悠之说，荒唐之言，无端崖之辞，时恣纵而不傥，不以觭见之也。以天下为沉浊，不可与庄语"之意①。比如《形影神》三首，固然反映了时代思潮，表现了不同的人生态度，而诗歌采取的戏剧性的对话形式，则传达出一股浓浓的调侃意味。作为依靠形体和光共同作用才能产生的影，这个完全没有一点自主能力的影，却站出来大谈特谈立善，可知陶渊明意中，这已经不仅是"甚惑焉"，而是可笑复可怜。而神所述委运任化之理固然极高明，但是神

---

① 《庄子·天下》，《南华真经注疏》，第617页。

说话的态度却不是真放下的态度。看看神如何说话,它一说"岂不以我故",再说"安得不相语",三说"今复在何处",四说"将非促龄具",五说"谁当为汝誉",竟然连用了五个反问和疑问句,情绪之强烈,态度之凌厉,似乎不是真正放下者的口吻。这时也许应该想一想,神的观点是陶渊明的观点,但在诗歌中他是一个独立角色,也拥有自己的性格,并不能完全等同于诗人。或者也可以理解为,当神代表诗人时,诗人通过对神的描绘刻画,也有自嘲的意思,知易行难,意识上能放下,优越感,那个过于强烈的自我感仍然难以轻易放下啊。《形影神》三首,从语言看,是对话的语言,流畅自然。从戏剧性来看,形、影、神各有性格,形放纵,影拘泥自是,神则通达而仍不免带有优越感,性格的出现,带来勃勃生机。最后诗中嘲弄世人,兼能自嘲,戏谑玩笑,不粘不滞,让读者倍感轻松愉快。从语言角度理解以俗为雅,不但要考虑口语化的特征,更要注意到诗中鲜活的人间气,的确是人情练达的人在说话。

不妨再来看看《饮酒》的其十三、十四两首:

> 有客常同止,取舍邈异境。一士长独醉,一夫终年醒。醒醉还相笑,发言各不领。规规一何愚,兀傲差若颖。寄言酣中客,日没烛当秉。

> 故人赏我趣,挈壶相与至。班荆坐松下,数斟已复醉。父老杂乱言,觞酌失行次。不觉知有我,安知物为贵。悠悠迷所留,酒中有深味。

虽然《饮酒》小序自述说"既醉之后,辄题数句自娱,纸墨遂多,辞无诠次",但看所引二首,前后相贯,正有深意在。两首各有托辞,各有诙谐。前一首设辞托言,比较醉醒,颇类《形影神》之构思。清人丘嘉穗评云:"陶公自以人醒我醉,正其热心厌观世事而然耳。要之,醒非真醒而实愚,醉非真醉而实颖。其箴砭世人处,却仍以诙谐出之,故不觉其言之激也。"①所论中肯。虽有褒贬,而假托人物,造设情境,其嘲弄便谑而不虐。诗之造语亦趣。《庄子·秋水》:"子乃规规然而求之以察,索之以辩,是直用管窥天,用锥指地也,不亦小乎!""规规然"显然就是努力地以管窥天、以锥指地,来辩之察之的样子,所以唐代成玄英解释说:"规规,经营之貌。"②与《形影神》小序所说的"营营以惜生"的"营营"相吻合。这时,"规规"一词兼有了形容与用典的功能。终年醒的那位先生在干什么呢,"规规一何愚"做了含而不露地交代,他正在经之营之,以辩以察,可是用这样的方法去面对天地之大,品物之盛,欲求逍遥之趣,正是南辕北辙,非愚而何? 而醉客又如何,对他的评价是"兀傲差若颖"。这个表达也极有趣。其一,沉醉为兀傲,即以拒绝为兀傲。不问世事便算傲岸,则世界不但沉浊,而且极度不宽容。这是刺世。其二,"差若颖",略似聪明也,即兀傲差不多算聪明的做法啦。言下又有此非真达道,约略近之而已之意。这是自嘲。但其后便云"寄言酬中客,日没烛当秉",吾属意在沉酣,仍是兀傲态也。诗歌首句云"有客常同止",二客醉醒截然不同,又何以"常同止"呢? 这大概就是诗人设言对某个朋友的表态吧:您汲汲用世就是犯傻,吾道在曲糵中。意思是这个意思,但设譬托言,嘲人自嘲,风趣诙谐,而不失高下抑扬,这才是风人之旨。紧接着对沉酣的赞许,后一首即描述己之欢醉,则"长独醉"之士非己而谁? 只是诗中所写情景,恐怕也是出于托拟。盖诗歌小序云:"余闲居寡欢,兼比夜已长,偶有名酒,无夕不饮,顾影独尽,忽焉复醉。既醉之后,辄题数句自娱,纸墨遂多,辞无诠次。"可见二十首都是独饮之际所作,何来携酒至的故人,又何有杂乱言的父老呢? 不过是造设欢饮之景,以逼出胸臆中"安知物为贵""酒中有深味"

---

① 丘嘉穗《东山草堂陶诗笺》卷三,《四库全书存目丛书》集部第 3 册据湖北省图书馆藏清康熙刻本影印,济南:齐鲁书社,1997 年,第 250 页。
② 《南华真经注疏》,第 348 页。

之语。小序又云："聊命故人书之，以为欢笑尔。"诗中欢饮有故人，真饮酒时"顾影独尽"，无故人，真传抄时又有故人，这故人真如云间神龙，偶露鳞爪。后世读者也许不易留心于此，可当时那班爱劝陶渊明出仕的故人读到这组诗歌，自能明白诗中"深味"，脸色怕要乍晴乍阴，以诗中之玩笑而喜，因诗人之讥讽而羞。曹旭先生曾经对我说，人人以陶渊明为平淡，其实他不平淡，反而是"老练"的。人老练，诗亦老练，故句句有深味，故常托辞抒意，常戏谑玩笑，而又谑而不虐。曹先生此论真是精彩，不愧阅世深，而又不失天趣诗心的会心之见。而萧望卿则在《陶渊明批评》中说："陶渊明幽默的天才在中国诗人里是发展最早而且最高的一个。幽默要是真理的孩子，由善的崇高的心所包含的智慧与快乐结合而产生的，他的五言诗就有这样优美的品质，你读着的时候，心里自然而然流露出微笑，轻松而严肃。"[1]

上面举例分析了陶诗的戏谑玩笑。一般诗人作诗时想着"温柔敦厚，《诗》之教也"，想着经国大业、不朽盛世，便不免要作古正经，端起架子，费力修辞。而戏谑却是不正经，其表达方式是玩笑、托辞设境和正言若反等等，目的就是要用狡黠的方式戳破那种正经中的伪饰，让正经显露出他的荒诞。因此，相比一般的诗歌来说，戏谑的诗歌一定是少修饰的，而更接近于言谈中的幽默表达，会让读者有"自然"之感。

开拓日常生活题材是化俗为雅，朴素自然和诙谐戏谑则雅而能俗，二者结合，正是陶诗即俗即雅的特色。相较宋人刻意以俗为雅的追求，陶渊明的浑朴自然是颇难企及的。

三　语言运用

前面讲宋人的以俗为雅，还有语言运用的一面，即口语化，以口语、俗语入诗，这当然也是陶诗醒目的特点。但陶诗的语言运用的特色不

---

① 萧望卿《陶渊明批评》，第46页。

止于此,至少还可以注意到庄散结合的构句法这一特征。口语化与构句法的共同作用,是形成自然的风格主要的语言手段。

钱锺书曾指出:"唐以前惟陶渊明通文于诗,稍引厥绪,朴茂流转,别开风格。"①后来戴建业和魏耕原都曾有专文分析陶诗的散文笔调,戴先生说:"从诗歌语言本身看,'自然'就是指句法、节奏接近于日常口语,没有人为地颠倒正常语序,结句清通而又顺畅。"②魏先生观点近之,他指出陶诗结构上常用平铺直叙,句中多用虚词和语气词,又多用复句,这些都是口语化的表现③。上一节中已经指出,陶诗并非简单一气直下,他在节奏上极富变化,但这种变化是隐性的,在显性的虚词使用、口语词使用、口语句法运用上,又的确有诸位先生指出的特点。陶诗语言上的口语化是上承汉代古诗而来的。瞿蜕园、周紫宜合著的《学诗浅说》说:"古诗的好处就在真率自然,有一种古朴意味。同时也还是有组织的,还是以声调的抑扬来表达情感的,虽是说的家常,究竟与说话不同,仍然富有诗味。"④陶诗语言较近似之,不过更有文人的韵味,他的家常话终究出自文士的深思,不再是汉代古诗中常人的悲欢,因此暗藏的组织也更丰富。

相对来说,口语化的特征在表层,而庄散相生的构句法则在里层。传统观点认为陶诗不重对偶,比如1938年伍叔傥在《妄论陶诗》中所言:"八代诗家,(中略)偏于单的而同时为卓然大家者,只有陶公。因为单的句多,所以辞彩不整俪,同当时的风气为异趣,在后来也不得为正统,故在六朝诗中为别调。"⑤蔡宗齐却认为"在曹植之后,陶渊明是另一位铸造对偶联的高手,其手法的创新比曹植有过之而无不及",他

---

① 钱锺书《谈艺录》十八,北京:三联书店,2007年第2版,第177页。
② 戴建业《澄明之境——陶渊明新论》,武汉:华中师范大学出版社,1998年,第274页。
③ 魏耕原《陶渊明论》,北京:北京大学出版社,2011年,第192—202页。
④ 瞿蜕园、周紫宜《学诗浅说》,北京:当代中国出版社,2014年,第55—56页。
⑤ 索太(伍叔傥)《妄论陶诗》,《国民觉论》,1938第一卷第二期,第13页。

指出陶诗在对偶上有三大创新，"其一，对偶联的数量之多当时实属少见"，"其二，对偶联句式种类丰富多样，而其使用又灵活多变"，这一点是就句内"2+1+2"和"2+3"的节奏与词性变化而言的，"其三，对偶兼用正对和反对"①。蔡教授仅仅基于《归园田居》其一这一篇作品进行总结，似乎还不能有效反驳传统观点。而他单纯着眼于对偶句来总结陶诗新变，亦未免有执其一端而不见全体之嫌。审视陶诗，会发现陶诗句法真正的特色，其实是偶散交融相生，变化无方。瞿蜕园、周紫宜《学诗浅说》谓陶诗"形式上虽以单行为主，而未尝不兼用骈偶来调剂"②。钱志熙也指出"陶诗是取法汉魏以来以散句为主的体制的"，"但陶诗也受到两晋俳俪风格的影响"，"陶诗的语体，以散体为主，结合偶体"③。在此基础上，可以进一步观察到，陶诗的偶散相生不仅是简单的散体加偶体或者说散偶交替，更是偶句中存有散句的风味，以及偶句与散句的绝妙配合。这一点似也是前人论述所未及处。

陶渊明当然有对仗甚工的诗句，《游斜川》的"弱湍驰文鲂，闲谷矫鸣鸥"即是。但龚望指出："'弱湍''闲谷'，造语奇。只句格不免六朝口吻。"④这两句不但对仗工稳，而且炼字炼句，修饰味较浓，不是《十九首》"胡马依北风，越鸟巢南枝"这种朴素的味道，不觉便与六朝骈俪之句相近了。幸好这种句式在陶诗中偶一见之，正增其色，不至于喧宾夺主。

而陶诗的对句，主要有两种：一种是古诗式的朴素之对，但很多时候朴素中稍存润泽，仍是陶渊明自己面目，并不完全与古诗同⑤；二是

① 蔡宗齐《六朝五言诗句法、结构、诗境新论》，《上海师范大学学报（哲社版）》，2018年第5期，第112页。

② 瞿蜕园、周紫宜《学诗浅说》，第66页。

③ 钱志熙《中国诗歌通史·魏晋南北朝卷》，北京：人民文学出版社，2012年，第306—307、310页。

④ 龚望《陶渊明集评议》，天津：南开大学出版社，2011年，第29页。

⑤ 如瞿蜕园、周紫宜说："陶诗虽是以白描为主，而白描之中又有些色泽之滋润。"《学诗浅说》，第66页。

半对半不对、似对非对的散朗之对。试以《九日闲居》为例作一分析：

> 世短意恒多，斯人乐久生。日月依辰至，举俗爱其名。露凄暄
> 风息，气澈天象明。往燕无遗影，来雁有余声。酒能祛百虑，菊解
> 制颓龄。如何蓬庐士，空视时运倾！尘爵耻虚罍，寒华徒自荣。敛
> 襟独闲谣，缅焉起深情。栖迟固多娱，淹留岂无成？

"往燕"二句、"栖迟"二句是朴素之对，但自是文士素淡之句，与古诗风调稍有不同，龚望评"往燕"二句"造语最奇"①，正以此。又如《辛丑岁七月赴假还江陵夜行涂中》中"诗书敦宿好，林园无俗情"二句，龚望云："凡笔作此'敦'字，必作'有'，以为的对。"②龚先生慧眼拈出"敦"字，让人一窥陶诗对仗用字之秘。"敦宿好"即使宿好增厚之意，犹今言培养，其增益之意为"有"字所无，且声音厚重，也胜于其他近义词。这样的字，厚重不险怪，但显然不是脱口能出的口语用词，便是朴素中的润泽，也就是前人所谓琢之无痕之处。再回到《九日闲居》，"露凄"二句、"酒能"二句、"尘爵"二句则体现了第二种对仗方式。盖"暄风"与"天象"，"百虑"与"颓龄"并不是严格的对仗，尤其是"耻虚罍"和"徒自荣"，只是保持了节奏的一致以及"罍"和"荣"的对仗，使得三组对句粗看对仗，细品又不那么严格，而有轻松流动之气蕴含句内。陶诗中这第二类对句很常见，再比如《形赠影》之"天地长不没，山川无改时"，《神释》之"大钧无私力，万理自森著"，《归园田居》其一的"方宅十余亩，草屋八九间。榆柳荫后檐，桃李罗堂前"及"户庭无尘杂，虚室有余闲"，《怨诗楚调示庞主簿邓治中》之"夏日长抱饥，寒夜无被眠"等等，如此颇难以枚举。这种对仗跟六朝人精工的对偶相比，定会让后者

---

① 龚望《陶渊明集评议》，第24页。
② 同上注，第51页。

嗤笑，却形成陶诗独特的偶散相生，对仗不失自然流动的风格。当然，这种对仗方式渊源有自，是早期古诗文"对偶"的通例。俞樾《古书疑义举例》卷一"错综成文例"中曾总结说："古人之文，有错综其辞以见文法之变者。"①俞氏所举例证，有当句的错综，如《论语》"迅雷烈风"，《楚辞》"吉日兮辰良"，《夏小正》"剥枣栗零"。也有对句的错综变换，如《太玄·止次八》："弓善反，弓恶反，善马狠，恶马狠。"又如《淮南子·主术训》："夫疾风而波兴，木茂而鸟集。"俞樾说："上言疾风，下言木茂，亦错综其词。《意林》引此，作'风疾而波兴'，由不知古人文法之变而以意改之。"②此外建安诗歌中也颇不少见，比如王粲《七哀诗》"狐狸驰赴穴，飞鸟翔故林。流波激清响，猴猿临岸吟。迅风拂裳袂，白露沾衣襟"，刘桢《赠五官中郎将诗》"清歌制妙声，万舞在中堂。金罍含甘醴，羽觞行无方"，曹植《惟汉行》"行仁章以瑞，变故戒骄盈"，《野田黄雀行》"秦筝何慷慨，齐瑟和且柔"等等③。所谓陶诗上承汉魏古诗，对句之法显然也是重要的一方面。陶诗诗风古朴，对仗饶有古法正是其原因之一。

由此，不妨附带讨论一下《癸卯岁十二月中作与从弟敬远》中"倾耳无希声，在目皓已洁"两句的问题。王敬之在《宜略识字斋杂著》中曾记载了其父王念孙的一个观点："'无希'是'希无'之讹。《老子·赞元章》：'听之不闻名曰希。'河上公注：'无声曰希。'故诗言'希无声'，希即无声，皓即已洁，以希形容无声，犹以皓形容已洁也。今本作'无希声'，不特义复，且转似有声矣。《老子·同异章》'大音希声'，彼言希声，可；此言无希声，不可。"④依据上下句对仗关系来校勘文字

① 俞樾等著《古书疑义举例五种》，北京：中华书局，2005年第2版，第7页。
② 同上注，第9页。
③ 逯钦立《先秦汉魏晋南北朝诗》，北京：中华书局，1983年，第366、369、422、425页。
④ 刘盼遂《高邮王氏父子著述考》，聂石樵辑校《刘盼遂文集》，北京：北京师范大学出版社，2002年，第385页。

是王氏父子的长技，翻开《读书杂志》《经义述闻》，这样的例子俯拾皆
是。这里同样如此。王念孙也是首先考虑对仗关系，认为下句是"皓
已洁"，那么上句是"希无声"才对。然后他再从训诂上做了补充说明。
这两句诗虽然历代并无异文，看看王石臞之言，似甚有道理，不免要动
摇人心了。但如果回到陶诗一贯的对仗法来琢磨，就不会以王氏之言
为然了。像大家熟知的"榆柳荫后檐，桃李罗堂前"，如果真要严格对
仗，那该写作"榆柳荫檐后，桃李罗堂前"才对，可是陶渊明偏不。龚望
也说："'倾耳''在目'为对，下三字不对，自是古调。"①既然这种似对
非对是陶诗代表性的构句法，我们就没有特别的理由采信王氏之说。
实际这也提醒我们，王氏以对仗的理由做的很多校改，恐怕未必都可
信，修辞是灵活多变的，不宜拘泥死板②。王念孙的前辈学者吴江沈彤
曾说，读古书时"读之者必求之训诂，与夫名数、象物、事故之属，而后
其文辞可通；必求诸抑扬轻重疾徐出入明晦，与夫长短浅深纵横断续之

---

① 龚望《陶渊明集评议》，第 52 页。
② 王念孙父子校勘时迷信对偶的问题，章太炎已经指出。《国故论衡·明解故上》说
　清代学者"所起新例，式古训，合句度，多腾掷汉师上，亦往往有不周。发词例者，谓
　俪语同则词性同，其可以去诘诎不调者矣。汰甚则以高文典册，下拟唐宋文牒之
　流"，即是不指明地批评。后来在苏州中学所作《文章流别》的演讲中，则做了更清
　楚的说明："以前的骈文，似对非对，(下亦以《易经·文言》为例，省略)并非动字对
　动字，名字对名字，不过语句整齐而已，何尝字字相对？直到齐梁还是如此，宋人欧、
　曾、苏、王，亦是如此。但是，迷信四六的人，便不是如此了。譬如王子安《滕王阁
　序》'落霞与孤鹜齐飞，秋水共长天一色'，并非如宋人四六，天文对天文，植物对植
　物。叶大庆《考古质疑》却以为'落霞'是虫名，所以可对'孤鹜'。迷信四六，便有
　这样的妄论。流弊及于说经，高邮王说'终南何有？有条有梅；终南何有？有纪
　有堂'，以为'堂'须对'梅'，当是'棠'字，这和'落霞'虫名的话，不是差不多吗？所
　以，把宋人的四六文、清人的试帖诗，强以衡断古人，这是不对的事。不懂古今文章
　变迁大势，便有这样的弊病。"分别见章太炎《章太炎全集·国故论衡》(校定本)，上
　海：上海人民出版社，2017 年，第 244 页。章念驰编订《章太炎演讲集》，上海：上海
　人民出版社，2011 年，第 338 页。后来张永言总结王氏父子训诂学工作的四点不
　足，也以"过求偶俪，滥用'对文'"为其中之一。张永言《训诂学简论》，上海：复旦
　大学出版社，2015 年，第 63 页。

际，而后其神理可浃。文辞通、神理浃，而后其意义之真者可获"①。他将修辞与训诂并重，而且强调修辞是"抑扬轻重疾徐出入明晦，与夫长短浅深纵横断续之际"，可见他理解的修辞并不是简单的严格的对仗，这是高明之见。而后来师法二王的俞樾，在这一点上也超越了二王。

偶散的交融相生不但在对仗句内，也存在于对仗句与散句的交错变换之中。像《九日闲居》就在前后对仗中安排了"如何蓬庐士，空视时运倾"两句散句，盖这两句情绪比较强烈，不受形式的束缚更好。再如《酬刘柴桑》前六句："穷居寡人用，时忘四运周。榈庭多落叶，慨然已知秋。新葵郁北牖，嘉穟养南畴。"龚望评云："三四句不对，便有生色；若为对句，与五六语调雷同，此亦不可不避。"②龚先生这里完全考虑的是修辞效果。"榈庭多落叶"是"2+1+2"的节奏，而且前后都是定中结构的词语，跟五六两句的节奏和结构完全一样，如果第四句也对仗的话，就会出现形式上完全一样的四句，连着读起来当然呆板。所以陶诗安排一单句在其间，便于对仗中生出变动，化板滞为流畅，气机就生动起来。

综合看来，陶渊明的构句法仅仅说他以散为主，剂之以偶还不够准确，那种偶中带散，交融相生的手段才是真正的陶诗特色。亦散亦骈，富于变化，所以读来既有朗朗上口之感，又不失流动变化，因此构句法也是形成陶诗自然风格的基本修辞手段。

以上分析了形成陶诗自然风格主要采用的修辞手段，包括写意取神、以俗为雅和语言运用三方面。陶渊明善于捕捉万事万物的律动，写作时着力于传神取态，而不做静止地细描，这是他写意取神的主要方法。即俗即雅则包括化俗为雅和雅而能俗两方面，前者基于日常生活

① 沈彤《果堂集》卷六《赠沈师闵序》，景印文渊阁四库全书第1328册，台北：台湾商务印书馆，1986年，第332页。
② 龚望《陶渊明集评议》，第37页。

题材的开拓,后者基于朴素自然和诙谐戏谑手法的运用,二者融合无间,乃形成陶诗的即俗即雅。总体言之,陶渊明能是抉发出日常生活的诗意,写时人所不屑写、不能写,"俯拾即是,不取诸邻,与道俱往,著手成春"(《二十四诗品·自然》),此之谓也。因此,无论在诗歌日常题材的开拓上,还是诙谐戏谑手法的运用上,陶渊明都成为后世诗人,尤其宋代诗人的不祧之祖。最后在语言运用上,除了学者已经指出的口语化方法外,庄散相生的构句法同样重要。正是以上三大修辞手段的运用,使陶诗自然流畅,古朴而不失变化,上承汉魏古诗而自成一家韵味。对诗人而言,不论其修辞,终非谈诗之道,这点对陶渊明亦然。下面附带分析一下陶诗的"理趣"问题。

四　理趣

陶诗富于理趣,前人已言及之。沈德潜谓陶诗虽下理语而能有理趣[1],刘熙载谓陶诗用理语"有胜境",源于其有理趣[2]。袁行霈指出陶诗能"阐说人生的哲理",是其思考的结晶,并举了"人生归有道,衣食固其端"等五个例子[3]。

陶诗有《形影神》三首这样的哲理诗,也有不少直接说理的诗句,大都表达了深沉融通的哲思与豁达的人生态度。陶诗的理趣,部分源出于这些哲思的活泼。所谓部分,是因为直接说理往往有玄言诗那样堕入枯燥无味"理障"的危险。陶渊明能远远超越于同时代,独得理趣而不堕理障,关键还在于他诗歌独特的艺术手法。一是他选言用字大有讲究,能单词只字独存深意,起到四两拨千斤的效果。再有就是陶诗往往能将深切的道理融入景象之中,情、景、意三者融合无间,使人味之亹亹不倦。正如学者所言:"渊明能将深奥之哲理,透过其'写意'手法

①　沈德潜《国朝诗别裁集·凡例》,《清诗别裁集》,北京:中华书局,1975年,第3页。
②　刘熙载著,袁津琥笺释《艺概笺释》,北京:中华书局,2019年,第277页。
③　袁行霈《陶谢诗歌艺术的比较》,《陶渊明研究(增订本)》,第144页。

之妙用,融入优美之形象中,恰到好处,而与精神生命相契合,呈现一种和谐圆满之意境,使人不觉得其再说理,渊明之'理趣诗',多数均如此,其成功之关键即在'有理趣而无理障','有情味而不乏味'之故。"[1]下面就分别从选词用字和命意取象两方面稍作分析,看看陶渊明是如何做到不作理语而妙得理趣的。

在关键字词上慎加选择,赋予这些字词以超越字面的丰富含义,这本是中国古典文化的传统。《诗》《骚》解读,赋予"美人""香草"以象征隐喻之义;《春秋》笔法,则重一字褒贬,皆可谓影响深远。此外,先秦诸子,各自提炼概念,如孔孟的"仁""善",老庄的"无为""自然",墨子的"兼爱""非攻"等等,都是立名标宗,以成一家之学。陶渊明的诗歌写作,也深得"立名"之义。比如《连雨独饮》"任真无所先"的"任真",《归园田居》其一"复得反自然"的"自然",便是源自《庄子》,而贯穿陶诗的重要概念,早已为读者熟知。这里想特别以陶诗《时运》中的"游"字为例,做一详细分析。因为这个字实是诗歌之眼,其中大有深意,又向被古今注家忽略,值得我们加以抉发表彰。

《时运》小序云:"时运,游暮春也。"诗歌所写,便是暮春之游。如果细加探究,会发现,诗中的"游",既是郊游之游,也是悠游于道艺之游,还是精神上逍遥自在。可以说,一个"游"字,足能融汇儒道以成玄思,为诗歌注入遥深的意蕴,故不可轻轻放过。

"游"之第一义是诗歌字面所写的春游。除了自己郊游,诗歌第三章也写:"延目中流,悠想清沂。童冠齐业,闲咏以归。我爱其静,寤寐交挥。但恨殊世,邈不可追。"这是在遥遥呼应《论语·先进》篇曾皙所述暮春之游,将先贤之精神与自己之意趣打并一处,产生古今交织的效果。

---

[1] 陈怡良《陶谢两家理趣诗之比较》,陈怡良《陶渊明探新》,台北:里仁书局,2006年,第188页。

由"童冠齐业，闲咏以归"提示我们的是，"游"还有第二层意蕴，即"志于道，依于仁，据于德，游于艺"（《论语·述而》）之"游"①。依照孔子所述，学者当立志求道，在求道的过程中，又当时时通过音乐等艺术来陶冶情操，辅助德行，达到处乐忘忧、进德修业的效果。比如"子在齐闻《韶》，三月不知肉味"（《论语·述而》），这就是孔子的"游于艺"。汉代班彪《北征赋》也说："夫子固穷，游艺文兮。乐以忘忧，惟圣贤兮。"②这是后人对孔子的祖述。诗人想到"童冠齐业，闲咏以归"，便是在追慕孔门弟子的"游于艺"；诗歌第四章云"清琴横床，浊酒半壶。黄唐莫逮，慨独在余"，黄帝、唐尧的时代不可企及，唯有耽于琴酒以解其忧，则是陶渊明的"游于艺"。

当然，诗歌中的"游"还有第三层深意，乃遥遥与庄子逍遥之游相应和。所谓逍遥游，是精神的绝对自由，是与造化为一的自在。著名学者王叔岷先生曾经引《庄子·天下》篇的"上与造物者游"来解释"逍遥游"，谓"此'游'字，实可以应无穷之义而归于大通之旨也"③。以此返观《时运》，"山涤余霭，宇暧微霄。有风自南，翼彼新苗"，这是诗人精神游于天地之间，与万物为一；"延目中流"一章，则是思虑游于千载之上，与古人同乐。古与今、物与我皆已浑然一体，诗歌的"游暮春"，体现的何尝不是自由无碍的精神境界？

一个"游"字而有三义，贯通全诗，而觉意味无穷，这便是观字而得趣之一例。

至于在平常写景状物中贯注理趣，这更是陶诗显著的特色。他为人交口赞誉的诗句，大多有此特征。如著名的《饮酒》其五，前面说："结庐在人境，而无车马喧。问君何能尔？心远地自偏。"这里直接在

① 《论语注疏》卷七，阮元校刻《十三经注疏》（嘉庆刊本）第五册，北京：中华书局，2009年，第5391页。
② 萧统编，李善注《文选》卷九，影印胡克家本，北京：中华书局，1977年，第144页。
③ 王叔岷《庄学管窥》，北京：中华书局，2007年，第181页。

讲心远地偏的道理，即《庄子》"虚己以静"之意。因为是直接说理，便不免需要通过语言作分析与解释，告诉读者，自己所居的"人境"不同于世俗"人境"。但是正如《庄子》中常常讲到的，真正得道者是无法通过言语来表达何谓"道"的，一旦诉诸语言，便意味着心中尚存分别意，还未到达庄子所云"吾丧我"和"磅礴万物以为一"的悟道境界。所以诗歌开头作解释，反而离道稍远。等到"采菊"而见"南山"以后，才是理障尽去，目击道存，神游天地而与万物一同徜徉自在，这才是真正的庄子之道。全诗前四句说理而有理障，后面不再说理，便撤尽理障，而独留趣味。没有前面的说理，后面的理趣便无法彰显；没有后面的忘理，则终究不能直造神境。二者结合，呈现了诗人对自然与生命的通透解悟。陶诗能有如此高风，是因为诗人"任真"之思、"自然"之想久已融化在生命之中，故而能汩汩流淌于楮墨之间。

《饮酒》其五所展现的物我浑融、万化同流之状态，的确是陶诗最吸引读者之处。陶诗物我浑然的境界，不但为王国维总结为有我无我和隔与不隔之说，也是古人的通识。陆放翁《读陶诗》："陶谢文章造化侔，篇成能使鬼神愁。君看夏木扶疏句，还许诗家更道不？"①称赞的是《读山海经》其一"孟夏草木长，绕屋树扶疏。众鸟欣有托，吾亦爱吾庐。"而苏轼与张表臣都对《癸卯岁始春怀古田舍二首》其二中的"平畴交远风，良苗亦怀新"二句赞叹不置②。清代薛雪称此二句"实此身心与天游耳"③。洪亮吉甚至认为"实足以窥化工之蕴。古今诗人虽善状情景者，不能到也"④。二句究竟妙在哪里呢？"远风"的"远"形容风

① 钱仲联《剑南诗稿校注》卷八十，上海：上海古籍出版社，1985年，第八册，第4327页。
② 苏轼撰，金生扬校点《东坡志林》卷十，曾枣庄、舒大刚主编《三苏全书·子部》，北京：语文出版社，2001年，第262页。张表臣《珊瑚钩诗话》卷一，何文焕辑《历代诗话》上册，北京：中华书局，2004年第2版，第459页。
③ 薛雪《一瓢诗话》，丁福保编《清诗话》下册，上海：上海古籍出版社，1978年，第704页。
④ 洪亮吉《北江诗话》卷一，洪亮吉撰，刘德权点校《洪亮吉集》第五册，北京：中华书局，2001年，第2243页。

从远方来，而"交"字则蕴含四面八方来此交会之意，于是宽广无垠的天地皆在我意中矣。田中的苗，一定是良莠不齐的，但放眼望去，皆是"良苗"，便说明诗人心中是一片光风霁月的纯良，所以眼中之苗皆良，而无有恶者。最后的"怀新"，当然写的是春风滋养，但"怀"字却是由"苗"发出的动作，于是眼中之苗感受到春风生生之德，而生出勃勃生机之意，全在这个字中体现出来。苗皆良吗？皆良的本来是诗人。苗能怀吗？能怀的还是诗人。所以二句十字，字字写风写苗，却又字字写诗人自己的胸襟气韵，同时还表现出天地无穷、万物化生之境，这不是物我浑然一体的化工，是什么呢？陶诗非不说理，然而更深刻的道理，尤其那种齐一大化的真之境界却往往不是通过说理，而是在绘物写景之中自然展现出来的。相信任何一个合格的读者首先被陶诗感染的，正是这种与物为一的真淳的风度。

不但写景中有理趣，叙写情事，同样理深而趣远。《乙巳岁三月为建威参军使都经钱溪》云："我不践斯境，岁月好已积。晨夕看山川，事事悉如昔。"诗人说，自己很久以后再次经过钱溪，发现风景依旧。既然山川无恙，那么流年堆积在哪里呢？自然只能是在自己身上。风景没有今昔之别，看风景的人漂泊旅途看似也无差别，但今次的心境却不同于往昔，毕竟岁月累积，人生的感悟与智慧也随之增加。所以诗歌后面自然写到"一形似有制，素襟不可易。园田日梦想，安得久离析"，这便是岁月中渐渐沉淀的决心。到了这一年十一月，诗人果然从彭泽令任上挂冠而去，永归田里。"岁月好已积"，真是耐人寻味。

一样的岁月流逝，《答庞参军》却是相反的表达："物新人唯旧。"春天来临，万物更始，越来越陈旧的只有住在园田中的诗人。为什么表达与前面迥异？因为庞参军是做官的朋友，此刻正春风得意，便是"物新"，自己却疏阔于世，与这一番新意格格不入，不免越来越成为老古董。"物新人唯旧"表面只是客观叙事，字里却是深深的兀傲，是与世相疏远之意。这也是一种理趣，倾吐的是胸中的骨鲠。

与"物新"句意思近似的,是《和刘柴桑》中的"栖栖世中事,岁月共相疏"。世事与岁月,都渐渐离我远去。这样的表达,弥觉淡远深邃。仿佛《庄子·山木》所云:"君其涉于江而浮于海,望之而不见其崖,愈往而不知其所穷。送君者皆自崖而反。君自此远矣。"岁月与世事,便是这远行客,不知将向何方。送行人独立岸上,心中廓落。又或者,自己便是这远行客,离世界越来越远,不知将漂向何方。人生的况味,不过如此。

苏轼说陶诗"质而实绮,癯而实腴",能"绮"能"腴",与陶诗多含理趣大有关系吧。

陶渊明的诗风是什么,这是古今文人学士讨论得比较充分的问题,在此基础上,为什么的问题,即其风格是如何形成的问题便需要研究者思考与解答。尤其哪些具体的创作手法、修辞手段是诗人的独得之秘,是形成一家之风的基础性因素,不但是陶渊明研究者需要回答的问题,也是经典作家的研究者要面临的挑战。能否结合传统的文学批评与现代的学术眼光,温故而出新,对经典作家、作品做出深度剖析,已经有不少学者在做这样的探索,小书的文学编也一直在尝试着。至于是否拈花证心,探得骊珠,就要请方家赐教了。

陶诗与《论语》(代结语)

一

结语难写,以不结结之,不妥,简单复述各章节内容,也无意思,最好能呼应前文而又生出一些新意。陶诗与《论语》的关系,原本打算放在第五章中讨论,后来觉得要讨论的很多具体问题既与前后内容互相呼应,整个问题又牵涉陶渊明的思想意趣和文学风神,具有总括性,不妨用来代替结语。

意识到这个问题源自清人刘熙载的提示。《艺概·诗概》有云:

> 曹子建、王仲宣之诗出于《骚》,阮步兵出于《庄》,陶渊明则大要出于《论语》①。

这是一个非常有趣,也富于洞见的看法。李文初有过一个解释,认为刘熙载此言"是就陶诗用事的出处而言"②,此说大概承袭沈德潜而来。

---

① 刘熙载著,袁津琥笺释《艺概笺释》,北京:中华书局,2019年,第271页。
② 李文初《陶渊明论略》,广州:广东人民出版社,1986年,第216页。

《古诗源》卷九《饮酒》二十首之末沈氏评云："晋人诗,旷达者征引《老》《庄》,繁缛者征引班、扬,而陶公专用《论语》。汉人以下,宋儒以前,可推圣门弟子者,渊明也。"①陶诗用典当然不可能只用《论语》,沈德潜此处恐是为立论醒豁而故作偏至之语。故袁津琥据此以为刘熙载"此处沿沈之误"②。但如果回到《艺概》的语境中,前面称曹植、王粲出于《骚》,阮籍出于《庄》,这显然不是从用典出处的角度而言,而是就渊源而论的。同理,刘熙载所谓"陶渊明则大要出于《论语》",恐怕也不宜仅仅从出处的角度来理解,否则与上文断为两截,古今无此行文之法。那是否刘熙载认为陶渊明文学的源头是《论语》?这个说法乍看令人惊怪,再思之则让人击节。诗和文固然有文体的界限,但一者影响另一者,不同的文体处理相同的问题,采用相似的言说方式和言说手法,呈现相近的风格,最后休现近似的精神气韵,则并没有什么不可能。那是否可以如是理解刘熙载"出于《论语》"之说呢?所谓"出于",是否即因沉潜涵咏,而最终在以上诸方面表现出相近相似的风貌呢?

不妨先看看刘熙载自己是如何评价陶诗的:

(1)陶诗有"贤哉回也""吾与点也"之意,直可嗣洙泗遗音。其贵尚节义,如咏荆卿、美田子泰等作,则亦孔子贤夷、齐之志也。

(2)陶诗"吾亦爱吾庐",我亦具物之情也;"良苗亦怀新",物亦具我之情也。《归去来辞》亦云:"善万物之得时,感吾生之行休。"

(3)陶诗云:"愿言蹑清风,高举寻吾契。"又云:"即事如已高,何必升华嵩。"可见其玩心高明,未尝不脚踏实地,不是"偶然无所归宿"也。

---

①　沈德潜《古诗源》,北京:中华书局,1963年,第204页。
②　《艺概笺释》,第272页。

（4）钟嵘《诗品》谓阮籍《咏怀》之作，"言在耳目之内，情寄八荒之表"。余谓渊明《读山海经》，言在八荒之表，而情甚亲切，尤诗之深致也。

（5）诗可数年不作，不可一作不真。陶渊明自庚子距丙辰十七年间，作诗九首，其诗之真，更须问耶？彼无岁无诗，乃至无日无诗者，意欲何明？

（6）谢才颜学，谢奇颜法，陶则兼而有之，大而化之，故其品为尤上。

（7）陶、谢用理语各有胜境。钟嵘《诗品》称"孙绰、许询、桓、庾诸公诗，皆平典似《道德论》"。此由乏理趣耳，夫岂尚理之过哉①？

（1）（3）（4）论陶诗的情志与主题，皆以儒家为归宿。（2）认为陶渊明有物我同流的境界，这种境界是宋明理学家最看重的儒者境界。（5）强调陶诗之真。（6）总论陶诗的特色，为才学奇法兼备。（7）是就说理这一创作手法而论。所论从主题到创作手法到风格到气象精神，都有涉及，足证刘熙载在说"陶渊明则大要出于《论语》"时，所思绝非一端一事。

因此，正可通过陶诗与《论语》的比较，由表及里，来领略前者的风貌。所谓由表及里，是指陶诗对《论语》的承袭以及二者的相近相似可以区分出三个层次：最直观的是陶诗用典的层次；中间的是文学层，包括主题、言说方式、创作手法、风格等方面；最深处是精神层，是诗人的胸襟气韵与《论语》的相合。学者一般较多关注第一层与第三层，而对中间的文学层关注较少。

---

① 《艺概笺释》，第 272—277 页。

二

先简单看看表层用典层的情况。陈延杰在《诗品注》中曾说:"陶诗引《论语》者不一: 若《五月旦作和戴主簿》'曲肱岂伤冲',用《论语》'子曰: 饭蔬食,饮水,曲肱而枕之,乐亦在其中矣';《和郭主簿》'旧谷犹储今',用《论语》'旧谷既没';《始作镇军参军经曲阿》'屡空常晏如',用《论语》'回也其庶乎屡空';《癸卯岁始春怀古田舍》二首'是以植杖翁,悠然不复返',用《论语》'植其杖而芸';'先师有遗训,忧道不忧贫',用《论语》'君子忧道不忧贫';《与从弟敬远》'深得固穷节',用《论语》'君子固穷';《庚戌岁九月中于西田获早稻》'四体诚乃疲,庶无异患干',用《论语》'四体不勤';《咏贫士》'朝与仁义生,夕死复何求',用《论语》'子曰: 朝闻道,夕死可矣'。"陈先生所举数例都很好,的确皆是"以《论语》入诗而得其化境者"①。

高明的诗人,典故的运用都服务于诗歌表达,每个典故或用其字面,或用其事,或用其义,或兼而有之,总之恰如其分地出现在适当的位置上,而不会被典故牵着鼻子走。然而,古今都有些学者不明白诗人用典的方法,在解释诗歌时往往不是从诗歌的内在语境入手解读典故,而是从典故入手,做过分解读与发挥,再以此理解诗歌,因此产生很多误读与过度阐释。分析陶渊明使用《论语》典故时,也要避免上述错误。比如"旧谷犹储今"就只是用字面;"曲肱岂伤冲"既用其语,也自然歇后"乐亦在其中矣"之意,但不等于诗人自比孔子。

而用义之典自然也关系到诗人对典故意思的理解。比如前引"屡空常晏如"之典,元代吴师道《吴礼部诗话》云:"《始作镇军参军经曲

① 陈延杰《诗品注》,北京: 人民文学出版社,1961 年,第 42 页。

阿》:'被褐欣自得,屡空常晏如。'《五柳先生传》:'短褐穿结,箪瓢屡空。'自何晏注《论语》,以'空'为虚无,意本《庄子》,前儒多从之。朱子以回、赐'屡空''货殖'对言,故以空匮释之。今此以'被褐'对'屡空'。又《饮酒》诗:'颜生称为仁,荣公言有道。屡空不获年,长饥至于老。'以'屡空'对'长饥',朱子之意,正与此合。"①此说实有不确。魏晋人本两存"空匮""虚中"之说。何晏注云:"言回庶几圣道,虽数空匮,而乐在其中矣。(中略)一曰屡,犹每也。空,犹虚中也。以圣人之善(道),教数子之庶几,犹不至于知道者,各内有此害也。其于庶几每能虚中者唯回,怀道深远,不虚心,不能知道。"②皇侃疏云:"一云:庶,庶几也。屡,每也。空,穷匮也。颜子庶慕于几,故匮忽财利,所以家每空贫而箪瓢陋巷也。故王弼云:'庶几慕圣,忽忘财业,而屡空匮也。'又一通云:空,犹虚也。言圣人体寂,而心恒虚无累,故几动即见。而贤人不能体无,故不见几,但庶几慕圣,而心或时而虚,故曰'屡空'。其虚非一,故'屡'名生焉。故颜特进云:'空非回所体,故庶而数得。'"③可见,在陶渊明时代,将"屡空"解释成匮乏还是心之虚无,二说是并存的。他的好友颜延之就理解成心之虚寂。相信在"疑义相与析"的时候,陶、颜二人是讨论过这一问题的。但陶渊明不取后一说,而采用汉人旧说,这样通过用典就能看出他的态度来。钱锺书据此认为:"此殆亦渊明'述孔业'而异于晋宋援道入儒风气者欤。"④陶渊明的思想,本书第三章已有详细讨论,陶渊明并不是没有"援道入儒"的

① 吴师道《吴礼部诗话》,丁福保辑《历代诗话续编》,北京:中华书局,2006年第2版,中册,第585—586页。
② 何晏《论语集解》,《儒藏》(精华编一〇四),北京:北京大学出版社,2007年,第150页。
③ 皇侃《论语义疏》,《儒藏》(精华编一〇四),北京:北京大学出版社,2007年,第405页。
④ 钱锺书《管锥编》一六七《全宋文》卷二〇增订四,北京:三联书店,2007年第2版,第四册,第2009页。

时候,他受玄学风气的影响颇深,但他的人生态度是"诚之以求真"的,他不会一味沉溺玄虚,而是敦行实践,以冀达致真之境。"屡空"之典,正是对应敦行实践之事,也是陶渊明困苦生活的真实写照,他当然不会故弄玄虚,采取体寂心虚的解释。可见,陶渊明对典故的理解与运用,是与他的人生实践相一致的。

美国学者罗秉恕(Robert Ashmore)在讨论陶渊明的《论语》阅读时,仅仅考虑到阅读、接受的角度,而未与这种人生思想与实践相联系,所论便往往不能中肯。比如《癸卯岁十二月中作与从弟敬远》诗,我们在第五章第二节中曾结合诗歌背景做过比较详细的分析,可以知道诗人对人世的憎恶感随着桓玄篡位事件达到顶点,所以在诗中表达强烈的痛苦与严峻的拒绝。而罗秉恕没有去考查背景,只是简单地将诗歌与《论语》联系。如他解释"劲气侵襟袖,箪瓢谢屡设。萧索空宇中,了无一可悦"四句,指出"箪瓢"二字出自《论语·雍也》"贤哉回也!一箪食,一瓢饮,在陋巷,人不堪其忧,回也不改其乐。贤哉,回也",然后认为诗句说"无一可悦",表现了对颜回形象和他的隐逸之乐的质疑,诗人无法以孔子、颜回那样的快乐来回应自己的时代[1],表现了"与《论语》之间的紧张关系——把颜回之乐作为一个问题提出,以及诗人对'固穷'遗产的痛苦反思"(the tention of its relation with the Analects —— the raising of Yan Hui's joy as a problem, and the poet's tortured reflections on the legacy of "steadfastness in adversity")[2]。其实此处无关于对《论语》的反思,诗人只是前云"箪瓢谢屡设""了无一可悦"以形容困苦的状态,后云"深得固穷节"以表明心志,是最常见的抑扬手法。如果对每个典故都做索隐式的、微言大义式的"深度解读",诗歌当然可以被

① Ashmore, Robert. *The Transports of Reading: Text and Understanding in the World of Tao Qian*(365 - 427). Cambridge (Massachusetts) and London: Harvard University Press, 2010. p. 159.

② Ibid. p. 161.

解释得天花乱坠,但那样全诗必然呈现支离破碎、文气寸断的面貌。实际上,少数诗歌,或者诗歌中个别地方的确需要讨论其微言大义,但任意扩大这种解读方法的使用范围,这样只会郢书燕说而已。在讨论陶诗用典时,实际在理解古代诗人的用典时,这都是值得注意之处。

三

陶诗与《论语》在文学层的契合,因为此前学者关注较少,值得稍作讨论。跨越诗文之体溯源看似石破天惊,其实并非刘熙载的孤明先发。章学诚在《文史通义·易教下》中说:"物相杂而为之文,事得比而有其类。知事物名义之杂出而比处也,非文不足以达之,非类不足以通之;六艺之文,可以一言尽也。夫象敩,兴敩,例敩,官敩,风马牛之不相及也,其辞可谓文矣,其理则不过曰通于类也。故学者之要,贵乎知类。"①正是有这种"通之以类"的思想,他在《诗教上》中又说:"后世之文,其体皆备于战国,人不知;其源多出于《诗》教,人愈不知也。知文体备于战国,而始可与论后世之文。知诸家本于六艺,而后可与论战国之文,知战国多出于《诗》教,而后可与论六艺之文;可与论六艺之文,而后可与离文而见道;可与离文而见道,而后可与奉道而折诸家之文也。"②在章学诚之论述中,战国之文多源出于《诗》教,那么反过来指出陶渊明之诗源出于《论语》又有何奇怪呢? 此说成立是否,重要的是考查二者能否相通以类。

本书前云,陶渊明心目的孔子是圣人,但却不是不可学不能至的天神般的圣人,而是可学可至的"先师"。对孔子思之慕之,效之法之,这

---

① 章学诚著,叶瑛校注《文史通义校注》,北京:中华书局,1994 年,第 18 页。
② 《文史通义校注》,第 60 页。

是陶诗能通于《论语》的根本原因。只是五经也都是孔子之教,陶渊明何以独契《论语》?大概五经所载多政治教化之事、家国安平之道,而《论语》独载孔子的庸言庸行,最能见出孔子整个的鲜活的人,最可在日常生活中体会而效法之。《论语》的文字也是绝佳,说理平实,述志高远,论事切要,人物声口如绘,各肖其面目,气质清明简易,沉着踏实,广大深沉。美国学者郝大维、安乐哲在合著的《通过孔子而思》一书中指出,孔子建构的秩序模型中,审美秩序具有优先性①。即与西方强调一般性、普遍性、绝对性的逻辑秩序不同,孔子强调特殊性和个性的审美秩序,"强调正是其中那些被经验成分以无法替代的方式建构了它们自身以及它们彼此之间的关系"②。这种审美秩序"发端于个别事物的独特性,而且认为这一独特对其语境均衡的复杂性是有益的。由于审美秩序推崇每一成分在其与这所有独特成分构成的自然生发的统一体张力中展现其持存的特殊性,因此,应该是多样性先于统一性,分离先于关联。审美秩序关注具体、个别成分在由此类诸成分彼此关系的联合体产生的和谐中展现自我的方式"③。这是从孔子思想的结构模式上分析指出实践性审美天然蕴含其中。同样,杨克勤也指出:"《论语》的语言是诗性的。……对于孔子,伦理内容建立在美学内容的基础之上。伦理不是达到对行为的一种学理的、逻辑的公式化表述。伦理是引导人们参与生命的伟大美律,这律如宇宙之道且天令永有之,又如个体在道德生活中实现道的和谐(美学上的喜乐)。"④"程序化的礼与和谐的乐不是外在形式,它们是一个美学文化领域,一个人若沉浸其中,就会被教化为一位君子。"⑤理解了这种实践性审美可知,如果以诗

---

① 〔美〕郝大维、安乐哲著,何金俐译《通过孔子而思》,北京:北京大学出版社,2005年,第160—168页。
② 同上注,第164页。
③ 同上注,第165页。
④ 〔美〕杨克勤《孔子与保罗》,上海:华东师范大学出版社,2010年,第45页。
⑤ 同上注,第56页。

为炫才邀誉之具,这样的诗便与《论语》无关;如果以诗抒情言志,将诗歌作为"诚之以求真"的人生实践的有机部分,这时的诗歌便自然与诗人一道,仰追《论语》,独契精神。正是《论语》的这种审美特性,成为从文学层面看陶渊明与《论语》关系的理论依据。大致说来,陶诗的主题,其中的言说方式与写作手法,以及陶诗的风格,都与《论语》极相契合。

一　主题

陶诗最引人注目的主题首先是田园主题。清人李调元在《雨村诗话》卷十三中引陆树英之言曰:"晋陶潜、唐储光羲工言田家诗,不知皆出《论语》。如'四体不勤,五谷不分,孰为夫子','执杖而芸',皆陶、储所祖也。"①长沮、桀溺、荷蓧丈人隐居避世、躬耕自养的做法固然与孔子不同,但究其实,他们与避世的伯夷、叔齐,佯狂的箕子,在行为上并无不同,而孔子许夷叔、箕子为仁,足见他对这类隐士还是很有认同感的。正如马一浮所云:"论隐者,当观其志,不可徒论其迹。"又:"孔子称逸民,亦致赞叹。贤者避世,亦非活身乱伦,岂可以高士为小人乎?"②而且诚如太史公在《史记·伯夷列传》中指出,这些隐者也是因为孔子的称赞才能流芳百世。因此,要说田园主题出于《论语》,并非没有道理。

其次,真德秀云:"渊明之学,正自经术中来,故形之于诗,有不可掩。《荣木》之忧,逝川之叹也;《贫士》之咏,箪瓢之乐也。"③真西山举了两个例子,第一个《荣木》中惜时立业的主题,第二个《贫士》中安贫乐道的主题,他认为都源自《论语》,应无问题。而且安贫乐道是陶诗

---

① 李调元著,詹杭伦、沈时蓉校正《雨村诗话校正》,成都:巴蜀书社,2006 年,第312 页。

② 马一浮述,王培德、刘锡嘏记录,乌以风、丁敬涵编次《语录类编》,吴光主编《马一浮全集》第一册下,杭州:浙江古籍出版社,2013 年,第709 页。

③ 真德秀《跋黄瀛甫拟陶诗》,《四部丛刊》初编本《西山先生真文忠公文集》卷三六,上海:商务印书馆,1922 年,叶二 A。

基本主题之一,正如归有光所云:"其平淡冲和,潇洒脱落,悠然势分之外,非独不困于穷,而直以穷为娱。百世之下,讽咏其词,融融然尘查俗垢与之俱化。信乎古之善处穷者也!推陶子之道,可以进于孔氏之门。"①除此之外,还可以注意到,《移居》二首所表达的正是《论语·里仁》首章"里仁为美,择不处仁,焉得知",以及《颜渊》篇曾子所言"君子以文会友,以友辅仁"之意。故可以说,《移居》所表达的"择友"主题也源自《论语》。

更重要的是陶诗中自我这一主题,这是本书第四章重点分析的内容,也正是《论语》的基本问题。"古之学者为己,今之学者为人"(《论语·宪问》),孔子之学是为己之学,对自己的期许与肯定,剖析与自省,都是题中应有之义。所以《论语》中不但有教诲弟子与他人之语,还有许多孔子的自述。这里略举数例:

子曰:"吾十有五而志于学,三十而立,四十而不惑,五十而知天命,六十而耳顺,七十而从心所欲,不逾矩。"(2.4)

子曰:"周监于二代,郁郁乎文哉!吾从周。"(3.14)

子曰:"述而不作,信而好古,窃比于我老彭。"(7.1)

子曰:"默而识之,学而不厌,诲人不倦,何有于我哉?"(7.2)

子曰:"富而可求也,虽执鞭之士,吾亦为之。如不可求,从吾所好。"(7.12)

子曰:"饭疏食饮水,曲肱而枕之,乐亦在其中矣。不义而富且贵,于我如浮云。"(7.16)

叶公问孔子于子路,子路不对。子曰:"女奚不曰:其为人也,发愤忘食,乐以忘忧,不知老之将至云尔。"(7.19)

---

① 归有光《陶庵记》,归有光撰,周本淳校点《震川先生集》卷十七,上海:上海古籍出版社,2007年,第426页。

　　　　子曰:"我非生而知之者,好古,敏以求之者也。"(7.20)

　　　　子曰:"二三子以我为隐乎? 吾无隐乎尔! 吾无行而不与二
三子者,是丘也。"(7.24)

　　　　子曰:"文莫,吾犹人也。躬行君子,则吾未之有得。"(7.33)

　　　　子畏于匡,曰:"文王既没,文不在兹乎? 天之将丧斯文也,后
死者不得与于斯文也;天之未丧斯文也,匡人其如予何?"(9.5)

　　只看以上数例,孔子的形象已可谓鲜活。如果就全书中自述的比例看,
先秦诸子少有过于《论语》者。而就自述所传达的笃实深沉、清明旷远
的气象,陶诗确实像《论语》的回响。陶渊明的诗文写作,正如他在《五
柳先生传》所言,是"长著文章自娱,颇示己志"。前文分析陶渊明的
"自我"时已指出,这种自我描述、自我展示,其作用是通过自我的抒
泄、确认与策勉来保持自我的同一性,这正是"颇示己志"的意义。这
种示志的自述,如果在陶渊明之前的文化传统中找寻源头,恐怕没有比
《论语》更早的了,而气质上二者又那么接近,不能不让人承认二者之
间存在亲缘关系。

　　二　言说方式与写作手法

　　下面再从言说方式与写作手法上来看看陶诗与《论语》的渊源关
系。自述既是主题,也可以看作言说方式,除此以外,值得注意的还有
对话、尚友古人、移情观物、虚字运用等四种手法。

　　孔子因材施教,教弟子重启发,往往是"不愤不启,不悱不发。举
一隅不以三隅反,则不复也",因此《论语》有一个重要特性就是对话
性。美国学者杨克勤说:"孔子是语言大师,他借助比喻的说法方式邀
请当时的弟子和今天的读者和他一起创造一个有序的道德世界,这种
邀请式风格包含对比和开放式定义的使用。比如,确定下列词语的准
确定义对我们来说会很困难: 仁、忠、恕、礼、孝、君子。对于孔子来说,
有效的教学要求概念的创造性定义,以开放的精神,留给弟子去探索生

命的派生道路和隐含道路,从而把教导内在化。"①杨先生所指出的事实是读者熟知的,但他使用的"对话性"这个概念则颇为精彩。

陶诗中也有类似的对话性。陶诗中至少存在三种对话形式:赠答诗的显性对话、赠答诗中的隐性对话和非赠答诗的隐性对话。三种对话共同的特点是非教训式、非直言式,是开放式、暗示式,是就事论事而事外有意的方式,这正是我们熟知的孔子的言说方式。

第一种对话最明显,赠答诗本来就是与特定人物的诗歌对话,需要理解的是陶诗悠远含蓄的风格。比如有名的《与殷晋安别》这一篇,诗序云:"殷先作晋安南府长史掾,因居寻阳。后为太尉参军,移家东下,作此以赠。"可知殷晋安对政治是颇为热衷的。那陶渊明对他态度如何,是否有讥讽之意,前人就有争论。清代温汝能为讥讽说的代表:"抑扬吞吐,词似出之忠厚,意实暗寓讥刺。殷景仁当日得此诗,未必无愧。予谓读陶诗者,当知其蔼然可亲处,即有凛然不可犯处。"②清代吴菘却说:"深情厚道,绝无讥讽意。"③张玉穀也说:"殷出辅宋,本拂公心,而诗无讥讽,所谓亲者无失其为亲也。"④显然因为诗人深沉老练的言说方式,给予了读者不同理解的可能。诗歌先追述友情,次写眼前的分别,最后悬想分别后的情形,惜别之情,溢于言表,的确是友朋赠别之作。不过陶、殷二人在出处上到底有绝大的分歧,诗人并不讳言这一点。他说"语默自殊势",又说"良才不隐世,江湖多贱贫",此即温汝能所谓"有凛然不可犯处"。"忠告而善道之,不可则止,毋自辱焉。"(《论语·颜渊》)这是孔子对朋友的态度,也是陶渊明对殷晋安的态度。不失真诚,有节度,又有不徇己从人的坚毅处。诗人理解人的复杂性,宽和包容而不是非黑即白,又不会失去自己的原则与坚持,所以诗歌即别言

---

① 〔美〕杨克勤《孔子与保罗》,上海:华东师范大学出版社,2010年,第47—48页。
② 温汝能《陶诗汇评》卷二,清嘉庆九年(1804)温氏刻本,叶二十七 B。
③ 吴菘《论陶》,清康熙四十四年(1705)刊吴瞻泰《陶渊明诗话》本附,叶三 A。
④ 张玉穀撰,许逸民点校《古诗赏析》卷十三,北京:中华书局,2017年,第328页。

别,有赞有弹,不作决绝语,才让读者生出不同理解。

第二种对话模式,是对话性隐藏于抒情的字面之下。有一类赠答诗乍看只是个人抒怀,实际是向某个或某些特定对象倾诉感怀,表达拒绝、规劝、感激等不同意思。比如《五月旦作和戴主簿》,是一首夏日感怀之作。诗歌最末二句云"即事如已高,何必升华嵩",可以猜知,戴主簿写给陶渊明的诗中大概恭维他是隐居修仙者之流吧,所以诗人作如是答复。以此为线索,再审读前面"既来孰不去,人理固有终。居常待其尽,曲肱岂伤冲。迁化或夷险,肆志无窊隆"诸句,就会想到,这不但是诗人在解释自己的人生态度,应该也隐隐包含某种拒绝之意。拒绝修仙,也拒绝出仕,只是徜徉在自己的田园世界中。是否这位戴主簿有劝陶渊明出仕的意图,或者只是不痛不痒地恭维,我们不得而知,但诗人借此表达自己守此"边境",不做他想之志却是可以品味而出的。再比如《岁暮和张常侍》:

> 市朝凄旧人,骤骥感悲泉。明旦非今日,岁暮余何言。素颜敛光润,白发一已繁。阔哉秦穆谈,旅力岂未愆。向夕长风起,寒云没西山。厉厉气遂严,纷纷飞鸟还。民生鲜常在,矧伊愁苦缠。屡阙清酤至,无以乐当年。穷通靡攸虑,憔悴由化迁。抚己有深怀,履运增慨然。

诗歌四句一层,共有五层意思。首四句写岁暮,而隐含伤逝之意;第二层承前而来,写自己的衰老,兼传拒不出仕之志;第三层写日暮,隐喻时局之严酷,实际暗示不出仕并非仅仅是衰老的缘故;第四段写一生之苦,此即终身固穷之节,再申己志;最后总结,是自慰,更是自誓。这样看,这首诗就不仅仅是写给张常侍一人,而是向所有劝其出仕人的剖白,是对人世的拒绝。当时陶渊明周遭的人物,后世任何一个遭遇到相似处境的读者,相信都能明白诗中的深意。

　　如果说前面两种对话方式本来就是赠答诗可能具有的特征,那第三种对话方式则极具陶渊明的个人特色。陶诗有很多作品,看起来只是单纯的个人抒怀,但又故意留下各种蛛丝马迹,让身边的亲故明白,诗人是在回答他们、告诉他们、拒绝他们。方式之一,是利用诗序做出提示。如《形影神序》云:"贵贱贤愚,莫不营营以惜生,斯甚惑焉。故极陈形影之苦,言神辨自然以释之。好事君子,共取其心焉。"显然除了诗内部形、影、神的争论外,三首诗更是在跟"好事君子"辩论,所以从前的学者才会争论是在反驳玄学中人还是慧远。再如《饮酒序》云:"余闲居寡欢,兼比夜已长,偶有名酒,无夕不饮,顾影独尽,忽焉复醉。既醉之后,辄题数句自娱,纸墨遂多,辞无诠次,聊命故人书之,以为欢笑尔。"本书《真与伪》一节中已经分析过,这个序的存在就是在暗示,二十首诗都是有意写给"故人"看的,这说明诗歌绝非无目的性地述志,而是有意识地对话。

　　方式之二,是在诗中构造出戏剧性场景,以寓言的方式构造出对话。读者一般会立即想到《形影神》三首,其实这种手法为陶诗故技,应是诗人非常有意识地在运用。《饮酒》其九"清晨闻叩门",其十三"有客常同止",《拟古》其三"仲春遭时雨",其五"东方有一士"等等皆是。比如"清晨闻叩门"这首,显然受到了屈原《渔父》的影响,凭空生出一田父,让他发出同流合污的劝告,而诗人借此表达拒绝。这显然因为对身边友朋不愿直言相拒,所以宛曲成文。正是寓言托拟将诗人与世人对话的意图显现出来。

　　方式之三,也许很难说是一种特别的方式,就是运用委曲之笔,写出言外之意,使读者自悟。对不能领悟者,诗人并不会多做解释。《停云》诗就是典型的例子。诗歌以怀人始,以怀人终,以等待始,以怅憾终,将"思"字写得浓挚圆足。只是,如果说诗歌第一、第二章下着大雨,断绝了交通,那么第三章,尤其第四章的景象却已然雨止天晴,朋友依旧无有消息。思念这么深浓,朋友不来,诗人又何以不去看他们? 一片闲静之中,为什么叹息始而抱恨终,所抱之恨,仅仅是孤独吗? 苏轼、辛弃疾早已敏锐察觉,诗旨所在,应是晓喻亲友以不出不仕之心。诗中深意,正与《与殷晋安别》"良才不隐世,江湖多贱贫。脱有经过便,念来存故人"相同。再直白言之,便是俗语所谓"你走你的阳关道,我过我的独木桥"。但是诗人心中又存有"不忘"之一念,非出恶言以相决绝。有风骨,又不失温厚情义。有此广大心境,乃能容含万物,如万顷之陂,天光云影,皆入我诗中。陶诗的这种隐性对话,广大平远,在他之前,没有这样的诗人,在他之后,企及者也极少,要说对话风格最相似的,非《论语》莫属。所以《论语》、陶诗,正一家眷属。

尚友古人的写作手法也可以视为对话的变形,即与古人的对话。本书第四章《自我》一节中已经分析过,尚友古人,是陶渊明在孤寂状态中寻求"内部听众"的一种方式。前文云:"他正是在心中以古人为真实的对话者、监督者,其言行都以获得所尚友的古人的肯定为出发点。惟其如此,才能超然浊世之外,安心以荒村野老终身。从小到老,陶渊明在孤寂之中度过了大部分的人生,却正是这孤独,使他不断进行着内在的省思和对话,并在此过程中坚持自我、发展自我。《五柳先生传》中所云'常著文章自娱,颇示己志',可知陶渊明一生诗文,都是这种内在对话的产物。他在内心向古人倾诉,也聆听古人,通过精神交往中形成'己志',最后形诸笔咏。实际上川合康三早有分析,《五柳先生传》本身就充满了与孔子、颜回、扬雄、嵇康等古人的对话。可以说,陶渊明是中国第一个以内在对话、自我发展为主题,通过文学的方式加以记录的文学家。"同时,前文还简略分析了,这种尚友古人的做法正是孔子的嫡传。

在《论语》中,孔子神交的古人是微子、箕子、比干、伯夷、叔齐、文王、周公、老彭、管仲、子产、宁武子、柳下惠等等,其中最让孔子仰慕的,固然是周公这样的圣人和管仲这样的大政治家,但他对伯夷、叔齐、宁武子、柳下惠等人的赞赏也绝对不能轻视。

> 子曰:"宁武子,邦有道,则知;邦无道,则愚。其知可及也,其愚不可及也。"(《论语·公冶长》)

> 子曰:"不降其志,不辱其身,伯夷、叔齐与!"谓:"柳下惠、少连,降志辱身矣,言中伦,行中虑,其斯而已矣。"(《论语·微子》)

陶渊明诗中虽然没有提到宁武子,但当檀道济劝他:"贤者处世,天下无道则隐,有道则至;今子生文明之世,奈何自苦如此?"他回答说:"潜也何敢望贤,志不及也。"这正是"邦无道则愚"的表现。而伯夷、叔齐则是陶渊明的诗文中频频出现的古人。又"遥遥沮溺心,千载乃相关"(《庚戌岁九月中于西田获早稻》)和"遥谢荷蓧翁,聊得从君栖"(《丙辰岁八月中于下潠田舍获》)二诗中提及的长沮、桀溺、荷蓧丈人,正是《论语》中人物。先秦至魏晋,隐居躬耕的人物并不只有这三位,陶渊明念兹在兹的只是三人,显示的恰是他与《论语》的亲缘关系。可以说,无论是尚友古人的方式,还是对话对象,《论语》与陶渊明的关系都很明显。

移情观物,是陶诗从《论语》中学到的又一种写作手法。此中消息,钱锺书早已窥破,《谈艺录》附说九云:

> 要须流连光景,即物见我,如我寓物,体异性通。物我之相未泯,而物我之情已契。相未泯,故物仍在我身外,可对而赏观;情已契,故物如同我衷怀,可与之融会。《论语·雍也》篇孔子论"知者动",故"乐水","仁者静",故"乐山"。于游山玩水之旨,最为直凑单微。仁者知者于山静水动中,见仁见智,彼此有合,故乐。然山之静非即仁,水之动非即智,彼此仍分,故可得而乐。董仲舒《春秋繁露》第七十三《山川颂》虽未引《论语》此节,实即扩充其意;惜理解未深,徒事铺比,且指在修身砺节,无关赏心乐事。戴逵《山水两赞》亦乏游目怡神之趣。董相引《诗经》"节彼南山",《论语》"逝者如斯",颇可借作申说。夫山似师尹,水比逝者,物与人

之间,有待牵合,境界止于比拟。若乐山乐水,则物中见我,内既通连,无俟外人之捉置一处。《子华子·执中》篇曰:"观流水者,与水俱流,其目运而心逝者欤。"几微悟妙,真道得此境出者矣。若以死物看作活,静物看成动,譬之"山开云吐气,风愤浪生花",塔势涌出,江流合抱,峰能吐月,波欲蹴天,一水护田以绕绿,两山排闼而送青,此类例句,开卷即是。然只是无生者如人忽有生,尚非无情者与人竟有情,乃不动者忽自动,非无感者解同感,此中仍有差异也①。

又附说十九云:

> 附说九已引孔子"乐山乐水"之言,以见宣尼于美学移情之理,深有解会。(中略)今人论西方浪漫主义之爱好自然,只引道家为比拟,盖不知儒家自孔子、曾皙以还,皆以怡情于山水花柳为得道。亦未嗜痂而谬言知味矣。譬之陶公为自然诗人之宗,而未必得力于庄老。罗端良愿始发此意,《鄂州小集》卷三《陶令祠堂记》尝谓,陶公"言论所表,篇什所寄,率书生之素业,或老农之常务。真风所播,直扫魏晋浇习","诸人祖庄生余论,皆言淳漓朴散,翳周孔礼训使然,孰知鲁叟为此,将以淳之耶"②。

按钱先生的意思,文学中寻常拟人的写法其实并未达到《论语》中"乐山乐水"的高妙境界。后者之妙,妙在"物中见我,内既通连,无俟外人之捉置一处",既"美学移情之理"。而这种物我之间内在精神的相通,在陶诗中则在在皆是,成为陶诗的基本特色。

---

① 钱锺书《谈艺录》,北京:三联书店,2007年第2版,第138—140页。
② 同上注,第579—581页。

前文曾云,陶诗写物方式有两种,一种是投射式的,类似王国维所说以我观物的有我之境,一种是非投射式的,类似以物观物的无我之境。投射式写物,是比德与比兴寄托结合的产物,是一种道德隐喻。非投射式写物,才是真正物我精神的贯通,是无功利的自然境界。有意思的是,陶诗中被投射了君子人格的青松,在《论语》中同"乐山乐水"一样,亦为孔子移情观照之物。"岁寒,然后知松柏之后凋也。"(《论语·子罕》)在孔子当日,未必有意要比德君子,不过独与松柏精神相通而已。后来《庄子·让王》和《荀子·宥坐》径直将此段话放置于厄于陈蔡时孔子与子路的对话中,这大概代表了战国人的理解。这时的松柏就不是眼前实物,而是比喻中的喻体了。但在《论语》中,看不出这是比喻,倒是与"子在川上曰逝者如斯夫不舍昼夜"同一意趣。这样说来,带着审美的眼光欣赏自然,观察外物,以一己的精神默察外物的意趣,《论语》正是极好的榜样。目击而道存,与万物相遇于神,而得万物之自在,这既是庄子精神的灌注,也是孔子意趣的影响,钱锺书所云"陶公为自然诗人之宗,而未必得力于庄老",甚为有理。

虚字运用,在文与诗中,分别由《论语》和陶诗肇开其端,这一点尤其显得意味深长。前者,钱基博论云:

> 上古文运初开,虚字未兴,罕用语助之辞,故《书》典、谟、誓、诰,无抑扬顿挫之文,木强寡神。至孔子之文,虚字渐备。(中略)《论语》二十篇,其中"之""乎""也""者""矣""焉""哉"无不具备。浑噩之语,易为流利之词,作者神态毕出,此实中国文学一大进步。盖文学之大用在表情,而虚字,则情之所由表也,文必虚字备而后神态出①。

---

① 钱基博《中国文学史》,上海:上海古籍出版社,2011年,第24页。

后者,则为钱锺书所揭出,即《谈艺录》中"唐以前惟陶渊明通文于诗"一段。其文在本书第五章第二节论"字法"时已具引,这里从略。小钱先生已明曰陶诗善用虚词是"通文于诗",那所通者何文呢? 据老钱先生所言,非《论语》而谁? 合父子之言,正见《论语》与陶诗一家之亲。

三　风格

就文学层面言,陶诗与《论语》最能显现亲缘关系的大概就是风格。要在陶渊明之前所有的文字作品找寻风格最为近似者,恐怕非《论语》莫属。

《论语》首要的风格是质朴深远,文字明白质朴如娓娓话言而意蕴深远,这显然也是陶诗的基本风格。试看古人评《论语》。《朱子语类》卷十九《语孟纲领》载朱子言曰:

> 《论语》易晓。
>
> 孔孟教人,句句是朴实头。
>
> 《论语》,愈看愈见滋味出。若欲草草去看,尽说得通,恐未能有益。
>
> 圣人之言,虽是平说,自然周遍,亭亭当当,都有许多四方八面,不少了些子意思。
>
> 孔子言语一似没紧要说出来,自是包含无限道理,无些渗漏①。

明郝敬《谈经》卷八云:

> 《论语》文字平易,而意味深永②。

---

① 黎靖德编,王星贤点校《朱子语类》,北京:中华书局,1994 年,第 2 册,第 429、431、435、444 页。
② 郝敬《谈经》,《续修四库全书》第 171 册据上海图书馆藏明崇祯郝洪范刻山草堂集增修本影印,上海:上海古籍出版社,1995 年,第 736 页。

清张英《聪训斋语》云：

> 《论语》文字如化工肖物，简古浑沦而尽事情，平易含蕴而不
> 费辞①。

清人范泰恒《经书厄言》云：

> 《论语》之文淳古淡泊，高不可及。其中有似《左史》者，无点
> 缀痕；有似《国策》者，无蹈厉气；他或数言成章，一句成节，含蓄深
> 远，探讨无尽②。

清方宗诚《论文章本原》卷二《〈论语〉总论》亦有云：

> 《论语》之文，浑然天地之元气。含蓄，全不肯发扬，而实则包
> 罗万象；质实，全不露精采，而实则光辉常新。
> 《论语》于伤时之文，极有含蓄。
> 《论语》形容道体之文，只是指点咏叹，不多着言语。
> 《论语》辨别自己是非之文，皆含蓄和平③。

而陶诗的风格，苏轼概括为"质而实绮，癯而实腴"，正与《论语》一
致。又钱锺书《管锥编》一八九《全齐文》卷二五，引《永乐大典》卷
八〇七"诗"字下范温《潜溪诗眼》一则云：

---

① 张英《文端集》卷四六，景印文渊阁四库全书第 1319 册，台北：台湾商务印书馆，
　1986 年，第 732 页。
② 范泰恒《经书厄言》，王水照编《历代文话》，上海：复旦大学出版社，2007 年，第四
　册，第 4137 页。
③ 方宗诚《论文章本原》，王水照编《历代文话》，上海：复旦大学出版社，2007 年，第六
　册，第 5651—5652、5652、5652、5657 页。

　　且以文章言之,有巧丽,有雄伟,有奇,有巧,有典,有富,有深,有稳,有清,有古。有此一者,则可以立于世而成名矣;然而一不备焉,不足以为韵,众善皆备而露才用长,亦不足以为韵。必也备众善而自韬晦,行于简易闲澹之中,而有深远无穷之味……测之而益深,究之而益来,其是之谓矣。其次一长有余,亦足以为韵;故巧丽者发之于平澹,奇伟有余者行之于简易,如此之类是也。自《论语》《六经》,可以晓其辞,不可以名其美,皆自然有韵。左丘明、司马迁、班固之书,意多而语简,行于平夷,不自矜炫,故韵自胜。自曹、刘、沈、谢、徐、庾诸人,割据一奇,臻于极致,尽发其美,无复余蕴,皆难以韵与之。唯陶彭泽体兼众妙,不露锋铓,故曰:质而实绮,癯而实腴。初若散缓不收,反复观之,乃得其奇处;夫绮而腴与其奇处,韵之所从生,行乎质与癯而又若散缓不收者,韵于是乎成。……是以古今诗人,唯渊明最高,所谓出于有余者如此①。

　　范氏之说尤透彻。清人贺贻孙《诗筏》亦云:“陶元亮诗淡而不厌。何以不厌? 厚为之也。诗固有浓而薄,淡而厚者矣。”②
　　陶诗与《论语》相同的风格还有亲切自然、通达活泼、沉着有力等等。《论语》的真率自然,如郝敬云:

　　读《论语》通,觉天下无一不可与之人,无一不可处之事,无一处不是学,无一物不是道,宇宙自然宽广,胸中自无闲气。
　　《诗》《书》详已,然无如《论语》亲切简当,随人贤愚大小,如水行地,江河溪谷,池沼沟渠,无处不到,随分汲取,各各沾足,所以为圣人之言。

---

① 钱锺书《管锥编》,北京:三联书店,2007 年第 2 版,第四册,第 2123 页。
② 贺贻孙《诗筏》,郭绍虞编选,富寿荪校点《清诗话续编》,上海:上海古籍出版社,1983 年,第 137 页。

后儒将道理作题目,其敝起于有心好胜。圣人心虚气平,忘人我,无已甚之行,故无迂阔之论。世儒见理虽深,而涵养未纯,执滞固我,理胜而气愈激。其与人言,强直自遂,其著为书,竞趋奇险。《论语》文辞金和玉节,与圣人传神①。

真率自然正是陶诗最显著的特色,无须多言。

《论语》通达活泼,郝敬说:

《论语》无到底刻煞之辞,无一偏拘执之见,意思从容不迫,道理活泼无方,语上不遗下,语近不遗远,故曰"两端",非圣人不能②。

方宗诚云:

《论语》论治之文,无一字不通达。

《论语》有极变化文字。

《论语》有极开豁高明文字③。

郝敬强调的是道理的通达活泼,而方宗诚更重其文字。同样地,陶诗的通达活泼也有这两方面。施德操《北窗炙輠录》卷下云:

正夫尝论杜子美、陶渊明诗云:"子美读尽天下书,识尽万物理,天地造化,古今事物,盘礴郁结于胸中,浩乎无不载,遇事一触,辄发之于诗。渊明随其所见,指点成诗,见花即道花,遇竹即说竹,

---

① 郝敬《谈经》,第735、735—736、737页。

② 同上注,第736页。

③ 方宗诚《论文章本原》,第5655、5657、5657页。

更无一毫作为。"故余常有诗云:"子美学古陶,万卷郁含蓄。遇事时一麾,百怪森动目。渊明淡无事,空洞抚便腹。物色入眼来,指点诗句足。彼直发其藏,义但随所瞩。二老诗中雄,同人不同曲。"盖发于正夫之论也①。

施德操的这段话,既可以印证前面谈到移情观物的书写方式,也指出了陶诗活泼生动、寓目成兴的特点。而陶诗活泼,根源在于诗人的通达,人通达,是以诗亦通达。达者,达观旷达,这一点尽人皆知,无须多言。通者,人情通透练达,这看似与陶渊明自述的"性刚才拙"矛盾,其实却是相辅相成。世中本有一种聪明绝顶的人物,冷眼观世,人情世态无不洞察明白,但本人却有一种热忱与痴气,处事时总与世人格格不入。这样的人,旁人以为是糊涂的,其实他比旁人聪明太多。比如吴敬梓、曹雪芹、钱锺书,看他们的小说,何等通透,看他们的人生,又似乎近于迂拙。陶渊明大概也是这类人物。他适应不了官场,不等于他不明白人情。看他写《饮酒》二十首,写《拟古》九首,其中多少讽世之意,但又不明说,《饮酒》其九假借寓言,表达自己拒不出仕的斩绝之意,其三、六、十三、二十冷讽世人,亦未尝宽假,但最后又说"但恨多谬误,君当恕醉人",仍是留有余地。就如《与殷晋安别》一般,分道扬镳而不出恶声,可谓识破殷氏其人底里,而又不露声色,这正是陶诗通达之处。这种人情通透,也正是我们一向称颂孔子之处。如方宗诚云:"《论语》于责人之文,意旨严峻而辞气温和,耐人咀嚼,令人惭感而不触人之怒。(中略)岂若后世文士,讥切时弊,诋诮小人,直如抵掌抚剑气习哉?"②

孔子通达,他最重中庸之德。《论语·雍也》篇有云:"中庸之为德也,其至矣乎。"扬之水说:"若施之于为文,则中庸可以包含两番意思:

---

① 施德操《北窗炙輠录》,转引自《陶渊明资料汇编》,北京:中华书局,1962 年,上册,第 56 页。
② 方宗诚《论文章本原》,第 5656 页。

其一,立意合于物理人情;其一,修辞求其惬心贵当。《论语》中提出的'辞达而已''文质彬彬',其意均与之相合。(中略)因为它本是从体贴人情,切近人生而来,无过与不及,于是得其中也,得其和也;既为平常,于是可得常行,若说这境界遂有悠久无尽、广大无穷之致,也实在因为它得之于人之常情。"① 颜延之在《陶征士诔》中回忆道:"念昔宴私,举觞相诲。独正者危,至方则阂。哲人卷舒,布在前载。取鉴不远,吾规子佩。"陶渊明于中庸之德,也深有会心,这也是他为人为文通达的原因吧。

陶诗与《论语》的通达活泼,还与孔子、陶渊明内心的澄澈坦荡有关。孔子多次自述其乐,又称赞颜回之乐,这是人所共知的"孔颜乐处","君子坦荡荡",以仁自处,所以能"乐以忘忧"。故方宗诚云:"圣贤之文,皆非有意于文也。理明义精,心广体胖,气象充养和粹,天怀浩荡,性情醇厚,发出言语自然不同,所谓有德必有言也。"② 这一点上,归有光已经看到二者的联系。《震川先生文集》卷十七《陶庵记》云:"孔子亟美颜渊,而责子路之愠见,古之难其人久矣。已而观陶子之集,则其平淡冲和,潇洒脱落,悠然势分之外,非独不困于穷,而直以穷为娱。百世之下,讽咏其词,融融然尘查俗垢与之俱化。信乎古之善处穷者也! 推陶子之道,可以进于孔氏之门。"③ 清人钟秀则评论《时运》诗说:"曾点与人偕乐,朱子谓其洒落处后人不能及,以其气象大而志趣别也。陶公不得与人偕乐,而陶然自乐,其空旷处后人亦不能及,以其性情真而意境远也。要之,寄怀童冠,感念殊世,陶公意思亦与曾点一般。偕乐者无不可以之自乐,自乐者无不可以之偕乐,曾点、陶公,异地则皆然。"④

---

① 扬之水《先秦诗文史》,沈阳:辽宁教育出版社,2002 年,第 80 页。
② 方宗诚《论文章本原》,第 5658 页。
③ 归有光撰,周本淳校点《震川先生集》,上海:上海古籍出版社,2007 年,第 426 页。
④ 钟秀《陶靖节纪事诗品》卷四,同治十二年观我生斋刊本,叶十三 A。

陶诗与《论语》风格相同的第三点是沉着有力。陶诗这一风格特色,本书第五章第二节做了专门分析,这里不再赘述。而《论语》亦然。方宗诚说:"《论语》论学之文,无一字不有力。"又说:"《论语》有极着实文字。"①又《论语》中多沉雄之语,如:"富与贵,是人之所欲也;不以其道得之,不处也。贫与贱,是人之所恶也;不以其道得之,不去也。君子去仁,恶乎成名?君子无终食之间违仁,造次必于是,颠沛必于是。"(《里仁》)"志士仁人,无求生以害仁,有杀身以成仁。"(《卫灵公》)"曾子曰:'可以托六尺之孤,可以寄百里之命,临大节而不可夺也君子人与?君子人也!'"(《泰伯》)"曾子曰:'士不可以不弘毅,任重而道远。仁以为己任,不亦重乎?死而后已,不亦远乎?'"(《泰伯》)陶诗多自誓之词,其意概正与《论语》同。

以上所论风格同为《论语》与陶诗的基本特色,二者同样是明白清晰、从容疏淡,又含蓄深远的,这种高度相似,让人不得不相信,陶渊明受《论语》熏染之深。

四

陶诗渊源于《论语》,典故层是其用,文学层是其表征,而其根源则应当是陶渊明在精神气韵上与孔子的接近。

魏晋玄学诸人,都以孔子为圣人,而老子、庄子非圣人,这一点与儒家无异,也与陶渊明无异。《饮酒》其三云:"道丧向千载,人人惜其情。"《示周续之祖企谢景夷三郎》也说:"周生述孔业,祖谢响然臻。道丧向千载,今朝复斯闻。"比较可知,所谓千载道丧,就是孔子之道沦丧。而《饮酒》其二十云:"羲农去我久,举世少复真。汲汲鲁中叟,弥

---

① 　方宗诚《论文章本原》,第 5655、5658 页。

缝使其淳。凤鸟虽不至,礼乐暂得新。"标举孔子直承上古真风,是以这里孔子之道是兼有儒道的玄学之道。

以玄释孔是时代风气,不足多怪,重要的是理解陶渊明与孔子的精神契合究竟在哪些方面。沈德潜《说诗晬语》卷上有云:"晋人多尚放达,独渊明有忧勤语,有自任语,有知足语,有悲愤语,有乐天安命语,有物我同得语,倘幸列孔门,何必不在季次、原宪下。"①沈氏言下之意,陶诗中除了旷放通达这一端之外,其他精神意趣都来自儒家。

张人骏强调"奋斗精神",他说:"其奋斗精神,则得之于儒。且亦惟其得力于儒家,故律己严正,道德责任心重。因其言道德重实践,故陆象山常称之,谓为'有志吾道'。"②这类似于沈德潜的"忧勤"。后来戴建业也以"忧勤"来概括儒家对陶渊明的影响③。

曹虹则明确由刘熙载"陶渊明大要出于《论语》"之语出发,更全面地讨论了陶渊明与《论语》在精神与思想上的承继关系,她指出陶渊明的伦理德行与思想结构、表达结构都深受儒家影响。同时,她又依据刘熙载"陶诗有'贤哉回也''吾与点也'之意"的判断,分析了陶渊明"木荣泉流之趣",指出这种生命情趣上承孔子,下对后世理学襟怀具有前导作用④。曹教授的分析极富洞见。陶诗中安贫乐道之语,追想曾点之趣,的确表现出与孔子一样的德性之乐,同时又下启宋儒。清人桂青万云:"至云'平畴交远风,良苗亦怀新','微雨从东来,好风与之俱',自然流出,不可思议,令我想见鱼跃鸢飞气象。此程子所谓'活泼泼地'者,宜其独有千古已。"⑤杨儒宾则指出,"孔颜乐处"和"曾点情趣"

---

① 沈德潜撰,王宏林笺注《说诗晬语笺注》,北京:人民文学出版社,2013 年,第 126 页。
② 张人骏《论陶渊明诗》,《无锡国专季刊》,1933 年第 1 期,第 123 页。
③ 戴建业《澄明之境——陶渊明新论》,武汉:华中师范大学出版社,1998 年,第 22—61 页。
④ 曹虹《陶渊明与洙泗遗音》,《江西师范大学学报(哲社版)》,2016 年第 4 期。
⑤ 桂青万《陶杜诗说》,陕西师范大学图书馆藏清嘉庆刻《啸月山房诗》附,叶三 A。

是宋代理学家所发现和塑造的体道人格①。但杨先生又说，宋儒讲"孔颜乐处"是与"颜子之学"相联系的，因为"美感意义的全幅展现有待于主体的'体现'的过程，'体现'是工夫，所以需要'学'"②。他认为这几乎是宋儒的独创，而为前代所未见。但我们知道，颜回之学，首重德行，陶渊明正与之相同。这样看，是不是可以认为陶渊明上承孔子而下启理学呢？似乎是不大有问题的。

再次回到本书"诚之以求真"的判断上来，似乎可以认为，陶渊明追求真之境，一生所用却是"诚之"的工夫，这正是他在精神气韵上接近孔子的根本原因吧。

如果从典故层、文学层、精神气韵层都能找到陶渊明与《论语》的承继关系，那是否可以证成刘熙载之说呢？当然，魏晋人理解的《论语》深染玄意，试一看皇侃《论语义疏》便知，而我们也知道陶渊明颇为玄风所化，所以他继承的《论语》基因中，"真"是极重要的，甚至是根本性的一环，这是与后世理学所理解的《论语》的不同之处。也许可以说，理学家的《论语》是"天理"的《论语》，而陶渊明所渊源的是"天真"的《论语》。"诚"与"真"交织缠绕，构成了陶渊明人生与文学的DNA。

---

① 杨儒宾《孔颜乐处与曾点情趣》，见杨儒宾《从〈五经〉到〈新五经〉》，上海：上海古籍出版社，2019年，第111—144页。
② 杨儒宾《从〈五经〉到〈新五经〉》，第135页。

附录　先生不知何许人

《五柳先生传》开宗明义："先生不知何许人也，亦不详其姓字。""何许"就是何处。"不知何许人"即不知道籍贯，再加上不知道姓字，那就彻底搞不清家族背景了。而家族，是魏晋南北朝贵族社会成立的基本条件。所以有学者（如日本学者一海知义）指出，这代表了陶渊明拒绝当时以门第、姓氏论高下的制度与文化，而自觉把自己放置到隐姓埋名的隐士传统中。这是陶渊明的自我期许，是他一生所追求的目标，即摆脱时代的束缚，而达至真正忘我的境界。

实际上，时代的束缚几乎难以摆脱，就像"我"很难真正忘却一样。若因为目标几乎无法达成就嘲笑努力奋斗的人，那就是蜩与学鸠的行为了。人生最后的成就，是由一生走过多少路，经历过多少事，留下多少成绩与传说来决定的。因此，先有远大的目标，然后才有行路致远的可能。理想的价值，正在于它赋予人行动的力量，它造就了行动本身，至于这个理想是否实现，反而是次要的。故时代虽无法逃避，"我"虽终究不能忘却，终身坚持和尝试的人所达到的境界，却绝非随波逐流、蝇营狗苟的庸众所能想象。

陶渊明身前改过名字，但他改不掉自己的姓氏，也改不了这个姓氏所天然赋予的很多东西。但是，陶渊明选择了独属于自己的道路和命运。我们看他平易自然，却不知这平易自然是由巨大的力量造成的。

人之一生，平庸易而平淡难，放浪易而放达难，矫饰易而自然难。前者是不用力或者少用力的人生，后者是努力的人生。陶渊明是后者。

我们先来讲讲陶渊明的家世，他的出身。这是他命运的起点，是他不能选择的部分。他的政治地位，他的性格，甚至他的人生志趣，都受到出身很大的影响。

父　系

按照史传的记载，陶渊明是寻阳柴桑人。寻阳是当时江州（辖境为今天江西、福建的大部和湖南、湖北的小部分地区）的首郡，柴桑是寻阳郡的首县。其位置大概在今天九江城的西南边一点点。这个地方可谓江山辐辏之处。滚滚长江在北边东流而下，庐山耸立在南边，俯瞰着这片充满大大小小河流湖泊丘陵城郭和乡村的土地，东边的彭蠡泽（即鄱阳湖）虽然还没有后世那么大，但已然是烟波浩渺的大湖。《水经注·庐江水》中如是形容庐山一带的风物："其山川明净，风泽清旷，气爽节和，土沃民逸。"如果山川能影响人的性格气质，那么这样的环境最宜培养一种峻拔而深沉、坦荡而诚悫的人格。

陶氏家族算是南方土著豪族，他们本来是鄱阳陶氏，东吴灭亡后迁来旁边的寻阳。按照史传的记载，陶渊明曾祖父是陶侃。陶侃的父亲陶丹是东吴扬武将军，但死得较早。在魏晋时代，武将是不大被文士瞧得起的，陶家又不在核心区域的三吴一代，在东吴的地位本来就不会太高。等到东吴灭亡，这个将门孤子更是彻底堕入寒微境地。但是陶侃是个非常有野心、有能力的人。我们看《晋书·陶侃传》，年轻时候的陶侃跟任何一个时代渴望出人头地的人一样，一面各种巴结讨好权贵，一面拼命施展才华、追求业绩，他做得也挺成功，赏识他的人不少。当然，如果一直在承平时代，陶侃上升的空间还是非常有限的，他很难真正被当时的士族接受而攀至权力高峰。最初在洛阳求官时,他总被人称为"远人""小人""奚狗",可谓受尽屈辱。但时代的不幸却可以成就少数幸运儿。这个不幸的时代很快就来临了。在两晋之交的混乱中,陶侃凭借自己卓越的军事才能和政治上的机敏,逐渐成为荆州的控制者。当时东晋,京师重地是扬州,上游最重要的则是荆州。王敦心怀异志之后,忌惮陶侃,便让自己的堂弟王廙任荆州刺史,而把陶侃调任广州刺史。王敦病死之后,相持不下的世家大族谁也不愿意他人去掌管荆州,就再次任命陶侃为荆州刺史。到苏峻叛乱时,陶侃被庾亮、温峤等人推为盟主,挥师东下,战胜了叛军,可以说再造了晋室。最后官位勋爵至使持节、侍中、太尉、都督荆江雍梁交广益宁八州诸军事、荆江二州刺史、长沙郡公。

陶侃一生始终未能进入中央决策圈,即未进入权力核心,所以他虽然凭借才能,加上时运,建立了显赫的功业,使陶氏家族进入士族的行列,但又始终没有机会将自己家族转变成士族中的一流高门,最多只能算作是荆州、江州的本土豪门。这就决定了这个家族的子弟,如果想做官,基本没有问题。就算能力不足,也能做到尚书郎、太常、太守之类的官。如果能力强、名气大,像陶侃的儿子陶范那样,还可以做到刺史。然而,限于家族背景,再要往上突破,就需要陶侃那样"被祝福"的人生了。可惜这种命运的青睐,上天只给予了陶氏家族一次。

过去有种误解,似乎认为未进入建康权力核心圈子的家族就不算士族,认为陶渊明出身寒素,不算士族。若真是如此,天下的士族恐怕只有屈指可数的三五家了。其实,当时士族身份是有制度加以保障的。所谓"士庶之际,实自天隔",这不是句空话。据唐长孺教授在《士人荫族特权和士族队伍的扩大》一文中的研究,是否是士族,可以有两个判断标准,一个是户籍如何著录,一个是看一个人初仕的起家官。据学者研究,当时的户籍要记载一个人曾祖、祖父、父亲的官职,要注明他是否士族,还要明确区分"高门""次门"。无论是看先辈的官职,还是陶渊明江州祭酒这个起家官,我们都可以得出结论,陶家在户籍上肯定是士族,而且是江州的高门,否则他不可能第一个官就做到州里上佐这样的高级职位。只不过同样是士族,内部依然充满高下等第的差别和无尽的鄙视链。这种鄙视链背后,折射的是对政治权力、文化资本以及经济利益的竞争。陶渊明这种外省高门被京城高级士族鄙视,这不是再正常不过的事吗? 如果我们总是把自己代入到王、谢诸人的视角中,那天下就真没有几个人算士族了。这是我们了解陶渊明的出身背景时需要注意的。

陶渊明在长子陶俨出生后,按捺不住兴奋之情,写了一首《命子》诗,追述陶氏家族的光辉历史。其中,他如是描绘自己的曾祖父:

> 桓桓长沙,伊勋伊德。天子畴我,专征南国。功遂辞归,临宠不忒。孰谓斯心,而近可得?

前四句是说陶侃功劳很大,天子遂报以二州刺史、都督八州军事之重任。真正有趣的是后四句。我们看《晋书·陶侃传》,他一生值得称述的功业很多,生平轶事也不少,陶渊明却一概忽略,只称扬一件事,即陶侃在病重之时上表逊位。陶侃并没有安排儿子继承自己的权位,而是"以后事付右司马王愆期,加督护,统领文武",自行前往封地长沙,最后在半路上去世。如果我们用今天的后见之明来分析,这是陶侃深知自己的几个儿子才具、威望都不够,上不足以抗衡朝廷,下不足以统领旧部,德不配位,智小谋强,只能速死而已,唯有逊位才足以保全家族。可以说,陶侃一生"雄毅有权,明悟善决断",到死都是如此。陶渊明的理解却不是这样,他突出这件事的目的只是要歌颂曾祖父的"临宠不忒",面对权势与荣耀不会糊涂犯错。这件事所展现的最重要的品质,一个是忠诚,一个知足,这是陶渊明想强调的。

这样来看,陶渊明恐怕不会太像陶侃。陶侃的为人,按照《晋书·

陶侃传》的记载是"性聪敏,勤于吏职,恭而近礼,爱好人伦。终日敛膝危坐,阃外多事,千绪万端,罔有遗漏。远近书疏,莫不手答,笔翰如流,未尝壅滞。引接疏远,门无停客",这种善于跟人交往和长于处理庶务的能力,正是陶侃成功的一大法宝。很显然,这是轻度社交恐惧症患者陶渊明所不具备的。此外,《晋书》还记载了陶侃其他一些事迹:

> 常语人曰:"大禹圣者,乃惜寸阴,至于众人,当惜分阴,岂可逸游荒醉,生无益于时,死无闻于后,是自弃也。"诸参佐或以谈戏废事者,乃命取其酒器、蒱博之具,悉投之于江,吏将则加鞭扑,曰:"樗蒱者,牧猪奴戏耳!《老》《庄》浮华,非先王之法言,不可行也。君子当正其衣冠,摄其威仪,何有乱头养望自谓宏达邪!"

珍惜时间,饮酒有度,不谈老庄,端正衣冠,陶渊明简直就是以此为逆向目标长成的。

那陶渊明究竟有没有像陶侃的地方? 有的。那就是进取的勇气和果决的个性。从出身看,陶侃似乎早早注定要卑贱度过一生,但他不接受命运的这一安排。他年轻时,曾多次被人称赞"终当有大名","此人非凡器也","此子终当远到,复何疑也",除了他的才干以外,身上一定有一种远大超迈之气,才能动人如此。很多身处底层的人也渴望改变命运,但他们表现出来的往往是焦躁、浅狭和极度功利,超迈远大永远是罕见的气质。审视陶侃的一生,他的进取应是后者。

陶渊明是读书人,他另有一种读书人的进取与果决。首先,他进取,而目标已不是人间的富贵,不是他人的认可。孔子说:"古之学者为己,今之学者为人。"陶渊明真正践行为己之学,他思考的是人生的价值与生命的意义,这是他毕生追问的问题。其次,他果决。悬崖勒马,官场抽身,正是一般官场中人所难者。譬如与陶渊明同时的傅亮,年轻时写《演慎论》,感叹富贵不恒,人们往往徇欲亡身:"夫四道好谦,三材忌满,祥萃虚室,鬼瞰高屋,丰屋有蔀家之灾,鼎食无百年之贵。然而徇欲厚生者,忽而不戒;知进忘退者,曾莫之惩。前车已摧,后銮不息,乘危以庶安,行险而徼幸,于是有颠坠覆亡之祸,残生夭命之衅。其故何哉?流溺忘反,而以身轻于物也。"(《宋书·傅亮传》)道理看得很透。可是傅亮自己却积极追随刘裕,成为其心腹重臣。在刘裕死后又发动宫廷政变,弑故主而立新君,终究被新君宋文帝诛杀。知之而不能行之,是傅亮;果断辞官,便是陶渊明。

下面来介绍一下陶渊明的祖父和父亲。陶渊明的爷爷,《宋书》和萧统《陶渊明传》都没有提到,直到唐人修撰的《晋书》中,才在《陶潜传》中出现"祖茂,武昌太守"这一句话的记载。武昌太守,在东晋算是颇为不低的官职。可是《晋书·陶侃传》中却又说:"侃有子十七人,唯洪、瞻、夏、琦、旗、斌、称、范、岱见旧史,余者并不显。"提到的人里面并没有陶茂。唐人编《晋书》,是以宋齐时臧荣绪的《晋书》为蓝本,再参考虞预、朱凤、谢灵运、萧子云、沈约五家《晋书》,萧子显《晋史草》,何法盛《晋中兴书》,孙盛《晋阳秋》,干宝《晋纪》,檀道鸾《续晋阳秋》,以及其他群籍编撰而成的。这里提到的"旧史",最有可能指臧荣绪《晋书》。可见,陶茂这个人虽然官位不低,但实在没有什么事迹可以写到史书里,这不是史料失传的缘故,而是当时就如此。所以陶渊明《命子》诗中也只用了四句话来写祖父:

> 肃矣我祖,慎终如始。直方二台,惠和千里。

说祖父是个很庄严很谨慎的人,做事善始善终,很周全。在中央的御史台和尚书台为官时公正端方,到地方任太守时仁爱和柔、爱护百姓。陶茂的品行究竟如何,其实无法确证,这四句诗真正提供的信息,是陶茂不仅当过武昌太守,也在朝廷上做过官,这可以补充史籍之未备,也能印证前面提到的陶氏家族的地位问题。

至于陶渊明的爸爸，在所有史籍里更是一点痕迹都没留下，甚至名字也无法知道。这个父亲，《命子》诗也是四句：

於皇仁考，淡焉虚止。寄迹风云，寘兹愠喜。

这个描述就有点像陶渊明自己了。他赞叹父亲虽然也曾做官，但放下了喜怒之情，非常恬淡冲虚。但是这个父亲的形象是如何形成的呢？在《祭从弟敬远文》中，陶渊明自述父亲在自己龆龀之年，即垂髫换牙的幼年就去世了。父亲是什么样的人，一个幼儿园年纪的小朋友不可能知道，所以这一形象主要是在家里长辈，尤其是妈妈的不断描述中形成的。这样一个父亲形象，他是妈妈心中理想的爱人，是陶渊明心中理想的父亲，但其真实性有多少，就不得而知了。

真正值得我们注意的，是陶渊明从小被灌输了"淡焉虚止""寘兹愠喜"这样的德行追求。谁灌输的呢？当然是妈妈。所以，对陶渊明而言，来自母系的影响必然远大于父系。

母　　系

陶渊明的妈妈姓孟，是大名士孟嘉的第四个女儿。陶渊明跟妈妈的感情应该很好，受妈妈的影响一定极大。《庚子岁五月中从都还阻风于规林二首》其一有云："行行循归路，计日望旧居。一欣侍温颜，再喜见友于。"其二说："久游恋所生，如何淹在兹。"诗人非常期待回家陪妈妈，被阻隔在路上的时候，就很焦虑。陶渊明诗里直接写到妈妈的地方并不多，但如果我们结合他的诗文和他的人生看，会发现妈妈给他的影响如何高估都不为过。

我们都熟悉《五柳先生传》中的自述：

> 闲静少言，不慕荣利。好读书，不求甚解，每有会意，欣然忘食。性嗜酒，而家贫不能恒得。亲旧知其如此，或置酒招之。造饮辄尽，期在必醉，既醉而退，曾不吝情去留。环堵萧然，不蔽风日，短褐穿结，箪瓢屡空，晏如也。

里面讲了自己的很多癖好，都表现了一种率性通脱的性格。这与史传里对他的刻画是一致的。那陶渊明怎么会形成这样的性格？我们知道，在成长过程中得到无条件的爱的孩子会比较自信而洒脱；如果宠溺过度，还容易有点任性。父亲早逝，作为唯一的儿子，陶渊明得到妈妈充分的宠爱呵护，这不难想象。阮籍和嵇康，他们同样幼年丧父，由妈妈抚养长大。嵇康就自述"少加孤露，母兄见骄，不涉经学"（《与山巨源绝交书》），自己骄纵懒散的性格都是妈妈和哥哥给惯出来的。想来阮籍也差不多，所以他跟妈妈的感情才好得不得了。"阮籍当葬母，蒸一肥豚，饮酒二斗，然后临诀，直言：'穷矣！'都得一号，因吐血，废顿良久。"（《世说新语·任诞》）这才是对妈妈的真情流露。这样看来，通脱任诞魏晋风度的形成，竟要大大归功于两位娇宠儿子的妈妈。陶的妈妈应该跟嵇、阮的妈妈是一类人，显然都不是那种望子成龙的虎妈，所以嵇康不好好读书根本无所谓，陶渊明拖到快三十岁才出来做官，没有妈妈的宽容，这是很难想象的。

妈妈的影响，当然不会仅仅限于宠爱这一点，陶渊明人生观、价值观和行为方式的形成，恐怕很大程度上来源于妈妈的直接引导。何以见得？陶渊明并没有为祖父、父亲作传记，却在给妈妈服丧的时候，特意写了一篇《晋故征西大将军长史孟府君传》。这位孟府君是何人？正是外公孟嘉。孟嘉是武昌新阳人，当时的大名士。他娶了陶侃的第十个女儿，是陶渊明的姑爷爷。后来亲上加亲，又把两个女儿嫁给陶茂的两个儿子,孟嘉之于陶渊明,便从姑爷爷变成了外公。这篇传记的末尾提到:"《凯风》寒泉之思,实钟厥心。谨按采行事,撰为此传。"《凯风》是《诗经·卫风》的一篇,以儿子的口吻来写"母氏劬劳",哀叹"莫慰母心"。其诗的第三章云:"爰有寒泉,在浚之下。有子七人,母氏劳苦。"可知这篇传记,实出于怀念母亲的目的而作。怀念母亲为什么不直接为母亲作传、作诔,而要为外公作传? 可以推想,这位外公一定是母亲平生最崇拜、平时念兹在兹的人物,他的生平事迹不知道被女儿多少次讲述给外孙听过,那么为外公作传,才是对母亲最好的纪念。

我们读读这篇传记就会发现,陶渊明的风度,原来这么像孟嘉。比如,孟嘉曾被庾亮任命为江州的部庐陵郡从事,即代表州里负责检查、督责庐陵一郡行政的官员。本来刺史就是中央派去督查一州行政的官员,这个巡视官后来实权化成为地方长官以后,又在自己的属官中设置了部郡从事,来检查各郡的工作。而每个郡也有自己负责督查各县工作的官,这就是督邮。陶渊明最后辞官,便与这督邮大有关系。孟嘉出任部庐陵从事不久,便有了这样一段小故事:

> 下郡还,亮引见,问风俗得失。对曰:"嘉不知,还传当问从吏。"亮以麈尾掩口而笑。诸从事既去,唤弟翼语之曰:"孟嘉故是盛德人也。"君既辞出外,自除吏名,便步归家。母在堂,兄弟共相欢乐,怡怡如也。旬有余日,更版为劝学从事。时亮崇修学校,高选儒官,以君望实,故应尚德之举。

孟嘉督查工作结束,回州述职的时候,刺史庾亮问他,庐陵太守治理得好不好,百姓安居乐业吗? 结果孟嘉居然回答说,我不知道,等我回传舍(驿站,看来部郡从事在州是没有衙门的)以后去问我的手下。庾亮忍不住当场笑了。孟嘉出来以后就辞职不干,回家跟妈妈、弟弟一起穷开心去了。结果反而是庾亮,过了不久,又给孟嘉安排了另一个劝学从事的职位。

如果用我们今天的情理去理解，一定会觉得孟嘉和庾亮都很奇怪，但回到所谓魏晋风度的语境里，这个故事中双方的言行就很好理解了。魏晋以通脱放达为尚的风气中，逐渐形成一种很不好的倾向，即以玄远虚寂为高，以究心实务为俗。东晋初有人批评当时的风气：

> 称职以违俗见讥，虚资以从容见贵。……今当官者以理事为俗吏，奉法为苛刻。(《晋书》卷七一《熊远传》)
>
> 庄老之俗倾惑朝廷，养望者为弘雅，政事者为俗人。(《晋书》卷七一《陈颜传》)
>
> 当官者以望空为高，而笑勤恪。(《文选》卷四九干宝《晋纪总论》)

虽然有人批评，但实际上这种风气并没有任何改变，反而愈演愈烈，号称名士的人，往往如此。《世说新语·简傲》篇中有一个著名的故事：

> 王子猷作桓车骑骑兵参军，桓问曰："卿何署？"答曰："不知何署，时见牵马来，似是马曹。"桓又问："官有几马？"答曰："不问马，何由知其数？"又问："马比死多少？"答曰："未知生，焉知死？"

王羲之的儿子王徽之去做桓冲的车骑将军骑兵参军，桓冲问他负责哪个衙门，回答说不知道，只看见很多马，大概是管马的。问他管了多少马，他借用《论语·乡党》"厩焚，孔子退朝，曰：'伤人乎？'不问马"这个典故，表示不关心。又问他最近死了多少马，又借用《论语》作答，再次表示不知道。这个故事收在《简傲》篇中，大概是因为王徽之内心里根本瞧不起桓冲，觉得自己门第高贵，现在暂时委屈自己做桓冲的下属，所以才懒得过问任何事情。但除了表现傲慢以外，王徽之的行为其实在当时也具有相当的普遍性。即身为名流，去操心琐碎实际的事务，是非常掉架子、失身份的事。后来唐人姚思廉在《梁书·何敬容传论》中说：

> 魏正始及晋之中朝，时俗尚于玄虚，贵为放诞，尚书丞郎以上，簿领文案，不复经怀，皆成于令史。逮乎江左，此道弥扇……风流相尚，其流遂远。望白署空，是称清贵；恪勤匪懈，终滞鄙俗。

又姚氏《陈书·陈后主纪论》同样说：

> 自魏正始、晋中朝以来，贵臣虽有识治者，皆以文学相处，罕关庶务，朝章大典，方参议焉，文案簿领，咸委小吏，浸以成俗，迄至于陈。

了解这一风气之后，再来看孟嘉和庾亮的故事，就大概能读懂了。部郡从事的工作，就是巡查地方，一项一项检查地方官员的工作，是很实际也很琐碎的，而且常常不免苛刻。孟嘉的岳父陶侃年轻时做庐江郡主簿的时候，也碰到"州部从事之郡"，"欲有所按：侃闭门部勒诸吏，谓从事曰：'若鄙郡有违，自当明宪直绳，不宜相逼。若不以礼，吾能御之。'从事即退"（《晋书·陶侃传》）。从这个故事可以看出部郡从事在地方是颇被人讨厌的。现在名士气那么重的孟嘉居然被委派做这么一个工作，心理肯定老大的不乐意。居然还被当着众人的面笑话了，面子上就更挂不住了，所以转身就去把官辞了——官可以不做，名士架子可不能塌了。这在当时，并不会被人笑话，反而会被认为是清高不俗气。庾亮本人也是善清谈的名士，当然理解孟嘉，所以才称赞他是"盛德人也"。对孟嘉的辞官也不生气，过几天重新再委任他做劝学从事。部郡从事要实际做事，属于浊官，相反劝学从事就属于清官。这个官做什么呢？"崇修学校，高选儒官，以君望实，故应尚德之举"，大概具体要做的事情很少,这像被供在神龛上泥塑菩萨一样,等着被人崇拜就可以了。这种地位不低还不用做事的清官,才是当时名士的最爱。孟嘉自然就接受了。这里详细解释孟嘉的这个故事,是为了帮助理解陶渊明自己做官又辞官的情形,大概陶渊明也免不了有类似的心理吧,一个人再超脱,多少还是会受到时代风气的影响。当时以为是美谈的事情,后人眼中,就不那么值得赞美,甚至应该被批评。这一点,我们毋庸讳言。

除了做官的风格,陶渊明像外公的地方还有很多。比如前面提到,陶侃饮酒是非常节制的,但孟嘉:"好酣饮,逾多不乱,至于任怀得意,融然远寄,傍若无人。温尝问君:'酒有何好,而卿嗜之?'君笑而答曰:'明公但不得酒中趣尔。'"而陶渊明最好酒,其诗篇篇有酒,其人物逸事,也多与酒有关,比如:

> (为彭泽令)公田悉令吏种秫稻。妻子固请种粳,乃使二顷五十亩种秫,五十亩种粳。
>
> 先是,颜延之为刘柳后军功曹,在寻阳,与潜情款。后为始安郡,经过,日日造潜,每往必酣饮致醉。临去,留二万钱与潜,潜悉送酒家,稍就取酒。
>
> 尝九月九日无酒,出宅边菊丛中坐久,值弘送酒至,即便就酌,醉而后归。
>
> 贵贱造之者,有酒辄设,潜若先醉,便语客:"我醉欲眠,卿可去。"其真率如此。(以上《宋书·隐逸传·陶潜传》)
>
> 其亲朋好事,或载酒肴而往,潜亦无所辞焉。每一醉,则大适融然。(《晋书·隐逸传·陶潜传》)

喜欢喝酒,喝了酒以后风度依然很好,这些都是一样的。我甚至想,陶渊明的妈妈应该也挺能喝的吧。

再有,祖孙俩都以"自然"为归。陶渊明的思想,我们后面还会细

说,至少"久在樊笼里,复得返自然",大家都是熟悉的。而孟嘉:

> （桓温）又问:"听妓,丝不如竹,竹不如肉?"答曰:"渐近
> 自然。"

丝是弦乐,竹是管乐,肉是人声。这里的"自然",大略近于"天然"的意思。庄子讲"朴素而天下莫能与之争美"（《庄子·天道》),这种思想和审美,到了魏晋时代,经由玄学在士大夫中逐渐普及。孟嘉所言,正是此理。

此外,孟嘉有一种镇静从容的风度,"始自总发,至于知命,行不苟合,言无夸矜,未尝有喜愠之容",也备受时人赞叹:

> 九月九日,（桓）温游龙山,参佐毕集,四弟二甥咸在坐。时佐
> 吏并著戎服,有风吹君帽堕落,温目左右及宾客勿言,以观其举止。
> 君初不自觉,良久如厕。温命取以还之。廷尉太原孙盛,为咨议参
> 军,时在坐。温命纸笔,令嘲之。文成示温,温以著坐处。君归,见
> 嘲笑而请笔作答,了不容思,文辞超卓,四座叹之。

在那个时代,士人不冠,可谓失礼到了极点。而孟嘉不论是真的不觉也好,还是觉之而不以为意也好,甚至只是故作镇定也好,总之,他表现得没有丝毫慌乱。被嘲笑了,还能气定神闲,马上以诗作答,的确风度翩翩。这个故事后来就成为了一个最常被诗人们使用的典故——龙山落帽。比如杜甫《九日蓝田崔氏庄》:"羞将短发还吹帽,笑倩旁人为正冠。"将一个典故拆成两句来写。上句说我落帽是因为头发太少太短,这是感叹衰老。下句一转,帽子落就落了吧,我不但不在乎,还笑着请旁人为我带上。与老杜这种旷达的姿态比,孟嘉都显得做作了。杜诗之高明,于此可以窥见一端。回到孟嘉这里,他这种风度在魏晋时代是很受人推崇的。《世说新语》第六篇《雅量》,里面收录都是这类气量宽

宏、遇事镇静的逸事,我们取这一篇对读,就知道孟嘉正是风气中人。
而陶渊明特别表彰外祖父的这一事迹,其评价标准并不超出时代之外。
同样,陶渊明自己也是镇静旷达的:

> 江州刺史王弘欲识之,不能致也。潜尝往庐山,弘令潜故人庞
> 通之赍酒具于半道栗里要之。潜有脚疾,使一门生二儿舆篮舆,既
> 至,欣然便共饮酌,俄顷弘至,亦无忤也。
>
> 郡将候潜值其酒熟,取头上葛巾漉酒,毕,还复著之。(以上
> 《宋书·隐逸传·陶潜传》)

这些都是陶渊明极像外祖父的地方,也是他身上魏晋风度的表现。陶
渊明详细记述的逸事,应该反映了他对其后所体现的价值观的认同,这
是他的时代性的表现。而后来史传中所记陶渊明的各种逸事,同样大
抵以时代风气为标准,符合魏晋风度的就尽量收录,而真正体现陶渊明
独特"个性"之处反而较少提到。光看传记资料,我们会觉得陶渊明特
别像外公,大概与此有关。这种像,一方面源自影响书写者的相同时代
风气,一方面也表现出陶渊明的妈妈对他深刻的影响。

　　当然,陶渊明的传记中所记的外祖父,不仅仅只有这些旷放的风
度,也有严正的一面。比如他的孝友和忠义,以及他"与时舒卷"的智
慧——在朝廷与府主桓温之间的分寸拿捏——都有相对简要的记述。
这些品质,在陶渊明身上表现得同样清晰。

　　总之,通过以上分析比较,我们不得不承认,从遗传和影响的角度
来讲,陶渊明母系的作用要远大过父系。而母系的这种影响,主要是在
潜移默化之间培养陶渊明的魏晋风度,大概同时也把玄学的思想注入
了他的心中。

　　父系为陶渊明提供了一个不高不低的门第,使他有资格入仕;母系
则在教养上,使陶渊明得以预时代之流。

征引文献

古典部

《周易略例》,（魏）王弼撰,楼宇烈校释《王弼集校释》,北京：中华书局,1980年。

《毛诗正义》,（清）阮元校刻《十三经注疏》（嘉庆刊本）,北京：中华书局,2009年。

《韩诗外传集释》,（汉）韩婴撰,许维遹校释,北京：中华书局,1980年。

《礼记正义》,吕友仁整理,上海：上海古籍出版社,2008年。

《春秋谷梁传注疏》,（清）阮元校刻《十三经注疏》（嘉庆刊本）,北京：中华书局,2009年。

《谈经》,（明）郝敬撰,《续修四库全书》第171册据上海图书馆藏明崇祯郝洪范刻山草堂集增修本影印,上海：上海古籍出版社,1995年。

《论语注疏》,（清）阮元校刻《十三经注疏》（嘉庆刊本）,北京：中华书局,2009年。

《论语集解》,（魏）何晏撰,《儒藏》（精华编一〇四）,北京：北京大学出版社,2007年。

《论语义疏》,（梁）皇侃撰,《儒藏》（精华编一〇四）,北京：北京大学出版社,2007年。

《孟子注疏》,(清)阮元校刻《十三经注疏》(嘉庆刊本),北京:中华书局,2009年。

《四书训义》,(清)王夫之撰,《船山全书》第七册,长沙:岳麓书社,2011年。

《方言笺疏》,(汉)扬雄撰,(清)钱绎笺疏,清光绪十六年红蝠山房刊本。

《古书疑义举例五种》,(清)俞樾等著,北京:中华书局,2005年第2版。

《史记(修订本)》,(汉)司马迁撰,北京:中华书局,2013年。

《汉书》,(汉)班固撰,(唐)颜师古注,北京:中华书局,1962年。

《后汉书》,(南朝宋)范晔撰,北京:中华书局,1964年。

《三国志》,(晋)陈寿撰,(南朝宋)裴松之注,北京:中华书局,1964年。

《晋书》,(唐)房玄龄撰,北京:中华书局,1974年。

《晋书斠注》,吴士鉴撰,北京:中华书局,2008年。

《东晋方镇年表》,吴廷燮撰,《二十五史补编》第三册,北京:中华书局,1955年。

《宋书》,(梁)沈约撰,北京:中华书局,1974年。

《南齐书(修订本)》,(梁)萧子显撰,北京:中华书局,2017年。

《梁书》,(唐)姚思廉撰,北京:中华书局,1973年。

《南史》,(唐)李延寿撰,北京:中华书局,1975年。

《隋书》,(唐)魏徵撰,北京:中华书局,1973年。

《隋书经籍志考证》,(清)章宗源撰,《二十五史补编》第四册,北京:中华书局,1955年。

《隋书经籍志考证》,(清)姚振宗撰,《二十五史补编》第四册,北京:中华书局,1955年。

《隋书经籍志详考》,〔日〕兴膳宏、川合康三撰,东京:汲古书院,
　　1995 年。

《新唐书》,(宋) 宋祁、欧阳修等撰,北京:中华书局,1975 年。

《廿二史札记校证(订补本)》,(清) 赵翼著,王树民校证,北京:中华
　　书局,1984 年。

《廿二史考异》,(清) 钱大昕著,方诗铭、周殿杰校点,上海:上海古籍
　　出版社,2004 年。

《后汉纪》,(晋) 袁宏撰,张烈点校,《两汉纪》,北京:中华书局,
　　2005 年。

《资治通鉴》,(宋) 司马光编著,(元) 胡三省音注,北京:中华书局,
　　1956 年。

《建康实录》,(唐) 许嵩撰,张忱石点校,北京:中华书局,1986 年。

《通志二十略》,(宋) 郑樵撰,王树民点校,北京:中华书局,1995 年。

《陶靖节先生年谱》,(宋) 吴仁杰撰,许逸民校辑《陶渊明年谱》,北京:
　　中华书局,1986 年。

《陶靖节年谱考异》,(清) 陶澍撰,许逸民校辑《陶渊明年谱》,北京:
　　中华书局,1986 年。

《陶靖节年谱》,梁启超撰,许逸民校辑《陶渊明年谱》,北京:中华书
　　局,1986 年。

《华阳国志校补图注》,(晋) 常璩著,任乃强校注,上海:上海古籍出版
　　社,1987 年。

《元和郡县图志》,(唐) 李吉甫撰,贺次君注解,北京:中华书局,
　　1983 年。

《太平寰宇记》,(宋) 乐史撰,王文楚等点校,北京:中华书局,
　　2007 年。

《方舆胜览》,(宋) 祝穆撰,祝洙增订,施和金点校,北京:中华书局,
　　2003 年。

（嘉庆）《大清一统志》，（清）穆彰阿主编，四部丛刊续编景旧抄本。

（隆庆）《岳州府志》，（明）钟崇文撰，据天一阁藏本影印，上海：上海
　　古籍出版社，1963 年。

《水经注疏》，（北魏）郦道元注，（清）杨守敬、熊会贞疏，段熙仲点校，
　　陈桥驿复校，南京：江苏古籍出版社，1989 年。

《庐山记》，（宋）陈舜俞撰，日本内阁文库藏宋绍兴刻本。

《通典》，（唐）杜佑撰，王文锦、王永兴等点校，北京：中华书局，
　　1988 年。

《崇文总目》，（宋）王钦若编，粤雅堂丛书本。

《读通鉴论》，（清）王夫之著，舒士彦点校，北京：中华书局，1975 年。

《文史通义校注》，（清）章学诚著，叶瑛校注，北京：中华书局，
　　1994 年。

《荀子集解·宥坐》，王先谦撰，沈啸寰、王星贤点校，北京：中华书局，
　　2013 年第 2 版。

《新语校注》，（汉）陆贾撰，王利器校注，北京：中华书局，1986 年。

《潜夫论笺校正》，（汉）王符著，（清）汪继培笺，彭铎校正，北京：中华
　　书局，1985 年。

《朱子语类》，（宋）黎靖德编，王星贤点校，北京：中华书局，1994 年。

《齐民要术校释》，（北魏）贾思勰撰，缪启愉校释，北京：中国农业出版
　　社，1998 年第 2 版。

《四时纂要校释》，（唐）韩鄂撰，缪启愉校释，北京：农业出版社，
　　1981 年。

《吕氏春秋集释》，许维遹撰，梁运华整理，北京：中华书局，2009 年。

《淮南子校释》，张双棣撰，北京：北京大学出版社，2013 年第 2 版。

《颜氏家训集解（增补本）》，（北齐）颜之推撰，王利器集解，北京：中
　　华书局，1993 年。

《嬾真子录校释》，（宋）马永卿撰，崔文印校释，北京：中华书局，

2017 年。

《容斋随笔》,(宋) 洪迈撰,上海：上海古籍出版社,1996 年。

《能改斋漫录》,(宋) 吴曾撰,上海：上海古籍出版社,1979 年。

《日知录集释》,(清) 顾炎武撰,(清) 黄汝成集释,栾保群、吕宗力校点,上海：上海古籍出版社,2006 年。

《十驾斋养新录》,(清) 钱大昕撰,陈文和主编《嘉定钱大昕全集》第七册,南京：江苏古籍出版社,1997 年。

《义门读书记》,(清) 何焯撰,崔高维点校,北京：中华书局,1987 年。

《晓读书斋杂录》,(清) 洪亮吉撰,《续修四库全书》第 1155 册据中国科学院图书馆藏清道光二十二年(1842)刻本影印,上海：上海古籍出版社,1995 年。

《梦溪笔谈》,(宋) 沈括撰,金良年点校,上海：上海书店出版社,2003 年。

《东坡志林》,(宋) 苏轼撰,曾枣庄、舒大刚主编《三苏全书》第五册,北京：语文出版社,2001 年。

《老学庵笔记》,(宋) 陆游撰,钱锡生、薛玉坤校注,钱仲联、马亚中主编《陆游全集校注》第 11 册,杭州：浙江教育出版社,2011 年。

《敬斋古今黈》,(元) 李治撰,刘德权点校,北京：中华书局,1995 年。

《七修类稿》,(明) 郎瑛撰,上海：上海书店出版社,2001 年。

《思问录 俟解 黄书 噩梦》,(清) 王夫之撰,王伯祥点校,北京：中华书局,2009 年。

《读书乐趣》,(清) 伍涵芬撰,《四库全书存目丛书》子部第 157 册据华东师范大学图书馆藏清乾隆四十九年刻本影印,济南：齐鲁书社,1995 年。

《艺文类聚》,(唐) 欧阳询撰,汪绍楹校,上海：上海古籍出版社,1999 年第 2 版。

《初学记》,(唐) 徐坚撰,北京：中华书局,2004 年第 2 版。

《敦煌类书》，王三庆编，高雄：丽文文化事业股份有限公司，1993 年。

《太平御览》，（宋）李昉等撰，北京：中华书局，1960 年。

《世说新语笺疏》，（南朝宋）刘义庆撰，（梁）刘孝标注，余嘉锡笺疏，周祖谟、余淑宜、周士琦整理，上海：上海古籍出版社，1993 年。

《世说新语校笺》，（南朝宋）刘义庆撰，（梁）刘孝标注，杨勇校笺，北京：中华书局，2006 年。

《南部新书》，（宋）钱易撰，黄寿成校点，北京：中华书局，2002 年。

《太平广记》，（宋）李昉等编，北京：中华书局，1961 年。

《古谣谚》，（清）杜文澜辑，周绍良校点，北京：中华书局，1958 年。

《高僧传》，（梁）释慧皎撰，汤用彤校注，北京：中华书局 ，1992 年。

《出三藏记集》，（梁）释僧祐撰，苏晋仁、萧炼子点校，北京：中华书局，1995 年。

《法苑珠林校注》，（唐）释道世撰，周叔迦、苏晋仁校注，北京：中华书局，2003 年。

《肇论疏》，（唐）释元康撰，《大正新修大藏经》第 45 卷，东京：大正新修大藏经刊行会，1982 年。

《集神州三宝感通录》，（唐）释道宣撰，《大正新修大藏经》第 52 卷，东京：大正新修大藏经刊行会，1982 年。

《广弘明集》，（唐）释道宣撰，《大正新修大藏经》第 52 册，东京：大正新修大藏经刊行会，1982 年。

《破邪论》，（唐）释法琳撰，《大正新修大藏经》第 52 卷，东京：大正新修大藏经刊行会，1982 年。

《佛祖统纪》，（唐）释志磐撰，《大正新修大藏经》第 49 册，台北：新文丰出版公司，1983 年。

《南华真经注疏》，（晋）郭象注，（唐）成玄英疏，曹础基、黄兰发点校，北京：中华书局，1998 年。

《庄子集释》，（清）郭庆藩撰，王孝鱼点校，北京：中华书局，1961 年。

《庄子发微》,钟泰著,骆驼标点,上海:上海古籍出版社,2002 年新
　　1 版。

《列子集释》,(晋) 张湛注,杨伯峻集释,北京:中华书局,1979 年。

《列仙传校笺》,(汉) 刘向撰,王叔岷校笺,北京:中华书局,2007 年。

《抱朴子内篇校释》,(晋) 葛洪撰,王明校释,北京:中华书局,1985 年
　　第 2 版。

《抱朴子外篇校笺》,(晋) 葛洪撰,杨明照校笺,北京:中华书局,
　　1991 年。

《楚辞补注》,(宋) 洪兴祖撰,白化文等点校,北京:中华书局,
　　1983 年。

《曹子建诗注》,黄节撰,《黄节注汉魏六朝诗六种》,北京:人民文学出
　　版社,2008 年。

《王弼集校释》,(魏) 王弼撰,楼宇烈校释,北京:中华书局,1980 年。

《嵇康集校注》,(魏) 嵇康著,戴明扬校注,北京:中华书局,2014 年。

《陆机集校笺》,(晋) 陆机著,杨明校笺,上海:上海古籍出版社,
　　2016 年。

《陶渊明集》,国家图书馆藏汲古阁藏南宋刻递修本。

《陶渊明诗陶渊明杂文》,(宋) 曾集辑,《续修四库全书》第 1304 册据
　　浙江图书馆藏元刻本影印,上海:上海古籍出版社,2002 年。

《陶靖节先生诗》,(宋) 汤汉注,据国家图书馆藏宋刊本影印,福州:福
　　建人民出版社,2008 年。

《笺注陶渊明集》,(宋) 李公焕笺注,《续修四库全书》第 1304 册据浙
　　江图书馆藏元刻本影印,上海:上海古籍出版社,2002 年。

《笺注陶渊明集》,(明) 张自烈评阅,上海图书馆藏明崇祯五年(1632)
　　刻本。

《陶元亮诗》,(明) 黄文焕析义,《四库全书存目丛书》集部第 3 册据南
　　京图书馆藏明末刻本影印,济南:齐鲁书社,1997 年。

《东山草堂陶诗笺》,(清)丘嘉穗撰,《四库全书存目丛书》集部第 3 册
　　据湖北省图书馆藏清康熙刻本影印,济南:齐鲁书社,1997 年。

《陶靖节诗集》,(清)蒋薰评,上海图书馆藏最乐堂清乾隆二年刻本。

《陶渊明集》,清嘉庆十二年丹徒鲁铨影刻汲古阁刻苏体字本,北京:线
　　装书局,2000 年。

《陶诗汇评》,(清)温汝能撰,清嘉庆九年温氏刻本。

《靖节先生集》,(清)陶澍集注,清道光二十年周诒朴刻本。

《陶诗真诠》,(清)方宗诚撰,清光绪八年刻本。

《陶渊明集》,逯钦立校注,北京:中华书局,1979 年。

《陶渊明诗笺证稿》,王叔岷撰,北京:中华书局,2007 年。

《陶渊明集笺注》,袁行霈笺注,北京:中华书局,2003 年。

《陶渊明集校笺(修订本)》,龚斌校笺,上海:上海古籍出版社,
　　2011 年。

《谢灵运集校注》,(南朝宋)谢灵运撰,顾绍柏校注,郑州:中州古籍出
　　版社,1987 年。

《谢宣城集校注》,(南朝齐)谢朓著,曹融南校注,上海:上海古籍出版
　　社,1991 年。

《庾子山集注》,(隋)庾信撰,(清)倪璠注,许逸民校点,北京:中华书
　　局,1980 年。

《李太白全集》,(唐)李白著,(清)王琦辑注,北京:中华书局,
　　1957 年。

《王右丞集笺注》,(唐)王维撰,(清)赵殿成笺注,上海:上海古籍出
　　版社,1984 年新 1 版。

《杜甫全集校注》,萧涤非主编,北京:人民文学出版社,2014 年。

《刘长卿诗编年笺注》,(唐)刘长卿撰,储仲君笺注,北京:中华书局,
　　1996 年。

《权德舆集》,(唐)权德舆撰,《唐五十家诗集》本,上海:上海古籍出

版社,2012 年。

《新刊权载之文集》,(唐)权德舆撰,影印宋蜀刻本,上海:上海古籍出版社,2013 年。

《韩昌黎文集校注》,(唐)韩愈撰,马其昶校注,马茂元整理。上海:上海古籍出版社,1986 年。

《白居易集》,(唐)白居易著,顾学颉校点,北京:中华书局,1979 年。

《柳宗元集》,(唐)柳宗元撰,北京:中华书局,1979 年。

《樊川诗集注》,(唐)杜牧撰,(清)冯集梧集注,上海:上海古籍出版社,1978 年。

《樊南文集》,(唐)李商隐撰,(清)冯浩详注,钱振伦、钱振常笺注,上海:上海古籍出版社,1998 年。

《杜荀鹤文集》,(唐)杜荀鹤撰,影印宋蜀刻本,上海:上海古籍出版社,2013 年。

《苏轼文集》,(宋)苏轼撰,孔凡礼点校,北京:中华书局,1986 年。

《山谷诗集注》,(宋)黄庭坚著,(宋)任渊等注,黄宝华点校,上海:上海古籍出版社,2003 年。

《黄庭坚全集辑校编年(修订本)》,(宋)黄庭坚著,郑永晓整理,南昌:江西人民出版社,2011 年。

《杨时集》,(宋)杨时撰,林海权校理,北京:中华书局,2018 年。

《陈与义集校笺》,(宋)陈与义撰,白敦仁校笺,杭州:浙江古籍出版社,2014 年。

《剑南诗稿校注》,(宋)陆游撰,钱仲联校注,上海:上海古籍出版社,1985 年。

《杨万里集笺校》,(宋)杨万里著,辛更儒笺校,北京:中华书局,2007 年。

《稼轩词编年笺注(定本)》,(宋)辛弃疾撰,邓广铭笺注,上海:上海古籍出版社,2007 年第 2 版。

《漫塘刘先生文前集》,(宋)刘宰撰,舒大刚主编《宋集珍本丛刊》第71
　　册据明正德十六年刻、嘉靖八年续刻本影印,北京:线装书局,
　　2004年。

《罗鄂州小集》,(宋)罗愿撰,舒大刚主编《宋集珍本丛刊》第61册据
　　明万历刻本影印,北京:线装书局,2004年。

《西山先生真文忠公文集》,(宋)真德秀撰,四部丛刊初编本。

《鹤山先生大全文集》,(宋)魏了翁撰,四部丛刊初编本。

《张羽集》,(明)张羽著,汤志波点校,杭州:浙江古籍出版社,
　　2018年。

《翠屏集》,(明)张以宁撰,沈乃文主编《明别集丛刊》第一辑第二册,
　　合肥:黄山书社,2013年。

《震川先生集》,(明)归有光撰,周本淳校点,上海:上海古籍出版社,
　　2007年。

《澹园集》,(明)焦竑撰,李剑雄点校,北京:中华书局,1999年。

《文端集》,(清)张英撰,景印文渊阁四库全书第1319册,台北:台湾
　　商务印书馆,1986年。

《果堂集》,(清)沈彤撰,景印文渊阁四库全书第1328册,台北:台湾
　　商务印书馆,1986年。

《潜研堂文集》,(清)钱大昕撰,陈文和主编《嘉定钱大昕全集(增订
　　本)》第9册,南京:凤凰出版社,2016年。

《洪亮吉集》,(清)洪亮吉撰,刘德权点校,北京:中华书局,2001年。

《瓶水斋诗集》,(清)舒位撰,曹光甫点校,上海:上海古籍出版社,
　　2009年。

《中衢一勺 艺舟双楫》,(清)包世臣撰,李星点校,合肥:黄山书社,
　　1993年。

《谭嗣同集》,(清)谭嗣同撰,长沙:岳麓书社,2012年。

《李审言文集》,李详撰,南京:江苏古籍出版社,1989年。

《文选》,（梁）萧统编,（唐）李善注,北京：中华书局,1977 年。

《日本足利学校藏宋刊明州本六臣注文选》,北京：人民文学出版社,
　　2008 年。

《玉台新咏汇校》,吴冠文、谈蓓芳、章培恒汇校,上海：上海古籍出版
　　社,2011 年。

《日藏弘仁本文馆词林校证》,（唐）许敬宗编,罗国威整理,北京：中华
　　书局,2001 年。

《古文苑》,四部丛刊初编本。

《唐文粹》,（宋）姚铉编,长春：吉林人民出版社,1998 年。

《风雅翼》,（元）刘履撰,景印文渊阁四库全书第 1370 册,台北：商务
　　印书馆,1986 年。

《古诗归》,（明）钟惺、谭元春撰,《续修四库全书》集部第 1589 册据复
　　旦大学图书馆藏明闵振业三色套印本影印,上海：上海古籍出版
　　社,2002 年。

《采菽堂古诗选》,（清）陈祚明评选,李金松点校,上海：上海古籍出版
　　社,2008 年。

《六朝选诗定论》,（清）吴淇著,汪俊、黄进德点校,扬州：广陵书社,
　　2009 年。

《古诗源》,（清）沈德潜撰,北京：中华书局,1963 年。

《国朝诗别裁集》,（清）沈德潜撰,北京：中华书局,1975 年。

《古诗赏析》,（清）张玉穀撰,许逸民点校,北京：中华书局,2017 年。

《全上古三代秦汉三国六朝文》,（清）严可均撰,北京：中华书局,
　　1958 年。

《先秦汉魏晋南北朝诗》,逯钦立撰,北京：中华书局,1983 年。

《建安七子集》,俞绍初辑校,北京：中华书局,2005 年。

《全唐诗》,（清）彭定求编,北京：中华书局,1960 年。

《全宋诗》,傅璇琮等主编,北京大学古文献研究所编,北京：北京大学

出版社,1998 年。

《湖南文征》,（清）罗汝怀编纂,长沙:岳麓书社,2008 年。

《增订文心雕龙校注》,（清）黄叔琳注,李详补注,杨明照校注拾遗,北京:中华书局,2000 年。

《文心雕龙注》,（梁）刘勰著,范文澜注,北京:人民文学出版社,1958 年。

《诗品注》,陈延杰注,北京:人民文学出版社,1961 年。

《诗品集注》,（梁）钟嵘著,曹旭集注,上海:上海古籍出版社,2011 年第 2 版。

《冷斋夜话·风月堂诗话·环溪诗话》,（宋）惠洪等撰,陈新点校,北京:中华书局,1988 年。

《后山诗话》,（宋）陈师道撰,（清）何文焕辑《历代诗话》,北京:中华书局,2004 年第 2 版。

《苕溪渔隐丛话》,（宋）胡仔纂集,廖德明校点,周本淳重订,北京:人民文学出版社,1993 年第 2 版。

《韵语阳秋》,（宋）葛立方撰,何文焕辑《历代诗话》,北京:中华书局,2004 年第 2 版。

《珊瑚钩诗话》,（宋）张表臣撰,何文焕辑《历代诗话》,北京:中华书局,2004 年第 2 版。

《诗话总龟》,（宋）阮阅编,周本淳校点,北京:人民文学出版社,1987 年。

《吴礼部诗话》,（元）吴师道撰,清知不足斋丛书本。

《颐山诗话》,（明）安磐撰,陈广宏、侯荣川编校《明人诗话要籍汇编》,上海:复旦大学出版社,2017 年。

《艺苑卮言校注》,（明）王世贞撰,罗仲鼎校注,济南:齐鲁书社,1992 年。

《诗源辨体》,（明）许学夷撰,杜维沫校点,北京:人民文学出版社,

1987年。

《说诗补遗》,(明)冯复京撰,周维德集校《全明诗话》,济南:齐鲁书
　　社,2005年。

《诗筏》,(清)贺贻孙撰,郭绍虞编选,富寿荪校点《清诗话续编》,上
　　海:上海古籍出版社,1983年。

《顽潭诗话》,(清)陈瑚撰,张寅彭编纂,杨焄点校《清诗话全编·康熙
　　期》第二册,上海:上海古籍出版社,2018年。

《论陶》,(清)吴菘撰,清康熙四十四年(1705)刊吴瞻泰《陶渊明诗话》
　　本附。

《此木轩论诗汇编》,(清)焦袁熹撰,上海图书馆藏清抄本。

《说诗晬语笺注》,(清)沈德潜撰,王宏林笺注,北京:人民文学出版
　　社,2013年。

《一瓢诗话》,(清)薛雪撰,丁福保编《清诗话》,上海:上海古籍出版
　　社,1978年。

《秋窗随笔》,(清)马位撰,丁福保编《清诗话》,上海:上海古籍出版
　　社,1978年。

《婶雅堂诗话》,(清)赵文哲撰,张寅彭选辑,吴忱、杨焄点校《清诗话
　　三编》第三册,上海:上海古籍出版社,2014年。

《耄余诗话》,(清)周春撰,《清诗话三编》第四册,上海:上海古籍出
　　版社,2014年。

《雨村诗话校正》,(清)李调元著,詹杭伦、沈时蓉校正,成都:巴蜀书
　　社,2006年。

《紫荆书屋诗话》,(清)李怀民撰,韩寓群主编《山东文献集成》第47
　　册,济南:山东大学出版社,2007年。

《重订中晚唐主客图说》,(清)李怀民撰,张寅彭编纂,刘奕点校《清诗
　　话全编·乾隆期》,上海:上海古籍出版社,2020年。

《凝寒阁诗话》,(清)李宪乔撰,韩寓群主编《山东文献集成》第47册,

济南：山东大学出版社,2007 年。

《陶杜诗说》,（清）桂青万撰,陕西师范大学图书馆藏清嘉庆刻《啸月山房诗》附。

《老生常谈》,（清）延君寿撰,郭绍虞选编,富寿荪校点《清诗话续编》下册,上海：上海古籍出版社,1983 年。

《养一斋诗话》,（清）潘德舆撰,朱德慈辑校,北京：中华书局,2010 年。

《艺概笺释》,（清）刘熙载著,袁津琥笺释,北京：中华书局,2019 年。

《昭昧詹言》,（清）方东树撰,汪绍楹校点,北京：人民文学出版社,1961 年。

《陶靖节纪事诗品》,（清）钟秀撰,清同治十三年(1874)刻本。

《姜露庵诗话》,（清）施山撰,张寅彭选辑,吴忱、杨焄点校《清诗话三编》第九册,上海：上海古籍出版社,2014 年。

《筱园诗话》,（清）朱庭珍撰,郭绍虞编选,富寿荪校点《清诗话续编》,上海：上海古籍出版社,1983 年。

《经书卮言》,（清）范泰恒撰,王水照编《历代文话》第四册,上海：复旦大学出版社,2007 年。

《论文章本原》,（清）方宗诚撰,王水照编《历代文话》第六册,上海：复旦大学出版社,2007 年。

现代部

Ackerman(艾克曼)《歌德谈话录》,杨武能译,成都：四川文艺出版社,2008 年。

Aristotle(亚里士多德)《诗学·修辞学》,罗念生译,上海：上海人民出版社,2016 年。

Ashbery, J.(约翰·阿什伯利)《别样的传统》,范静哗译,南宁：广西人民出版社,2019 年。

Ashmore, Robert. *The Transports of Reading: Text and Understanding in the World of Tao Qian*（*365 – 427*）. Cambridge（Massachusetts）and London: Harvard University Press, 2010.

敖雪岗《陶渊明"江州祭酒"辨》,《古典文学知识》,2003 年第 4 期。

白本松《陶渊明思想三题》,《河南师大学报》,1981 年第 1 期。

Baldwin, M.W., Carrell, S.E., & Lopez, D.E. "Priming Relationship Schemas: My Advisor and the Pope Are Watching Me from the Back of My Mind." *Journal of Experimental Social Psychology*, 26（5）, 1990.

Baldwin, M.W. "Primed Relational Schemas as a Source of Self-Evaluative Reactions." *Journal of Social and Clinical Psychology*, Vol. 13, No. 4, 1994.

鲍幼文《凤山集》,上海: 学林出版社,1987 年。

北京大学北京师范大学中文系编《陶渊明资料汇编》,北京: 中华书局, 1962 年。

Berlin, I.（以赛亚·伯林）《浪漫主义的根源》,亨利·哈代编,吕梁等译,南京: 译林出版社,2011 年。

卞东波《六朝"高士"类杂传考论》,《古典文献研究》第 21 辑上卷, 2004 年。

Brown, J.&Brown, M.（乔纳森·布朗、玛格丽特·布朗）《自我（第二版）》,王伟平、陈浩莺译,北京: 人民邮电出版社,2015 年。

蔡瑜《陶渊明怀古意识与典范形塑》,《台大文史哲学报》第 72 期,2010 年 5 月。

蔡瑜《陶渊明的人境诗学》,台北: 联经出版事业股份有限公司, 2012 年。

蔡宗齐《六朝五言诗句法、结构、诗境新论》,《上海师范大学学报（哲社版）》,2018 年第 5 期。

Calvino, I.(卡尔维诺)《美国讲稿》,萧天佑译,《卡尔维诺文集》第五卷,南京:译林出版社,2001 年。

曹道衡《中古文学史论文集》,北京:中华书局,2002 年新 1 版。

曹道衡、沈玉成《中古文学史料丛考》,北京:中华书局,2003 年。

曹道衡《兰陵萧氏与南朝文学》,北京:中华书局,2004 年。

曹道衡、傅刚《萧统评传》,南京:南京大学出版社,2001 年。

曹虹《读〈文选平点〉》,《南京大学学报(哲社版)》,1989 年第 4 期。

曹虹《陶渊明与洙泗遗音》,《江西师范大学学报(哲社版)》,2016 年第 4 期。

陈光磊、王俊衡《中国修辞学通史·先秦两汉魏晋南北朝卷》,长春:吉林教育出版社,1998 年。

陈慧娟《孙绰生平考》,《中山大学研究生学刊(社会科学版)》,2009 年第 3 期。

陈健梅《晋怀帝湘州统郡考》,《中国史研究》,2008 年第 2 期。

陈美利《陶渊明探索》,台北:文津出版社,1996 年。

陈尚君《唐诗求是》,上海:上海古籍出版社,2018 年。

陈少明《关于羞耻的现象学分析》,《哲学研究》2006 年第 12 期。

陈斯怀《道家与汉代士人思想、心态及文学》,济南:齐鲁书社,2010 年。

陈爽《出土墓志所见中古谱牒研究》,上海:学林出版社,2015 年。

陈望道《修辞学发凡》,上海:上海教育出版社,1997 年新 2 版。

陈怡良《陶渊明探新》,台北:里仁书局,2006 年。

陈寅恪《金明馆丛稿初编》,北京:三联书店,2001 年。

陈永正《诗注要义》,上海:上海古籍出版社,2017 年。

陈中伟《陶渊明与郭象的玄学思想》,《淮阴师专学报》,1992 年第 3 期。

程刚《东晋南朝荆州政治地理研究》,南京大学博士论文,2014 年。

程千帆、沈祖棻《古典诗歌论丛》,上海:上海文艺联合出版社,1954 年。

程千帆《古诗考索》,武汉:武汉大学出版社,2008 年。

程章灿《"树"立的六朝:柳与一个经典文学意象的形成》,《北京大学学报(哲社版)》,2011 年第 2 期。

川合康三《中国的自传文学》,蔡毅译,北京:中央编译出版社,1999 年。

从莱庭、徐鲁亚编著《西方修辞学》,上海:上海外语教育出版社,2007 年。

Creel, H.G.(顾立雅)《孔子与中国之道》,高专诚译,郑州:大象出版社,2004 年。

戴建业《澄明之境——陶渊明新论》,武汉:华中师范大学出版社,1998 年。

Delanty, Gerard & Isin, Engin(德兰迪、伊辛)主编《历史社会学手册》,李霞、李恭忠译,北京:中国人民大学出版社,2009 年。

邓安生《陶渊明年谱》,天津:天津古籍出版社,1991 年。

邓安生《陶渊明新探》,台北:文津出版社,1995 年。

邓安生《从隐逸文化解读陶渊明》,《天津师范大学学报(社会科学版)》,2001 年第 1 期。

邓小军《诗史释证》,北京:中华书局,2004 年。

邓小军《古典诗歌注释与农村生活经验》,《晋阳学刊》,2010 年第 4 期。

丁福林《宋书校议》,上海:上海古籍出版社,2002 年。

丁冠之《论嵇康的哲学思想》,《哲学研究》,1980 年第 4 期。

丁强《早期道教教职的研究》,四川大学博士论文,2006 年。

段伟《清儒地理考据研究·秦汉卷》,济南:齐鲁书社,2015 年。

Eagleton, T.(伊格尔顿)《二十世纪西方文学理论》,伍晓明译,北京:北京大学出版社,2007 年。

Elias, Norbert(埃利亚斯)《文明的进程》,王佩莉译,北京:三联书店,1998 年。

Erikson，E.H. *Childhood and Society*. W. W. Norton & Company.1993.

Eysenck ，M.W.& Keane，M.T.（艾森克、基恩）《认知心理学（第四版）》，高定国、肖晓云译，上海：华东师范大学出版社，2004 年。

范志新《陶渊明名字考辨》，《文学遗产》，2009 年第 1 期。

范子烨《悠然望南山》，北京：东方出版社，2010 年。

范子烨《别样的叙写：〈建康实录〉陶渊明史迹考辨》，《中国典籍与文化》，2012 年第 3 期。

方明《庄子"本真"的生存境域及其言说方式》，《辽宁大学学报（哲社版）》，2011 年第 6 期。

冯友兰《中国哲学史》，上海：华东师范大学出版社，2000 年。

傅刚《魏晋南北朝诗歌史论》，长春：吉林教育出版社，1995 年。

傅刚《文选版本研究》，北京：北京大学出版社，2000 年。

傅刚《昭明文选研究》，北京：中国社会科学出版社，2000 年。

Funder，D. C. & Colvin，C. R. "Friends and strangers：Acquaintanceship，agreement，and the accuracy of personality judgment." *Journal of Personality and Social Psychology*，55（1），1988.

Gadamer，Hans-Georg.（伽达默尔）《真理与方法——哲学诠释学的基本特征》，洪汉鼎译，上海：上海译文出版社，1999 年。

冈村繁《文选之研究》，陆晓光译，上海：上海古籍出版社，2002 年。

冈村繁《陶渊明李白新论》，陆晓光、笠征译，上海：上海古籍出版社，2009 年。

高敏《我国古代的隐士及其社会作用》，《社会科学战线》，1994 年第 2 期。

高荣《论汉代的督邮》，《中山大学学报（社会科学版）》，1999 年第 3 期。

高阳《高阳说诗》，沈阳：辽宁教育出版社，1998 年。

高原《"隐逸"新概念与亦隐非隐的陶渊明》，《兰州大学学报（社会科学版)》,1997 年第 2 期。

葛晓音《从五古结构看"陶体"的特征与成因》,《中国诗学》第十五辑,北京:人民文学出版社,2011 年。

葛晓音《先秦汉魏六朝诗歌体式研究》,北京:北京大学出版社,2012 年。

Giddens, A.(吉登斯)《民族-国家与暴力》,胡宗泽、赵力涛译,北京:三联书店,1998 年。

Goffman, O.(戈夫曼)《日常生活中的自我呈现》,冯钢译,北京:北京大学出版社,2008 年。

巩本栋编《程千帆沈祖棻学记》,贵阳:贵州人民出版社,1997 年。

龚斌《陶渊明哲学思想及与魏晋玄学之关系》,《辽宁大学学报》,1989 年第 5 期。

龚斌《陶渊明传论》,上海:华东师范大学出版社,2001 年。

龚斌《再论陶渊明〈赠长沙公〉诗》,李宁宁、吴国富主编《浔阳论陶:2014 年陶渊明与生态文明国际学术研讨会论文集》,南昌:江西人民出版社,2015 年。

龚斌《陶渊明年谱考辨》,南昌:江西人民出版社,2018 年。

宫崎市定《九品官人法研究——科举前史》,韩昇、刘建英译,北京:中华书局,2008 年。

龚望《陶渊明集评议》,天津:南开大学出版社,2011 年。

顾随述,叶嘉莹记《顾随讲中国古典诗词》,石家庄:河北教育出版社,2013 年。

郭锋《晋唐时期的谱牒修撰》,《中国社会经济史研究》,1995 年第 1 期。

郭娜娜《魏晋南北朝隐逸现象及相关问题研究》,南开大学博士论文,2014 年。

郭绍虞《杜甫戏为六绝句集解元好问论诗三十首小笺》,北京:人民文学出版社,1978 年。

郭绍虞《照隅室古典文学论集》，上海：上海古籍出版社，2009 年第
    2 版。

郭文韬编著，徐豹审定《中国大豆栽培史》，南京：河海大学出版社，
    1993 年。

Hall，David L.&Ames，R.T.（郝大维、安乐哲）《通过孔子而思》，何金俐
    译，北京：北京大学出版社，2005 年。

韩林合《虚己以游世——〈庄子〉哲学研究》，北京：北京大学出版社，
    2006 年。

韩经太《宋诗与宋学》，《文学遗产》，1993 年第 4 期。

Hazlitt，William. *Table-Talk: Essays on Men and Manners*. Bell & Daldy.
    1869.

侯外庐、赵纪彬、杜国庠、邱汉生《中国思想通史》第三卷，北京：人民出
    版社，2011 年。

胡宝国《九品中正制杂考》，《文史》第 36 辑，北京：中华书局，1992 年。

胡先晋《中国人的面子观》，黄光国译，黄光国编订《面子——中国人的
    权力游戏》，北京：中国人民大学出版社，2004 年。

胡翼鹏《中国隐士：身份建构与社会影响》，北京：社会科学文献出版
    社，2011 年。

黄宾虹《画法要旨》，上海书画出版社、浙江省博物馆编《黄宾虹文集·
    题跋编、诗词编、金石编》，上海：上海书画出版社，1999 年。

黄伟伦《六朝隐逸文化的新转向———一个"隐逸自觉论"的提出》，《成
    大中文学报》第 19 期，2007 年 12 月。

Hume，D.（休谟）《人性论》，关文运译，北京：商务印书馆，1980 年。

霍建波《宋前隐逸诗研究》，北京：人民出版社，2006 年。

James，W.（威廉·詹姆斯）《心理学原理》，田平译，北京：中国城市出
    版社，2010 年。

Jeing，B.& Khnen，L.（贝内迪克特·耶辛、拉尔夫·克南）《文学学导

论》,王建、徐畅译,北京:北京大学出版社,2016 年。

吉川幸次郎《中国文学史》,陈顺智、徐少舟译,成都:四川人民出版社, 1987 年。

吉川幸次郎《中国诗史》,高桥和巳编,章培恒等译,上海:复旦大学出 版社,2001 年。

吉川忠夫《六朝精神史》,王启发译,南京:江苏人民出版社,2012 年。

蒋波《秦汉隐逸问题研究》,湘潭:湘潭大学出版社,2014 年。

蒋寅《陶渊明隐逸的精神史意义》,《求是学刊》2009 年第 5 期。

蒋寅《诗学、文章学话语的沟通与桐城派诗歌理论的系统化》,《复旦学 报(社科版)》,2016 年第 6 期。

John, O. P. & Robins, R. W. "Determinants of Interjudge Agreement on Personality Traits: The Big Five Domains, Observability, Evaluativeness, and the Unique Perspective of the Self." *Journal of Personality*, 61, 1993.

康中乾《有无之辨——魏晋玄学本体思想再解读》,北京:人民出版社, 2003 年。

Kegan, R.(罗伯特·凯根)《发展的自我》,韦子木译,杭州:浙江教育 出版社,1999 年。

Lejeune, P.(菲利浦·勒热讷)《自传契约》,杨国政译,北京:三联书 店,2001 年。

冷成金《隐士与解脱》,北京:作家出版社,1997 年。

黎运汉、卢永生主编《汉语修辞学》,广州:广东教育出版社,2006 年。

李昌舒《自然与自由——论陶渊明"自然说"与郭象哲学的关系》,《江 淮论坛》,2005 年第 1 期。

李华《陶渊明新论》,北京:北京师范学院出版社,1992 年。

李长之(署名张芝)《陶渊明传论》,上海:棠棣出版社,1953 年。

李剑锋《元前陶渊明接受史》,济南:齐鲁书社,2002 年。

李剑锋《陶渊明及其诗文渊源研究》,济南:山东大学出版社,2005 年。

李文初《陶诗与魏晋玄风》,《暨南学报》,1983 年第 2 期。

李文初《陶渊明论略》,广州:广东人民出版社,1986 年。

李希、廖宏昌《陶渊明诗学与郭象哲学之关系考》,《求索》,2010 年第
11 期。

李雅玲《仕隐·生死:陶渊明的心结——兼论郭象玄学对陶渊明的影
响》,华中科技大学硕士论文,2005 年。

李泽厚、刘纲纪《中国美学史·先秦两汉编》,合肥:安徽文艺出版社,
1999 年。

梁启超《陶渊明》,《饮冰室合集》第 12 册专辑九十六,北京:中华书
局,1989 年。

梁遇春《梁遇春散文》,范桥、小飞编,北京:中国广播电视出版社,
1993 年。

梁宗岱《诗与真》,北京:中央编译出版社,2006 年。

林家骊、杨健《论陶渊明诗歌的理想化倾向》,《浙江学刊》,2012 年第
1 期。

刘继元《"三湘"释义及范围的历史演变》,《中国历史地理论丛》,2016
年第 1 辑。

刘金菊《陶渊明诗修辞研究》,台湾玄奘人文社会学院硕士论文,
2004 年。

刘盼遂《高邮王氏父子著述考》,聂石樵辑校《刘盼遂文集》,北京:北
京师范大学出版社,2002 年。

刘笑敢《庄子哲学及其演变(修订版)》,北京:中国人民大学出版社,
2010 年。

刘屹《神格与地域:汉唐间道教信仰世界研究》,上海:上海人民出版
社,2011 年。

刘奕《图像性的减弱:汉代咏史诗的一种解读》,《上海大学学报》,

2010 年第 6 期。

刘奕《乾嘉经学家文学思想研究》,上海:上海古籍出版社,2012 年。

柳士镇《〈世说新语〉人物言谈中称名与称字的考察》,《中华文史论丛》第五十辑,1992 年。

Locke，J.（洛克）《人类理解论》,关文运译,北京:商务印书馆,1959 年。

逯钦立《陶渊明年谱稿》,《历史语言研究所集刊》第二十本,1948 年。

逯钦立《读陶管见》,《吉林师大学报》,1964 年第 1 期。

逯钦立《逯钦立文存》,北京:中华书局,2010 年。

罗庸《鸭池十讲》,沈阳:辽宁教育出版社,1997 年。

罗宗强《玄学与魏晋士人心态》,天津:天津教育出版社,2005 年。

骆小所《现代修辞学》,昆明:云南人民出版社,2000 年第 2 版。

吕思勉《吕思勉读史札记》,上海:上海古籍出版社,2005 年。

马一浮述《语录类编》,王培德、刘锡嘏记录,乌以风、丁敬涵编次,吴光主编《马一浮全集》,杭州:浙江古籍出版社,2013 年。

马一浮《尔雅台答问续编》,王培德、张立民编,吴光主编《马一浮全集》,杭州:浙江古籍出版社,2013 年。

Maritain，Jacques（雅克·马利坦）《艺术与诗中的创造性直觉》,刘有元、罗选民等译,北京:三联书店,1991 年。

Mead，G. H.（乔治·米德）《心灵、自我与社会》,赵月瑟译,上海:上海译文出版社,2005 年。

蒙培元《情感与理性》,北京:中国社会科学出版社,2002 年。

缪钺《陶潜不为五斗米折腰新释》,《历史研究》,1957 年第 1 期。

莫砺锋《论朱熹关于作家人品的观点》,《文学遗产》,2002 年第 2 期。

牟钟鉴《对〈列子〉的再考辨与再评价》,《文史哲》,1986 年第 5 期。

牟宗三《才性与玄理》,台北:学生书局,2002 年。

牟宗三《心体与性体（一）》,《牟宗三先生全集》卷 5,台北:联经出版事业股份有限公司,2003 年。

牟宗三《中国哲学十九讲》,《牟宗三先生全集》卷 29,台北：联经出版
　　事业股份有限公司,2003 年。

穆克宏《六朝文学论集》,北京：中华书局,2010 年。

牧田谛亮著,曹虹译《关于慧远著作的流传》,《古典文献研究》第五辑,
　　2002 年。

Owen, Stephen. "The Self's Perfect Mirro: Poetry as Autobiography." In
　　*The Vitality of the Lyric Voice: Shih Poetry from the Late Han to the
　　T'ang*, edited by Shuen-fu Lin and Stephen Owen ed., Princeton：
　　Princeton University Press, 1986.

Owen, Stephen (宇文所安)著,胡秋蕾、王宇根、田晓菲译《中国早期古
　　典诗歌的生成》,北京：三联书店,2012 年。

潘伯鹰(署名凫公)《陶诗小识》,《中法大学月刊》,1933 年第 2 卷第
　　3—4 期。

潘伯鹰《黄庭坚诗选》,上海：古典文学出版社,1957 年。

Park, B., & Judd, C. M. "Agreement on Initial Impressions：Differences
　　due to Perceivers, Trait Dimensions, and Target Behaviors." *Journal
　　of Personality and Social Psychology*, 56(4), 1989.

Paulhus, D.L., & Bruce, M.N. "The Effect of Acquaintanceship on the
　　Validity of Personality Impressions：A Longitudinal Study." *Journal of
　　Personality and Social Psychology* 63(5), 1992.

齐益寿《黄菊东篱耀古今：陶渊明其人其诗散论》,台北：台湾大学出
　　版中心,2016 年。

钱钢《东晋玄言诗审美三题》,《上海大学学报(社会科学版)》,1997 年
　　第 2 期。

钱基博《中国文学史》,上海：上海古籍出版社,2011 年。

钱穆《庄老通辨》,《钱宾四先生全集》卷七,台北：联经出版事业股份

有限公司,1998年。

钱穆《论春秋时代人之道德精神》,钱穆《中国学术思想史论丛(一)》,合肥:安徽教育出版社,2004年。

钱志熙《中国诗歌通史·魏晋南北朝卷》,北京:人民文学出版社,2012年。

钱志熙《陶渊明经纬》,北京:北京大学出版社,2019年。

钱锺书《管锥编》,北京:三联书店,2007年第2版。

钱锺书《谈艺录》,北京:三联书店,2007年第2版。

乔秀岩、宋红《关于〈文选〉的注释、版刻与流传》,《东南大学学报(哲社版)》,2009年第2期。

瞿蜕园、周紫宜《学诗浅说》,北京:当代中国出版社,2014年。

饶宗颐《选堂集林·史林》,香港:中华书局香港分局,1982年。

Roetz, Heiner(罗哲海)《轴心时期的儒家伦理》,陈咏明、瞿德瑜译,郑州:大象出版社,2009年。

Sartre, Jean-Paul(让-保罗·萨特)《存在主义是一种人道主义》,周煦良、汤永宽译,上海:上海译文出版社,1988年。

Schopenhauer, A.(叔本华)《人生智慧箴言》,李连江译,北京:商务印书馆,2017年。

Schwartz, B. I.(史华兹)《古代中国的思想世界》,程钢译,南京:江苏人民出版社,2004年。

Schutz, Alfred(舒茨)《社会世界的意义构成》,游淙祺译,北京:商务印书馆,2012年。

沈从文《花花朵朵坛坛罐罐——沈从文谈艺术与文物》,南京:江苏美术出版社,2002年。

斯波六郎《中国文学中的孤独感》,刘幸、李曌宇译,北京:北京师范大学出版社,2019年。

Smith, A.H.(明恩溥)《中国人的气质》,刘文飞、刘晓畅译,南京:译林出版社,2012 年。

Snyder, M. "Self-monitoring of Expressive Behavior." *Journal of Personality and Social Psychology*, 30(4), 1974.

松浦友久《节奏的美学——日中诗歌论》,石观海等译,沈阳:辽宁大学出版社,1995 年。

宋云彬《陶渊明年谱中的几个问题》,《新中华》,第 6 卷第 3 期,1948 年。

孙静《陶渊明的心灵世界与艺术天地》,郑州:大象出版社,2009 年。

孙康宜《抒情与描写——六朝诗歌概论》,钟振振译,上海:上海三联书店,2006 年。

孙康宜、宇文所安主编《剑桥中国文学史》,刘倩等译,北京:三联书店,2013 年。

孙立群、马亮宽《士人与社会·秦汉魏晋南北朝卷》,天津:天津人民出版社,1992 年。

孙猛《日本国见在书目录详考》,上海:上海古籍出版社,2015 年。

谭慧存《秦汉士人隐逸思想研究》,成都:四川大学出版社,2015 年。

谭其骧《长水集续编》,北京:人民出版社,2009 年。

汤一介《郭象与魏晋玄学(增订本)》,北京:北京大学出版社,2000 年。

汤用彤《汉魏两晋南北朝佛教史》,《汤用彤全集》卷一,石家庄:河北人民出版社,2000 年。

汤用彤《魏晋玄学论稿》,上海:上海古籍出版社,2001 年。

唐君毅《中国哲学原论·原性篇》,北京:中国社会科学出版社,2005 年。

唐君毅《人文精神之重建》,桂林:广西师范大学出版社,2005 年。

唐启宇《中国农史稿》,北京:农业出版社,1985 年。

唐长孺《魏晋南北朝史论丛》,北京:中华书局,2011 年。

唐长孺《魏晋南北朝史论丛续编》,北京:中华书局,2011 年。

唐长孺《魏晋南北朝史论拾遗》,北京:中华书局,2011 年。

田晓菲《尘几录——陶渊明与手抄本文化研究》,北京:中华书局,
　　2007 年。

田余庆《东晋门阀政治》,北京:北京大学出版社,1996 年第 3 版。

田余庆《秦汉魏晋史探微(重订本)》,北京:中华书局,2004 年。

童强《嵇康评传》,南京:南京大学出版社,2006 年。

Trilling, L.(特里林)《诚与真:诺顿演讲集,1969—1970 年》,刘佳林
　　译,南京:江苏教育出版社,2006 年。

Vervoorn, Aat(文青云)《岩穴之士:中国早期隐逸传统》,徐克谦译,济
　　南:山东画报出版社,2009 年。

汪洋《论陶渊明诗的"沉郁顿挫"》,《文艺评论》,2014 年第 6 期。

王博《庄子哲学》,北京:北京大学出版社,2004 年。

王德春、陈晨《现代修辞学》,上海:上海外语教育出版社,2001 年。

王国璎《史传中的陶渊明》,《台大中文学报》第十二期,2000 年 5 月。

王叔岷《庄学管窥》,北京:中华书局,2007 年。

王文楚《古代交通地理丛考》,北京:中华书局,1996 年。

王希杰《汉语修辞学(修订本)》,北京:商务印书馆,2004 年。

王晓毅《嵇康哲学新论》,《中国哲学史》,2004 年第 1 期。

王晓毅《张湛家世生平与所著〈列子注〉考》,《东岳论丛》,2004 年第
　　6 期。

王晓毅《郭象评传》,南京:南京大学出版社,2006 年。

王葆玹《正始玄学》,济南:齐鲁书社,1987 年。

王瑶《中古文学史论》,《王瑶文集》第 1 卷,太原:北岳文艺出版社,
　　1995 年。

王伊同《五朝门第》,北京:中华书局,2006 年。

王勇《〈晋书〉〈宋书〉"著作郎"条辨析》,《古典文献研究》第二十辑上
　　卷,2017 年。

王运熙《钟嵘〈诗品〉陶诗源出应璩解》,《文学评论》,1980 年第 5 期。

王中江《道家学说的观念史研究》,北京:中华书局,2015 年。

王子今《秦汉交通史稿》,北京:中共中央党校出版社,1994 年。

王子今《长沙走马楼竹简"豆租""大豆租"琐议》,《简帛》第 3 辑,上海:上海古籍出版社,2008 年 10 月。

王子今《秦汉名物丛考》,北京:东方出版社,2016 年。

魏耕原《陶渊明论》,北京:北京大学出版社,2011 年。

卫绍生《陶渊明与六朝文人隐逸之风》,《中州学刊》,1990 年第 3 期。

魏正申《陶渊明探稿》,北京:文津出版社,1990 年。

魏正申《陶渊明评传》,北京:文津出版社,1996 年。

Wellek, R. & Warren, A.(勒内·韦勒克、奥斯汀·沃伦)《文学理论》,刘象愚等译,南京:江苏教育出版社,2005 年。

Wellek, R.(勒内·韦勒克)《辨异》,刘象愚、杨德友译,上海:上海人民出版社,2015 年。

Williams, B.A.O.(伯纳德·威廉斯)《真理与真诚——谱系论》,徐向东译,上海:上海译文出版社,2013 年。

Wilson, E.(埃德蒙·威尔逊)《阿克瑟尔的城堡》,黄念欣译,南京:江苏教育出版社,2006 年。

吴伏生《英语世界的陶渊明研究》,北京:学苑出版社,2013 年。

吴伏生《信任与怀疑:中西对陶渊明诗歌的不同阐释》,《中国比较文学》,2016 年第 1 期。

吴怀东《论陶渊明隐逸思想之继承与创新》,《古籍研究》,2006 年卷下。

吴鹭山《读陶丛札》,杭州:浙江文艺出版社,1985 年。

伍叔傥(署名索太)《妄论陶诗》,《国民说论》,1938 第一卷第二期。

萧驰《论陶渊明藉田园开创的诗歌新美典》,《中华文史论丛》,2010 年第 1 期。

萧驰《玄智与诗兴：中国思想与抒情传统第一卷》，台北：联经出版事
　　业股份有限公司，2011年。

萧公权《中国政治思想史》，《中国现代学术经典·萧公权卷》，石家庄：
　　河北教育出版社，1999年。

萧望卿《陶渊明批评》，上海：开明书店，1947年。

肖玉峰《先秦隐逸思想及先秦两汉隐逸文学研究》，四川大学博士论
　　文，2006年。

小林正美《六朝道教史研究》，李庆译，成都：四川人民出版社，
　　2001年。

小林正美《中国的道教》，王皓月译，济南：齐鲁书社，2010年。

兴膳宏《六朝文学论稿》，彭恩华译，长沙：岳麓书社，1986年。

兴膳宏《异域之眼》，戴燕选译，上海：复旦大学出版社，2006年。

熊十力《存斋随笔》，上海：上海远东出版社，1994年。

徐冲《中古时代的历史书写与皇帝权力起源》，上海：上海古籍出版社，
　　2012年。

徐复《徐复语言文字学晚稿》，南京：江苏教育出版社，2007年。

徐复观《中国人性论史（先秦篇）》，上海：上海三联书店，2001年。

徐复观《中国艺术精神》，上海：华东师范大学出版社，2001年。

徐复观《中国学术精神》，陈克艰编，上海：华东师范大学出版社，
　　2004年。

徐复观《中国思想史论集续编》，上海：上海书店出版社，2004年。

徐高阮《重刊洛阳伽蓝记山涛论》，北京：中华书局，2013年。

徐公持《理极滞其必宣——论两晋人士的嵇康情结》，《文学遗产》，
　　1998年第4期。

徐公持《魏晋文学史》，北京：人民文学出版社，1999年。

徐声扬《论〈桃花源诗并记〉是陶渊明对儒家思想的继承和发展》，《九
　　江师专学报（哲社版）》，2003年第3期。

徐克谦《论庄子哲学中的"真"》,《南京大学学报(哲社版)》,2002 年第 2 期。

徐有富、徐昕《文献学研究》,南京:江苏古籍出版社,2002 年。

许抗生《嵇康思想略论》,《齐鲁学刊》,1980 年第 6 期。

阎步克《品位与职位——秦汉魏晋南北朝官阶制度研究》,北京:中华书局,2009 年。

严耕望《唐蓝田武关道驿程考》,《"中研院"历史语言研究所集刊》第 39 本下,1969 年。

严耕望《唐代长安洛阳道驿程考》,《中国文化研究所学报》,第 3 卷第 1 期,1970 年 9 月。

严耕望《中国地方行政制度史甲部——秦汉地方行政制度》,上海:上海古籍出版社,2007 年。

严耕望《中国地方行政制度史乙部——魏晋南北朝地方行政制度》,上海:上海古籍出版社,2007 年。

颜崑阳《从饮酒论陶渊明的生命境界》,《鹅湖月刊》132 期,1986 年 6 月。

杨国荣《庄子的思想世界》,北京:北京大学出版社,2006 年。

杨鸿烈《陶渊明的人生观》,《国学月报汇刊》,1928 年第 1 期。

杨鸿年《汉魏制度丛考》,武汉:武汉大学出版社,2005 年。

杨克勤《孔子与保罗》,上海:华东师范大学出版社,2010 年。

杨立华《郭象〈庄子注〉研究》,北京:北京大学出版社,2010 年。

杨联陞《论东晋南朝县令俸禄的标准——陶潜不为五斗米折腰新释质疑》,《东洋史研究》第 21 卷第 2 号,1962 年 9 月。

杨联陞《中国语文札记》,北京:中国人民大学出版社,2006 年。

杨清之《唐前隐逸文学研究》,北京:中央民族大学出版社,2011 年。

杨儒宾《从〈五经〉到〈新五经〉》,上海:上海古籍出版社,2019 年。

扬之水《先秦诗文史》,沈阳:辽宁教育出版社,2002 年。

杨志强《湘州考》，《湘潭大学学报》，1996 年第 5 期。

杨钟基《陶诗"心远"义探微——兼论陶潜之隐逸思想》，《中国文化研究所学报》第 20 卷，1989 年。

姚汉荣《陶渊明与魏晋玄学》，《贵州社会科学》，1986 年第 2 期。

一海知义《陶渊明·陆放翁·河上肇》，彭佳红译，北京：中华书局，2008 年。

游国恩《一千五百年前的大诗人陶潜》，《国学月报》汇刊 1928 年第 1 期"陶渊明号"。

余敦康《魏晋玄学史》，北京：北京大学出版社，2004 年。

于溯《互文的历史：重读〈五柳先生传〉》，《古典文献研究》第十五辑，2012 年 7 月。

余友辉《修辞学、哲学与古典政治——古典政治话语的修辞学研究》，北京：中国社会科学出版社，2010 年。

袁晖《二十世纪的汉语修辞学》，太原：书海出版社，2000 年。

袁行霈《陶渊明研究（增订本）》，北京：北京大学出版社，2009 年第 2 版。

乐黛云、陈珏编选《北美中国古典文学研究名家十年文选》，南京：江苏人民出版社，1996 年。

曾春海《嵇康的精神世界》，郑州：中州古籍出版社，2009 年。

翟学伟《中国人行动的逻辑》，北京：社会科学文献出版社，2001 年。

翟学伟《中国人的日常呈现》，南京：南京大学出版社，2016 年。

张蓓蓓《魏晋学术人物新研》，台北：大安出版社，2001 年。

张伯伟《"有所法而后能，有所变而后大"——程千帆先生诗学研究的学术史意义》，《文学遗产》，2018 年第 4 期。

张岱年《中国哲学大纲》，北京：中国社会科学出版社，1982 年。

张金龙《治乱兴亡——军权与南朝政权演进》，北京：商务印书馆，2016 年。

张泉《论陶渊明的隐逸及隐逸生活》,《理论学刊》,2002 年第 3 期。

张人骏《论陶渊明诗》,《无锡国专季刊》,1933 年第 1 期。

章念驰编订《章太炎演讲集》,上海:上海人民出版社,2011 年。

章太炎《章太炎全集·国故论衡(校定本)》,上海:上海人民出版社,
　　2017 年。

章太炎著,马勇整理《太炎文录补编》,上海:上海人民出版社,
　　2017 年。

张伟然《中古文学的地理意象》,北京:中华书局,2014 年。

张永言《训诂学简论》,上海:复旦大学出版社,2015 年。

张月《欧美近期陶渊明研究综述、分析与展望》,《古典文献研究》第二
　　十辑下卷,2017 年。

张哲俊《陶渊明五柳的误读与演变》,《北京师范大学学报(社会科学
　　版)》,2010 年第 4 期。

张志明、缪钺《对于“陶潜不为五斗米折腰新释”的商榷》,《历史研
　　究》,1957 年第 10 期。

赵毅衡《新批评———一种独特的形式主义文论》,北京:中国社会科学
　　出版社,1986 年。

郑骞《从诗到曲》,北京:商务印书馆,2015 年。

郑欣《魏晋南北朝史探索》,济南:山东大学出版社,1997 年第 2 版。

中国文选学研究会编《文选学新论》,郑州:中州古籍出版社,1997 年。

钟书林《隐士的深度:陶渊明新探》,北京:中国社会科学出版社,
　　2015 年。

周一良《名教自然“将无同”思想之演变》,《文史哲》,1985 年第 3 期。

周一良《魏晋南北朝史论集》,北京:北京大学出版社,1997 年。

周一良《魏晋南北朝札记》,北京:中华书局,2007 年第 2 版。

周裕锴《文字禅与宋代诗学》,上海:复旦大学出版社,2017 年。

周裕锴《宋代诗学通论》,上海:上海古籍出版社,2019 年。

周振甫《陶渊明和他的诗赋》,南京:江苏教育出版社,2006年。

周振鹤《汉书地理志汇释》,合肥:安徽教育出版社,2006年。

朱光潜《诗论》,北京:中华书局,2012年。

朱自清《朱自清全集》,南京:江苏教育出版社,1998年。

祝总斌《陶渊明田园诗产生的历史、文化背景》,《北大史学》第一期,1993年。

宗白华《美学散步》,上海:上海人民出版社,1981年。

宗廷虎、李金苓《中国修辞学通史·近现代卷》,长春:吉林教育出版社,1998年。

邹逸麟、张修桂主编《中国历史自然地理》,北京:科学出版社,2013年。

后　记

子曰："先行其言而后从之。"鲁钝如我，要痛安逸之后才能真正领会到夫子之言的分量。2017 年冬天，在广州开会，遇到严志雄教授。闲聊时，严教授说起自己在上陶渊明课，准备写一本"小书"。"我也打算写一本关于陶渊明的书！"我脱口回应。"那我们来个比赛怎么样？"不自量力的我居然没有半真半假地表示不敢当，反而一口就应承下来。其实大概 09 年、10 年左右，第二轮或者第三轮上"陶渊明研究"这门课的时候，我就向好几个老朋友夸口，要出一本深入浅出、雅俗共赏的书。当时想法很简单，写一部兼有"深度"与"文采"的讲义，将来出版成"陶渊明×讲"，应该不难。可一旦深入研究起来，便渐渐感到不易，私心里还想着尚友陶公，不由暗地后悔当初想法之陋且妄了。开始的时候，朋友还关心地问我："书啥时候出？"却一再发现我原地踏步，几乎毫无进展。宝山葑塘村大话王，舍我其谁？"人而无信，不知其可也。大车无輗，小车无軏，其何以行之哉？"友谊的老牛车眼看要散架，约定的比赛恐怕也要输了。

我不能辩解说课多，毕竟不弯不拐、无起无伏地吟诵 PPT，何难之有？也不宜托辞说整理了好几百万字的古籍，一边深度整理古籍一边写高质量论著的学者大有人在，一想到他们，我只能赧颜。至于高校内的杂事云云，此事尤其不可说，不可说。为了不自绝于友朋，不食言于严教授,旧作拾掇起,新文快著鞭,也不管我的歪解是否委屈了陶公,且去灾梨祸枣也么哥。

即便是歪解,也得深深感谢太多人。要感谢本师陈广宏教授的策勉鼓励,感谢杨明、曹旭、张寅彭、张伯伟、曹虹、蒋寅、王培军、陈斯怀、刘赛、杨曦诸位师友无私的教诲提点。尤其是王培军仲远先生,往来谈笑,风师义友,切磋提撕,益我最多。而斯怀与杨曦二君针对我的论文提出的修改意见最多,可并谓小书的第一净友。感谢一直以来教我励我鞭策我的所有师友和同学。也要感谢海内外给我发表文章机会的报纸杂志,诸位编辑大人和匿名评审专家的攻错指谬,使我野狐参禅,离道不远。更要紧的是助我度过年年科研考核的深河巨壑,故穷鬼虽日在吾侧,而终究狂而不虐。感谢再次接受我书稿的上海古籍出版社和编辑虞桑玲。最后感谢我的妻子和妈妈,你们总是理解我赞美我,而不是嫌弃我的无所成就。我在学术上选择了一条迂远之路,能从容前行,离不开你们的支持。

复次是道歉。向陶公道歉,请原谅我以浅测深,以管窥天,妄作解人。当然,陶公纵浪大化,一身得失尚且无喜亦无惧,何况其他。倘若见到我,定然笑嘻嘻地对我说:莫谈诗,且饮酒。向选我“陶渊明研究”课的同学道歉,请原谅我一向昏昏,信口决堤,幸好聪明的你们自能昭昭。向老朋友们道歉,我允诺的深入浅出、雅俗共赏终成泡影。向制成纸浆并印成这本书的树木道歉,你们再不能在天底下呼吸,在晚风中摇荡。也向失去家的鸟儿道歉,不知道你们重拣寒枝,栖在何方。向辛波斯卡道歉,我的这段道歉很显然有从您诗歌中做贼的嫌疑。也向本书的读者道歉。我是个固执己见的人,也可以说是偏见很重的人,我在书中对前辈时贤的研究作了不少批评,这些批评未必中肯,而每一章每一节的新见新论,往往也只是我的一偏之见,还请读者辨正得失,勿泥于旧,无惑于新。老友斯怀君曾笑话我,为了研究陶渊明,十八般兵器都用上了。这让我想起来大慧宗杲禅师论禅名言:“譬如人载一车兵器,弄了一件,又取出一件来弄,便不是杀人手段;我则只有寸铁,便可杀人。"清夜扪心,我的才学识都不能无憾,虽然下笔不能自休,却没有寸铁杀人的手段,有此手段,又何须著此一卷书呢? 聊以自慰的,不过是研究的态度还算认真而不失诚恳而已。真不知道该不该向自己道歉。

小书的前言、第三章、第六章和结语完成于这个漫长而残忍的"寒假"。除夕子时,雨势正浓,愁坐家中听雨,写了一首小诗,尾联云:"来朝可许风光换,几日人间见大明。"后来困居的日子里又做了《春兴》四首,其三云:"避疫伤春莫倚栏,天容物色恼人看。世间甲子频惊梦,腹内牢骚漫走丸。花信长随迟日改,芳心独对暮云寒。深忧委蜕从风雨,强染酡颜强自欢。"其四云:"草窃浮生度岁年,村醪独抚向春天。徒闻忘我能不二,未免多情耽大千。襟抱何妨今日尽,辛夷已作旧时妍。凭将骨力从明媚,高树新芽老杜鹃。"元日并没有什么风光换,今年春天的繁花也只是一枝一角地瞥见,就像陶渊明所遭逢的世界终究未尝清明。但陶公仍然度过了值得度过的一生。他奋斗,成就自己,他于大苦之地味得清净,投身大烦恼中自证澄明,这个污浊的世界中,他依然有所爱。献一首诗给陶公,权作本书的结束:

陶公英雄人,磊岿气何多。一朝赋归来,决如入海波。密云昏八表,平陆看成河。独念促席友,厌闻饭牛歌。花黄东篱下,豆熟南山阿。嚣尘岂在耳,长风振洪柯。纵心千载上,得酒自婆娑。意孰能领,青天一鸟过。

仙井刘奕摩诃笔于宝山葑塘村中
时庚子年春暮